BACK TO THE BIBLE

1 Kings

열왕기상

장종길 지음

김의원 박사 추천

Back to the Bible

1 Kings

by

JANG Jong-Gil

Grisim Publishing Co.
Seoul, Korea

1Kings 11:11
So the LORD said to Solomon, "Because you have done this, and you have not kept My covenant and My statutes, which I have commanded you, I will surely tear the kingdom from you, and will give it to your servant. (NASB)

וַיֹּאמֶר יְהוָה לִשְׁלֹמֹה יַעַן אֲשֶׁר הָיְתָה־זֹּאת עִמָּךְ וְלֹא
שָׁמַרְתָּ בְּרִיתִי וְחֻקֹּתַי אֲשֶׁר צִוִּיתִי עָלֶיךָ קָרֹעַ אֶקְרַע
אֶת־הַמַּמְלָכָה מֵעָלֶיךָ וּנְתַתִּיהָ לְעַבְדֶּךָ

“

내가 공을 세우나
은혜 갚지 못하네

”

추천사

현재 우리는 범세계적인 정보 시대에 살고 있습니다. 정보의 부재 시대는 이미 갔습니다. 원하는 분야에 대해 조회만 하면 얼마든지 많은 정보를 확보할 수 있습니다. 그래서 정보 홍수라는 말에 우리는 익숙해져 있습니다. 그런데 막상 접수한 정보를 대하면 정보의 빈곤을 느끼지 않을 수 없습니다. 질적 수준에 문제가 있는 정보들 때문입니다. 사회가 이런 문제를 안고 속앓이를 하고 있음을 우리는 익히 알고 있습니다.

이른바 초고속 정보화 시대에 있는 교회도 풍부한 목회 자료와 이들 자료들의 질적 난해성 사이에서 많은 고민을 하고 있습니다. 현재 우리 한국 교회는 컴퓨터에 의한 자료보다는 출판물에 의한 자료 의존도가 아직은 높은 상태입니다. 그러므로 질적으로 우수한 자료의 출판이 시급하다 할 수 있습니다. 질적인 우수성의 기준 중 하나는 정보를 사용하는 현장 사역자들의 필요를 정확하게 이해하고 있는지의 여부입니다. 그 자료를 수집한 현장 사역자들이 친근성을 가지고 쉽게 사용할 수 있게 해야 합니다. 많은 번역서들이 이 문제를 안고 있음을 우리는 알아야 합니다. 단순한 소개 정도로 정보를 전달하는 것은 또 다른 문제, 즉 현장화라는 과정을 요구하기 때문입니다. 다른 하나는 자료의 신뢰성입니다. 정확한 정보를 적절하게 인용한 자료를 간직하는 것은 필수적인 도리입니다. 이것이 부족할 경우 선의의 피해자를 계속해서 낳을 수 있습니다.

추천자는 새로운 출판물, 새로운 정보를 접할 때마다 이런 염려로부터 해방될 수 있기를 늘 바라고 있는 사람 중의 한 사람입니다. 그런데 본서는 이런 점으로부터 필자를 안심시키는 책이라고 봅니다. 우리 한국의 목회자들은 굵게 잘라 놓은 정보보다는 잘게 정리된 정보에 익숙합니다. 한국적인 상황이 특수하기 때문입니다. 확신하건대 이 책을 접하는 분들은 이런 면에서 공감할 것입니다. 또한 본서의 필자는 많은 출판 경험을 통해 인용되는 정보를 어떻게 사용해야 한국의 사역자들이 잘 활용할 수 있는지를 잘 알고 있는 분이라고 봅니다. 다른 책들이 외국의 좋은 내용을 단순히 알려주고 있는 반면에, 본서의 필자는 내용을 잘 요리해서 일정한 분야의 독자들이 효과적으로 사용할 수 있게 배려했다는 점이 본서의 장점이라 할 수 있습니다. 앞으로 출판 매체를 통해 정보를 제공하려는 분들이 참고하여 따라야 할 모델이라 생각하여 자신 있게 추천합니다.

김 의 원 박사 (전 총신대학교 총장)

金義援

이 책의 주된 목적은

신학자들의 연구를 한 단계 낮추고,
일반 성도의 수준을 한 단계 끌어올려
누구나 쉽게 접근할 수 있도록
인도하려는 데 그 목적이 있습니다.

신앙생활을 오래하셨는데도
성경이 여전히 수학문제같이 어렵게만 느껴지는
분들에게 도움을 줄 것입니다.

특히 일반 성도들에게는
성경에 대한 지식이 풍부하더라도
성경 전체를 조망할 수 있는 훈련이 부족합니다.

따라서 이 교재는
성경 본문에 충실하면서도
성경의 통일성을 견지하고 구속사적 해석의 원리를
적용하여 설명하려고 노력하였습니다.
그것은 곧 하나님의 위대하신 섭리를 이해하는
빠른 길이기도 하기 때문입니다.

무엇보다도, 이 교재는
누구나 성경에 친근해질 수 있도록
쉽게 접근했다는 것입니다.
그러므로
아주 자세한 해설과 자료보다는
전체적인 흐름을 잡으려
강해식으로 설명했습니다.

지금, 곧 연필을 들고 시작하십시오.
여러분의 가장 친한 친구가
옆에서 설명해 주는 느낌을 받을 수 있을 것입니다.

저자 장 종 길

이 교재의 특징

본 교재는 무엇보다 성경 본문에 충실하려고 노력했습니다. 그러면서도 자칫 성경의 통일성을 놓치기가 쉬운 것을 감안, 언약 개념이 성경을 이해하는 데 중요한 요소라고 여겨, 성경 전체를 관통하는 언약의 흐름을 파악할 수 있도록 안내했습니다. 아래에 안내한 교재의 특징들을 잘 활용하면서 성경을 읽어나가면 성경을 보는 재미가 생겨날 것입니다. 이 교재의 최선의 목표는 성경을 혼자 공부할 수 있는 수준까지 끌어올리는 것입니다. 그것은 끊임없는 노력이 필요함은 두말할 나위가 없습니다. 너무

중심내용 : 본문의 내용이 무엇인가를 간단하게 숙지할 수 있도록 요약해 놓았습니다. 이 요약은 본 과에서 배울 내용을 한눈에 볼 수 있게 해줍니다.

애굽으로 당분간 피난했던 요셉은 꿈을 통해 헤롯의 죽음을 알게 되었고 주의 사자의 지시대로 다시 이스라엘 땅으로 돌아왔다(마 2:19).

도입 부분 : 본과에 들어가기 전에 지난 과에서 배운 내용을 간단히 이야기하고 이번 과에서 어떤 내용을 공부할 것인가를 안내했습니다. 이 부분은 음악에서 서곡(序曲)에 해당하는 부분으로 대단히 중요하므로 꼭 읽어야 합니다. 그래야 전체의 흐름을 이해할 수 있기 때문입니다.

본문개관 : 매장마다 본문의 내용을 간단하게 요약, 정리했습니다. 이 부분은 각 장을 정리하는데 도움을 줍니다. 필요에 따라 추가 설명도 했습니다. (Outline)

Close-up: 본문에서 신학적인 정리 및 자세한 설명이 필요할 때는 확대 설명해 놓았습니다. 내용이 그리 쉽지 않기 때문에 깊이 있게 공부하지 않을 분은 그냥 지나가도 됩니다. 만약 리더자가 있다면 안내를 받으십시오. 그러나 Close-up란은 본문의 이해를 위해 꼭 필요한 신학적 내용의 요약 정리입니다. 이 부분을 더욱 확대하여 교회에서 특강으로 해결하는 것도 좋은 방법입니다.

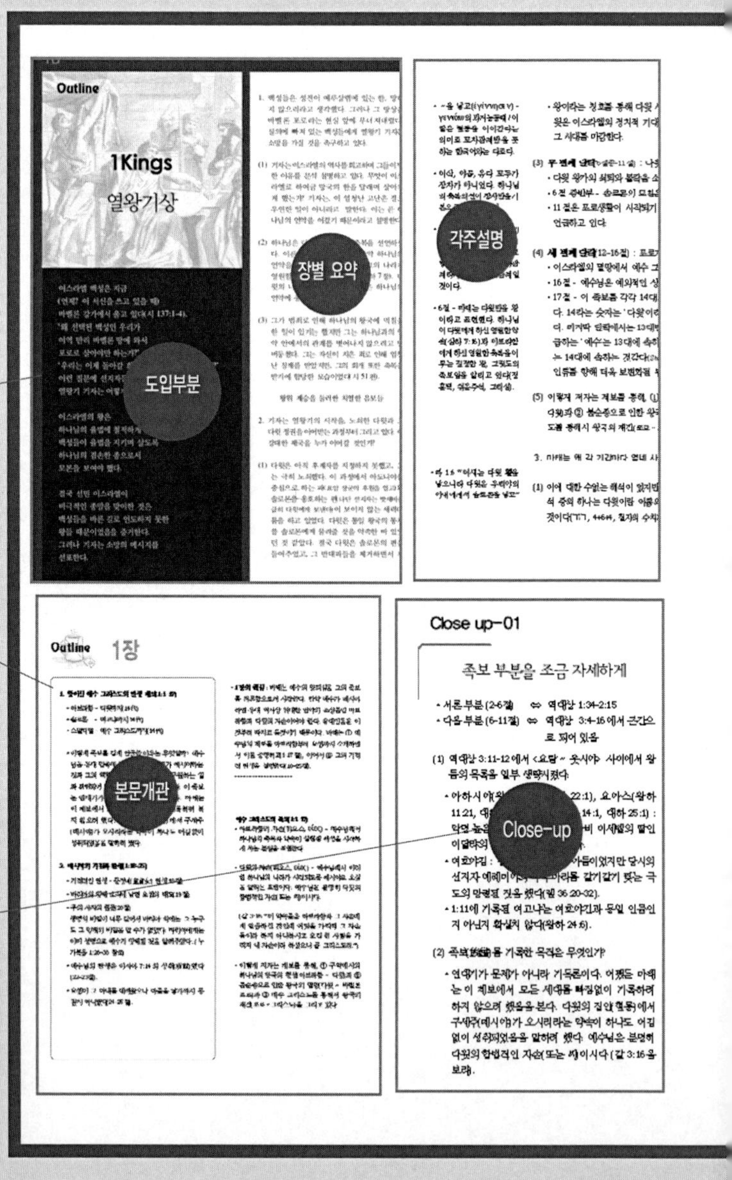

쉬운 것만 찾다 보면 우리의 믿음이 성장할 수 없습니다. 어려운 내용을 쉽게 설명하려고 노력했으나 한계가 있었습니다. 다만 성경(말씀) 동산에는 무궁무진한 보화가 있다는 사실을 알려주려고 애를 썼을 뿐입니다. 말할 수 없는 보화를 캐내는 작업은 여러분 스스로가 해야 합니다. 안내자는 안내자일 뿐입니다.

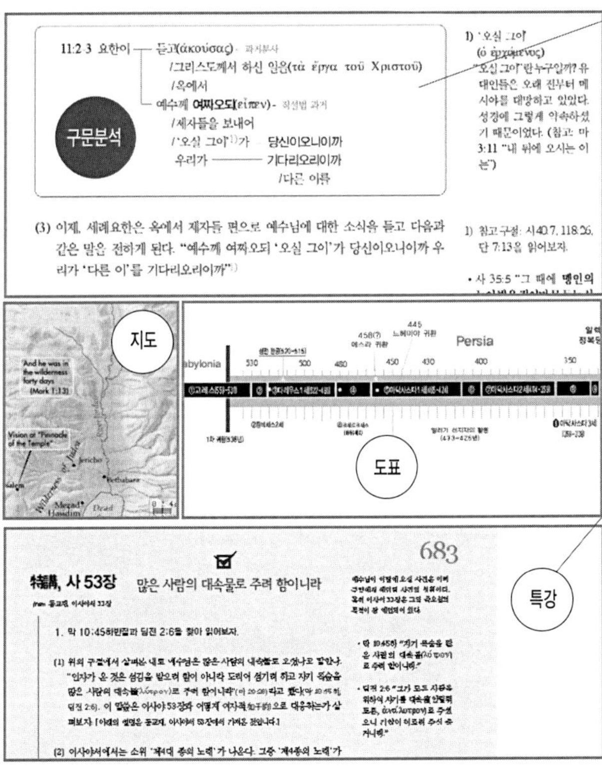

성경을 공부할 때 도움이 될 만한 책들을 소개했습니다.

적용을 위한 묵상

질문식 해설: 본 교재는 먼저 질문을 하고 그 질문에 해설을 하는 식으로 정리하되 전체의 흐름을 강해식으로 설명했습니다. 따라서 차례대로 탐구해 간다면 성경 본문의 내용을 아주 쉽게 이해할 수 있을 것입니다. 물론 (색)연필은 꼭 준비하세요. 다음에 읽을 때 쉽게 정리할 수 있으니까요.

구문분석 : 본문에서 조금 자세히 설명이 필요한 경우에는 구문분석을 활용했으나 너무 많은 지면이 필요하고, 또 이 책의 목적이 분석보다는 쉬운 강해이기에 본문 이해의 차원에서 변형 적용했습니다. 구문분석은 「도서출판 그리심」에서 발간한 「문맥성경」을 사용했습니다. 문맥성경에 대한 더 깊은 이해를 원하시는 분은 서울성경연구원에 연락하시면 도움을 받을 수 있습니다.

(연락처 010-5495-3335) / 배동한 목사

특강 :

조금 깊이 다루어야 할 주제는 '특강'으로 설명했습니다. 내용이 너무 전문적이기에 일반 성도는 그대로 넘어가도 됩니다. 주로 동교재(백투더바이블)에서 그대로 사용한 경우가 많습니다.

적용 : 말씀이 우리의 삶에서 적용되지 못한다면 지식만을 자랑하는 공부가 되기 쉽습니다. 가끔 삶의 적용을 위한 묵상을 실었습니다. 그러나 그 적용은 개인에 따라 달라질 수 있습니다. 본문에 대한 정확한 이해가 먼저 선행되어야 하고, 또한 그 말씀이 우리 삶에 적용되어야 합니다. 각자가 더 추가적인 적용을 해보세요. 그렇다고 억지로(?) 적용을 이끌어내려고 하지 마십시오. 적용이 필요없는 곳도 많으니까요. 우리는 본문이 의미하는 정확한 내용보다는 대입식 적용에 익숙해져 있습니다.

이 교재를 사용하시는 분들을 위하여

혼자 공부하시는 분에게

첫 째 물론, 성경공부를 하기 전에 기도하셔야지요! 본문을 잘 이해하게 해달라고 성령님께 지혜를 부탁하세요.

둘 째 오늘 배울 본문을 정독하면서 여러 번 읽으십시오. 혹시 영어 성경을 보신다면 함께 읽으십시오. 그리고 필요한 부분에는 구문분석을 소개했습니다. 내용의 흐름을 이해하는 데 도움을 줄 것입니다.

셋 째 이 교재는 문제를 먼저 던지고, 그에 대한 해설을 소개했습니다. 그런데 그 해설을 먼저 읽어보려는 유혹에서 벗어나야 성공합니다. 반드시 본인의 말로 답을 쓰십시오. 그리고 설명을 참고하세요.

넷 째 이 교재의 설명이 부족하신 분은 간단한 주석 또는 강해서를 참고하십시오. 그러나 이 교재의 주 목적이 전체의 흐름을 잡는 것이고, 또 너무 자세한 주석은 진도에 방해를 가져오기 때문에 많이 생략했습니다.

다섯째 혼자 공부하시다 이해가 잘 안 가는 문제는 여백에다 기록했다가 나중에 교역자의 안내를 받으십시오.

여섯째 꼭 한 번에 한 과씩 진도를 나갈 필요는 없습니다. 맛있는 뷔페에 가서는 정량보다 더 많이 먹는 것처럼 여러 과를 하셔도 됩니다. 따라서 이 교재가 어떤 사람에게는 몇 주나 몇 달이 걸릴 수 있고 어떤 사람에게는 더 걸릴 수도 있습니다.

일곱째 그 날 배운 내용을 주위 사람들에게 교재를 보지 않고 설명해 보십시오. 물론 완전히 자기 것으로 소화해서 자신의 말로 전달하셔야 합니다. 정 그럴 상대가 없다면, 자녀나 친구에게, 그래도 없으면 이불 속에서라도 혼자 중얼거려보세요. 그 효과가 배로 나타날 것입니다.

여덟째 소개된 성경 구절을 다 찾아 적으신다면 그보다 더 좋은 효과는 없겠지요. 그렇지 못하더라도 소개된 성경 구절은 꼭 찾아보아야 합니다. 아주 반드시.

아홉째 Close up은 어떤 사람에게는 너무 어렵겠지만, 어떤 사람에게는 도움이 될 것입니다. 잘 활용하시면 이해에 큰 도움이 될 것입니다. 책 소개는 필요하신 분을 위해 안내했습니다.

열 째 분명한 것은 이 교재가 반드시 완전하다는 것은 아닙니다. 성경에서 보다 풍성한 꼴을 얻게 하기 위한 기초과정일 것입니다. 보다 깊은 연구는 자기 스스로 하셔야 합니다. 꼭 부탁드리는 것은 잘 성장하셔서 교회에서 성경을 지도하는 교사가 되기를 바랄 뿐입니다. 노력하십시오.

구역공부 교재로 사용하시는 분들께

첫 째 구역의 활성화가 교회부흥의 첩경임은 누구나 다 아는 사실입니다. 그러나 말씀 중심으로 모이는 모임이 아니면, 그 모임이 계속 불타오를 수 없습니다. 인위적인 열심은 곧 시들해지기 때문이니까요.

먼저, 교재를 나누어 주시고 집에서 숙제를 해오게 하십시오. 성경 구절을 적어 오게 하되 바쁜 사람은 성경을 찾아보았다는 증거로 성경 페이지 숫자라도 적어 오게 하세요. 물론 안 해 오는 분에게는 벌금을 물리세요. 집에서 이 교재를 사용하시는 방법은 앞의 내용을 참고하십시오.

둘 째 만약 당신이 인도자라면, 앞에서 '혼자서 공부하는 사람에게' 말했던 내용대로 하십시오. 철저히 준비하셔서 속이 후련하게 해주셔야 합니다. 자세한 설명보다는 그 본문이 의미하는 내용을 아주 간단하고 알기 쉽게 설명해 주셔야 합니다.

셋 째 구역 모임은 시간을 그리 길게 잡을 수는 없을 테니까, 짧은 시간 내에 그 내용을 소화할 수 있도록 지도자나 지도를 받는 분들이 미리 준비를 잘 해오셔야 합니다. 그래서 구역 모임에서는 중요 내용을 토론, 요약해 주는 방법이 나을 것입니다. 물론 잘 이해가 안 되는 부분은 지도자가 설명해 주셔야 합니다.

넷 째 나머지 재미나는 프로그램은 지도자가 안내하십시오. 이 교재에 나와 있는 삽화를 예쁘게 색칠해 오게 하는 방법도 그 하나일 것입니다. 또는 좋은 책을 선정, 그 내용을 서로 소개하는 방법도 있을 것입니다.

성경공부 모임의 교재로 사용하시는 분들께

첫 째 우선 앞의 내용을 참고하십시오. 성경공부 시간이 얼마나 되는지 잘 모르겠지만, 물론 집에서 각자 충분히 공부를 해오게 하시는 것이 효과적입니다. 주로 교역자나 전문 성경공부 지도자가 인도하게 되겠기에 보다 깊은 토론을 할 수 있을 것입니다.

둘 째 그러나 어느 한 주제를 가지고 너무 깊은 토론을 하는 것은 유익하지 못합니다. 더욱이 교역자가 없는 성경공부 모임에서는 너무 깊은 토론을 하지 않는 것이 좋습니다. 이런 문제는 교인 전체를 대상으로 강사를 모시거나 본 교회 교역자의 특강으로 해결하는 것이 좋습니다.

셋 째 그보다는 성경 전체의 맥을 잡아 가는 것이 효과적입니다. 우리의 논쟁거리는 신학자들 사이에서도 논쟁이 되는 것이 대부분입니다. 만약, 성경공부 모임에 처음 참석하는 분이 있다면 더더욱 비효과적입니다. 많은 지식의 습득보다 성경 본문이 전하려는 핵심 메시지가 무엇인지를 알려고 노력하십시오.

BACK TO THE BIBLE

목 차

Close-up

[확대경]

성경본문을 공부하다 조금 자세하게 다루어야 할 부분을 확대 설명한 것입니다.

[주제별 색인]

중요한 내용을 빨리 찾아볼 수 있게 주제별로 정리한 것입니다.

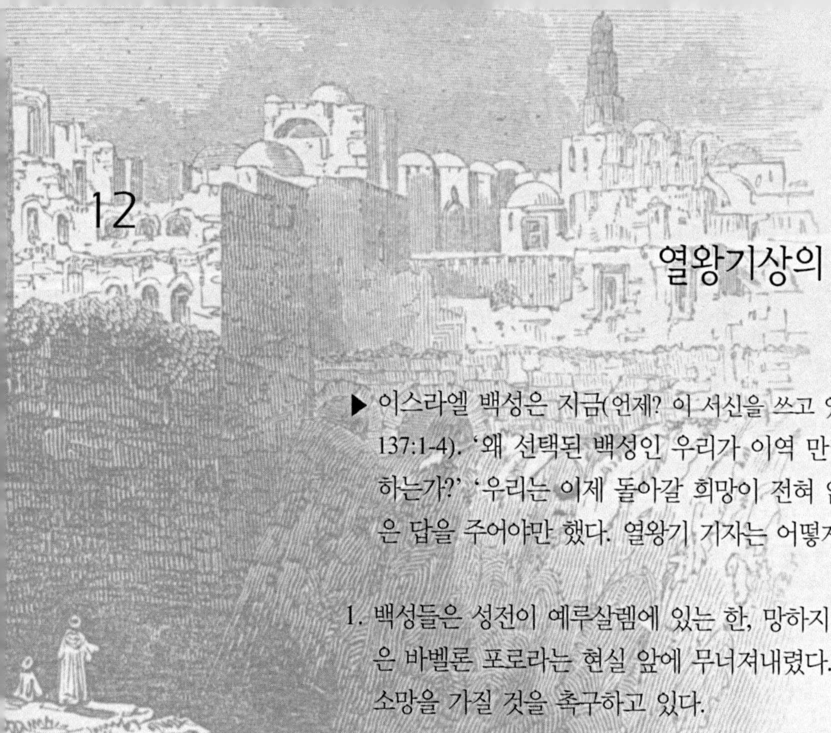

12

열왕기상의 내용

▶ 이스라엘 백성은 지금(언제? 이 서신을 쓰고 있을 때) 바벨론 강가에서 울고 있다(시 137:1-4). '왜 선택된 백성인 우리가 이역 만리 바벨론 땅에 와서 포로로 살아야만 하는가?' '우리는 이제 돌아갈 희망이 전혀 없다는 말인가?' 이런 질문에 선지자들은 답을 주어야만 했다. 열왕기 기자는 어떻게 대답했을까?

1. 백성들은 성전이 예루살렘에 있는 한, 망하지 않으리라고 생각했다. 그러나 그 망상은 바벨론 포로라는 현실 앞에 무너져내렸다. 실의에 빠져 있는 백성들에게 기자는 소망을 가질 것을 촉구하고 있다.

> 이스라엘의 왕은 하나님의 율법에 철저하게 순종하며 백성들이 율법을 지키며 살도록 하나님의 겸손한 종으로서 모본을 보여야 했다.
>
> 결국 선민 이스라엘이 비극적인 종말을 맞이한 것은 백성들을 바른 길로 인도하지 못한 왕들 때문이었음을 증거한다. 그러나 기자는 소망의 메시지를 선포한다.

(1) 기자는 이스라엘의 역사를 회고하며 그들이 망한 이유를 분석 설명하고 있다. 무엇이 이스라엘로 하여금 망국의 한을 달래며 살아가게 했는가? 기자는, 이 엄청난 고난은 결코 우연한 일이 아니라고 말한다. 이는 곧 하나님의 언약을 어겼기 때문이라고 설명한다.

(2) 하나님은 다윗에게 엄청난 축복을 선언하셨다. 이른바 '다윗 언약'으로, 만약 하나님의 언약을 잘 지키고 순종한다면 그의 나라가 영원할 것이라고 약속하셨다(삼하 7장). 다윗의 나라는 부강했다. 다윗은 하나님의 언약에 충실했다. 그가 범죄로 인해 하나님의 왕국에 먹칠을 한 일이 있기는 했지만 그는 하나님과의 언약 안에서의 관계를 벗어나지 않으려고 발버둥쳤다. 그는 자신이 지은 죄로 인해 엄청난 징계를 받았지만, 그의 회개 또한 축복을 받기에 합당한 모습이었다(시 51편).

2. 기자는 열왕기의 시작을, 노쇠한 다윗과 그 다윗 정권을 이어받는 과정부터 그리고 있다. 이 강대한 제국을 누가 이어갈 것인가?

(1) 다윗은 아직 후계자를 지정하지 못했고, 그는 극히 노쇠했다. 이 과정에서 아도니야를 중심으로 하는 파와 솔로몬을 옹호하는 편이 보이지 않는 세력다툼을 하고 있었다. 결국 다윗은 솔로몬의 편을 들어주었고, 그 반대파들을 제거하면서 제국은 다시 안정을 찾는다.

(2) 솔로몬은 하나님을 크게 경외하는 인물이었다. 기브온 산상에서 일천 번제를 드렸고, 하나님은 솔로몬에게 무엇이든지 원하는 것을 주겠다고 약속하신다. 솔로몬은 지혜를 간구했다. 물론 그 지혜는 백성을 하나님 뜻대로 잘 통치하기 위해서였다.

열왕기상 · 하는
다윗 통치 말기부터 유다 말기까지
약 400년간의 왕들의 행위와
그 행위에 따르는 축복과 징벌을 이야기하고 있다.
개개인 왕들의 잘잘못에 따라
이스라엘은 부침(浮沈)을 계속한다.

하나님은 솔로몬에게 지혜뿐만 아니라 엄청난 부와 영광도 겸하여 주셨다. 따라서 그의 통치 하에서 다윗에 이어 이스라엘은 정치적 번영을 구가하게 된다. 솔로몬 시대에 들어와서 아브라함에게 약속된 번성과 축복이 실현되었음을 보여주고 있다(왕상 4:20-21).

3. 그렇게 원했던 성전 공사는 솔로몬이 왕 위에 오른 지 4년째 되는 봄에 건축을 시작한다. 완공은 7년 후인 그의 재위 11년 가을에 이루어진다.

(1) 성전이 봉헌되었고(왕상 8장), 그 헌당식의 화려함을 열왕기상 8:1-9:9까지 자세히 기록하고 있다. 그러나, 솔로몬의 후반 통치는 심각한 퇴락 국면으로 접어드는 시기이기도 했다. 그 이유가 무엇이었을까? 솔로몬은 정략결혼으로 인해 우상 숭배를 허락하게 되었고 그들의 신들을 위해 산당도 지어주게 된다. 게다가 솔로몬은 많은 건축 공사를 남발(?)한다. 성전 공사, 궁전 공사 등 각종 건설 사업에 백성의 노동력이 동원되었다. 자연히 백성들의 원망이 높아지게 되었고, 무엇보다 우상 숭배 문제로 인해 하나님의 징계를 받는다. 솔로몬의 치세 후반기에 들어서면서 백성들은 하나님으로부터 마음을 돌리기 시작한다.

(2) 솔로몬 사후 이스라엘은 남북으로 분열한다. 북쪽 이스라엘의 문을 연 여로보암은 하나님의 축복의 약속에도 불구하고 우상 숭배를 추구한다. 그는 악한 왕의 샘플이 되었다. 계속되는 혁명에 이스라엘은 주춤거리다가 주전 722년 앗시리아에게 망하게 된다(왕하 17:7-23).

(3) 이런 멸망을 보고 남방 유다는 한때 정신을 차리는 듯했지만 결국은 주전 586년 앗시리아를 치고 일어선 바벨론에 포로로 끌려가게 된다(왕하 21장).

기자는 무엇이라고 결론을 내렸을까?
기자는 이스라엘의 역사를 회고하면서
결국 선민 이스라엘이 비극적인 종말을 맞이한 것은
백성들을 바른 길로 인도하지 못한 왕들 때문이었음을 증거한다.
그러나 기자는 실의에 빠진 백성들에게 소망을 가질 것을 촉구한다.
하나님이 다시 자신의 백성을 불러내실 것이라고
희망의 메시지를 전한다.

열왕기서에서는
다윗 이후에 일어난 왕들이
다윗에게 주어진 영원한 언약에서 이탈했는가,
아니면
그 언약에 충실했는가에
초점이 모아지고 있다.

선한 왕인가 아닌가의
척도는
'다윗처럼 살았는가 아닌가'로 평가되었다.
결국
이스라엘의 역사적 운명을
결정짓는 것은
시내산 언약에의 순종
또는 불순종이었다.

BACK TO THE BIBLE

열왕기상 서론

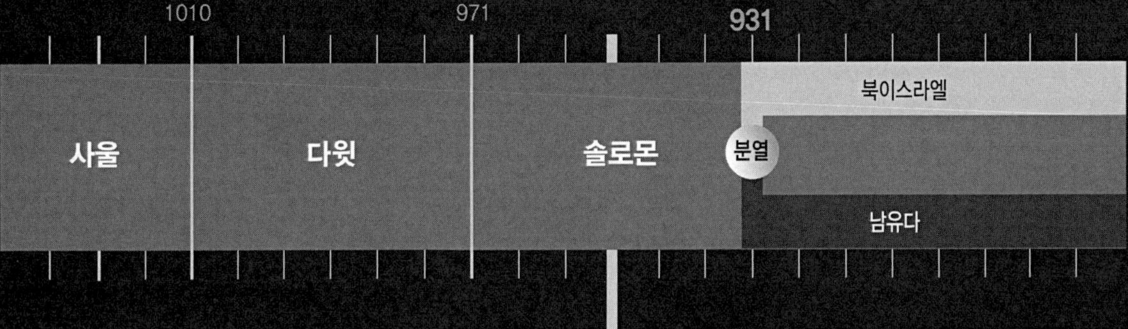

성전건축 현장

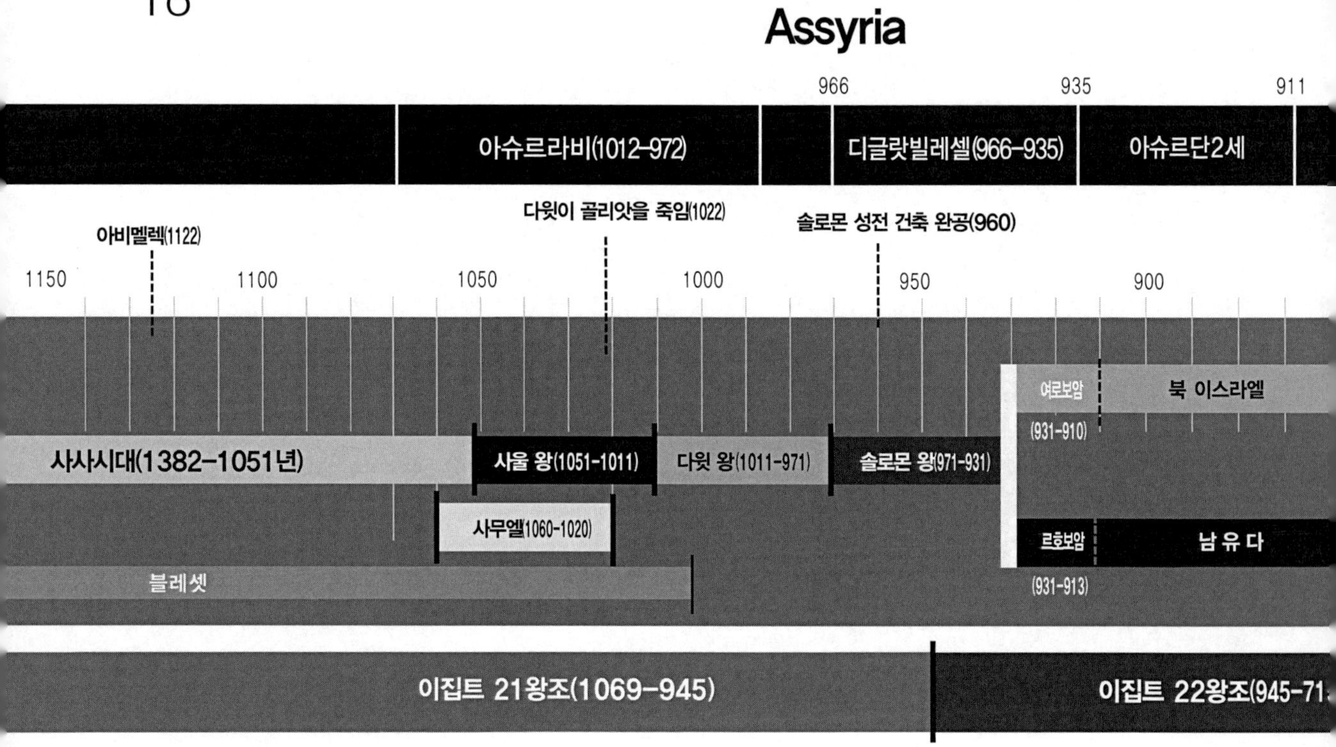

솔로몬의 등극

아버지 다윗은 솔로몬은에게 언약(삼하 7:12-16)에 철저히 순종할 것을 유언했다. 그 율법에의 순종 여부에 따라 축보과 저주가 좌우된다. 왜냐하면 이스라엘은 언약의 역사이기 때문이다. 이제 이스라엘 왕국의 역사는 왕의 순종 여부에 달려 있다. 언약의 성격 때문이다. 그러나 솔로몬의 후반 통치는 언약의 불순종으로 이어졌다.

1. 하나님은 다윗에게 엄청난 축복을 선언하셨다. 이른바 '다윗 언약'으로, 만약 하나님의 언약을 잘 지키고 순종한다면 그의 나라가 영원할 것이라고 약속하셨다(삼하 7장). 다윗의 나라는 부강했다. 다윗은 하나님의 언약에 충실했다. 그가 범죄로 인해 하나님의 왕국에 먹칠을 한 일이 있기는 했지만 그는 하나님과의 언약 안에서의 관계를 벗어나지 않으려고 발버둥쳤다. 그는 자신이 지은 죄로 인해 엄청난 징계를 받았지만, 그의 회개 또한 축복을 받기에 합당한 모습이었다(시 51편).

(1) 기자는 열왕기의 시작을, 노쇠한 다윗과 그 다윗 정권을 이어받는 과정부터 그리고 있다. 이 제국을 누가 이어갈 것인가? 다윗은 아직 후계자를 지정하지 못했고, 그는 극히 노쇠했다. 이 과정에서 아도니야를 중심으로 하는 파와 솔로몬을 옹호하는 편이 보이지 않는 세력다툼을 하고 있었다. 결국 다윗은 솔로몬의 편을 들어주었고, 그 반대파들을 제거하면서 제국은 다시 안정을 찾는다.

(2) 솔로몬은 하나님을 크게 경외하는 인물이었다. 기브온 산상에서 일

천 번제를 드렸고, 하나님은 솔로몬에게 무엇이든지 원하는 것을 주겠다고 약속하신다. 솔로몬은 지혜를 간구했다. 물론 그 지혜는 백성을 하나님 뜻대로 잘 통치하기 위해서였다. 하나님은 솔로몬에게 지혜뿐만 아니라 엄청난 부와 영광도 겸하여 주셨다.

(3) 따라서 그의 통치 하에서 다윗에 이어 이스라엘은 정치적 번영을 구가하게 된다. 솔로몬 시대에 들어와서 아브라함에게 약속된 번성과 축복이 실현되었음을 보여주고 있다(왕상 4:20-21).

2. 그렇게 원했던 성전 공사는 솔로몬이 왕 위에 오른 지 4년째 되는 봄에 건축을 시작한다. 완공은 7년 후인 그의 재위 11년 가을에 이루어진다. 성전이 봉헌되었고(왕상 8장), 그 헌당식의 화려함을 열왕기상 8:1-9:9까지 자세히 기록하고 있다.

(1) 그러나, **솔로몬의 후반 통치는** 심각한 퇴락 국면으로 접어드는 시기이기도 했다. 그 이유가 무엇이었을까? 솔로몬은 정략결혼으로 인해 우상 숭배를 허락하게 되었고 그들의 신들을 위해 산당도 지어주게 된다. 게다가 솔로몬은 많은 건축 공사를 남발(?)한다. 성전 공사, 궁전 공사 등 각종 건설 사업에 백성의 노동력이 동원되었다. 자연히 백성들의 원망이 높아지게 되었고, 무엇보다 우상 숭배 문제로 인해 하나님의 징계를 받는다. 솔로몬의 치세 후반기에 들어서면서 백성들은 하나님으로부터 마음을 돌리기 시작한다.

(2) 솔로몬 사후 이스라엘은 남북으로 분열한다. 북쪽 이스라엘의 문을 연 여로보암은 하나님의 축복의 약속에도 불구하고 우상 숭배를 추구한다. 그는 악한 왕의 샘플이 되었다. 계속되는 혁명에 이스라엘은 주춤거리다가 주전 722년 앗시리아에게 망하게 된다(왕하 17:7-23). 이런 멸망을 보고 남방 유다는 한때 정신을 차리는 듯했지만 결국은 주전 586년 앗시리아를 치고 일어선 바벨론에 포로로 끌려가게 된다(왕하 21장).

3. 기자는 무엇이라고 결론을 내렸을까?

(1) 기자는 이스라엘의 역사를 회고하면서 결국 선민 이스라엘이 비극적인 종말을 맞이한 것은 백성들을 바른 길로 인도하지 못한 왕들 때문이었음을 증거한다.

(2) 그러나 기자는 실의에 빠진 백성들에게 소망을 가질 것을 촉구한다. 하나님이 다시 자신의 백성을 불러내실 것이라고 희망의 메시지를 전한다.

● 솔로몬의 통치와 통일왕국 시대 (1-11장)

1장 : 다윗이 그의 승계자로 솔로몬을 택한다.
2장 : 다윗은 죽음을 앞에 두고 솔로몬에게 권면한다. 솔로몬은 그의 왕권을 확고히 다진다.
3장 : 솔로몬이 하나님께 지혜를 구한다.
4장 : 솔로몬은 다윗이 발전시킨 정부조직을 확대한다.
5장 : 성전 건축을 위해 준비한다.
6장 : 성전 건축 공사
7장 : 왕국 건축공사
8장 : 지성소에 언약궤 안치 성전 봉헌식
9장 : 하나님의 응답 솔로몬의 다른 건축 사업
10장 : 스바 여왕 방문 솔로몬 왕국의 번영
11장 : 솔로몬의 배교와 그 결과

● 분열왕국 시대(왕상 12-22장) 대하 10-20장

12-13장 : 통일왕국이 분열되는 과정 / 북왕국 이스라엘 왕 여로보암 1세의 통치
14장 : 유다 왕 르호보암의 통치
15장 : 유다 왕들의 통치 / 이스라엘 왕 나답의 통치
16장 : 이스라엘 왕들의 통치
17장 : 엘리야 가뭄 예언
18장 : 갈멜산에서 바알 제사장과 엘리야의 도전
19장 : 엘리사의 소명
20장 : 수리아(아람)와의 전쟁
21장 : 나봇의 포도원을 빼앗는 아합 / 엘리야 선지자의 심판 선포 / 미가의 예언
22장 : 유다 왕 여호사밧/ 이스라엘 왕 아하시야

Outline

1Kings

열왕기상 서론

이스라엘 백성은 지금
(언제? 이 서신을 쓰고 있을 때)
바벨론 강가에서 울고 있다(시 137:1-4).
'왜 선택된 백성인 우리가
이역 만리 바벨론 땅에 와서
포로로 살아야만 하는가?'
'우리는 이제 돌아갈 희망이 전혀 없다는 말인가?'
이런 질문에 선지자들은 답을 주어야만 했다.
열왕기 기자는 어떻게 대답했을까?

이스라엘의 왕은
하나님의 율법에 철저하게 순종하며
백성들이 율법을 지키며 살도록
하나님의 겸손한 종으로서
모본을 보여야 했다.

결국 선민 이스라엘이
비극적인 종말을 맞이한 것은
백성들을 바른 길로 인도하지 못한
왕들 때문이었음을 증거한다.
그러나 기자는 소망의 메시지를
선포한다.

1. 백성들은 성전이 예루살렘에 있는 한, 망하지 않으리라고 생각했다. 그러나 그 망상은 바벨론 포로라는 현실 앞에 무너져내렸다. 실의에 빠져 있는 백성들에게 열왕기 기자는 소망을 가질 것을 촉구하고 있다.

(1) 기자는 이스라엘의 역사를 회고하며 그들이 망한 이유를 분석 설명하고 있다. 무엇이 이스라엘로 하여금 망국의 한을 달래며 살아가게 했는가? 기자는, 이 엄청난 고난은 결코 우연한 일이 아니라고 말한다. 이는 곧 **하나님의 언약**을 어겼기 때문이라고 설명한다.

(2) 하나님은 다윗에게 엄청난 축복을 선언하셨다. 이른바 '다윗 언약'으로, 만약 하나님의 언약을 잘 지키고 순종한다면 그의 나라가 영원할 것이라고 약속하셨다(삼하 7장). 다윗의 나라는 부강했었다. 다윗은 하나님의 언약에 충실했기 때문이다.

(3) 그가 범죄로 인해 하나님의 왕국에 먹칠을 한 일이 있기는 했지만 그는 하나님과의 언약 안에서의 관계를 벗어나지 않으려고 발버둥쳤다. 그는 자신이 지은 죄로 인해 엄청난 징계를 받았지만, 그의 회개 또한 축복을 받기에 합당한 모습이었다(시 51편).

왕위 계승을 둘러싼 치열한 음모들

2. 기자는 열왕기의 시작을, 노쇠한 다윗과 그 다윗 정권을 이어받는 과정부터 그리고 있다. 이 강대한 제국을 누가 이어갈 것인가?

(1) 다윗은 아직 후계자를 지정하지 못했고, 그는 극히 노쇠했다. 이 과정에서 아도니야를 중심으로 하는 파(요압 장군의 후원을 업고)와 솔로몬을 옹호하는 편(나단 선지자는 밧세바를 급히 다윗에게 보낸다)이 보이지 않는 세력다툼을 하고 있었다. 다윗은 통일 왕국의 통치를 솔로몬에게 물려줄 것을 약속한 바 있었던 것 같았다. 결국 다윗은 솔로몬의 편을 들어주었고, 그 반대파들을 제거하면서 제

국은 다시 안정을 찾는다.

(2) **솔로몬은 하나님을 크게 경외하는 인물이었다.** 기브온 산상에서 일천 번제를 드렸고, 하나님은 솔로몬에게 무엇이든지 원하는 것을 주겠다고 약속하신다.

(3) 솔로몬은 지혜를 간구했다. 물론 그 지혜는 백성을 하나님 뜻대로 잘 통치하기 위해서였다. 하나님은 솔로몬에게 지혜뿐만 아니라 엄청난 부와 영광도 겸하여 주셨다. 따라서 그의 통치하에서 다윗에 이어 이스라엘은 정치적 번영을 구가하게 된다. 솔로몬 시대에 들어와서 아브라함에게 약속된 번성과 축복이 실현되었음을 보여주고 있다(왕상 4:20-21).

3. 그렇게 원했던 성전 공사는 솔로몬이 왕 위에 오른 지 4년째 되는 봄에 건축을 시작한다. 완공은 7년 후인 그의 재위 11년 가을에 이루어진다.

(1) **성전이 봉헌되었고**(왕상 8장), 그 헌당식의 화려함을 열왕기상 8:1-9:9까지 자세히 기록하고 있다. 그러나, 솔로몬의 후반 통치는 심각한 퇴락 국면으로 접어드는 시기이기도 했다. 그 이유가 무엇이었을까? 솔로몬은 정략결혼으로 인해 우상 숭배를 허락하게 되었고 그들의 신들을 위해 산당도 지어주게 된다. **게다가 솔로몬은 많은 건축 공사를 남발(?)한다.** 성전 공사, 궁전 공사 등 각종 건설 사업에 백성의 노동력이 동원되었다. 자연히 백성들의 원망이 높아지게 되었고, 무엇보다 **우상 숭배 문제로 인해 하나님의 징계를 받는다.** 솔로몬의 치세 후반기에 들어서면서 백성들은 하나님으로부터 마음을 돌리기 시작한다.

(2) **솔로몬 사후 이스라엘은 남북으로 분열한다.** 북쪽 이스라엘의 문을 연 여로보암은 하나님의 축복의 약속에도 불구하고 우상 숭배를 추구한다. 그는 악한 왕의 샘플이 되었다. 계속되는 혁명에 이스라엘은 주춤거리다가 주전 722년 앗시리아에게 망하게 된다(왕하 17:7-23).

(3) 이런 멸망을 보고 남방 유다는 한때 정신을 차리는 듯했지만 결국은 주전 586년 앗시리아를 치고 일어선 바벨론에 포로로 끌려가게 된다(왕하 21장).

(4) 열왕기 기자는 무엇이라고 결론을 내렸을까? 기자는 이스라엘의 역사를 회고하면서 결국 선민 이스라엘이 비극적인 종말을 맞이한 것은 백성들을 바른 길로 인도하지 못한 왕들 때문이었음을 증거한다. 그러나 기자는 실의에 빠진 백성들에게 소망을 가질 것을 촉구한다. 하나님이 다시 자신의 백성을 불러내실 것이라고 희망의 메시지를 전한다.

정리하기

이스라엘 왕국의 역사

• 창15:18 "그 날에 여호와께서 아브람과 더불어 언약을 세워 이르시되 내가 이 땅을 애굽 강에서부터 그 큰 강 유브라데까지 네 자손에게 주노니."

• 창 12:2 "내가 너로 큰 민족을 이루고 네게 복을 주어 네 이름을 창대하게 하리니 너는 복이 될지라 3너를 축복하는 자에게는 내가 복을 내리고 너를 저주하는 자에게는 내가 저주하리니 땅의 모든 족속이 너로 말미암아 복을 얻을 것이라 하신지라."

• 창 15:5 "그를 이끌고 밖으로 나가 이르시되 하늘을 우러러 뭇별을 셀 수 있나 보라 또 그에게 이르시되 네 자손이 이와같으리라."

1. 우리는 「사무엘하」에서 다윗이 신정국가(神政國家)의 이상적인 왕의 그림자로 묘사되고 있음을 살펴보았다.

(1) 다윗 통치 하에서 이스라엘은 강력한 나라가 되었다. 하나님께서 주변 나라를 잠재워 주셨기 때문이다. 아브라함에게 주어신 약속대로(창 15:18*) 이스라엘은 애굽에서 유프라데스까지 그 영역이 확장된다. 나라가 어느 정도 안정권에 들어서자(삼하 7:1) 다윗은 하나님을 위해 성전을 건축하기를 원했다. 그러나 하나님은 선지자 나단을 통해 이 계획을 반려하신다. 다윗이 하나님을 위해 집(성전)을 세울 것이 아니라 오히려 하나님이 다윗을 위해 집(왕조)을 세워주실 것을 약속하신다. 이 약속은 영원히 계속될 것이라는 축복을 받는다.

(2) 아브라함과 그의 후손들에게(창 12:2-3*; 15:5*) 주어진 언약은 유다와 그의 후손들에게(창 49:8-11) 이어졌고, 이 언약은 이제 다윗 왕가에 맞추어지게 되었다. 다윗은 하나님의 은혜에 감사와 찬양을 드린다(삼하 7:18-29). 그러나 다윗의 이 철저한 약속과는 달리 그 역시 신정국가의 이상적인 왕이 아님을 드러낸다. 다윗의 영광과 성공(삼하 1-9장) 뒤에 그의 어두운 면이 소개되고 있다(삼하 10-20장). 특히 밧세바 사건으로 그의 영광은 퇴색되었다. 후반부는 그의 연약함과 실패가 적나라하게 그려지고 있다.

(3) 이후 그는 그의 장남 암논의 악행, 압살롬의 반역 등으로 망명을 가기까지 하는 어려움을 겪는다. 이는 "다윗의 집안에는 언제나 칼로 죽는 사람이 많을 것이라"(삼하 12:10)는 예언의 성취였다. 다윗이 범죄함으로 하나님의 영광에 먹칠을 했기 때문이었다. 이런 범죄에도 불구하고 하나님은 다윗에게 다시 은혜를 베푸시고 그의 왕국을 회복시키신다. 특히 사무엘하 21-24장은 사무엘서의 결론으로, 다윗은 모든 원수들로부터 구원하신 하나님의 은혜를 찬양하고 있다(삼하 22장).

2. 이제 열왕기서에서는 다윗 이후에 일어난 왕들이 다윗에게 주어진 영원한 언약에서 이탈했는가, 아니면 그 언약에 충실했는가에 초점이 모아지고 있다.

(1) 선한 왕인가 아닌가의 척도는 '다윗처럼 살았는가 아닌가'로 평가되었다. 결국 이스라엘의 역사적 운명을 결정짓는 것은 시내산 언약에의 순종 또는 불순종이었다. 열왕기상 · 하는 다윗 통치 말기부터 유다 말기까지 약 400년간의 왕들의 행위와 그 행위에 따르는 축복과 징벌을 이야기하고 있다. 개개인 왕들의 잘잘못에 따라 이스라엘은 부침(浮沈)을 계속한다.

열왕기서 프로필

1.「열왕기서」는 누가, 언제 썼을까?

(1) 물론 확실히 알 수 없다. 아마 유다인으로 바벨론 포로로 잡혀갔던 선지자에 의해 기록되었을 것이다. 저자가 이 책을 저술할 때는 북왕국 이스라엘이 흩어진 지 약 150여 년이 경과했던 시기였다. 따라서 이 저자는 직접적인 정보를 얻을 수 없었다. 결국 그는 초기의 문서에 의존했을 것이다. 열왕기서에서 그 문서에 대해 언급하고 있음을 본다. 물론 성경 기자가 이 문서의 인용과정에서 하나님의 감동을 받은 것은 당연하다.

• 많은 학자들은 열왕기상하는 엘리야 및 엘리사뿐만 아니라 여러 선지자들을 강조하고 또 선지자적 시각을 갖고 있다는 점에서 예레미야의 저작으로 주장하고 있다.

- **솔로몬의 행장**(왕상 11:41) : "솔로몬의 남은 사적과 그의 행한 모든 일과 그의 지혜는 '솔로몬의 실록(實錄)'에 기록되지 아니하였느냐."
- **유다 왕 역대지략**(왕상 14:29) : "르호보암의 남은 사적과 그가 행한 모든 일은 '유다 왕 역대지략'에 기록되지 아니하였느냐." (왕상 15:7; 왕하 8:23; 12:19; 14:18; 24:5 등 18번 언급되어 있다. 물론 성경의 역대기와는 다른 것이다.)
- **이스라엘 왕 역대지략**(왕상 14:19) : "여로보암의 그 남은 행적 곧 그가 어떻게 싸웠는지와 어떻게 다스렸는지는 '이스라엘 왕 역대지략(歷代志略)'에 기록되니라." (왕상 15:31; 왕하 1:18; 10:34; 13:8, 12 등 15번 언급되어 있다.)

• '솔로몬의 행장'은 단 한번 언급되었다. 열왕기상 3-11장의 내용이 이곳에서 얻어졌을 것이다.

• '이스라엘 왕 역대지략' : 20명의 이스라엘 왕 중 17명에 대하여 그들의 죽음과 관련되어 언급되었다.

• '유다 왕 역대지략' : 유다의 다섯 왕(아하시야, 아달랴, 여호아하스, 여호야긴, 시드기야)을 제외한 왕들의 죽음에 관한 언급에서 나온다.

(2) 이 인용 패턴이 일정한 것을 보면 열왕기서가 여러 사람에 의해 편집된 것이 아님을 볼 수 있다. 유대인 전승에는 예레미야*가 저자였다고 지목하고 있지만, 그는 예루살렘 멸망 후에 애굽에 있었다(렘 43:1-8). 만약 예레미야가 기록했다면 열왕기하 25장은 바벨론에 포로로 잡혀갔던 사람 가운데 한 사람이 썼을 것이다. 그러나 이와 같이 생각하는 학자는 거의 없다. 어쨌든 열왕기 기자는 이스라엘 민족의 역사를 잘 알고 있었음이 분명하다.

(3) 그러므로 이 책이 언제쯤 쓰였는지 정확한 시기는 확실히 알 수 없다. 여호야긴 왕이 감옥에서 풀려난 기록을 보면(왕하 25:27-30, 주전 560년) 열왕기가 그 이전에 쓰일 수 없었을 것이다. 바벨론 포로에서의 귀환은 주전 538년인데, 열왕기서에는 그에 대한 기록이 없는 것으로 보아 B.C. 560~538년 사이에 기록되었다고 본다.

(4) 어떤 학자는 이 책의 저자가 포로 후기에 바벨론에 살았던 사람이 아니라 포로 전기 유다에서 살았던 사람이라고 주장한다. 열왕기상 8:8*에 포로 전기를 가리키는 '오늘까지' (예를 들어, 법궤를 운반하는 채가 오늘까지 있었다는 기

• 삼하 8:8 "채가 길므로 채 끝이 내소 앞 성소에서 보이나 밖에서는 보이지 아니하며 그 채는 **오늘까지** 그 곳에 있으며"

록 등) 계속 존재하는 어떤 것들이 있었다는 점 등을 들어 이렇게 주장한다. 이 이중 편집에 대한 견해는 가능하긴 하지만 '오늘까지'라는 말에 너무 의존한다는 것이 문제점이다.

• 대하 5:9 "그 채가 길어서 궤에서 나오므로 그 끝이 본전 앞에서 보이나 밖에서는 보이지 아니하며 그 궤가 **오늘까지** 그 곳에 있으며"

(5) 또 다른 주장을 들어보자. "채들이 오늘까지 그곳에 있으며"라는 말은 역대기하 5:9*에도 나온다. 역대기는 분명히 포로 후기의 저술이다. 아마 역대기 저자는 열왕기상 8:8을 그대로 인용했을 것이다. 따라서 열왕기의 저자도 그보다 앞선 자료에서 그대로 인용할 수도 있었을 것이다. 그렇다면 열왕기 저자도 포로 후기의 사람으로 그의 시대에 산재해 있는 여러 자료들을 사용하여 기록한 것이라고 볼 수 있을 것이다(NIV 서론).

2. 「열왕기상 · 하」라는 명칭은 어떻게 유래되었을까?

(1) 원래는 하나의 작품으로 히브리 전통에서는 단순히 '열왕들'(Kings)이라고 했다. 그 이유는 이스라엘과 유다의 모든 왕들(사울 제외)의 통치를 기록하고 있기 때문이었다. 그러나 70인경(구약의 헬라어 역본)에서는 분량이 너무 커서인지(기사 내용 때문이 아니라) 이를 둘로 나누었다. 그 후에 번역된 라틴어역 불가타(Vulgate)도 이를 취했고, 현대 역본들도 이를 취하고 있다.

(2) 이 명칭은 시대마다 다르게 불리기도 했다. 사무엘서와 열왕기서의 관계를 강조하기 위해 70인경은 사무엘상 · 하를 제1, 제2왕국기로, 열왕기상 · 하를 제3, 제4왕국기로 명명하기도 했다(라틴역은 제 1, 2, 3, 4열왕기로 부른다).

3. 열왕기는 어느 시대의 사건을 기록한 것인가?

(1) 다윗 통치의 종식과 솔로몬의 등극 과정부터 유다의 마지막 왕 시드기야의 통치 말년, 그러니까 유다가 바벨론의 포로가 될 때까지 약 400년의 역사를 기록하고 있다.

(2) 북왕국 이스라엘 : 주전 930년~722년(210년간) – 9개 왕조 20명의 통치자.
남왕국 유다 : 주전 930년~586년(345년간) – 모두 다윗의 후손으로 20명.

4. 열왕기서의 위치는?

(1) 개역성경은 70인경을 따라 열왕기를 역사서로 분류했다. 그러나 히브리 성경은 전기 선지서(네비임)에 넣었다.

(2) 열왕기상 · 하의 내용은 역대기하와 거의 같은 시기의 역사를 다루고 있다. 같은 사료(史料)를 사용했지만 역사를 기록한 방법에는 차이가 있다. 즉 열왕기(사무엘상 · 하, 열왕기상 · 하)는 "왜 그 일이 일어났는가"의 관점을 가지고 기록했다만, 역대기(에스라, 느헤미야, 역대상 · 하)는 연대기적으로 기록했다는 점이 다르다. 그러니까 역대기 저자는 모든 자료들을 인용할 때 아주 미미한 수정을 하긴 했지만 그는 창작을 하지 않고 자료선정, 배열, 통합, 조정 등을 했을 뿐이라는 말이다.

(3) 열왕기의 저자가 포로 중에 있는 백성들을 위해 이스라엘 역사 자료를 해석하고 조직한 반면, 역대기는 포로 후의 백성들을 위해 썼다. 그렇기 때문에 역대기 기자는 과거와의 연계성 문제를 다루지 않을 수 없었을 것이다. 즉 '하나님은 아직도 우리에게 관심을 가지고 계신 것인가, 현재 우리는 바사(페르시아)의 지배를 받고 있는데 하나님이 다윗에게 하신 약속이 우리에게 무슨 의미가 있는가, 그 무서운 심판(성전파괴, 바벨론 포로 등과 같은)이 지나간 지금 우리와 옛 이스라엘의 관계는 어떻게 되는 것인가?' 등과 같은 질문에 기자는 대답하고 있다(NIV 성경, 역대상 서론).

(4) 또 역대기 저자는 유다의 왕들에 대해 더 관심을 가진 반면, 열왕기 저자는 이스라엘과 유다 모두에게 관심을 가졌다. 그리고 역대기상 · 하는 성전과 예배와 같은 제사장적인 요소를 특히 강조한 반면, 열왕기상 · 하는 왕과 선지자적인 요소에 관심을 두었다. 따라서 열왕기의 장르는 역사서이지만 사무엘서와 마찬가지로 '선지자적 역사'라고 볼 수 있다. 즉, 현대 일반 역사가들과는 전혀 다른 신학적 관점에서 기록했다는 말이다.

(5) 열왕기 저자는 왕들의 위업을 찬양하기 위해 이 책을 쓰지 않았다. 열왕기서는 '과거의 사건이 언제, 어디서, 어떻게 일어났는지를 상세하게 소개하려는 의도에서 기록된 객관적인 역사(Historie)로서의 성격을 지니기보다는 그 사건들이 지니는 의미나 교훈들을 강조하고자 하는 의도에서 기록된 주관적인 역사 혹은 해석된 역사(Geschichte)로서의 성격이 강하다'(로날드 내쉬, 기독교신앙과 역사이해, 성광문화사, 1989).

'신명기적' 역사

- 열왕기가 역사서이고 어느 저자에 의해 기록된 책이라면, 이 책을 쓴 저자도 어떤 역사관을 가지고 썼음이 분명하다. 이런 면에서 열왕기서가 '신명기적'이라고 부를 수 있다.

- 여기서 '신명기적'이라는 말은 신명기를 가리키거나 그 책의 핵심을 가리킨다. '신명기적 역사'는 신명기적인 신학적 관점에 의해 영향을 받은 편집자들의 작품을 가리킨다.

- 노트(M. Noth)라는 학자는 바벨론 포로시대(주전 550년경)에 신명기의 영향을 받은 한 저자(편집자가 아니라)가 그 전의 자료들을 이용해 "신명기, 여호수아, 사사기, 사무엘서,열왕기"를 모두 썼다는 소위 '신명기 사가의 역사' 이론을 제기했다. 그 후 많은 비평학자들이 이를 수용했다.

- 이런 주장에 대해 자세한 것을 보려면, 버나드 W. 앤더슨, 최종진 옮김, 구약신학(한돌출판사, 2001), 275-283면을 보라. 그러나 개혁주의 신학자들 중에는 이런 주장을 받아들이지 않 는 학자가 많다. 반대 견해에 대해서는 김지찬, 요단강가에서 바벨론 물가까지(생명의 말씀사, 1999), 30-34면을 참조해 보자.어쨌든 일반 신도에게는 이 정도만 생각하자.

24

왕권과 언약

왕들에 대한 평가는 누구를 기준으로 한 거야?

앞에서 언급된 바와 같이 이스라엘의 평강은 곧 왕들이 어떻게 모세언약에 명시된 의무를 잘 지켰느냐에 좌우되었다. 즉 왕들의 평가는 왕이 그의 통치 기간에 언약에서 이탈했는가, 아니면 언약에 충실했는가라는 관점에서 평가되었다.

열왕기 기자는 모든 왕들에게 동일한 관심을 가졌을까?

(1) 물론 그렇지 않다. 어떤 왕에 대해서는(예 : 솔로몬, 여로보암, 아합, 히스기야, 요시야 등) 많은 지면을 할애했지만, 어떤 왕들은 그 사건의 중요성에 비해 단 몇 줄로 간략하게 언급되었다.

예를 들어보자. 북쪽 왕국의 오므리(Omri)는 사마리아 성을 건축했을 뿐만 아니라 잃어버렸던 모압 왕국을 다시 속국으로 삼아 트랜스요르단 남부를 다시 장악하기도 했다. 그의 통치력에 대해서는 앗수르 통치자들의 비문에서도 발견되었는데, 그 비문에는 1세기가 더 지난 후에도 이스라엘을 "오므리의 나라"라고 지칭하고 있다. 이렇게 오므리는 강력한 통치자였음에도 불구하고 그에 대한 기록은 간략하게 서술되었다(왕상 16:23-28). 그에 대한 평가는 16:25에 이렇게 기록되었다: "오므리가 여호와 보시기에 악을 행하되 그 전의 모든 사람보다 더욱 악하게 행하여…"

(2) 북쪽 이스라엘 왕국이 정치적, 경제적으로 가장 강성했던 시기의 통치자였던 여로보암 2세의 기록도 간단하게 언급되었다(왕하 14:23-29). 이로 보아 열왕기 저자의 관심은 정치 · 경제 · 군사적인 면보다는 **언약적 문제에 더 관심**이 있었음을 알 수 있다. 즉, **종교적인 관점에서 왕들을 평가했다**. '여호와의 눈'이 가장 중요하게 보는 것은 왕들의 종교적인 행동과 정책이었다. 선한 왕이라는 기준은 왕들이 얼마나 하나님의 언약에 충실했느냐에 따라 평가되었다.

(3) 특히 여호야긴이 바벨론 왕에게 전적으로 의존하며 꼭두각시 노릇을 하는 모습을 보면서 유다 열왕들의 통치 하에서 진행된 언약의 역사는 성공적이지 못했다고 소개한다. 열왕기는 다윗 왕조가 퇴락하고 멸망당할 수밖에 없었던 사실을 드러내고 있지만 그렇다고 해서 다윗 언약의 절대성과 영원성이 파기되는 것은 아니었다.

신정왕국의 특성

• 이스라엘의 왕은 독특한 기능을 갖고 있다. 왕 자신의 행동은 개인의 행동으로 끝나지 않는다. 즉, 이스라엘의 왕은 백성 전체를 의미했다. 백성 전체와 동일시했다는 말이다. 따라서 왕이 하나님 보시기에 악을 행하면 그 고통은 백성들에게 떨어진다. 왕이 하나님 보시기에 악을 행하면 그것은 백성 전체가 악을 행한 것으로 간주된다. 왕은 하나님의 거울이나 그림자 역할을 해야 한다.

• 아합 왕의 경우도 길게 언급되었는데(왕상17:1-22:39), 이는 아합이 그의 통치 기간 중 하나님의 언약에서 크게 이탈했기 때문이다. 그의 통치 기간 중 북쪽 이스라엘은 언약의 신실성가 지속성에 상당한 위협을 받았다. 아합의 아내 이세벨의 딸 아달랴는 다윗 가를 거의 몰살 지경까지 몰고 갔다(왕하 11:1-3). 므낫세에 대한 기사도(왕하 21:1-18) 그가 언약 파기의 장본인이었기 때문에 상세히 언급되었다.

• 유다 왕 요시야는 그의 통치 초기에 대한 기록은 없고 그의 재위 18년 되던 해에 일어난 종교개혁과 언약갱신에 대한 기사는 매우 상세하게 언급되었다(왕하23:3-23:28). 이는 열왕기 저자의 관점이 정치, 경제적인 면보다는 언약적인 면에 더 관심을 두었기 때문이다.

그렇다면 그 평가 기준은 무엇(누구)이었을까?

열왕기 기자는 왕들을 평가할 때 다윗을 비교 모델로서 제시한다. 아래 구절을 찾아보면서 설명을 해보자.

• 왕상 11:6 "솔로몬이 여호와의 눈앞에서 악을 행하여 '그 부친 (   )이 여호와를 온전히 좇음같이' 좇지 아니하고"
• 왕상 11:33 "이는 저희가 나를 버리고 시돈 사람의 여신 아스다롯과 모압의 신 그모스와 암몬 자손의 신 밀곰을 숭배하며 '그 아비 (   )의 행함 같지 아니하여'(כְּדָוִד) 내 길로 행치 아니하며 나 보기에 정직한 일과 나의 법도와 나의 율례를 행치 아니함이니라." / • 왕상 15:3도 찾아보자.

'다윗과 같다' 또는 '다윗과 같지 않았다'고 평가한다.

위의 구절 중 11:6을 보자. 솔로몬은 '그의 아버지 다윗이 행한 것처럼'(as did David his father) 온전히 주를 좇지 않았다는 것이다. 솔로몬은 '다윗처럼'(כְּדָוִד) 살지 못했다는 말이다. 또는 마음이 다윗과 '같지' 않았다고도 표현하고 있다(15:3). 이처럼 다윗은 다른 왕들을 평가하는 열왕기 기자의 이상적인 왕이었다.

그렇다면 악한 왕의 평가 기준은 누구였을까?

여로보암은 열왕기에서 나쁜 왕의 모델로 간주되었다. 여로보암의 행위는 '여로보암의 죄' 또는 '여로보암의 길'로 표현되었다. 바아사, 시므리, 오므리, 아하시야는 '여로보암의 길'을 걸어갔던 왕으로 선언되었다(왕상 16:2, 16:31). 예후나 여호아하스, 므나헴, 요아스, 브가히야 등은 '여로보암의 죄'에서 떠나지 아니했다.

• 왕상 16:31 "느밧의 아들 '여로보암의 죄를 따라' 행하는 것을 오히려 가볍게 여기며 시돈 사람의 왕 엣바알의 딸 이세벨로 아내를 삼고 가서 바알을 섬겨 숭배하고"

26

솔로몬시대에
이스라엘의 정치적 이상이 온전히 이루어졌을까?

다윗 시대의 안식보다 더 온전한 안식의 시대

다윗의 정복전쟁(삼하 8-10장)은 이스라엘을 당대의 강국으로 만들었다. 다윗 때에 이스라엘은 크게 안정되었고(삼하 7:1) 국력도 신장되었다. 물론 백성들의 삶에도 풍요를 가져왔다. 그러나 다윗 시대에 아브라함에게 약속되었던 지경(地境)이 완전히 실현되지는 않았다. 성전을 지어드리려던 다윗의 열망도 그의 아들의 시대로 넘기게 되었다. 다윗 시대의 안식보다(삼하 7:1) 더 온전한 안식(삼하 7:11)이 아직 남아 있었다.

솔로몬의 통치로 넘어오면서 변화된 모습은?

솔로몬의 통치 하에서 이스라엘은 정치적 번영을 구가하게 된다. 솔로몬 시대에 들어와서 아브라함에게 약속된 번성과 축복이 실현되었음을 보여주고 있다.

열왕기상 4:20-21을 꼭 읽어보자. 여기서 '하수'(the river)는 유프라테스 강을 가리킨다. 그러니까 솔로몬은 아브라함에게 약속된(창 15:18) 거의 전 지역을 다스렸다는 말이다. 본문은 솔로몬의 통치의 번영을 다음과 같이 소개한다.

"솔로몬이 하수 이편을 딥사(유프라테스 강 서편에 있는 큰 성읍)에서부터 가사까지 모두 다스리므로 하수 이편의 모든 왕이 다 관할한 바 되매 저가 사방에 둘린 민족과 평화가 있었으니 솔로몬의 사는 동안에 유다와 이스라엘이 단에서부터 브엘세바에 이르기까지 각기 '포도나무 아래와 무화과나무 아래서' 안연히 살았더라"(왕상 4:24-25).

'포도나무 아래와 무화과나무 아래서'

이 말은 이상적인 생활의 조건을 가리키는 풍자적 표현이었다(미 4:4 참조). 한마디로 솔로몬의 시대는 태평성대(太平聖代)였다는 말이다. 안식의 시대가 도래했음을 솔로몬은 다음과 같이 표현했다. "이제 내 하나님 여호와께서 내게 사방의 (   )을 주시매 대적도 없고 (   )도 없도다"(왕상 5:4).

다윗은 성전을 건축하려 했으나 거절당했다(삼하 7:5; 대상 22:7-12). 그러나 그는 성전 건축을 위한 많은 물자를 준비했다(대상 22:2-4). 솔로몬은 왕위에 오른 지 4년째 되는 봄에 성전을 건축하기 시작했다. 완공은 7년 후인 재위 11

년 가을에 완공된다. 이제 솔로몬에 의해 성전이 봉헌된다(왕상 8장). 그 헌당식의 화려함을 열왕기상 8:1-9:9까지 자세히 기록하고 있다. 양과 소의 제물이 너무 많아서 셀 수도 없다고 했다(왕상 8:5). 그 화려함의 규모는 열왕기상 8:62-66*을 읽어보자. 사무엘하 7장에서 다윗이 기대했던 바가 실제적으로 가시화되었다. 향후 시온에 세워진 성전은 하늘과 땅을 연결시켜 주는 접합 장소가 될 것이며 거기에 시내산 전통이 응집될 것이다(왕상 8:21 참조).

혼합주의와 우상숭배로 치닫는 솔로몬

그러나, 솔로몬 시대(주전 970~930년간)는 하나님의 백성의 정치체제가 심각한 퇴락 국면으로 접어드는 시기이기도 했다. 이후 왕들과 백성들의 마음 속에는 신정적(神政的) 정신이 쇠퇴해가고 있었다. 여호와께서 이스라엘의 참통치자라는 생각이 점차 감소해 갔다. 특히 솔로몬의 치세 후기에 들어서면서 백성들은 하나님으로부터 마음을 돌리기 시작한다. 이후 열왕기의 기록은 다윗 제국의 쇠퇴와 멸망을 다루고 있음을 본다. 8장 이후에는 더 이상 법궤에 관한 이야기도 나오지 않는다.

솔로몬 사후 이스라엘은 남북이 분열된다. 솔로몬은 부와 영광을 얻게 되었지만 그의 말년은 혼합주의와 우상숭배로 치닫게 되었기 때문이다. 마침내 북방 이스라엘은 주전 722년 앗시리아에게 망하게 된다(왕하 17:7-23).

남방 유다는 한때 정신을 차리는 듯했지만

이런 멸망을 보고 남방 유다는 한때 정신을 차리는 듯했지만 결국은 주전 586년 앗시리아를 치고 일어선 바벨론에 포로로 끌려가게 된다(왕하 21장). 비록 요시야 왕이 종교개혁을 단행했으나 너무 소규모였고, 이를 회복하기에는 너무 늦어버렸다(왕하 23:26-27; 24:3 참조). 물론 예루살렘이 파괴되었고 여호와의 성전도 무너져 내렸다. 열왕기 저자는 왕들이 '다윗처럼' 살았는가, 그렇지 않은가를 평가하고 있다. "여호와 보시기에 선했다"라고 평가를 받은 왕은 손가락을 꼽을 정도였다. 결국 포로는 하나님의 언약을 어긴 하나님의 징벌이었다.

성전의 화려함

- 왕상 8:62 "이에 왕과 왕과 함께 한 이스라엘이 다 여호와 앞에 희생을 드리니라 솔로몬이 화목제의 희생을 드렸으니 곧 여호와께 드린 소가 이만 이천이요 양이 십이만이라 이와 같이 왕과 모든 이스라엘 자손이 여호와의 전의 낙성식을 행하였는데, 그 날에 왕이 여호와의 전 앞뜰 가운데를 거룩히 구별하고 거기서 번제와 소제와 감사제의 기름을 드렸으니 이는 여호와의 앞 놋단이 작으므로 번제물과 소제물과 화목제의 기름을 다 용납할 수 없음이라. 그 때에 솔로몬이 칠일 칠일 합 십사 일을 우리 하나님 여호와 앞에서 절기로 지켰는데 하맛 어귀에서부터 애굽 하수까지의 온 이스라엘의 큰 회중이 모여 저와 함께 하였더니, 제팔일에 솔로몬이 백성을 돌려 보내매 백성이 왕을 위하여 축복하고 자기 장막으로 돌아가는데 여호와께서 그 종 다윗과 그 백성 이스라엘에게 베푸신 모든 은혜를 인하여 기뻐하며 마음에 즐거워하였더라."

북방 이스라엘이나
남쪽 유다나
하나님의 언약을 어기기는
마찬가지였다.

그렇다면 이스라엘은 왜 멸망했을까?

크게 번영했던 솔로몬 왕국이

크게 번영했던 솔로몬 왕국이 갑자기 멸망으로 선회하기 시작한다. 무엇 때문에 광대한 제국이 남북 분열에 이어 멸망으로 치달아야 했을까? 바벨론의 포로로 끌려간 이스라엘 백성들은 성전이 불타버리고 나라가 완전히 멸망된 이유를 알지 못했다. '여호와 하나님은 바벨론의 신보다 못하신 분이 아닌가?!' 바벨론 강가에 모여 이스라엘 포로는 자신들이 당한 슬픔을 이렇게 노래한다. 시편 137:1-4을 읽어보자.

'왜 선택된 백성이 이방 땅에 와서 포로로 살아야만 하는가?' '우리는 이제 돌아갈 희망이 전혀 없다는 말인가?' 선지자들은 이들에게 그 멸망의 이유를 설명해 주어야 한다.

그러나 열왕기 저자는 이들에게 이스라엘의 멸망사를 다루면서 장대한 논문을 작성하지 아니한다. 그는 지금까지 왕들의 행적을 보여줌으로써 패망의 원인을 설명하고 있다. 저자는 북쪽 이스라엘의 모든 왕들은 여호와 보시기에 악을 행하였고, 남쪽 유다에서는 일곱 명만 여호와 보시기에 좋은 일을 행한 것으로 인정받았다고 진술한다.

왜 왕들 때문에 이스라엘이 파멸되었는가?

이스라엘에서 왕은 어떤 위치에 있는 자인가? 하나님은 이스라엘을 통치하실 때 자신의 종인 왕을 통해 그의 백성을 통치하신다. 따라서 이스라엘과 그 왕들의 안녕(安寧)은 '모세언약에 명시된 그들의 의무를 잘 순종하느냐, 아니냐'에 달려 있었다. 저자는 왕들의 통치에 관한 사회, 정치, 경제적 평가를 하고 있는 것이 아니라 언약의 성실성에 대해 평가하고 있다.

그렇다면 왕은 어떻게 살아야 하는가?

모세는 차후 이스라엘에 왕정이 세워질 때, 그 왕이 지켜야 할 의무를 몇 가지로 언급하고 있다. 신명기 17:15-19을 찾아 읽어보자.

결국, 선한 왕이란?

• 앞에서 언급된 대로 이스라엘 의 왕들은 시내산에서 하나님과 맺은 언약(모세 언약)을 잘 지켜야 한다. 열왕기에서 가장 칭찬을 받은 왕은 히스기야와 요시야이다. 이들이 어떤 평가를 받고 있는가를 읽어보자.

• 왕하 18:5-6
• 왕하 23:25

● 첫째, 왕을 세울 때는 하나님이 택하신 자를 왕으로 세우되 타국인을 왕으로 세워서는 안 된다(15절). 이는 이스라엘의 종교 관습에 젖어 있는 사람이 다스려야 하기 때문이다.

● 둘째, 왕이 된 자는 다른 열방의 왕들과 같이 말(馬)을 많이 두지 말아야 한다(16절). 말을 많이 둔다는 것은 곧 하나님을 의지하기 보다는 군사력을 더 의지하는 일이 되기 때문이다.

● 셋째, 아내를 많이 두지 말고 은금을 많이 쌓아 두지 말아야 한다(17절). 왕이 아내를 많이 두는 경우가 생길 것이다. 특히 이방과 동맹 관계를 맺을 때 이방 여인을 아내로 맞이하게 될 것이지만 이는 곧 하나님을 신뢰치 못한 행동이다.

● 넷째, 율법서를 등사하여 평생 자기 옆에 두고 읽어서 그 하나님 경외하기를 배우며, 이 율법의 모든 말과 규례를 지켜 행해야 한다(18-19절).

시편 72편 간단한내용

• 시편 72편은 신약에서 인용되지 않았지만 그럼에도 불구하고 기독교 초기부터 메시야적인 것으로 여겨졌다. 이 시편에는 왕적 인물이 통치 중에 행하는 사역의 성격과 범위와 효과가 다른 어떤 성경 자료보다 완전하게 기술되어 있다.

• 내용 : 왕에게 꼭 필요한 덕목의 요구(1절) / 이런 덕목들이 왕국에 거하는 약하고 가난한 자들에게 미치는 영향(2-4절, 12-14절) / 이러한 덕목들이 왕의 통치 기간과 그 왕국의 기간에 미치는 영향(5-15, 17절) / 이런 덕목들이 왕국의 번영에 미치는 영향(6-7절, 16절) / 왕국의 보편성에 미치는 영향(8-11절) / 만복의 근원이신 여호와께 대한 찬양. 즉 이러한 덕목들이 가져오는 유익이란 ① 약하고 가난한 자들에 대한 도움, ② 통치와 왕국의 지속, ③ 왕국의 번영을 가져온다는 것이다.

율법 원판(原版)은 성소에 보관되었다(신 31:9 참조). 새로 왕위를 계승한 왕은 하나님께 대한 복종의 표시로 율법서를 등사하여(copy) 이를 자기 곁에 두어 읽고 지켜서 왕의 통치의 지침서로 삼아야 했다. 그래야 그가 하나님과 백성 앞에 교만하지 않을 것이기 때문이다. 그런데 대부분의 이스라엘의 왕들은 이를 어겨 언약을 배반했다. 솔로몬 역시 위의 금지 사항을 다 어겼다. 열왕기상 10:14-15, 23, 26-28을 읽어보자. 이렇게 이스라엘의 왕은 열방의 왕들(예를 들어 애굽의 왕인 바로는 신으로 군림했다)과는 달리 그 자신이 곧 법이 되는 것이 아니라 하나님의 율법에 철저하게 순종하는 자여야 한다. 그가 할 일은 백성들로 하여금 율법을 지키며 살도록 여호와 하나님의 겸손한 종으로서 모본을 보여야 했다. 왕은 공의와 의를 세우고 연약한 자를 돕기 위해서 여호와께 충성해야 했다(시 72편*을 읽어보자).

때때로 왕들은 궤도에서 이탈할 수 있었는데 이를 통제하기 위해서 하나님은 선지자를 세우셨다. 왕이 범죄했을 때 선지자들은 하나님의 대변자들로서 이들의 죄를 책망하며 바른 길을 제시했다. 그렇다면 여호와는 이스라엘의 왕들을 포함한 모든 그의 백성의 진정한 왕이시다. 다음 구절들을 찾아 읽어보도록 하자(민 23:21; 삼상 12:12; 시 44:4; 74:12; 145:1; 사 33:22; 겔 20:33). 물론 여호와 하나님의 통치는 이방 나라에까지도 미친다(출 15:18; 시 22:18; 대상 16:31).

역사의 주인공은 누구인가?

이스라엘의 역사는 우연한 사건들의 연속인가?

1. 성경에서는 역사를 하나님의 통치 아래 있는 것으로 보기 때문에 주로 고백적이고 또한 하나님께서 하신 일을 찬양한다. 성경 역사는 심판과 구원을 강조하면서 하나님이 누구이신가에 대해 증거한다(시 78, 105편을 읽어보자). 따라서 하나님이 행하신 역사를 잊어서는 안 되며(시 78:7), 그것은 믿음의 고백으로 한 세대에서 다음 세대로 전달된다(시 78:5-6). 따라서 성경의 역사는 단순히 일반 역사가의 관점에서 다루지 않고 하나님께서 역사를 주도해 가신다는 관점에서 기록하고 있다. 열왕기는 이스라엘을 통치했던 왕들의 행위와 그 행위에 따르는 축복과 징벌을 이야기하고 있다.

• 세속사관으로는 성경에 나타난 하나님의 역사를 정확하게 볼 수 없다. 인간의 역사는 인간대 인간 또는 인간대 자연에 집중되어 있다. 그러나 성경에서 보면 이런 것은 이차적인 것일 뿐이다. 가장 중요한 관심사는 하나님과 인간의 관계이다. 그러므로 성경의 역사는 하나님 앞에 선 인간의 모습들을 기록한 것이다.

김기홍, 역사와 신앙(도서출판 두란노, 1990), 27면.

2. 그렇다면 왜 꼭 왕들만이 평가의 대상이 되는가?

(1) 앞에 여러 번 언급되었듯이, 이스라엘은 왕들의 잘잘못에 의해 나라가 부강해지기도 하고 쇠퇴하기도 했다. 하나님은 그의 지상의 종인 왕을 통해 그의 백성을 통치하시는 방식을 택했기 때문이다.[1] 즉 이스라엘의 왕은 단지 국가를 대표하는 개인이 아니었다. 이 왕들은 하나님 앞에서 백성 전체를 의미했다. 단지 대표자로서의 한 개인이 아니라 그 백성 전체와 동일시되는 존재였다. 왕은 단순한 통치자가 아니라 하나님 자신의 모습을 드러내는 거울이며 그림자의 기능을 해야 하는 존재였다.

따라서 왕이 하나님 보시기에 악을 행하면 그것은 백성 전체가 악을 행한 것으로 간주되었다. 물론 그 반대의 경우도 그러했다. 왕의 행위에 따라 나라의 흥망성쇄가 좌우되었다.

• 김지찬, 요단강에서 바벨론 물가까지(생명의 말씀사, 1999), 372면.

(2) 이런 관계는 이스라엘이 하나님의 백성이요, 여호와께서 그들의 하나님이 되시는 언약 관계 때문이다. 이 언약 관계에서는 하나님과 백성 사이에 중보자가 필요한데 이 기능이 왕에게 주어진 것이라 할 수 있다. 이스라엘의 왕은 하나님의 사역자들이며, 하나님은 이들을 통해 자기 백성을 보호하시며 자신의 나라를 이루어가신다. 다음 구절을 찾아보며 확인해 보자.

언약 관계에서는 하나님과 백성 사이에 중보자가 필요한데 이 기능이 왕에게 주어진 것이라 할 수 있다.

• 좋은 왕 : “11아사가 그의 조상 다윗 같이 여호와 보시기에 (정직하게) 행하여 12 남색하는 자를 그 땅에서 쫓아내고 그의 조상들이 지은 모든 우상을 없애고 ”(왕상 15:11-12).

• 나쁜 왕 : “ [25]오므리가 여호와 보시기에 (악)을 행하되 그 전의 모든 사람 보다 더욱 악하게 행하여 [26]느밧의 아들 여로보암의 모든 길로 행하며 그가 이스라엘에게 죄를 범하게 한 그 죄 중에 행하여 그들의 헛된 것들로 이스라엘의 하나님 여호와를 노하시게 하였더라”(왕상 16:25-26).

(3) 그러므로 열왕기는 하나님께서 역사를 움직여 가시는 그 말씀의 토대가 언약(특히 다윗에게 하신 언약)임을 강조하고 있다. 따라서 단순히 왕들의 윤리적 교훈만을 얻으려 한다면 열왕기서의 전체적 성격을 무시하는 것이 된다. 열왕기는 왕들을 언약적 관점에서 평가했다는 말이다. 이 부분을 보다 잘 이해하기 위해서는 아브라함 언약과 모세 언약 그리고 다윗 언약의 관계를 연구해야 한다.

3. 역사의 주인공은 누구인가? 물론 여호와 하나님이시다. 그렇다면 인간은 꼭두각시인가?

(1) 하나님은 인생들에게 자유를 허락하신다. 로봇이 아니기 때문이다. 따라서 자신의 삶을 어떻게 이끌어갈 것인가는 개인의 자유로운 선택과 결정에 달려 있다. 그러나 하나님의 주권과 인간의 자유가 어떻게 결합되었는가를 이해하는 것은 쉬운 일이 아니다. 우리에게 주어진 자유는 우리로 하여금 아주 쉽게 죄의 종이 되게 할 수 있다. 우리의 믿음이 상승곡선을 그리고 있다면, 하나님께 순종하는 것만이 최선의 자유라는 것을 알게 될 것이다. 열왕기 기자는 하나님의 대리 통치자였던 이스라엘의 왕들이 대체로 언약을 어기고 하나님께 철저하게 순종하지 않았다고 결론 내리고 있다.

(2) 열왕기 기자는 지금 바벨론의 포로가 되어 바벨론의 그발 강가에서(에스겔서 참조) 예루살렘을 향하여 울고 있는 백성에게 그들이 이렇게 비참한 상태에 빠진 이유를 설명하고 있다. 이는 선민 이스라엘의 완강한 고집과 반항으로 인한 언약 파기 때문이었다는 것이다. 하나님은 백성의 불순종에 계속 인내하셨지만 결국 포로로 끌려가게 하셨다. 하나님은 이미 선지자들을 통해 수없이 경고하셨다. 하나님은 그런 경고를 무시하고 죄악으로 치닫던 백성에게 언약의 저주를 부과하신 것이다(레 26:27-45과 신 28:64-68을 읽어보자).

(3) 열왕기 기자는 이스라엘이 비록 포로 생활 속에 있었지만 그 가운데서도 다윗의 언약을 제시하면서 계속적으로 그것을 바라보도록 촉구하고 있다. 그동안 많은 선지자들이 등장해서 벼랑으로 치닫는 이스라엘에게 경고의 메시지를 선포했다.

열왕기 기록은 부정적인가?

열왕기 기자는 이스라엘의 역사를 회고하며 그들이 망한 이유를 분석하며 설명하고 있다. 그러면서도 기자는 소망을 갖게 한다. 열왕기서는 결코 부정적인 의미로 쓰이지 않았다. 대부분의 학자들은 이 책에는 오히려 강력하고 적극적인 메시지가 흐르고 있다고 주장한다.

그래서 이를 ‘메시야적’ 주제로(G. von Rad), ‘회개의 부르심’으로(H. W. Wolff), ‘희망에 관한 메시지’로(J. G. McConville) 보았다. 또는 ‘하나님의 은혜’로 (W. Brueggemann) 보기도 했다.

• David M. Howard Jr. 구약역사서 개론, 류근상 역 (크리스찬출판사, 2001), 261면.

다윗 왕조에 등장했던 선지자들

선지자적 관점에도 초점을 맞춤

1. 열왕기서는 왕들에 대해서 크게 관심을 두고 있지만 그와 함께 선지자적 관점에도 초점을 맞추고 있다. 열왕기에는 '선지자'라는 단어가 많이 나오지만(94번) '하나님의 사람'(선지자의 명칭)이라는 말도 많이 나온다(60번).[1] 북이스라엘의 열왕들뿐만 아니라 유다의 왕들도 선지자로부터 책망을 받기도 했고 격려를 받기도 했다. 열왕기가 주로 북왕국의 왕들과 선지자들에게 관심을 보인 반면, 역대기는 남왕국에서 활동한 하나님의 선지자에게 집중하고 있다.

1) David M. Howard Jr. 구약 역사서 개론, 류근상 역(크리스찬출판사, 2001), 265면.

(1) 선지자들의 역할은 무엇인가? (이에 대해서는 열왕기하 교재에서 다루자.)

선지자는 왕들에게 하나님의 약속을 전하기도 하고, 경고를 전하기도 했다. 또한 이들에게 임할 하나님의 심판을 선포하기도 했다. 약속의 땅에서는 삶의 새로운 환경과 하나님으로부터의 더 나은 계시가 필요했을 것이다. 왕국 시대에 등장한 예언자들은 사사시대보다 더 많이 언급되었다.

- **다윗, 솔로몬, 여로보암 시대의 선지자들** : ① 갓 ② 나단 ③ 사독과 헤만(삼하 15:27, 대상 25:5) ④ 아히야(왕상 11:29) ⑤ 하나님의 사람(왕상 13:1-24) ⑥ 벧엘의 한 늙은 선지자(왕상 13:21, 22 참조)
- **르호보암, 아비얌, 아사, 여호사밧, 바아사 시대 선지자들** : ① 잇도 ② 스마야 ③ 아사랴(대하 15:1-8) ④ 하나니(예후의 아비로 언급됨, 왕상 16장, 대하 19:2, 20:34) ⑤ 예후 ⑥ 야하시엘(대하 20:14-17) ⑦ 엘리에셀(대하 20:37)
- **아합 시대** : ① 엘리야
- **아합, 요아스, 아마샤 시대 선지자들** : ① 한 선지자(왕상 20:13, 22, 28 - 엘리야라고도 주장되나 확실치 않음) ② 선지자의 한 사람(왕상 20:35-43) ③ 미가야(왕상 22:1-39, 대하 18:31-34) ④ 스가랴(대하 24:17-22) ⑤ 한 선지자(대하 25:7, 왕하 14:1-7 참고)
- **여호람부터 요아스 시대까지** : ① 엘리사

• 레온 우드, 이스라엘의 선지자(기독교문서선교회, 1990) 참조

[예언서 기록 예언자들]

- **9세기 예언자들** : ① 오바댜(에돔의 파멸 예언) ② 요엘(여호와의 날)
- **8세기 (북이스라엘) 예언자들** : ① 호세아(불성실한 이스라엘에 대한 메시지) ② 아모스(6개 주변 국가들 심판, 이스라엘의 죄와 징계, 임박한 심판에 대한 5개의 환상들 ③ 요나(요나의 사명과 니느웨의 대회개)

갈멜산 상의 엘리야 동상

선 지 자	이스라엘 왕	유다 왕	성경 본문
잇도		르호보암/아히야	대하 9:29
아히야	여로보암 1세		왕상 11:26-40;14:1-18
스마야		르호보암	왕상 12:22-24
유다에서 온 선지자	여로보암 1세		왕상 13:1-34
하나니		아사	대하 16:7
예후(하나니의 아들)	바아사		왕상 16:1-4
엘리야	아합		왕상 17:1-
	아하시야		왕하 2:12
무명의 선지자	아합		왕상 20:13-43
미가야	아합		왕상 22:1-36
엘리사	여호람		왕상 19:19-21
	예후, 여호아하스		왕하 2-10장
	여호아스		왕하 13:14-21
무명의 선지자	예후		왕하 9:4
야하시엘		여호사밧	대하 20:14-17
엘리에셀		여호사밧	대하 20:37
스가랴		요아스	대하 24:20
요나	여로보암 2세		왕하 14:25-27
이사야		히스기야	왕하 18:17-20:21

• W.A. VanGemeren, 예언서 연구, 김의원, 이명철 역(엠마오, 1993), 81면.

- **8세기 (남유다) 예언자들** : ① 이사야 ② 미가
- **7세기 예언자들** : ① 나훔(니느웨의 멸망) ② 스바냐(유다와 예루살렘 심판, 주변 국가들의 심판) ③ 하박국(바벨론의 궁극적 파멸 예언) - 소선지
- **7세기 예언자** : ① 예레미야(유다의 극심한 죄 지적, 북방으로부터 적국 침입 예언, 바벨론 유수 경고, 예레미야에 관한 일화들, 주변 국가들의 대한 예언) - 대선지자
- **포로기 시대의 예언자들** : ① 다니엘 ② 에스겔
- **포로기 이후의 예언자들** : ① 학개 ② 스가랴 ③ 말라기

(2) 위 예언자들의 구체적인 활동 내용은 열왕기하 교재에서 더 자세히 언급될 것이다. 여기서는 간단하게 시대별 예언자들만 구분했다.

이스라엘과 유다의 선지자들

구약 성경에 기록된 선지자들의 예언은 크게 세 가지로 구별될 수 있다.

① 선지자들은 주로 이스라엘의 운명에 관한 예언 활동을 했다. 백성들의 불신앙과 죄악에 대한 하나님의 심판을 선언하거나 사로잡혀 가서 시험을 받은 후에 회복된다는 약속 등을 선포했다.

② 메시야적 예언 : 이 예언의 요지는 이스라엘과 세상 사람들의 구주가 오신다는 것이었다.

- 미가서 5:2 "베들레헴 에브라다야 너는 유다 족속 중에 작을지라도 이스라엘을 다스릴 자가 네게서 내게로 나올 것이라 그의 근본은 상고에, 태초에니라."
- 이사야 52:13~53장 : 마지막 날에 그리스도의 구속적 생애와 사역이 두드러지게 요약되어있다.

③ 종말론적 예언 : 마지막 날에 하나님의 나라가 지상에 세워질 것에 대한 예언이다. 물론 이 예언은 이미 성취된 것도 있으며, 지금 성취 과정 중에 있는 것도 있고, 아직 성취되지 않은 예언도 있다.

다윗 종말론의 진전(進展)

다윗의 집을 일으켜 세우실 것이다

이 문제는 「열왕기하」에서 또는 선지서에서 자세하게 다룰 것이나 미리 살펴보는 것이 다윗왕조를 이해하는 데 도움이 될 것 같다. 여기서는 W. J. Dumbrell의 *Covenant and Creation*(언약과 창조, 크리스챤서적, 최우성 역)을 정리하는 것으로 설명을 대신하려 한다.

1. 다윗이 짓기를 원했던 성전은 솔로몬 재위 11년 가을에 완공된다. 솔로몬에 의해 성전이 봉헌되었다(왕상 8장). 아브라함에게 약속된 번성의 축복도 솔로몬에게서 성취된다(왕상 4:20-21). 이스라엘에 모처럼 안식다운 안식이 찾아 왔다(왕상 5:4). 그러니까 사무엘하 6-7장에서 기대했던 바가 열왕기상 8장에서 구체적으로 가시화되었다.

2. 그러나 솔로몬의 통치는 이상적이지 못했다. 그의 통치는 전제군주제를 방불케 했고 이상적 사회구조도 확립되지 않았다. 그는 왕위에 오를 때부터 적대자를 무자비하게 없애버렸다. 그는 열두 행정 구역을 설정함으로써(왕상 4:7-19) 기존의 지파 체제를 무너뜨렸다. 솔로몬 시대에 이스라엘이 최고의 번영을 구가하기도 했지만, 그의 사후에는 남북이 분열되는 불운을 맞는다. 열왕기서가 바로 이 다윗 제국의 쇠퇴와 멸망을 다루고 있다. 열왕기상 8장 이후에는 더 이상 법궤에 관한 이야기가 나오지 않는다. 다윗 왕권과 관련된 기대사항들은 여러 선지자에 의해 종말론적 의의를 지닌 비전으로 바뀌어 나타났다.

• 사 2:2-4 "말일에 여호와의 전의 산이 모든 산꼭대기에 굳게 설 것이요 모든 작은 산 위에 뛰어나리니 만방이 그리로 모여들 것이라 많은 백성이 가며 이르기를 오라 우리가 여호와의 산에 오르며 야곱의 하나님의 전에 이르자 그가 그 도로 우리에게 가르치실 것이라 우리가 그 길로 행하리라 하리니 이는 율법이 시온에서부터 나올 것이요 여호와의 말씀이 예루살렘에서부터 나올 것임이니라 그가 열방 사이에 판단하시며 많은 백성을 판결하시리니 무리가 그 칼을 쳐서 보습을 만들고 그 창을 쳐서 낫을 만들 것이며 이 나라와 저 나라가 다시는 칼을 들고 서로 치지 아니하며 다시는 전쟁을 연습지 아니하리라."

(1) 이사야 2:2-4에서 다윗 종말론에 관한 충분한 개념이 최초로 나타난다. 시온은 마지막 날 모든 축복이 퍼져나갈 중심지로 소개된다. 마지막 날 선택받은 도성 예루살렘이 온 세계의 구속의 중심지가 되리라는 것이다. 이 내용은 이사야 60장에서 더욱 자세하게 묘사되어 나타난다. 예루살렘은 온 세상 가운데 탁월한 곳일 뿐 아니라 온갖 부귀와 아름다운 것들로 가득 찬 순례지로 묘사되었다. 이사야 2:2-4*에 내포된 메시지는 60-62장 혹은 56-66장에서 시사된 새 창조의 비전을 통해 더욱 폭넓게 제시되고 있다.

예루살렘 성은 불타고 성전은 파괴되었다. 이는 아브라함 선택의 종말을 의미하는 것인가?

(2) 특히 에스겔 40-48장에서는 새 성전의 모습이 소개되고 있다. 다윗 가계(家系)의 관심은 점점 더 줄어드는 듯한 인상을 주는데, 이는 국가적 소망

이 점점 영적(靈的)인 상항으로 바뀌어 갔기 때문이다.

3. '하나님의 백성'의 개념 등장

(1) 이사야 6장을 읽어 보라. 이사야 선지가 본 환상은 무엇인가?

유대의 장래가 왕위 계승자에게 달려 있지 않고 오직 주 여호와의 주권적 결단에 달려 있음을 선지자에게 상기시킨다. 이 환상 속에서 이사야는 여호와의 크신 왕권을 목도한다. 유다를 나무에 비유했을 때, 오직 그루터기만 남을 것이며(13절), 그 그루터기를 통해 믿음의 공동체 곧 거룩한 씨가 보존될 것이다.

(2) 점차 '남은 자'에 관한 사상 대두된다. 이사야에서(6장) 비로소 유다 나라와 특정한 믿음의 공동체 간에 뚜렷한 구분이 나타난다. 이사야 1:27-31, 4:2-3,* 7:3, 10:20을 읽어보자.

(3) 이사야 7장의 내용을 설명해 보라. 이사야 7장은 앗수르의 서진(西進) 정책에 위협을 느낀 수리아와 이들과 동맹한 북왕국 이스라엘이 유다를 침공한 사건을 역사적 배경으로 하고 있다. 이 때 유다 왕 아하스의 태도는 어떠했는가? 아하스는 선지자의 예언이 성취될 것인지 아닐 것인지를 증거할 징조를 구하도록 명령을 받았다. 주께로부터 받은 징조는 임마누엘이라 불릴 아이에 관한 징조이다. 이 징조는 앗수르의 유다 침공(사 8:5-8) 사건과 결부되어 있다. 일반 유다 백성들에게는 심판의 의미(심판을 통해 하나님이 그들과 함께 하심의 의미)로, 남은 자에게는 구원의 의미(구원을 통해 하나님이 우리와 함께 하심의 의미)로 나타난다. 또한 이사야 7~8장에서는 정치적 지도력의 이미지 실추를 그리고 있다.

(4) 그러나 이사야 9:1-6과 11장에서는 어떤 메시지가 주어지는가? 11:1-9에서 다윗 가계와 연관되는 하나의 약속이 계속 나타난다. 하나님은 언젠가 "이새의 줄기에서 한 싹"이 나오게 하심으로써 다윗의 집을 일으켜 세울 것이라는 내용이다. 성령의 역사로 말미암은 통치가 이루어지고 낙원의 평화가 도래할 것이다(2-5절). 그리고 피조물들 간에 조화가 이루어지고 창조의 목적이 마침내 성취될 것이다(6-9절).

• 사 1:27-31 "시온은 공평으로 구속이 되고 그 귀정한 자는 의로 구속이 되리라 그러나 패역한 자와 죄인은 함께 패망하고 여호와를 버린 자도 멸망할 것이라 너희가 너희의 기뻐하던 상수리나무로 인하여 부끄러움을 당할 것이요 너희가 너희의 택한 동산으로 인하여 수치를 당할 것이며 너희는 잎사귀 마른 상수리나무 같을 것이요 물 없는 동산 같으리니 강한 자는 삼오라기 같고 그의 행위는 불티 같아서 함께 탈 것이나 끌 사람이 없으리라."

• 사 4:2-3 "그 날에 여호와의 싹이 아름답고 영화로울 것이요 그 땅의 소산은 이스라엘의 피난한 자를 위하여 영화롭고 아름다울 것이며 시온에 남아 있는 자, 예루살렘에 머물러 있는 자 곧 예루살렘에 있어 생존한 자 중 녹명(錄名)된 모든 사람은 거룩하다 칭함을 얻으리니."

• 사 11:1-2 "이새의 줄기에서 한 싹이 나며 그 뿌리에서 한 가지가 나서 결실할 것이요 여호와의 신 곧 지혜와 총명의 신이요 모략과 재능의 신이요 지식과 여호와를 경외하는 신이 그 위에 강림하시리니."

• 왕하 23:1-3 "왕이 보내어 유다와 예루살렘의 모든 장로를 자기에게로 모으고 이에 여호와의 전에 올라가매 유다 모든 사람과 예루살렘 거민과 제사장들과 선지자들과 모든 백성이 무론 노소하고 다 왕과 함께한지라 왕이 여호와의 전 안에서 발견한 **언약책의 모든 말씀**을 읽어 무리의 귀에 들리고 왕이 대위에 서서 여호와 앞에서 언약을 세우되 마음을 다하고 성품을 다하여 여호와를 순종하고 그 계명과 법도와 율례를 지켜 이 책에 기록된 이 언약의 말씀을 이루게 하리라 하매 백성이 다 그 언약을 좇기로 하니라."

4. 바벨론 포로 이전까지의 언약 갱신의 시도들

(1) 요시야 왕 : 온 백성이 모인 가운데 성전에서 언약을 재확인하고 있다. 열왕기하 23:1-3*을 읽어보라. 이는 시내산 언약 갱신을 연상케 한다.

언약책의 말씀 : 요시야 왕의 언약 갱신을 뒷받침했던 문서는 '언약책의 말씀'으로 묘사되어 있는데(왕하 23:2), 이것 또한 모세의 율법과 연관된다. 요시야가 취한 조치가 신명기적 특성을 반영한다. 이런 점에서 이 책을 신명기와 동일시하기도 한다.

(2) 열왕기상 17-19장은 아합 당시의 종교적 혼합주의에 대항한 엘리야의 이적의 결과로 나타난 언약 갱신을 언급하고 있다.

(3) 히스기야의 개혁 : 요시야의 종교개혁과 매우 유사하다.

하나님의 성전(聖殿) 파괴

이 문제는 열왕기하 교재에서 자세히 다루게 된다. 여기서는 간단하게 살펴보자.

1. 위에서 보는 것처럼 언약 갱신의 시도가 여러 번 있었지만 타락한 백성을 되돌리기에는 이미 너무 늦어버렸다. 결국 남쪽 유다 역시 종말을 맞이한다. 예루살렘은 바벨론에게 점령당했고 성전도 불타버렸다.

(1) 유대인들에게 성전과 시온은 신성불가침의 영역으로 생각되었다. 이들에게는 성전 파괴가 이해하기 힘든 사건이었다. 어떻게 성전이 있는 예루살렘이 망할 수 있는가! 그러나 성전은 무너졌고 불타버렸다. 그리고 지금 그들은 포로가 되어 바벨론 제국의 그발 강가에서 울고 있지 않은가!

(2) 성전의 거룩성에 관한 사상은 이사야 전반부와 시편 46편, 48편*에 나타나 있다. 예레미야 7장 및 26장과 같은 성전 설교들이 왕조 마지막 시기에 유대인들에게 대단한 호소력을 주었을 것이다.

(3) 그러나, 에스겔(8-11장)에서는 '여호와께서 성전에 계신다는 생각'이 성전 몰락 이전에 이미 철회된 것임을 분명히 했다. 그러니까 성전 파괴는 여

시편 48편 간단한 내용

시인은 이 노래에서 먼저 하나님과 그의 거하시는 시온을 찬양한다(1-3절). 그 성을 치는 적들은 패주한다(4-7절). 따라서 하나님께 감사하며(9-10절), 백성들에게 하나님을 찬양하고 신뢰할 것을 권고한다(11-14절). 여호사밧 시대에 모압과 암몬 연합군의 패주를 그렸거나(대하 20장 참조), 히스기야 시대에 앗수르인들이 여호와의 사자에 의해 하룻밤 사이에 전멸했던 일(왕하 19:35, 36)을 생각하며 이 시를 쓴 것 같다. 7절의 '다시스의 배'는 지중해의 거대한 상선을 말한다(왕상 10:22 참조). / NIV 성경.

호와에 의하여 진행되었다는 것이다. 그러나, 예루살렘 성지에 대한 관심은 계속되었음을 본다(렘 41:5*).

• 렘 41:5 "때에 사람 팔십 명이 그 수염을 깎고 옷을 찢고 몸을 상하고 손에 소제물과 유향을 가지고 세겜과 실로와 사마리아에서부터 와서 여호와의 집으로 나아가려 한지라."

2. 그렇다면 성전의 파괴는 아브라함 선택의 종말을 의미하는 것인가?

물론 아니다. 성전 파괴와 함께 잃어버린 것들이, 이스라엘로 하여금 이스라엘이 되도록 만드는 것은 아니었다. 오히려 포로로 잡혀감으로써 이스라엘을 덮고 있던 장식품들이 떨어져 나가고 참된 이스라엘이 어떤 것인지 들여다 볼 수 있게 되었다. 그들은 많은 시련을 통과한 후에 하나님의 주권적인 통치의 영광과 위대함을 알게 된다.

3. 포로 이후에 이들에게는 어떤 변화가 일어났는가?

포로기 이후 이스라엘 공동체가 왕권이 상실된 상황에 잘 적응하였음을 본다. 이스라엘의 생존은 정치적 형태로서가 아니라, 과거와 마찬가지로 하나님의 활동에 의해 결정되는 것임을 깨달았다. 포로시대의 선지자, 특히 에스겔은 이 점을 강조했다. 하나님 자신의 임재만이 시내산 언약에서 시작된 유형의 사회, 즉 이스라엘 백성들이 수세기 동안 생각해 왔었던 그러한 유형의 사회를 만들 수 있었다는 사실을 강조했다.

특히 에스겔은 예루살렘이 가장 암흑기에 들었던 시기, 즉 성전 멸망(B.C. 586) 7년 전부터 예언 활동을 시작한다. 그는 예루살렘 멸망을 선포한다. 그 성전 파괴는 하나님 자신에 의해서 수행된다는 것이었다(겔 1-24장). 하나님을 반역한 이스라엘은 심판을 통하여 하나님을 알게 된다(겔 25-32장).

에스겔서에서는 "그러면 그들이 내가 여호와인 줄 알리라"라는 말씀이 65회 이상이나 언급된다. 하나님은 언약에 충실하시고 자기 백성을 구원하시려는 열망을 가지셨기에 백성들을 다시 한 번 새롭게 하실 것이다. 그들을 목자의 심정으로 돌보시고 모든 부패로부터 청결케 하실 것이다. 이스라엘은 다시 회복되고 영적으로 새로워질 것이다(겔 33-48장).

성전 파괴는 하나님 자신에 의해서 수행된다(겔 1-24장). 하나님을 반역한 이스라엘은 심판을 통하여 하나님을 알게 된다(겔 25-32장).

כִּי־אֲנִי יְהוָה

에스겔서에서는 "그들이 내가 여호와인 줄 알리라"라는 말씀이 자주 반복되고 있다. 시간을 내어서 에스겔서를 읽어 보자.

이스라엘이 출애굽할 당시 고대 오리엔트 3대 강국

지금의 터키 지방에 있던 헷 제국은 동쪽으로 진격해 미탄니 제국과 충돌했다. 다급해진 미탄니 제국은 그동안 원수로 싸우던 애굽의 도움을 요청하게 된다. 그래서 애굽(제18왕조)의 투트모스 4세는 미탄니족의 공주와 결혼하기도 했다. 그러나 헷제국은 미탄니 제국을 점령하고 만다(주전 1370년경). 그리고 헷 족속과 애굽은 우호 관계를 갖게 된다.

그러나 헷 족속은 신흥 세력 앗시리아와 북쪽과 서쪽에 있는 다른 세력들 때문에 팔레스틴에 대해서는 거의 간섭을 할 수가 없었다. 또한 애굽 역시 아멘호텝 2세 때부터 분열이 일어나기 시작한다. 그리고 아멘호텝 3세 때부터는 국력이 급격히 기울어 국제 정세에 눈을 돌리지 못하게 된다. 뒤로 제19왕조의 람세스 2세가 그 지역의 애굽의 종주권을 회복하려 했으나 헷 족속은 그에게 너무 힘든 상대였다.

애굽의 제19왕조, 20왕조의 왕들 중11명은 람세스(Ramses)의 이름을 붙이고 있다. 이 시대가 애굽의 가장 화려한 시기이기도 하나 정치적 붕괴가 나타나는 시기이기도 했다. 지중해를 통해 침략하는 골치 아픈 존재들의 침입을 막기에 정신이 없었고, 애굽의 침략정책도 눈에 보이게 약해졌다. 람세스 2세가 즉위하여 장기간에 걸친 찬란한 통치를 했지만, 애굽은 그 세력이 현저히 약해져간다. 따라서 이 기간에 이스라엘은 대부분의 가나안 정복을 성취하게 된다.

하나님은 어린 이스라엘이 가나안 땅에 무사히 정착할 수 있도록 주변 역사를 간섭하셨다.

강력했던 헷(힛타이트) 제국 역시 주전 1200년경, 즉 기드온 시대에 붕괴되었다. 해양 민족으로 알려진 블레셋은 헷 제국을 점령하고 그 세력을 수리아쪽으로 밀고 내려왔다. 이 해양 민족의 도움으로 헷 족속을 정복한 앗시리아인들은 계속해서 북쪽의 티그리스강의 모든 지역을 장악하기 시작했다. 물론 이때 애굽(19왕조 말기 및 20왕조)은 이들과 대적하기에는 역부족이었다. 따라서 가나안에 어떤 간섭을 할 수 없는 상태였다(동교재, 여호수아 참조). 또한 시리아에 있는 아람인들은 약 200년간을 남하하려는 앗시리아의 진군을 저지하는 데 성공한다.

이때 바빌로니아는 함무라비 왕조가 무너지고 난 후 캇시트 왕조가 지배하고 있었다. 그러나 카시트 왕조는 신흥 세력인 앗시리아에게 망한 것이 아니라 지금의 이라크 지역에 있던 엘람인의 공격을 받고(주전 1170년경) 휘청거리기 시작했다. 이후(11세기 초반) 바빌로니아는 쇠퇴기에 들어간다. 반면 앗시리아는 상승 곡선을 타게 된다. 어쨌든 이래저래 북쪽의 세력들은 가나안에 눈을 돌릴 여유가 없었다. 물론 애굽의 세력도 현저히 약화되었기에 가나안에 그 세력을 행사할 수 없었다. 따라서 가나안은 이 시기에 그 주위의 열강으로부터 자유로웠다. 출애굽과 가나안 정복, 그리고 이스라엘이 한 국가로서 정착하는 작업이 이 시기에 이루어진다. 이스라엘이 한 국가로 완전히 정착할 수 있도록 하나님은 주변 역사를 섭리하셨다. 이스라엘이 정복전을 치르고 사사시대를 지내는 동안 세계의 열강은 가나안 역사에 개입하지 않는다. 다만 하나님은 이스라엘을 훈련 또는 징계하시기 위해 주변에 암몬, 모압, 미디안, 블레셋과 같은 약소 국가들을 남겨두셨다. 그런데 삼손이 태어날 무렵 이스라엘은 블레셋 때문에 골치를 앓아야 했다. 하나님의 징계이기는 했지만 블레셋은 만만치 않은 세력으로 이스라엘을 괴롭히고 있었다. 블레셋은 다윗의 강력한 펀치를 맞고 조용해졌다.

다윗과 솔로몬은 북으로는 유프라테스 강(왕상 4:24, 하맛 어귀)과 남쪽으로는 애굽의 하수까지 통치했다(왕상 8:65). 그러나 솔로몬 사후 이스라엘은 남북으로 분열된다. 그리고 북쪽 이스라엘은 우상 숭배로 일관했다. 남쪽 유다도 부패로 빠져들기는 마찬가지였다. 하나님은 하나님의 언약을 어기고 부패한 이스라엘을 벌주시기 위해 매를 들기 시작하신다. 그 매는 열방들을 강성케 하셔서 이스라엘로 하여금 고난 속에 던져넣는 것이었다.

옛날에는 미탄니 왕국(옆페이지 지도 참조)의 일부에 지나지 않았던 앗시리아는 독자적인 제국을 건설한다. 앗수르의 최대의 왕 앗수바니팔은 수도 니느웨를 중심으로 이집트에서 페르시아만에 이르는 광대한 제국을 이루었다. 이제 이스라엘은 앗수르의 위성 국가로 전락해 버렸다. 왜 이렇게까지 되었을까?

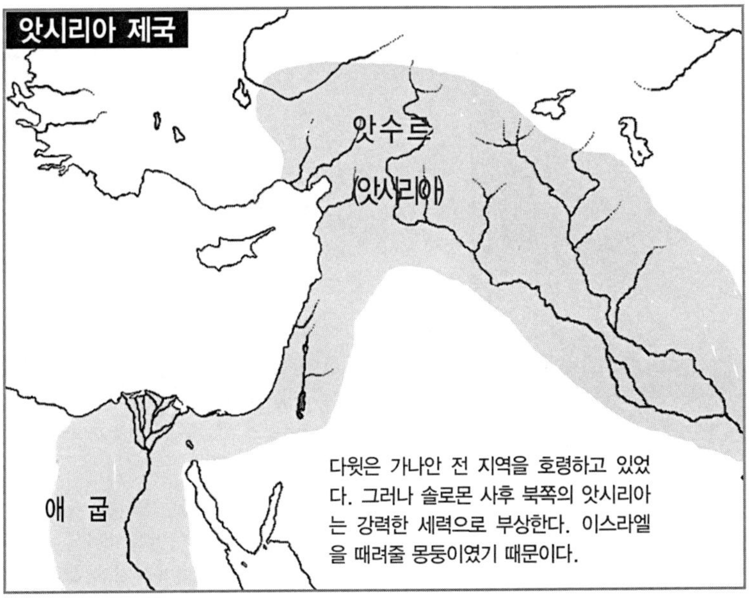

주전 7세기 앗수바니팔의 판도

함무라비가 죽은 후 바빌로니아 제국은 급속히 쇠퇴한다. 그러나 그 수도 바벨론은 1000년 이상 문화 중심지로 명성을 날린다. 바빌로니아 제국이 멸망한 후 수세기 동안 메소포타미아 지역은 열강의 각축장이 된다. 애굽과 미탄니는 동맹을 맺고 힛타이트의 남진을 저지한다. 그리고 동쪽에서 침입한 캇시트인들은 바빌로니아를 지배한다(위의 지도). 이제 이 지역은 앗시리아가 다시 세력을 잡는다. 이들은 바벨론에 대한 문화적 열등감 때문인지 아주 호전적인 민족이 되었다. 그들은 냉혹한 정복 전쟁을 펼쳤다. 이들은 고대세계의 공포의 표적이 되었다. 십자가의 처형 방법은 이들에게서 시작되었다고 한다. 부패한 이스라엘은 이제 앗수르의 눈치를 보며 전전긍긍하다 결국은 주전 722년에 망하게 된다.

강력했던 앗시리아는 주전 7세기 중반 신흥세력인 바벨론에게 패권을 넘겨주게 된다. 이후 바벨론은 주전 539년까지 계속되다가 페르시아에 의해 망하게 된다. 남쪽 유다는 바벨론에 포로로 끌려가게 된다.

이스라엘의 주변국가들이 강성해짐

다윗 제국의 봉신이었던 에돔과 모압, 암몬 등은 어떠했을까? 아합 왕이 죽고 나자 지금까지 엄청난 조공을 바쳐오던 모압이 마침내 반기를 들었다.

에돔 역시 동맹을 깨고 이스라엘과 유대를 대적하기 시작했다(왕상11:14, 왕하 8:20-22). 아람도 물론 반기를 들었다. 다윗은 소바 왕 하닷에셀을 파하고 그의 영토를 지배했었다. 아합이 죽은 후 이들은 이스라엘을 공격한다(왕하 6-8장). 특히 아람 왕 르신은 이스라엘과 동맹을 맺고 유다를 공격한다. 애굽도 르호보암 5년에 유다를 침공하여 성전 보물을 탈취해 간다(왕상 14:25-26). 북쪽 이스라엘은 앗수르에게 망하고, 남쪽 유다 역시 앗수르를 이긴 바벨론에 포로로 끌려가게 된다. 이는 백성들이 하나님의 언약을 여기고 범죄했기 때문이다.

Outline

1Kings

1-2장

다윗의 말년은 먹구름이 짙게 드리우고 있었다.
압살롬의 반역과 그의 죽음으로
아직 상처가 아물지 않을 무렵,
이번에는 세바의 난으로 가슴앓이를 해야 했다.
세바의 난은 요압 장군에 의해 진압되었지만
나라는 늘 위험 속에 있었다.
따라서 다윗은 인구 조사를 실시한다.
그의 군사력을 점검하고 이를 보강하기 위해서였다.
그러나 이 일은 결국 여호와께 죄를 짓는 일이었다.
하나님은 무서운 징계를 내리셨다.

이제 다윗은 나이가 많아 기력이 쇠해져 있었다.
그의 나이 70세(삼하 5:4 참조).
다윗은 아직까지 이미 약속한 바 있는
솔로몬에게 왕위 승계를 결정하지 못하고 있었다.

누가 다윗의 이을 왕이 될 것인가?
아도니야는 지금 살아 있는 아들 중에서
가장 나이가 많았다.
서열상으로도 압살롬 다음으로 왕위에 오를 자였다.
따라서 반역을 시도한다.
이 반역에 요압 장군과 대제사장 아비아달과 같은
인물도 참여한다.
그러나 이러한 반역도
나단 선지자의 신중한 처리에 의해 무산된다.
나단은 밧세바와 모의하여 솔로몬의 즉위를 계획한다.
이 작전은 성공을 거둔다.
이제 솔로몬의 시대가 된 것이다.

1장 : 솔로몬의 등극과 왕권 강화

1-4절 : 다윗의 말년 – 다윗은 이미 70세가 되었다(삼하 5:4 참조). 그는 몸의 열기도 제대로 유지하지 못할 정도로 극히 노쇠했다. 따라서 그의 몸을 덥혀주면서 봉양할 수 있는 젊고 건강한 처녀를 고른다. 그래서 구한 여인이 수넴 성에 사는 아비삭이었다. 그녀는 처녀였지만 다윗의 후궁으로 여겨졌다.

5-53절 : 왕위에 오르기 위한 아도니야의 음모

- 5-7절 : 아도니야의 거사 준비 – 아도니야는 당시 살아 있는 다윗의 아들 중 가장 연장자였다. 아도니야도 압살롬만큼 당당한 풍채를 가졌다(1:6). 아도니야는 거사를 위해 요압 장군과 제사장 아비아달과 의논했다.
- 8절 : 그러나 제사장 사독과 브나야 장군과 나단 선지자 등 다윗 왕을 경호하는 사람들은 아도니야 편을 들지 아니했다.
- 9-10절 : 아도니야는 향연을 베풀고 솔로몬을 제외한 형제들과 유다의 장로들을 초대했다. 요압 장군과 제사장 아비아달도 초대했다. 그러나 8절에 언급된 사람들은 초대하지 않았다.
- 11-21절: 나단 선지자는 아도니야의 반역을 막기 위해 지금까지의 전말을 밧세바에게 전한다. 밧세바는 다윗에게 나아가 솔로몬을 왕에 임명하도록 강청한다(17-21절).
- 22-27절: 밧세바가 다윗에게 말하고 있을 때 나단이 들어와서 밧세바가 말한 것이 모두 사실임을 보고했다.
- 38-40절: 다윗은 이 사실을 인정하고 솔로몬을 왕의 노새에 태우고 기혼에 있는 대제사장 사독의 성막에서 기름을 붓고 왕이 되었음을 선포했다. 이때 솔로몬의 나이가 10대 후반이거나 20세가량 되었을 것이다. 모든 백성들이 솔로몬 왕 만세를 부르고 환호성을 지르자, 반역을 위해 모였던 무리들이 놀라 해산됨으로써 반역은 무산되고 만다.
- 51-53절: 아도니야는 솔로몬에게 항복했다. 살려달려고 애원하는 그에게 솔로몬은 조건을 걸고 받아들인다.

2장 솔로몬의 왕권 강화

1-12절: 다윗의 유언과 죽음

- 얼마간의 섭정 후 다윗은 죽음이 가까워 옴을 알고 새로운 왕 솔로몬에게 마지막 권면(유언)을 한다. 왕으로서 어떻게 하나님의 율법을 준행할 것인가를 가르쳤다.

1) 솔로몬의 새 즉위에 대한 공식 선언(대상 28:1-8)

2) 하나님의 계명을 철저히 준행하라(2-4절). 이렇게 할 때 하나님은 다윗에게 언약하신 대로(삼하 7:11-16) 축복해 주실 것이다. 그런데 후손들이 이 언약을 제대로 잘 지킬까? '글쎄?'

3) 성전을 반드시 건축하라. 백성들도 이에 협조하라(대상 29:1-22).

4) 재위 시에 나를 괴롭혔던 무리들은 반드시 징계하라. 특히 요압 장군(5절).

5) 바르실래의 아들들에게 은총을 베풀어라(7절). 내가 마하나임으로 망명가 있었을 때에 크게 도움을 준 어르신이다(삼하 17:27-29).

6) 시므이가 어떤 놈인지 잘 알지?(삼하 16:5, 19:6 참조). 그놈을 징계하라(8-9절).

- 나 이제 죽는다 : 10-11절
- 솔로몬이 다윗의 위에 앉는다(12절).

13-46절: 솔로몬 왕권의 강화

- 솔로몬이 처음 왕위에 올랐을 때는 그 위가 아직 견고하지 못했다. 다윗이 죽어 섭정이 끝나자 솔로몬에게 기어오르는 놈들이 있었다. 누구?

1) 아도니야 : "나에게 아비삭(다윗의 후궁)을 주시오!" - 이는 분명히 솔로몬의 왕권에 대한 도전이었다.

2) 솔로몬은 이러한 아도니야의 청혼을 통치의 위협이라고 보고 즉각 거절하고 그를 사형에 처한다. 그러나 솔로몬이 다른 형제들에게 해를 가했다는 기록은 없다.

3) 아도니야를 처형하고 나서 그를 추종하던 지지자들을 처단한다. 아비아달 제사장을 파면시키고 그의 고향으로 추방한다(26-27절). 요압 장군도 다윗의 유언을 따라 처형되었다(28-34절). 시므이도 처형당했다(36-46절).

이렇게 불순세력이 제거되고 솔로몬의 왕위는 점차적으로 견고하게 되었다(46절).

❖ 다윗은 통치하기에 너무 연로했다. 따라서 이스라엘에 정치적 공백기가 생겼다. 이를 기회로 아도니야는 그를 추종하는 무리들과 연합하여 반역을 꾀한다. 그러나 이 위기의 순간에 나단 선지자가 등장하여 어려운 문제를 풀어간다. 나단은 그동안 '다윗 왕조를 이을 만한 왕자가 누구이겠는가?' 하고 살펴왔을 것이다. 나단이 다윗 왕에게 솔로몬이 왕위 계승의 적임자임을 강력하게 추천하자 다윗은 이미 오래 전에 하나님께 맹세한 내용임을 들어 이를 받아들인다(29-30절, 대상22:8-10 참조). 왕은 아무나 하는 것이 아니다. 나단은 나라가 위기에 처했을 때 적극적으로 앞장서서 일을 처리했다. 왕이 된 후 솔로몬은 나라를 부강케 했다. 물론 솔로몬은 그의 말년의 생애가 아름답지 못했다.

❖ 다윗은 그의 소임을 다하고 하나님께로 갔다. 그는 헤브론에서 칠 년을 다스렸고 예루살렘에서 삼십삼 년을 다스렸다(11절). 이제 그의 아들 솔로몬이 등극한다. 솔로몬이 등장하자 대적자들이 다시 고개를 들기 시작했다. 그는 우선 그의 대적자들을 처형한다. 그러나 처형당한 자들은 그들 자신이 스스로 뿌린 죄의 열매를 거둔 것일 뿐이다. 솔로몬은 무자비하게 정적을 숙청하는 폭군이 아니었다. 이제 그의 왕권은 강화되었고 하나님의 나라는 순항을 시작하게 된다.

열왕기상 1-11장의 구조

1) 아래의 구조와 설명은 김지찬 교수의 「요단강에서 바벨론 물가까지」(생명의 말씀사, 1999), 382-397면에서 인용 정리한 것이다. 자세한 것을 보려면 이 책을 참고해 보자.

1-11장까지의 내용은 어떤 구조를 갖고 있을까?

단순히 여러 자료들을 정리한 것에 지나지 않을까? 솔로몬의 기사는 열왕기 전체를 이해하는 중요한 열쇠가 된다. 특히 1-11장은 율법을 지키는 지혜로운 왕으로서의 솔로몬과(3-8장) 율법을 어기고 자신의 유익을 위해서 말과 여자와 부를 축적하는 솔로몬의 모습으로(9-11장) 구분하여 대조하고 있다.[1)]

솔로몬의 진정한 모습은?

• 솔로몬은 보좌를 굳건히 하기 위해 요압 장군과 시므이, 다윗의 넷째 아들 아도니야를 살해하고 왕권을 강화시킨다(2:46). ➲ A′과 비교해 보라.

‡ 솔로몬의 생애, 기름 부음 그리고 그의 통치에 관한 기록이 열왕기상 1-11장과 그의 병행 기록인 역대하 1-9장에 열거되어 있다.

A. 왕위 계승 문제(1-2장) : 다윗에서 솔로몬으로
- B. 꿈 에피소드 1(3:1-15) : 축복의 약속
  - C. 국내 정치
    - (1) 여인들과 지혜(3:16-28)
    - (2) 행정과 지혜(4:1-34)
  - D. 노동관련 문제
    - (3) 히람과 교역(5:1-12)
    - (4) 노역(5:13-18)
- E. 하나님에 대한 ***솔로몬의 긍정적 태도(6-8장)***

율법을 지키는 지혜로운 왕으로서의 솔로몬에서

- B′ 꿈 에피소드 2(9:1-10상) : 재앙의 위협
  - D′ 노동관련 문제
    - (3′) 히람과 교역(9:10하-14)
    - (4′) 노역(9:15-28)
  - C′: 국제 정치
    - (1′) 여인과 지혜(10:1-13)
    - (2′) 부와 지혜(10:14-29)
- E′ 하나님에대한 ***솔로몬의 부정적 태도(11:1-13)***

A′ 왕위 계승 문제(11:14-43) : 솔로몬에서 르호보암으로

자신의 유익을 위해서 말과 여자와 부를 축적하는 솔로몬으로

• 솔로몬의 지혜는 공의의 판결에서(3:28), 부를 모으고 즐기는 쪽으로 옮겨갔다(10:1-10). 솔로몬의 탁월한 행정적 지혜는 백성들의 필요를 채우고 이들의 삶의 질을 높이는 데서(4:1-34) 주로 자신의 이익만을 추구하는 모습으로 바뀐다(10:14-29).

• 솔로몬 등극초기에 3명의 정적을 제거한 것처럼, 후반에는 에돔왕 하닷(11:14-22)과 르손(11:23-25), 여로보암(11:26-40)이 솔로몬을 괴롭힌 대적이었다.

왕상 1-11장 (솔로몬과 통일왕국) ● 병행기록 : 대하 1-9장

솔로몬은 어떤 지도자인가?

• 1-8장의 사건들이 9-11장 에서 다시 중복되고 있다. 유사한 이야기의 반복으로 보이지만 자세히 들여다보면 열왕기 기자는 유사한 이야기의 반복을 통해 호의적인 단락(3-8장)과 비호의적인 단락으로 (9:1-11:13) 나누고 있다. 왕위 계승문제를 다루는 두 단락(A와 A′)이 바깥 틀로 감싸고 있는 형태를 이루고 있다.

• B: 일천번제를 드리던 날 하나님은 솔로몬의 꿈에 나타나셨다. 이때 솔로몬은 지혜를 구했다.

• B′: 솔로몬이 여호와의 전을 건축하고 봉헌식을 한 후에 또 다시 꿈으로 나타나셨다. 만일 솔로몬이 다윗처럼 법도와 율례를 지키면 다윗에게 한 언약대로 왕위를 견고히 하시겠다고 약속하신다. 그러나 만일 이를 지키지 못하면 어떻게 될까? (9:6-9을 보라)

1장 : 아도니야는 지금 살아 있는 아들 중에서 가장 나이가 많았다. 서열상으로도 압살롬 다음으로 왕위에 오를 자였다. 따라서 반역을 시도한다. 이 반역에 요압 장군과 대제사장 아비아달과 같은 인물도 참여한다. 그러나 이러한 반역도 나단 선지자의 신중한 처리에 의해 무산된다. 나단과 밧세바의 계획에 의해 솔로몬이 왕위를 계승한다. 아도니야는 솔로몬에게 항복한다.

2장 : 얼마간의 섭정 후 다윗은 죽음이 가까워 옴을 알고 솔로몬에게 마지막 권면을 한다. 다윗은 그의 통치 40년을 마감하고 죽어 예루살렘에 장사되었다. 솔로몬이 등극했지만 아직은 그의 위가 견고하지 못했다. 아도니야가 다시 왕위를 넘보고 다윗에게 수종들던 아비삭과의 결혼을 요청했으나 솔로몬은 이를 통치의 위협이라고 보고 그를 즉시 처단한다. 제사장 아비아달도 고향으로 추방하고 이번 기회에 요압도 처단한다. 이로써 왕권을 공고히 하게 되었다.

3장 : 솔로몬은 왕이 되자 국가의 기초를 견고하게 한 후 외교에 힘을 쏟았다. 우선 애굽과 친선을 맺고 그 증표로 애굽의 바로 왕의 딸을 아내로 맞아들였다. 또 솔로몬은 두로의 히람 왕과도 동맹을 맺었다(5장). 그는 여호와를 사랑했지만 다윗과 같지 아니했다. 이방 여인을 아내로 맞이했고 훗날에는 우상 숭배까지도 했다(11:1-8). 솔로몬은 기브온에서 일천 번제를 드린다. 하나님은 그에게 지혜를 주셨고 그는 각종 소송 사건에서도 지혜를 발휘한다.

4-10장 : • 솔로몬의 통치방법 : 그는 나라를 확장하기보다는 현재의 국경만을 유지하려는 정책을 편다. 그는 마병성을 건축하는 등 군사력을 강화했다.

• 재정과 경제 : 세금과 공물을 징수하여 12지역으로 나누고 각 지역마다 관장을 두어 왕과 왕실을 위해 식물을 준비케 했다. 또 경제적으로 부강하기 위해 많은 금을 수입하는 등 무역에 힘을 썼다.

• 성전 건축 : 왕상 5-6장, 7:15-51, 대하 2-4장 / 이렇게 성전을 짓는 것보다 더 중요한 것은 왕의 순종이었다. 그러나 솔로몬은 온전히 순종하지 않았다.

• 왕궁 건축 : 왕상 7:1-12 / 건축 기간이 13년이나 걸렸다. 성전보다 6년의 세월이 더 걸렸다. 규모도 성전의 4배나 되었다. 그의 아내인 바로의 딸을 위해 특별한 궁을 짓기도 했다(9:24).

• 문서활동과 음악의 발달 : 서기관들에게 궁중 역사를 기록케 했다. 성전에는 4,000명의 노래하는 자를 두었다.

11장 : 솔로몬은 통치를 잘해 나라를 부강케 했으나 그는 끝까지 하나님께 충성하지 못한다. 그는 이미 세속화되어 있었다.

44

다윗 왕이 나이 많아 늙으니(왕상 1:1–4)

- 다윗 왕이 나이 많아 늙으니(1:1–4)
- 아도니야의 반역 음모(1:5–53)
- 다윗의 유언과 죽음(2:1–12)
- 솔로몬 왕권의 강화(2:13–46)
  아도니야와 요압 처형
  아비아달 제사장 파면

이제 다윗은 나이가 많아 기력이 약해져 있었다. 이불을 덮어도 몸이 따뜻하지 아니했다고 했다. 그의 나이 70여세, 당시로서는 상당히 고령이었다. 그럼에도 불구하고 아직 후계자에게 자리를 넘겨주지 않고 있었다. 백성들은 나라의 미래를 바라보고 불안해했다. 누가 왕위에 오를까 하고 모두들 궁금해했다. 이때 다윗의 넷째 아들 아도니야가 왕권에 군침을 흘리고 있었다. 그는 압살롬처럼 잘 생겼다고 했다. 왕위에 오를 서열을 보더라도 당연히 자신이 왕위에 오를 것이라고 생각했다. 그러나 일은 생각보다 잘 풀리지 않았다. 다윗으로부터 왕위 계승에 대한 언급이 전혀 없었고, 솔로몬의 어머니 밧세바의 영향력도 무시할 수 없었다. '에이, 이러다가는 안 되겠네!' 드디어 아도니야는 모반을 꿈꾼다. 그를 추종하는 세력과 함께 거사하기로 마음을 굳혀가고 있었다.

1. 다윗은 나이가 들어 기력이 쇠하였으나 아직 후계자를 정하지 못하고 있었다. 당시로서는 왕이 국사를 감당할 수 없다는 것은 큰 일이었다. 결국 신복들은 최후(?)의 수단을 강구했다. 어떤 수단인데?

> 1:2 그의 시종들이 왕께 아뢰되 우리 주 왕을 위하여 (젊은 처녀) 하나를 구하여 그로 왕을 받들어 모시게 하고 왕의 품에 누워 우리 주 왕으로 따뜻하시게 하리이다 하고

- 왕상 2:22-25 "솔로몬 왕이 그 모친에게 대답하여 가로되 어찌하여 아도니야를 위하여 수넴 여자 아비삭을 구하시나이까 저는 나의 형이오니 저를 위하여 왕위도 구하옵소서 저뿐 아니라 제사장 아비아달과 스루야의 아들 요압도 위하여 구하옵소서 하고 여호와를 가리켜 맹세하여 가로되 아도니야가 이런 말을 하였은즉 그 생명을 잃지 아니하면 하나님은 내게 벌 위에 벌을 내리심이 마땅하니이다 나를 세워 내 부친 다윗의 위에 오르게 하시고 허락하신 말씀대로 나를 위하여 집을 세우신 여호와의 사심을 가리켜 맹세하노니 아도니야는 오늘날 죽임을 당하리라 하고 25 여호야다의 아들 브나야를 보내매 저가 아도니야를 쳐서 죽였더라."

(1) 이런 일은 당시 의술 관습으로는 전혀 이상한 일이 아니었다. 젊고 아름다운 처녀를 데려다가 육체적인 접촉을 통해 늙은 왕이 다시 기력을 차릴 수 있도록 하려 했다. 기력을 회복해야 정치적으로 안정을 가져올 수 있기 때문이었다.

(2) 젊고 아리따운 처녀를 물색하기 위해 온 땅을 누비다가 드디어 수넴 성(이스르엘 평원 다볼산 기슭)에서 찾아냈다. 그녀의 이름은 아비삭(Abishag)이었다. 아비삭은 처녀였지만 다윗의 후궁으로 여겨졌다. 그녀가 얼마나 아름다웠는지는 다윗에게 반역한 넷째 아들 아도니야가 아비삭을 아내로 삼게 해달라고 한 사실에서 볼 수 있다(왕상 2:17). 솔로몬은 이런 아도니야의 요구가 왕좌를 차지하고자 하는 욕심임을 알아차리고 그를 처단한다(왕상 2:22-25*). 그래서 어떤 학자는 아가서에 나오는 술람미 여자(아 6:13-14)가 아비삭과 동일 인물이라고 주장한다. 물론 확실한 증거가 없다.

(3) 아비삭이 수종들러 왔으나 다윗은 그녀와 잠자리를 같이 하지 않았다고 했다. 다윗은 이미 너무 노쇠(老衰)했기 때문이다.

아도니야의 반역 모의(왕상 1:5–53)

상황이 이쯤되자 급해진 것은 다윗의 넷째 아들 아도니야(Adonijah)였다. 아도니야는 남은 아들 중에서 가장 연장자였다. 그의 외모 또한 준수했다(6절하). 아도니야는 스스로 "나는 왕이 될 것이다"(I will be king)라고 말하면서 전차와 말을 준비하고 호위병 50명을 대동하고 다녔다. 압살롬이 반역을 꿈꾸던 때(삼하 15:1)와 유사한 행동을 했다. 다윗은 그를 저지할 힘도 없었지만 "왜 왕처럼 행세하고 다니느냐?"라고 묻지도 아니했다.

Adonijah

I will be king

• 삼하 8:17 "아히둡의 아들 사독과 아비아달의 아들 아히멜렉은 제사장이 되고 스라야는 서기관이 되고"

아비아달의 아버지는 아히멜렉이다. 그런데 여기서는 아비아달의 아들이 아히멜렉이라고 했다. 이는 아들의 이름을 지을 때 조상의 이름을 붙여 짓는 고대 근동의 습관에서 온 것인지 모른다. <아히멜렉⇨아비아달 ⇨ 아히멜렉>

1. 이런 아도니야를 돕는 측근들이 있었다. 어떤 인물들이었을까?

1:7 아도니야가 스루야의 아들 (요압)과 제사장 (아비아달)과 모의하니 그들이 따르고 도우나

2. 왜 요압과 아비아달이 아도니야의 반역에 참여하려 했을까?

(1) 요압은 아주 기회주의적인 자였다. 이미 사무엘하에서 살펴본 바와 같이 그의 성격은 불 같았다. 그는 도망가 있는 압살롬을 다시 예루살렘에 돌아오도록 힘을 쓰는 등 압살롬의 편에 서서 그를 돕기도 했다(삼하 14:18-32). 그러나 요압은 압살롬 군과 다윗 군 간에 전투가 벌어졌을 때 다윗의 간곡한 부탁에도 불구하고 압살롬을 직접 죽이는 악독함을 보이기도 했다. 이 일로 요압은 다윗의 총애를 잃게 되었다(삼하 19:13 참조). 요압은 이번 기회에 다윗을 대적하기로 하고 아도니야의 반역에 참여했을 것이다.

(2) 그렇다면 아비아달은 왜 아도니야 편에 서서 다윗을 대적하려 했을까? 아비아달은 모사로서 여러모로 다윗을 도왔다. 사독은 아론의 셋째 아들 엘르아살 계통이고, 아비아달은 넷째 아들 이다말 계통이었다. 다윗은 두 계통의 사람들에게 직무를 나누어 맡겼다(대상 24:3*).

• 대상 24:3-5 "다윗이 엘르아살 의 자손 사독과 이다말의 자손 아히멜렉으로 더불어 저희를 나누어 각각 그 섬기는 직무를 맡겼는데 엘르아살의 자손 중에 족장이 이다말의 자손보다 많으므로 나눈 것이 이러하니 엘르아살 자손의 족장이 십육이요 이다말 자손은 그 열조의 집을 따라 여덟이라 이에 제비 뽑아 피차에 차등이 없이 나누었으니 이는 성소의 일을 다스리는 자가 엘르아살의 자손 중에도 있고 이다말의 자손 중에도 있음이라."

(3) 그러나 사독은 늘 아비아달보다 우위에 있었다(삼하 8:17*과 15:24-29을 보라. 사독이 먼저 언급되어 있다). 이 일은 적지않게 아비아달에게 불만의 요소가 되었을 것이다. 아비아달은 이번 기회에 아도니야의 반역에 서기로 했다. 앞에서 언급된 바와 같이 솔로몬이 정권을 잡게 되자 아비아달은 자기 고향으로 추방당한다.

다윗의 부인들과 자녀들

우리 집은 정말 복잡하지요?

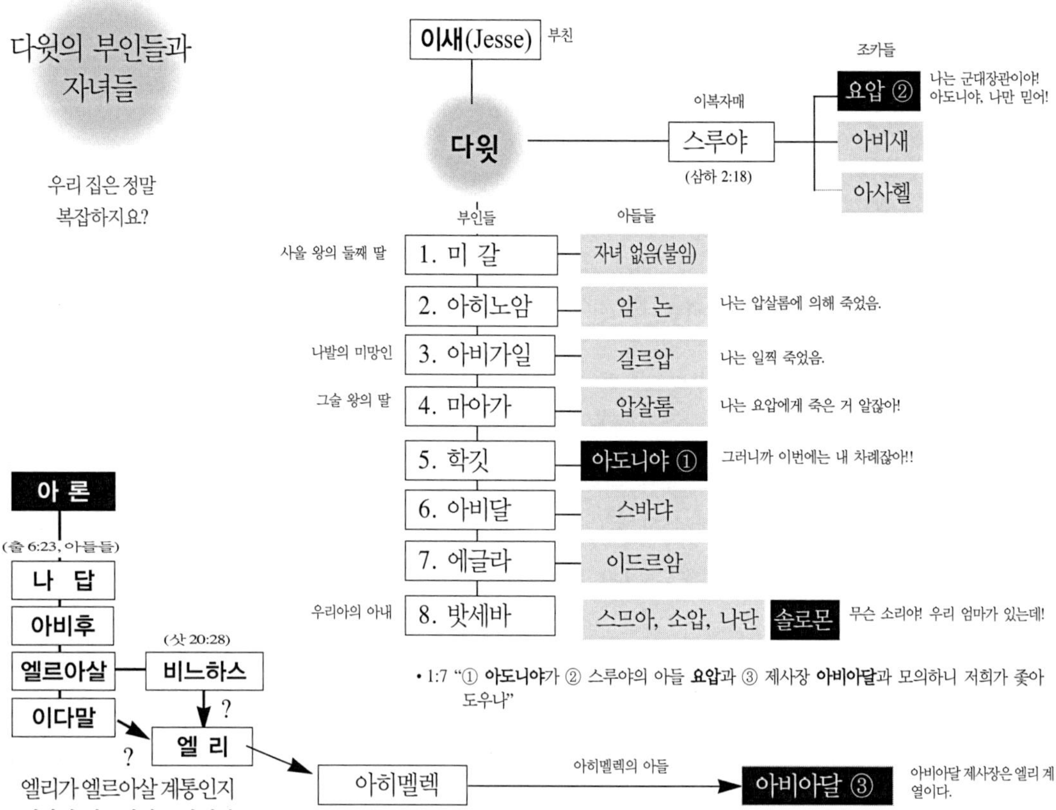

엘리가 엘르아살 계통인지 이다말 계통인지는 확실치 않다. 요세푸스의 「고대사」에 의하면 엘리는 아론의 막내 아들인 이다말의 후손이었다고 한다. 어쨌든 아비아달은 엘리의 계열이다.

아히멜렉은 다윗이 사울을 피하여 놉(Nob)에 도착했을 때 그곳의 제사장이었다(삼상 21:1). 이때 아히멜렉은 다윗에게 거룩한 떡과 골리앗의 칼을 준다. 이를 목격한 도엑이란 놈이 이 사실을 사울에게 알렸고 따라서 아히멜렉은 제사장 85명과 함께 죽임을 당한다(삼상 22:9-10). 이때 유일하게 살아남은 자가 아히멜렉의 아들 아비아달이다.

3. 요압 장군과 아비아달은 아도니야를 돕는다. 그러나 이들과 반대편에, 즉 솔로몬을 돕는 사람들이 있었다. 이들은 어떤 그룹이었나? (1:8)

1:8 제사장 (사독)과 여호야다의 아들 브나야와 선지자 (나단)과 시므이와 레이와 다윗의 용사들은 아도니야와 같이 하지 아니하였더라

제사장 아비아달은 어떤 인물일까?

(1) **사독**(Zadok, 차도크, צָדוֹק) 제사장 : '의(義)'라는 뜻이다. 사독은 아론의 셋째 아들인 엘르아살의 후손 가운데 한 사람인 아히둡의 아들이라고 했다(삼하 8:17). 사독은 다윗의 통치 초기에 기브온에 있었던 성막에서 제사장으로 봉사했다(대상 16:39-40). 사독은 아비아달과 함께 다윗 통치 시 지도자적인 제사장이었다(삼하 20:25).

(2) 브나야(Benaiah) : 다윗의 막강한 용사 중 하나였다(삼하 8:18; 23:20-23).

(3) 나단(Nathan) 선지자 : 다윗과 솔로몬 시대에 활동하던 선지자요 역사가였다. 나단은 다윗이 성전 건축을 발표했을 때 전적으로 동의했었다. 이때 나단은 하나님의 성전 건축 불가 통보를 다윗에게 전했다(삼하 7장). 또 다윗이 밧세바와 범죄했을 때 비유를 들어 그의 죄를 책망하기도 했다(삼하 12:1-14).

(4) 시므이(Shimei) : 다윗을 저주했던(삼하 16:5-13) 그 시므이인지 다른 시므이인지 확실치 않다.

• 왕상 2:15 "저가 가로되 당신도 아시는 바여니와 이 왕위는 내 것이었고 온 이스라엘은 다 얼굴을 내게로 향하여 왕을 삼으려 하였는데 그 왕위가 돌이켜 내 아우의 것이 되었음은 여호와께로 말미암음이니이다."

• 대상 22:6-8 "다윗이 그 아들 솔로몬을 불러 이스라엘 하나님 여호와를 위하여 전을 건축하기를 부탁하여 이르되 내 아들아 나는 내 하나님 여호와의 이름을 위하여 전을 건축할 마음이 있었으나 여호와의 말씀이 내게 임하여 이르시되 너는 피를 심히 많이 흘렸고 크게 전쟁하였느니라 네가 내 앞에서 땅에 피를 많이 흘렸은즉 내 이름을 위하여 전을 건축하지 못하리라."

4. 아도니야는 아버지 다윗 왕이 이미 솔로몬을 왕으로 삼기로 결정한 것을 알고 있었을까? 참고로 열왕기상 2:15*과 역대상 22:6*이하를 읽어보자. 어쨌든 아도니야는 초초해지기 시작했으리라. 아버지 다윗 왕이 이미 국정을 돌볼 수 없을 만큼 연로했는데도 전혀 다음 보위에 대한 언급이 없기 때문이었다. 그래서 주요 인물을 포섭하기 시작했다. 드디어 이도니야는 자기를 따르는 무리들을 연회에 초정하기 시작했다. 연회 장소는 어디이며 어떤 사람들이 연회에 참석했는가?

> 1:9 9 아도니야가 **에느로겔** 근방 소헬렛 바위 곁에서 양과 소와 살찐 송아지를 잡고 (왕자) 곧 **자기의 모든 동생과 왕의 신하 된 유다 모든 사람을** 다 청하였으나

(1) 에느로겔(=엔로겔, En-rogel)*은 어디쯤 있을까?

• 엔로겔(En Rogel)은 힌놈 골짜기와 기드론 골짜기가 만나는 곳에서 200m 떨어진 곳이다.

(2) 이 연회에는 다윗의 다른 아들들이 모두 참여했다. 그러나 솔로몬은 제외시켰다. 더욱이 막강한 실력자인 군사령관 요압이 이 연회에 참여했다. 아비아달 제사장도 참여했다. 궁중의 주요 인사들이 초대되었을 것이다.

5. 아도니야가 반역을 일으켜 스스로 왕이 되었다는 소식이 나단 선지자에게 들렸다.

• 삼하 11:27 "그 장사를 마치매 다윗이 보내어 저를 궁으로 데려 오니 저가 그 처가 되어 아들을 낳으니라 다윗의 소위가 여호와 보시기에 악하였더라."

(1) 하나님은 나단을 보내사 밧세바에게서 태어난 아들(솔로몬)에게 '여디디야'(Jedidiah,; יְדִידְיָה)라는 이름을 주셨다(삼하 12:25). '여호와의 사랑을 받는다'라는 의미였다. 나단은 솔로몬의 탄생 배경을 너무나 잘 알고 있다. 비록 다윗의 부도덕한 행위로 인해 마음이 상하셨으나(삼하 11:27*) 하나님은 다윗에게 귀한 아들을 주셨다. 그후 줄곧 나단은 다윗의 후계자에 대해 생각했을 것이다. 아무

리 보아도 아도니야는 다윗을 승계할 왕이 아니라고 생각했다. 나단은 아도니야에게서 다윗 왕조를 크게 어지렵혔던 압살롬의 모습을 볼 수 있었기 때문이다.

(2) 또한 나단은 다윗에게 하나님의 뜻을 전했던 일(삼하 7:14이하)을 기억하고 있었을 것이다. 무엇보다 중요한 것은 다윗이 그의 뒤를 이을 한 아들과 영원한 나라를 약속 받았다는 점이다(다윗 언약). 즉 다음 보위에 앉을 왕은 다윗이 그렇게 갈망했던 하나님의 성전을 지을 사람이다. 이 왕은 신명기 17:14-20의 말씀을 철저히 지키는 왕이어야 한다. 지금 다윗은 늙고 노쇠했다. 그런데 왕위 계승에 대한 투쟁이 일어나고 있지 아니한가! 나단이 보기에는 도저히 왕위에 등극해서는 안 될 인물이 지금 거사를 하고 있지 아니한가! 물론 다윗은 이 음모를 전혀 알지 못하고 있다(왕상 1:17-18*).

• 왕상 1:17-18 "저가 왕께 대답하되 내 주여 왕이 전에 왕의 하나님 여호와를 가리켜 계집종에게 맹세하시기를 네 아들 솔로몬이 정녕 나를 이어 왕이 되어 내 위에 앉으리라 하셨거늘 이제 아도니야가 왕이 되었어도 내 주 왕은 알지 못하시나이다."

6. 아주 급해진 나단은 솔로몬의 어머니 밧세바를 찾는다. 어쩌면 하나님의 감동이 있었을 것이다(옛날 삼하 12:1*의 경우처럼).

• 삼하 12:1이하 "여호와께서 나단을 다윗에게 보내시니 와서 저에게 이르되 한 성에 두 사람이 있는데 하나는 부하고 하나는 가난하니 그 부한 자는 양과 소가 심히 많으나…."

(1) 갑작스런 나단의 방문에 밧세바는 놀랐으리라. '또 무슨 하나님의 계시가 있으려나?' 그러나 나단이 들려준 소식은 아도니야의 반역 소식이었다. "아니, 학깃의 아들 아도니야가 스스로 왕이 되었다는 소식을 아직 듣지 못했습니까?"(11절) "잘못하면 목숨이 위태롭습니다. 그러니까 제가 시키는 대로 하십시오"(12절).

(2) 왕상 1:15-20까지는 밧세바가 나단이 일러준 대로 다윗 왕에게 나아가 솔로몬이 왕이 되게 해달라고 간청한 내용이다. 성경 본문을 보고 직접 그 내용을 설명해 보라.

(3) 13-14절을 보면, 다윗이 밧세바에게 솔로몬을 왕위에 오르게 할 것이라고 약속한 바가 있었을 것이다(17절). 역대상 22:8-10*을 보면 그 약속이 확실한 것 같다. 만약 아도니야가 왕위에 오른다면 밧세바와 솔로몬은 숙청 대상 1호가 될 것이다. 따라서 밧세바는 솔로몬이 다음 보위에 오를 수 있도록 다윗에게 간청했을 것이다. 그녀는 지금 아도니야가 벌이고 있는 반역 행위를 소상히 설명하고 있다.

• 대상 22:8-9 "여호와의 말씀이 내게 임하여 이르시되 너는 피를 심히 많이 흘렸고 크게 전쟁하였느니라 네가 내 앞에서 땅에 피를 많이 흘렸은즉 내 이름을 위하여 전을 건축하지 못하리라한 아들이 네게서 나리니 저는 평강의 사람이라 내가 저로 사면 모든 대적에게서 평강하게 하리라 그 이름을 솔로몬이라 하리니 이는 내가 저의 생전에 평안과 안정을 이스라엘에게 줄 것임이니라."

(4) 이렇게 밧세바가 다윗에게 나도니야의 반역 소식을 전하고 있는데, 나단이 바로 다윗에게 들어왔다. 물론 나단도 밧세바가 전한 내용과 동일한 내용을 보고했다(23-27절). 밧세바가 전한 내용이 다 사실임을 증거했다. 다윗은 다른 부인보다 밧세바를 더 사랑했다. 밧세바와 나단의 작전(?)은 다윗의 마음을 움직이기에 충

분했다.

7. 다윗은 사태의 심각성을 인식하고 즉각 결정을 내린다. 잠깐 밖으로 나가 있던 밧세바를 다시 불러들이고(28절) 솔로몬이 자신의 계승자로 기름 부음을 받을 것이라고 선언했다. 물론 밧세바는 뛸 듯이 기뻐했다. 그녀는 다윗 왕에게 큰절을 했다. "내 주 다윗 왕은 만세수를 하옵소서"(31절).

솔로몬 당시의 기혼샘

(1) 다윗은 밧세바의 말에 긍정적으로 대답했다. 다윗은 자신의 특별 경호대로 하여금 급히 솔로몬을 왕의 자가용(노새)에 태우고 기혼(Gihon)*에 있는 대제사장 사독(Zadok)에게로 가게 했다. 사독은 성막 가운데서 '기름 뿔'(출 30:22-33 참조)을 가져다가 솔로몬에게 기름을 붓고, '양각 나팔을 불어'* 왕이 되었음을 선포했다(38-39절). 백성들은 왕의 자가용에 탄 솔로몬을 보고 왕위 승계는 솔로몬에게 이루어졌음을 알아차렸을 것이다.

(2) 왕위 계승에 의하지 않은 왕들은 하나님의 뜻에 따라 선지자들에 의해 기름 부음을 받았다(예 : 사울, 삼상 9:16; 다윗, 삼상 16:12; 예후 , 왕하 9장을 참조해 보라). 반면에 왕위 계승에 의한 왕의 직임은 제사장들에 의해 기름부음이 이루어졌다. 이번 솔로몬의 경우도 사독 제사장에게 기름 부음을 받았다(왕하 11:12도 참조해 보라). 그러니까 선지자들은 새로운 신적 왕위를 창립할 때 활동한 반면, 제사장들은 기존의 질서 내에서 활동했음을 볼 수 있다(NIV 성경 각주). 물론 나단도 이 예식에 참여했으며(왕상 1:34) 기름 붓는 일에도 관여했다. 나단의 참석은 하나님이 솔로몬을 택했다는 것을 암시하는 것이었다. 역대기 기자는 다윗이 죽은 후에 솔로몬이 '두 번째' 기름 부음을 받은 것으로 기록하고 있다(대상 29:22*).

(3) 모든 백성들이 솔로몬 왕 만세를 부르며 환호성을 질렀다(39절). 그때 환호성이 얼마나 컸던지 땅이 흔들려 갈라질 듯했다고 표현했다(40절).

(4) 그 환호성은 엔로겔(En-Rogel)에서 거사를 위해 모였던 사람들의 귀에까지 들렸다(기혼에서 약 600m 정도니까). 요압은 '성 안이 왜 저렇게 소란스러운가?'하고 의아하게 생각했다. 공식적인 행사를 알리는 양각 나팔 소리가 들리자 이들은 심상

• 기혼(Gihon) : 오벨 산 동쪽의 기드론 계곡, 즉 다윗 성에서 남쪽으로 멀지 않은 곳에 있는 샘이다. 이곳에서 솔로몬의 즉위식이 이루어졌다. 훗날 히스기야 왕은 바위를 깎아 기혼 샘의 물을 성 안의 실로암 못으로 이끌어 지하터널을 만들었다(대하 32:30). 그 터널의 길이가 500m나 되었다.

• **양각 나팔을 불어** : 나팔은 주로 전투 시 신호용으로 사용되었지만 통치자들이 즉위할 때도 불었다(삼하 15:10). 왕하 9:13, 삼하 20:1도 참조해 보라.

• 대상 29:22 "이 날에 무리가 크게 기뻐하여 여호와 앞에서 먹으며 마셨더라 무리가 다윗의 아들 솔로몬으로 다시 왕을 삼아 기름을 부어 여호와께 돌려 주권자가 되게 하고 사독에게도 기름을 부어 제사장이 되게 하니라."

• 삼하 7:12 "네 수한이 차서 네 조상들과 함께 잘 때에 내가 네 몸에서 날 자식을 네 뒤에 세워 그 나라를 견고케 하리라."

• 삼하 7:16 "네 집과 네 나라가 네 앞에서 영원히 보전되고 네 위가 영원히 견고하리라 하셨다 하라."

치 않게 생각했을 것이다. 마침 제사장 아비아달의 아들 요나단이 들어왔다. 요나단은 이전에 다윗의 충성스러운 첩보원이었었다(삼하 15:36; 17:17). 아도니야는 그에게 그 환호성의 원인을 물었다. "틀림없이 좋은 소식이겠지요?" 그러나 요나단은 놀라운 소식을 전했다. 물론 요나단도 직접 기름 붓는 예식에 참여했던 것이 아니고 간접적으로 소식을 알았을 것이다(1:43-48).

(5) 이제 솔로몬은 이스라엘의 통치자가 되었다(46절). 다윗은 하나님께서 자신에게 약속하셨던 일(어떤 약속? 삼하 7:12, 16*을 보라)이 이루어졌음을 눈으로 확인하고 이렇게 하나님께 감사한다.

• 왕상 1:47-48 "왕의 신하들도 와서 우리 주 다윗 왕에게 축복하여 이르기를 왕의 하나님이 솔로몬의 이름을 왕의 이름보다 더 아름답게 하시고 그의 왕위를 왕의 위보다 크게 하시기를 원하나이다 하매 왕이 침상에서 몸을 굽히고 48또한 이르시기를 이스라엘의 하나님 여호와를 찬송하리로다 여호와께서 오늘 (내 왕위에 앉을 자)를 주사 내 눈으로 (보게) 하셨도다 하셨나이다 하니 ."

8. 반역을 위해 모였던 무리들은 이 소식을 듣고 놀라 자동적으로 해산되었다. 이제 아도니야의 계획은 수포로 돌아갔다(49절). 아도니야는 위기에 처했다. 원칙대로라면 그는 사형에 처해져야 한다. 우선 그는 생명부터 부지하려 했다. 그래서 그는 아주 급하게 어디론가 뛰어가고 있다. 어디로 가는 걸까?

1:51

(1) 번제단 네 모퉁이에 뿔(짐승의 뿔 모양)*을 만들었다(출 27:2). 이는 실용적인 면에서는 희생 동물의 사지를 묶기 위해 필요했다. 뿔은 제물의 피를 바르는 곳이다(출 29:12). 죽을 죄인도 성전으로 뛰어와서 이 뿔을 잡으면 용서를 받았다. 물론 제단 뿔을 잡는 것은 부지 중에 살인을 한 경우에만 해당된다(출 21:13-14). 뿔을 꺾어버린다는 것은 제단 전부를 헐어버린다는 뜻이기도 했다(암 4:14).

(2) 아도니야는 지금 반역을 모의하고 있었다. 그런데 그 반역이 들통났다. 그렇다면 사형이 아닌가? 그는 순간 제단 뿔을 생각해 냈다. 당장 살아야 했기 때문이다. 아도니야가 제단 뿔을 잡았다는 소식은 즉각 솔로몬에게 알려졌다. 지금 아도니야는 제단 뿔을 잡고 있으면서 솔로몬이 자기를 칼로 죽이지 않겠다고 맹세하기를 간청한다(51절).

• 위 그림의 동그라미는 번제단의 뿔을 가리킨다. 번제단의 네 귀에 짐승의 뿔 모양을 만들었다.

(3) 이런 간청에 솔로몬은 어떻게 대답하고 있나?

- 왕상 1:52 "솔로몬이 이르되 그가 만일 선한 사람(그럴 만한 사람)일진대 그의 머리털 하나도 땅에 떨어지지 아니하려니와 그에게 악한 것이 보이면 죽으리라"

다윗은 백성 앞에서 솔로몬이 후계자임을 선포한다. ⬆

(4) 솔로몬은 아도니야를 처형하지 않았다. '만일 선한 사람이 될진대' 즉, 다시는 왕권에 대한 도전을 하지 않는다면 그의 머리카락 하나라도 땅에 떨어지지 않을 것이라고 약속했다. 결국 아도니야는 솔로몬 앞에 끌려왔다. 그는 솔로몬 앞에 절을 한다. 나이로 따지자면 아도니야보다 솔로몬이 훨씬 어린 동생이지만, 지금 솔로몬은 왕이 아닌가. 그러나 아도니야는 왕위를 차지하려는 노력을 포기하지 않는다. 결국 그는 죽임을 당한다. 2장에서 설명을 계속하도록 하자.

적용을 위한 묵상 **한 지도자의 명철한 판단력과 적극성이...**

- 다윗 왕은 연로하여 국정을 돌볼 수 없었다. 더욱이 다윗은 후계자를 미리 선정하지 못하는 행정력의 연약함을 드러내고 있었다. 따라서 누가 다음 보위에 오를 것인가를 두고 왕위 쟁탈전이 벌어졌다.
- 아도니야는 연장자라는 이유 하나만으로 반역을 시도했다. 하나님의 뜻에는 아랑곳하지 않고 자신의 유익만을 위해 반역도 불사하는 무리들이 왕정(王政)을 어지럽히고 있다. 하나님의 왕국은 또 한번 요동칠 뻔했다. 나단은 즉각 위기를 수습했다.
- 그는 하나님께서 다윗과 맺은 언약을 기억하고 있었다. 그리고 그 약속이 어떻게 역사 속에서 진행되는가를 눈여겨 왔다. 나단의 적극적이고도 신중한 일처리는 위기에 찬 나라를 안정시켰다. 나단은 나몰라라 할 수도 있었다. 그러나 국가적인 중대사에 수수방관하지 않았다.
- 하나님의 특별한 섭리가 있었을 것이나 한 지도자의 명철한 판단력과 적극성이 나라에 피를 흘리는 내전(內戰)이 일어날 수 있는 위기를 막아냈다.
- 한 사람, 그 한 사람이 필요하다. 하나님의 마음을 읽을 수 있는 단 한 사람 말이다. 우리는 그런 인물을 키우는 데 대체로 인색하다. 그래도 교회 안에서는 모두가 바쁘단다. 무엇 때문에 그리 바쁠까? 예배당 크게 지을려고 그런다. 왜?

다윗의 유언과 죽음(왕상 2:1-12)

David's Final Instructions to Solomon

솔로몬에게 남긴
다윗의 마지막 지시

다윗은 이제 그의 소임을 다하고 천국에 갈 출근 채비를 서두르고 있다. 그래도 아직은 어린(?) 솔로몬이 걱정이 된다. 솔로몬에게 유약함이 있었을까, 다윗은 우선 그에게 '대장부가 되라'는 권면으로부터 그의 유언을 시작하고 있다. 솔로몬은, 얼마 전에 일어났던 왕위 쟁탈전에서 볼 수 있듯이, 한 나라를 이끌어가는 것이 결코 쉽지 않음을 깨달았을 것이다. 무엇보다 다윗은 솔로몬에게 하나님의 계명을 철저히 준행할 것을 권면한다.[1] 이제 솔로몬의 이야기가 2장부터 11장까지 길게 소개된다. 그의 말년은 초반부와 같지 않았다. 결국 그의 아들 대에 이스라엘은 남과 북으로 분열된다. 우선, 그가 어떻게 그의 왕권을 강화시켰는지부터 살펴보자.

1. 다윗은 자신의 죽음을 어떻게 표현하고 있나?

2:2 "내가 이제 (세상 모든 사람이 가는 길)로 가게 되었노니 너는 힘써 대장부가 되고"

(1) '세상 모든 사람이 가는 길'(the way of all the earth) : 다윗은 자신의 죽음을 회화적(繪畵的)으로 이렇게 표현했다. 이 세상에 태어난 사람은 누구든지 죽음의 관문을 통과해야 한다. 이 세상의 권세나 미모나 부(富)는 죽음 앞에서는 무력하기 짝이 없다. 죽음은 삶의 모든 것을 무의미하게 만든다.

(2) 전도서 기자는 인생의 헛됨을 노래하면서 나이가 들어가는 과정을 다음과 같이 표현했다.

- 전 12:1-5 "너는 청년의 때에 너의 창조주를 기억하라 곧 곤고한 날이 이르기 전에, 나는 아무 낙이 없다고 할 해들이 가깝기 전에 2해와 빛과 달과 별들이 어둡기 전에, 비 뒤에 구름이 다시 일어나기 전에 그리하라 3그런 날에는 집을 지키는 자들이 떨 것이며 힘 있는 자들이 구부러질 것이며 맷돌질 하는 자들이 적으므로 그칠 것이며 창들로 내다 보는 자가 어두워질 것이며 4길거리 문들이 닫혀질 것이며 맷돌 소리가 적어질 것이며 새의 소리로 말미암아 일어날 것이며 음악하는 여자들은 다 쇠하여질 것이며 5 또한 그런 자들은 높은 곳을 두려워할 것이며 길에서는 놀랄 것이며 살구나무가 꽃이 필 것이며 메뚜기도 짐이 될 것이며 정욕이 그치리니 이는 사람이 자기의 영원한 집으로 돌아가고 조문객들이 거리로 왕래하게 됨이니라."

다윗은 자신의 죽음을 '세상 모든 사람이 가는 길' 이라고 회화적으로 표현했다.

(3) 인간은 누구나 나이를 먹는다. 그리고 때가 되면 죽어간다. 그래서 사람들은 죽

1) 다윗이 지금까지 살아오면서 어려움을 당했던 시기는 하나님의 언약을 어기고 죄악으로 하나님과 거리가 멀어졌을 때였음을 기억해 냈으리라. 하나님의 계명을 얼마나 잘 준행하느냐에 따라 복과 저주가 갈릴 것이다. 또한 성전을 건축할 것도 유언했다. 또한 솔로몬의 정권을 위협할 대적들을 제거할 것도 유언했다. 물론 솔로몬은 이 유언을 잘 지켰다. 따라서 나라는 태평성대를 이루었다.

음을 두려워한다. 아무리 담담하려고 노력해도 늙어감을 슬퍼하게 되고 또한 위축되게 마련이다. 우리는 죽음 이후에 영원한 생명이 있음을 확신하고 늙어감을 슬퍼하기보다는 기쁨으로 인정하는 법을 배워야 한다. 죽음은 엄청난 힘으로 우리에게 다가서지만, 결국은 하나님의 주권 아래 있을 뿐이다. 물론 우리는 예수 그리스도 안에서 이미 새로운 생명을 부여받은 존재들이다. 그리스도께서 죽음을 정복하셨기 때문이다.

밧세바를 만나 붕괴되기 전까지는 다윗은 영웅으로서 성공적인 삶을 살았다.

(4) 어쨌든 다윗은 그의 생이 얼마 남지 않은 것을 알았다. 그는 고령인데다 기력이 없었다(왕상 1:1). 다윗은 솔로몬을 불러 마지막 권면을 하고 있다. 우리는 이미 사무엘하 23:1-7에서 다윗의 '마지막 말(詩)'을 살펴보았다. 다윗은 인생의 쓴맛 단맛을 다 본 후에 최후의 고백을 했다. 하나님이 다윗에게 약속하신 언약(삼하 7장)이 자신의 생애 속에서 어떻게 실현되었는가와 미래에 완성될 메시야 왕국의 특성(삼하 23:5, 6)을 노래했다. 밧세바를 만나 붕괴되기 전까지는 다윗은 영웅으로서 성공적인 삶을 살았다. 그러면서도 그는 비극적이었다. 이제 다윗도 역사의 뒤안길로 사라져야 한다. 그의 이 세상에서의 임무가 끝났기 때문이다. 하나님은 다윗에게 천수(天壽)를 누리게 하셨다.

2. 다윗은 솔로몬에게 무엇을 요구하고 있는가?

2:2하 "너는 힘써 (אִישׁ, 대장부)[1]가 되고

(1) 솔로몬은 아직 나이가 어렸다. 몇 살쯤 되었을까? 물론 확실히 알 수 없다. 솔로몬은 여호와께 기도할 때 자신을 가리켜 '작은 아이'(a little child)라고 했다. 유대 전승에는 그의 나이가 14세였다고 한다. 어쨌든 그는 20세 미만이었을 것이다.* 자연히 다윗은 걱정이 되지 않을 수 없었을 것이다. 무엇보다 고약한 성격을 가진 요압 장군이 마음에 걸렸다. 얼마 전에도 요압은 아도니야의 반역 모의에 가담하지 않았던가!

(2) 그래서였을까? 다윗은 어린 솔로몬에게 '힘써 대장부가 되라'고 권면한다. '용기를 갖고 사내대장부가 되라'(Take courage and be a man - NLT)는 말이다. 무엇보다 솔로몬에게 필요한 것은 그의 왕권을 강화시키는 일이었을 것이다.

3. 지도력을 갖춘 훌륭한 왕이 되기 위해서는 어떻게 해야 할까? 어떤 것들이 솔로몬에게 촉구되었는가?

(1) 이 내용에 대해 자세한 설명을 보기 위해 역대상 28장을 읽어보아야 할 것

1) 대장부(이쉬, אִישׁ) - 개인으로서의 남자를 의미한다. 여자에 상응하는 남자, 곧 남성을 가리킨다. 이 단어는 '사람'이란 의미로 사용되었다(출 21:12 신 27:15). 참으로 남자다운 남자를 가리키는 말로 쓰인다. 솔로몬 왕이 지녀야 할 훌륭한 정신 중 하나가 대장부가 되는 일이다.

• 솔로몬의 탄생이 주전 약 991년이고 다윗의 죽음이 971년이라면 그가 등극할 때는 20세쯤 되었을 것이다. 다윗이 성전 건축 계획을 세울 때 자신의 아들이 아직 "어리고 연약하다"라고 언급하고 있다(대상 22:5).

오직 너는 마음을 강하게 하고 극히 담대히 하여

- 수 1:6-8 "강하고 담대하라 너는 내가 그들의 조상에게 맹세하여 그들에게 주리라 한 땅을 이 백성에게 차지하게 하리라 7오직 강하고 극히 담대하여 나의 종 모세가 네게 명령한 그 율법을 다 지켜 행하고 우로나 좌로나 치우치지 말라 그리하면 어디로 가든지 형통하리니 8이 율법책을 네 입에서 떠나지 말게 하며 주야로 그것을 묵상하여 그 안에 기록된 대로 다 지켜 행하라 그리하면 네 길이 평탄하게 될 것이며 네가 형통하리라."
- 여호수아가 백성들에게 준 권면도 읽어보라(수 24:14-18). 같은 내용이다.

같다. 이 유언을 하는 자리에는 솔로몬만 있었던 것이 아니다. 다윗은 "다윗이 이스라엘 모든 (고관들) 곧 각 지파의 (어른)과 왕을 섬기는 반장들과 천부장들과 백부장들과 및 (왕)과 왕자의 모든 소유와 가축의 감독과 내시와 장사와 모든 용사를 예루살렘으로 소집"했다(대상 28:1). 다윗은 방백들은 물론 각계 각층의 인사들을 소집했다. 다윗은 이들에게 무엇을 신신당부하고 있는가? 다윗이 이들에게 할 수 있는 최선의 권면은 오직 하나님만 섬기고 그 계명을 지키라는 것이었다. 그 권면은 모세가 여호수아에게 한 권면을 생각나게 한다(수 1:6-8)*.

(2) 다윗은 지금 솔로몬에게 하나님의 계명을 철저히 준행할 것을 권면하고 있다. 그렇게 할 때 하나님은 다윗에게 언약하신 대로(삼하 7:11-16) 축복해 주실 것이다. 솔로몬이 통치하는 나라에 평화와 번영을 가져오기 위해서는 무엇이 필요할 것인가?

❶ 2:3 "네 하나님 여호와의 명을 지켜 그 길로 행하여 그 법률(statutes)과 계명(commandments)과 율례(judgments)와 증거(testimonies)를 모세의 율법에 기록된 대로 지키라 그리하면 네가 무릇 무엇을 하든지 어디로 가든지 형통할지라."

(다윗의) 후손들이 여호와께서 다윗에게 하신 약속, 곧 여호와의 법에 순종하고 마음과 정성을 다하여 하나님을 섬기면 이스라엘을 다스릴 왕이 끊이지 않고 나올 것이다(4절). 그러니까 왕의 제일의 임무는 토라의 말씀들을 연구하며 이에 순종하는 것이라는 말이다. 이럴 때만이 왕이 그 형제 위에 교만하게 되는 것을 피할 수 있다. 이스라엘의 왕은 열방의 왕들처럼 신의 자리에 올라서서는 안 되는 존재이다. 이스라엘에서는 여호와 하나님만이 진정한 왕이시기 때문이다.

다윗이 솔로몬에게 유언 내용

❶ 법률과 계명과 율례와 증거를 모세의 율법에 기록된 대로 지켜라(3-4절).

❷ 정권을 위협할 대적자들을 숙청하라(5-6절).

❸ 바실래의 아들들에게 은총을 베풀어라(7-9절).

(3) 열왕기서 전편에 깔려 있는 사상이 곧 이것이다. 이는 신명기서에서 분명하게 언급되고 있다(신 11:26-32을 꼭 찾아봐야 되겠네!). 즉, 이스라엘 백성이 하나님의 명령에 철저히 순종하면 삶의 모든 면에서 충만한 복을 받게 될 것이요, 그렇지 않으면 저주를 받게 된다는 말씀이다. 그래서 학자들은 열왕기서를 기록한 저자가 이런 '신명기적' 사관을 갖고 썼다고 주장한다. 이미 서론 부분에서 간단하게 다룬 이야기다.

(4) 그렇다면, 솔로몬은 어떠했을까? 하나님의 말씀에 철저히 순종했을까? 그렇다. 그가 철저히 순종했기에 이스라엘은 황금기를 구가한다. 솔로몬은 이스라엘 백

성을 하나님의 뜻대로 통치하기 위해 지혜를 구했다. 물론 그의 통치 후반부는 그렇지 못했다. 하나님의 율법에서 점차 멀어지기 시작했고, 결국 그의 사후 이스라엘은 분열이라는 쓰라림을 맞는다.

4. 다윗은 특히 **그가 통치할 때 껄끄러운 존재들의 처형을 솔로몬에게 의뢰한다.** 요압은 어떤 인물일까? 우리는 사무엘하에서 다윗 정부의 군사령관으로서 다윗에게 유익한 일도 많이 했지만 자주 다윗의 속을 뒤집어 놓았던 요압을 살펴보았다. 그가 어떤 특별한 일을 저질렀기에 그의 처형까지 유언하게 했을까?

❷ 2:5-6 "스루야의 아들 요압이 내게 행한 일 곧 이스라엘 군대의 두 사령관 넬의 아들 아브넬과 예델의 아들 아마사에게 행한 일을 네가 알거니와 그가 그들을 죽여 태평 시대에 전쟁의 피를 흘리고 전쟁의 피를 자기의 허리에 띤 띠와 발에 신은 신에 묻혔으니 6네 지혜대로 행하여 그의 백발이 평안히 스올에 내려가지 못하게 하라."

(1) **아브넬을 죽인 사건**(사무엘하 3장을 읽어보자):

아브넬은 사울 왕의 숙부인 넬(Ner)의 아들로서 사울과는 사촌간이었다. 다윗이 소년이었을 때 아브넬은 이미 사울 왕의 군장이었다(삼상 17:55-58). 사울이 다윗을 죽이려고 추격전을 벌일 때도 아브넬은 사울의 경호원으로 그와 동행했다(삼상 26:5-16). 이렇게 막강한 권력자였던 아브넬은 길보아 전투에서 사울과 그의 세 아들이 전사하자 사울의 넷째 아들 이스보셋을 데리고 요단 동쪽 마하나임으로 가서 이스라엘의 왕으로 삼는다. 그러나 이스보셋은 허수아비였고 실권은 아브넬이 쥐고 있었다. 그런데 아브넬은 사울의 첩 리스바를 취한 일로 이스보셋과 사이가 벌어졌다. 이런 일로 아브넬은 북쪽 이스라엘을 통째로 다윗에게 넘기려고 헤브론을 방문한다. 다윗과 아브넬 사이에 회담이 잘 진행되었고, 아브넬 일행은 되돌아간다. 이때 전투에 참여했던 요압이 돌아오면서 이 사실을 알게 된다. 요압은 다윗에게 크게 화를 냈고, 아브넬을 뒤쫓아가 그를 살해하고 만다. 이는 전에 아브넬이 자신의 동생 아사헬을 죽인 일이 있었기 때문에 이번 일을 이유로 개인적인 원수를 갚으려 한 것이었다.

다윗은 후에 요압이 아브넬을 해치운 것을 알았다. 이런 일은 북쪽 이스라엘 사람들에게 마음속에 깊은 골을 안겨다준다. 이 일이 다윗의 사주에 의해 이루어진 것이라고 믿었을 것이기 때문이다. 결국 모처럼 찾아온 남북 통일의 기회가 뒤로 미루어지게 된다. 물론 다윗은 아브넬의 장사를 크게 치뤄주었고 결코 자

요압 장군의 공과(功過)

• **잘한 일**

(1) 다윗이 사울에게 쫓겨다닐 때부터 형제들과 함께 다윗 편에 가담했던 일.
(2) 예루살렘 침공 시 앞장서서 공격하여 성공을 거둔 일
(3) 다윗 성 일부를 증축했다. (대하 11:8)
(4) 암몬군과의 전투(삼하 10:1-14)에 참여하여 공을 세움
(5) 암논을 살해한 압살롬이 그술로 피해가 있을 때 그를 데려오도록 다윗을 설득했다.
(6) 세바의 반란 때 세바를 죽이고 반란군을 진압했다.
(7) 다윗이 인구조사를 할 때 적극 반대했다.

• **잘못한 일**

(1) 아브넬을 살해했다(삼하 3:22-29).
(2) 밧세바의 남편 우리아를 살해하는데 공조했다(삼하 11:14-25).
(3) 압살롬의 반역에서 다윗을 도움(그러나 압살롬을 죽임으로써 다윗에게 슬픔을 가져다 줌)
(4) 아도니야의 반역 때 아도니야 편에 가담했다.

⬆ 다윗은 상여를 따라 아브넬의 무덤까지 갔다. 다윗은 아브넬을 헤브론에다 성대히 장사하고 자신도 목소리를 높여 무덤에서 울었으며 모든 백성도 따라 울었다고 했다.

(다윗의 누이, 삼하 2:18)

스루야

아사헬 | 아비새 | 요압

압살롬은 전세가 불리해지자 도망가기 시작했다. 그러나 에브라임 수풀은 지형이 험했다. 그는 긴 머리털 때문에 상수리나무 가지에 걸리게 된다. 아직 목숨이 붙어 있었으나 요압은 다윗을 무시하고 그를 죽이고 만다.

신의 사주에 의해 죽임을 당한 것이 아님을 확실히 했다. 이 사건으로 다윗은 요압을 처형하지 못한다. 처형 못한 이유가 있었겠지만 이때 다윗이 받은 상처가 너무 컸음을 본다. 다윗은 요압을 저주하기는 했으나(삼하 3:29) 그를 죽이지는 않았다. 다윗은 아직 불안정한 위치에 있었기 때문이었을 것이다.

(2) **압살롬을 죽인 사건**(사무엘하 18장을 읽어보자):

다윗은 압살롬의 난을 피하여 마하나임으로 피난을 갔다. 결국 압살롬의 군대와 다윗의 군대가 정면 충돌하게 된다. 결과는 압살롬의 패배였다. 압살롬은 급히 도망가다 그의 긴 머리가 큰 상수리나무 가지에 걸리고 만다. 아직 목숨이 붙어 있었으나 부하의 보고를 받은 요압은 압살롬을 죽이고 만다. 다윗은 싸움에 출전하는 장수들에게 압살롬이 철이 없어서 그러니 심하게 다루지 말라고 주문했었다. 그러나 요압은 알살롬의 존재가 자신에게 도움이 안 되었던지 그를 죽이고 만다. 이는 아버지 다윗의 가슴에 못을 박는 일이었다.

(3) **아마사를 죽인 사건**(사무엘하 20장을 읽어보자):

압살롬의 난의 기억이 아직 생생한데 이번에는 세바의 난이 일어났다. 세바라는 비류가 북쪽 이스라엘 사람들을 부추겨 반역을 일으켰다. 이때 다윗은 요압 장군을 제쳐놓고 아마사에게 추격 명령을 내렸다. 그러나 아마사가 이를 잘 집행하지 못하자 다윗은 다시 아비새(요압의 동생)에게 진압 명령을 내린다. 이때 요압은 다윗의 동의도 없이 자기 동생 아비새와 동행한다. 결국 요압에 의해 난이 진압되었으나 이 과정에서 그는 아마사를 칼로 찔러 죽인다.

(4) 요압은 암몬과의 전투에서도 큰 공을 세웠다(삼하 10:7-19). 예루살렘 성을 정복하는 데도 일등 공신이었다(대상 11:6). 밧세바의 일로 다윗의 밀령을 받들어 우리아를 죽여 그의 충성심을 보이기도 했다. 또 다윗이 인구조사를 강행하려 할 때 하나님의 뜻에 어긋나는 일이라고 반대하기도 했다(삼하 24:1-3). 그는 다윗의 군대장관으로서 유다 건국에 많은 공을 세우기도 했지만 그의 불 같은 포악한 성격 때문에 다윗의 눈에 가시 역할도 많이 했다. 이제 막판에 요압은 아도니야의 반역에 손을 들어주었다. 다윗은 요압을 가리켜 "태평 시대에 전쟁의 피를 흘리고, 전쟁의 피로 자기의 허리에 띤 띠와 발에 신은 신에 묻힌"* 자라고 했다(5절하).

(5) 따라서 다윗은 요압의 처형을 원하였다(2:6). 그에게 벌을 주되 오래 살다가 평안히 죽게 내버려두지 말라고 했다.

5. 다윗은 자신을 환대했던 바실래를 기억하고 있었다. 특히 그의 자녀들에게 자비를 베풀기를 원했다. 바실래는 어떤 인물인가?

❸ 2:7 "마땅히 길르앗 (바르실래)의 아들들에게 은총을 베풀어 그들이 네 상에서 먹는 자 중에 참여하게 하라 **내가 네 형 압살롬의 낯을 피하여 도망할 때에** 그들이 내게 나왔느니라."

(1) 바실래(=바르실래)에 대해서는 사무엘하 17:27-29을 읽어보아야 한다. 다윗이 압살롬의 난을 피하여 마하나임으로 피난했을 때 그곳 사람들이 다윗을 환대하고 생활 필수품을 공급했다. 바실래는 그 중에 한 사람이었다. 이들의 도움이 없었다면 큰 어려움을 당했을 것이다. 압살롬의 난이 끝나고 다시 예루살렘으로 환궁하려 할 때 다윗은 바실래에게 함께 예루살렘으로 동행하기를 권했다. 그러나 바실래는 자신이 나이가 너무 많음을 들어(당시 80살, 삼하 19:35) 정중하게 사양했다. 그는 고향에 묻히길 원했고, 그 대신 자신의 아들 김함을 함께 데려가 주기를 부탁했다(삼하 19:31-39을 읽어 보라).

(2) 다윗은 고난에 처했을 때 그를 도왔던 사람들의 은혜를 잊지 않았다. 다윗은 바실래의 아들들을 대우하여 왕의 식탁에서 함께 먹을 수 있는 특권을 주라고 했다. 왕의 식탁이 어느 정도인데? (왕상 4:22-23*을 봐!)

6. 이렇게 다윗은 상과 벌을 분명히 하라고 했다. 또 한 사람 다윗의 마음에 크나 큰 상처를 남긴 사람이 있다. 그는 '시므이'였다. 그는 어떤 일로 다윗에게 도전했는가?

(1) 먼저 사무엘하 16:5-14을 읽어보자. 다윗이 그를 따르는 자들과 함께 압살롬의 난을 피하여 바후림(감람산 동편)에 왔을 때 사울의 먼 친척이 되는 시므이가 나타나 다윗을 저주하기 시작했다. 시므이는 다윗과 그의 신복들에게 돌을 던지며 "피를 흘린 자여, 비루한 자여"*라고 하면서 달아났다. '다윗은 피를 흘린 자였기 때문에, 하나님이 자신의 가족의 죽음을 복수하시려고 그를 왕좌에서 내어쫓기게 하신 것'이라고 조롱했다. 그렇지 않아도 어려운 처지에 있는 다윗에게 여간 고통스러운 일이 아니었으리라.

(2) 이에 화가난 아비새가 그를 추격하려 했으나 다윗은 이를 만류한다. 다윗은 현재의 고난이 자신이 지은 죄에 대한 하나님의 징계라고 믿었기 때문이다. 다윗은 시므이의 저주를 선으로 바꿔 주실 것을 바랐다(삼하 16:12). 시므이는 사울

요압이 아마사를 찔러 죽임

⬆ 요압은 다윗의 동의도 없이 자기 동생 아비새와 동행한다. 결국 요압에 의해 난이 진압되었으나 이 과정에서 그는 아마사를 칼로 찔러 죽인다.

• "전쟁 때도 아닌 평화의 때에 그들의 피를 많이 흘렸다. 요압은 죄 없는 사람을 죽여서 그의 허리 띠와 신에 피를 묻혔다."(왕상 2:5하, 쉬운성경)

• 왕상4:22-23 "솔로몬의 일 일 분 식물은 가는 밀가루가 삼십 석이요 굵은 밀가루가 육십 석이요 살진 소가 열이요 초장의 소가 스물이요 양이 일백이며 그 외에 수사슴과 노루와 암사슴과 살진 새들이었더라."

• "비루한 자여"(man of Belial, scoundrel) : 원어로는 '벨리알(lAoÎ¥yIlV;b)의 사람'이라는 뜻이다. '벨리알'은 구약에서는 '불량한 사람, 비루한 자, 비류' 등의 뜻으로 쓰였다.

왕의 무덤

왕가의 비운이 다윗 때문이라고 생각했다. 사울과 요나단의 죽음은 물론(길보아 전투 때 다윗은 블레셋 휘하에 있었다) 북왕국의 실권자였던 아브넬의 죽음도(삼하 3:27), 이스보셋의 죽음도(삼하 4:8-12) 모두 다윗과 관련되어 일어난 일이라고 여겼을 것이다.

어떤 학자들은 시므이가 이렇게 길길이 날뛴 것은 사무엘하 21:1-9에 언급된 사건, 즉 다윗이 사울의 직계 자손 7명을 기브온 사람들에게 넘겨주어 죽게 했던 일 때문이라고 주장하기도 한다. 동 교재, 사무엘하 편, 234, 253면을 읽어 보자.

(3) 우리가 잘 알고 있는 대로 압살롬의 난이 평정되어 다윗은 다시 예루살렘으로 환궁하게 된다. 다윗이 다시 정권을 잡게 되자 목숨의 위협을 느낀 시므이는 왕 앞에 나와 부복하고 용서를 빈다. 시므이는 '요셉의 온 족속 중' 제일 먼저 달려 나왔으니 선처를 부탁한다고 했다. 다윗은 그를 죽이지 않겠다고 약속했다. 이제 다윗은 솔로몬에게 지혜를 발휘하여 시므이를 제거할 것을 유언하고 있다. 그가 어떻게 죽게 되었는지는 조금 뒤에 언급하기로 하자.

7. 이제 다윗은 생을 마감한다. 그는 다윗 성에 묻혔다. 그 열조와 함께 누워잔다고 표현했다. 다윗은 여부스 사람에게서 예루살렘을 점령하고 난 뒤 '시온 산성'이라고 했던 것을 '다윗 성'이라고 했다(삼하 5:6-8). 보다 정확한 위치는 성전 남쪽 오벨 산(언덕)을 중심으로 한 '옛 예루살렘' 지역이었다고 추측하고 있다. 다윗의 묘에 대한 언급은 사도행전 2:29에도 기록되어 있다. 그는 헤브론에서 7년 반을, 그리고 예루살렘에서 33년을 다스렸다. 이제 그는 죽어 다윗 성에 묻혔으나 그의 영향력은 후대에 계속된다.

적용을 위한 묵상

• 다윗의 말년은 건강이 좋지 않았다. 연로했기 때문이다. 그때가지 그는 어떤 이유에서인지 후계자를 세우지 않았다. 아버지의 건강이 좋지 않게 되자, 왕자들 사이에는 자연히 누가 다음 보위에 오르느냐에 관심이 쏠렸다. 당연히 아도니야는 장자가 계승해야 한다고 생각하고 거사를 준비 중이었다.

• 이를 알아차린 나단 선지자, 그리고 솔로몬의 어머니 밧세바가 다윗을 찾아간다. '내 아들을 다음 왕위에 앉혀준다고 약속했잖아요!' 그런데 약속이 다르잖아요. 아도니야가 설치고 돌아다니는데....'

• 그래서 솔로몬이 왕위에 오른다. 아주 곱게 자랐을 솔로몬, 그는 왕위 되기 위한 훈련의 기간이 없었다. 그는 온갖 부귀영화를 누렸지만, 후궁들의 영향으로 우상숭배가 온 나라에 퍼지는 것을 방치하게 된다. 결국 그의 나라는 남북으로 분열되는 비운을 맞는다.

• 훈련되지 않는 일꾼, 하나님 나라에 먹칠을 할 수도 있다. 훈련에는 고난이 따른다. 힘든 길이다.

솔로몬의 왕권 강화(왕상 2:13-46)

- 다윗 왕이 나이 많아 늙으니(1:1-4)
- 아도니야의 반역 음모(1:5-53)
- 다윗의 유언과 죽음(2:1-12)
- **솔로몬의 왕권 강화(2:13-46)**
  아도니야와 요압 처형
  아비아달 제사장 파면

다윗은 죽어 다윗 성에 묻혔다. 이제 솔로몬이 실권을 쥐고 나라를 통치해야 한다. 그러나 정국은 아직 불안했다. 그들의 대적들이 언제 다시 반란을 일으킬지 모르기 때문이다. 그 최초의 징후(徵候)가 나타났다. 아도니야의 재도전이었다. 아도니야는 밧세바를 찾아가서 다윗의 후궁인 아비삭을 자기에게 달라고 청원한다. 밧세바가 솔로몬에게 이 사실을 알렸으나 솔로몬은 아도니야의 청원을 통치의 위협이라고 보고 즉각 거절하고 그를 사형에 처한다. 이후 그를 대적하던 자들을 다윗의 유언대로 제거한다. 이제 그의 왕권이 강화되기 시작한다.

1. 솔로몬이 아버지 다윗을 이어 왕이 되었다. 그의 나라가 심히 견고하게 되었다고 했다. 어떻게 나라가 솔로몬의 손에서 견고하게 세워졌을까? 이제 솔로몬의 시대가 열리고 있다. 그러나 아직은 대적들이 어린(20세 정도) 솔로몬을 위협하고 있다. 아도니야는 아직도 그의 야망을 버리지 않고 있다. 즉, 왕위를 차지하려는 노력을 포기하지 않았다. 아도니야는 주도면밀하게 그 계획을 실행하고 있다.

(1) 아도니야는 누구를 먼저 찾아갔나? 그리고 어떤 청원을 했는가?

- 2:13-18 "13 학깃의 아들 **아도니야**가 솔로몬의 어머니 **밧세바에게** 나아온지라 밧세바가 이르되 네가 화평한 목적으로 왔느냐 대답하되 화평한 목적이니이다... 15그가 이르되 당신도 아시는 바이거니와 이 왕위는 내 것이었고 온 이스라엘은 다 얼굴을 내게로 향하여 왕으로 삼으려 하였는데... 16이제 내가 한 가지 소원을 당신에게 구하오니... 17그가 이르되 청하건대 솔로몬 왕에게 말씀하여 그가 **수넴 여자 아비삭을 내게 주어 아내를 삼게 하소서** 왕이 당신의 청을 거절하지 아니하리이다 18밧세바가 이르되 좋다 내가 너를 위하여 왕께 말하리라."

밧세바는 아도니야의 청원을 심각하게 받아들이지 아니했으나 솔로몬은 아도니야의 이런 도전을 통치의 위협이라고 보았다.

(2) 아도니야는 다시 왕위를 넘보고 있었다. 그는 솔로몬의 모친 밧세바를 통하여, 다윗이 늙었을 때 수종들던 수넴 여자 아비삭과의 결혼을 요청했다. 물론 아비삭은 수종들던 처녀였지만 법적으로는 다윗의 후궁이었다. 그녀의 미모를 탐냈기 때문이었을까? 확실한 증거가 없지만 어떤 학자는 아가서에 나오는 술람미 여자(아 6:13-14)가 아비삭과 동일 인물이라고 주장한다. 그러나 22-24절*을 보면 목적은 왕위에 있었던 것같다. 당시의 관습상 선왕(先王)의 후궁을 취하는 것은 곧 왕위에 대한 권리를 주장하는 것으로서(삼하 12:8 – 다윗이 사울의 딸을 얻은

• 왕상 2:22-24 "22솔로몬 왕이 그의 어머니에게 대답하여 이르되 어찌하여 아도니야를 위하여 수넴 여자 아비삭을 구하시나이까 그는 나의 형이오니 그를 위하여 왕권도 구하옵소서 그뿐 아니라 제사장 아비아달과 스루야의 아들 요압을 위해서도 구하옵소서 하고 23여호와를 두고 맹세하여 이르되 아도니야가 이런 말을 하였은즉 그의 생명을 잃지 아니하면 하나님은 내게 벌 위에 벌을 내리심이 마땅하니이다 24그러므로 이제 나를 세워 내 아버지 다윗의 왕위에 오르게 하시고 허락하신 말씀대로 나를 위하여 집을 세우신 여호와께서 살아 계심을 두고 맹세하노니 아도니야는 오늘 죽임을 당하리라 하고."

• **아비아달** : 사울은 다윗을 도왔다는 이유로 아비아달의 아버지인 아히멜렉을 포함한 제사장 85명을 죽인 엄청난 일을 저질렀다. 그 속에서 오직 유일하게 살아남은 자가 아비아달이었다. 그후 그는 다윗에게로 와서 사독과 함께 제사장으로 있었다(삼하 8:17). 그는 압살롬의 반역 때에도 다윗을 도왔다(삼하 15:24-26). 이렇게 다윗 왕에게 충성한 제사장을 죽일 수는 없었다. 따라서 솔로몬은 그를 제사장직에서 파면하고 고향으로 돌려보낸다.

경우, 16:21 – 압살롬이 다윗의 후궁들을 범한 것), 이는 명백히 솔로몬에게 도전하는 행위였다. 더욱이 아도니야의 이런 용감한 행위는 소침해 있던 그를 지지하는 자들에게 용기를 주는 일이기도 했다(삼하 16:21-22 참조). 아도니야는 원래 왕위는 자기 것인데 솔로몬에게 돌아간 것이니 아비삭을 달라는 청원쯤은 들어줄 수 있지 않느냐는 투로 밧세바를 설득했다. 밧세바는 아도니야의 청탁을 받고 난감하기는 했지만 그렇다고 못들은 체 할 수도 없었다.

2. 밧세바는 솔로몬을 방문한다. 어머니의 갑작스런 방문을 받고 솔로몬은 어떤 반응을 보였을까? (왕상 2:22-24)

(1) 순순히 허락하리라고 생각했던 밧세바는 솔로몬의 강한 불만에 놀랐을 것이다. "뭐라구요? 그는 나의 형이니 아예 왕의 자리까지 주라고 말씀하시지요! 내친김에 아비아달과 요압을 위해서도 청을 하지 그러십니까?"

(2) 밧세바는 아도니야의 청원을 심각하게 받아들이지 아니했으나 솔로몬은 아도니야의 이런 도전을 통치의 위협이라고 보았다. 아비삭은 처녀였지만 선왕 다윗의 후궁이 아닌가! 아비삭과의 결혼은 왕권에 대한 아도니야의 권리를 주장하는 것이었다. 솔로몬은 다윗 언약(삼하 7장)에 근거하여 아도니야를 처형한다. 즉, 자신에게 주어진 왕위는 하나님이 허락하신 것이라는 말이다. '하나님이 그의 나라를 나와 백성에게 주신 것인데, 아도니야가 그 권위를 무시하고 왕위를 넘겨보고 있지 아니한가!'

(3) "내가 만약 아도니야를 살려둔다면 하나님이 나에게 무서운 벌을 내리실 것입니다"(23절). 솔로몬은 대제사장 여호야다(대상 27:5)의 아들 브나야를 보내어 아도니야를 처형한다(24절). 브나야(Benaiah)는 3인의 용사 중 한 사람으로 함정에 빠진 사자 한 마리와 장대한 애굽 사람 한 명과 모압인 두 명을 죽인 아주 용감한 장수였다(삼하 23:21-22). 그는 요압을 대신하여 솔로몬의 군대장관이 된다(왕상 4:4).

3. 다음은 아비아달 제사장이 문제였다. 그는 아도니야의 반란 책동의 주동 세력이었다. 그러나 아비아달 제사장을 처형할 수는 없는 형편이었다. 그에게 어떤 형벌(?)을 내리는가?

2:26-27

아비아달은 대단한 인물이었다. 그는 사울 왕의 광란*속에서도 살아남은 유일한 자였다. 그는 사독과 함께 다윗 시대에 제사장으로 있었다. 다윗과 함께 할 때에 여호와의 궤를 메기도 했고(26절), 압살롬의 난 때에도 다윗을 크게 도왔다(삼하 15:24-26). 따라서 솔로몬은 그의 제사장직을 박탈하고 고향 아나돗(베냐민 지파의 영토 속에 있는 레위인의 성읍, 예루살렘 북동쪽)으로 돌려보낸다.

4. 아비아달은 엘리의 후손이다. 아비아달이 제사장직을 박탈당한 사건을 성경은 어떻게 해석하고 있나?

2:27하

(1) 열왕기 기자는 아비아달의 제사장직 박탈을 엘리* 가문에 대한 여호와 하나님의 심판의 성취라고 말하고 있다. 우리는 엘리 가문이 여호와의 저주를 받게 된 사건을 잘 알고 있다. 사무엘상 2:12-36을 읽어보자.

(2) 엘리의 아들들, 홉니와 비느하스는 '불량자'(벨리알의 아들들)라고 했다. 이들은 늙고 무능한 아버지 엘리를 대신하여 제사장으로 있었지만 한마디로 망나니였다. 이들은 거룩한 제사장 직무를 더럽히고 있었다.

- 삼상 2:17 "이 소년들의 죄가 여호와 앞에 심히 큼은 그들이 여호와의 제사를 멸시함이었더라."

- 삼상 2:22 "엘리가 매우 늙었더니 그 아들들이 온 이스라엘에게 행한 모든 일과 회막문에서 수종드는 여인과 동침하였음을 듣고"

(3) 이스라엘은 부패의 극을 치닫고 있었는데, 그 부패의 발원지는 바로 성전이었다. 하나님은 마침내 엘리 가문에 저주를 선포하신다.

- 삼상 2:30 "…나를 존중히 여기는 자를 내가 존중히 여기고 나를 멸시하는 자를 내가 (　　　　　) 여기리라."

(4) 엘리 가문에 내린 심판의 내용은 무엇인가?

- 삼상 2:31 : 치욕적인 날이 엘리 가문에 임할 것이다. 어떤 날?
"네 팔과 네 조상의 집 팔을 끊어 네 집에 (　　)이 하나도 없게 하는 날"

아비아달 제사장

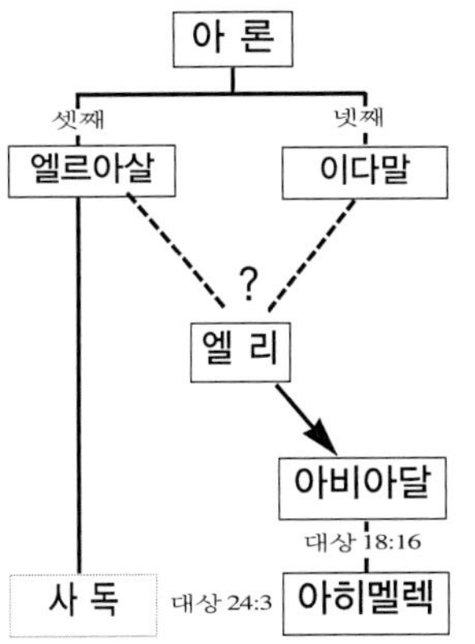

- 아론의 첫째와 둘째 아들인 나답과 아비후는 하나님이 명하시지 않은 불로 제사를 드리다 죽었다(레 10:1-20). 엘리 제사장이 엘르아살 계통인지 이다말 계통인지는 확실치 않다. 어쨌든 아비아달은 엘리 계통이라고 했다(왕상 2:27). 사울이 놉 땅에 있는 선지자 85명을 죽일 때(삼상 22:17-20) 유일하게 살아난 사람이 아히멜렉의 아들 아비아달이다.

- 그런데 역대상 24:3에서는 "다윗이 엘르아살의 자손 사독과 이다말의 자손 아히멜렉으로 더불어 저희를 나누어 각각 그 섬기는 직무를 맡겼다"고 했다. 그렇다면 여기에 등장하는 아히멜렉은 아비이달의 아버지인 아히멜렉의 손자일 것이다. 그러나 아비아달에게 부친의 이름과 똑같은 아들이 있었는지, 아니면 사무엘하 8:17과 역대상 24:6의 기록에 착오가 있었는지는 확실치 않다.

• 삼상 22:18 "왕이 도엑에게 이르되 너는 돌아가서 **제사장들을 죽이라** 하매 에돔 사람 도엑이 돌아가서 제사장들을 쳐서 그 날에 **세마포 에봇 입은 자 팔십오 명을 죽였고** 19 제사장들의 성읍 놉의 남녀와 아이들과 젖 먹는 자들과 소와 나귀와 양을 칼로 쳤더라."

(5) 그 일차적 성취는 사무엘상 4:11에서 일어났다. 그러나 이 형벌은 엘리 가문에 내려질 저주의 전주곡이었을 뿐이다. '어떤 저주인데 그래?'

• 삼상 4:11 "**하나님의 궤는 빼앗겼고** 엘리의 두 아들 **홉니와 비느하스**는 죽임을 당하였더라."

(6) 그 다음 저주는 사무엘상 22:18-19*에서 성취되었다.

(7) 그 뒤에도 기록은 없지만 저주의 성취는 있었을 것이다. 그리고 그 마지막 저주의 성취가 오늘 본문에서 성취되었다는 것이다. 사무엘상 22:18-19의 사건에서 살아남은 사람이 오늘 본문의 주인공 아비아달이었다. 엘리 가문의 제사장이었던 아비아달은 솔로몬 휘하에서 실각하게 한다. 이로써 '여호와를 멸시했던' 엘리 가문에게 내려진 저주는 막을 내리게 된다. 엘리 가문에 대한 저주가 시작된 지 80여년 후의 일이었다.

5. 이제 급해진 사람은 요압이었다. 반란의 주모자가 죽었다. 요압은 사태가 심각해짐을 깨닫고 성막으로 달려가기 시작한다. 왜 달려가는 것일까?

(1) 요압은 아도니야와 아비아달에게 닥친 일이 곧 자신에게도 올 것임을 알고 장막뜰에 있는 놋제단 뿔*을 잡으려고 도망가기 시작했다. 아도니야가 그랬었기 때문이다(왕상 1:50). 성전으로 도망가 제단 뿔을 잡으면 무조건 죽음을 면하게 될까?

(2) 그렇다면 그는 출애굽기 21:14을 모르고 있음이 확실하다. 무슨 내용인데?

"사람이 그 이웃을 (　　　　) 모살하였으면 너는 그를 내 (　　)에서라도 잡아내려 죽일지니라."

만약 고의적으로 사람을 살인했다면 비록 하나님의 단에서라도 그를 끌어내어 죽일 것을 명하고 있다. 성전으로 도망가 살 수 있는 경우는 부지 중에 사람을 죽였을 경우에만 해당되었다. 솔로몬은 성막에서 인간의 피를 흘리는 것을 원치 않았기에 브나야를 통해 그를 끌어내려 했다. 그러나 요압은 제단 뿔을 떠나지 않겠다고 완강히 거절했다. 브나야는 이를 솔로몬에게 보고했고, 솔로몬은 요압을 살인자로 취급해 그 자리에서 치라는 명령을 내렸다.

(3) 본문에 언급된 요압이 저지른 살인죄는 무엇인가? (왕상 2:32)

• 왕상 2:32 "여호와께서 요압의 피를 그의 머리로 돌려보내실 것은 그가 자기 보다 의롭고 선한 두 사람을 쳤음이니 곧 이스라엘 군사령관 넬의 아들 아브넬과 유다 군사령관 예델의 아들 아마사를 칼로 죽였음이라 이 일을 내 아버지 다윗은 알지 못하셨나니."

요압은 자신의 사사로운 감정 때문에 잔인하게 이들을 살해했다. 요압의 망령된 행동 때문에 하나님 나라의 공의가 땅에 떨어져 있었다.

(4) 아브넬은 이스라엘의 군대장관이었다. 그는 앞에서 설명했던 바와 같이 비열하게 아브넬을 살해했다. 이 사건에 대해서는 사무엘하 3장을 읽어보기로 하자(동 교재, 사무엘하 편, 73면 이하 참조). 요압은 아마사도 비열한 방법으로 죽였다. 그는 인사를 하는 척하고 아마사의 배를 찔러 죽였다. 이 사건에 대해서는 사무엘하 20:1-13을 읽어보자(동 교재, 사무엘하). 요압은 자신의 사사로운 감정 때문에 잔인하게 이들은 살해했다. 요압의 망령된 행동 때문에 하나님 나라의 공의가 땅에 떨어져 있었다. 그래도 솔로몬은 요압의 시신을 '거친 땅(베들레헴 동쪽 유다 광야?)에 있는 자기 집에 매장'할 수 있도록 배려를 했다. 요압이 다윗을 위해 충성한 점도 적지 않았기 때문이었으리라.

(5) 솔로몬은 브나야로 하여금 요압을 대신하여 군대장관으로 삼았다. 또 아비아달을 대신하여 사독을 제사장으로 세운다(35절).

6. 이제 남은 문제는 시므이였다. 시므이가 어떤 일을 했길래?

(1) 그의 비열한 모습은 앞에서 설명한 바와 같다. 압살롬의 난을 피하여 망명길에 오른 다윗에게 저주를 퍼붓던 인물이었다. 그러나 다윗이 다시 예루살렘으로 환궁하게 되자 재빨리 그의 비위를 맞추기 위해 색깔을 달리 했다. 시므이의 처형에 대한 유언은 다윗의 사사로운 감정 때문이 아니다.* 솔로몬은 지혜롭게 시므이의 문제를 해결하려 했다.

(2) 솔로몬은 시므이에게 예루살렘을 벗어나서는 안 된다는 금족령을 내렸다. 구체적인 내용을 설명하라.

2:36-37

(3) 시므이는 이런 명령을 받아들이고 그대로 순종했다. 그러기를 3년이 지났다(38절). 그러나 이 명령을 어기는 일이 발생했다. 그 경위를 설명해 보라.

2:39-40

시므이의 저주 사건

• 시므이가 지은 죄는 무엇일까? 단순하게 다윗 개인을 비방한 것이 사형에 처할 큰 죄가 된다는 말인가? 또 한번 용서해주었으면 되었지 왜 다시 그의 처형을 유언하고 있을까? 다윗이 그를 처형하기를 유언했던 것은 다윗 개인의 사사로운 감정 때문은 아니다. 시므이가 다윗을 저주한 것은 결국 다윗을 세운 여호와 하나님을 저주한 일이 된다. 다윗은 말년에 시므이를 처형하지 않은 사건을 두고 괴로워했다. 지금 다윗을 대항하여 망령되이 행한 시므이는 이스라엘의 왕 다윗이 "여호와의 기름 부으심을 받은 자" 즉 구원자의 선구자요, 그 영광스로운 모습을 계시하는 데 쓰이는 하나님의 통로라는 사실을 깨닫지 못했다. 처형을 받은 요압도 마찬가지였다.

솔로몬은 그의 대적들을 제거하는 과정에서 이 모든 일을 지혜롭게 처리했다.

물론 솔로몬이 시므이의 행동에 무관심했을 리 없다. 시므이는 삼 년이나 지났으니 솔로몬의 경계가 풀렸으리라 생각했는 지도 모른다. 그러나 시므이의 거동을 체크하고 있었을 부하들에 의해 블레셋 땅 가드까지 갔다왔다는 보고가 솔로몬에게 접수되었다. 시므이는 새로 임명된 브나야 군대장관 의 손에 죽는다.

7. 이로써 솔로몬 왕권을 위협했던 인물들이 모두 제거되었다. 이제 이스라엘은 '솔로몬의 손'(베야드 쉘로모, בְּיַד־שְׁלֹמֹה)에 의해 견고해져 간다. 성경 기자는 솔로몬의 왕권이 견고해졌음을 12절에 이어 계속 강조하고 있음을 본다. 솔로몬은 그의 대적들을 제거하는 과정에서 이 모든 일을 지혜롭게 처리했다.

적용을 위한 묵상

나는 우리 자녀에게 무슨 유언을 하게 될까?

- 왜 다윗을 대항했던 인물들이 처형을 받아야 하는가? 다윗 왕은 어떤 면에서 대적하면 안 되는가? 하나님의 인류에 대한 궁극적인 목적은 그의 아들 예수 그리스도의 오심과 그를 통한 인류의 구원이다.

- 다윗은 메시아의 예표 또는 그림자였다. 백성들은 다윗과 같은 왕의 시대에서 앞으로 오실 메시아의 영광을 다소 맛볼 수 있었다. 다윗이 처형을 명한 인물들은 이런 하나님의 뜻을 이해하지 못했다. 이들은 결국 하나님의 사역을 가로막는 일을 한 것이다. 다윗은 하나님의 구원사역을 위해 부름받은 하나님의 종이기 때문이다.

- 다윗에게도 죽음이 가까이 왔다. 그는 솔로몬의 손을 들어주었다. 밧세바의 아들 솔로몬이 후계자가 된 것이다. 그는 솔로몬에게 마지막 권면을 한다. 무엇을 유언할 것인가?

- 그가 지나온 날들을 회고하며 결론내린 것은 여호와의 계명에 철저히 순종하는 것만이 최선이었다는 고백이다. 만약 우리가 같은 입장이라면 사랑하는 자녀들에게 무엇을 유언할까?

- 다윗 왕조는 한 개인의 영달을 위해 존재하는 국가가 아니다. 하나님은 자신의 사역자인 왕들을 통해 자기 백성을 다스리실 것이다. 하나님은 이런 왕들을 통해 자기 백성을 다스리신다는 말이다. 이 왕들은 어떤 태도를 가져야 할까?

- 역사의 주인은 누구인가? 하나님이시다. 그러므로 역사는 그분의 말씀하신 바대로 움직여 간다. 그런데 하나님이 세우신 왕들의 태도는 우리를 우울케 한다. 왕위 쟁탈전이 벌어지는 과정에서 추한 모습을 보게 된다.

- 우리 주위에는 하나님께서 맡겨주신 사명은 잊은 채, 자신의 성공을 위해 목숨을 다해 열심을 내는 분들이 많다. 물론, 하나님의 영광을 운운한다.

- '그래도 아무것도 하지 않고 허송세월하는 사람보다 낫잖아? 그치?' '그런가?!'

열왕기상 1-2 장 요약 정리

요약 질문

솔로몬이 왕이 되다

1장

- 다윗은 매우 늙어 노쇠했다. 그 신복들이 어떤 조치를 취했나?
- 아비삭은 어떤 여자인가?
- 왕이 나약해지고 아직 그를 이을 보위가 확정되지 않자 어떤 일이 벌어졌는가?
- 아도니야의 외모는 어떠했는가?(6절) 그가 왕위에 오르기 위해 어떤 행동을 벌였는가? (5절) 압살롬의 행동(삼하 15:1)과 비교해서 설명해 보라.
- 아도니야의 반역 모의에 참여한 주요 인사들은 누구인가?(7절) 아도니야의 모의에 참여하지 않은 사람은 누구인가?(8절)
- 아도니야의 반역을 무산시키기 위해 앞장 선 사람은 누구인가? 그는 왜 솔로몬을 두둔하고 나섰는가?(11절이하)
- 나단과 밧세바가 다윗 왕 앞에 나아가서 그를 설득시키는 과정을 이야기해 보라.
- 솔로몬은 누구에 의해서 기름 부음을 받았는가? 그 과정을 설명해 보라(32절 이하).

2장

- 다윗이 솔로몬에게 유언한 내용은 무엇인가?
- 다윗은 무엇보다 하나님의 계명을 철저히 지킬 것을 권면한다. 무엇에 근거하여 권면하고 있는가?
- 다윗은 그의 재위 시 그를 대적했던 인물들의 처형을 유언한다. 어떤 인물들인가?
- 솔로몬이 등극하고 나서도 반역의 기미가 줄어들지 아니했다. 아도니야가 요구한 것은 무엇이며, 솔로몬은 이를 어떻게 처리했나?
- 아비아달은 어떤 인물이며 솔로몬은 그에게 어떤 형벌(?)을 가했는가? 아비아달의 제사장직 박탈과 엘리 제사장 가계에 내린 저주의 성취 관계를 설명해 보라.
- 기자가 2장에서 강조하고자 하는 핵심 내용은 무엇인가? (12, 46절)

이번 과에서 배운 내용을 요약 정리해 보세요.

Summary

- 아도니야 - 생존한 아들 중 가장 나이가 많았다. 왕위 계승의 약속은 하나님의 명령에 근거한 것이다. 다윗이 왕위를 솔로몬에게 약속했는데도, 아도니야는 자기 스스로 왕위를 빼앗으려고 벌버둥 친다. 누가 이 아도니야 편에 섰는가?
- 아도니야를 비롯, 요압 장군과 시므이는 솔로몬이 등극한 후에 처형받는다. 일생동안 열심히 다윗 정부에서 일했는데, 이들은 버림을 당했다. 이들의 문제점은 무엇이었을까? 이들이 범한 죄는 무엇인가?

Outline

66

1Kings

3장

지혜의 왕 솔로몬

하나님은 솔로몬을 사랑하셔서
불가능한 가운데서 그를 왕으로 세우셨다.
왕위를 노리는 아도니야와 그를 동조하는 요압과
아비아달 등의 반란 속에서도
하나님은 솔로몬을 축복하셔서 왕위에 오르게 하셨다.
솔로몬은 그의 통치 말기까지
정치적인 문제로 시달리지 아니했다.
하나님이 그와 함께 하셨기 때문이다(대상 29:25).

솔로몬은 왕이 되자 국가의 기초를 견고하게 한 후
외교에 힘을 쏟는다.
그는 우선 애굽과 친선을 맺었고,
그 증표로 바로 왕의 딸을 아내로 맞았다(3:1).

솔로몬은 두로의 히람 왕과도 동맹을 맺었다(왕상 5장).
그의 아내 중에는 '시돈' 여인이 있었는데(왕상 11:1),
아마 그 왕의 딸이었는지도 모른다.
왜냐하면 솔로몬은 정략 결혼을 많이 했기 때문이다.

솔로몬은 기브온에 가서 일천 번제를 드린다.
그 날 밤 하나님이 솔로몬의 꿈에 나타나셨다.
하나님은 솔로몬에게 소원을 말하라고 하셨다.
솔로몬은 백성을 인도하고 선악을 분별하는 데 필요한
지혜를 달라고 간구했다.
하나님은 그에게 지혜를 주셨을 뿐 아니라
부와 영광까지도 주셨다.

열왕기상 3장 (솔로몬의 지혜)

3:12 "내가 네 말대로 하여
네게 지혜롭고 총명한 마음을 주노니
너의 전에도 너와 같은 자가 없었거니와
너의 후에도
너와 같은 자가 일어남이 없으리라."

• 1절 : 솔로몬이 애굽의 바로의 딸과 결혼함 :

(1) 모종의 동맹관계를 전제한 정치적 결혼이었을 것이다. 그의 국제적 위상이 높아졌음을 의미한다. 아마 평화 조약을 맺고 정략 결혼을 했을 것이다.

(2) 그렇다면 이방 여인과 결혼한 것은 잘못된 일인가? 본문에서 설명을 시도해 보자. 솔로몬은 애굽 바로의 딸을 위하여 특별한 집(궁?)을 지어준다(왕상 7:8).

• 2-3절 : 솔로몬이 산당에서 제사를 지냄 :

(1) 당시 산당은 이방인의 우상 숭배의 소굴이었지만, 성전이 없었기 때문에(3:2) 가까운 산당을 예배 처소로 이용했던 것 같다. 솔로몬은 예루살렘에 있는 다윗의 성막 보다는 기브온에 가서 제사를 드렸다.

(2) 기브온에는 장막과 놋제단이 있었는데 이 놋제단은 모세가 광야에서 만든 것이라고 했다(대상 21:29; 대하 1:2-6), 그곳 제단이 더 넓어(4절) 번제를 드리는 데 적합했던 것 같다. 이 성막은 사울이 놉에 있는 제사장을 죽인 이후에(삼상 22:18-19) 이곳으로 옮겨진 것 같다.

(3) 솔로몬은 이곳에서 일천 번제(燔祭)를 드렸다. 산당에서 예배를 드리는 일이 잘못된 일인가?

• 4-15절 : 솔로몬이 하나님께 지혜를 구함 :

(1) 솔로몬이 일천 번제를 드린 그 날밤에 그 예배의 응답으로 하나님이 꿈에 솔로몬에게 나타나셨다. 구약에서 꿈은 계시의 중요한 수단

중 하나였다. 하나님은 그에게 무엇이든지 구하라 고 하셨다.

(2) 솔로몬은 하나님께 지혜를 구했다. 백성들을 통치 하려면 선악을 분별하는 지혜가 필요했기 때문이었다. 그의 나이가 아직 어렸음(약 20세 정도)을 감안한다면 다른 무엇보다 지혜가 필요했을 것이다. 이런 믿음을 기쁘게 여기시고 하나님은 지혜는 물론 부와 영광까지도 덤으로 주셨다(13-14절).

• 16-28절 : 솔로몬의 지혜로운 재판 :

(1) 당시 가장 천민시되었던 창기들도 왕 앞에 나아가 재판을 받을 수 있었다. 우리가 너무 잘 알고 있는 대로 두 여인의 소송 사건이 기록되어 있다. 솔로몬의 지혜는 문학, 건축, 무역, 저술 활동 등 모든 분야에서 나타났다.

❖ 다윗은 솔로몬에게 강성한 제국을 물려주었다. 다윗은 허약한 이스라엘을 강대한 나라로 이끌었다. 솔로몬은 이제 그 나라를 잘 다스려야 했다. 기브온에서 일천 번제를 드린 후에 하나님은 그에게 필요한 은사를 선택할 기회를 주셨다.

❖ 당시 솔로몬은 자신의 책임이 막중함을 깨닫고 무엇보다 지혜롭고 분별력 있는 마음을 주시기를 간구했다. 그는 나라를 다스리기에는 나이가 너무 어렸다. 따라서 통치 경험이 없었다. 그가 통치할 나라는 세상 여느 나라와는 다르다.

❖ 그가 지혜를 구한 목적은 주의 백성을 재판하여 선악을 분별하기 위함이었다. 하나님의 백성을 바로 통치하기(=섬기기) 위해서였다. 하나님은 솔로몬이 구하지 아니한 부귀와 영광도 주셨다고 했다. 그의 지혜는 통치 전반에 나타났다.

애굽과의 동맹(왕상 3:1)

- **애굽과의 동맹(1절)**
- 솔로몬이 지혜를 구함(2-15절)
- 아기를 둘로 나눠라 (16-28절)

- 특강 :
  1) 지혜(호크마)
  2) 지혜의 의인화
  3) 지혜의 왕 솔로몬

솔로몬은 당대의 강국인 애굽과 동맹을 맺고 바로의 딸과 결혼한다. 당시 애굽은 세력이 현저히 줄어들었다. 애굽의 전성기는 제18왕조와 제19왕조 때였다. 이스라엘은 애굽의 제18왕조 때에 출애굽한다(전기연대설, B.C. 1446). 애굽은 B.C. 1200 이후 세력이 약화되었다. 솔로몬과 동맹을 맺은 애굽의 바로가 누구인지는 확실치 않으나 대체로 애굽의 제21왕조의 시아문(B.C. 978-959)이라고 보고 있다. 이 왕은 주로 국내적인 문제에만 관심을 가졌다. 왜 애굽의 왕이 솔로몬과 동맹 관계를 맺고 딸까지 주려 했을까?

1. 솔로몬은 다윗과는 다르게 외국과 전쟁을 수행하지 않았다. 다윗은 그의 아들 솔로몬에게 상당한 제국을 물려주었다.

애굽 21왕조의 마지막 왕

솔로몬에게 자기 딸을 준 애굽의 바로는 누구일까? 물론 정확한 자료는 없지만 21왕조의 끝에서 두번째 바로였던 시아문(Siamun, 976 -958 B.C.)이라고 알려지고 있다(John Bright, 유진 H. 메릴). 그러나 다른 학자는 Pesibkhenno 2세(958-945 B.C) 또는 시삭(945-924 B.C.)이라고도 주장한다.

(1) 솔로몬은 나라의 영토를 확장하는 것이 아니라 그것을 잘 다스리고 강화시키는 일을 했다. 그래서 자신의 봉신(封臣)들과 우호적인 관계를 유지함으로써 제국을 유지하려 했다(왕상 9:15-19). 따라서 이웃 나라와 동맹 관계를 가졌다. 솔로몬의 아들 르호보암도 그의 어머니가 암몬 여인이었음을 본다(왕상 14:21). 이런 가운데서도 솔로몬이 가장 관심을 가진 여인은 바로의 딸이었다. 애굽은 당시 강대국 중의 하나였다. 비록 그 세력이 현저히 약화되었으나 바로*의 딸을 아내로 주었다는 것은 그만큼 솔로몬을 인정하는 일이었다. 결혼은 외국과의 동맹을 표시하는 흔한 수단이었다.

(2) 솔로몬은 모압, 암몬, 에돔, 시돈, 헷 족속의 부인을 가지고 있었다(왕상 11:1, "솔로몬 왕이 바로의 딸 외에 이방의 많은 여인을 사랑하였으니 곧 모압과 암몬과 에돔과 시돈과 헷 여인이라"). 이는 이들 나라들과도 혼인 관계를 통해 동맹을 맺고 있었다는 말이다. 솔로몬은 애굽의 위상을 보아 다른 어느 부인보다 바로의 딸에게 더 지극한 대우를 했을 것이다. 얼마나 큰 대우를 해주었을까?

- 왕상 7:8 "솔로몬이 거처할 왕궁은 그 주랑 뒤 다른 뜰에 있으니 그 양식이 동일하며 솔로몬이 또 **그가 장가 든 바로의 딸을 위하여 집을 지었는데** 이 주랑과 같더라."

- **게셀**(Gezer) : 예루살렘과 욥바 중간에 위치한 고대 가나안의 성읍이다(수12:12). 여호수아가 가나안을 정복할 당시 게셀 왕 '호람'이 라기스와 연합하여 이스라엘을 대항했으나 정복당했다(수10:33). 이곳은 에브라임 지파에게 분배되었으나 레위 지파 그핫 자손에게 주어졌다(수21:21). 그러나 이들을 쫓아내지는 못하고 그들을 종으로 삼았다(수 16:10). 그후 애굽이 이곳을 점령한다.

(3) 애굽 왕 바로는 그의 딸을 얼마나 극진히 생각했는지 전쟁에서 얻은 땅 게셀(Gezer)*을 그에게 선물로 주었다(왕상 9:16). 솔로몬은 이 게셀을 국방상 주요 요새지로 삼아 성을 건축했다(왕상 9:15, 옆면 지도 참조).

2. 그렇다면 애굽의 바로는 왜 자신의 딸을 솔로몬에게 주면서까지 이스라엘과 동맹을 맺으려 했을까? 애굽 왕이 다른 나라 공주들과 결혼하는 경우는 자주 있어도 자기 딸을 애굽 사람이 아닌 자에게 시집 보내는 일은 거의 없었다. 거기에다 신부의 지참금이라 할 수 있는 게셀까지 주지 않았는가! 정확한 역사적 기록은 없지만 유진 H. 메릴*의 설명을 간추려 적어보자.

• 유진 H. 메릴, 제사장의 나라(기독교문서선교회), 381 이하.

(1) 바로 왕이 솔로몬에게 준 '게셀'은 원래 이스라엘의 소유였었다. 그렇다면 게셀이 언제 애굽의 손으로 넘어갔을까? 애굽 제 21왕조의 시아문은 주로 국내 정치에만 관심을 가졌지만 팔레스타인에도 약간의 관심을 가졌다. 열왕기상 9:16을 읽어보자.

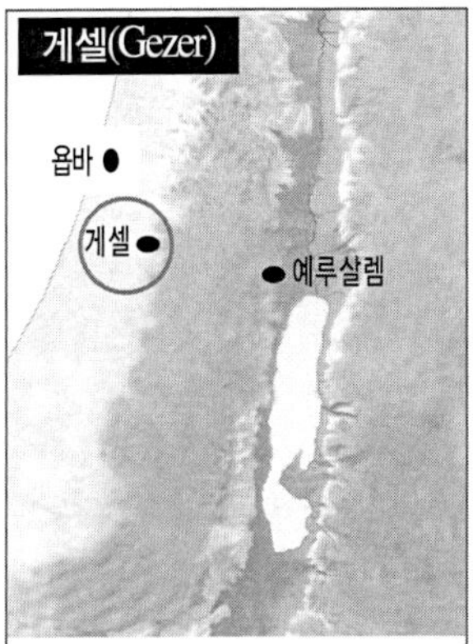

욥바: 지금의 텔아비브

• 왕상 9:16 "전에 애굽 왕 바로가 올라와서 (   )을 탈취하여 불사르고 그 성에 사는 가나안 사람을 죽이고…."

그렇다면 애굽 왕 바로가 게셀을 탈취한 시기는 언제쯤일까? 게셀이 탈취당한 것은 솔로몬이 왕위에 오르기 전이었을 것이다. 그렇다면, 확실치는 않지만 게셀의 함락은 다윗의 통치 말년, 즉 그의 인구 조사로 인한 여호와의 재앙으로 혼란했던 시기였을 것이다.

(2) 어쨌든 애굽의 시아문은 솔로몬의 국제적 위상을 높이 평가하게 되었고(솔로몬은 이미 두로의 왕 히람과도 동맹관계에 있었다. 왕상 5:1), 솔로몬과 우호 관계를 갖는 것이 유리하다고 판단했을 것이다. 물론 이외에도 여러 이유가 있을 것이나 무엇보다 바로를 불안하게 했던 것은 북방의 앗수르의 세력이었다. 만약 이 일이 사실이라면 이스라엘은 앗수르의 세력을 저지할 수 있는 완충 지역으로 충분했을 것이다. 애굽은 이미 100년 전에 앗수르 왕 디글랏 빌라셀 1세에 의해 곤욕을 치룬 일이 있었다. 이 때문에 앗수르는 애굽에게 있어서 두려워할 대상이었다. 이후 솔로몬의 세력이 막강했을 때는 애굽과 이스라엘이 함께 앗수르에 대해 공동전선을 폈을 가능성이 크다.

• 바로 왕은 이스라엘이 어려움 속에 있을 때 게셀을 점령했을 것이나 솔로몬의 세력이 만만치 않음을 알고 땅을 양보하여 이스라엘과 화평을 맺는 것이 더 현명하다고 생각했을 것이다. 시아문은 솔로몬과 이미 당시의 큰 세력 중 하나였던 두로 왕의 관계를 잘 알고 있었을 것이다. 어쨌든 솔로몬의 위상은 국제적으로 높아졌고 애굽의 세력은 현저히 약해졌음을 본다.

(3) 게셀은 욥바(지금의 텔아비브) 항구에서 예루살렘으로 이르는 도로 상에 놓여 있다. 솔로몬 재위 4년에 성전을 짓게 되는데(주전 966년) 이때 두로의 히람으로부터 얻은 건축 재료들이 아무런 방해를 받지 않고 이 길을 통과 할 수 있었다. 이는 게셀이 이미 솔로몬의 수중에 들어와 있었기 때문이라고 결론지을 수 있다. 어쨌든 솔로몬은 국제적 위상이 높아져 있었다.

• 왕상 11:5-8 "이는 **시돈 사람의 여신 아스다롯을 따르고 암몬 사람의 가증한 밀곰을 따름이라** 6 솔로몬이 여호와의 눈앞에서 악을 행하여 그의 아버지 다윗이 여호와를 온전히 따름 같이 따르지 아니하고 7 **모압의 가증한 그모스를 위하여** 예루살렘 앞 산에 산당을 지었고 또 암몬 자손의 가증한 몰록을 위하여 그와 같이 하였으며 8 그가 또 그의 이방 여인들을 위하여 다 그와 같이 한지라 그들이 자기의 신들에게 분향하며 제사하였더라."

3. 그렇다면 솔로몬이 애굽 여인과 결혼한 일은 모세의 법을 어긴 것이 아닌가?

(1) 물론 율법은 이방 여인과의 결혼을 금하지 않았다. 율법은 가나안 여인과의 결혼을 금했을 뿐이다(출 34:16, 신 7:3). 만약에 애굽 바로의 딸이 솔로몬에게 시집와 여호와의 종교로 개종했다면 이 결혼은 율법의 정신을 어겼다고 할 수 없다. 그러나 그렇게 했다는 기록은 없다.

(2) 솔로몬의 아내 중에는 시돈(베니게 사람들을 시돈 사람이라고 불렀다) 여인도 있었는데(왕상 11:1), 아마 두로 왕 히람의 딸이었는지도 모른다. 이렇게 솔로몬이 모압, 암몬, 에돔, 시돈, 헷 족속의 여인을 아내로 맞아들인 것은 다분히 정략적인 면이 숨어 있었다고 보아야 한다. 그러나 이런 정책은 하나님 앞에 배신적인 행위가 아닐 수 없다. 이 여인들은 자기들의 신들을 가지고 와서 분향하고 제사했다. 솔로몬 자신도 자기 부인들을 도와 그들을 위해 신당을 지어주었다(왕상 11:5-8*).

(3) 따라서 여호와께서 솔로몬에게 진노하셨다. 솔로몬의 이런 종교적 관용은 어느 정도 국가의 체제를 유지하는 데 도움을 줄 수 있었는지는 모르나 결국 여호와의 징계를 면할 수 없었다. 솔로몬은 지혜로운 왕이었지만 그의 말년에는 백성들의 원한을 많이 샀다. 그 하나님의 징계가 어떻게 나타났는지는 열왕기상 11장을 공부할 때 언급하기로 하자.

적용을 위한 묵상 **신앙이 하강곡선을 그리기 시작할 때는 언제부터 일까?**

• 당대 최강대국의 하나였던 애굽의 바로 왕이 솔로몬에게 화해의 신호를 보냈다. 자기 딸을 솔로몬에게 주고 거기다가 게셀을 지참금으로 주었다. 솔로몬의 위상이 높아졌을 것이나 하나님은 기분이 좋지 않으셨다. 이런 정략 결혼을 통하지 않고서라도 이스라엘은 부강할 수 있었을 것이다.

• 언제부터 솔로몬의 타락이 시작되었을까? 너무 지혜로웠기 때문에 하나님의 결정보다 자신의 판단이 더 앞섰을까? 솔로몬에게 지혜는 왜 필요했던 것일까? 지금도 너무 똑똑한 지도자들 때문에 하나님은 골치가 아프시다.

• 급변하는 국제 정세, 그 속에서 솔로몬은 처음의 신앙을 끝까지 유지하지 못했다. 솔로몬이 최고의 정점에 올랐을 때 그는 이미 믿음의 하강 곡선을 그리고 있었다. 신앙은 도전이 있을 때 상승곡선을 그린다. 정말이다.

솔로몬이 지혜를 구함(왕상 3:2-15)

기브온에 가장 중요한 산당이 있었다. 기브온은 예루살렘에서 북서쪽으로 약 8km 지점에 위치한 곳으로 솔로몬은 이곳에서 우리가 잘 아는 대로 일천 번제를 드린다. 그날 밤 하나님은 꿈에 솔로몬에게 나타나셔서 원하는 것은 무엇이든지 다 주시겠다고 하셨다. 솔로몬은 백성을 재판할 수 있는 지혜를 구했다. 즉 선악을 분별할 수 있는 능력을 달라는 것이었다. 그의 기도는 하나님의 마음에 맞는 간구였기에 주를 기쁘시게 했다. 하나님은 그에게 지혜롭고 총명한 마음뿐만 아니라 부와 영광도 함께 주시겠다고 약속하신다.

- 애굽과의 동맹(1절)
- **솔로몬이 지혜를 구함(2-15절)**
- 아기를 둘로 나눠라(16-28절)
- 특강 :
  1) 지혜(호크마)
  2) 지혜의 의인화
  3) 지혜의 왕 솔로몬

1. 아직까지 성전이 건축되지 아니했다. 따라서 백성들은 산당에서 제사를 드렸다. 산당(high places)은 어떤 곳인가?

(1) 산당은 주로 산꼭대기에 있었던 것으로 보인다. 작은 숲에 단과 주상들과 우상들을 갖춰 지은 옥외 산당이 주종을 이루었으나 정식 건물들을 세운 산당들도 있었다. 기브온에 있는 산당은 중요한 위치에 있었다(대상 16:39, 21:29*). 하나님은 모세를 통하여 가나안에 있는 산당을 파괴할 것을 명하셨으나(민 33:52) 산당은 이스라엘 역사에 그대로 존속했다. 그런데 문제는 이런 산당들이 이방인의 우상숭배의 소굴이었다는 점이다. 이 산당에서 인간 제물이 드려지기도 했고(왕하 16:3-4, 대하 33:6, 렘 19:45), 종교적 음행(왕상 14:23-24), 복술(왕하 17:17) 등과 같은 일이 벌어지기도 했다.

- 대상 16:39 "제사장 사독과 그의 형제 제사장들에게 기브온 산당에서 여호와의 성막 앞에 모시게 하여."
- 대상 21:29 "옛적에 모세가 광야에서 지은 여호와의 성막과 번제단이 그때에 기브온 산당에 있었으나."

(2) 오늘 본문에서는 "그때까지 여호와의 이름을 위하여 전(殿)을 아직 건축하지 아니하였기" 때문에 '산당'에서 예배하였다고 했다. 이런 일은 분명히 잘못된 일임을 지적하면서도(신 12:13-14*) 성전을 건축하기 이전이었기에 용인하는 입장을 보인다. 더욱이 "옛적에 모세가 광야에서 지은 여호와의 장막과 번제단이 그때에 기브온 산당에 있었다"고 했다(대상 21:29, 대하 1:3). 성전이 없었기에 가까운 산당을 예배 처소로 사용할 수밖에 없었지만 이런 전례는 종교적 혼합주의와 다신교가 이스라엘 사회에 뿌리 내리는 원인이 되었다(왕상 11:4-8). 솔로몬은 외국의 공주들과 결혼하면서 그들의 신들을 위한 산당을 지어 주었다. 하나님은 일찍부터 이에 대해 경고하셨으나(왕상 11:2, 신 7:3, 17:16-17) 솔로몬은 여호와의 명령을 좇지 아니한다(왕상 11:10). 그 후 히스기야와 요시야 왕이 산당을 제거하는 종교개혁을 단행했으나 대부분의 왕들은 이를 제거하지 않았다.

- 신 12:13-14 "너희와 너희의 자녀와 노비와 함께 너희의 하나님 여호와 앞에서 즐거워할 것이요 네 성중에 있는 레위인과도 그리할지니 레위인은 너희 중에 분깃이나 기업이 없음이니라 13너는 삼가서 네게 보이는 아무 곳에서나 번제를 드리지 말고 14오직 너희의 한 지파 중에 여호와께서 택하실 그 곳에서 번제를 드리고 또 내가 네게 명령하는 모든 것을 거기서 행할지니라."

2. 솔로몬은 아버지 다윗이 유언한 대로 여호와를 사랑하고 다윗의 법도를 행했다.

번영과 멸망의 시금석은?

• 왕상 9:4-5 "네가 만일 네 아비 다윗의 행함같이 마음을 온전히 하고 바르게 하여 내 앞에서 행하며 **내가 네게 명한 대로 온갖 것을 순종하여** 나의 법도와 율례를 지키면 내가 네 아비 다윗에게 허하여 이르기를 이스라엘 위에 오를 사람이 네게서 끊어지지 아니하리라 한대로 너의 이스라엘의 왕위를 영원히 견고하게 하려니와"

• 왕상 9:6-7 만일 너희나 너희 자손이 아주 돌이켜 나를 좇지 아니하며 내가 너희 앞에 둔 **나의 계명과 법도를 지키지 아니하고 가서 다른 신을 섬겨 그것을 숭배하면** 내가 이스라엘을 나의 준 땅에서 끊어 버릴 것이요 내 이름을 위하여 내가 거룩하게 구별한 이 전이라도 내 앞에서 던져 버리리니 이스라엘은 모든 민족 가운데 속담거리와 이야깃거리가 될 것이며."

(1) '다윗의 법도를 행했다'는 말은 여호와의 율법을 잘 지켰을 뿐만 아니라 다윗이 솔로몬에게 유언한 법도 잘 지켰다는 말일 것이다. 왕들의 여호와에 대한 충성도를 평가할 때 다윗이 비교 모델이 되었다. 이제 이후로 솔로몬이 '아버지 다윗의 행함같이' 행하면 왕국은 번영할 것이다. 하나님이 그렇게 약속하셨기 때문이다(왕상 9:4-5*).

(2) "오히려"(라크, רַק)라는 말은 다음과 같이 다양하게 번역되었다.
only(KJV), except(NASB, NIV), πλὴν(only, except, but, nevertheless, LXX), 다만 한 가지(공동번역), 여전히(쉬운성경, 아가페)

성전이 아직 없었기 때문에 어쩔 수 없이 산당(바모트, בָּמוֹת)에서 제사를 드렸다는 것이 용인되는 입장을 보이기는 하나 본문에서는 산당에서 예배를 드리는 잘못을 범하였음을 암시하고 있다. 성전이 완공된 이후에도 산당에서의 예배가 계속되었다는 점을 볼 때(왕상 15:14, 22:43, 왕하 12:3, 15:4 등) 솔로몬의 이런 태도는 우상 숭배에 빠지는 근거를 제공한 셈이 되었다. 솔로몬은 여호와를 사랑했고 또한 아버지 다윗의 교훈을 잘 지켰지만 **'여전히'** 산당에서 제사를 드리는 잘못을 했다는 것이다.

3. 기브온에는 가장 큰 산당(the great high place)이 있었고, 솔로몬은 이곳에서 일천 번제를 드린다. '큰 산당'이라고 불린 것은 그 크기보다는 이 산당에 모세가 만든 '하나님의 회막'과 브살렐이 만든 '놋제단'이 있었기 때문이었을 것이다(대하 1:3-6). 가장 중요한 산당이라는 의미일 것이다.

(1) 여기서 말하는 '일천 번제'란 말은 일천 번을 드렸다는 말인가, 아니면 일천 마리의 번제를 드렸다는 말인가? 대부분의 성경은 일천 마리의 번제물을 드렸다는 것으로 보았다. 공동번역도 "번제물을 천 마리나 바친 적이 있다"라고 번역했다.*

• 「쉬운성경」(아가페)에서는 "번제를 천 번 드렸습니다."라고 번역했다.

(2) 그렇다면 제사를 드릴 때마다 한 마리씩만 드려 일천 마리를 드렸다는 말일까? 여기서 '일천'이란 숫자는 '엘레프'(אֶלֶף)를 천(thousand)으로 보았을 때의 숫자이다. '엘레프'라는 수사는 인구조사 및 그 밖의 계수에서 천이라는 기본적 의미로 사용되었다(창 20:16, 출 12:37, 민 1:21이하). 그러나 전문 용어로 쓰이기도 했는데, 예를 들면 정치 관할권이나 군대 지휘관의 최대 기본 단위를 가리키는 말로도 사용되었다(출 18:21, 민 1:16, 두령, 지휘관). 때로 이 단어의 개념은 어떤 것이 단순히 엄청나다는 것을 의미하는 것으로 사용되기도 했다(미 6:7, 아 8:12). 또

אֶלֶף עֹלוֹת

올로트 엘레프

이 단어의 주목할 용법 중 하나는 그것이 하나님과 관련하여 사용될 때이다. 이러한 문맥에서 이 단어는 기본적으로 '한계가 없는' 혹은 '무수한' 등을 의미하는 것으로 보인다.

• 구약원어신학사전(요단출판사)

• 출 20:6 "나를 사랑하고 내 계명을 지키는 자에게는 천대까지(אֲלָפִים) 은혜를 베푸느니라."

<예> "천대까지"(출 20:6*, 34:7, 신 5:10, 은혜가 천대까지 이를 것이다.)

솔로몬이 꼭 일천 마리의 번제를 드렸는지, 아니면 엄청나게 많은 번제물을 드렸음을 표현하는 말로 일천 번제를 드렸다고 했는지는 크게 문제시되지 않는다.

4. 어쨌든 일천 번제를 드렸다는 것은 솔로몬이 얼마나 하나님을 경외했는 지를 보여준다. 일천 번제는 하나님께 대한 그의 사랑의 표시였다. 그 일천 번제가 다 드려지던 그날 밤, 여호와께서 솔로몬의 꿈에 나타나셨다.

(1) 성경 속에 자주 꿈이 언급된다. 이는 꿈이 개인에게 하나님의 계시를 전달하는 한 수단으로서 사용되었기 때문이다(창 28:11-16, 37:5-9, 단 2:1). 사울 왕은 하나님께 버림을 받자 신접한 여인을 찾아가는데, 이때 하나님께서 더 이상 '꿈으로 말씀하시지 않는다'고 불평하고 있음을 본다(삼상 28:15*). 구약에서 꿈은 계시의 중요한 수단 중 하나였다.

(2) 하나님은 솔로몬에게 "내가 네게 무엇을 줄꼬 너는 구하라"(Ask for whatever you want me to give you.)고 말씀하셨다. 솔로몬이 가장 원하는 것은 무엇이든지 다 주시겠다는 말씀이었다.

• 삼상 28:15 "사무엘이 사울에게 이르되 네가 어찌하여 나를 불러 올려서 나를 성가시게 하느냐 하니 사울이 대답하되 나는 심히 다급하니이다 블레셋 사람들은 나를 향하여 군대를 일으켰고 하나님은 나를 떠나서 다시는 선지자로도, 꿈으로도 내게 대답하지 아니하시기로 내가 행할 일을 알아보려고 당신을 불러 올렸나이다 하더라6
"

솔로몬은 간구하기 전에 먼저 하나님께 감사의 기도를 드린다. 어떤 내용으로 감사를 드리고 있는가?(6절) 솔로몬은 지금 자신이 왕위에 오른 것은 결코 우연한 일이 아니었음을 알고 있었다. 솔로몬은 여호와께서 다윗에게 약속하신 언약(삼하 7장)을 잘 알고 있었다.

다윗은 여호와 앞에 어떤 삶을 살았는가? 솔로몬은 자기 아버지 다윗이 성실과 공의와 정직한 마음으로 여호와 앞에서 살았음을 알고 있다. 하나님이 다윗에게 한없는 은혜를 부어주신 것은 그가 여호와 앞에 성실했기 때문이라는 것이다. 다윗은 여호와를 위하여 전을 건축하기를 청원했으나 하나님은 이를 허락지 아니하시고, 오히려 다윗을 위하여 영원한 '집'(바이트, 왕조)을 약속하셨다. 다윗 때에 이미 안식이 주어졌지만(삼하 7:1), 성전을 지을 만큼 보다 완전한 안식은 그의 아들 때에 성취될 것이라고 약속하셨다.

바이트(집, בַּיִת)

1) 다윗은 여호와 앞에 성전을지어드리려는 열정이 있었다. 비록 그는 거절을 당했지만 하나님은 얼마나 다윗을 기뻐하셨을까?

하나님은 오히려 다윗을 위하여 '집'을 지어 주겠다고 약속하신다. '집'(바이트)이란 물론 개인의 가정이나 건물을 의미하기도 하지만, 여기서는 '후손, 자손들' 또는 '나라'를 가리킨다. 다윗을 위해 지어질 집은 왕가(王家) 즉 왕조(王朝)를 말한다. 그런데 그 나라가 영원할 것이라는 말이다.

5. 하나님은 다윗에게 성전을 지을 자식에 대해 다음과 같이 약속하셨다.

(1) 다윗에게 약속하신 이 언약은 솔로몬 시대를 훨씬 뛰어넘을 것이다. 하나님은 다윗의 위(=보좌, 키세, כִּסֵּא)가 영원히 견고케 될 것이라고 약속하신다(삼하 7:13). (동교재, 삼하 7장에서)

> 7:13 그는 — 집(바이트, בַּיִת[1])을 **건축할 것이요**
> /내 이름을 위하여
> 나는 — 영원히(아드 올람, עַד־עוֹלָם) **견고하게 하리라**
> /그의 나라 왕위(throne)를

(1) 삼하 7:5 "…네가(다윗아 네가!!) (진정) 나(여호와)를 위하여 나의 거할 집(House)을 건축하겠느냐?" ('실제로 네가 정녕 짓지 못할 것이다'라는 의미이다.)

(2) 삼하 7:13 "나는(여호와 바로 내가!!) 그의 나라 왕위(throne)를 영원히(forever) 견고하게 하리라." (I *will* establish[stablish - KJV] the throne of his kingdom forever.)

(3) 삼하 7:5절과 13절을 비교해 보자. 5절에서는 다윗이 여호와를 위하여 성전(나의 거할 집)을 지어 드리겠다고 청원을 드린다. 그러나 하나님은 오히려 다윗에게 집(바이트)을 약속하신다(13절). 결국 성전이 완성되기 이전에 다윗의 집이 여호와로 말미암아 건축되어야 한다는 말이다. 사무엘하 7장에서는 여덟 번이나 다윗에게 집을 이루어 주실 것을 약속하셨는데, 그것은 단순히 인간이 거하는 집이 아님을 알 수 있다.

(4) 이런 구절에서 알 수 있듯이 집(바이트)은 거주지 이상을 가리킨다. 따라서 여기서 '집'(바이트)이라는 말은 부모, 자녀, 한 가족(세대), 가족과 왕, 왕조의 후손들을 의미한다. 즉 다윗의 '집'이란 하나님께서 영구히 그에게 주실 자손의 혈통이었음을 알 수 있다(12, 16, 19, 26, 29절 참조). 결국 하나님은 다윗을 위하여 왕조(dynasty)를 세우실 것을 약속하신다. 그 왕조는 영구히 계속될 것이다. 그 다윗 왕조가 어떻게 진전되었는가는 이후 역사에서 차츰 드러나게 된다. 이에 대한 언급은 조금 뒤에 하기로 하자.

(5) "네 몸에서 날 자식(씨)"은 결국 누구를 지향하는가?

여기서 '자식(씨)'은 역사적으로 솔로몬을 가리킨 것이지만 동시에 그리스도를 예언하신 말씀이다. 다윗은 성전을 지을 인물이 아니었다. 성전은 그의 후계자를 통해서 건축될 것이다. 무엇보다 여기서는 그의 후손들을 통해 통치될 영원한 왕국을 언급하고 있다(삼하 7:12-16). 이 약속은 아들되신 주 예수 그리스도의 통치에서 그 절정을 이룬다(사 9:1-7를 읽어보자).

(6) 솔로몬은 이런 약속을 잘 알고 있었고 그 은혜가 지금 자기 위에 임하였음을 고백한다 : "주님은 다윗에게 큰 자비를 베푸셔서 그의 아들인 저에게 그의 뒤를 이어 왕이 되게 하시고 오늘날까지 이르게 하셨습니다"(왕상 3:6하, 쉬운성경).*

6. 솔로몬은 하나님께 구하기 전에 자신에게 베푸신 하나님의 은혜에 감사를 드리면서 그의 소원을 말하고 있다. 그가 무엇을 구했을까? 물론 이에 대한 이야기는 너무나 잘 알려진 것이어서 불신자라도 대답할 수 있는 내용이다. 그렇다면 왜 솔로몬이 모든 간구를 제쳐놓고 '지혜로운 마음'을 구했을까?

(1) 우선 '지혜'라는 개념부터 살펴보자. 현대인에게는 지혜라는 단어가 추상적인 것으로 들리지만 당시 고대인들에게는 살아 있어 만질 수 있는 실체였다. 그러므로 성경의 지혜는 지식이나 기술이 아니고 하나의 경건(holiness)이었다. 구약에서는 만약 하나님을 기쁘시게 하는 삶을 살기 원한다면 지혜를 가질 것을 요구하고 있다. 특히 잠언의 기자는 자식을 훈계하면서 무엇보다 지혜를 사랑하라고 촉구한다(잠 4:5-10).

(2) 그래서 잠언에서 말하는 '어리석은 자'는 총명이 없는 자를 말하는 것이 아니라 오히려 고집이 세고(잠 13:16, 17:10), 완강하고, 야비한 자를 가리킨다. 따라서 미련(잠언 1:7)은 정신적인 문제가 아니라 영적인 문제이다. 그러므로 성경은 '여호와를 경외하는 것'이 지식의 근본이라고 말한다(잠 1:7). 결국 하나님을 경외하는 것이 곧 지혜요 악을 떠남이 명철이라는 논리적 결과를 끌어내고 있다(욥 28:23-28).

(3) 잠언(거의 솔로몬이 지은 잠언이다)에서는 지혜로운 자의 행동과 어리석은 자의 행동을 30번도 넘게 언급하고 있다. 결국 삶 속에서 지혜를 구하고 찾아야 한다는 것이다. 그런데 전도서(저자가 솔로몬이라고 알려져 있다)에서는 오직 인간의 수단으로 지혜를 구하는 것이 얼마나 헛된 것인가를 그리고 있다. 있는 수단을 다 동원해 보았지만 그는 오직 수고와 슬픔만을 찾을 수 있었다고 결론 내린다(전 1:12-18).

주를 경외함이 곧 지혜요

- 욥 28:23-28 "하나님이 그 길을 깨달으시며 있는 곳을 아시나니 이는 그가 땅 끝까지 감찰하시며 온 천하를 두루 보시며 바람의 경중을 정하시며 물을 되어 그 분량을 정하시며 비를 위하여 명령하시고 우뢰의 번개를 위하여 길을 정하셨음이라 그 때에 지혜를 보시고 선포하시며 굳게 세우시며 궁구하셨고 또 사람에게 이르시기를 주를 경외함이 곧 지혜요 악을 떠남이 명철이라 하셨느니라."
- 잠 1:7 "여호와를 경외하는 것이 지식의 근본이어늘 미련한 자는 지혜와 훈계를 멸시하느니라."
- 잠 1:29 "대저 너희가 지식을 미워하며 여호와 경외하기를 즐거워하지 아니하며,"
- 잠 2:5 "여호와 경외하기를 깨달으며 하나님을 알게 되리니,"
- 잠 8:12-14 "나 지혜는 명철로 주소를 삼으며 지식과 근신을 찾아 얻나니 여호와를 경외하는 것은 악을 미워하는 것이라 나는 교만과 거만과 악한 행실과 패역한 입을 미워하느니라 내게는 도략과 참 지식이 있으며 나는 명철이라 내게 능력이 있으므로"
- 잠 15:33 "여호와를 경외하는 것은 지혜의 훈계라 겸손은 존귀의 앞잡이니라."

1) 지혜에 대한 핵심은 잠언 8장에서 발견된다. 잠언 8장에서 지혜를 찬양하는 후렴구는 세상 창조 시 지혜를 하나님의 동반자로 그림으로써 지혜의 신적 기원을 강조하고 있다(잠 8:22-31). 여기서 지혜를 의인화시키면서 이 지혜는 하나님께서 세상을 창조하시기 전에 이미 있었다는 것이다. 그래서 지혜는 우두머리 사역자로서 세상 창조시 하나님 곁에 있었다고 진술한다(잠 8:30-31).

그는 지혜가 잡히지 않는 것임을 발견한다(전 8:16-17). 그러나 지혜를 오랫동안 충분히 구하는 자에게는 "하나님의 지식을 알게 될 것이라"고 약속하고 있다(잠 2:1-5).

(4) 결국 지혜는 지혜의 근원 없이는 존재할 수 없다. 따라서 그것은 '여호와 경외'(the fear of the Lord)를 떠나서는 알려질 수도, 이용될 수도 없다(잠 1:7, 29, 2:5, 8:12-14, 15:33 참조).[1] 우리는 공관복음서 몇몇 구절에서 예수님이 자신을 하나님의 지혜와 연결시키고 있음을 본다(마 12:42, 눅 11:31, 마 11:16-19, 눅 7:31-35). 그리스도는 하나님의 지혜의 계시이며, 모든 지혜와 지식을 소유하고 계신다.

- 고전 1:24 "오직 부르심을 입은 자들에게는 유대인이나 헬라인이나 그리스도는 하나님의 (능력)이요 하나님의 (지혜)니라."

6. 솔로몬은 먼저 하나님 앞에 감사를 드린다. 그러니까 자신이 지금 왕이 된 것은 어디까지나 하나님의 전적인 은혜였음을 고백하고 있다(왕상 3:6-9).

Asks for Wisdom

- 솔로몬은 지혜를 구하는 목적이 "주의 백성을 재판하여 선악을 분별"하기 위함이라고 했다. 그런데 선악을 분별하는 지혜는 사람이 아닌 하나님께 속한 것이라는 것이다.

(1) 옆 면의 구문분석을 조금 자세하게 들여다 보자. 솔로몬이 어떤 기도를 드렸는가? 우리가 생각하는 것처럼 그가 단순히 자신을 위하여 지혜를 구했을까?

(2) 솔로몬은 자신이 왕위에 오른 것은 어디까지나 하나님의 전적인 은혜였음을 고백하고 있다. 자신에게 주어진 은혜는 그의 아비 다윗에게 베푸신 하나님의 은혜에 기인하고 있음을 잘 알고 있었다. 하나님은 다윗에게 왜 이런 큰 은혜를 베푸셨는가?

다윗은 무엇보다 ① 주님 앞에서 ② 진실되고 공의로우며 정직한 마음으로 살았다. ③ 또한 주와 함께 동행했다.

(3) 지금 솔로몬은 하나님께 지혜를 구하면서 먼저 하나님께 감사의 기도를 드린다. 그 감사의 내용으로 먼저 ❶ 자기 아비 다윗에게 큰 은혜를 베푸셨음을 고백한다. 이런 은혜를 주심은 아비 다윗이 주 앞에서 진실되 며, 공의로우며, 정직한 마음을 갖고 살았기 때문이라는 것이다. ❷ 주께서는 이런 큰 은혜를 다윗을 위해 예비하셨고 ❸ 또한 주께서는 다윗의 보자 위에 앉을 아들을 주셨다는 것이다.

왕상 3:4 이에 왕이 제사하러 기브온으로 가니 거기는 산당이 큼이라
솔로몬이 그 제단에 일천 번제를 드렸더니
5 기브온에서 밤에 여호와께서 솔로몬의 꿈에 나타나시니라
하나님이 **이르시되 내가 네게 무엇을 줄꼬 너는 구하라**

솔로몬의 기도

왕상 3:6
솔로몬이 **이르되**

/주께서 ― 큰 은혜를 베푸셨고
/그에게 [=다윗에게]
/주의 종 내 아버지
//(이유: because, כַּאֲשֶׁר)
다윗이 ―― 주 앞에서 행하므로
/성실과 공의와 정직한 마음으로
/주와 함께
/또
주께서 ―― 그를 위하여 이 큰 은혜를 항상 주사
[주께서] ― 아들을 그에게 주셨나이다
/그의 자리에 앉을
/오늘과 같이
7 /나의 하나님 여호와여!
/주께서 ――종으로 왕이 되게 하셨사오나
/종의 아버지 **다윗을 대신하여** 1)
/종은 ―― 작은 아이라
출입할 줄을(어떻게 처신하여야 할 지를) 알지 못하고
8 /[종은] ――왕께서 택하신 백성 가운데 있나이다
/그들은 큰 백성이라
/수효가 많아서 셀 수도 없고
기록할 수도 없사오니
9 /누가 ―― 주의 이 많은 백성을 재판할 수 있사오리이까
/[당신은] ― 듣는 마음을 종에게 주사
//(목적: ל, to)
재판하여. . . 하옵소서
/주의 백성을 선악을 분별하게

그리고 자신을 종(에베드, עֶבֶד)이라고 표현한다. 그는 분명하게 여호와를 다윗의 하나님이 아니라 자신의 하나님이라고 부르고 있다(7절상).

나아르 카탄(נַעַר קָטֹן)

솔로몬은 자신을 가리켜 '작은 아이'라고 부르고 있다. 이 말은 나이가 어리다는 표현일까? 솔로몬은 지금 몇 살쯤 되었을까? 학자들은 이때 솔로몬의 나이를 약 20세 정도로 보고 있다. 더욱이 출입을 할 줄 모르는 '작은 아이'(little child, 나아르 카탄, נַעַר קָטֹן)라고 표현하고 있지 아니한가! 여기 나아르(נַעַר)라는 말은 '소년, 젊은이' 또는 '청년'(출 24:5, 33:11)이라는 뜻으로 쓰였다. 그렇다면 청년은 청년인데 아직 젊은 청년을 가리키는 말일까? 여기서 '작은 아이'란 나이보다는 국사에 경험이 없어 아직 모든 면에 미숙하다는 사실을 가리키는 관용적 표현일 것이다. 그러니까 '출입을 할 줄 모르는 작은 아이'라는 말은 이제 왕이 된 지 얼마 안 되어서 국사를 능숙하게 처리할 줄 모르는 풋내기 왕이라는 말일 것이다.

1) 또한 솔로몬은 자신의 아비 '**다윗을 대신하여**' 왕이 되게 하셨다고 고백한다. 이러한 고백은 단순히 다윗을 이어 보위에 올랐다는 뜻이 아니다. 이 구절에 대한 역대상의 설명을 살펴보자. 대상 29:23 "솔로몬이 '여호와께서 주신 위에 앉아' 부친 다윗을 이어 왕이 되어 형통하니 온 이스라엘이 그 명령을 순종하며."

이제 솔로몬 자신은 **자신의 백성이 아니라 하나님의 백성을 통치해야 하는데** 이미 언급한 바와 같이 자신의 통치는 너무 미숙하다는 것이다. 더욱이 그 하나님의 백성은 그 수가 너무 많아 셀 수가 없다(8절). 그러니 누가 이 많은 백성을 재판하여 선악을 분별할 수 있겠는가? 아직 나이도 어리고 통치 경험도 없는 그에게 이 일은 적지 않은 고민이 아닐 수 없었다.

(4) 지금까지 다윗이 '여호와의 보좌'에 앉아 이스라엘을 다스려 왔으나 이제 다시 솔로몬이 다윗이 앉았던 '여호와의 보좌'에 앉게 되었다는 말이다. 그러니까 이스라엘의 왕은 자신의 보좌에 앉는 것이 아니라 여호와 하나님의 보좌에 앉는다는 말이다. 왜냐하면 왕은 중보자이기 때문이다. 즉 이스라엘의 왕은 단순한 왕이 아니라 여호와의 보좌에 앉아 그 백성에게 하나님의 역할을 하는 셈이다.[1)]

1) 따라서 솔로몬은 자신의 백성을 다스리는 것이 아니라 하나님의 백성을 다스려야 하는 것임을 잘 알고 있었다. 물론 이런 중보자의 역할은 참중보자이신 예수 그리스도의 그림자 역할이었다. 마태복음 12:42에서는 예수님은 자신을 가리켜 '솔로몬보다 더 큰 이'라고 표현하셨다.

(5) 따라서 솔로몬이 지혜를 구하는 근본 목적은 '(자신의 백성이 아닌) 주의 백성을 재판하여 선악을 분별하기' 위함이었다. 그래서 솔로몬은 다른 무엇보다 지혜로운 마음을 구했다. 만약 그가 오랜 통치 경험을 가지고 있었다면 다른 것을 구했을지도 모른다. 어쨌든 솔로몬은 여호와를 크게 경외했고, 그 경외는 일천 번제로 나타났다. 그는 지금 왕이 되었다. 그러나 통치 경험이 미숙하다. 게다가 솔로몬이 다스려야 할 백성은 자신의 백성이 아니라 여호와 하나님의 백성이 아닌가!

7. 자, 그렇다면 '지혜로운 마음'이란 어떤 마음을 가리키는가? 왕상 3:11)

3:11 이에 하나님이 그에게 **이르시되**
/네가 이것을 구하도다 자기를 위하여 장수하기를 구하지 아니하며, 부
도 구하지 아니하며, 자기 원수의 생명을 멸하기도 구하지 아니하고
오직 송사를 **듣고 분별하는**[1)] **지혜를 구하였으니**

1)
- understanding heart
  - KJV, NASB
- discerning heart
  - NIV
- understanding mind
  - RSV, NLT

(1) 원문에는 '듣는 마음'(레브 쇼메아. לֵב שֹׁמֵעַ)이라고 되어 있다. 솨마(שָׁמַע)라는 말은 '청종하다'(출 16:20, 민 14:22), '순종하다'(창 26:5, 신 30:2) 등의 뜻으로도 쓰이나 여기 본문에서는 백성의 송사를 듣는 마음, 즉 옳고 그름을 '분별하는'(discerning) 지혜로 보는 것이 좋을 것이다. 11절 하반절에서 그 보충 설명을 볼 수 있다: "…오직 송사를 '듣고 분별하는'(לִשְׁמֹעַ, to discern, to understand) 지혜를 구하였은즉." 우리는 여기서 참된 지혜란 하나님의 말씀을 받아들이고 온전히 순종하는 것임을 알 수 있다.

(2) 어쨌든 이런 솔로몬의 간구가 하나님의 마음에 꼭 맞았다는 것이다. 하나님은 솔로몬에게 지혜를 주셨음은 물론 이외에 엄청난 축복을 더하셨다(11절). 단순히 지혜만을 구했기 때문에 축복을 주신 것이 아니다. 솔로몬의 여호와에 대한 경외심과 자신이 결코 백성의 통치자가 아니라 여호와로부터 통치를 위임 받은 대리 통치자라는 믿음이 있었기 때문이다.

8. 솔로몬에게 주어진 지혜는 어느 정도의 지혜인가?

3:12 "내가 네 말대로 하여 네게 '지혜롭고 총명한 마음'(wise and discerning heart, לֵב חָכָם וְנָבוֹן)을 주노니 네 앞에도 너와 같은 자가 없었거니와 네 뒤에도 너와 같은 자가 일어남이 없으리라."

(1) 하나님이 솔로몬을 얼마나 축복하셨는지 '29하나님이 솔로몬에게 지혜와 총명을 심히 많이 주시고 또 넓은 마음을 주시되 바닷가의 모래 같이 하시니 30솔로몬의 지혜가 동쪽 모든 사람의 지혜와 애굽의 모든 지혜보다 뛰어났다"(왕상 4:29-30)고 했다.

(2) 솔로몬은 자신의 부귀와 영광을 위해 간구할 수도 있었을 것이다. 그는 장수도, 부도, 원수의 생명도 구하지 아니했다(11절). 이는 고대 근동 군주들이 구하는 전형적인 목록들이다. 따라서 하나님은 솔로몬이 구하지 아니한 부와 영광도 덤으로 주셨다고 했다. 그 지혜와 부 그리고 영광은 어떤 열왕보다 크게 뛰어날 것이다. 그에게 주어진 지혜는 전무후무한 것이었다.[1]

1) 솔로몬의 믿음은 "너희는 먼저 그의 나라와 그의 의를 구하라 그리하면 이 모든 것을 너희에게 더하시리라"(마 6:33)는 주님의 말씀을 떠올리게 한다.

9. 그렇다면 앞으로 솔로몬에게 무조건적인 축복이 쏟아지게 될까? 물론 하나님은 그에게 다음과 같은 단서를 다신다.

3:14 "네가 만일 네 아버지 다윗이 행함 같이 내 길로 행하며 **내 법도와 명령을 지키면** 내가 또 네 날을 길게 하리라."

(1) 솔로몬은 부와 명예를 약속받았으나(12절), 이러한 축복과 더불어 한 가지 분명하게 지켜야 할 규정이 있었다. 그 단서는 다윗이 걸어갔던 것처럼 여호와의 법도와 규례를 지켜야 한다는 것이다.

(2) 정말로 솔로몬은 지혜를 받았다. 시바 여왕이 그 놀라운 사실을 확인하기 위해 먼 길을 달려왔을 정도다. 이에 대한 내용은 10장에서 다시 언급하고 있다. 그의 지혜는 생의 모든 영역에서 나타났다. 그러나 훗날 다윗의 길로 가지 아니하고 하나님의 명령을 어기게 된다(11장). 물론 그는 장수하지 못했다. 60세 정도를 살았을 것이다(왕상 11:42 참조*).

• 왕상 11:42 "솔로몬이 예루살렘에서 온 이스라엘을 다스린 날수가 사십 년이라."

솔로몬이 약 20세의 나이로 등극했다면 그는 약 60여세를 산 것이 된다.

(3) 솔로몬은 예루살렘으로 돌아왔고 번제와 수은제(화목제의 일부인 감사제와 같은 제사)를 드렸으며 모든 신하들을 위해 잔치를 베풀었다(3:15).

80

아기를 둘로 나눠라(왕상 3:16–28)

우리는 앞에서 지혜가 어떤 것이며, 솔로몬이 왜 다른 무엇보다 지혜를 간구했었는가를 살펴보았다. 지혜는 하나님을 경외하는 것과 분리할 수 없다. 일천 번제를 드리는 솔로몬에게서 그가 얼마나 하나님을 경외하고 있는가를 볼 수 있다. 하나님은 솔로몬을 칭찬하시면서 그에게 지혜뿐만 아니라 부와 영광도 함께 주셨다.[1)] '그렇다면 솔로몬의 그 뛰어난 지혜를 입증할 만한 사건이 있는가?' 오늘 본문은 하나님이 솔로몬에게 주신 지혜가 얼마나 놀라운 지혜인가를 보여주고 있는 기록이다. 이 사건은 놀라운 지혜가 없다면 해결하기가 극히 어려운 사건이었기 때문이다.

1) 솔로몬이 통치하던 때 얼마나 백성이 풍성한 삶을 살았던지 열왕기 기자는 다음과 같이 기록하고 있다 : "솔로몬의 사는 동안에 유다와 이스라엘이 단에서부터 브엘세바에 이르기까지 각기 포도나무 아래와 무화과나무 아래서 안연히 살았더라"(왕상 4:25).

1. 솔로몬의 판결 이야기는 너무 유명한 것이어서 그 상황을 설명하지 않아도 될 것 같다. 그래도 잠깐 그 내용을 들여다보자.

(1) 한 집에 두 명의 창기(harlot)가 있었다. 각자에게 난 지 3일 된 아기가 있었다. 한 여인(A)이 자기 아기를 깔고 자는 바람에 그만 아기가 죽어버렸다(19절). 이 여인은 몰래 다른 여인의 아들과 바꿔치기해 버렸다. 다른 여인(B)이 이튿날 아침 깨어 젖을 먹이려다 보니 아기가 죽어 있지 아니한가! 그런데 자세히 들여다보니 자신의 아기가 아니었다. '아, 이럴 수가 있나! 저 못된 계집이 아기를 바꿔치기한 것이 틀림 없어!' 둘은 이 문제 때문에 대판 싸웠다. 그러나 해결이 날 리가 없었다.

(2) 두 여인은 살아 있는 아기가 서로 자신의 아기라고 우겨댔을 테지만 이 일이 밤중에 일어났고 또 아무 증인도 없다는 데 문제가 있었다. 두 여인 중 하나가 속이고 있었으나 누가 범인인가를 객관적으로 증명할 수 없었다. 결국 두 여인은 법정으로 갈 수밖에 없었다. 곧바로 솔로몬 왕에게로까지 이 문제가 상정되었는지 모르나 그 누구도 명쾌한 판결을 내리기가 불가능한 사안이었다. 결국, 왕이 이 문제를 해결해야 했다.

(3) 두 여인은 왕 앞에서도 격렬하게 쟁론했다. 비록 이들이 당시 사회에서 가장 비천한 계층의 여인들이기는 했지만 왕의 앞에까지 나아갈 수 있다는 점에서 이스라엘에 공의로운 통치가 계속되었음을 암시하고 있다. 어쨌든 왕이 명쾌한 판결을 내려야 할 입장에 있었다. 그곳에 배석한 신하들도 모두 숨을 죽이고 있었으렸다. "자, 칼을 가져 오라." – '갑자기 웬 칼?'

• 왕상 3:16 "그 때에 창기 두 여자가 왕에게 와서 그 앞에 서며 17한 여자는 말하되 내 주여 나와 이 여자가 한집에서 사는데 내가 그와 함께 집에 있으며 해산하였더니 18내가 해산한 지 사흘 만에 이 여자도 해산하고 우리가 함께 있었고 우리 둘 외에는 집에 다른 사람이 없었나이다 19그런데 밤에 저 여자가 그의 아들 위에 누우므로 그의 아들이 죽으니 20그가 밤중에 일어나서 이 여종 내가 잠든 사이에 내 아들을 내 곁에서 가져다가 자기의 품에 누이고 자기의 죽은 아들을 내 품에 뉘었나이다 21아침에 내가 내 아들을 젖 먹이려고 일어나 본즉 죽었기로 **내가 아침에 자세히 보니 내가 낳은 아들이 아니더이다 하매** 22다른 여자는 이르되 아니라 산 것은 내 아들이요 죽은 것은 네 아들이라 하고 이 여자는 이르되 아니라 죽은 것이 네 아들이요 산 것이 내 아들이라 하며 왕 앞에서 그와 같이 쟁론하는지라."

"살아 있는 아기를 둘로 나눠라. 그래서 두 여자에게 반 쪽씩 주어라"

2. 솔로몬은 어떤 판결을 내렸을까? 물론 다 아는 내용이지만….

(1) 솔로몬은 신하들을 시켜 칼을 가지고 오게 했다. 아, 그런데 진짜로 칼을 가지고 오는 것이 아닌가. 그리고 칼을 높이 치켜 든다. 긴장이 감돌기 시작하는 궁정 안, 무엇보다 두 여인의 반응이 서로 다르게 나타나기 시작한다. 솔로몬은 지금 두 여인의 상반된 태도를 유심히 지켜보고 있다.

"임금니이이임, 제발 그 아기를 죽이지 말고 저 여자에게 주세요."
"임금님, 좋아요. 아무도 그 아이를 가지지 못하게 둘로 나눠주세요."

(2) 솔로몬은 여인의 모성애를 자극했다. 진짜 어미라면 아기를 둘로 쪼개는 것을 허락할 리가 없다. 아기를 포기할지언정 자기 아이를 죽게 할 수는 없었다. "Oh no, my lord! please do not kill him." 진짜 어미의 절규 속에서 솔로몬은 이미 누가 진짜 어미인가를 간파했다. 솔로몬의 지혜가 아니었다면 당시 상황에서 이런 명판결을 내릴 수 없었다.[1)]

1) 솔로몬은 어려운 결정을 내려야 하는 상황에 직면했고 그의 판결에 의해서 진짜 어미가 실신할 수도 있다. 아니, 미칠지도 모른다. 숨을죽이고 지켜보고 있는 신료들, 칼을 들고 아기를 죽이려고 하는 군인…. 어떻게 할까? 그러나 솔로몬은 그 누구도 감히 상상할 수도 없는 명판결을 이끌어낸다. 물론 오늘날에 이런 친자(親子) 소송이 일어났다면 문제도 되지 않는 사건이다. DNA 검사로 친자를 확인할 수 있기 때문이다. 그러나 당시로서는 골치 아픈 사건이 아닐 수 없었다.

3. 이 사건이 단순한 동화 같은 이야기가 아니라면 이 이야기가 주고자 하는 핵심은 무엇일까?

(1) 지금까지 거짓 증언했던 그 여인은 어떤 형벌을 받았을까? 그러나 이에 대

• 왕상 3:28 "온 이스라엘이 왕이 심리하여 판결함을 듣고 왕을 **두려워하였으니** 이는 하나님의 **지혜**가 그의 속에 있어 판결함을 봄이더라."

한 설명이 없다. 왜냐하면 이 이야기가 전해주고자 하는 핵심은 다른 데 있기 때문이다. 성경 저자는 이 이야기의 결론을 어떻게 내리고 있는가? 28절의 설명을 들어보자.

• 3:28 "온 이스라엘이 왕의 심리하여 판결함을 듣고 왕을 (　　　　　　　　)
이는 하나님의 (　　　　)가 저의 속에 있어 판결함을 봄이더라."

(2) 솔로몬의 지혜로운 판결로 인해 온 이스라엘 백성이 왕을 두려워하게 되었다는 것이다. 이는 앞으로 솔로몬이 백성을 통치함에 있어 순항을 예고하는 사건이 된다. 하나님은 아직도 통치 경험이 크게 없는 솔로몬에게 이번 사건을 통해 그의 권위를 세워주셨다. 왕은 점차 권위를 갖게 되었고 나라는 안정권에 들어가기 시작한다.

적용을 위한 묵상　　**세상의 지혜와 하나님께로부터 온 지혜**

• 지혜와 지식(야다)은 어떻게 다를까? 여호와는 모든 지혜의 근본이시다. 따라서 지혜를 찾는 자는 궁극적으로 하나님을 발견하게 될 것이다(잠 2:6).

• 우리가 하나님에 대한 진정한 지식을 가졌다면, 이는 단순히 '~에 관한 지식'이 아니라 경배자와 하나님 사이의 영적 관계를 의미한다. 따라서 이 지식은 상대방과의 친밀한 결합을 의미하는 '야다'라는 용어로 언약적 결합에 대한 전문적인 용어를 쓰고 있다.

• 우리는 하나님을 잘 안다는 의미를 '~에 관한 지식'으로 착각할 수 있다. 성경을 많이 안다고 하나님을 잘 아는 것이 아니라는 말이다. '그럼, 어떻게 하는 것이 하나님을 잘 아는건대?'

• 야고보 사도는 고난당하는 성도들에게 "지혜가 부족하거든 모든 사람에게 후히 주시고 꾸짖지 아니하시는 하나님께 구하라"고 권면하고 있다(약 1:5).

• 정말로 참된 지혜가 있고 총명한 사람이 누구인가? 만약 진정한 지혜가 있는 자라면 올바른 삶을 통해 겸손함으로 자신의 지혜를 보여야 한다. 세상의 지혜와 하나님께로부터 온 지혜는 어떻게 다를까? 야고보서 3:13-18까지 읽고 연구해 보자.

• "저에게 솔로몬의 지혜를 주시옵소서!" "왜? 무엇하려고?" "글쎄요, 그냥."

• 지혜를 구하는 것과 여호와를 경외하는 것은 분리할 수 없다. 솔로몬이 얼마나 여호와를 경외했는가는 그가 드린 일천 번제에서 잘 나타나 있다. 솔로몬의 간구대로 하나님은 솔로몬에게 놀라운 지혜를 주셨지만 그 지혜조차도 인간의 성실함(왕하 3:14)을 통해 유지된다는 조건이 있었다. 만약 그가 어리석은 길을 택한다면 그에게 주어진 지혜가 그를 파멸로 인도할 것이다. 그런데, 훗날 솔로몬은 그 파멸의 길을 걸어간다.

열왕기상 3장 요약 정리

이번 과에서 배운 내용을 요약 정리해 보세요.

요약 질문

지혜의 왕 솔로몬

- 솔로몬은 왜 바로의 공주와 결혼했나? 당시 이스라엘의 국제적 위상을 설명해 보라. 이런 정략결혼이 가져온 부정적인 면은 무엇인가?
- 기브온 산당은 어떤 곳인가? 왜 솔로몬은 이 산당에서 제사를 드렸는가?
- 기브온 산당에는 놋제단이 있었다. 어느 때 누구에 의해서 만들어진 것인가? (대상 21:29; 대하 1:2-6 참조)
- 본문에서는 솔로몬의 이런 산당에서의 제사를 어떻게 보고 있는가? "오히려"(3:3, 개역)라는 단어의 의미를 설명해 보라. (교재)
- 솔로몬이 일천 번제를 드렸다는 말은 일천 번의 제사를 드렸다는 말인가?

- 성경에서 말하는 지혜의 개념을 설명하라.
- 지혜와 경건의 관계를 설명해 보라.
- 솔로몬이 지혜를 구한 이유는 무엇인가? (구문분석을 통해)
- 솔로몬이 자신을 가리켜 '작은 아이'라고 했다. 작은 아이란 어떤 의미인가?
- 솔로몬이 자신의 아비 '다윗을 대신하여' 왕이 되었다. 솔로몬은 그 보좌를 어떻게 생각하고 있는가? (교재)
- '지혜로운 마음'은 어떤 마음을 가리키는가?
- 하나님은 솔로몬의 간구에 어떻게 응답하셨나?
- 솔로몬은 부와 명예를 약속받았으나 이와 더불어 한 가지 분명하게 지켜야 할 점은 무엇인가?

- 친자 소송 사건의 전말을 말해 보자.
- 이 사건을 통해 말하고자 하는 핵심 내용은 무엇인가? (3:28)
- 지혜는 누구에게 속한 것인가? 즉 지혜의 근원은 어디로부터 오는 것인가? (특강)

Summary

- 지혜문학이란 무엇인가? 지혜문학에서 다루는 신학적 관점은 무엇인가? (특강)
- 솔로몬의 지혜가 그의 생 전반에 어떻게 나타났나?

확대경(No. 1)

지혜(Wisdom, 호크마, חָכְמָה)

• **지혜** : 지혜를 뜻하는 히브리 단어로는 '호크마'가 가장 많이 쓰였다. 또 통찰력이라는 뜻으로 쓰인 '세겔'(잠 12:8, 23:9) 그리고 '비나'(욥 39:26, 잠23:4)도 지혜라는 용어로 번역되었다. 헬라어로는 '소피아'(넓고도 풍부한 지성)나 '프로네세스'(이해력)가 쓰였다.

• 구약의 지혜 개념은 헬라인들의 사변적인 지혜와는 전혀 다르다. 헬라 철학의 역동성은 그 지성 가운데서 찾는다. 만일 한 인간이 완전한 지식을 가지고 있다면, 그는 선한 삶을 살 수 있다고 주장한다(플라톤). 따라서 그들에게 지식은 덕이었다.

솔로몬의 지혜서

• 이 책에서는 지혜를 추구할 것을 훈계하고 있다. 왜냐하면 지혜를 무시하는 사악한 유대인은 멸망될 것이지만 지혜를 추구하기 위해 노력하는 자는 구원을 얻을 것이기 때문이다(1-5장). 이 저자는 주로 헬라 철학에서 발견된 개념들을 근거로 하여 지혜의 본질을 설명하고 있다(6-9장).

1. 성경에서 말하는 '지혜'란 무엇인가?

(1) '지혜'란 일반적으로 사물의 도리나 선악 등을 잘 분별하는 마음의 작용을 말한다. 이 지혜란 말이 사람에게 쓰일 때는 인간의 기술, 실제적인 지식을 가리키지만, 하나님께 사용될 때는 창조의 주, 백성과 운명을 인도하시는 하나님의 무한하신 지혜를 가리킨다.

우리는 성경 전반에서 하나님의 지혜를 발견할 수 있다. 이는 성경이 하나님의 지혜로써 행하신 구속 사역의 기록이기 때문이다. 특히 성경에서 지혜에 대해 자세히 언급한 곳은 지혜문학이라고 불리는 욥기, 잠언, 전도서, 시편 19; 37; 104; 147; 148편 등이다. 신약에서는 야고보서가 해당된다. 외경에서는 벤시락의 지혜서*(시락의 아들 예수의 지혜서)와 솔로몬의 지혜서 등이다.

(2) 지혜문학의 체제는 다른 문화권에서의 지혜문학과 유사하지만 구약성서의 지혜는 고대의 다른 세계관과 전혀 다르다. 구약성서에서 강조하고 있는 지혜는 인간의 뜻은 하나님의 의지에 예속되어야 한다는 점이다. 그러므로 히브리의 지혜는 이론적이거나 사변적인 것이 아니라, 그것은 실제적이었고, 옳고 그름에 대한 계시된 원리들에 기초한 것이었으며, 일상생활에서 실행되어야 할 것이었다(구약원어신학사전, 요단출판사).

(3) 역사서나 예언서에서 '호크마'라는 의미가 일반적인 지식이나 기술을 언급하기 위해 사용되기도 했다(출 35:35). 그러나 이것조차도 하나님의 지혜와 도덕적 지혜가 고려된다.

2. '호크마'가 어떤 경우에 쓰였을까?

(1) 대제사장을 위한 예복을 만드는 일에(출 28:3, 36:2, 8) : 성막 제조 시 임명된 브살렐과 오홀리압에게 지혜롭다는 표현을 썼다.
(2) 금속을 다루는 일에(출 31:3, 6, 대상 22:15-16), 목수일이나 베짜는 일(출 35:35) 등 장인이나 숙련된 사람에게 언급되었다.
(3) 드고아 여인의 지혜로운 주장(삼하 20:22)
(4) 솔로몬의 지혜 : 3천의 잠언, 1천 5개의 노래를 지었다.
이렇게 인간의 지혜는 왕들과 지도자, 기능자, 지혜자 등에게서 많이 나타났다. 솔로몬과 같이 백성을 다스리는 왕들은 더욱 지혜가 필요했음을 본다.

3. 신약에서의 지혜 : 소피아(σοφία)

(1) 헬라어로는 지혜를 '소피아'(σοφία)라고 했다. 신약성경에서의 지혜는 예수 그리스도

와 연관시켜 하나님의 측량할 수 없는 지혜와 완전한 이해, 즉 구원을 이루시는 하나님의 능력을 말한다(롬 11:33-36; 골 1:15; 계 3:14).

(2) 누가는 예수님의 어린 시절에 대해 "하나님의 은혜와 지혜"가 충만하셨다고 했다(눅 2:40, 52). 바울은 예수 그리스도는 하나님의 지혜이며(고전 1:30), 그 속에 지혜와 지식의 모든 보화가 감추어져 있다고 했다(골 2:3). 예수님의 지혜가 가장 크게 나타난 곳은 산상보훈이다. 예수님께서는 간략하고도 함축성 있는 설교를 하셨으며 기억을 잘 할 수 있도록 많은 지혜의 말씀을 하셨다(마 5:14; 마 6:34; 마 9:12 등).

(3) 하나님의 종에 불과한 솔로몬에게 전무후무한 지혜를 주셨다면, 자신의 아들이신 예수 그리스도에게는 얼마나 놀라운 지혜를 주셨겠는가? 마태복음 12:42에서 예수님은 자신을 가리켜 "솔로몬보다 더 큰 이"라고 하셨다. 예수님의 가르침을 들은 많은 사람들은 예수님의 지혜와 치유의 권능에 놀랐다(막 6:2). 또한 바울은 십자가에 못 박힌 예수 그리스도가 바로 하나님의 지혜요, 능력이라고 했다(고전 1:23-24).

(4) 야고보서는 본문 전체에 걸쳐서 지혜에 대해 언급된 지혜문학이다. 야고보는 기독교의 위험성은 이교도의 가르침에서 오는 교리상의 곡해에 있는 것이 아니라 실제 생활의 영역에서 발생하는 그릇된 행위에 있다고 보았다. 야고보는 주로 윤리적인 면, 즉 신성한 생활을 강조하였다.

4. 그렇다면 지혜의 근원은 어디로부터 오는 것인가?

(1) 이미 잘 알고 있는 바와 같이 지혜의 근원은 거룩하시고, 의로우시며, 공의로우신 인격적인 하나님이다. 하나님은 그의 지혜에 의해서 구름을 헤아리시고(욥 38:37), 땅의 기초를 세우시며(잠 3:19), 세상을 만드셨다(렘 10:12). 하나님만이 가장 참된 의미에서 지혜를 아신다(욥 28:20, 23). 하나님의 지혜는 인간의 사변 속에서 마련되지 않는다. 인간은 지혜를 얻을 능력을 소유하고 있다. 그러한 지혜는 하나님을 경외함으로써만 지니게 된다. "여호와를 경외하는 것이 지식의 근본이어늘 미련한 자는 지혜와 훈계를 멸시하느니라"(잠 1:7).

(2) 또한 지혜는 학습을 통해서도 얻어진다. 율법에 대하여 해석을 한 랍비들의 문학은 결과적으로 지혜를 한데 모은 지혜 총서가 되었고, 율법을 공부하는 사람은 보물과 같은 지혜를 얻게 되었다. 특히 잠언에는 행복하고도 성공적인 생활로 이끄는 실제적인 충고가 수록되어 있다. 그러므로 토라(율법)는 지혜의 근원이다. 시편 119:97-110을 찾아 읽어보자. 이 본문에서 토라와 지혜가 얼마나 밀접한 관계가 있는가를 보여준다. 토라의 준수와 지혜의 관계를 신명기 4:5-6*에서도 잘 보여주고 있다. 잠언서와 아주 유사한 책인 '벤시락의 집회서'에도 지혜는 토라를 묵상하는 데서 나온다고 했다(버나드 W. 앤더슨, 구약신학).

주님의 계명을 마음속에 새기고 / 그 명하신 모든 것은 / 언제나 실천하여라

벤시락의 지혜서

- 이 책의 저자는 경건한 신앙을 가진 유대인으로 시락의 아들 예수로 추정되고 있다. 이 책은 형태나 문맥이 잠언과 비슷하기 때문에 몇몇 학자들은 시락이 잠언서를 보고 기록했다고 보기도 한다. 이 책에서 저자는 종교란 하나님을 두려워하며 율법을 준수하는 행위라고 보았다. 이런 행위를 통해서 지혜의 더 나은 부분을 성취할 수 있다고 주장했다.

지혜와 총명은 그리스도인이 성숙하면서 하나님과 그의 뜻을 더욱 알게 되는 은혜의 선물이며 그리스도를 통하여 알 수 있다.

• 신 4:5-6 "내가 나의 하나님 여호와의 명하신 대로 규례와 법도를 너희에게 가르쳤나니 이는 너희로 들어가서 기업으로 얻을 땅에서 그대로 행하게 하려 함인즉 너희는 지켜 행하라 그리함은 열국 앞에 너희의 지혜요 너희의 지식이라 그들이 이 모든 규례를 듣고 이르기를 이 큰 나라 사람은 과연 지혜와 지식이 있는 백성이로다 하리라."

그러면 주님께서 네 마음을 굳세게 해주시고 / 네가 바라는 지혜를 주시리라(시락 6:37)

이렇게 토라를 준수하면 지혜의 목적인 훌륭한 삶을 발견하게 된다. 토라를 준수하거나 명상을 통해 질서가 잡힌 삶을 살아갈 수 있다. 이런 질서가 잡힌 삶은 하나님이 제정한 우주 질서와 부합된다. 이것이 시편 19편 전체의 교훈이다(앤더슨).

(3) 지혜는 하나님의 계시를 통해서 얻는다. 성경은 하나님을 지혜자로 보기보다는 오히려 지혜가 하나님에게서 온다는 관점, 즉 지혜는 하나님과 함께 할 때 얻어진다는 관점을 취하고 있는 것 같다. 하나님은 인간에게 지혜를 주신다. 인간이 하나님의 지혜를 구할 때 그 기도에 대한 응답으로서 지혜를 얻게 된다. 신약에서의 하나님의 지혜는 특별히 성령과 관계가 있다. 결국 인간은 하나님의 계시를 통해서만 지혜를 얻게 된다(행 6:10*, 고전 2:6, 12:8, 엡 1:17*; 골 1:9* 등 참조).

5. 시편 1편에서는 지혜로운 자와 어리석은 자를 어떻게 구별하고 있나?

• 행 6:10 "스데반이 지혜와 성령으로 말함을 저희가 능히 당치 못하여."

• 엡 1:17 "우리 주 예수 그리스도의 하나님, 영광의 아버지께서 지혜와 계시의 정신을 너희에게 주사 하나님을 알게 하시고."

• 골 1:9 "이로써 우리도 듣던 날부터 너희를 위하여 기도하기를 그치지 아니하고 구하노니 너희로 하여금 모든 신령한 지혜와 총명에 하나님의 뜻을 아는 것으로 채우게 하시고."

(1) 시편 1편은 토라를 계속해서(=주야로) 연구하는 자에게 임하는 복을 말하고 있다. 이 시편에서 말하는 지혜로운 자는 하나님의 토라를 즐거워하며 하나님의 인도를 추구하는 사람이다. 반대로 어리석은 자는 자신이 나름대로 충분히 잘 지낼 수 있다고 생각하면서 하나님의 가르침을 무시하는 자를 가리킨다. 이들을 가리켜 성경은 '사악한 자' 혹은 '경건치 않은 자'라고 말한다.

이 시편에서는 '좋은 부류'와 '나쁜 부류'를 분리하는 것이 아니라 하나님의 계시된 뜻에 따라 겸손하게 살아가려는 사람과 자신의 마음대로 살고, 또 살 수 있다고 생각하는 무신론자들을 구별하고 있다. 이런 어리석은 자들에 대해서는 시편 14편과 53편을 읽어보자.

(2) 특히 시편 119편은 토라(율법)를 하나님의 놀라운 선물로 일관되게 묘사한다.

6. 지혜문학에서 다루는 신학적인 관점은 무엇일까? 버나드 W. 앤더슨(구약신학)의 설명을 들어보자.

(1) 지혜는 주를 경외하는 것으로부터 온다.
다음과 같이 이스라엘의 현자들은 근본적인 전제로서 여호와를 경외하는 것이 지혜의 근본이라고 했다.

• 잠언 9:10 "여호와를 (　　　　)하는 것이 지혜(호크마, חָכְמָה)의 근본이요
거룩하신 자를 아는 것이 명철(비나, בִּינָה)*이니라."

* '명철'은 '지혜'보다 높은 단계는 아니지만 강조하기 위해 사용된 시적인 동의어이다.

그러므로 지혜의 반대는 무지(無知)가 아니라 어리석음이다. 어리석은 자는 신앙의 출

발점에서 실패했기 때문에 혼돈 속에서 헤매며 넘어진다(잠 1:7). 따라서 지혜는 인간의 업적이나 탁월한 지식의 증거가 아니라 반드시 추구해야 할 하나님의 선물로 간주되어야 한다.

(2) 지혜를 가진 자는 하나님의 질서와 조화를 이루어 살아가려고 노력한다. 성경에서는 하나님의 질서를 업신여기는 자들은 환멸과 궁극적인 재앙을 경험하지만 현실의 구조와 조화를 이루는 자는 성공과 행복을 발견한다고 말한다(신 30:15-20, 잠 4:18-19 참조).

(3) 지혜는 인간의 사회 질서가 그 위에 건립된 우주의 질서 혹은 창조된 질서를 다룬다. 인간 사회에는 적의 침입, 땅의 불모, 혹은 사회 혼란으로 나타나는 혼돈의 세력에도 불구하고 우주와 이 땅의 영역에서 '올바른 질서'가 유지된다.

(4) 이스라엘의 현자들은 인간의 상황에서 지혜를 탐구하는 것은 신비로운 것임을 깨달았다. '거룩한 분'(잠 9:10)에 관한 지식을 아는 것은 인간의 사고와 상상으로는 한계가 있다. 거기에서 "하나님의 생각은 우리와 다르며", "하나님의 길은 우리의 길과 틀리다"(사 55:8-9 비교)라고 고백한다.

지혜의 의인화

1. 지혜신학은 넓은 의미로 창조신학이라 할 수 있다.

사회 질서는 그것이 하나님의 창조 질서와 조화를 이룰 때 안전하며, 혼돈의 위협으로부터 자유롭다(앤더슨, 구약신학). 창조 시편이라 할 수 있는 시편 104편에서는 여호와를 창조주이실 뿐만 아니라(104:5-9) 섭리자로 묘사하고 있다(104:27-30). 이 시편에서 모든 창조가 하나님의 지혜로 되었음을 노래하고 있다(104:24).

(1) 지혜는 추상적인 것이 아닌 구체적인 특징과 더불어 인격화의 정도로까지 언급된다. 특히 잠언 8장에서는 지혜가 하나님께서 천지를 창조하실 때 하나님을 도우면서 태초에 하나님과 함께 있었다고 언급된다(잠언 8:22-29절까지 읽어보자). 이 시는 어떤 의미에서 지혜가 하나님의 사역에 참여하였다고 기록하고 있다(8:30-31).

(2) 그렇다면 이 지혜와 창조주는 어떤 관계일까? 지혜는 하나님의 대리인인가? 아니면 하나님과 동일한 분인가? 어떤 학자는 이 지혜가 하나님과 동일하다고 제안하기까지 한다. 그러나 지혜는 하나님으로 간주되어서는 안 된다. 그러나 그것은 하나님께 속한다. 지혜는 신적인 속성들 가운데 하나이다.

지혜문학

• 지혜문학(잠언, 전도서, 욥기)은 삶이란 주제를 다룬다. 즉 지혜서란 삶의 내용이 무엇인지를 가르치고 있다. 먼저, 지혜서는 창조란 주제를 다룬다. 특히 욥기서에서 욥은 하나님의 창조에 대해 놀란다(욥38장). 창세기 1-2장보다 오히려 지혜문학이 창조를 더 많이 언급하고 있음을 본다.

• 지혜문학에서는 삶의 도덕적 측면이 많이 강조된다. 잘 살기 위해서는 올바르게 살아야 한다고 강조한다. 지혜 문학 전체에서 의인과 악인, 현명한 자와 어리석은 자를 대조시킨다. 즉 현명한 사람은 의를 추구하는 사람이다.

• 또 지혜문학에서는 선택을 아주 강조한다. 즉 잘 사는 사람은 좋은 선택을 한다. 또한 지혜문학에서는 여호와를 경외하는 것이 현저하게 나타난다. 여호와를 경외하는 것이 지혜의 시작이라고 한다(잠 1:7, 9:10, 욥 28:28). 여호와를 경외하는 것은 하나님의 명령을 지키고, 하나님을 섬기는 것과 관계가 있다(신 10:12-13).

• 욥은 지혜가 여호와께 속한 것이라고 분명하게 말한다(욥 38:1). 호크마는 본질적으로 기술이다. 지혜문학에서 인간에게 요구하는 것은 삶을 잘 사는 기술이다. 매일의 삶이 긍정적이 되고 기술적이 되도록 지혜가 요구된다.

지혜의 왕 솔로몬

• 지혜의 의인화에 대한 주제는 버나드 W. 앤더슨의 「구약신학」(한돌출판사, 2001, 424면 이하)의 '하나님의 창조에서의 지혜'를 참조해 보라.

1. 솔로몬은 지혜의 왕이다. 그가 어떻게 지혜를 갖게 되었는가는 앞에서 이미 살펴보았다. 솔로몬이 얼마나 놀라운 지혜의 소유자였는지는 시바 여왕이 소문을 듣고 그 놀라운 지혜를 확인하기 위해 먼 길을 달려왔던 것을 보고도 알 수 있다. 솔로몬은 나이가 어려서(약 20세) 등극했다. 그의 통치 초기 솔로몬은 여호와를 크게 경외했다. 또한 언약에 충실했다. 그의 여호와에 대한 사랑은 일천 번제를 드리는 것으로 잘 드러났다.

(1) 하나님은 솔로몬에게 지혜를 주셨을 뿐만 아니라 영광과 부(富)도 더하여 주셨다(왕상 3:10-15). 그의 지혜는 해결하기 어려운 친자 소송 사건을 명쾌하게 판결한 데서도 볼 수 있다. 그의 명판결은 온 이스라엘이 왕을 두려워하게 되는 계기가 되었다(왕상 3:28*). 이러한 지혜는 생활의 모든 면에서 나타났다. 영적인 면은 물론 자연적, 경제적인 면에 나타났다(왕상 4:29-34). 하나님의 나라는 이런 솔로몬의 통치를 통해 제사장 나라요, 거룩한 나라로서 크게 고양되었다.

• 왕상 3:28 "온 이스라엘이 왕의 심리하여 판결함을 듣고 왕을 두려워하였으니 이는 하나님의 지혜가 저의 속에 있어 판결함을 봄이더라."

(2) 솔로몬의 지혜는 관리를 임명하는 데서도 크게 입증이 되었다(왕상 4:1-19). 특히 그의 지혜는 성전을 건축하는 데서 드러났다. 그는 이웃 나라와 평화 관계를 가지면서 이 나라들로부터 필요한 물자를 공급받았다. 그는 정말로 그의 이름(쉘로모, 평화)의 뜻과 같이 평화(샬롬)의 왕이었다. 그는 오래된 대적들을 물리쳤고(4:1-19), 많은 나라를 다스렸다(4:20-28).

(3) 하나님이 그에게 지혜를 얼마나 많이 주셨는가를 성경은 다음과 같이 표현하고 있다(왕상 4:29-34).

• "하나님이 솔로몬에게 지혜와 총명을 심히 많이 주시고 또 넓은 마음을 주시되 바닷가의 모래같이 하시니 [30]솔로몬의 지혜가 동양 모든 사람의 지혜와 애굽의 모든 지혜보다 뛰어난지라 [31]저는 모든 사람보다 지혜로워서 예스라 사람 에단과 마홀의 아들 헤만과 갈골과 다르다보다 나으므로 그 이름이 사방 모든 나라에 들렸더라 [32]

• 저가 잠언 삼천을 말하였고

• 그 노래는 일천 다섯이며

• 저가 또 초목을 논하되 레바논 백향목으로부터 담에 나는 우슬초까지 하고 저가 또 짐승과 새와 기어다니는 것과 물고기를 논한지라

• 모든 민족 중에서 솔로몬의 지혜의 소문을 들은 천하 모든 왕 중에서 그 지혜를 들으러 왔더라."

2. 인간에게 있어서 지혜는 인간을 인간적으로 지혜롭게 만들어줄 뿐 아니라 하나님을 두려워하도록 만들어 준다. 이것이 모든 지혜의 시작이기 때문이다(욥 28:28*). 인간에게 있어서 참된 지혜는 거룩한 분을 아는 것을 포함한다. 따라서 사람은 주의 깊게 하나님의 지혜에 귀를 기울여야 한다. 실제로 내적인 행복이란 인간이 진지한 탐구를 통하여

(잠 3:4*) 이 지혜를 획득할 때에 오게 된다(잠 3:13*). 이것이 실제로 하나님 자신을 찾는 것이다(잠 2:5*).

3. 지금까지 살펴본 것처럼 솔로몬은 지혜의 왕이었다. 솔로몬은 잠언 삼천을 말하였고 그가 지은 노래는 일천다섯 가지나 되었다고 했다. 또 그의 동식물에 대한 세밀한 지식은 고대 근동의 동식물 학자로서 손색이 없었다. "저가 또 초목을 논하되 레바논 백향목으로부터 담에 나는 우슬초까지 하고 저가 또 짐승과 새와 기어다니는 것과 물고기를 논한지라"(왕상 4:33).

(1) 만약 솔로몬이 아니었다면 이스라엘의 지혜(잠언, 전도, 아가서)는 정경적 기원을 갖지 못했을 것이다. 그러나 솔로몬의 이런 지혜도 하나님이 아니었다면 불가능했다. 솔로몬의 지혜는 예루살렘 성전을 건축하는 데서 크게 드러났다. 하나님의 율례를 지키고 하나님을 경외할 때, 솔로몬의 영광은 최고조에 달한다. 그러나 그 광활한 영광의 시대가 지난 후, 그의 말년, 솔로몬은 지혜와 유일신적 예배를 좇지 아니한다. 솔로몬은 주변 국가들과 평화 공존을 위해 많은 이방 여인을 아내로 삼는다.

(2) 결국 그는 이방 여인들이 섬기는 신들을 위한 제의 처소를 건축하며 점차 다신론에 빠져들고 만다. 우상 숭배로 빠져들어갔다는 말이다. 이는 하나님과의 철저한 언약(왕상 6:11-13, 9:1-9)을 깨뜨렸다는 말이다. 이런 우상 숭배는 솔로몬으로 하여금 지혜자가 아니라 어리석은 자가 되게 했다. 그는 결국 후대의 사람들에게 어리석은 자의 전형이 되고 만다.

(3) 앞으로 언급되겠지만 솔로몬은 그의 죄로 인해 그의 나라가 북이스라엘과 남유다로 분열될 것이라는 말씀을 통고받는다(왕상 11:11-13). 솔로몬은 그의 통치 초기에는 여호와께 헌신했으나 말년에는 다신론 숭배로 빠져들었다.

▶ 하나님이 주신 지혜조차도

책임 있는 인간의 성실을 통해 유지된다는 사실을 알아야 한다.
열왕기상은
무엇이 지혜(3~8장에서 올바른 판단을 내는 능력을 지혜로 정의함)와
어리석음(9장~11:13, 자신의 유익을 위해서
말과 여자와 부를 추구하는 모습과 다신론을 어리석음으로 규정)인지를
보여주고 있다.

하나님과의 언약은
왕들이 무슨 짓을 해도 좋다는 백지 위임장이 아니다.
왕들은 하나님의 축복을 보장받기 위해
언약을 준수해야만 한다.
이에 대해서는 본문 설명에서 더 언급하기로 하자. (✝)

- 욥 28:28 "또 사람에게 이르시기를 주를 경외함이 곧 지혜요 악을 떠남이 명철이라 하셨느니라."
- 잠 3:3-4 "인자와 진리로 네게서 떠나지 않게 하고 그것을 네 목에 매며 네 마음판에 새기라 그리하면 네가 하나님과 사람 앞에서 은총과 귀중히 여김을 받으리라."
- 잠 3:13 "지혜를 얻은 자와 명철을 얻은 자는 복이 있나니."
- 잠 2:5 "여호와 경외하기를 깨달으며 하나님을 알게 되리니."

- 구약원어신학사전(요단출판사)
- 버나드 W. 앤더슨(구약신학)
- 성경이미지사전(기독교문서선교회)
- 폴 R. 하우스(구약신학),
- 성서대백과(기독지혜사)

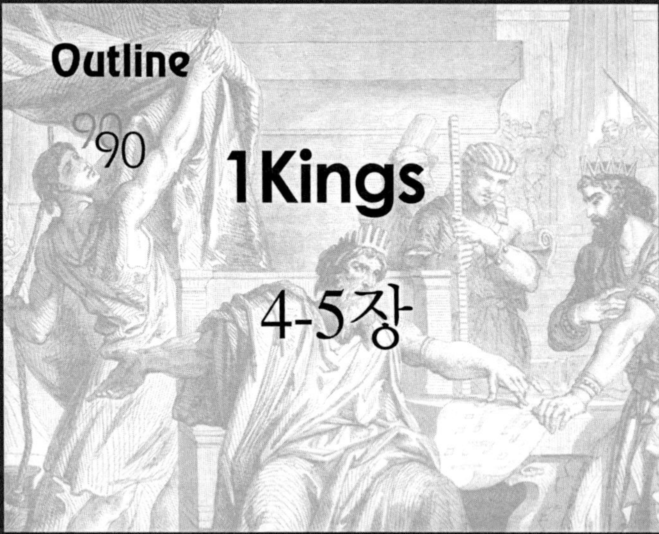

Outline

90

1Kings

4-5장

성전 건축 준비

열왕기상 1-11장은
솔로몬의 이야기를 다루고 있다.
여기서 3-8장은 솔로몬에 대한 긍정적인 면을,
9-11장은 솔로몬의 부정적인 면을 다루고 있다.
즉 전자는 하나님이 주신 지혜를 통해
이스라엘을 최대의 강국으로 이끌었던 모습을,
후자는 이와 달리 하나님의 언약을 어기고
자신의 유익을 위해서 말과 여자와 부를 추구하면서
다신론으로 빠져들어가는
부정적인 모습을 그리고 있다.

솔로몬의 탁월한 지혜
그 지혜를 발휘해서 어떻게 백성을 위한 행정을
펼쳐가는가를 설명하고 있다.
솔로몬은 나라를 확장하기보다는
현재의 국경만을 유지하려는 정치를 폈다.
그의 통치는 광범위하게 미쳤다(왕상 4:21).

솔로몬은 12지역으로 나누고,
각지역마다 관장을 두었다.
왕실에서만 쓰는 경비만 해도
엄청났다(왕상 4:22, 23).
따라서 이러한 과중한 소비는
백성들에게 무거운 짐이 되었다(왕상 12:3-4).

5장에서는 그가 성전을 건축하는 데
지혜가 어떻게 드러났는가를 기록하고 있다.
그는 성전을 지으면서 부역제도를 실시했다.

솔로몬의 지혜와 번영(4장)

4:1-6 솔로몬 행정부의 고위 관리들

(1) 제사장 : 아사리아 - 사독의 아들이라고 되어있으나 실제로는 사독의 손자였다(대상 6:8,9). '아들'은 종종 후손을 의미하기도 했다. 이때 사독은 너무 연로했기 때문에 손자에게 일을 맡겼던 것 같다. 4:4에 사독과 아비아달도 언급되었다. 아비아달 제사장은 반란군에 참여했기에 솔로몬에 의해 파면당했다(왕상 2:20-27).

(2) 서기관 : 시사의 아들들인 엘리호압, 아히야 - 시사는 다윗 왕 때의 서기관이었다. 서기관이 하는 일은 모든 문서를 보관하고 공문서 등을 처리하는 등 서신 연락 업무였다.

(3) 사관(士官) : 여호사밧 - 왕국에서 일어나는 주요 일상사를 기록하고 간수하는 일을 했다.

(4) 군대장관 : 브나야 - 3인의 용사 중 하나로 그는 함정에 빠진 사자 한 마리와 장대한 애굽 사람 한 명과 모압인 두 명을 죽인 사람이었다(왕상 1:38 참조).

4:7-19 지방 장관 임명

지방 장관 12명을 세우고 왕실을 위해 식물을 공급하는 일을 맡겼다. 한 장관이 한 달씩 준비하도록 했다.

4:20-28 솔로몬의 번영

20절 - 이 말씀은 창세기 22:17의 성취였다.

21절 - 이 말씀은 창세기 15:18-20의 문자적 성취였다.

4:29-34 솔로몬의 명성

하나님은 솔로몬에게 한없는 지혜와 총명을 주셨다. 그의 지혜는 동양 모든 사람의 지혜와 애굽 사람의 모든 지혜를 능가했다. 잠언 삼천을 지었고(이 중 수백 개가 잠언 및 전도서에 기록되었다), 일천다섯 개의 노래를 지었다(이 노래 중 하나가 아가서이다). 그는 또한 식물학과 동물학의 박사였다. 그는 정말 지혜의 왕이었다.

성전 건축 준비(5장)

5:1-6 두로의 왕 히람에게 성전 건축을 위해 자재를 요청함

(1) 히람은 두로의 왕이었다. 두로는 이스라엘 북쪽 지중해 연안에 있는 주요 항구도시였다. 베니게의 주요 도시 중 하나였는데, 베니게는 다윗에게 우호적이었다(삼하 5:11). 다윗이 죽은 후에도 히람은 솔로몬과도 우호적인 관계를 유지하기 원했을 것이다. 히람은 다윗의 궁을 지을 때에도 자재와 일꾼을 보냈었다. 이제 친구 다윗의 아들인 솔로몬이 등극하자 신복들을 보내왔다(1절).

(2) 솔로몬은 성전 건축을 계획하려는 바를 설명하면서 다윗이 성전을 지을 수 없었던 이유를 언급한다(3절). 다윗은 전쟁으로 피를 너무 많이 흘렸기 때문에 성전을 지을 자격이 없었다(대상 22:8). 이제 하나님이 다윗에게 약속하셨던 것처럼(삼하 7:12이하), 솔로몬 때에 와서야 성전을 지을 수 있게 되었다. 하나님께서 이스라엘 사방에 태평을 주시어 대적도, 재앙도 없는 때가 되었다(4절). 솔로몬은 히람에게서 성전을 지을 백향목을 충분하게 얻는다(6절).

5:7-12 히람과 솔로몬의 조약

히람은 솔로몬의 말을 듣고 크게 기뻐했다(7절). 그는 백향목뿐만 아니라 잣나무 재목도 준다고 했다. 그대신 히람은 그 대가로 자신의 궁정을 짓기 위해 식물을 원했다. 솔로몬은 히람에게 해마다 밀 이만 석과 맑은 기름 이십 석을 보내주기로 했다.

5:13-18 솔로몬의 역군 징집

그는 성전을 짓기 위해 부역제도를 도입했다. 벌목을 위해 징발된 역군 3만 명이 동원되었고 담꾼이 7만명에다 산에서 돌을 뜨는 자가 팔만 명이나 동원되었다. 이들은 다윗이 정복하여 복속시킨 비이스라엘인들 가운데 동원된 사람들이었다(대하2:17,18). 그러나 이런 과정에서 백성들의 원망을 사게 된다. 솔로몬이 죽은 후에는 백성들의 봉기와 왕국 분열의 씨를 만들게 된다(왕상 12:1-18).

❖ 하나님은 솔로몬에게 지혜를 허락하셨다. 솔로몬의 통치 초년병 시절, 그는 여호와를 경외했고 그 언약에 성실했다. 그의 여호와에 대한 경외함은 기브온에서 드린 일천 번제에서 드러났다. 하나님은 그의 성실함을 보시고 솔로몬이 원하는 것은 무엇이든지 허락해 주셨다(왕상 3:1-5). 하나님은 그에게 지혜뿐만 아니라 영광과 부를 더해 주셨다(3:10-15). 그가 얼마나 지혜를 가졌는가는 해결하기 어려운 친자 확인 소송 사건에서 잘 드러나 있다.

❖ 솔로몬은 하나님이 주신 지혜를 통해 그의 나라를 크게 정비한다. 솔로몬이 사는 동안 그의 영토는 단에서 브엘세바까지 미쳤고, 백성들은 포도나무 아래와 무화과나무 아래서 안연히 살았다(4:25)고 했다. 우리는 그의 지혜를 잠언과 전도서 그리고 아가서 등에서 볼 수 있다.

❖ 솔로몬의 지혜는 유능한 인재를 적재적소에 등용시킨 것에서도 볼 수 있다. 그는 아버지 다윗의 제도를 그대로 이어받았다. 필요하면 아버지와 관계된 사람들을 기용하는 데 적극적이었다. 새로운 성도 건축 또는 수축했다. 물론 새로운 정책도 수립했다. 솔로몬은 전국을 12지역으로 나누고 각 지역마다 관장을 두었다. 이스라엘은 점차 솔로몬의 정치 하에서 크게 부강하게 되었다. 무엇보다도 솔로몬은 성전 건축에 크게 관심을 갖고 지혜를 발휘했다.

❖ 그는 두로 왕 히람에게 많은 재료와 기술을 제공받는다. 다윗이 성전 건축을 원했으나 성전 건축은 제반 여건이 이상적으로 갖추어진 다음에야 이루어질 것이었다. 이제 성전을 지을 만한 안식의 때가 된 것이다. 성전 건축을 위한 준비과정을 살펴보자.

솔로몬 행정부(4:1–19)

- **솔로몬 행정부의 고위 관리들(4:1-6)**
- 지방장관 임명(4:7-19)
- 솔로몬의 번영(4:20-28)
- 솔로몬의 명성(4:29-34)
- 두로 왕 히람의 건축 자재 도움(5:1-6)
- 히람과 솔로몬과의 조약(5:7-12)
- 솔로몬의 역군 징집(5:13-18)

앞에서 이미 살펴본 것처럼 솔로몬은 지혜의 왕이었다. 지혜는 하나님을 경외하는 것을 근본으로 한다. 솔로몬은 하나님을 경외했다. 그는 통치 초기에 무엇보다 백성을 통치하기 위해 지혜를 구했다. 하나님은 그에게 지혜뿐만 아니라 부와 영광도 주셨다. 그가 얼마나 지혜의 왕인가는 친자 확인 소송에서 잘 보여주고 있다. 솔로몬의 지혜는 그의 행정 조직에서도 드러났다. 물론 솔로몬은 다윗이 발전시킨 정부 조직을 확대했다. 그의 통치 기간에 이스라엘은 안정을 누리며 평화를 구가했다. 지금 열왕기 저자는 솔로몬에 대한 긍정적인 면을 소개하고 있다. 이미 1장에서 살펴본 것이지만 1-11장의 구조를 다시 한번 다뤄보자.

- 다윗이 여호와의 언약에 충성했을 때, 하나님은 주변 열강을 잠재우셨다. 애굽은 제21왕조로 아주 쇠약한 상태에 있었고, 북쪽의 앗시리아 역시 디글랏빌레셋 1세의 사후, 일시 침체기에 들어가 있었다. 이는 이스라엘을 열강의 위치에 놓는 기회를 제공하게 된다. 솔로몬의 번영과 영광은 부왕 다윗이 이루어 놓은 제국 위에서 가능하게 되었다.

1. 1-11장의 구조를 살펴보면 3-8장까지는 솔로몬의 긍정적인 면을 소개하고 있다. 4장과 5장은 각각 어떤 내용을 다루고 있는가?

3~8장 - 솔로몬에 대한 긍정적인 면	9장~11:13 - 솔로몬에 대한 부정적인 면
공의의 판결, 탁월한 행정력, 두로 왕 히람과의 교역 등으로 국가의 부를 가져왔다. 물론 하나님이 함께 하셨고, 그에 대한 칭찬이 있었다.	하나님의 언약을 어기고 자신의 이익만 위해 말과 여자와 부를 추구하면서 다신론으로 빠져들어간다. 결국 하나님의 진노가 임하게 된다.

(1) 4장과 5장에서는 솔로몬의 긍정적인 면을 다루고 있다. 솔로몬은 아버지 다윗이 발전시킨 정부 조직을 그대로 유지하면서 확대시킨다. 다윗 행정부의 조직은 사무엘하 8:15-18, 20:23-26을 참조해 보자.

(2) 다윗은 하나님의 은혜로 유다와 온 이스라엘의 지파를 통일했다. 또한 이스라엘을 괴롭혔던 이웃 나라를 하나하나씩 점령하면서 가나안의 강대국으로 성장했다. 외부의 세력이 잠잠해지자 다윗은 내치(內治)에도 힘을 썼다. 그는 무엇보다 왕실을 공고히 했다. 나라의 질서를 바로잡기 위해 상비군 28만 8천을 두고 그것을 12반열로 나누어 2만 4천 명씩 달마다 교차로 예루살렘 궁을 지키게 했다. 그리고 이들을 관할하는 관장을 두었다. 또한 여러 행정기관을 조직했다. 다윗은 내외적으로 강력한 통치를 펴 나라를 굳건한 반석 위에 올려 놓았다. 이렇게 솔로몬은 다윗이 조직한 행정 조직을 확대 발전시킨다.

솔로몬은 아버지 다윗이 발전시킨 정부 조직을 그대로 유지하면서 확대시킨다.

2. 다윗 행정부와 솔로몬 행정부를 간단하게 비교해 보자.

<table>
<tr><th>다윗 행정부</th><th>솔로몬 행정부</th></tr>
<tr><td>(1) 왕실과 행정면
• 상비군(常備軍) : 정규 민병대에 해당하는 상비군을 조직했다(288,000명).
• 관장(chief officer) : 각 지파마다 관장을 두어 다스리게 했다(대상 27:16-22). 지금까지 각 지파별로 분산되어 있던 행정력을 중앙 정부의 통제 하에 두었다.
• 왕궁 재정 관리 : 전국 왕실의 재정을 관리케 했다(대상 27:25-31).
• 군대장관 : 요압(Joab, the son of Zeruiah)
• 사관(史官) : 여호사밧(Jehoshaphat) - 매일의 사건을 기록하고 왕으로 하여금 그것을 기억케 하는 직무일 것이다(recorder).
• 서기관(書記官, the scribe) : 스라야 - 공문서나 서신 연락 사무를 집행하는 자일 것이다.
• 감역관(監役官, the scribe) : 아도람(아도니람, Adoniram) - 공공 사업을 위한 노무 관계를 감독하는 업무(왕상 4:6, 5:16).</td><td>(1) 왕실과 행정면
• 국토를 12개의 행정구역으로 재편 : 각 지역에는 왕에 대해 책임을 지는 지방장관을 두었다(왕상 4:7-19). 왕실을 위해 식물을 공급하는 책임을 맡겼다.
• 관리장 : 아사리아(2절의 아사리아와 동명이인) / 7-19절에 나오는 열두 장관의 관리장인 것 같다(재상, 총리?).
• 군대장관 : 브나야
• 사관(史官) : 여호사밧(다윗 시대에 이어 계속해서 사관으로 유임, 삼하 8:17, 대상 18:15)
• 서기관 : 엘리호압 / 아히야
• 시사는 다윗의 서기관이었다(스라야, 스와와 동일인이다. 삼하 8:17, 삼하 20:25). - 아비를 계승하여 서기관이 되었다.
• 궁내대신 : 아히살 (궁궐 내의 종들과 일꾼들을 감독하는 일일 것이다)
• 감역관 : 아도니람 (다윗 시대부터 감역관이었다)
• 왕의 벗 : 사붓(다른 나단의 아들)</td></tr>
<tr><td>(2) 종교면
• 대제사장(2명) :
사독과 아히멜렉(아비아달의 아들)
• 당시 성소를 섬기는 제사장들과 레위 족속들은 너무 수효가 많았다. 따라서 제사장들을 24반차로 나누어 교대로 한 주간씩 성소에서 봉사케 했다(대상 24:1-19).
• 그 밖에도 노래하는 자, 성소의 문지기, 재판관 등을 레위 족속에서 선출케 했다(대상 9:17-26, 23:28-32).</td><td>(2) 종교면
• 제사장 : 사독, 아비아달, 아사리아.
• 아사리아는 실제로는 사독의 손자이다(삼하 15:27, 18:27, 대상 6:8-9 참조).
• 여기서 아비아달은 아도니야의 반역에 참가했기 때문에 파면되었으나 그 직함은 계속되었던 것 같다.</td></tr>
<tr><td colspan="2">(3) 선지자
• 갓(Gad) – 망명시절부터 다윗과 함께 했었다(삼상 22:5).
• 나단(Nathan) – 다윗이 성전을 지으려 할 때 하나님께서 허락하지 않으실 것임을 전달했다(삼하 7:2-17). 밧세바 사건으로 다윗을 꾸짖었다(삼하 12:1-15).
• 사독과 헤만(삼하 15:27, 대상 25:5)
• 아히야(왕상 11:29-30) – 솔로몬 통치 때에 여로보암과 처음 접촉</td></tr>
</table>

• **다윗 행정부는** 백성으로부터 세금을 징수하여 왕실 재정을 감당하기보다는 왕의 소유지와 재산을 효율적으로 관리하여 그 수입으로 재정을 충당했다. 백성들은 십일조와 헌물, 성전세 등을 납부해야 했기 때문에 부담을 주지 않으려 했다.

• 이에 비해 **솔로몬 행정부는** 지방 장관 12명을 두어 왕실을 위해 식물을 공급하는 책임을 맡겼다. 한 장관이 한 달씩 준비하게 했는데, 이에 소비되는 식물이 보통이 아니었다(왕상 4:22-25 참조). 솔로몬은 강대한 국력을 과시하기 위해 새로이 전차부대를 편성하고 병거성을 건축하는 등 군비를 확장했다. 솔로몬은 대외 정책의 기본 개념은 평화주의자였다. 따라서 그는 전쟁을 하지 않는다. 이웃과 동맹 관계를 맺음으로써 그 평화를 유지하려 했다. 이 평화를 통하여 무역을 융성케 했다. 따라서 나라는 크게 부강했고, 솔로몬의 영화도 극치를 이루었다.

• 그러나 대토목 공사를 위한 일꾼(노무자)의 징발, 또 궁정이나 지방 관료에게 지불해야 하는 공출 등은 불만의 요소 등 부작용의 요소가 많았다. 이에 대해서는 뒤에서 자세히 언급된다.

솔로몬 행정부의 특징

솔로몬 행정부는 다윗 시대의 체제를 그대로 유지하긴 했으나 내부 조직에 특히 신경을 썼다. 솔로몬은 통치 구역을 12개로 분할하여 각 구역마다 한 사람씩 배치했다. 이런 행정 개혁은 이미 다윗이 시작한 것이지만 솔로몬에 의해서 비로소 전면적으로 시행되었던 것 같다. 그러나 이 지역 목록에서 유다는 언급되어 있지 않음을 본다(왕상 4:7-19 참조). 이미 조직적으로도 유다와 이스라엘의 이원론이 굳어져 있다는 것을 보여준다. 이런 국가 조직은 특히 징세(徵稅)와 세제(稅制) 구조를 편리하게 하였다.

(안토니우스 H. J. 군네벡, 한국신학연구소, 184-185)

- 존브라이트, 이스라엘 역사, 제5장, 303면, 크리스챤다이제스트

- 솔로몬의 국토 행정 개혁은 많은 변화를 초래했다. 물론 씨족의 유대는 지속되었고 또 12 지파 체제도 성례(聖禮)의 전통으로 존속되었지만 국가적 차원에서 지파들은 더 이상 지파의 구실을 하지 못했다. 지파들의 독립성은 끝이 난 것이다. 이제 이들은 무거운 세금과 군복무를 위한 징병의 의무를 지고서 각 행정 구역으로 나뉘어 조직되었다. 이제 이스라엘이 존재하는 그 근거는 더 이상 여호와의 언약이 아니라 국가였다. 따라서 불가피하게 일상 생활에서 언약의 율법이 그 타당성을 상실했음을 의미했다.

3. 앞에서 살펴본 것처럼 솔로몬의 행정부는 다윗 시대의 체재를 그대로 이어받고 여기에다 몇 가지 직책을 추가했던 것으로 보인다. 왕국의 규모가 커지자 새로운 관료를 추가해 나갔을 것이다. 솔로몬은 관리를 임명하는 데서도 자신의 지혜를 입증했다.

(1) 관리장 : 지방 장관(7-19절)을 관장하는 직책으로 나단의 아들 아사리아를 세웠다. 물론 이 아사리아(Azariah)는 2절에 나오는 아사리와는 동명이인이다. 이 직책은 관리들을 관장하는 재상이나 총리였을 것이다.

(2) 왕의 친구 : 사붓(Zabud)은 제사장 가계의 출신으로 왕의 벗이라고 했다. 다윗도 후새를 친구라고 불렀다(삼하 15:37, 대상 27:33). 그러나 사붓은 솔로몬 가까이서 상담자의 역할을 했던 것으로 보인다.

(3) 궁내대신 : 아히살(Ahishar) - 이 직책은 궁궐을 관리하는 직으로 궁궐의 종과 그 외의 일꾼들을 관리했을 것이다.

여기에 기록되어 있지만 하급관리들은 상당했을 것이다. 나라의 규모가 커지자 관리들도 더욱 필요했는데, 열왕기상 9:23에는 노동 감독관만 550명이나 되었다고 했다.

4. 다윗은 왕실을 관리하되 백성으로부터 세금을 징수하여 재정을 충당하기보다는 왕의 소유와 재산을 효율적으로 관리하여 그 수입으로 재정을 충당했다. 백성들은 십일조와 헌물, 성전세 등을 납부해야 했기 때문에 부담을 주려 하지 않았다. 그러나 솔로몬 행정부는 갈수록 그 규모가 더욱 커졌다.*

(1) 솔로몬의 경우에는 다윗 시대와 달랐다. 정복사업도 끝났기에 더 이상 조공이 늘어나지 않았다. 그는 무역을 통해 엄청난 수입을 올렸지만 반면에 토산품을 수출했다. 그러나 방대한 국가 예산을 메우기에는 역부족이었다.

(2) 따라서 솔로몬은 행정개혁을 단행했다. 어떤 개혁?

- 왕상 4:7 "솔로몬이 또 온 이스라엘에 (열두 지방 관장)을 두매 그 사람들이 왕과 왕실을 위하여 양식을 공급하되 각기 일 년에 한 달씩 양식을 공급하였으니"

그는 국토를 12개의 행정구역으로 개편했다. 열두 지파를 따라 12개 구역으로 나누었다는 주장도 있으나 이 행정 개편이 왕실에 식물을 대기 위해서였

다면(27절) 열두 달을 기초로 나누었을 것이다. 옛 지파의 땅과 대략적으로 일치하기도 하지만 많은 경우에 지파의 경계들을 무시하고 개편했다.[1)]

(3) 이렇게 행정 구역을 개편한 목적은 어디에 있었을까? 솔로몬이 기존의 지파 경계를 무시하고 이런 행정개혁을 단행한 것은 무엇보다 국가의 수입을 늘리기 위한 것이었다. 이들 관장이 해야 할 일은 왕과 왕실을 위해 식물을 준비케 하는 것이었다. 각 지역마다 1개월씩 돌아가면서 분담케 했다. 그렇다면 왕실에서만 쓴 경비가 얼마나 되었을까?

- 왕상 4:22, 23 "솔로몬의 하루의 음식물은 가는 밀가루가 삼십 고르[2)]요 굵은 밀가루가 육십 고르요 23 살진 소가 열 마리요 초장의 소가 스무 마리요 양이 백 마리이며 그 외에 수사슴과 노루와 암사슴과 살진 새들이었더라."

하루에 이 정도 양식이면 14,000명이 먹을 수 있는 분량이라니! 이렇게 과중한 소비는 다른 여러 이유와 함께 백성들에게 무거운 짐이 되었고(왕상 12:3-4), 이는 원망으로 이어졌다.

(4) 어쨌든 기자는 이런 풍족한 삶을 누릴 수 있는 솔로몬 제국의 광대함을 소개하고 있다. 솔로몬은 유프라테스 강 서쪽의 모든 나라, 곧 딥사(유프라테스 강 기슭에 있는 무역 중심지)에서 가사(블레셋의 5대 성읍 중 하나)에 있는 모든 지역을 다스렸기 때문이다. 물론 이스라엘의 경계는 "단에서부터 브엘세바까지"(삼상 3:20, 삼하 3:10, 삿 20:1)였다. 기자는 솔로몬 시대의 번영을 다음과 같이 표현하고 있다.

- 왕상 4:25 "솔로몬이 사는 동안에 유다와 이스라엘이 단에서부터 브엘세바에 이르기까지 각기 포도나무 아래와 무화과나무 아래에서 평안히 살았더라."

'단에서부터 브엘세바까지'라는 말은 이스라엘 전국을 가리키는 말이다(삼하 24:2 참조). '단'(Dan)은 이스라엘의 북쪽 경계이다. 단 지파의 일부가 라이스를 정복하고(삿 18장), 이곳 이름을 '단'이라고 했다(삿 18:29). 브엘세바는 네게브 지방에 위치한 곳으로 이스라엘의 남방 한계선으로 알려져 왔다. 이스라엘은 솔로몬의 통치 하에 '포도나무 아래와 무화과나무 아래서 안연히' 살았다고 했다. 그러니까 이스라엘 전체가 태평성대를 누렸다는 것이다. 성경에서 화평과 번영을 누린다고 할 때 '포도나무 아래와 무화과나무 아래서' 산다고 비유했다(미 4:4; 슥 3:10).

1) 그러나 이스라엘의 지역 목록에 유다는 언급되어 있지 않다. 이런 사실은 조직적으로도 유다와 이스라엘의 이원론이 굳어졌다는 것을 보여주는 것이다.

2) 한 고르(Kors, כֹּר)는 350~400리터임

'단에서부터 브엘세바까지' 라는 말은 이스라엘 전국을 가리키는 말이다.

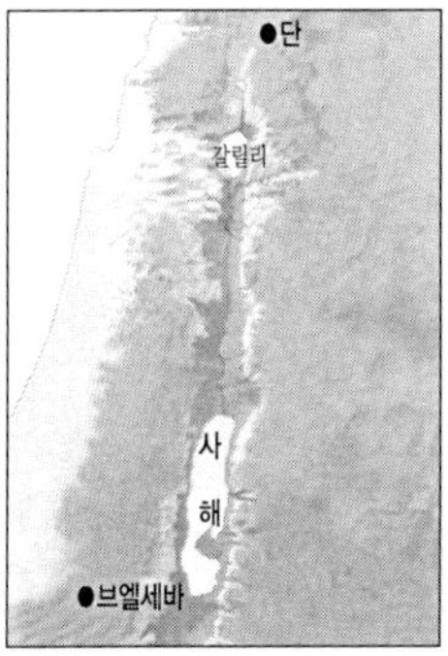

• 신 8:1-9 "내가 오늘날 명하는 모든 명령을 너희는 지켜 행하라 그리하면 너희가 살고 번성하고 여호와께서 너희의 열조에게 맹세하신 땅에 들어가서 그것을 얻으리라…6 네 하나님 여호와의 명령을 지켜 그 도를 행하며 그를 경외할지니라... 9 너의 먹는 식물의 결핍함이 없고 네게 아무 부족함이 없는 땅이며 그 땅의 돌은 철이요 산에서는 동을 캘 것이라."

(5) 솔로몬의 통치 기간에 이런 번영과 축복은 그가 여호와께 순종할 때 부어주신 하나님의 축복이었다. 하나님은 일찍이 이스라엘 백성에게 이들이 여호와의 명령에 절대 순종할 때 주어질 축복을 약속하셨다. 신명기 8:1이하를 읽어보자.

5. 솔로몬은 나라를 크게 확장하기보다는 현재의 국경만을 유지하려는 정치를 폈다(왕상 4:21, 대하 9:26). 그러면서도 그는 엄청난 군사 시설을 건축한다. 다윗 때까지는 이스라엘은 병거를 사용하지 않았다. 그러나 가나안 도시국가들은 병거가 있었고, 이들이 이스라엘에 흡수됨으로써 점차 병거 부대를 증강시켰던 것 같다.

• 병거(전차)를 끄는 말의 마구간의 숫자 : (　　　　)개 - 역대하 9:25에는 4천 개로 되어 있다.

• 마병(馬兵, 전차를 타는 군인) : (　　　　　)명

• 왕상 12:3-4 "무리가 보내어 저를 불렀더라 여로보암과 이스라엘의 온 회중이 와서 르호보암에게 고하여 가로되 왕의 부친이 우리의 멍에를 무겁게 하였으나 왕은 이제 왕의 부친이 우리에게 시킨 고역과 메운 무거운 멍에를 가볍게 하소서 그리하시면 우리가 왕을 섬기겠나이다."

그 뒤에도 말과 병거를 계속 증강했음을 본다(왕상 10:26). 솔로몬이 세운 12 관장은 왕실의 식물뿐만 아니라 말들의 식물도 준비해야 했다. 이런 일들은 백성에게 무거운 짐이 되었으며 르호보암 때에는 멍에를 가볍게 해달라고 청원했음을 본다(왕상 12:3-4*).

솔로몬의 지혜(부가 설명, 4:29–34)

1. 솔로몬의 지혜가 얼마나 뛰어났는지 기자는 이미 3장의 재판에서 보여주었다. 본문에서 다시 그의 지혜의 뛰어남을 부연 설명하고 있다. 그의 지혜와 총명함을 무엇에 비유하고 있는가? (왕상 4:29)

• 왕상 10:24 "천하가 다 하나님께서 솔로몬의 마음에 주신 지혜를 들으며 그 얼굴을 보기 원하여"

(1) 그의 지혜는 바닷가의 모래 같아서 "동양 모든 사람의 지혜와 애굽 사람의 모든 지혜를 능가"했다. 그의 지혜가 너무나 뛰어났기에 모든 사람이 열왕기상 10:24처럼 하기를 원했다. '무슨 내용일까? 미리 읽어보자.'

(2) 기자는 지금 당대의 지혜의 대가라 할 만한 사람들을 열거하고 있다. 그러나 이들조차도 솔로몬의 지혜와 견줄 바 못되었다는 것이다.

• 에단(에스라 사람) : 시편 89편의 저자가 에단(Ethan)이라고 되어 있다.*

• 헤만(마홀의 아들) : 시편 88편의 저자가 헤만(Heman)이라고 되어 있다.

• 갈골과 다르다(마홀의 아들들) : 역대상 2:6에는 갈골이 유다 지파에 속한 세라의 아들로 되어 있다. "세라의 아들(후손)은 시므리와 에단과 헤만과 갈골과 다라니 모두 다섯 사람이요."

• 에단을 빼고 3명은 마홀의 아들로 되어 있다. 그러나 역대상 2:6을 보면 마홀이 이들 4명의 부친이었을 것이다. 어쨌든 이들은 모두 지혜자들이었다. 이들은 성전에서 노래도 부르고 잠언도 지었고 시편도 지었다. 헤만과 에단은 악사이기도 했다(대상 15:19).

(3) 솔로몬은 이런 지혜를 가지고 많은 잠언과 노래를 지었다. 잠언은 3천을 말하였고 노래는 1천 다섯이나 지었다고 했다. 그뿐만 아니라 생물학에도 조예가 깊었다. 이런 지혜문학은 욥기 38, 41장과 잠언 30:15-31에 일부가 전해 내려온다. 그는 시편 72편과 잠언 1-29장의 저작에도 기여했고 아가서도 그의 저작일 가능성이 높다. 또한 전도서(솔로몬이 저자라고 인정되고 있다) 저술에도 영향을 끼쳤다. 그의 지혜에 대한 소문을 듣고 "천하가 다 하나님께서 솔로몬의 마음에 주신 지혜를 들으며 그 얼굴 보기를 원하"였다(왕상 10:24)고 했다.

(4) 솔로몬 역시 다윗처럼 하나님의 성령이 충만했고 공평과 의를 추구했다. 이들에 의해서 이 땅 위에 하나님의 왕국을 수립하시려는 하나님의 의도가 어느 정도 실현되었다. 이들은 모두 하나님께 충성했다. 지금 이스라엘은 번영과 영광의 시대를 구가하고 있다. 그러나 솔로몬 역시 다윗처럼 죄로 얼룩진 삶을 살아간다. 결국 하나님의 나라는 연약한 인생들에 의해 세워지는 것이 아니라는 점을 배우게 된다.

적용을 위한 묵상 **솔로몬의 기도, 무엇을 위한 기도였는가?**

• 다윗과 솔로몬에 의해 이스라엘은 주위의 세력을 누루고 강국으로 부상했다. 비록 이들이 완전한 이상적인 왕은 아니었지만 여호와를 지극히 사랑했던 왕이었다. 이들에게 부족함이 있다 해도 후대에 존경의 대상이 되었다.

• 특히 솔로몬이 하나님께 간구한 지혜의 요청은 단순히 자신의 유익을 위한 것이 아니었다. 백성을 통치하기에 아직은 미숙한 솔로몬에게는 지혜가 절실히 필요했기 때문이었다. 그러나 여느 사람이라면 지혜보다는 자신에게 필요한 덕목을 먼저 요구했을 것이다.

• 우리는 오늘도 하나님께 자신의 기도가 곧 이루어지게 해달라고 떼를 쓰고 있다. 솔로몬의 간구 목적과 우리의 기도 요청이 같은 마음일까?

성전 건축을 위한 준비(5:1–18)

Preparations for Building the Temple

솔로몬은 아버지 다윗이 확고하게 세웠던 왕국을 유산으로 물려받았다. 그는 더 이상 피 흘리는 전쟁을 하지 않는다. 따라서 솔로몬은 주변국들과 평화롭게 지낸다(4:24). 무엇보다 솔로몬은 다윗으로부터 성전을 지을 것을 유언받는다. 다윗은 정복을 마무리했으나 피를 너무 흘렸기 때문에 성전을 건축하는 데 적합하지 못했다. 그러나 다윗은 성전을 짓기 위한 물자를 준비했다. 마침내 솔로몬은 성전을 짓기 위한 공사에 착수한다. 솔로몬의 지혜는 그가 성전을 짓는 데서도 크게 발휘되었다. 그는 두로왕 히람과의 교역을 통해 건축에 필요한 백향목을 비롯해 많은 일꾼을 확보한다. 먼저, 왜 성전 건축이 다윗에게서 솔로몬에게로 유보되었는가를 살펴보자.

1. 다윗이 그렇게 원했던 성전 건축은 왜 그의 아들의 시대로 유보되었는가?

(1) 다윗은 그의 생전에 아주 훌륭한 성전을 하나님께 지어드리기를 원했다. 사무엘하 7장의 이야기다. 다윗은 성전을 짓고자 하나님께 청원을 드렸다. 그는 당시, 백향목 궁에 살고 있었다. 발호하는 블레셋을 잠재우고, 이스라엘을 괴롭히는 이웃나라를 모두 정복해, 이스라엘은 가나안의 맹주로 부상하고 있었다. 그는 내치(內治)에도 어느 정도 힘을 써 명실공히 안식의 때가 도래했다.

1) 야샤브(יָשַׁב) - '앉다, 머무르다, 살다, 거주하다'

• 삼하 7:1 "여호와께서 주위의 모든 원수를 무찌르사 왕으로 궁에 (평안히)[1] 살게 하신 때에."

(2) 다윗은 성전 건축 청원서를 나단 선지자를 통해 올렸다. 물론 나단 선지자도 다윗의 계획을 환영했다. 그러나 그 청원서는 반려된다. 하나님은 청원서를 반려하는 이유를 나단을 통해 정확하게 전달하셨다. 나단을 통해 다윗에게 전달된 첫 마디는 이러했다. 동교재, 사무엘하 7장의 설명을 그대로 옮겨보자(삼하 7:5).

청원서를 나단 선지자를 통해 올렸다. 물론 나단 선지자도 다윗의 계획을 환영했다. 그러나 그 청원서는 반려된다.

אָמַר יְהוָה הַאַתָּה תִּבְנֶה־לִּי בַיִת לְשִׁבְתִּי

여기서는 '아타'(thou, אַתָּה)가 리(לִי, for me)와 대조되어 강조되고 있다. 즉 "네가? 네가 하겠느냐? 네가 정말로 '나를 위한 집을' 솔선해서 건축할 계획이냐?"라는 뜻이다. 즉 "…네가(다윗아 네가!) (진정) 나(여호와)를 위하여 나의 거할 집(House)을 건축하겠느냐?"'라는 말이다. 그러니까 이 구절이 뜻하는 바는 다윗이 결코 여호와를 위하여 성전을 건축할 수 없다는 의미가 내포되어 있다. 다윗의 뜻은 가상하지만, 성전을 짓는 것은 하나님의 계획과 시간표에 의해 진행되어야 한다는 것이었다.

• 역대상 17:3-4에서는 여호와께서 다윗에게 "전을 건축하지 말라"고 명령하셨다고 기록하고 있음을 볼 수 있다.

"그 밤에 하나님의 말씀이 나단에게 임하여 가라사대 가서 내 종 다윗에게 말하기를 여호와의 말씀이 너는 나의 거할 집을 건축하지 말라."

2. 하나님은 다윗의 소원에 제동을 거셨지만 하나님을 사랑하는 다윗의 마음을 읽으셨다. '대신에'(כִּי, whereas - KJV, 삼하 7:6) 하나님은 다윗에게 더욱 영광스러운 축복을 주시겠다고 약속하신다.

(1) 하나님은 오히려 다윗을 위하여 집(=왕조)을 세우실 것이며 그 왕조가 영원할 것이라고 약속하신다(삼하 7:16하).

(2) 그렇다면 그 때가 언제인가?
"네 수한이(=너의 날들이) 차서 네 조상들과 함께 누울 때에"(삼하 7:12).

(3) 어떻게?
"내가 네 몸에서 날 씨(제라, 자식, seed)를 네 뒤에 세워서."

(4) 다윗에게 약속하신 이 언약은 솔로몬 시대를 훨씬 뛰어넘을 것이다. 하나님은 다윗의 위(=보좌)가 영원히 견고케 될 것이라고 약속하신다.

- 삼하 7:13 "저는 내 이름을 위하여 집(바이트, בַּיִת)을 건축할 것이요 나는 그 나라 위(throne)를 영원히(아드 올람, עַד־עוֹלָם)* 견고케 하리라."

• 아드(עַד) : '끝이 없는 세상, 영원토록' 등으로 번역되었다. 히브리어에는 시간을 가리키는 일반적인 단어가 없고 과거, 현재, 미래 및 영원을 가리키는 용어도 없다. 주로 '올람'과 사용되어 '영원히'라는 의미로 쓰였다. '아드'는 빈번히 하나님께 적용된다(사 57:15, 시 111:3, 시 89:29[H 30]).

(5) 결국 성전이 완성되기 이전에 다윗의 집이 여호와로 말미암아 건축되어야 한다는 말이다. 사무엘하 7장에서는 여덟 번이나 다윗에게 '집'(바이트)을 이루어 주실 것을 약속하셨는데, 그것은 단순히 인간이 거하는 집이 아님을 알 수 있다.

• 올람(עוֹלָם) : 이 단어는 주로 아주 먼 미래의 무한한 연속성 또는 영원을 가리키기 위해 사용되었다. 때로는 과거를 지칭하는 경우도 있다. 70인경은 아이온(αἰών)으로 번역했다. 후대에 이 단어는 '신 시대' 또는 '긴 기간'을 언급하기 위하여 사용되었다.

(6) 이런 구절에서 알 수 있듯이 집(바이트)은 거주지 이상을 가리킨다. 따라서 여기서 '집'(바이트)이라는 말은 부모, 자녀, 한 가족(세대), 가족과 왕, 왕조의 후손들을 의미한다. 즉 다윗의 '집'이란 하나님께서 영구히 그에게 주실 자손의 혈통이었음을 알 수 있다(삼하 7:12, 16, 19, 26, 29 참조). 결국 하나님은 다윗을 위하여 왕조(dynasty)를 세우실 것을 약속하신다. 그 왕조는 영구히 계속될 것이다.

"네 몸에서 날 자식"은 누구를 가리킬까?

(7) "네 몸에서 날 씨(=자식)"는 누구를 가리킬까? 여기서 '씨'(자손, seed)는 아브라함에게 약속하신 그 자손을 생각나게 한다(창 12:7, 13:15).

- 창 22:18 "또 네 씨(제라, זֶרַע)*로 말미암아 천하 만민이 복을 얻으리니."

이렇게 '자손'이라는 말은 '후손'(posterity)을 의미하는 집합적인 것이다. 그러나 그 자손은 동시에 전체 집단을 대표하는 한 인물로 묘사된다. 오늘 본문에 '네 몸에서 날 자식' 은 물론 솔로몬을 가리킨다. 이 솔로몬이 여호와의 전을 건축할 자였다.

- 여기 '제라'라는 말에는 '파종, 씨, 소산, 결과, 자손, 후손' 등의 뜻이 있다. 신약에서 이 말은 아브라함의 혈통상의 후손(스페르마, σπέρμα)을 가리키는 말로 사용되었다(눅 1:55, 요 8:33, 37, 행 7:5-6, 히 11:18). 그러나 바울은 이 개념에다 믿음으로 말미암아 구원을 얻은 아브라함의 자손들을 포함시켰다(롬 4:13-18, 갈 3:7, 23-29).[1)]

(8) 다윗은 하나님의 이런 약속이 그대로 이루어지기를 간구했다.

- 삼하 7:25 "여호와 하나님이여 이제 주의 종과 종의 집에 대하여 말씀하신 것을 영원히 ① 확실케 하옵시며 말씀하신 대로 ② 행하사."

다윗은 첫째로 자신에게 약속하신 말씀(여호와께서 다윗과 그의 가족에게 하신)을 확실하게 해달라고, 둘째로 말씀하신 대로 행해달라고 간구했다. '확실하게 해달라'(하켐, הָקֵם)는 말의 어원 쿰(קוּם)은 '일어서다, 견디다, 고수하다, 견코케 하다, 실행하다' 등의 뜻으로 사용되었다. 여기서는 히필형(사역형)을 씀으로써 다윗에게 말씀하신 내용이 자신의 손에 의해 이루어지는 것이 아니라 전능하신 여호와 하나님(야웨 엘로힘)에 의해 이루어지게 해달라는 뜻으로 표현되었다.

(9) 마침내 다윗에게 약속한(삼하 7:11,12 참조) 안식의 때가 왔다. 솔로몬은 하나님께서 주신 지혜를 통해 이스라엘에 최고의 전성시대를 열어 놓았다. 그러니까 '안식'(누아흐, נוּחַ)은 하나님께서 자기 백성을 위해 마련하시는, 더 이상 괴로움을 당하지 않을 '장소'(마콤, מָקוֹם)였다.

다윗의 통치 시기는 아직 갈등이 남아 있었고 온전한 평화는 그의 아들 솔로몬에게서 이루어졌다.

또한 안식은 기업의 땅에서 사는 질적 생활을 의미하기도 했다. 다윗으로 하여금 온 땅을 차지하게 하시고 영원한 언약을 세워 주셔서 그 땅에서 영원히 누리도록 하셨다. 그러나 다윗의 통치 시기는 아직 갈등이 남아 있었고 온전한 평화는 그의 아들 솔로몬에게서 이루어졌다.

1) 갈라디아서 3:16에서 바울은 이 단어(제라, 스페르마)가 문법적인 복수가 아니며 그리스도를 가리킨다고 했다. 바울은 이를 개인적인 의미로 적용했을 뿐만 아니라 집합적으로 사용했다(갈 3:29). 즉, 아브라함의 자손이라는 개념은 복음을 영접하는 자들이라는 개념으로 바뀌어 간다.

두로 왕 히람과의 동맹(5:1–12)

- 솔로몬 행정부의 고위 관리들(4:1-6)
- 지방장관 임명(4:7-19)
- 솔로몬의 번영(4:20-28)
- 솔로몬의 명성(4:29-34)
- **두로 왕 히람의 건축 자재 도움(5:1–6)**
- 히람과 솔로몬과의 조약(5:7-12)
- 솔로몬의 역군 징집(5:13-18)

다윗 때에 이미 안식(평강)이 주어졌으나(삼하 7:1) 보다 완전한 안식은 솔로몬 때에 가서 주어졌다. 결국 성전은 그의 아들 솔로몬(쉘로모, hOmølVv, '평화, 평강'의 뜻)에 의해서 건축된다. 이런 의미에서 성전이 의미하는 바는 하나님의 대적들에 대한 승리와 그 땅 가운데 평화가 정착(완성)하는 것을 상징한다. 마침내 솔로몬이 성전을 짓기 위해 일어섰다. 솔로몬이 왕위에 오른 지 4년째 되는 봄(주전 약 968년경)에 성전을 건축하기 시작한다. 완공은 7년 후인 재위 11년 가을에 완공된다. 그는 성전을 지을 재목을 얻기 위해 '두로'와 교역을 하기 시작한다.

1. 솔로몬이 동맹을 맺었던 두로는 어떤 곳인가?

(1) 두로(Tyre)는 어떤 곳인가?

두로는 베니게(페니키아)*의 중요한 해안 도시의 하나였다. 주전 2800년경에 세워졌을 것으로 본다. 베니게(Phoenicia)는 레바논 산맥을 끼고 해안쪽에 위치해 있었기 때문에 항해와 조선술이 발달해 해상무역을 장악했던 해양국이었다. 이들은 지중해 해안국가들과의 무역을 통해 엄청난 부를 축적했다(대상 22:4; 겔 27:3).

- 베니게(포이니케) : 남쪽으로는 갈멜산 산마루에서 북쪽으로는 아바드까지 뻗어 있는 지중해 연안 지역을 가리킨다(오늘날, 레바논과 시리아가 점령한 곳). 오늘날 레바논과 거의 일치하고 있다. 베니게 사람들을 '시돈 사람들'이라고도 불렀다(신 3:9, 왕상 5:6). 베니게는 해안으로 300km쯤 되는 좁고 긴 땅으로 형성되었다. 구릉 지역이 많은데다가 바다와 만나는 산악 지대들이 서로 교차되어 있기 때문에 내륙과의 교통이 매우 어려웠다. 따라서 이들은 정치적으로 분열되었다. 비블로스, 베리토스, 시돈, 두로항은 천연적인 요새였다. 산악 지대에서는 좋은 목재들이 공급되었다(아가페 성경사전).

- 페니키아라 불리는 정치 체계를 갖춘 국가적 실체는 존재한 적이 없고, 다만 도시국가 형태로 존재했으며 이들은 스스로를 '두로'와 '시돈'으로 불렀다.

(2) 성전을 짓고 싶은 다윗의 열망은 대단한 것이었다. 성전 건축이 자신의 아들의 시대로 넘어가게 되자 그는 성전을 지을 수 있는 제반 조건을 조성하기 시작했다. 성전 건축에서 중요한 것 중 하나는 목재였다. 그 목재는 레바논에서 나는 백향목이 제일 좋았다. 솔로몬은 많은 동맹을 맺었지만 그 중 중요한 것은 두로와 맺은 것이었다. 그러나 이미 두로는 다윗과 동맹관계에 있었다.

2. 두로 왕 히람은 솔로몬이 새로운 왕으로 등극했다는 소식을 듣고 사신들을

보내왔다. 두로 왕과 이스라엘의 관계는 어떠했나?

(1) 솔로몬과 동시대 사람인 히람(Hiram) 1세(주전 969-936년경)는 솔로몬이 새로운 왕으로 즉위하자 사신들을 보내왔다. 두로 왕 히람은 다윗과 이미 유대 관계를 갖고 있었다. 두로 왕은 다윗이 그의 궁을 건축할 때 백향목*과 목수들을 보냈었다(삼하 5:11). 레바논의 백향목은 고대로부터 아주 유명한 것이어서 애굽, 앗수르, 바벨론 사람들은 이것으로 배를 만들거나 목공 자료로 사용했다(사 14:8, 37:24). 레바논은 여호수아와 이스라엘 백성이 점령하지 못한 곳으로(수 13:5, 삿 3:3) 이스라엘의 북쪽 경계에 해당하는 곳이다(삿 3:3). 다윗은 이 지역을 점령하지 않고 동맹 관계를 맺고 있었다. 따라서 히람은 이스라엘에게 우호적이었다.

백향목(Cedar)

- 이 나무는 24-30m 높이까지 자라는 침엽수로 이 나무의 아름다움에 대해서는 에스겔 31:3-18에서 잘 설명해 놓았다. 이 나무는 내구력이 강하고 그 모양이 아름다워 이스라엘에서 건축 자재로 사용했다. 이스라엘은 수출품과 교환하여 베니게에서 백향목을 수입해서(왕상 5:10-11) 성전을 짓는 데 사용했다(왕상 5:10, 대하 14:1). 다윗이 예루살렘을 점령하고 가나안 지역의 맹주로 부상하면서 두로(Tyre) 왕 히람(Hiram)은 다윗에게 백향목과 석수와 목수를 보내어 다윗 궁을 짓는 데 도움을 주었다(삼하 5:11).

(2) 새로운 왕 솔로몬이 등극했으나 우호 관계는 계속되었다. 히람 역시 솔로몬과도 좋은 관계가 유지되기를 원했을 것이다. 솔로몬은 히람에게 성전 건축 계획이 있음을 알렸다. 그리고 그동안 성전 건축이 지연된 이유를 말하고 있다. 무엇보다 솔로몬은 이스라엘에 하나님으로부터 오는 진정한 평화가 도래했음을 인식했다. 솔로몬이 등극한 지 벌써 4년째, 그에게는 초창기의 미숙한 통치력도 없어졌다. 솔로몬은 두로 왕 히람에게 구체적으로 어떤 것을 요청하고 있나? (5:6)

(3) 이에 대한 히람의 반응은 어떠했나?

5:6-7

두로 왕 히람이 솔로몬의 요청을 거절할 리가 없었다. 무조건 요청한 것도 아니고 그에 대한 삯을 치르겠다고 약속했기 때문이었다(왕상 5:6). 솔로몬이 요청한 것과 이에 대한 히람의 응답이 역대하 2:1-10에 자세히 나와 있다. 자세한 설명보다는 이곳을 찾아 읽는 것이 더 나을 것이다.

시돈 사람들(베니게 사람들)은 벌목 기술자들이었다. 솔로몬은 이스라엘에 그런 일꾼이 없음을 알리고 도움을 요청했다. 히람은 솔로몬의 제의를 기꺼이 수락했다. 그는 솔로몬의 이런 뜻을 높이 평가하고 오히려 여호와를 찬양했다. 다윗과의 우호 관계로 이미 이스라엘에 대한 모든 사항을 잘 알고 있었을 것이다.

히람이 보낸 교역품을 욥바 항구에 하역하고 있다.

다윗은 성전 건축 허락을 받지는 못했지만 건축을 위해 계획을 수립하고, 자원을 비축해 놓는 역할을 했다.

욥바: 예루살렘 북서쪽 56km 지점. 두로 왕 히람이 목재를 뗏목으로 엮어 욥바(지금의 텔아비브) 항으로 보냈다고 했다(대하 2:16).

3. 물론 솔로몬이 이 모든 것을 공짜로 얻겠다는 것이 아니었고, 히람 역시 이에 상응하는 대가를 원했다. 서로 어떤 것들이 오갔는가?(10-11절) 히람의 궁정을 위해 주기로 한 식물은 어떤 것들이었나? 역대하 2:10도 읽어보자.

왕상 5:9-11

두로에는 밀과 감람유가 풍부하지 못했던 것 같다. 솔로몬은 해마다 밀 2만 석과 기름 20석을 대가로 주었다. 적지 않은 양이었다. 결국 무역을 했다는 말이다.

4. 그 밖에도 레바논의 벌목을 위해 역군들(laborers)이 투입되었다. 채석공도 투입되었다. 그 규모를 살펴보자.

- 역꾼(laborer) : 벌목을 위한 일꾼 : 30,000명 / 한 달에 일만 인씩 번갈아 레바논으로 보냈다. 한 달은 레바논에서 일하고, 두 달은 집에 있게 했다. 이 역군의 총감독은 (   ) 명이었다(14절).
- 담꾼 : 돌을 운반하는 사람 70,000명

- 대하 2:15-18 "내 주께서 말씀하신 밀과 보리와 기름과 포도주는 주의 종들에게 보내소서 16우리가 레바논에서 당신이 쓰실 만큼 벌목하여 떼를 엮어 바다에 띄워 욥바로 보내리니 당신은 재목들을 예루살렘으로 올리소서 하였더라."

성전 건축 시작(왕상 6:1-38)

17전에 솔로몬의 아버지 다윗이 이스라엘 땅에 사는 이방 사람들을 조사하였더니 이제 솔로몬이 다시 조사하매 모두 십오만 삼천 육백 명이라 18그 중에서 칠만 명은 짐꾼이 되게 하였고 팔만 명은 산에서 벌목하게 하였고 삼천 육백 명은 감독으로 삼아 백성들에게 일을 시키게 하였더라."

- 채석공(돌 뜨는 사람) : (   )명
- 건설 일꾼 관리인 : 3,300명(왕상 9:23에서는 감독 550명이 더 있었다.)

(1) 이와 같이 성전 건축 역사가 얼마나 컸던가를 알 수 있다. 이들 중 담꾼이나 채석공, 감독들은 모두 이방인 종들이었다고 했다(대하 2:17-18).

(2) 후에 솔로몬은 재정이 궁핍했던지 갈릴리 북쪽 땅의 성읍 20곳을 히람에게 주었다(왕상 9:11-14). 물론 이곳은 이스라엘의 이주민이 적어 베니게인을 포함한 이방인들이 주로 살고 있었다. 땅은 아주 척박한 곳이었다. 이곳 땅의 이름을 가불(Cabul, '허무한 것 같다'라는 뜻)이라고 했다(왕상 9:13). 후일 이 성읍들은 다시 솔로몬에게 돌려졌는데(대하 8:2 참조, 여기서 후람은 히람 왕을 가리킴 / 돌려받지 못했다는 의견도 있다), 그 이유는 확실치 않으나 그 땅은 히람에게 매력적인 곳이 아니었다. 이 일은 양자 사이를 긴장 관계로 만들었는데 이는 히람이 받은 땅이 쓸모없는 땅이라고 생각했기 때문이다. 히람 왕 이후 두 나라 사이에는 계속적인 우호관계가 있었다는 기록이 없다. 물론 후에 아합은 시돈 왕 엣바알(Ethbaal)의 딸 이세벨을 아내로 맞는다(왕상 16:31).[1] 이세벨은 바알을 공식적으로 이스라엘에 들여온 여인이다. 뒤에서 더 자세히 언급된다(왕상 16장).

1) 오므리가 그의 아들 아합의 아내로 시돈 왕 엣바알의 딸인 이세벨(Jezebel)을 맞아들인 것은 치명적인 실수였다. 오므리는 아람의 세력을 견제하기 위해 시돈과 동맹을 맺고 당시 화친 정책의 일환으로 이세벨을 자부로 맞아들였다.

5. 다윗은 성전 건축 허락을 받지는 못했지만 건축을 위해 계획을 수립하고, 자원을 비축해 놓는 역할을 했다.

그는 솔로몬에게 하나님으로부터 받은 설계도까지 주었다. 어떤 것들을 얼마나 준비했을까?

- 대상 22:1-5 "다윗이 이르되 이는 여호와 하나님의 성전이요 이는 이스라엘의 번제단이라 하였더라 2다윗이 명령하여 이스라엘 땅에 거류하는 이방 사람을 모으고 석수를 시켜 하나님의 성전을 ① 건축할 돌을 다듬게 하고 3다윗이 또 ② 문짝 못과 거멀 못에 쓸 철을 많이 준비하고 또 무게를 달 수 없을 만큼 심히 ③ 많은 놋을 준비하고 4또 ④ 백향목을 *무수히 준비하였으니* 이는 시돈 사람과 두로 사람이 백향목을 다윗에게로 많이 수운하여 왔음이라 5다윗이 이르되 내 아들 솔로몬은 어리고 미숙하고 여호와를 위하여 건축할 성전은 극히 웅장하여 만국에 명성과 영광이 있게 하여야 할지라 그러므로 내가 이제 그것을 위하여 준비하리라 하고 다윗이 **죽기 전에 많이 준비하였더라.**"

열왕기상 4-5장 요약 정리

요약 질문

4장: 솔로몬의 지혜와 번영

- 솔로몬의 긍적적인 면과 부정적인 면을 간략하게 설명해 보라. (교재)
- 솔로몬 행정부 조직을 다윗 행정부의 것과 비교해서 차이점과 유사점을 설명해 보라.
- 솔로몬은 행정 개혁을 단행했다. 그 개혁의 목적은 무엇인가? (7절)
- 열왕기 기자는 솔로몬 시대의 번영을 어떻게 묘사하고 있나? (25절)
- 솔로몬 시대의 번영은 어디에 기인하는가? 신명기 8:1이하를 읽어보고 설명해 보라.
- 열왕기 기자가 설명한 솔로몬의 지혜는 어느 정도였나? (29절)
- 지혜의 대가라고 할 수 있는 사람으로는 어떤 사람이 있었는가? 성경 기자는 이들보다 솔로몬의 지혜가 더 뛰어나다고 했다. (31, 32절)
- 솔로몬의 지혜는 그가 지은 저작에서 잘 드러나 있다. 어떤 것들이 있는가? (32-34절)

5장: 성전 건축을 위한 준비

- 다윗은 성전 건축을 원했으나 하나님은 이를 허락치 않으시고 그의 아들대로 유보시키셨다. 그 이유가 무엇인가? (교재)
- 솔로몬은 두로 왕과 어떤 동맹을 맺었는가? 두로 왕 히람은 다윗에게 무엇을 요구했나? 그는 왜 솔로몬에게 호의적이었나?
- 베니게(페니키아)는 어떤 곳이며, 그 지역적 특산물은 어떤 것이 있는가?
- 솔로몬은 레바논에서 벌목을 위하여 역군을 뽑았다. 어떤 역군들이 얼마나 동원되었나?
- 레바논산 백향목은 어떤 면에서 훌륭한 건축 자재였나?
- 다윗은 성전 공사가 원활히 진행되도록 충분한 건축 재료를 확보해 놓았다. 어떤 것을 얼마나 비축해 두었는가? (대상 22:1-5)

Summary

- 솔로몬의 행정제도(유능한 인재 채용 면에서)
- 솔로몬의 번영과 하나님의 축복의 관계
- 솔로몬 성전의 의의

Outline

106

1Kings 6장

솔로몬의 성전 건축

여호와 하나님을 위해 집을 지어 드리겠다는
다윗의 소원은 거절된다.
오히려 하나님은 다윗을 위하여 집(바이트)을
지어주시겠다고 약속하신다.
물론 이 '집'은 왕조(dynasty)를 의미했다.
따라서 다윗 왕조에서 다윗을 계승하는 자가
'하나님의 집'을 건축하는 자가 될 것이다.
이 사람이 바로 솔로몬이었다.

솔로몬은 하나님께서
"사방의 태평을 주셔서 대적도 없고
재앙도 없다"고 인식한다.
그는 마침내 아버지 다윗이 그렇게 소원했던
성전 공사를
그의 재위 4년에 시작하게 된다.
이때가 이스라엘 자손이
애굽 땅에서 나온 지 480년이라고 했다.

다윗은 솔로몬이 아직 어리고 연약했기 때문에
많은 건축 재료를 준비했다(대하 22:14-16).
그는 성전 건축 공사가 순조롭게 진행되도록
그 기초를 충분히 다져놓았다.
여기에다 솔로몬 자신도 많은 건축 재료들을 준비했다.

성전이 세워진 장소는
하나님께서 선택하신 장소인,
아라우나의 타작마당이었다.
이곳은 아브라함이 이삭을 제물로 드리려 했던
모리아 산으로 알려졌다.

열왕기상 6장 (성전 건축과 성전에 대한 묘사)

6:12 "네가 지금 이 성전을 건축하니 네가 만일 내 법도를 따르며 내 율례를 행하며 내 모든 계명을 지켜 그대로 행하면 내가 네 아버지 다윗에게 한 말을 네게 확실히 이룰 것이요 13 내가 또한 이스라엘 자손 가운데에 거하며 내 백성 이스라엘을 버리지 아니하리라 하셨더라."

6:1-6 성전의 규모

(1) 건축 연대 : 이스라엘 자손이 애굽 땅에서 나온 지 480년이 되는 해, 곧 솔로몬이 왕위에 오른 지 4년 시브월(2월, 현재의 4~5월경).

고대문서에 의하면 솔로몬의 통치 연대는 주전 971-931년이다. 솔로몬 재위 4년이니까 건축 시작은 B.C. 966년이 된다. 그렇다면 출애굽의 연대는 480년 + 966년 = B.C. 1446년이라는 계산이 나온다. 물론 다른 주장을 하는 학자들도 있다. 이에 대해서는 동교재, 출애굽기를 참조하라.

(2) 규모 : 길이 60규빗 / 너비 20규빗 / 높이 30규빗 (1규빗 = 약 45cm). (솔로몬의 성전 전체는 성막의 2배 정도 된다.)

(3) 성전의 구조 : 지성소 안에 언약궤가 있고 그 위에 속죄소가 있다. 속죄소 위에 두 그룹이 있다. 성소에는 향단, 진설병상, 정금 등대가 있다. 성전 밖은 보아스와 야긴 두 기둥이 있고, 동편을 향하는 성전 문쪽에는 번제단이 있다.

6:11-13 여호와의 말씀

(1) 하나님은 이전에 다윗에 하신 말씀을 솔로몬에게도 재차 확언하신다. 그 내용은 하나님께서 [다윗의] 위를 영원히 견고케 하시겠다는 말씀이다. 즉 '다윗에게 한 말을 솔로몬에게 확실히 이룰 것이다'라는 말씀이다.

(2) 그러나 거기에는 분명한 조건이 있다. 그것은 "여호와의 법도를 따르며, 율례를 행하며, 여호와의 모든 계명을 지켜 그대로 행해야 한다"는 것이다. 물론 훗날 솔로몬은 이 약속을 잘 지키지 못한다.

6:14-38 성전 완공

성전을 건축하는 데 칠 년 반이 걸렸다. 7일에 걸친 창조와 유사하다. 궁극적인 성전 건축자는 여호와 하나님이심을 본다.

❖ 성전의 기본 구조는 성막과 같았다.

• 이는 지성소, 성소, 바깥 뜰로 구분되었는데 지성소는 성막처럼 정사각형이었다. 성전 전체는 성막의 약 2배에 달했다.

• 겉으로 보기에는 시골의 작은 교회 정도였지만 그 건축술과 그 안의 화려함은 당시를 놀라게 한 건축물이었다.

• 이 솔로몬의 성전은 주전 586년 바벨론에 의해 파괴될 때까지 존재했다. 성경에 자세한 모형 설명이 있으나 세부적으로 그 모양을 재구성하기는 어렵다.

• 이 성전의 완공은 모세와 여호수아와 다윗이 보증한, 그리고 아브라함과 맺은 땅의 약속을 완성시키는 사건이 된다.

❖ 하나님은 이스라엘 백성을 애굽의 바로의 압제에서 벗어나게 하사 자유를 주신다. 그러나 그 자유는 하나님의 백성이 되는 자유였다. 하나님은 애굽에서 구원한 광야의 이스라엘 백성에게 율법을 주시고 또한 이들과 교제하시기 위해 성막을 주신다.

❖ 이 과정에서 하나님은 이들의 하나님이 되시고 이스라엘은 그의 백성이 된다. 언약 백성이 탄생한 것이다. 하나님은 성막을 통해 이스라엘과 교제하기를 원하셨다. 그러나 이 성막은 임시적인 것이었다.

❖ 출애굽한 지 480년이 되는 해, 즉 솔로몬 재위 4년 봄에 드디어 성전을 건축하게 된다. 이 성전이 완공된 후 하나님은 이스라엘 가운데 거하셔서 이스라엘 백성과 함께 하시겠다고 약속하신다. 이 성전이 완공됨으로 아브라함에게 언약한 모든 약속이 실제로 이루어졌다.

성전의 의미

- **성전의 의미**
- 성전의 규모(6:1-10)
- 만일 순종하면 축복(6:11-13)
- 성전 건축(6:14-36)
  전의 내부(14-18절)
  지성소(19-22절)
  그룹(23-28절)
  내외소(29-35절)

열왕기상 1-11장의 구조는 또 다른 각도에서는 성전과 왕궁을 전환점으로 이루는 것을 본다. 구약 전체에서 솔로몬 시대는 아브라함과 모세의 언약의 일차적인 완성이다(채규현, 솔로몬의 성전건축, 「그 말씀」, 두란노, 2002. 2월). 그렇다면 솔로몬의 성전은 어떤 의미를 갖고 있는 것일까? 이 성전의 구조와 규모를 살피기 전에 성전의 의미를 고찰하는 것도 재미있는 일일 것이다. 히브리인들이 갖고 있던 성전에 대한 개념부터 정리해 보자.

1. 히브리인의 사상에 있어서 성전에 대한 기본 개념은 '하나님의 집'이다. '여호와의 집'(בֵּית יהוה)이란 사람의 손으로 만든 어떤 물건이 아니라는 말이다. 그렇다면 성전은 무엇을 의미하는가?

- 욘 2:9 "나는 감사하는 목소리로 주께 제사를 드리며 나의 서원을 주께 갚겠나이다 **구원은 여호와께로서** 말미암나이다 하니라."

(1) 성경의 역사는 구속의 역사라고 말할 수 있다. 그런데 그 주도권은 항상 하나님께 있다고 말한다(욘 2:9* 참조). 그러므로 역사의 주인은 하나님이시다. 그분이 애굽에서 이스라엘 백성을 이끌고 나오셨다. 그리고 이들 백성에게 구원의 의미를 알게 하셨다. 홍해의 기적적인 도하를 통해 구원의 의미를 각인시키셨다. 그 구원이 얼마나 놀라웠던지 모세는 승전가를 지어 부르게 했다(출 15장). 이 승전가(승리의 노래)에서 모세는 여호와를 '용사'(전사)요, 왕으로 찬양하고 있다. 이 싸움에서 하나님이 '전사'(戰士)로서 이스라엘을 위하여 싸우셨다고 찬양한다.

(2) 그 전능하신 하나님이 이스라엘을 광야로 인도하셨다. 왜 이들을 애굽에서 구원시켜 광야로 인도하셨을까? 그것은 하나님 자신이 자기 백성과 함께 거하시기 위함이었다. 이들 백성은 자기 뜻대로, 또는 세상의 방법대로 살아가서는 안 될 존재들이다. 이들은 하나님이 원하시는 방법대로 하나님을 섬겨야 한다. 따라서 하나님은 그들에게 하나님을 섬기는 법과 예배하는 법을 가르치셨다. 그리고 하나님께 나아올 수 있는 방편으로 성막을 주셨다.

성막은
그의 백성과 함께 하시는
하나님의 임재의
'실체'(實體)를 상징한다.

(3) 그 성막은 그의 백성과 함께 하시는 하나님의 임재의 '실체'(實體)를 상징한다. 하나님은 그의 영광의 얼굴을 보여주시기 위해 그의 백성 가운데 임재하신다. 광야 생활 속에서 하나님은 친히 그들을 인도하셨고, 백성들은 그들과 함께 거하시는 하나님께 예배를 드렸다.

2. 광야에서 장막은 '회막'(會幕)으로도 불렸는데, 그것은 이스라엘의 총회 장소도 아니고, 하늘에 있는 여호와의 군대의 지상 집회소도 아니었다.

(1) 단지 하나님께서 그의 백성과 그곳에서 만나셨기 때문이다(출 29:42,43, 25:22*, 30:36). 결국, 여호와의 성막에 대한 사랑은 그의 백성과 함께 거하시려고 선택하신 하나님의 사랑의 표현이었다. 백성들이 이 성전 제사를 통해서 하나님과 교제할 수 있기 때문이었다(레 17:11 참조). 이에 대한 자세한 내용은 우리가 이미 출애굽기와 레위기에서 자세히 공부했다.

• 출 29:42-43 "이는 너희가 대대로 여호와 앞 회막문에서 늘 드릴 번제라 내가 거기서 너희와 만나고 네게 말하리라 내가 거기서 이스라엘 자손을 만나리니 내 영광을 인하여 회막이 거룩하게 될지라."

• 출 25:21-22 "속죄소를 궤 위에 얹고 내가 네게 줄 증거판을 궤 속에 넣으라 거기서 내가 너와 만나고 속죄소 위 곧 증거궤 위에 있는 두 그룹 사이에서 내가 이스라엘 자손을 위하여 네게 명할 모든 일을 네게 이르리라."

- **'성막'** (장막, 출 25:9, 26:1)이라는 말은 '미시칸' (מִשְׁכָּן)이라는 말로 '거주지, 거처, 장막, 주택' 등의 뜻이 있다. 즉 성막은 하나님께서 이스라엘 백성과 '교제하기 위한 장소' 라는 말이다. 그러니까 성막이란 주로 거처(dwelling place)를 의미한다. 하나님은 백성 중에 거할 성소를 지으라고 하셨다(출 25:8). 이는 '앉아서 함께 머문다' 라는 의미보다는 '함께 산다' 는 활동적인 의미를 담고 있다. 성막이 완공되자, 하나님 자신이 이스라엘 백성 중에 임재하심을 보여주는 영광스러운 구름이 성막에 가득했다(출 40:34-38). 솔로몬의 성전 봉헌 기도가 끝나자 이 구름이 성전에 임했다.

- 성소(sanctuary, 믹다쉬, מִקְדָּשׁ 또는 미크다쉬, מִקְדָּשׁ) : '미크다쉬' 라는 말은 '거룩한 장소' (sacred place, holy place, 사 60:13, 겔 45:4), '성소' (출 15:17, 레 12:4), '성전' (대하 36:17), '성물' (민 10:21)이라는 뜻으로 쓰였다. 이 말은 '거룩한' (카도쉬, קָדוֹשׁ)이라는 단어에서 파생되었다.

- 회막(會幕, a tent of meeting, 오헬 모에드, אֹהֶל מוֹעֵד) : '오헬' 은 천막(대하 14:15), 장막(창 4:20, 출 16:16, 레 8:34), 성막(출 26:36, 출 26:7) 등의 뜻으로 쓰였다. '모에드' 는 지정된 회합(모임)을 가리킨다. 이 회막이 진 안에 있었는지 진 밖에 있었는지 확실치 않다.

• 법궤는 수레로 운반해서는 안 된다. 레위 자손 중 고핫 자손만이 회막의 가장 중요한 부분인 법궤를 어깨에 메어 운반할 수 있었다.

- 증거막(證據幕, the tabernacle of testimony) : 성막을 더 정확한 말로 표현한다면 '증거막' 이다. 무엇에 대하여 증거하는가? 물론 '언약을 증거하는 증거막' 이다. 그러니까 이 막(幕)이 막연히 하나님의 임재를 나타내는 거룩한 막 정도 아니라 하나님과 이스라엘이 맺은 언약을 증거하는 막이라는 말이다.

3. 지상에 있는 장막은 하늘에 있는 것의 모형이다. 그래서 히브리서 기자는 하늘의 장막을 '참장막' (τῆς σκηνῆς τῆς ἀληθινῆς)이라고 했다(히 8:2).

지상에 지은 장막은 아무렇게나 지어진 것이 아니다. 하나님은 모세에게 장막을 지을 모형을 보여주셨다(히 8:5 참조). 여기서 '참장막' 이란 거짓 장막의 반대되는 장막을 말하는 것이 아니라 지상의 장막이 모형적(模型的)인 데 비하여 원형(原型)임을 말하고 있다. 이 지상의 것은 하나의 모형(copy)일 뿐이고 그림자일 뿐이라는 것이다.

◀ 다윗은 법궤를 무사히 예루살렘에 안치한다. 그는 법궤가 들어오면 안치(安置)할 장소를 이미 예비해두었다(삼하 6:17). 법궤가 들어오자 "장막 가운데 예비한 자리에" 두고 번제와 화목제를 드렸다.

예루살렘으로의 법궤를 옮기고 있다. 예루살렘은 하나님이 택하신 곳이다.

• 삼하 7:10 "내가 또 내 백성 이스라엘을 위하여 한 곳을 정하여 저희를 심고 저희로 자기 곳에 거하여 다시 옮기지 않게 하며 악한 유(類)로 전과 같이 저희를 해하지 못하게 하여."

• 옆의 구절들에서 볼 수 있는 것처럼 하나님은 모든 이스라엘 백성들이 예배드리러나 가야 할 하나의 장소가 있음을 보여준다. 이 일은 약속의 땅이 평안을 얻기 전에까지는 집행되지 않는다. 이스라엘의 정복이 끝나고 그 땅에 정착할 때 이 약속이 성취된다. 이제 다윗 시대에 이르러서 안정성과 영원한 구조를 필요로 하게 되었다.

성소의 중앙화란?

4. 성막은 말 그대로 이동 성소였다. 더욱이 지성소에 안치되었던 법궤*(언약궤)는 하나님 임재의 외적인 상징이었다. 그동안 법궤가 어떤 경로를 거쳐 예루살렘에 안치되었는가를 사무엘하 6장에서 배웠다.

(1) 모세는 신명기에서 '성소의 중앙화'에 대해서 언급했다. 즉 가나안에 들어가거든 아무 데서나 예배드리지 말고 '하나님이 택하신 곳'에서 드려야 한다는 것이었다. 사무엘하 7:10*을 읽어보자. 아래 구절도 찾아보자.

- 신 12:5 "오직 너희의 하나님 여호와께서 자기의 이름을 두시려고 너희 모든 지파 중에서 (택하신)곳인 그 계실 곳으로 찾아 나아가서."
- 신 12:11 "너희는 너희의 하나님 여호와께서 자기 이름을 두시려고 **택하실 그 곳으로** 내가 명령하는 것을 모두 가지고 갈지니 …"
- 신 12:26 "오직 네 성물과 서원물을 여호와께서 **택하신 곳**으로 가지고 가라."
- 신 12:18 "오직 네 하나님 여호와께서 **택하실 곳에서** 네 하나님 여호와 앞에서 ....레위인과 함께 그것을 먹고…"

(2) 위의 구절과 같이, 아무 데서나 드리는 이교(異教)의 예배와는 달리 지정된 장소에서 예배를 드려야 한다는 것이다. 즉 예배의 단일성이 요구되고 있다. 물론 여호와께서 택하신 한 곳은 바로 예루살렘이다. 따라서 다윗은 천신만고(?) 끝에 법궤를 예루살렘에 안치한다(삼하 6장).

(3) 그렇다면 왜 성소의 중앙화가 필요했을까? 만약 아무 곳에서나 마음대로 예배를 드린다면 가나안이라는 특수한 상황에서 백성들이 우상 숭배로 떨어질 것이 뻔했기 때문이다(신 12:29-30* 참조). 하나님은 이스라엘 백성을 가나안 우상 숭배로부터 철저하게 차단시켜 오염으로부터 방지해야 했다.

왜 성소의 중앙화가 필요했을까?

• 신 12:29-30 "네 하나님 여호와께서 네가 들어가서 쫓아낼 그 민족들을 네 앞에서 멸절하시고 네가 그 땅을 차지하여 거기에 거주하게 하실 때에 30너는 스스로 삼가 네 앞에서 멸망한 그들의 자취를 밟아 올무에 걸리지 말라 또 그들의 신을 탐구하여 이르기를 이 민족들은 그 신들을 어떻게 섬겼는고 나도 그와 같이 하겠다 하지 말라."

(4) 또한 유일한 성소에 대한 명령은 하나님의 유일성(唯一性)과 함께 하나님께 드리는 이스라엘의 예배와 정치와 종교의 일치를 가져오기 위한 것이었다. 또한 종교 의식의 중앙화는 종교 의식 자체의 발전을 가져온다. 물론 이런 종교의식은 훗날 성전의 파괴로 폐기될 수 있는 가능성도 야기시켰다. 이 문제는 열왕기하에서 언급될 것이다.

(5) 다윗은 법궤를 예루살렘에 안치한다(삼하 6장). 그러나 그는 성전을 직접 건축하지 못하고 성전 건축에 필요한 모든 준비만을 완료했다(삼하 7장, 대상 22장).

솔로몬 성전의 규모(6:1-6)

솔로몬이 지은 성전을 다시 완전하게 재현하는 일은 불가능할 것이다. 이 솔로몬 성전은 광야의 성막과 비슷한 면이 많다. 연속적인 면이 많음에도 불구하고 불연속적인 면도 있다. 지상의 장막이 하늘의 참장막의 그림자임과 같이 솔로몬의 성전도 하늘의 것의 모형이다. 따라서 솔로몬의 성전도 완전한 것이 아니고 앞으로 파괴될 가능성이 있으며, 또 사실 파괴되었다. 이 성전도 참된 것이 아니기에 참된 것을 지향한다. 성전의 참된 의미는 조금 뒤에 다시 언급하기로 하자.

지상의 장막이 하늘의 참장막의 그림자임과 같이 솔로몬의 성전도 하늘의 것의 모형이다.

1. 먼저 성전 건축의 시기와 그 규모부터 살펴보자.

(1) 건축은 언제 착공되었는가?

6:1 이스라엘 자손이 애굽 땅에서 나온 지 480년이 되는 해, 곧 솔로몬이 왕위에 오른 지 4년 시브월*(현재의 4-5월)

시브월

• 히브리 종교력으로 두번째 달에 대한 초기 가나안식 명칭이다(현재의 4-5월). 바벨론 포로 후기에는 '에이야르'(Iyyar)라는 바벨론식 명칭으로 불렸다.

저자는 성전 착공 연대를 이스라엘이 애굽 땅에서 나온 때를 기준으로 하여 산정한다. 물론 무의미한 언급이 아니다. 그렇다면 성전 건축 공사는 구속 역사에서 어떤 의미를 갖는 것일까? 앞에서 언급되었듯이 하나님은 예배 드릴 한 처

• 왕상 8:56 "여호와를 찬송할지로다 저가 무릇 허하신 대로 그 백성 이스라엘에게 태평을 주셨으니 그 종 모세를 빙자하여 무릇 허하신 그 선한 말씀이 하나도 이루지 않음이 없도다."

소(중앙성소)에 거할 것이라고 약속하셨다. 이는 가나안 우상 숭배를 피할 수 있는 길이었기 때문이다(신 12:1-9 참조).

결국 성전 건축은 아브라함과 맺은 땅에 대한 약속이 성취된 사건이다. 따라서 출애굽 사건은 이스라엘 역사 이래로 계속 핵심 요소가 된다. 솔로몬은 그의 성전 봉헌 기도에서 하나님께서 모세를 통해 말씀하신 언약 가운데서 하나라도 이루시지 않은 것이 없음을 고백한다(왕상 8:56*).

성전 공사는 솔로몬 재위 4년 시브월(Ziv, 이스라엘의 종교력으로 2월, 현재의 4~5월경)에 착공되었다. 고대문서에 의하면 솔로몬의 통치 연대는 주전 971-931년이다. 솔로몬 재위 4년이니까 건축 시작은 B.C. 966년이 된다.

성전이 지어진 곳은 아브라함이 이삭을 제물로 드렸던 모리아산으로 알려지고 있다. ⬇

(2) 성전이 건축된 장소는 어디인가?

• 대하 3:1 "솔로몬이 예루살렘 **모리아 산**에 여호와의 전 건축하기를 시작하니 그 곳은 전에 여호와께서 그의 아버지 다윗에게 나타나신 곳이요 여부스 사람 **오르난의 타작 마당**에 다윗이 정한 곳이라."

오르난의 타작 마당을 구입하게 된 배경은 사무엘하 24:18-25을 참조해 보자. 다윗은 아라우나(=오르난과 동일인이다)에게서 은 50세겔을 주고 타작마당과 소를 샀다. 역대상 21:25에서는 금 600세겔을 주고 샀다고 했다. 후자의 경우에는 타작마당을 둘러싸고 있는 그곳 전체의 가격이었을 것이다. 이 타작마당은 아브라함이 이삭을 제물로 바치던 모리아산이다(대하 3:1).

다윗은 아라우나(=오르난과 동일인이다)에게서 은 50세겔을 주고 타작마당과 소를 샀다. 이곳이 성전이 지어진 곳이다. ⬇

(3) 성전 건축 기간 : 솔로몬 재위 4년 봄에 시작하여 7년 후에 완성된다.

(4) 감독 : 성전 공사는 베니게 제품이 많이 사용되었다. 그렇다면 건물 자체도 베니게식 스타일일까? 자연히 베니게 장인(匠人)들이 감독했기에 거기에 따른 스타일이 배어 있었겠으나 고대 근동의 성전을 전적으로 유추하여 성전의 모형을 건축했다는 것은 있을 수 없다.

역대기 기자는 이 성전이 출애굽기 25:9에서 언급된 것과 같은 단어인 '식양'(式樣, pattern, 모양)대로 지어졌다고 설명한다(대상 21:11-19).

Solomon's Temple

솔로몬 성전의 외부 구조도

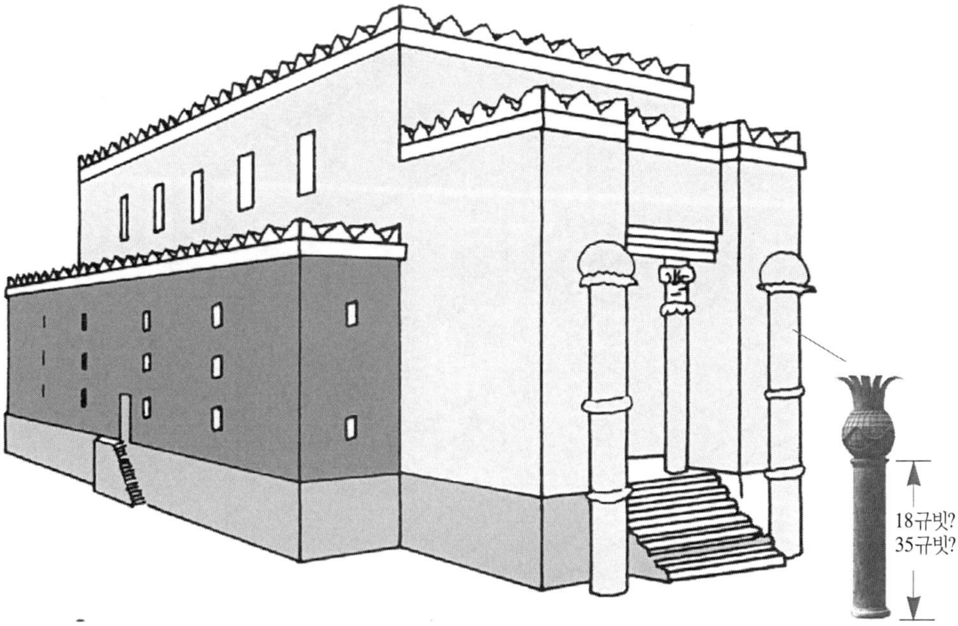

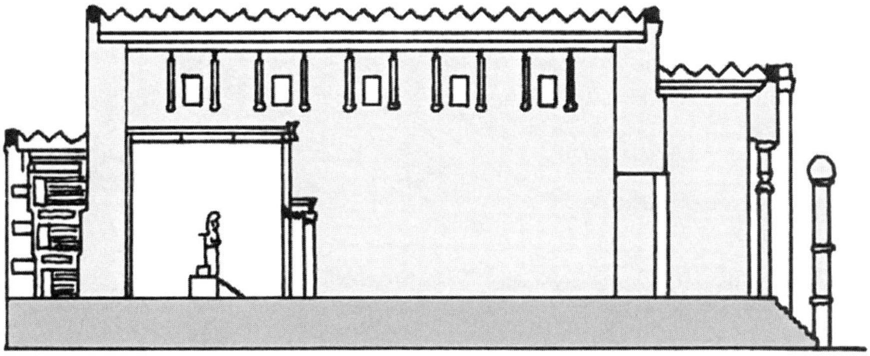

측면도

이 솔로몬 성전 역시 광야의 성막의 개념을 본따 지은 것이다. 정확한 재현은 불가능하나 대강의 그림을 그릴 수 있겠다.

솔로몬 성전의 내부 구조

지성소 : 정입방체의 지성소는 온통 정금으로 입혀졌다.

성전은 하나님을 위한 곳이 아니라 인간을 위한 곳이었다(왕상 8:27-30). 하나님이 거하실 곳으로 지어진 것이 아니라 이 곳에서 하나님과 인간이 만나는 곳으로 지어졌다.

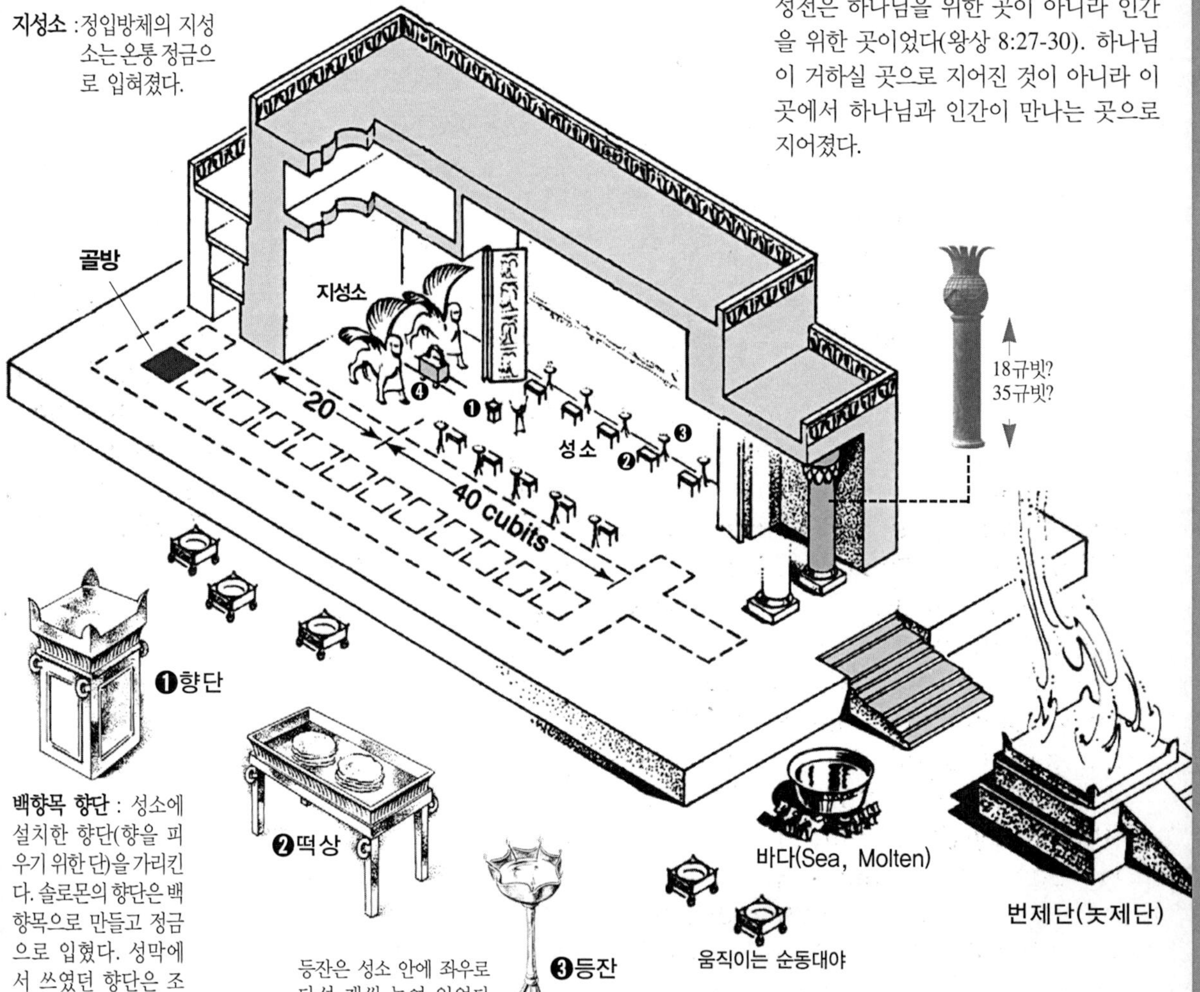

백향목 향단 : 성소에 설치한 향단(향을 피우기 위한 단)을 가리킨다. 솔로몬의 향단은 백향목으로 만들고 정금으로 입혔다. 성막에서 쓰였던 향단은 조각목으로 만들어서 정금으로 쌌다(출 30:1).

등잔은 성소 안에 좌우로 다섯 개씩 놓여 있었다 (왕상 7:49).

from NIV Bible

그룹(Cherub) : 솔로몬 성전에서는 감람목으로 만들어 금으로 입혀 성전 내소에 두었다. 언약궤를 그 그룹들 아래에 두었다. 그룹들은 하나님의 수행원들이며, 그의 영광을 상징하는 특별한 종들이다.

법궤(언약궤) 안에는 십계명을 새긴 두 돌비와 만나를 담은 항아리와 아론의 싹 난 지팡이가 있다(출 16:32, 민 17:10, 히 9:4 참조). 그러나 솔로몬 시대에는 돌비만 있었다고 했다. 이 언약궤는 스랍 아래 안치되었다.

열왕기상 6장 · 역대하 3-4장

놋제단(bronze altar, 대하 4:1)

- 놓인 위치 : 성전 뜰의 중심지. 할례 받은 이스라엘인이면 누구나 들어갈 수 있는 곳이다.
- 크기 : 길이, 너비가 20규빗이고 높이가 10규빗이다.
- 심판을 상징한다. 저주와 심판을 상징했기 때문에 장차 그리스도의 십자가의 상징으로 모세는 놋뱀을 만들었다(민 21:9, 요 3:14). 제물은 번제단에서 희생을 당한다(대속의 죽음). 그것은 곧 죄에 대한 하나님의 심판이다.
- 강한 능력과 승리를 상징한다(계 1:15). - 단련된 빛난 주석(=놋)

놋제단은 곧 십자가의 모형이다. 우리는 약하나, 십자가를 통하여 죄를 이기고 죽음을 이긴다.

움직이는 청동대야

- 광야의 장막에서 제사장들이 제물을 드리기 전에 수족을 씻던 용도와는 동일한 기능은 아니었던 것 같다.
- 크기: 길이 4규빗/너비 4규빗/높이 3규빗

물두멍의 효용(效用)

- 손과 발을 씻는다. 더러움을 씻어 정결하게 되어야 함을 상징한다. 물두멍에 대한 규례는 후에 유대인들이 행했던 손을 씻는 관습이 발달하게 된 기초가 되었다(막 7:3-4).
- 거울로 사용(출 38:8) : 성화의 상징
- 물두멍은 성령과 말씀의 위로를 상징한다.
- 성막 뜰의 물두멍은 하늘의 바다를 상징한다고 주장하기도 한다(왕상 7:7:23-26 참조).

바다(Sea, Molten) • 놓인 위치 : 성전 뜰의 남서쪽

- 크기 : 직경 10규빗(약 4.5m) / 두께(약 7.5m) / 둘레 30규빗(약 13.5m) 높이는 5규빗(약 2.2m)이나 되는 대형 청동 물탱크이다.
- 모양 : 가장자리 아래는 빙 둘러가며 놋으로 조롱박 모양이 새겨졌다. 매 규빗마다 박이 열 개씩 / 이 바다는 놋 황소 12마리가 떠받들고 있다(동서남북을 향해 세 마리씩, 왕상 7:25). 이 바다의 용량은 2000바트(약 44,000l)이다.
- 용도 : 놋 바다의 물로 제사장들이 몸을 씻었다(대하 4:6).

다윗은 솔로몬이 성전을 수월하게 지을 수 있도록 건축 자재를 비축해 두었다. 이스라엘 백성을 위해 제사와 예배의 장소가 한 곳만 있어야 했다(성소의 중앙화). 그곳이 예루살렘이었다. 마침내 솔로몬이 성전 건축을 시작한다. 성전은 그 크기가 성막의 두 배가 되었다. 물론 성막과 비슷한 구조를 가지고 있다. 이 성전은 바벨론 초기에 파괴될 때까지(주전 586년) 존속한다. 성경 본문에 구체적 모양이 소개되고 있으나 이를 재구성하는 데는 어려움이 있다. 어쨌든 솔로몬 성전은 너무 웅장하고 아름다워서 고대 근동의 어떤 건물과도 비교할 수 없었다.

솔로몬 성전의 건축내역

1. 다윗은 모든 방백들(지도자)을 예루살렘으로 모았다(대상 28:1). 그리고 성전 건축의 필요성을 알렸다.

자재 비축

다윗은 왜 그가 그렇게 성전을 짓고 싶어했으나 할 수 없었는지를 설명한다(대상 28:2-3*). 그리고 그의 아들 솔로몬에게 성전의 설계도를 넘겨 주었다(11절). 그 설계도는 현관, 건물과 창고, 윗방 등의 설계도였다. 그리고 다윗은 솔로몬에게 제사장과 레위인의 업무에 대해서도, 또 성전에서 해야 할 일과 예배 때 쓰는 물건에 대해서도 자세히 알려주었다.

• 대상 28:2-3 "이에 다윗 왕이 일어서서 가로되 나의 형제들 나의 백성들아 내 말을 들으라 나는 여호와의 언약궤 곧 우리 하나님의발등상을 봉안할 전 건축할 마음이 있어서 건축할 재료를 준비하였으나 오직 하나님이 내게 이르시되 너는 군인이라 피를 흘렸으니 내 이름을 위하여 전을 건축하지 못하리라 하셨느니라."

2. 따라서 다윗은 그의 아들 솔로몬이 성전을 잘 지을 수 있도록 제반 준비를 해두었다. 얼마나 많은 자재를 비축해 두었을까?

1) 금은동철 - 금 십만 달란트(=약 3,427ton), 은 10달란트(=약 34,270ton), 거기다 무게를 달 수 없을 만큼 많은 구리와 쇠를 준비했다. 물론 나무와 돌도 준비해 두었다. "그래도 솔로몬 네가 좀 더 보태야 한다"(대상 22:14-16).

2) 채석공, 목수, 석수 등 기술자 준비

3) 옥, 색깔이 있는 돌과 보석과 대리석(대상 29:2)

4) 성전의 벽을 입힐 것으로 오빌의 금 3,000달란트(=약 102.81ton)와 순은 7,000달란트(=약 239.89ton) (대상 29:4)

5) 다윗의 설명을 들은 각 가문의 지도자와 각 지파의 지도자와 천부장과 백부장 등이 성전을 위해, 금 오천 달란트와 금 만 다릭(페르시아 화폐의 일종), 구리 만 팔천 달란트, 쇠 십만 달란트를 드렸다(대상 29:7).

6) 관리자 : 게르손 가문의 여히엘이 이 보물을 관리했다.

* 이들은 한결같이 기쁜 마음으로 여호와께 바쳤으므로 다윗도 기뻐했고 백성도 기뻐했다고 했다(대상 29:9).

설계는 하나님이 직접 하심

3. 여호와께서는 친히 손으로 써서 모든 설계도를 다윗에게 주셨고 다윗은 이 모든 것을 솔로몬에게 넘겨 주었다.

• "다윗이 전의 낭실과 그 집들과 그 곳간과 다락과 골방과 속죄소의 식양(式樣)을 그 아들 솔로몬에게 주고"(대상 28:11).

• "다윗이 가로되 이 위의 모든 것의 식양(pattern)을 여호와의 손이 내게 임하여 그려 나로 알게 하셨느니라"(대상 28:19).

성전건축의 이모저모

4. 성전의 길이 60규빗 / 너비 20규빗 / 높이 30규빗(왕상 6:2)

• 현관 : 너비 20규빗 / 앞뒤 길이 10규빗(왕상 6:3)

• 성전 벽에는 자그마한 창을 냈다(왕상 6:4). (붙박이 교창, 고정된 창으로 빛과 공기가 통하도록 만든 창을 말함)

• 성전 본당을 빙 돌아가며 다락을 건축하고 다락마다 골방을 만들었다(왕상 6:5).

성전 건축 현장에 나온 솔로몬

• 왕상 6:37-38
넷째 해 시브월에
여호와의 성전 기초를
쌓았고

열한째 해 불월
곧 여덟째 달에
그 설계와 식양대로
성전 건축이 다 끝났으니
솔로몬이 칠 년 동안
성전을 건축하였더라

5. **성전 건축 장소에서는** 시끄러운 소리, 망치나 정, 그 밖의 쇠 연장으로 작업하는 소리가 나지 않도록 해야 했다(왕상 6:7). 돌은 채석장에서 다듬은 뒤에 가져왔다.

6. **성전 내부** : 60(길이) × 20(너비) × 30(높이) 규빗이다.

- **지성소** : 크기 – 정입방체(길이, 너비, 높이 각 20규빗) / 이 안을 전부 정금으로 입혔다(왕상 6:16, 20). 뒷편에서 20규빗 되는 곳에 마루에서 천정까지 백향목 널판으로 가로막아 지성소(내소, inner sanctuary)를 만들었다. **지성소에는 언약궤를 두었다.** 원래 이 언약궤에는 10계명과 만나를 담은 금항아리와 아론의 싹난 지팡이가 들어 있었으나(출 16:33, 히 9:4), 솔로몬 시대에는 오직 10계명의 돌판만이 있었다고 했다(왕상 8:9). 이 법궤는 그룹들 아래 지성소의 안쪽에 놓였다.[1)]

  지성소 입구에는 올리브(감람)나무로 만든 문을 달았다. 두 문짝에 그룹과 종려나무와 꽃 모양을 새겼다(왕상 6:30-31). 성소에는 올리브나무로 문틀을 만들었다. 그리고 잣나무로 문 두 짝을 만들었다.

- **성소** : 성전 내부의 길이가 60규빗이다. 여기서 20규빗은 지성소이니까 나머지 40규빗은 성소의 길이가 된다. 이곳을 외소(헤칼, הֵיכָל, 성전, 궁전, 왕상 6:17)라고 했다. 이곳도 그 안을 금박으로 입혔다.

- 성소와 지성소의 많은 **벽에는 종려와 핀 꽃 형상과 그룹들을 아로새겼다**(왕상 6:18, 29).

1) 그리고 그룹들은 감람목으로(광야에서는 조각목으로) 만들어 금으로 입혔다. 그룹의 높이는 10규빗이고 그 날개들은 10규빗 길이로 펼쳐졌는데 이 길이는 지성소의 반이나 되었다. 그러니까 두 그룹이 날개를 펴고 있었기 때문에 양쪽 벽에 닿았다.

그룹들은 감람목으로 만들어 금으로 입혔다. 언약궤는 이 그룹 밑에 안치했다.

• 기둥 장식에 대해서는 성경 본문에 비교적 자세히 언급되었으나 그 크기에 대해 설명이 다르다. 70인역의 역대기와 예레미야는 35규빗으로 되어 있다. 이 기둥 속은 비어 있으며 두께는 약 7.5~10cm(렘 52:21, “그 두께는 사지 놓이며”, 즉 엄지를 제외한 네 손가락의 넓이) 정도이다. 두로에서 발견된 신전 기둥을 보면 전과 독립해서 서 있는 것 같으나 대하 3:17을 보면 건물과 고착되어 있는 것 같기도 하다. 이 기둥들은 성전이 파괴될 때에 바벨론으로 옮겨지게 된다(왕하 25:13-17).

7. 성전 안의 기구

- 향단 : 지성소로 들어가는 문 앞에 향단이 있었다(왕상 6:20, 7:48). 백향목으로 만들었을 것이다. 그 위에 금을 입혔기 때문이다.
- 정금 등대 : 성소에는 좌우로 다섯씩 두 개의 정금 등대가 등잔과 그 밖의 장식품과 함께 있어 성소를 밝혀주었다(왕상 7:49).

8. 두 놋 기둥 야긴과 보아스(왕상 7:15-22)

- 이 두 기둥이 낭실(지붕 없는 현관) 안에 있는 건축물상의 기둥들인가 아니면 따로 독립해서 서 있는 기둥인가? 아마 이 기둥들은 어떤 건축물의 기능을 지닌 것이 아니라 종교적 성격과 관계가 있었을 것이다(그러나, 학자들의 견해가 일치하지 않고 있다). 물론 이 기둥은 가나안의 기둥 형태와는 전혀 달랐다. 즉 솔로몬 성전의 기둥은 하나님의 성품을 기억케 하는 역할을 지니고 있었을 것이다.
- 이 기둥은 놋을 다루는 대장장이 히람에 의해서 만들어졌으며, 그 높이는 18규빗, 둘레는 12규빗이었다. 그리고 5규빗 되는 머리를 만들어 기둥 위에 놓았다(7:5-6). 역대기하 3:15에는 기둥 높이가 35규빗으로 되어 있다(아마 오사일 것이다). 기둥 머리 5규빗 중 4규빗은 백합꽃 모양으로 했다(왕상 7:19).

1) 기둥 꼭대기의 공 같은 머리(왕상 7:41)에는 기둥 머리를 장식할 그물을 일곱 개씩 만들었다(왕상 7:17). 또 놋 석류 두 줄을 만들어 그물 위에 두었다. 본문의 설명을 들어봐도 복잡하다.

2) 우편(남쪽) 기둥의 이름을 야긴[Jakin, ‘저가(야웨)가 세우다’]
좌편(북쪽) 기둥의 이름은 보아스(Boaz, ‘그에게 힘이 있다’)라 했다.

9. 성전 뜰 기구(왕상 7:23-26)

1) 바다(Sea, Molten)

- 놓인 위치 : 성전 뜰의 남서쪽
- 크기 : 직경 10규빗(약 4.5m) / 두께(약 7.5m) / 둘레 30규빗(약 13.5m) 높이는 5규빗(약 2.2m)이나 되는 대형 청동 물탱크이다.
- 모양 : 가장자리 아래는 빙 둘러가며 놋으로 조롱박 모양이 새겨졌다. 매 규빗마다 박을 열 개씩 달았다. 이 바다를 놋 황소 12마리가 떠받들고 있다(동서남북을 향해 세 마리씩, 왕상 7:25). 이 바다의 용량은 2000바트(약 44,000리터)이다.

- 용도 : 놋 바다의 물로 제사장들이 몸을 씻었다(대하 4:6).
- 훗날, 아하스는 놋 바다 밑에서 열 두 놋소를 빼내어 앗수르에게 조공으로 바쳤다. 그리고 대신 돌판을 놓았다고 했다(왕하 16:17). 더 훗날, 이 놋 바다마저 바벨론 사람들에 의해 깨뜨려졌으며, 그 놋 조각들은 바벨론으로 옮겨졌다(왕하 25:13).

2) 놋받침대(movable stands of bronze)

- 놓인 위치 : 성전 북쪽과 남쪽에 각각 5개씩
- 크기 : 길이 4규빗 / 너비 4규빗 / 높이 3규빗
- 테두리에다 사자와 소와 날개 달린 생물인 그룹 모양을 새겼다. 자세한 설명은 열왕기상 7:28-37을 읽어보기로 하자.

- 바퀴는 전차 바퀴처럼 만들었는데 바퀴 위에 있는 것은 다 놋으로 만들었다. 각 받침대의 네 모퉁이에는 네 버팀대가 있었다. 버팀대와 받침대는 하나로 만들었다. 받침대의 곁과 널판지에는 날개 달린 그룹과 사자와 종려나무와 꽃을 새겨넣었다. 이런 것은 열 개를 만들었는데 모두 같은 틀에 부어 만들었기 때문에 크기와 모양이 꼭 같았다(왕상 7:27-37).
- 희생제물을 씻을 수 있는 물두멍은 그 위에 설치하였다.

3) 물두멍(basin, 왕상 7:40, 대하 4:6)

- 큰 놋대야(바다)는 제사장들의 씻기 위한 것이기 때문에 물두멍(놋대야)을 따로 만들었다. 회막과 단 사이에 두어(출 30:17-21; 38:8) 제사장들이 제물을 드리기 전에 수족을 씻던 광야의 성막에서의 용도와는 동일한 기능이 아니었다.
- 크기 : 길이 4규빗 / 너비 4규빗 / 높이 3규빗
- 물두멍의 효용(效用) :
  1) 손과 발을 씻는다. 더러움을 씻어 정결하게 되어야 함을 상징한다. 물두멍에 대한 규례는 후에 유대인들이 행했던 손을 씻는 관습이 발달하게 된 기초가 되었다(막 7:3-4).
  2) 거울로도 사용(출 38:8) : 성화의 상징
  3) 성막뜰의 물두멍은 하늘의 바다를 상징한다고 주장하기도 한다(왕상 7:23-26 참조).

4) 놋제단(bronze altar, 대하 4:1)

- 놓인 위치 : 성전 뜰의 중심지. 할례 받은 이스라엘인이면 누구나 들어갈 수 있는 곳이다.
- 크기: 길이, 너비가 20규빗이고 높이가 10규빗이다.
- 심판을 상징한다. 저주와 심판을 상징했기 때문에 장차 그리스도의 십자가의 상징으로 모세는 놋뱀을 만들었다(민 21:9, 요 3:14). 제물은 번제단(놋제단이라고도 했다)에서 희생을 당한다(대속의 죽음). 그것은 곧 죄에 대한 하나님의 심판이다.
- 강한 능력과 승리를 상징한다(계 1:15) - 단련된 빛난 주석(=놋)
  놋제단은 곧 십자가의 모형이다. 우리는 약하나, 십자가를 통하여 죄를 이기고 죽음을 이긴다.

놋제단

10. 그밖의 기구들(왕상 7:40-51)

- 물두멍과 부삽과 대접들
- 기둥 둘과 그 기둥 꼭대기의 공같은 머리 둘과 또 기둥 꼭대기의 공 같은 머리를 가리우는 그물 둘
- 사백 개의 석류
- 또 열 개의 받침과 받침 위의 열 물두멍
- 한 바다와 그 바다 아래 열두 소
- 솥과 부삽과 대접들 / 정금 대접과 불집게와 주발과 숟가락과 불을 옮기는 그릇이며 또 내소 곧 지성소 문의 금돌쩌귀와 전 곧 외소 문의 금돌쩌귀 등

내 법도를 따르며…그대로 행하면(왕상 6:11-13)

• 다윗이 솔로몬에게 성전 구조도를 보여주고 있다. 설계는 이미 다윗이 해주었다.

1. 전을 건축하는 동안 하나님은 솔로몬에게 나타나셨다. 하나님이 솔로몬에게 무엇을 요구하고 계신가?

6:11-12 여호와의 말씀이 솔로몬에게 임하여 **이르시되**
/네가 지금 이 성전을 건축하니
네가 만일 내 법도를 따르며 내 율례를 행하며
내 모든 계명을 지켜 그대로 행하면
내가 네게 확실히 이룰 것이요
/네 아버지 다윗에게 한 말을

(1) 하나님이 솔로몬에게 원하시는 것은 율법과 계명을 잘 지키라는 것이었다. 그렇게 하면 하나님이 다윗과 함께 하셨던 것처럼 솔로몬과 함께 이 일을 계속하시겠다는 것이다.

(2) 다윗에게 말씀하셨던 분은 '야웨 체바오트'(만군의 여호와, the LORD of hosts)로 나타나신다. 이 하나님의 명칭은 만물의 절대적인 주권자를 나타낼 때 표현되었다. 즉 하나님께서 만물의 창조자와 만군의 통치자가 되신다는 말씀이다(사 37:16 ; 40:26). 다윗에게 주신 언약의 내용은 반드시 이루어질 것이라는 말이다.

• 시편 132:11-12 "여호와께서 다윗에게 성실히 맹세하셨으니 변치 아니하실지라 이르시기를 네 몸의 소생을 네 위에 둘지라 네 자손이 내 언약과 저희에게 교훈하는 내 증거를 지킬진대 저희 후손도 영원히 네 위에 앉으리라 하셨도다."

• 대상 28:7 "저가 만일 나의 계명과 규례를 힘써 준행하기를 오늘날과 같이 하면 내가 그 나라를 영원히 견고케 하리라 하셨느니라."

(3) 시내산 언약은 '조건적'이고 다윗 언약은 '무조건적'이라고 주장하는 학자들이 있다. 그러나 또 다른 학자들은 이러한 비교는 언약의 본질을 잘못 이해한 데서 생기는 과장된 비교라고 주장한다. 그렇다면 '다윗 언약'은 정말 어떤 조건도 없다는 말인가? 사무엘하 7장에서[다윗 언약] 다윗은 신실할 것을 서원하지만 그 조건들을 기록하지는 않았다. 그러나 시편은 다윗 계약의 본질을 보다 자세히 밝히고 있다. 시편 132:11-12*과 역대상 28:7*을 자세히 읽어보라.

(4) 여기서 보는 것처럼 하나님의 증거를 준수하는 것이 신실한 것이라고 표현하고 있다. 신뢰와 겸손 그리고 순종은 다윗 계약에 있어서 의무 조항의 일부이다. 시내산 언약이나 다윗 계약은 모든 계약이 그러하듯이 조건적이다. 그 조건은 '신실함'이다.

(5) 시편 89편에서는 다윗 언약을 언급하면서, 조건이 있음을 잘 보여주고 있다.

• 시 89:30-32 "만일 그 자손이 내 법을 버리며 내 규례대로 행치 아니하며

내 율례를 깨뜨리며 내 계명을 지키지 아니하면, 내가 회초리로 그들의 (죄, transgression)를 다스리며 채찍으로 그들의 (죄악, iniquity)을 벌하리로다."

(6) 다음 구절도 찾아 읽어보자.

- 시 132:12 "네 자손이 내 언약과 그들에게 교훈하는 내 증거를 (지킬진대) 그들의 후손도 영원히 네 왕위에 앉으리라 하셨도다."
- 왕상 2:4 "여호와께서 내 일에 대하여 말씀하시기를 만일 네 자손들이 그들의 길을 **삼가 마음을 다하고 성품을 다하여 진실히 내 앞에서** (행하면) 이 이스라엘 왕위에 오를 사람이 네게서 끊어지지 아니하리라 하신 말씀을 확실히 이루게 하시리라."

2. 이처럼 다윗 왕조의 왕들이 언약을 어겼을 때도 그대로 묵과하시겠다는 말씀이 절대 아니다.

따라서 다윗 언약 속에서 **은혜가 강조되고 있지만,**
그 은혜가 무조건적이라고 하는 것은
이 언약의 성격에 오해를 가져올 수 있다.

3. 하나님은 성전을 짓고 있는 솔로몬에게 나타나셔서 같은 말씀을 언급하고 계신다. 이스라엘 백성의 대표인 왕이 여호와의 언약을 어기지 않고 율례와 법도를 지킬 때 하나님은 이스라엘 백성과 함께 하실 것이며 결코 이스라엘을 저버리지 않으시겠다는 말씀이다(왕상 6:12-13).

하나님은 단순히 솔로몬의 경배나 받으시려고 이 전을 세우시는 것이 아니다. 언약 안에 함께 계심을 드러내기 위하여 성전을 필요로 하신다. 이제 솔로몬과 이스라엘이 축복을 계속 받을 수 있는 길은 솔로몬 자신에게 달려 있다. 그 순종 여부에 따라 축복과 저주가 좌우될 것이다. 하나님은 순종이 얼마나 중요한가를 거듭 강조하신다(왕상 9:1-9). 만약 언약을 어기고 순종하지 않는다면 열왕기상 9:6-7처럼 하실 것이다.

4. 그렇다면 솔로몬이 이 언약을 잘 지켰을까?

우리가 이미 알고 있는 대로 이스라엘은 솔로몬 치하에서 최고의 번영을 누렸지만(왕상 4:20), 그의 통치 말기는 불순종으로 빠져들어간다. 따라서 이스라엘은 하나님과 은혜로운 교제를 계속하지 못한다. 결국 솔로몬 사후 왕국은 이스라엘과 유다로 나뉘게 되는 아픔을 겪는다.

- 솔로몬 성전은 그 웅장함과 아름다움에 있어 비교할 건물이 없다. 왜 다윗과 솔로몬은 이런 성전을 지으려고 애를 쓰는가? 성전이 의미하는 영적 의미는 무엇인가?
- 그 화려했던 솔로몬 성전은 훗날 바벨론에 의해 불타버린다. 영광의 빛과 구름이 가득했던 성전은 하나님의 언약을 어긴 이스라엘 백성에게는 의미 없는 한 건물에 지나지 않는다. 오늘날도 솔로몬의 성전 운운하며 정도에지나치게 건물을 짓는 데 온 힘을 소진하는 경우를 본다. 이들은 성전 문 돌쩌귀까지도 순금으로 만들었다(왕상 7:48-50). 그러나 그것은 "여호와의 법도를 따르며 여호와의 율례를 행하며 모든 계명을 지킬 때만이" (왕상 6:12-13) 의미 있는 일이다.
- 그렇다면 성전의 주인은 누구인가? (마 12:6) 미구에 그 성전의 실체가 되시는 주님(요 2:19)께서 오신다.
- 오늘날의 성전의 의미는 어떻게 이해되어야 하는가?

확대경(No.3)

이 부분을 공부하기 전에 동교재, 출애굽기 25장을 먼저 읽어보세요.

● 성전은 어떤 곳인가?

1. 성전이란 어떤 개념인가?
2. 성전은 하늘의 실체에 대한 지상의 모형
3. 성막(성전)은 하나님과의 교제의 장소
4. 성전은 우주의 중심
5. 성전은 거룩한 곳
6. 솔로몬의 성전 봉헌으로 끝나는가?
7. 에스겔 성전
8. 제 2의 성전
9. 헤롯 성전

● 그리스도 안에서의 성전의 완성

1. 누가복음은 성전 안에서 그 이야기를 시작하고 있다.
2. 새 성전의 건립

● 신약의 새 성전

1. 신약의 기독교인들 : 성령이 거하는 전(殿)
2. 교회가 성전이다.
3. 하늘의 성전 : 최후의 성전

1. 성전이란 어떤 개념인가?

(1) 히브리인의 사상에 있어서 성전에 대한 기본 개념은 '하나님의 집'이다. 이 성전은 유대사회의 중심적인 역할을 하도록 건축되었기 때문에 상징적인 의미를 많이 가지고 있다. 성경의 역사는 구속의 역사라고도 말할 수 있다. 그런데 그 주도권은 항상 하나님께 있다고 말한다. 그러므로 역사의 주인은 하나님이시다. 하나님은 자기 백성을 애굽에서 이끌어내시고 그들에게 구원의 의미를 알게 하셨다. 그리고 이들 백성에게 하나님을 섬겨야 하는 법과 예배하는 법을 가르치셨다. 당연히 하나님과 만나고 예배드리는 집이 필요했다. 따라서 하나님은 모세에게 성막을 지으라고 말씀하신다.

(2) 이 성막과 성전은 아주 밀접한 관계가 있다. 성막은 언제나 이동할 수 있도록 임시로 만든 것이라면, 성전은 한곳에 고정되어 있다는 것이다. 성막에는 하나님의 영광이 임했다가 떠났다가 한다(민수기). 그러나 성전에는 여호와의 이름이 항상 계신다. 하나님께서 백성 가운데 계신다는 면이 한층 강화된 것을 볼 수 있다. 물론 이 솔로몬 성전도 하나님이 떠나실 수 있다는 것을 보게 된다. 결국 이 성전 역시 제한적이며, 참되고 보다 완전한 것을 바라는 면이 있다.

(3) 그렇다면 성전은 하나님의 자기 계획 속에 무엇을 의미하는가? 그 성전은 그의 백성과 함께 하시는 하나님의 임재의 '실체'(實體)를 상징한다. 하나님은 그의 영광의 얼굴을 보여주시기 위해 그의 백성 가운데 임재하신다. 광야 생활 속에서 하나님은 친히 그들을 인도하셨고, 백성들은 그들과 함께 거하시는 하나님께 예배를 드렸다.

(4) 솔로몬이 성전을 봉헌할 때 하나님은 여호와의 전에 임재하신다.

• 왕상 8:10-11 "제사장이 성소에서 나올 때에 구름이 여호와의 성전에 가득하매 제사장이 그 구름으로 말미암아 능히 서서 섬기지 못하였으니 이는 **여호와의 영광이 여호와의 성전에 가득함이었더라**"(대하 5:14; 7:1-2 참조).

(5) 야곱의 고백을 들어보자.

야곱은 형 에서를 무서워하여 밧단아람으로 가는 도중에 꿈을 꾸게 되었다. 그는 이곳에서도 여호와의 임재를 체험하고 이렇게 고백한다. "여호와께서 과연 여기 계시거늘 내가 알지 못하였도다"(창 28:16). 그리고 그는 이곳을 '벧엘'(하나님의 집)이라고 했다. 하나님의 임재(臨在)가 벧엘을 하나님의 집이요 하늘의 문으로 만든 것이다.

(6) 스데반의 이야기도 들어보자. 사도행전 7장을 읽어보라. 그는 지금 무엇을 변호하고 있는가?

유대인들은 스데반이 성전을 모독했다고 주장했다. 따라서 그는 성전 참람죄로 고발당하고 있었다. 이때 스데반은 이스라엘의 역사를 개괄하면서 성전의 의미에 대해서 언급했다(행 7:40-53을 자세히 읽어보자).

성전은 예배의 장소로 기능하며, 하나님의 임재와 축복과 보호를 감각적으로 느낄 수 있게 하는 역할을 하지만 하나님께서 인간의 손으로 만든 집에 거한다는 점은 하나님도 제한될 수 있다는 생각을 가져올 수 있다. 이에 대해 이사야 선지자는 어떻게 외치고 있는가?(사 66:1*) 물론 솔로몬 자신도 하나님이 성전 안에 제한되지 않으신다는 것을 알았다(왕상 8:27*).

사도행전 7장에서 스데반이 강조한 것도 '성전' 이 아니라 '하나님의 살아 계신 임재' 였다. 성전이 있기 전에 아브라함과 모세를 부르셨다는 것이다. 스데반은 성전이 다 지어졌을 때에도 하나님께서는 손으로 지은 성전에 거하지 않으셨다고 이사야서를 인용하여 논증한다.

"그러나 지극히 높으신 이는 손으로 지은 곳에 계시지 아니하시나니 선지자가 말한 바 주께서 이르시되 하늘은 나의 보좌요 땅은 나의 발등상이니 너희가 나를 위하여 무슨 집을 짓겠으며 나의 안식할 처소가 어디냐"(행 7:48-50, 사 66:1).

하늘의 하늘이라도 협소한데, 하나님이 궤(櫃) 속에서 전쟁터에, 또는 산꼭대기 위에 가두어질 수 없다는 것이다. 결국 시온이 하나님을 수용한 것이 아니라 오히려 하나님께서 시온을 택하셨다는 것이다. 하나님은 그의 기뻐하시는 은총으로 시온을 택하시고 이스라엘을 택하신 것이지, 그와 반대로 시온이 하나님을 수용한 것이 아니라는 것이다(시 132:13*; 시 9:11*; 74:2; 76:2).

(7) 광야에서 장막은 '회막'(會幕)으로도 불렸는데, 그것은 이스라엘의 총회 장소도 아니고, 하늘에 있는 여호와의 군대의 지상 집회소도 아니었다. 단지 하나님께서 그의 백성과 그곳에서 만나셨기 때문이다(출 29:42,43, 25:22, 30:36). 결국, 여호와의 궁전에 대한 사랑은 그의 백성과 함께 거하시려고 선택하신 하나님에 대한 사랑인 것이다.

2. 성전은 하늘의 실체에 대한 지상의 모형

(1) 히 8:5 "저희가 섬기는 것은 하늘에 있는 것의 모형과 그림자라 모세가 장막을 지으려 할 때에 지시하심을 얻음과 같으니 가라사대 삼가 모든 것을 산에서 네게 보이던 본을 좇아 지으라 하셨느니라."

(2) 위의 말씀과 같이 이 지상의 성막(성전)은 "하늘의 있는 것의 모형과 그림자"라고 했다. '하늘의 성소' 야말로 참되고 영원한 성소이며 "더 크고 온전한 참장막"(히 9:11이하)이다. 실체인 예수 그리스도의 오심으로 하늘의 성소의 모형

• 사 66:1 "여호와께서 이와 같이 말씀하시되 하늘은 나의 보좌요 땅은 나의 발판이니 너희가 나를 위하여 무슨 집을 지으랴 내가 안식할 처소가 어디랴."

• 왕상 8:27 "하나님이 참으로 땅에 거하시리이까 하늘과 하늘들의 하늘이라도 주를 용납하지 못하겠거든 하물며 내가 건축한 이 성전이오리이까."

• 시132:13 "여호와께서 시온을 택하시고 자기 거처를 삼고자 하여 이르시기를."

• 시 9:11 "너희는 시온에 거하신 여호와를 찬송하며 그 행사를 백성 중에 선포할지어다."

(copy)과 그림자(shadow)였던 '지상의 성전'은 소멸되었다. 물론 '참 장막'이라는 말은 거짓 장막의 반대되는 말이 아니라 지상의 장막이 모형적인 데 비하여 하늘의 성소가 원형(原型)임을 말하는 것이다. 그렇다면 그 원형적 성막이란 무엇인가?

• 성막이 완공된 "그 후에 구름이 회막에 덮이고 여호와의 영광이 성막에 충만"했다. 비록 국가적 반역을 저질렀지만 하나님이 이스라엘 백성과 함께 하심을 보여주고 있다.

에덴 동산은 하나님이 인간과 함께 거하시는 최초의 성전

(1) 성경은 우리가 살고 있는 이 우주를 우주적 궁정(宮廷) 혹은 성전으로 묘사하고 있다. 즉 하늘과 땅은 창조주요 왕 되신 하나님의 거룩한 궁전이다. 따라서 구속사 가운데 재창조의 상징으로 나타나는 지상의 성막과 성전은 그 건축상의 여러 특징들이 보여주듯 천지를 축소한 소우주의 표현으로 설계되었다. 성막을 짓는 일은 바로 에덴의 상징적 회복을 의미한다. 이는 창조의 구속사적 재연(re-enactment)이라고 볼 수 있다. 그래서 성소를 다음과 같이 표현했다.

- 시 78:68-69 "오직 유다 지파와 그 사랑하시는 시온 산을 택하시고 그 성소를 산의 높음같이, 영원히 두신 땅같이 지으셨으며."
- 사 6:1-3 "웃시야 왕의 죽던 해에 내가 본즉 주께서 높이 들린 보좌에 앉으셨는데 그 옷자락은 성전에 가득하였고…거룩하다 거룩하다 거룩하다 만군의 여호와여 그 영광이 온 땅에 충만하도다."

(2) 성전과 성막 모두 창조의 신학과 그 안에 계신 하나님의 임재의 신학을 통합한다. 그러므로 창세기의 창조 이야기와 성막과 성전의 건축에 대한 설명 사이에 유사성이 있다는 말이다. 모세의 성막도 원 창조 시의 우주적(우주 그 자체)이고, 또 소우주적인(에덴 동산은 하나님이 인간과 함께 거하시는 최초의 성전이었다) 특징을 드러냈다고 보아야 한다. 즉 모세의 성막은 천국 성전의 그림자이다(히 9:23, 24). 그고 온전한 원형적 장막의 한 모형이다(히 9:11). 따라서 모형인 이 지상의 장막은 원형인 하늘의 것과 비교할 수 없다. 모형으로서의 성막은 그 자체가 참된 것이 아니고, 참된 것을 지향한다.

- 히 9:11 "그리스도께서 장래 좋은 일의 대제사장으로 오사 손으로 짓지 아니한, 곧 이 창조에 속하지 아니한 더 크고 온전한 장막으로 말미암아"

3. 성막(성전)은 하나님과의 교제의 장소

(1) 에덴은 하나님과 인간이 교제하는 장소였고 그곳에서 인간은 축복을 누릴 수 있었다. 따라서 인간이 죄를 짓기 이전에는 성막이 필요 없었다. 죄를 지은 이후 교제가 끊어졌다.

(2) 성막(성전)은 제한적이기는 하지만 하나님의 함께 하심의 상징이요 하나님이 자기 백성과 만나는 장소였다. 하나님은 이스라엘을 애굽에서 구원해내신 후에 그들과 함께 하신다는 상징으로 성막을 주셨다. '성막'은 '미쉬칸' (מִשְׁכָּן)이란 말로서 거주지, 거처, 가옥, 장막 등의 뜻이 있다. 그러니까 '성막' 이란 주로 거처(dwelling place)를 의미한다. 하나님은 백성 중에 함께 거할 성소를 지으라고 지시하셨는데(출 25:8), 이는 '앉아서 함께 머물다' 라는 의미보다는 '함께 산다' 는 활동적인 의미를 담고 있다.

(3) 성전은 만민의 기도하는 장소요(사 56:7, 렘 7:11, 막 11: 17), 맹세를 선언하는 곳이며 서약을 이루는 곳이다.

천상 성전

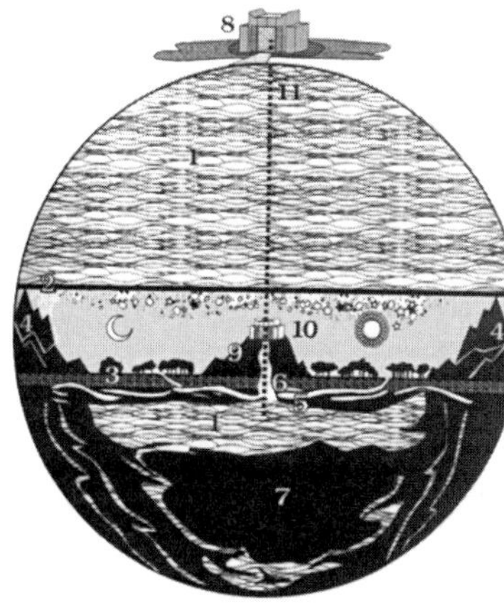

유대인의 우주 개념

2. 궁창
6. 땅의 배꼽(중심)
7. 지하세계
8. 천상 성전
9. 이 땅의 시온산
10. 이 땅의 성전(우주 성전의 축소 복제판)

버나드 W. 앤더슨, 구약신학

4. 성전은 우주의 중심

(1) 시편 78편에서 기자는 여호와가 그의 성소로 "시온산을 택하시고", "그의 종으로 다윗을 택했다"고 결론내린다. 열왕기 기자는 땅의 성전은 하나님(혹은 하나님의 이름)이 거하시는 하나님의 궁정이며 처소(왕상 9:3)라고 했다. 이 땅의 성전은 대우주와 소우주, 천상과 지상 간의 일치를 전제로 하늘 성전의 모델로 간주된다. 그러므로 예루살렘 성전(성막)은 산 정상에서 모세에게 보여준 양식(식양, 패턴)을 따라 건축되었다.

(2) 그래서 성소는 하늘, 땅 그리고 지하 세계가 만나는 장소인 이 땅의 중심(배꼽)에 위치한 것으로 상상되었다(시 48:1-3, 그림 참조). 에스겔은 이 성전을 "열방의 중심"으로, "땅의 중심"으로 표현했다(겔 5:5, 38:12).

5. 성전은 거룩한 곳

(1) 이스라엘 백성은 성막(성전)에서 하나님을 만날 수 있었다. 그러나 누구나 직접적으로 만날 수 없었다. 왜냐하면 하나님은 거룩하신 분이기에 죄인 된 인간이 바로 나아갈 수 없었기 때문이다.

• 레 11:44-45 "나는 여호와 너희 하나님이라 내가 거룩하니 너희도 몸을 구별하여 거룩하게 하고 땅에 기는 바 기어다니는 것으로 인하여 스스로 더럽히지 말라 나는 너희의 하나님이 되려고 너희를 애굽 땅에서 인도하여 낸 여호와라 내가 거룩하니 너희도 거룩할지어다."

하나님은 제사제도를 설정하심으로써 백성들이 하나님께로 나아오는 길을 열어놓으셨다.

(2) 따라서 대제사장도 자기 자신을 위하여 번제와 속죄제를 드리고 난 후에, 즉 속죄의 피를 뿌린 후에 지성소에 들어갈 수 있었다. 하나님은 제사제도를 설정하심으로써 백성들이 하나님께로 나아오는 길을 열어놓으셨다. 물론

희생 제사는 훗날 그리스도의 십자가의 희생을 상징하는 모형이었다. 이 부분에 대해서는 이미 레위기에서 자세히 언급되었다.

(3) 성전(성막) 내부는 오늘날의 회당이나 교회처럼 공예배의 장소는 아니었다. 특히 지성소의 거룩함은 언약궤 위에 펼쳐진 그룹을 보아 알 수 있다(왕상 8:6-7, 사 6:2-3, 창 3:24 참조).

• 렘 7:4 "너희는 이것이 여호와의 전이라, 여호와의 전이라, 여호와의 전이라 하는 거짓말을 믿지 말라."

• 애 2:7 "여호와께서 또 자기 제단을 버리시며 자기 성소를 미워하시며 궁장을 원수의 손에 붙이셨으매 저희가 여호와의 전에서 훤화하기를 절기 날과 같이 하였도다."

6. 성전 파괴: 성전은 왜 파괴당했는가? (주전 586년)

(1) 솔로몬의 성전 봉헌으로 끝나는가? 훗날 선지자들은 이스라엘 백성들의 우상 숭배(언약의 배반)로 그들이 그렇게 자랑스럽고 중요하게 여겼던 성전이 파괴된 사실에 대해 언급한다(렘 7:4, 애 2:7*).

(2) 예루살렘이 멸망당했을 때(주전 586년), 물론 성전도 불타 없어져 버렸다. 성전이 예루살렘에 있는 한 망하지 않을 것이라는 유대인의 환상은 여지없이 깨져 버렸다. 바벨론 왕 느부갓네살은 성전에 남아 있는 물품들을 자기 나라로 옮기고 성전을 불태워 버렸다. 솔로몬 성전도 영원한 것이 되지 못했다.

7. 에스겔 성전 – 동교재, 에스겔서 참조하세요

• 겔 11:22-23 "때에 그룹들이 날개를 드는데 바퀴도 그 곁에 있고 이스라엘 하나님의 영광도 그 위에 덮였더니 여호와의 영광이 성읍 중에서부터 올라가서 성읍 동편 산에 머물고"

(1) 예루살렘이 멸망한지 14년 되던 해에(B.C. 572) 에스겔은 환상 중에 예루살렘에 돌아갔으며 그가 보는 앞에서 한 천사가 그 성전을 척량하였다. 솔로몬 성전이 파괴된 후 에스겔 선지자는 회복된 성전의 내부 장식에 대한 환상을 본다(겔 40-44장). 에스겔은 수레바퀴가 달린 하나님의 그룹들의 보좌를 보았다. 그 전차 형태의 보좌(the throne-chariot)가 그발강에서 선지자에게 나타났다.

(2) 그 내용이 무엇인가 에스겔서 11:22-23*을 보라. 비록 이들이 자신들의 범죄로 바벨론에 포로로 끌려갔지만, 그래서 예루살렘 성전에서 예배드릴 수 없게 되었지만, 하나님께서는 에스겔 11:16*처럼 약속하신다. 이 말씀이 의미하는 바가 무엇일까?

• 겔 11:16 "그런즉 너는 말하

(3) 그가 강조하는 것은 **유일하고도 파괴될 수 없는 그 성전은 바로 하나님 자신의 영광이요, 이제 그의 백성 가운데 임재하고 있다는 것이다. 선지자들**의 메시지의 핵심이 여기에 있다. 징계당한 백성의 유일한 회복자요, 구주요, 치유자는 하나님 자신뿐이시라는 것이다(겔 34:11, 사 40:10, 51:12, 호 6:1-2). 오직 그분 자신만이 자기의 약속을 성취시킬 수 있으신데, 그의 성

취는 완벽하다(total). 그는 그들을 포로 상태에서, 심지어 죄와 죽음의 포로 상태에서 회복시키실 것이다. 또한 새 마음을 그들에게 주실 것이다(겔 37:11-14, 신 30:1-6).

(3) 그 약속된 축복의 성취가 회복된 완성이란 의미로 표현되기도 하였다.

- 성전이 다시 건립될 것이다(사 2:2-4, 겔 40-42장).
- 희생제물이 다시 드려질 것이다(사 56:7*, 렘 33:18, 17:26, 3:14, 겔 43장).

  사 56:7 "내가 그를 나의 성산으로 인도하여 기도하는 내 집에서 그들을 기쁘게 할 것이며 그들의 번제와 희생은 나의 단에서 기꺼이 받게 되리니 이는 내 집은 만민의 기도하는 집이라 일컬음이 될 것임이라."

- 무엇보다 그와 같은 회복이 너무나도 완전하기에 갱신이 되는 것이다. 회복된 옛 언약은 영원한 평화의 새 언약으로 되는 것이다(사 54:8, 61:8, 겔 16:60, 36:24-28, 렘 31:31-37).
- 버림받은 열방이 이스라엘 포로와 함께 모여진다(사 56:6-8, 렘 48:47, 12:15-16).
- 이방인들이 제사장들과 레위인들이 될 것이다(사 66:21).
- 예루살렘의 모든 솥들이 거룩하게 될 것이다(슥 14:20). 언약궤가 그리워지지 않을 것이다(렘 3:16-17). 왜냐하면 도시 전체가 하나님의 보좌가 될 것이기 때문이다.
- '여호와 삼마'(=여호와께서 거기 계시다)가 에스겔이 본 도성의 이름이요(겔 48:35), 또 생명의 강이 하나님의 집으로부터 흘러나올 것이다(겔 47:1-12).
- 새 하늘과 새 땅을 창조하실 것이요(사 65:17, 66:22), 평화가 짐승들에게까지 미치고(사 11:6-9, 35:9), 낮과 밤이 더 이상 존재하지 않을 것이며(사 60:20), 오로지 하나님의 영광만이 있을 것이다.

(4) 즉, 모든 영광의 중심은 주님 그 자신이다. 그는 그가 다스릴 피조물 가운데 오신다(시 46:5-6,10, 98:7-9).

또한 그 분은 '구속주-목자-왕'(Redeemer-Shepherd-King)이시다(사 10:26, 겔 34:11-16). 영원히 그들의 하나님이 되시고 그들 가운데 영광스럽게 거하실 것이다(슥 2:9-13, 사 51:4, 60:3).

(5) **결국 솔로몬 성전이 파괴된 것은 이스라엘의 범죄에 대한 하나님의 심판의 상징이었다.** 하나님은 이들이 다시 회개하면 다시 회복시켜 주실 것을 약속

- 하나님의 거룩함은 그의 사역의 핵심이다. 그런데 이스라엘의 계속적인 죄악이 여호와의 거룩함을 격분시켰다. 하나님은 선지자를 통해 이스라엘의 죄를 지적하시고 책망과 심판을 선언하신다(겔 1-26장). 그리고 온 땅에 여호와의 신실하심을 입증하기 위해 이방 민족에 대한 심판이 언급된다(25-32장). 이어서 탕자 같은 자신의 백성의 회복을 말씀하신다(33-39장). 그 가운데 하나님의 백성에 대한 최종적인 큰 공격이 포함되어 있고 그 백성 중에 거하시는 하나님에 대한 계시로 되어 있다(40-48장).

놋(bronze)과 성전 공사

• 가나안 정착은 청동기시대에서 철기시대로 옮겨가는 전환기에 이루어졌다. 구리와 납의 결합 물질인 청동은 구약 초기에 많이 사용되었다. 후에 황동(구리와 주석의 혼합물)으로 대체되었다. 구약에 놋(청동)에 대한 언급이 150 내지 160번 나오는데 그 중에 절반 이상이 성전이나 성막의 사용에 관한 것이다. 이 놋쇠는 튼튼하고 다루기 쉬었기 때문에 이스라엘의 예배 공간 곳곳에서 사용되었다.

• 스 1:1-4 "바사 왕 고레스 원년에 여호와께서 예레미야의 입을 통하여 하신 말씀을 이루게 하시려고 **바사 왕 고레스의 마음을 감동시키시매** 그가 온 나라에 공포도 하고 조서도 내려 이르되 2바사 왕 고레스는 말하노니 하늘의 하나님 여호와께서 세상 모든 나라를 내게 주셨고 나에게 명령하사 **유다 예루살렘에 성전을 건축하라** 하셨나니 3이스라엘의 하나님은 참 신이시라 너희 중에 그의 백성 된 자는 다 유다 예루살렘으로 올라가서 이스라엘의 하나님 여호와의 성전을 건축하라 그는 예루살렘에 계신 하나님이시라 4그 남아 있는 백성이 어느 곳에 머물러 살든지 그 곳 사람들이 마땅히 은과 금과 그 밖의 물건과 짐승으로 도와 주고 그 외에도 예루살렘에 세울 하나님의 성전을 위하여 예물을 기쁘게 드릴지니라 하였더라."

하셨다(신 30:1이하 참조). 하나님의 영광이 떠난 것(겔 11:22, 23)은 예루살렘의 멸망을 상징하였다. 따라서 이 영광이 돌아오는 것(겔 43:1이하)은 하나님의 은총과 축복에 대한 이스라엘의 회복을 의미하였다. 우상 숭배와 여호와의 언약에 대한 배반으로 추방을 당하지만(신 4:27, 28; 28:64-68), 고난 중에 전심으로 여호와를 찾으면 다시 고국으로 돌려보내신다고 약속하신다. 그 목적은 완고하고 패역한 백성을 새롭게 변화시켜 거룩한 나라로 만들어(겔 37:21-28) 고국으로 돌아가게 하려 하심이었다.

(6) 그러므로 에스겔의 환상 중의 성전은 성소와 지성소의 크기가 솔로몬 성전과 동일하며 그 밖에 여러 유사성이 있다. 그러므로 에스겔 성전은 신앙을 위한 일종의 시각교육 기구요 상징적으로 이해되어야 할 것이다.

(7) 에스겔 성전에 대해서 추가적인 내용은 동교재, 에스겔서를 참고할 것.

8. 제2의 성전(스룹바벨 성전)

(1) B.C. 539년에 고레스가 바벨론을 정복하기 전까지는 이스라엘 백성이 고국에 돌아가서 그들의 성전을 재건할 수 있다는 소망이 보이지 않았다(참고, 사 44:28; 45:1, 대하 36:22, 23). 그러나 고레스는 유대 백성의 귀환 정책을 채택한다(스 1:1-4*). 바벨론 포로가 끝난 후 불타 버린 성전이 재건된다(주전 520년경). 이때 학개와 스가랴의 역할을 보라. 성전 기구들은 일부 되돌려 받기는 하였지만 성전으로 대표되는 권위는 더 이상 왕의 것이 될 수 없었고, 전적으로 제사장의 몫으로 되었다.

(2) 물론 솔로몬의 성전에 비해서 훨씬 못하였다(스 3:12, 학 2:3). 많은 노인들은 옛날의 솔로몬 성전의 웅장함을 생각하고 울었다고 했다. 사마리아인의 방해로 한때(약 15년간) 성전 재건이 중단되기도 했으나 성전 재건 역사는 다리오 왕 제6년인 B.C. 515년에 끝났고 큰 기쁨으로 봉헌되었다(스 6:15). 제사장 반열이 정해지고(18절), 새 성전에서 백성들은 유월절을 지켰다. 이에 대해서는 학개와 스가랴서를 읽어보자.

(3) **느헤미야에서 마카비 시대까지** : 마카비서의 기록에 의하면 안티오쿠스 에피파네스가 주전 170년에 성전을 약탈한 사실이 기록되어 있다. 이들은 성전에서 제사를 금하였고, 주전 168년 12월에 안티오쿠스 에피파네스 4세가 예루살렘으로 쳐들어와 성전 경내를 침입하였으며 암퇘지를 제물로 드려 하나님의 제단을 모독했다. 희생 제단 위에 '멸망케 하는 미운 물건' (단 11:31)을 세웠다. 3년 후(주전 165년) 제사장 맛다디아와 그의 아들들은 안

티오쿠스 에피파네스에 대항하여 마카비 혁명을 일으킨다. **3년간에 걸친 마카비 혁명으로 다시 성전을 정결케 했다.** 이들은 황폐되고 더렵혀진 제단을 수리하고 큰 기쁨 중에 다시 제사를 드렸다. 이 의식이 유대인의 하누카 명절의 기원이 된다. 이후 헤롯 때까지의 역사는 생략하자. 신구약 중간사에서 자세히 다룰 문제이다.

9. 헤롯 성전

(1) 주전 20-19년 헤롯 대왕(그의 재위 18년)은 정치적 목적을 가지고 헬레니즘 양식으로 성전을 세우기 위해 성전을 분해했다. 10년에 걸쳐 기초 골격을 완성했지만 성전 공사는 주후 64년에 마무리되었다. 그러나 이 성전은 주후 70년에 로마의 디도 장군에 의해 완전 파괴되었다.

(2) 주님이 초림하셨을 때에도 이 성전은 아직 완공되지 않았다. 주님의 사역의 첫 해인 A.D. 27년에도 아직 건축 중이었는데 건축을 시작한 지 46년이 지난 때였다(요 2:20* "유대인들이 가로되 이 성전은 사십육 년 동안에 지었거늘 네가 삼 일 동안에 일으키겠느뇨 하더라 그러나 예수는 성전 된 자기 육체를 가리켜 말씀하신 것이라."). 매일 성전 뜰에서 가르치는 것이 주님의 습관이었다(마 26:55; 막 12:35; 눅 20:1).

예수 그리스도 안에서의 성전의 완성

1. 누가복음은 성전 안에서 그의 이야기를 시작하고 있다.

(1) 마지막 선지자 말라기는 말라기 3:1에서 "또 너희의 구하는 바 주가 홀연히 그 전에 임하리니"라고 약속했다.

(2) 시므온은 오랫동안 약속하신 메시야를 죽기 전에 보게 될 것이라는 성령님의 계시대로 마침내 주의 탄생을 보게 된다. 그가 하나님께 어떻게 찬송하고 있는가 보라(눅 2:32). 예수님은 어떤 사명을 갖고 오신 것인가? (눅 2:34-35) 이사야 선지자는 이미 그의 오심을 예언했다. 사 8:14-15을 보라.

(3) 이와같이 누가가 제시하는 주제들은 다른 복음서와 같이 예수가 주님이요, 그리고 종된 아들이라는 것과, 고난과 영광, 죽음과 부활 등이다. 이 모든 것들이 그리스도의 사역 속에 함축되어 있다. 주님은 고난을 당하시고, 죽으시고, 부활하시기 위해 예루살렘으로 가셔야만 한다(눅 9:31, 51). 그가 하나님을 영화롭게 하는 것은 무엇인가? 그것은 십자가의 들림이다(요

- 요14:9 "예수께서 가라사대 빌립아 내가 이렇게 오래 너희와 함께 있으되 네가 나를 알지 못하느냐 나를 본 자는 아버지를 보았거늘 어찌하여 아버지를 보이라 하느냐"
- 요 14:16 "내가 아버지께 구하겠으니 그가 또 다른 보혜사를 너희에게 주사 영원토록 너희와 함께 있게 하시리니"
- 요 14:20 "그 날에는 내가 아버지 안에 너희가 내 안에, 내가 너희 안에 있는 것을 너희가 알리라."

그러므로 모세 율법에 선포된 은혜와 진리는 예수 그리스도 안에서 실현되었다.

12:27-33). 그는 십자가를 지시기 위해서 예루살렘으로 가신다.

(4) 그리고 완성의 길, 메시아적 실현의 길은 성전으로 이어진다. 그는 성전 경내에서 절름발이와 소경을 고치신다(마 21:14). 그리고 마침내 성전 정화를 위하여 채찍을 드신다. "이 성전을 헐라 그러면 사흘 만에 내가 그것을 일으키리라"(요 2:19)고 선언하신다. 이 최후의 정화(淨化)는 그리스도의 몸에서 이루어져야 한다.

2. 새 성전의 건립

(1) 따라서 메시아에 의한 새 성전의 건립은 시온산 위의 건축학적인 기적이 아니라 빈 무덤으로부터의 최종적인 기적이다. 왜냐하면 그리스도가 손으로 지어진 성전을 섬길 수 없는 것은 그가 더 나은 성소에서의 탁월한 제사장이기 때문이다. 그는 "성전보다 더 큰 이"이시기 때문이다(마 12:6). 그의 죽음과 부활에 의해, 예수님은 하나님의 진정한 성전의 머릿돌(Top Stone)로 놓인다. 그는 비록 건축자들에게는 버림받았으나, 그의 아버지에게는 선택된 보배로운 돌이기 때문이다. 상징적인 성전은 현존하신 주의 인격 속에 복속된다.

(2) 그는 머릿돌이고, 그의 몸은 성전이며, 그는 영광을 지니셨다. 그리스도께서 자기 몸 안에 성전을 지으시기 때문에 그는 그것을 그의 제자들 안에서도 지으실 수 있다. "여호와의 임재" - 그는 바벨론 포로에서도 자신이 성전이셨다.

(3) 요한은 그 사실을 이렇게 표현했다.

"말씀이 육신이 되어 우리 가운데 거하시매(=장막을 치시매, 임마누엘) 우리가 그의 영광을 보니 아버지의 독생자의 영광이요 은혜와 진리가 충만하더라" (요 1:14).

하나님의 아들의 영광이 나타나지 않았을 때에는 인간들이 하나님을 볼 수 없었다. 옛 성막은 그 분을 현시하기 보다는 가리웠던 것이다. 계속해서 요한복음 1:18, 14:9, 14:16, 20*을 읽어보라. 하나님의 영광은 예수 그리스도의 얼굴에서 볼 수 있었다.

- 요 1:18 "본래 하나님을 본 사람이 없으되 아버지 품 속에 있는 독생하신 하나님이 나타내셨느니라."
- 요14:9 "예수께서 가라사대 빌립아 내가 이렇게 오래 너희와 함께 있으되 네가 나를 알지 못하느냐 나를 본 자는 아버지를 보았거늘 어찌하여 아버지를 보이라 하느냐"
- 요 14:16 "내가 아버지께 구하겠으니 그가 또 다른 보혜사를 너희에게 주사 영원토록 너희와 함께 있게 하시리니"
- 요 14:20 "그 날에는 내가 아버지 안에 너희가 내 안에, 내가 너희 안에 있는 것을 너희가 알리라."

(4) **세상 죄를 지고 가는 하나님의 어린 양(요 3:16)** : 동물들이 제사에서 희생 제물로 바쳐졌을 때, 또 아브라함이 치켜든 칼의 고뇌 너머에는 갈보리의 현실이 우뚝 솟아 있는 것이다. 하나님의 아들은 바로 희생제사의 제물이었다. 그리스도가 희생제물로 바쳐졌을 때, 비로소 하나님과 인간 사이를 가로막고 있는 성전 휘장이 둘로 갈라졌다. 그 장벽이 무너졌다. 하나님의 아들이 육체의 고통 속에서 그 휘장을 파기하셨기 때문이다.

(5) "그렇다면, 우리가 예배드릴 곳은 어디란 말입니까?"

야곱의 우물가에서 예수님께 묻던 사마리아 여인의 질문이다. 그때 예수님의 답변은 이러했다 : 요한복음 4:21*을 보라.

- 요 4:21 "예수께서 가라사대 여자여 내 말을 믿으라 이 산에서도 말고 예루살렘에서도 말고 너희가 아버지께 예배할 때가 이르리라."

아버지께 예배할 때, 그리스도께서 기다리신 때, 그때가 그리스도의 죽음과 부활의 때임을 보여준다. 요 5:25-29, 12:23, 13:1, 16:2, 32, 17:1 참조.

(6) **참예배란 무성전(無聖殿)을 의미하는 것이 아니다. 그것은 손으로 짓지 아니한 참성전을 중심으로 이루어지는 것이다.** '신령'으로 예배드리는 것은 그리스도에 의해 주어진 성령 안에서의 예배를 말한다. 또한 '진정'으로라는 예배는 실현된(in realization) 예배이다. 그러므로 모세 율법에 선포된 은혜와 진리는 예수 그리스도 안에서 실현되었다. 구약 제사의 모든 의미가 그리스도 안에서 그 성취를 보게 되었다. 이것은 단순히 그리스도께서 성전이 의미하는 바를 성취시켰다는 것이 아니라, 오히려 그리스도는 성전이 존재해 왔던 그 의미 자체라는 것이다. 이제 그가 주시는 물은 목마르지 아니하다. 결코 또 다른 성전의 샘을 찾지 않을 것이다.

(7) 부활하신 예수님 자신이 참 성전이시기에 그는 지상 성전의 파괴를 예언하시지만 그것의 재건을 말씀하시지 않는다. 이제 그리스도의 재림의 날까지 다시 그를 보지 못할 것이다(빌 2:10, 사 45:23, 마 24:39, 계 1:7). 그러나 이 슬픈 경고는 회개로의 부르심인 것이다(행 3:21*). 자, 이제 우리는 누구에게 가면 되는가? 성전의 완성으로 예루살렘으로나 그리심산으로 가지 않아도 된다. 오직 그리스도께로 가면 되는 것이다.

신약의 새 성전

1. 신약의 기독교인들 : 성령이 거하는 전(殿)

(1) 이제, 예수 그리스도께서 실현하셨기 때문에 그 성전은 돌로 되지 않고, 살아 있는 사람들로 되었음을 본다. 그리스도와 함께 죽고 함께 부활한 성도들 역시 성전들이며, 그리스도 안에서 한 성전으로 연결되어 있다. 왜냐하면 그리스도의 영이 우리 가운데 거하시기 때문에 우리가 성전들인 것이다(고전 3:16*, 6:19). 유대인과 이방인은 한 몸, 곧 십자가 상의 그리스도의 몸 안에서 화해되었다. 두 사이의 장벽이 무너지고 주 안에서 거룩한 성전

참예배란 무성전(無聖殿)을 의미하는 것이 아니다.
그것은 손으로 짓지 아니한 참성전을 중심으로 이루어지는 것이다.
'신령'으로 예배드리는 것은 그리스도에 의해 주어진 성령 안에서의 예배를 말한다.

- 행 3:21 "하나님이 영원 전부터 거룩한 선지자들의 입을 통하여 말씀하신 바 만물을 회복하실 때까지는 하늘이 마땅히 그를 받아 두리라."

- 고전 3:16 "너희가 하나님의 성전인 것과 하나님의 성령이 너희 안에 거하시는 것을 알지 못하느뇨."

• 엡 2:12-13 "그 때에 너희는 그리스도 밖에 있었고 이스라엘 나라 밖의 사람이라 약속의 언약들에 대하여 외인이요 세상에서 소망이 없고 하나님도 없는 자이더니 이제는 전에 멀리 있던 너희가 그리스도 예수 안에서 그리스도의 피로 가까워졌느니라."

• 고전3:16-17 "너희가 하나님의 성전인 것과 하나님의 성령이 너희 안에 거하시는 것을 알지 못하느뇨 누구든지 하나님의 성전을 더럽히면 하나님이 그 사람을 멸하시리라 하나님의 성전은 거룩하니 너희도 그러하니라."

• 사 65:17 "보라 내가 새 하늘과 새 땅을 창조하나니 이전 것은 기억되거나 마음에 생각나지 아니할 것이라 너희는 나의 창조하는 것을 인하여 영원히 기뻐하며 즐거워할지니라 보라 내가 예루살렘으로 즐거움을 창조하며 그 백성으로 기쁨을 삼고."

으로 서로 함께 자라는 것이다(엡 2:13*).

(2) 그러므로 성령이 거하는 전인 우리가 우상을 섬기리요? 고린도후서 6:16을 읽어보라. 하나님이 계신 곳이 성전이기에 성령께서 우리 성도들과 함께 거하신다(롬 8:9). 구약의 지성소에 감히 누가 함부로 나아갈 수 있었는가? 그러나 이제는 성도 자신이 성령이 거하는 전이라니! 우리가 어찌 거룩해야 하지 않을 이유가 있겠는가!(고전 3:17*)

2. 교회가 성전이다.

(1) 바울은 성전을 기독교 신자들의 공동체로 언급하고 있다(고전 3:16-17, 엡 2:19-22). 고린도후서 6:16-7:1에서는 이 개념이 특이한 구약의 예언들과 연결되어 있다. 깨끗함의 강조는 새 성전을 본 에스겔의 환상과 일치하고 있다(겔 43:7-12, 고전 6:19).

(2) 교회는 그리스도의 몸이라고 했다(엡 1:23, 골 1:24). 그리고 그리스도는 그 교회의 머리이시다(엡 1:22). 그리스도 안에서(롬 12:5) 그리스도와 한 몸을 이룬(롬 12:4) 성도가 바로 교회요 성전이다. 여기에 대한 자세한 것은 추가로 연구해 보라.

3. 하늘의 성전 : 최후의 성전

(1) 하나님이 인간들과 함께 거하신다는 의미에서는 최초의 성전은 에덴 동산이라고 할 수 있다. 인간의 죄로 인한 최초의 성전 파괴는 광야 성막에서 다시 나타난다. 앞에서 성전의 역사에서 볼 수 있었던 것같이 이러한 성전은 하나의 모형과 그림자였다. 그 실체는 예수 그리스도 안에서 이루어졌다. 그리고 이제 마지막 성전으로 하늘의 성전을 언급하고 있다.

(2) 계시록 7:15, 11:19, 14-16장을 보라. 참고로 히브리서 8-9장(하늘의 참장막)도 연구해보자. 하나님 자신과 어린 양이 그 성읍의 성전이 되실 것이라고 말씀한다(계 21:22). 하나님은 그의 백성들과 그의 백성들 사이에 영원히 거하실 것이다(계 21:2-3). 이에 대한 이사야의 언급을 보라(사 65:17-19, 65:25).

• 계 21:1-3 "또 내가 새 하늘과 새 땅을 보니 처음 하늘과 처음 땅이 없어졌고 바다도 다시 있지 않더라 또 내가 보매 거룩한 성 새 예루살렘이 하나님께로부터 하늘에서 내려오니 그 예비한 것이 신부가 남편을 위하여 단장한 것 같더라내가 들으니 보좌에서 큰 음성이 나서 가로되 보라 하나님의 장막이 사람들과 함께 있으매 하나님이 저희와 함께 거하시리니 저희는 하나님의 백성이 되고 하나님은 친히 저희와 함께 계셔서." (*)

열왕기상 6장 요약 정리

요약 질문

6장 솔로몬의 성전 건축

- 성전을 건축하려던 다윗은 거절당했다. 그 이유가 무엇이라고 했나? (삼하 7:5, 대상 22:7-12)
- 다윗은 그의 아들 솔로몬에게 어떻게 유언했나? (대상 22:14-16)
- 솔로몬 자신은 성전을 짓기 위해 어떻게 준비했나? (왕상 5:18)
- 성전 착공은 언제인가? (왕상 6:1)
- 성전이 지어진 곳은 어디인가? (대하 3:1)

  삼하 24:18-25 참조
- 성소의 중앙화란 무엇인가? 하나님은 중앙 성소(예루살렘 성전)의 예배를 통해 무엇을 얻으려고 하셨는가?
- 완공까지 얼마나 걸렸나? (왕상 6:38)
- 성전의 크기는 얼마나 되는가? 성막과 비교해 보라.
- 성전(지성소와 성소)의 재료는 어떤 것들인가?
- 하나님은 솔로몬에게 무엇을 요구하시는가?

  6:11-13을 읽고 다윗과의 언약과 관련해서 설명해 보라.
- 솔로몬 성전은 광야의 성막과 어떤 유사점과 차이점이 있는가?
- 지성소에 있는 그룹들은 어떤 존재인가? 그 크기가 어떠하며 무엇으로 만들었는가?
- 성전 내 구조를 말해 보라.
- 성소에는 어떤 기구들이 있는가?
- 성전이 가지고 있는 의미를 설명해 보라. 왜 그렇게 성전을 잘 지으려고 애를 쓰는가?
- 스룹바벨 성전이란? 그 역사적 의미를 설명해 보라.
- 헤롯 성전에 대해 설명해 보라.
- 신약 시대의 성전은 무엇인가? 신약의 성전은 무엇으로 되어 있는가?
- 최후의 성전은 어떤 곳을 가리키는가?

Summary

- 솔로몬 성전의 평면도를 그려보라.
- 메시아에 의한 새 성전의 건립에 대해 설명하라.
- 참예배란 어떤 예배를 말하는가?
- 신약의 성전은 어디를 말하는가?
- 최후의 성전인 하늘의 성전에 대해 설명해 보라.

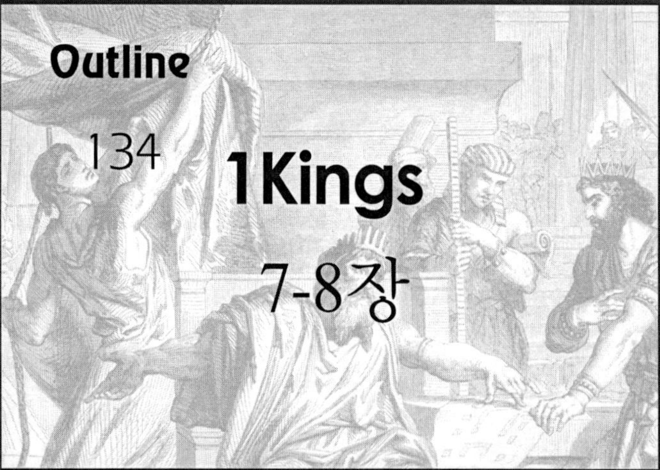

Outline

134

1Kings 7-8장

솔로몬의 궁전 · 성전봉헌

솔로몬 성전은 완공되었다.
7년반이나 걸린 대역사였다.
성전을 완공한 후 헌당 제사를 드린다(왕상 8장).
얼마나 많은 양과 소의 제물이 드려졌는지
"기록할 수도 없고 셀 수도 없었다"(왕상 8:5)고 했다.

14일 동안 계속된 봉헌 의식에 참여한 자들이 많았고
이때 드린 희생 제물이 소가 2만 2천이고,
양이 12만 마리나 되었다고 했다.
그 봉헌 제사가 드려지고 제사장이 성소에서 나올 때
하나님의 영광의 구름이 성전에 가득했다(왕상 8:1).

솔로몬은 백성 앞에서
성전 건축 경과를 설명하고 장시간에 걸친
헌당 기도를 드린다.
솔로몬이 기도를 마치자
"불이 하늘에서부터 내려와 그 번제물과
제물들을 살랐고
여호와의 영광은 그 전(殿)에 가득했다"(대하 7:1).

하나님은 솔로몬의 기도를 받으시고
그와 언약을 다시 새롭게 하셨다(왕상 9:1-9).
솔로몬은 성전 건축이 끝나자
그의 궁을 건축하기 시작했다.
그 공사 기간이 13년이나 되었다고 하니,
성전 공사보다 6년이나 더 걸린 대역사였다.

이스라엘을 부강케 한 위대한 왕,
이스라엘은 그의 통치 하에서
최고의 번영을 누리고 있다.
그는 적어도 지금까지는 하나님께 충성하고,
다윗의 길을 걸어가고 있다.

7:1-6: 성전이 완공되자 솔로몬이 자기가 살 왕궁을 짓다.

(1) 공사 기간 : 13년 / 성전을 짓는데는 7년 반 정도가 걸렸음에 비해 거의 두 배나 걸렸다.

(2) 크기 : 길이 100규빗, 너비 50규빗, 높이 30규빗

(3) 레바논에서 나는 값비싼 백향목 나무로 궁을 지었다. 귀중한 수입 품목들과 상아와 금으로 만든 거대한 보좌도 있었다(왕상 10:18-25).

(4) 궁전에는 병기고도 있었던 것으로 보인다(레바논 나무궁, 왕상 10:17).

(5) 물론 보물 창고도 있었다(정금으로 만든 그릇들, 왕상 10:21).

7-12절 : 재판하는 낭실과 솔로몬 궁

(1) 법정(재판하는 낭실)을 만들었다. 낭실(porch, 현관)은 실내로 들어가는 현관과 건물의 입구인 벽 없는 복도를 가리킨다. 여기서는 성전 입구의 현관을 의미했다. 이곳의 마루를 백향목으로 깔았다.

(2) 솔로몬이 살 왕궁은 법정 뒤뜰에 있었다. 왕궁은 법정과 비슷하게 지었다.

(3) 솔로몬은 애굽 바로의 딸인 자기 아내를 위한 궁도 지었다.

13-51절 : 성전에 안치될 기구를 정교하게 만들다.

(1) 두로 출신 후람은 아주 재능있는 장인(匠人)이었는데, 특히 놋을 다루는 데 특별한 재능이 있었다.

(2) 두 개의 놋기둥(보아스와 야긴) (3) 바다(성막의 물두멍)

(4) 놋으로 만든 받침대 (5) 물두멍

(6) 등대 (7) 솥과 부삽과 대접들 / 정금 대접과 불집게와 주발과 숟가락과 불을 옮기는 그릇, 또 내소 곧 지성소 문의 금돌쩌귀와 전 곧 외소 문의 금돌쩌귀 등

8:1-11: 성전으로 법궤를 옮김

- 1절 : 성전과 그 안에 비치될 성전 기구들을 완전히 정돈한 후에 언약궤를 지성소에 안치하기 위해 백성의 대표들을 소집했다. 물론 이 언약궤는 새로 만든 것이 아니라 모세 때에 시내산에서 만들어진 것이다.

- 2-5절 : 이 행사는 에다님월(8-9월, 현재 9-10월경)에 있었다. 그렇다면 성전이 완공된 지 11개월째였다(왕상 6:38 참조). 언약궤와 회막(기브온에 있는, 삼상 7:1, 대하 5:4-5 참조)과 성막 안의 모든 기구들을 레위인이 메고 올라갔다. 그리고 양과 소로 제사를 드렸는 데 그 수를 셀 수 없을 정도였다.

- 6-9절 : 언약궤 안에는 율법의 두 돌판만 들어 있었다. 만나 항아리와 아론의 싹난 지팡이(히 9:4)는 블레셋에게 빼앗겼거나 유실되었을 것이다. 혹자는 그것들이 궤 안이 아니라 밖에 있는 것이라고 주장한다(출 16:33, 34, 민 17:10 참조).

- 10-11절 : 제사장이 성소에서 나올 때 구름이 여호와의 전에 가득했다. 이는 시내산에서 임재하셨던 것과 같이 여호와께서 성전에 임재하셨음을 보여준다(출40:33-35).

12-21절: 솔로몬이 백성에게 연설

- 솔로몬은 모인 모든 사람에게 이 성전을 어떻게 자기가 완성하였는지를 간략하게 설명한 후 설교를 했다.

22-61절: 솔로몬의 봉헌 기도

- 이 기도문은 하나의 모본이 되는 구약의 기도문이다. 솔로몬은 하나님이 누구신지를 확인하면서 정해진 약속과 율법에 기록된 원리에 근거하여 요청한다. 유일하시고(23절상) 신실하신(23,24절) 하나님의 약속에 감사함으로써 기도를 시작한다.

- 이 기도는 이스라엘의 복을 빌고 백성들에게 헌신을 요구하는 것으로 끝난다. 여호와의 법도와 계명을 잘 지키라고 부탁한다. 물론 솔로몬의 기도는 열납된다. 온 회중은 하늘에서 불이 내려와 제단의 제물을 사르는 것을 보게 된다(대하 7:1-10).

❖ 솔로몬은 성전을 완공하자 왕궁을 짓기 시작한다. 이 또한 적은 공사가 아니었다. 금을 물 쓰듯 했던 당시 정황으로 보아 왕궁이라고 초라하게 지었을 리 만무했다. 왕궁은 고대사회에서 정치적인 면에서 아주 중요한 역할을 했다. 왕궁은 단순히 왕이 살기 위한 역할만을 한 것이 아니다. 그곳에서 재판이 열렸고, 관리들, 왕비와 후궁들이 살아야 할 곳이었다. 당시 이스라엘은 가나안의 맹주로 부상해 있었다. 솔로몬 왕궁이 주변 국가들의 것보다 장엄하지 않을 수 없었을 것이다.

❖ 이 왕궁은 성전 공사의 두 배의 기간이 걸려 완성되었다. 스바 여왕이 이곳 궁정을 방문하고 "정신이 현황했다"(왕상 10:4-7)고 했을 정도였다. 그러나 성전과 왕궁을 짓기를 20여 년, 장기간의 공역은 백성들의 불만을 가져오게 된다. 그러면 어떻게 하지?

❖ 솔로몬은 언약궤를 성전에 안치했다. 이때 성막이 완공될 때처럼(출 40:34-35) 여호와의 영광의 구름이 성전에 가득했다. 하나님이 임재하셨다는 증거였다. 솔로몬은 모인 사람들에게 간단하게 설교를 했다. 그리고 이어 긴 봉헌 기도를 드린다.

❖ 그 기도를 마치자 하늘에서 불이 내려와 놋제단에 있던 번제물을 태웠다(대하 7:1-3). 그리고 다른 번제를 계속하여 7일 동안, 총 2만 2천의 소와 12만의 양을 드렸다. 하나님은 솔로몬에게 나타나 열왕기상 9:4-7처럼 약속하신다. 무슨 내용인데?

Solomon Builds His Palace

솔로몬의 왕궁 건축(7:1–6)

성전 공사가 끝나고 얼마나 지났을까, 솔로몬은 자신이 살 왕궁을 건축하기 시작한다. 왕궁은 성전보다 훨씬 커서 그 크기와 규모가 4배가 넘었다. 공사 기간도 성전 공사보다 6년이 더 걸려 13년이 걸렸다. 큰 건물이 여럿 되었을 것이다. 솔로몬은 레바논 나무로 궁을 지었다. 기둥들이 늘어선 현관(낭실)을 만들었고, 현관 앞에도 기둥들이 늘어서 있었는데, 그 위에는 처마 끝에 붙인 작은 지붕이 덮여 있었다. 법정도 만들었고 그곳에 왕좌를 놓고 재판도 했다. 왕궁은 법정 뒤뜰에 있었는데, 법정과 비슷하게 지었다.[1)]

1) 거기다가 솔로몬은 그가 결혼한 바로의 딸을 위해서도 같은 모양의 궁을 지어주었다. 솔로몬은 이 외에도 수많은 건축물을 세운다. 이런 광대한 건축은 결국 왕국을 약화시키는 요인이 되었고, 점차 백성들의 원망으로 나타나게 된다.

1. 왕궁은 어떤 의미가 있는가?

(1) 제국의 위엄은 왕궁의 크기와 무관하지 않다. 왕궁은 고대 사회에서 정치적인 면에서 중요한 역할을 했기 때문이다. 물론 이스라엘 왕정 초기에는 이런 장엄한 건축물이 생기지 아니했다.

사울은 왕으로 등극한 후 자기 집으로 돌아가서 자신의 옛 직업이었던 농사일을 계속했다(삼상 10:26, 11:4). 고대 이스라엘 세계가 현저하게 농경사회였음을 본다. 사울은 그의 고향 기브아를 그의 왕국의 수도로 재건했으나(삼상 15:34), 말이 수도이지 하나의 요새였다.

(2) 그러나 다윗 때에 와서 이스라엘은 가나안 지역의 맹주로 등장했다. 주변 국가들은 이스라엘의 눈치를 살펴야 하는 상황이 되었다. 따라서 이스라엘의 왕이 거하는 왕궁도 국력에 걸맞게 지어져야 할 것이라고 생각했을 것이다. 만일 공공 건물이 왕국을 비교하는 척도였다면 이스라엘도 다른 제국과 비교할 만했기에 궁전의 규모와 위엄과 호화로움이 대단했을 것이다(왕상 10:4-7).

(3) 왕궁은 거주뿐만 아니라 그 기능이 다양했다. 솔로몬 궁 안에는 또 어떤건물이 있었는가?

왕상 7:7 또 심판하기 위하여 보좌의 주랑 곧 **재판하는 주랑**(hall, porch)을 짓고 온 마루를 백향목으로 덮었고

(4) 왕궁은 법정이 있어 백성들의 형을 선고하고 판결하는 장소이기도 했다. 솔로몬은 보좌의 낭실과 재판하는 낭실을 지었다고 했다(7절). 고대 왕정은 백

하늘의 궁정

- 지상의 왕궁은 하늘의 궁정을 연상케 한다. 성경은 하나님을 가장 뛰어난 왕으로 묘사하고 있다. 그래서 하나님께서 거하시는 보좌를 그리고 있다. 하나님의 통치 아래 있는 권세들로 가득찬 보좌가 있는 방의 모습을 어떻게 설명하고 있는가?
- 대하 18:18 "미가야가 가로되 그런즉 왕은 여호와의 말씀을 들으소서 내가 보니 여호와께서 그 보좌에 앉으셨고 하늘의 만군이 그 좌우편에 모시고 섰는데."
- 계 4:2-4 "내가 곧 성령에 감동하였더니 보라 하늘에 보좌를 베풀었고 그 보좌 위에 앉으신 이가 있는데 앉으신 이의 모양이 벽옥과 홍보석 같고 또 무지개가 있어 보좌에 둘렸는데 그 모양이 녹보석 같더라 또 보좌에 둘려 이십사 보좌들이 있고 그 보좌들 위에 이십사 장로들이 흰옷을 입고 머리에 금 면류관을 쓰고 앉았더라."

성들의 안건을 재판하는 것이 주 임무이기도 했다(솔로몬은 백성들의 재판을 위해서 지혜를 구했다). 이 솔로몬의 법정에는 아주 값비싼 보좌도 있었다. 열왕기상 10:18-20을 미리 읽어보자.

- **상아로 만든 커다란 보좌** : 솔로몬은 자기의 보좌를 상아로 만든 후에 황금으로 입혔다. '왕의 보좌'에 앉는다는 말은 곧 왕권을 승계한다는 의미이기도 했다(왕상 16:11). 왕이 보좌에 앉아 재판을 하는 것은 하나님께서 보좌에 앉아 세상을 통치, 심판하신다는 구절들과 연관이 있다(시 9:4, 단 7:9-10, 계 20:4).

(5) 따라서 왕궁은 법적인 결정을 추구하는 장소일 뿐 아니라 왕의 칙령이 내려지는 발원지이기도 했다. 왕이 그 궁정에서 선포한 말 자체가 법이었다. 그러므로 왕궁은 한 왕국의 중심지였다. 또한 왕궁의 기능은 관직 임명과 진급을 추인하는 역할을 하는 곳이다. 따라서 왕국의 우월성은 왕궁의 위신과 명성의 상징이 될 수 있음을 보여주고 있다.

(6) 지상의 왕궁은 또한 하늘의 궁정을 연상케 한다. 이에 대한 설명은 여기서 다룰 문제가 아니므로 조금 유보하자.

2. 왕궁을 짓는 데는 성전보다 더 오랜 세월이 걸렸다. 그 크기와 규모 때문이었다. 얼마의 기간이 소요되었나?

7:1 13년이 걸림, 성전을 짓는 데는 7년 반 정도가 걸렸음에 비해 거의 두 배나 걸렸다.

(1) 따라서 성전과 왕국을 짓는 데 걸린 기간이 20여 년이 되었다. 왕궁에는 여러 건물이 건축되었던 것 같다.

(2) 왕궁의 크기 : 길이 (   ) 규빗, 너비 (   )규빗, 높이 30규빗

이는 성전 건평보다 4배나 되는 규모였다.

- 이 궁에는 네 줄로 된 백향목 기둥이 있어서 거대한 백향목 숲을 연상케 했을 것이다. 천장에는 서까래(들보) 위에 백향목을 덮었는데, 서까래는 한 줄에 15개씩 도합 45개라고 했다. 아마 3층 건물이었을 것이다.

3. 그 밖에 어떤 건물들을 지었을까?

(1) 기둥들이 늘어선 **현관**(porch of pillars, 낭실)을 만들었다(6절, 크기 : 50×30규

하나님의 궁정이 백성 가운데

- 시편에서는 하늘을 하나님의 궁정이 있는 곳으로 묘사하곤 한다.
- 시 103:19 "여호와께서 그 보좌를 하늘에 세우시고 그 정권으로 만유를 통치하시도다."
- 시33:13-14 "여호와께서 하늘에서 감찰하사 모든 인생을 보심이여 곧 그 거하신 곳에서 세상의 모든 거민을 하감(下鑑)하시도다."
- 하늘의 궁정이 '하늘'에 있다면 이는 무엇을 의미하는가? 그것은 곧 하나님의 주권이 모든 우주에 걸쳐 확장됨을 의미한다. 하나님은 땅을 굽어보심으로써 모든 일을 통찰하신다. 그리고 자신의 뜻대로 통치하신다(사 40:21-25).
- 지상의 왕궁과 마찬가지로 하늘의 궁정은 명예와 명성의 상징이다. 그리스도는 "하나님의 권능의 우편에 앉아 계신다"(눅22:69). 하늘의 궁정에서 하나님의 오른편에 앉는다는 것은 위엄과 권세의 최고의 자리를 의미한다(엡 1:20-21).
- 하나님의 보좌는 심판의 자리로도 묘사되고 있다. 그러면서도 왕궁은 매우 포근한 의미로 소개되기도 했다(히 4:16, 은혜의 보좌 앞).

• 지상의 왕궁은 하나님의 위엄과 영광으로 충만한 초월성의 상징이 될 수 있다. 하늘의 궁정은 정의와 긍휼을 상징하고 있음을 본다. 그러나 이런 하나님의 왕궁이 장차 그의 백성들 가운데 있게 될 것이며 그를 섬기는 모든 사람에게 열리게 될 것이라는 소망을 보게 된다(계 21-22:5).

빗). 이 '기둥으로 지은 낭실'은 '레바논 나무 궁'과 '재판하는 낭실(주랑 - 현관, 현관홀)'을 연결시키기 위해 기둥들을 세워 지나다니도록 한 통행 건물로 보인다.

(2) **심판하기 위한 보좌의 주랑**(=법정, the hall of judgment) : 이곳은 백성들의 송사를 맡아볼 법정이었다. 이곳에는 상아로 만들고 황금으로 입힌 값비싼 보좌가 있었다. 이 낭실의 온 마루를 백향목으로 덮었다. 보좌(왕좌)로 올라가는 계단은 6개였고 보좌 꼭대기는 뒤가 둥그렇게 되어 있었다. 또 보좌의 양쪽에는 팔걸이가 있었고, 팔걸이 양쪽에는 사자 상이 있었다. 그리고 여섯 계단 양 옆에는 열두 사자 상이 있었다. 이런 것이 얼마나 정교했던지 다른 나라에서는 엄두도 못낼 것이라고 했다(왕상 10:18-20).

(3) **솔로몬이 거처할 궁** : 이 궁은 법정 뒤뜰에 지었다. 이 궁 역시 법정과 비슷하게 지었다.

(4) **바로의 딸을 위한 궁**: (왕상 7:8은 솔로몬이 바로의 딸을 위해 "보좌의 낭실"을 본떠서 한 집을 지었다는 사실을 말해준다.)

(5) 궁전에는 **병기고**도 있었던 것으로 보인다(레바논 나무궁, 왕상 10:17). 별궁의 일부는 값진 무기들을 보관하는 데 사용되었다. 솔로몬은 쳐서 늘인 금으로 큰 방패 200개를 만들고, 같은 금으로 작은 방패 300개를 만들어 '레바논 나무궁'에 보관했다. 이 방패 하나에 들어간 금이 삼 마네(1마네 =약 571g / 3마네 = 약 1.71kg)라고 했다(왕상 10:17).

(6) 물론 보물 창고도 있었다(정금으로 만든 그릇들을 보관할, 왕상 10:21).

(7) 큰 뜰이 이 모든 건물들을 궁의 복합 건물로 연합시켰다. 집은 모두 돌로 지어졌으며 이때 사용된 돌 중 어떤 돌은 길이가 10규빗(약 4.5m)이나 되는 것도 있다고 했다(10절). 그리고 궁전의 큰 뜰을 담으로 막았다. 큰 뜰이란 말을 보아 작은 뜰도 있었을 것이다.

성전과 왕궁 건물을 완성함으로써 신정왕국으로서의 면모를 모두 갖추게 된다. 그러나 이 과정에서 솔로몬의 욕심이 가미되었고 이는 백성의 원망을 자아내는 결정적 요소가 되었다.

솔로몬 궁전의 울람(אוּלָם, 낭실, 주랑)

솔로몬 궁전은 복잡하여 그 현관을 충분히 이해하기 어렵다. "기둥의 낭실"은 "레바논 나무 집"과 관련되어 있다(왕상 7:2, 6). 이 기둥 낭실, 즉 열주(列柱) 건물은 50규빗 대 30규빗으로 측량되었으며 보다 큰 "레바논 나무" 건물로 이어지는 입구 낭실의 기능을 했던 것 같다. 다른 현관이나 주랑(portico)이 기둥 낭실의 정면에 있었다(왕상 7:6). 이 단어는 "재판하는 낭실"이라고도 불리어진 "보좌의 낭실"에 대해서도 사용되었다(왕상 7:7). (바이블렉스)

성전의 비품들(왕상 7:31-51)

1. 솔로몬은 성전 비품들을 만들기 위해 두로에서 히람을 데려온다. 히람은 어떤 인물인가?

7:14 "히람을 **두로에서 데려오니** 14그는 납달리 지파 과부의 아들이요 그의 아버지는 두로 사람이니 **놋쇠 대장장이**라 이 히람은 모든 놋 일에 지혜와 총명과 재능을 구비한 자이더니 솔로몬 왕에게 와서 그 모든 공사를 하니라."

(1) 히람은 후람[Huram]으로도 불렸다(대하 2:13, 4:11). 후람은 당시 놋을 다루는데 거장이었다. 솔로몬은 성전을 짓기 위해 두로 왕에게 부탁하여 후람을 초청했다. 그는 납달리 지파의 과부의 아들이요, 그 아비는 (두로) 사람이라고 했다(14절). 역대하에서는 어미가 '단 여인'이라고 되어 있다.

(2) 후람은 놋쇠를 가지고 기구를 만드는 장인(匠人)이었다. 놋쇠는 구리와 아연의 합금이다(황동). 그리고 구리와 주석의 합금을 청동이라고 한다. 이스라엘이 가나안에 정착할 때는 후기 청동기 시대(주전 1550-1220)에서 철기시대로 전이되는 때였다. 블레셋 사람들은 이스라엘 사람들로 하여금 철 병기를 갖지 못하게 하여 그들만 독점했던 때가 있었다. 물론 다윗 때 와서는 철을 풍부하게 사용했다. 솔로몬은 성전을 건축할 때 이 놋쇠를 풍성하게 사용했음을 본다.

2. 히람은 두 놋기둥을 만들었다. 이 기둥의 이름은 무엇이며 그 역할은 무엇인가?

7:15 "그가 **놋기둥** 둘을 만들었으니 그 높이는 각각 십팔 규빗이라 각각 십이 규빗 되는 줄을 두를 만하며"

(1) 야긴(יָכִין) : 우편 기둥을 야긴[=저(하나님)가 세우다]이라고 했다.
(2) 보아스(בֹּעַז) : 좌편 기둥을 가리키며 '그에게 능력이 있다'라는 뜻이다.
(3) 이 기둥 이름을 야긴과 보아스라고 지은 이유가 어디 있을까?

어떤 학자들은 솔로몬의 두 아들의 이름을 따라 명명되었다고 주장하기도 하나 물론 확실치 않다. 아마 솔로몬 성전의 기둥은 하나님의 역사를 기억케 하는 역할을 지니고 있었을 것이다. 즉 이 성전은 여호와께서 세우신 것이고, 모든 능력은 오직 여호와께만 있으니 여호와의 법도를 따르며 율례를 행하라는 뜻일 것이다.

야긴과 보아스

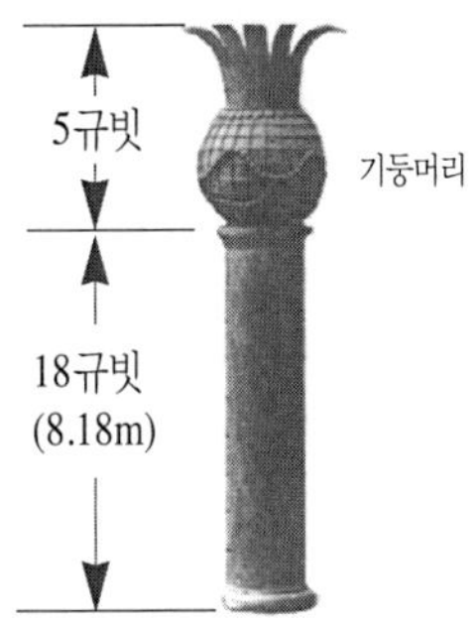

⬆ 기둥머리 : 바둑판 모양의 그물과 사슬 모양의 땋은 것을 얹었다. 그리고 놋석류 두 줄을 만들어 그물 위에 두었다. 낭실 기둥 꼭대기에 있는 머리의 4규빗은 백합화 모양으로 만들었다. 이 기둥 속은 비어 있으며 두께는 약 7.5~10cm 정도이다. 훗날 이 기둥들은 성전 파괴 시 파괴되어 바벨론으로 옮겨지게 된다(왕하 25:13-17). 그러나 이런 설명으로는 기 기둥의 정확한 재현은 불가능하다. 대강 위의 그림같이 생기지 않았을까?

원 안이 다윗 성이 있던 곳이다. 언약궤가 이곳에 안치되어 있었는데 이곳에서 지금 성전이 있던 자리로 '메어 올라왔다'는 말이다.

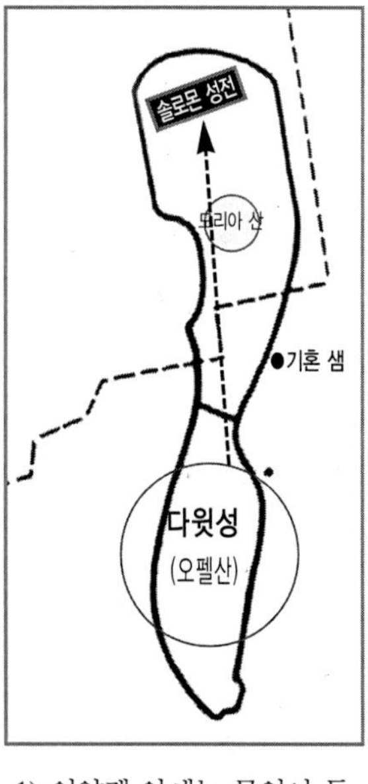

1) 언약궤 안에는 무엇이 들어 있었나? 그렇다면 아론의 싹난 지팡이와 만나를 담은 금항아리(출 16:33, 민 17:10, 히 9:4 참조)는 어디로 갔을까? 정확한 이유는 모르겠지만 두 가지는 잃어버렸다. 혹시 블레셋에게 빼앗겼을 때(삼상 4:3-11) 잃었을지도 모른다.

지성소에 언약궤 안치(왕상 8:1-11)

여호와의 언약궤(법궤)가 현재 어디에 안치되어 있었는지 우리는 사무엘하 6장에서 자세히 살펴보았다. 법궤는 '하나님 임재의 외적인 상징'이다.

다윗은 이스라엘 사방에 있는 모든 대적을 파하고 안정을 찾자, 아직 기럇여아림에 있는 법궤를 예루살렘으로 모셔온다. 그렇게 함으로써 이스라엘을 왕국의 수도로서뿐만 아니라 종교적 수도로 만들려고 했다. 법궤 운반 과정에서 어려움을 겪었으나 마침내 법궤는 예루살렘에 무사히 안치되었다. 이제 다윗의 시대가 끝나고 솔로몬은 그의 재위 4년에 성전 공사를 착공한다. 그리고 7년 반이 지나 성전 공사가 완성되었다. 이제 법궤를 비롯한 여러 성구들을 성전으로 옮긴다.

1. 여호와의 언약궤를 다윗 성에서 옮겨 오기 위해 솔로몬은 이스라엘의 모든 지도자에게 소집령을 내린다. 어떤 사람들이 참석했을까?

8:1 "이에 솔로몬이 여호와의 언약궤를 다윗 성 곧 시온에서 메어 올리고자 하여 **이스라엘 장로와 모든 지파의 우두머리** 곧 이스라엘 자손의 족장들을 예루살렘에 있는 자기에게로 소집하니"

(1) 언약궤는 다윗성 곧 시온에 안치되어 있었다. 다윗은 견고했던 성 여부스를 점령하고 그 이름을 다윗 성이라고 했다(삼하 5:7, 9; 대상 11:5). 물론 나중에 '예루살렘'으로 개명했다. 다윗 성은 오펠(Ophel) 산마루의 지역까지로 본다. 따라서 다윗 성에 안치되었던 언약궤를 성전이 있는 곳까지 '메어 올려'가야 했다(1절). 이스라엘의 장로들과 각 지파의 지도자들과 각 집안의 어른들을 불렀다. 결국 이스라엘 모든 백성이 모였다고 볼 수 있다. 이는 국가적인 대행사였기 때문이다.

(2) 그때는 에다님월 곧 일곱째 달의 절기였다. 에다님월은 이스라엘력으로는 7월이었다(지금의 9월 말에서 10월 초 사이). 그렇다면 봉헌식은 성전이 완성되던 그 해에 드려지지는 못했을 것이다. 왜냐하면 성전 공사는 솔로몬 즉위 4년 시브월(둘째 달)에 시작하여 11년 불월(여덟 째 달)에 끝났기 때문이다(왕상 6:37-38 참조). 그렇다면 아마 그 이듬해 7월이었을 것이다.

(3) 궤를 옮기는 것은 누가 했을까? (8:3, 민 3:30-31 참조) 레위 사람들도 제사장들과 함께 옮겼다고 했다. 역대하에서는 "레위 사람이 궤를 메니라"라고 했다(대하 5:5). 레위인 제사장이 메었다는 말일 것이다. 그리고 이들은 셀 수도 없을 만큼 많은 양과 소를 제물로 드렸다고 했다. 언약궤는 지성소 안에 그룹(날개 달린 생물) 아래 안치시켰다.[1]

솔로몬의 봉헌 연설(왕상 8:12-21)

언약궤가 지성소에 안치되자 구름이 여호와의 성전에 가득했다.

오랜 동안의 역사 끝에 드디어 성전이 봉헌되고 있다. "이스라엘 모든 사람들이 다 에다님 월 곧 칠월 절기에"(8:2) 솔로몬 왕에게로 모였다. 사무엘하 6, 7장에서(다윗 언약) 기대했던 바가 열왕기상 8장에서 가시적으로 구체화되고 있다(왕상 8:15-21). 다윗은 여호와 앞에 성전을 지어드리고 싶었다. 그러나 그 계획은 반려되었다. 이제 그 완공을 감사하여 봉헌식을 올리고 있다. 언약궤는 지금까지 다윗 성에 안치되어 있었다. 제사장들이 그 궤를 메고 성전으로 올라왔다. 그리고 언약궤를 내전(內殿) 지성소 그룹의 날개 아래 안치했다. 제사장들이 성소에서 나올 때 구름이 여호와의 전에 가득했다. 하나님이 이 전을 받으셨다는 표적이었다(출 40:34, 38, 민 12:5 참조).

• 하나님은 여전히 뒤의 어둡고 깊은 지성소에 거하시기를 원하고 계신다. 그래서 구름 속에 그의 영광을 감추고 계신다. 아직 그리스도의 십자가로 인한 하나님과의 화목이 이루어지지 않았기 때문이다(S.G. DE. 그라아프).

1. 먼저, 솔로몬이 백성에게 한 연설을 들어보자.

12절 : "그때에 솔로몬이 가로되 여호와께서 캄캄한 데(= in thick darkness - KJV) 계시겠다 말씀하셨사오나."

• 캄캄한 데 : in a dark cloud(NIV) / in the thick cloud(NASB)
• עֲרָפֶל(아라펠) : 구름, 짙은 구름, 암흑(출 19:9, 20:21), 흑암(신 4:11), 어두움(사 60:2) 등을 가리킨다.

(1) 앞절에서 본 대로(10절) 언약궤가 지성소에 안치되자 구름이 여호와의 성전에 가득했다고 했다. 물론 구름은 하나님이 자신의 영광을 나타내시는 방편 중 하나이다.* 예전에 '하나님께서는 캄캄한 구름 속에 계시겠다'고 말씀하셨으나, 이제 그 여호와 하나님이 영원히 계실 성전이 완공되었다는 것이다(13절). 여기서 '영원히 계신다'는 조건은 물론 언약을 준수할 때만이 가능하다(9:4-9 참조). 지금 솔로몬은 그렇게 기다렸던 성전이 완공된 사실에 감사하면서, 여호와께서 이 전(殿)에 임재하셨음을 기뻐하고 있다.

2. 솔로몬은 이렇게 성전이 무사히 완공될 수 있었던 것은 누구 때문이었다고 고백하고 있나? (왕상 8:16-20)

솔로몬은 구름이 가득한 성전을 바라보며 하나님께 감사를 드린 후 그의 얼굴을 백성들에게 돌렸다. 그리고 그 모든 백성을 축복했다. 이제 솔로몬은 이 성전이 이렇게 완공될 수 있었던 것은 자기 자신의 공이 아니라 아버지 다윗의 공이었다고 고백한다. 다윗은 비록 자신이 성전을 지을 수 없게 되었으나 훗날 그의 아들 대에 지어질 성전을 위해 많은 물자를 비축해 두었다.[1)]

1) **이 성전 건축의 의미는** 여호와께서 모세를 통하여 주신 약속의 성취에 대한 상징이었다(21절). 물론 이렇게 웅장하게 지은 성전도 이 우주 만물을 창조하신 하나님이 거하시기에는 충분치 않다는 것을 솔로몬도 잘 알고 있다. 그러나 하나님은 다윗과 그 후손과의 언약을 신실하게 지키시는 분임을 고백한다.

이제 이 전(殿)에서 백성들은 기도하게 될 것이다. 백성들이 범죄하고 그 용서를 구할 때나, 죄 때문에 전쟁에서 패배할 때나 가뭄이나 재앙이 들어 기도하게 될 때 그 기도가 응답되기를 간구하고 있다.

확대경(No. 4)

솔로몬의 기도(왕상 8:22-53)

Solomon's Prayer of Dedication

'솔로몬의 기도'의 내용을 자세히 분석한다는 것은 결코 쉬운 일이 아니다. 그렇다고 무시하고 그대로 지나치는 것도 어쩐지 개운치 않다. 어떤 학자들은 이 시가 복잡한 편집 역사를 내포하고 있다는 주장도 하지만, 그런 문제는 학자들의 몫으로 돌리기로 하자. 어쨌든 이 솔로몬의 기도가 성전이 봉헌된 시점에서 수세기가 지나서 이스라엘이 맞이한 불행한 시기에 기록되었다는 점을 기억해야 한다. 즉 이 본문은 바벨론 포로기라는 이스라엘 역사의 극한 상황을 전제로 하지 않고서는 이해될 수 없다는 것이다. 이런 문제를 여기서는 다룰 수 없고 우리는 시의 구조만 간단하게 살피는 것으로 만족해야 할 것 같다.

1. 이 기도문은 전체적으로 탄식시에 속한다고 한다. 왜냐하면 '하나님의 이름을 부름(23절) – 현실의 토로 · 간구(31-50절) – 하나님께 신뢰 · 서원(31-50절)'의 형태를 띠고 있기 때문이다.[1)]

(1) 하나님은 때때로 자신의 얼굴을 백성으로부터 숨기신다. 그것은 자신의 백성이 언약을 파기하고 하나님으로부터 돌아설 때이다. 예레미야는 애가서에서 도성의 파괴에 대한 슬픔을 다음과 같이 통렬하게 표현한다.[2)]

> "슬프다 이 성이여 / 본래는 거민이 많더니
> 이제는 어찌 그리 적막히 앉았는고
> 본래는 열국 중에 크던 자가 / 이제는 과부 같고
> 본래는 열방 중에 (　　　　) 되었던 자가
> 이제는 (　　　　) 드리는 자가 되었도다"(애 1:1).

(2) 이런 고통에도 불구하고 애도자들은 하나님의 신실함을 굳건히 믿고 있다. 다음 구절을 더 읽어보자.

> "내 심령이 그것을 기억하고 낙심이 되오나
> 중심에 회상한즉 오히려 (　　　　)이 있사옴은
> 여호와의 자비와 긍휼이 무궁하시므로
> 우리가 (　　　　)되지 아니함이니이다
> 이것이 아침마다 새로우니
> 주의 (　성실　)이 크도소이다"(애 3:20-23).

(3) 탄식이 흘러나옴은 지금 그들이 고통 가운데 있다는 말이다. 그 고통은 하나

---

1) 조미형, 신명기 사가의 성전 비판(석사학위 논문, 감리교신학대학 신학대학원, 1995)

2) 버나드 W. 앤더슨, 최종진 역 구약신학(한돌출판사, 2001), 391면 이하.

• 시편에는 탄식시가 많이 등장한다. 제2성전 기간(주전520-565에 재건축됨)에 그 최종 형태가 이루어진 이 시편들은 역사적인 비극을 반영하고 있다. 모든 시의 5분의 2가 탄식시이다. 이 탄식시에서 믿음의 사람들은 '절망의 깊은 곳에서' 하나님께 울부짖는다. 시편 13:1을 읽어보자.

• 시 13:1 "여호와여 어느 때까지니이까 나를 영영히 잊으시나이까 주의 얼굴을 나에게서 언제까지 숨기시겠나이까."

님의 언약을 파기했기 때문에 내려진 하나님의 징계(처벌)이다. 하나님은 이사야를 통해서 이렇게 말씀하신다.

"하늘이여 들으라 땅이여 귀를 기울이라 여호와께서 말씀하시기를 내가 자식을 (　　　)하였거늘 그들이 나를 (　　　)하였도다"(사 1:2).

이스라엘 백성들은 이런 고통이 지나간 다음에 혼잡물이 제거될 것이다. 이사야서를 조금 더 읽어보자.

"내가 또 나의 손을 네게 돌려 너의 (　　　)를 온전히 청결하여 버리며 너의 (혼잡물)을 다 제하여 버리고 내가 너의 사사들을 처음과 같이, 너의 모사들을 본래와 같이 회복할 것이라 그리한 후에야 네가 의의 성읍이라, (　　　) 고을이라 칭함이 되리라 하셨나니"(사 1:25-26).

2. 즉, 이스라엘에게 닥친 고통은 이스라엘의 특성을 정제하는 정화제라고 말씀하신다.

(1) 오늘 우리가 연구해야 할 솔로몬의 기도는 '성전 봉헌이라는 표면적인 상황과는 어울리지 않게, 간구의 내용에 대해서는 자연스럽게 탄식시'라는 유형을 취하고 있음을 알게 된다. 특히 추방에 대한 언급들(8:46-51)은 이 이야기가 솔로몬보다 훨씬 후대인, 앗수르와 바벨론의 포로로 잡혀가는 시기의 상황을 시사하고 있다.

(1) 솔로몬의 긴 기도는 다윗 언약의 관점을 소개한다. 이 중보 기도에서는(22-40절) 이 약속들이 이미 성취되었다고 말한다. 25절에서 '만약' "네 자손이 자기 길을 삼가면서 내 앞에서 행하기만 하면" 다윗 계통의 통치자가 예루살렘의 왕좌에 계속 앉을 것이라고 약속하신다.

(2) 이 조건의 '만약'이 41-53절에서도 사용되어 포로의 상황을 반영하고 있다. 이스라엘이 주께 범죄함으로 심판을 받아(포로로 끌려가게 되지만) 고통을 당하지만 그들은 회개하고 돌아올 자유가 있다(왕상 8:47). 이 기도는 하나님께 은총과 용서를 구함으로써 절정에 이른다(왕상 8:49-51).[1)]

(3) 학자들은, 이 시의 본문이 포로기 편집자들의 손에 의해 세심하게 다듬어지고 배열되었다고 주장하고, 또 포로기라는 역사의 극한 상황을 전제로 하지 않고는 이해될 수 없다고 주장한다. 물론 이 교재의 성격상 이런 주제를 다룰 수 없다.

1) 포로로 끌려간 백성들은 이제 회개를 실행해야 했다. 솔로몬은 이때의 상황을 예상했을까? 그는 성전을 다 지어 놓고 이런 기도를 드린 적이 있다(왕상 8:33-34).

33 만일
주의 백성 이스라엘이
주께 범죄하여
적국 앞에 패하게 되므로
주께로 돌아와서
주의 이름을 인정하고
이 성전에서
주께 기도하며
간구하거든

34 주는 하늘에서
들으시고
주의 백성 이스라엘의
죄를 사하시고
그들의 조상들에게 주신
땅으로
돌아오게 하옵소서

22절
• 그러고나서(ו) and, then
• 솔로몬은 여호와의 단 앞에서 이스라엘의 온 백성과 마주 보고 서 있다.
• 그리고 하늘을 향해 그의 손을 치켜들었다. 54절을 보라. 이곳에서는 '무릎을 꿇고' 기도했다고 기록하고 있다. 기도의 간절함이 있다.

언약을 지키시는 주

1) 하나님의 성품에 대해 확장 설명하고 있다.
(하나님은 어떤 분이신가?)

① 언약을 지키시고
② 은혜를 베푸시는 주

2) 그렇다면 아무에게나 무조건 은혜를 베푸시는가?
물론 아니다. 그렇다면 그 조건과 대상은?

• 조건 : 주의 면전에서 온 마음으로 행하는 자에게만
• 대상 : 주의 종들에게

24-26절
• 24절 - 야웨는 어떤 분이신가?

3) 주(야웨)의 입으로 말씀하신 것을
• 말씀을 지키시는 분
• 말씀을 (오늘날과 같이) 이루시는 분(언약을 지키시는 분)
4) 다윗과 하나님의 관계는?
(다윗은 야웨의 종)

25절
5) '이제'(עַתָּה)라는 말에서 언약을 이행해 주시기를 바라는 간절함이 있다. '다윗에게 약속하신 언약을 이제 지켜주십시오'라는 말이다.
6) 누구에게 언약을 허락하셨나? (다윗에게, 다윗을 위하여)
7) 그렇다면, 언약의 내용은 어떤 것일까?

26절
8) 원하건대[נָא]-솔로몬은 그 아비 다윗에게 약속하신 그 언약을 확실하게 이루어지게 해달라고 다시 간청하고 있다. 다윗은 여호와를 위하여 성전을 건축하려 했으나 하나님은 이 계획을 반려하신다. 그

22 솔로몬이 여호와의 제단 앞에서
이스라엘의 온 회중과 **마주서서**
하늘을 향하여 손을 **펴고 이르되**

23 이스라엘의 하나님 여호와여
위로 하늘과 아래로 땅에 주와 같은 신이 없나이다
주께서는1)
온 마음으로 주의 앞에서 행하는 종들에게 2)
언약을 지키시고 ①
은혜를 베푸시나이다 ②

24 주께서 주의 종4)
내 아버지 다윗에게 하신 말씀을 지키사3)
주의 입으로 말씀하신 것을
손으로 이루심이 오늘과 같으니이다

25 (이제, עַתָּה)5)
이스라엘의 하나님 여호와여
주께서 주의 종 내 아버지 다윗에게 말씀하시기를
[만일] 네 자손이 자기 길을 삼가서
네가 내 앞에서 행한 것 같이
내 앞에서 행하기만 하면

네게서 나서
이스라엘의 왕위에 앉을 사람이
내 앞에서 끊어지지 아니하리라 하셨사오니7)
이제 다윗을 위하여6) 그 하신 말씀을 지키시옵소서

7) 하나님은 다윗에게 무엇을 약속하셨나?
네(다윗의) 자손이 하나님의 언약을 어기지 않고여호와(야웨)께서 명령하신 법도와 규례를 잘 지킨다면 그의 나라가 영원할 것이다.
• 이 다윗언약은 사무엘하 7장에서 언급된 내용이다. 동교재 「사무엘하」 7장 부분의 설명을 참고해 보자.

원컨대(제발) 수행해 주옵소서

26 그런즉[עַתָּה] 이스라엘의 하나님이여
원하건대[נָא]8)
주는 주의 종 내 아버지 다윗에게 하신 말씀이
확실하게 하옵소서

27 하나님이 참으로 땅에 거하시리이까
하늘과 하늘들의 하늘이라도
주를 용납하지 못하겠거든
하물며 내가 건축한 이 성전이오리이까

27절 : 초월자 하나님

- 하나님은 인간이 지은 이러한 전에 갇혀 계시는 분이 아님을 고백한다. 왜냐하면 그는 우주만물을 만드신 창조주시이기 때문이다.
- 하늘과 하늘들의 하늘 : 이런 표현은 히브리인의 개념에서 나온 표현이다. 첫째 하늘 : 인간이 사는 곳 / 둘째 하늘 : 공중(엡 2:2) / 셋째 하늘 : 하나님이 계시는 곳(고후 12:2) – 이런 땅과 하늘들은 다 하나님의 피조물들이다.

성전을 향해 기도할 때 들어주세요

28 그러나
내 하나님 여호와여
주의 종의 기도와 간구를 돌아보시며
이 종이 오늘 주 앞에서 부르짖음과 비는 기도를
들으시옵소서

29 주께서 전에 말씀하시기를
내 이름이 거기 있으리라 하신 곳
이 성전을 향하여
주의 눈이 주야로 보시오며[1)]
주의 종이
이 곳을 향하여[2)] 비는 기도를 들으시옵소서[3)]

30 주의 종과 주의 백성 이스라엘이
이 곳을 향하여 기도할 때에
주는 그 간구함을 들으시되
주께서 계신 곳 하늘에서 들으시고[4)]
들으시사 사하여 주옵소서

상황별로 간구

31 만일[If, אֲשֶׁר] ❶
어떤 사람이 그 이웃에게 범죄함으로(=못할 짓을 하여)
맹세시킴을 받고 그가 와서(=이 전으로 끌려와서)
이 성전에 있는 주의 제단 앞에서 맹세하거든

32 주는 하늘에서 들으시고 행하시되
주의 종들을 심판하사
악한 자의 죄를 정하여
그 행위대로 그 머리에 돌리시고
공의로운 자를 의롭다 하사
그의 의로운 바대로 갚으시옵소서

성전 건축은 더 완전한 안식이 찾아올 때, 즉 그의 아들 대에 가서 이루어질 것임을 확실히 하셨다(삼하 7:12-13에서 언급되었다). 솔로몬은 여호와께서 언약을 신실히 지키시는 분임을 찬양하고 '이제'(원컨대) 그 말씀이 확실하게 해달라고 간청하고 있다.

28절 : 여호와께 간구 :

종이 기도와 간구를 드릴 때, 이쪽으로 얼굴을 돌리시고 권고해주옵소서

① 목적 : 종의 기도를 들어주시기 위해
   행동 : 주 앞에서 부르짖음과 기도할 때
② 주의 눈을 열어 보옵소서
   1) 주야로 보옵소서
   2) 이 전을 향하여 보옵소서
      이 전(殿)은 여호와께서 이전(以前)에 '주의 이름을 이곳에 두시겠다고 말씀하신 곳'입니다(삼하 7:13 / 신 15:20 참조).
③ 귀 기울여 들어주옵소서
   3) 주의 종이 이곳을 향하여 기도할 때

30절 : 여호와께 간구 (계속)

4) 주의 계신 곳 하늘에서 들으시고
   (하나님의 초월하심을 노래한다. 비록 성전이 없는 곳에서라도 백성들의 간구를 들으시는 분이다.) 물론 하나님은 솔로몬이 지은 이곳 성전에서도 들으신다. (그러나 이는 조건부로 들으신다.)

   "주의 계신 곳 하늘에서 들으시고"라는 표현은 이곳말고도 여러 곳에서 표현되었다 (30, 32, 34, 36, 39, 43, 45, 49절 참조).

상황별로 간구

❶ **죄의 혐의를 받을 때**
어떤 사람이 이웃에게 죄를 지었다는 혐의가 있다고 생각되면, 그가 이 전으로 와서 '내게 잘못이 있으면 저주를 받겠다'고 맹세를 하면(31절하)

32절 : 1) 하늘에서 이 맹세를 들으시고
   2) 판결을 내려주옵소서
      심판하사(국문하사): (친히) 재판하사
   3) 판결
- 죄가 있으면 - 벌을 내리시고
- 죄가 없으면 - 무죄 판결을 내려주옵소서

❷ 범죄로 인해 패전과 유배를 당했을 때 (33-34절)

• 이스라엘 백성이 여호와 앞에 범죄하여 패전하고, 돌아와서 자신들의 죄를 자복하고 죄용서를 빌 때(35절) 그 기도를 들어주십시오.

• 이스라엘은 비록 선민(選民)이지만 이들이 범죄할 때 여호와의 전쟁의 대상이 된다. 하나님은 순종에 대한 축복을 약속하셨지만, 불순종에 대한 저주도 언급하셨다

• 용서를 빌면 사해주옵소서

❸ 비가 오지 않을 때(35-36절)

• 이스라엘 백성이 여호와 앞에 범죄했을 때 비를 내리지 않게 하심으로써 그들을 징벌하신다.

• 레 26:18-20 "너희가 그렇게 되어도 내게 청종치 아니하면 너희 죄를 인하여 내가 너희를 칠 배나 더 징치할지라 내가 너희의 세력을 인한 교만을 꺾고 너희 하늘로 철과 같게 하며 너희 땅으로 놋과 같게 하리니 너희 수고가 헛될지라 땅은 그 산물을 내지 아니하고 땅의 나무는 그 열매를 맺지 아니하리라."

• 이스라엘 지방의 가뭄이 모두 징벌 때문에 온 것은 아니지만, 가뭄은 이스라엘이 범죄했을 때 내려진 하나님의 징계였다. 대표적인 것은 아합 때에 3년 반 동안 비가 오지 않은 경우였다(왕상 18장).

• 용서를 빌면 사해주옵소서

❹ 각종 재해가 왔을 경우(37-40절)

• 온역 : 악성 전염병
• 깜부기 : 비의 부족으로 곡식이 까맣게 썩는 병
• 메뚜기나 황충 : 메뚜기가 큰 떼를 지어 전지역을 황폐화시키는 재앙을 가리킨다.

33 [만일, When] ❷
주의 백성 이스라엘이 주께 범죄하여 [범죄]
적국 앞에 패하게 되므로(בְּהִנָּגֵף, are defeated)
주께로 돌아와서 [회개]
주의 이름을 인정하고
이 성전에서 주께 기도하며 간구하거든(조건절, if)

34 주는 하늘에서 들으시고 [용서]
주의 백성 이스라엘의 죄를 사하시고
그들의 조상들에게 주신 땅으로 돌아오게 하옵소서
----

35 만일 ❸
(이유: כִּי, because) [범죄]
그들이 주께 범죄함으로 말미암아
하늘이 닫히고 비가 없어서
주께 벌을 받을 때에

이 곳을 향하여 기도하며 [회개]
주의 이름을 찬양하고
그들의 죄에서 떠나거든(조건절, if)

36 주는 하늘에서 들으사
주의 종들과 주의 백성 이스라엘의 죄를 사하시고
그들이 마땅히 행할 선한 길을 가르쳐 주시오며 [용서]
주의 백성에게 기업으로 주신 주의 땅에
비를 내리시옵소서
----

37 만일(조건절, if) ❹
이 땅에 기근이나 전염병이 있거나
곡식이 시들거나 깜부기가 나거나 [징계]
메뚜기나 황충이 나거나
적국이 와서 성읍을 에워싸거나
무슨 재앙이나
무슨 질병이 있든지 막론하고

38 한 사람이나 혹 주의 온 백성 이스라엘이
다 각각 자기의 마음에 재앙을 깨닫고
이 성전을 향하여 손을 펴고 [회개]
(spreading his hands toward this house)
무슨 기도나(whatever prayer)
무슨 간구를 하거든

39 주는 계신 곳 하늘에서 들으시고 [용서]
사하시며

각 사람의 마음을 아시오니
그들의 모든 행위대로 행하사 갚으시옵소서
주만 홀로 사람의 마음을 다 아심이니이다

40 그리하시면
그들이 주께서 우리 조상들에게 주신 땅에서
사는 동안에
항상 주를 경외하리이다 경외

이방인의 기도까지

41 또 주의 백성 이스라엘에 속하지 아니한 자
곧 주의 이름을 위하여 먼 지방에서 온
이방인이라도 ❺

기도

42 그들이 주의 크신 이름과
주의 능한 손과 주의 펴신 팔의 소문을 듣고 와서
이 성전을 향하여 기도하거든

43 주는 계신 곳 하늘에서 들으시고
이방인이 주께 부르짖는 대로 이루사

//(목적: לְמַעַן, in order that...may) 응답
땅의 만민이 주의 이름을 알고
주의 백성 이스라엘처럼 경외하게 하시오며
또 내가 건축한 이 성전을
주의 이름으로 일컫는 줄을 알게 하옵소서

전투에 임할 때에도

44 주의 백성이
그들의 적국과 더불어 싸우고자 하여 ❻ 성전(聖戰)
주께서 보내신 길로 나갈 때에

그들이 주께서 택하신 성읍과
내가 주의 이름을 위하여
건축한 성전이 있는 쪽을 향하여
여호와께 기도하거든

응답

45 주는 하늘에서
그들의 기도와 간구를 들으시고
그들의 일을 돌아보옵소서

❺ 이방인의 기도까지 들으소서(41-43)

1) 이방인은 누구인가?
이스라엘에게 속하지 않은 자
주의 이름을 위하여 먼 지방에서 온 자

당시 솔로몬이 이방인을 위해 기도했다는 것은 놀라운 일이었다.

2) 이방인들이 이곳 성전까지 오는 이유는 무엇인가? (42절)

- 주의 이름과 주의 능한 손과 주에 대한 소문을 듣고
- 와서
- 기도하거든
  - ➡ 하늘에서 들으시고 그들이 부르짖는 기도를 이루어주옵소서.

❻ 전투에 임할 때의 간구(44-45절)

- 이스라엘에게 있어서 전쟁은 신성한 종교적 전쟁이었다(聖戰). 즉 하나님의 임재와 지휘로 이루어지는 전쟁이었다. 이런 이유로 전쟁 역시 성전(聖殿) 안에서의 예배와 비슷한 것으로 생각했다. 따라서 기도는 필수적이었을 것이고, 군사들은 스스로 '성결케' 해야 했다(수 3:5). 전쟁터의 진 역시 제의적인 성결함이 유지되어야 했다.

- 그렇다면 전쟁이 끝난 후는 어떠했을까? 전쟁이 끝난 후 승리한 군대에 의하여 행해지는 제례 의식은 전쟁 전이나 중간 중간에 행해지던 제례의식보다 더 공과 정성이 많이 들어간 의식을 행했다(특히 승리의 송가를 지어 부를 때도 있다 / 출 15:1-18 / 삿 5장, 시 18편 등). 전투에 패배했을 때에도 제례 의식을 행하였다. 패배한 군인들은 공포와 두려움으로 위축되어 있을 것이기 때문이다.

❼ 포로기의 간구 · 탄원(46-50절)

- 이스라엘이 포로로 끌려갔을 때
  - (1) 포로로 끌려간 원인
  - (2) 변명
  - (3) 범죄함으로 포로
    - 진노하심
    - 징벌(저희를 이방에 파심)
    - 결과 : 적국으로 끌려감

가나안은 축복의 땅이요, 안식의 땅이지만

- 가나안 땅은 축복이요 안식(쉼)의 땅이지만 그렇다고 아무렇게나 살아가도 되는 곳이 아니다. 그곳은 특별한 생활 양식을 요구하는 땅이다. 그러나 가나안에 들어와서 잠시 동안만(여호수아와 그와 동시대의 장로들이 살아 있을 동안) 순종했을 뿐 이들은 신속하게 가나안 문화에 동화되어 갔다.

- 사사시대 동안 이스라엘은 무정부를 방불케 하는 혼돈을 경험한다. 결국 왕정이 요구되었고 사울 왕이 등장했다. 그러나 이스라엘은 별로 사사시대보다 나아진 것이 없었다.

- 그러나 다윗 통치 하에 통일왕국을 이루고, 이스라엘은 지금 최절정의 영화를 맛보고 있다. 그러나 이스라엘은 언제 다시 나락으로 떨어질지 모른다.

- 지금 솔로몬은 이를 위해 기도하고 있다. 이스라엘의 범죄함이 극에 달할 때, 하나님은 이스라엘을 이방인에 파실 것이다. 단순한 이방인의 침략이 아니라 아주 먼곳으로 팔아버리시겠다고 경고하셨다.

- 레위기 26장을 살펴보자.

포로로 끌려갔을 때에도

46 범죄하지 아니하는 사람이 없사오니 [범죄]
그들이 주께 범죄함으로
주께서 그들에게 진노하사
그들을 적국에게 넘기시매 ❼
적국이
그들을 사로잡아 원근을 막론하고 [진노]
적국의 땅으로 끌어간 후에

47 그들이 사로잡혀 간 땅에서
스스로 깨닫고 [포로]
그 사로잡은 자의 땅에서 돌이켜
주께 간구하기를
/우리가 범죄하여 반역을 행하며
/악을 지었나이다 하며

48 자기를 사로잡아 간 적국의 땅에서
온 마음과 온 뜻으로
주께 돌아와서
주께서 그들의 조상들에게 주신 땅 [회개]
곧 주께서 택하신 성읍과
내가 주의 이름을 위하여
건축한 성전 있는 쪽을 향하여 주께 기도하거든

49 주는 계신 곳 하늘에서
그들의 기도와 간구를 들으시고
그들의 일을 돌아보시오며

50 주께 범죄한 백성을 용서하시며
주께 범한 그 모든 허물을 사하시고
그들을 사로잡아 간 자 앞에서
그들로 불쌍히 여김을 얻게 하사 [응답]
그 사람들로 그들을 불쌍히 여기게 하옵소서

51 //(이유: כִּי, for)
그들은 주께서 철 풀무 같은 애굽에서
인도하여 내신 주의 백성, [이유(1)]
주의 소유가 됨이니이다

52 //원컨대 보시고(목적: לְ?, that...may)
원하건대 주는 눈을 들어 종의 간구함과
주의 백성 이스라엘의 간구함을 보시고 [이유(2)]
주께 부르짖는 대로 들으시옵소서

53 //(이유: כִּי, for) 이유(3)

주 여호와여
주께서 우리 조상을 애굽에서 인도하여 내실 때에
주의 종 모세를 통하여 말씀하심 같이
/주께서 세상 만민 가운데에서
그들을 구별하여
주의 기업으로 삼으셨나이다

- 하나님은 이스라엘이 청종치 않을 때 재앙을 내리실 것이라고 경고하신다(레 26:21). 들짐승을 보내어 그들의 수고를 헛되게 하실 것이다. 그래도 청종치 않으면 염병을 보내거나 대적에게 파실 것이라고 선포하신다(레 26:25).

"하나님, 우리를 용서하실 근거는 다음과 같습니다."(51-53절)

- 과거(51절) : 애굽에서 이끌어낸
  현재 : 주의 백성입니다. "저희는 주의 산업입니다."
- 그러니 "저희 주의 백성의 간구를 들어주옵소서"(52절).
- 그들은 세상 만민 가운데서 특별히 구별해 낸 여호와의 백성이기 때문입니다.

솔로몬의 축복

54 **솔로몬이 무릎을 꿇고 손을 펴서 하늘을 향하여 이 기도와**
간구로 여호와께 아뢰기를 마치고 여호와의 제단 앞에서
일어나 55 서서 큰 소리로 이스라엘의 온 회중을 위하여
축복하며 **이르되** 56

여호와를 찬송할지로다 그가 말씀하신 대로 그의 백성 이
스라엘에게 태평을 주셨으니 그 종 모세를 통하여 무릇 말
씀하신 그 모든 좋은 약속이 하나도 이루어지지 아니함이
없도다 57우리 하나님 여호와께서 우리 조상들과 함께 계
시던 것 같이 우리와 함께 계시옵고 우리를 떠나지 마시오
며 버리지 마시옵고 58우리의 마음을 주께로 향하여 그의
모든 길로 행하게 하시오며 우리 조상들에게 명령하신 계
명과 법도와 율례를 지키게 하시기를 원하오며 59여호와
앞에서 내가 간구한 이 말씀이 주야로 우리 하나님 여호와
께 가까이 있게 하시옵고 또 주의 종의 일과 주의 백성 이
스라엘의 일을 날마다 필요한 대로 돌아보사 60이에 세상
만민에게 여호와께서만 하나님이시고 그 외에는 없는 줄을
알게 하시기를 원하노라 61**그런즉 너희의 마음을 우리 하**
나님 여호와께 온전히 바쳐 완전하게 하여 오늘과 같이 그
의 법도를 행하며 그의 계명을 지킬지어다

• 전쟁의 참담함

- 재앙 중의 가장 무서운 것은 무엇일까? 물론 전쟁일 것이다. 전쟁은 모든 것에 폐허를 가져온다. 무엇보다 양식이 없음으로 고통을 당하게 될 것이다. 하나님은 그럴 때의 비참함을 이렇게 표현하신다. "열 여인이 한 화덕에서 떡을 구워 저울에 달아 주리니 너희가 먹어도 배부르지 아니하리라."

만약에 그래도 순종치 않는다면?(레 26:27-33)

- 그렇다면 이스라엘을 징책하여 이들을 그 땅에서 쫓아내실 것이다. 하나님의 징계는 칠 배나 더 징책하신다고 선언하신다. 적국이 쳐들어 올 것이고 이로 인한 극한적인 상황은 자녀의 고기를 먹는 비참한 상황까지 갈 것이다(신 28:53, 렘 19:9, 애 4:10을 참조해 보라). 또한 대량 학살이 있고 성읍이 황폐되며 땅이 황폐화될 것이다. 그때 가서야 땅이 안식을 누릴 것이라고 말한다. 경작을 할 수 없는 때가 올 것이라는 말이다(35절). 설령 전쟁에 죽지 않고 남은 자가 있다 하더라도 적국의 포로가 된 사람들일 것이다. 그러나 이것은 경고에 그친 것이 아니라 실제로 역사에 일어나게 된다.

그러나,그러함에도 불구하고 회개, 자복을 한다면?(레 26:40-46)

- 이스라엘이 비록 불순종하여 하나님을 배반하여 혹독하게 징계를 당하더라도, 하나님은 자기 백성을 포기하지 않으실 것이요, 신실하게 언약을 지키시겠다고 말씀하신다(42, 44-45절).

- 하나님은 자기 백성을 끝까지 버리지 아니하신다. 하나님의 위대하신 목적을 위해 다른 이방인과 결코 다를 것이 없는 간악하고 죄악투성이인 이들을 자기 아들로 삼고, 징계와 함께 사랑으로 키워 가시겠다고 말씀하신다.

레위기 26:14-20을 자세히 들여다보자.

계속되는 (하나님에 대한) 이스라엘의 적대 행위는

- 이스라엘의 존폐 문제에까지 확대되어 궁극적으로는 나라가 망하게 될 것이다(레26:38절을 읽어보자).
- 그러나 하나님은 언약에 성실하시기 때문에 그들의 조상과 맺은 언약을 폐기하지 아니하시고 그 언약을 기억하여 그들을 권고하시겠다고 말씀하신다(레 26:42-45).
- 그래서 이방인을 몽둥이로 사용하셔서 혼이 나게 때려주고, 그들을 깨우쳐서 원래의 관계성을 회복(回復, Restoration)하겠다고 약속하시는 것이다.

• 레 26:14 "**그러나 너희가 내게 청종하지 아니하여 이 모든 명령을 준행하지 아니하며** 15
**내 규례를 멸시하며 마음에 내 법도를 싫어하여 내 모든 계명을 준행하지 아니하며 내 언
약을 배반할진대** 16 내가 이같이 너희에게 행하리니 곧 내가 너희에게 놀라운 재앙을 내
려 폐병과 열병으로 눈이 어둡고 생명이 쇠약하게 할 것이요 너희가 파종한 것은 헛되리
니 너희의 대적이 그것을 먹을 것임이며 17 내가 너희를 치리니 너희가 너희의 대적에게
패할 것이요 너희를 미워하는 자가 너희를 다스릴 것이며 너희는 쫓는 자가 없어도 도망
하리라 18 또 만일 너희가 그렇게까지 되어도 내게 청종하지 아니하면 너희의 죄로 말미
암아 내가 너희를 일곱 배나 더 징벌하리라 19 내가 너희의 세력으로 말미암은 교만을 꺾
고 너희의 하늘을 철과 같게 하며 너희 땅을 놋과 같게 하리니 20 너희의 수고가 헛될지
라 땅은 그 산물을 내지 아니하고 땅의 나무는 그 열매를 맺지 아니하리라."

1. 하나님의 언약의 핵심은 하나님 자신이 인간의 조건 없이 이루어 나가시는 것이다.

(1) 그러나 그 언약의 핵심적 관계(하나님이 그들의 하나님, 그들은 하나님의 백성의 관계)에 따르는 그 밖의 외적인 축복은 반드시 "순종"이라는 조건이 있어야 한다. 물론 불순종은 저주를 가져온다. 레위기는 결론을 말하면서 하나님 앞에 순종할 것을 권면하고 있다.

(2) 언약과 순종 : 언약은 언약 당사자간의 "죽음"을 걸고 관계를 맺는 것이다. 그러므로 불순종이란 언약의 배반이기에 저주가 임한다. 그러므로 "순종"은 바로 "우리의 반응이요, 감사의 표시" 라고 말할 수 있다. 레위기 26장에서도 순종에 따르는 축복, 반대로 불순종에 따르는 징계가 있을 것이라고 말씀하신다.

2. 위의 구절들에서 볼 수 있는 것처럼 '주의 언약을 파기하는 것'에 초점이 모아져 있다.

(1) 이와 같이 율법언약을 파기하는 것이 '죄'를 구성하며, 그 '죄를 인하여' 여호와께서 자기 백성을 '적대하여 치실 것'이라고 선포한다(16-17절).

- "[그리할진대] 내가 너희에게 이와 같이 행하리니"(16a)
- "내가 너희를 **치리니**"
- "너희가 **너희 대적에게 패할 것이요**"(17b)

(2) 왜, 이렇게 하나님은 이스라엘을 대적하시면서까지 이스라엘을 징치하시는 것일까?

열왕기상 7장 요약 정리

요약 질문

7장: 솔로몬의 궁전 · 성전 장식

- 솔로몬의 왕궁을 건축하는 데 걸린 기간은? 성전 건축 기간과 비교해 보라.
- 왕궁 건축물의 규모와 재료를 살펴보라.
- 왕궁은 어떤 의미가 있는가? 당시 시대상과 비교해서 설명해 보라(교재).
- 왕궁과 함께 지어진 부속 건물은 어떤 것들이 있는가? 7가지를 알아보자. (교재)
- 성전 비품들은 어떤 것들이 있는가? 히람이 만든 두 놋쇠 기둥의 이름과 그 의미를 설명해 보라.

8장: 성전 봉헌 · 봉헌 연설 · 봉헌 기도

- 언약궤가 성전에 안치되었다. 그 안치 과정을 설명해 보라. (8:1-11)
- 솔로몬의 봉헌 연설 내용을 요약 설명해 보라. (8:12-21)
- 솔로몬의 봉헌 기도의 내용을 정리 설명해 보라. (8:22-53)
- 솔로몬의 봉헌 기도문은 그 형식이 탄식시에 속한다고 본다. 그 이유는 무엇일까? (교재)
- 솔로몬의 기도에서 다윗 언약의 관점을 소개한다(8:22-44). 다윗과의 약속이 어떻게 성취되었다고 고백하는가?
- 다윗 언약을 설명해 보라. (사무엘하 7장 참조) 이 언약의 특성과 그 성취에 대해 설명해 보라.
- 솔로몬은 상황별로 간구하고 있다. 어떤 상황들인가? 7가지로 나누어 설명해 보라.
- 이 기도의 내용을 보다 잘 이해하기 위해 레위기 26장을 살펴볼 필요가 있다. 어떤 내용인가?
- 열왕기상 8:41에 소개되는 '이방인'은 누구를 가리키는가?
- 포로지에서도 기도하면 들어달라고 간구한다(50절). 그들을 용서해 주셔야 할 이유로 무엇을 근거로 간구하고 있는가? (51-53절)

Summary

- 솔로몬의 봉헌 연설 및 기도 분석
- 전투 시의 제의 의식 연구
- 이스라엘이 포로로 끌려간 원인

Outline 152

1Kings 9-10장

솔로몬과 맺은 언약 · 부귀영화

솔로몬 성전 공사는 7년 반이나
걸려서 완공된다.
건물의 크기로 보면 대단한 건축물은 아니었지만,
건축공학 면으로나 예술적인 면으로 보면
당시 근동에서는 다른 것과는 비교할 수 없는
기념비적 건물이었다.

솔로몬은 건물이 완공되고
그곳에 비치할 성전 비품이 설치되자
마지막 과정으로 법궤를 성전에 안치한다(왕상 8:1-11).

법궤가 지성소에 안치되자
여호와 하나님이 그 성전 안에 임재하셨다.
임재를 상징하는 구름이 전에 가득했다.
하나님이 이 전을 받으셨다는 증거였다.

솔로몬은 백성을 향해 연설을 한다(8:12-14).
그 연설의 핵심은 이 모든 역사가
하나님이 이스라엘에게 베푸신 은혜였다는 것이다.

솔로몬은 하나님께 구체적인 청원 기도를 드린다.
특히 백성이 범죄하여 포로가 되었을 때에라도
회개하면 돌아오게 해달라는 기도를 드린다.
결국 성전은 이스라엘 백성들의 삶을 집약시키는
구심체가 된다.

성전은 지상에 건축된 여호와의 왕궁이었다.
이 성전에서 백성들은 하나님을 만나고,
교제하며, 용서받을 것이다.

9:1-9 솔로몬과 맺은 하나님의 언약

- 1-2절 : 성전 공사를 필역한 후, 그러니까 그의 재위 24년[4년+7년(성전공사)+13년(왕궁공사)]에 전에 하나님이 기브온에서 나타나셨던 것처럼(왕상 3:4이하) 다시 나타나셨다. 물론 이번에는 예루살렘에서였을 것이다.

- 3절 : 꿈에 나타나셔서 무엇이라고 말씀하셨는가?
  (1) 너의 봉헌 기도를 잘 들었다.
  (2) "네가 지은 이 전(Temple)을 내가 거룩하게 구별하였으므로 내가 내 이름을 영원히 거기에 둘 것이다. 내가 그 성전을 보살피며 항상 보살필 것이다"(쉬운 성경).

- 4-9절 : 성전을 완공한 것은 궁극적으로는 여호와 하나님 자신인 것을 보게 된다. 하나님은 백성들과 함께 하시기 위해 한 곳(=예루살렘)을 정하여 성전을 짓게 하시고 이곳에 임재하실 것이라고 약속하신다. 그러나 언약의 성격상 왕의 순종 여부가 축복과 역사의 관건이라고 말씀하신다.

(1) 4절 : "네가 만일 ~을 지키면"(누구처럼?) ➲ 네 집안이 영원토록 이스라엘을 다스리게 해주겠다(5절).
(2) 6절 : "그러나, 언약을 어기고 우상숭배를 한다면" ➲ 이스라엘 백성을 이 땅에서 쫓아내겠다(7절). ➲ 그래도 아주 말 안 들으면 내가 거룩히 구별한 성전도 다 던져버리겠다(7절).

(#) 솔로몬이 순종했을까, 아니했을까? (9:25)

10-14절 : 솔로몬과 히람의 거래

- 히람은 솔로몬에게 성전과 왕궁을 짓는 데 필요한 재료를 공급해주었고, 이에 솔로몬은 히람에게 성읍 20개를 주었다. 그런데 이 땅이 거의 쓸모없는 땅이라 히람이 싫어했다던데….

15-28절 : 솔로몬의 많은 업적(공공사업)

10:1-13 스바 여왕이 솔로몬을 방문

- 1-2절 : 스바 여왕이 솔로몬 왕을 찾아왔다. 우선 솔로몬의 명성을 듣고 왔다고 했다. 또 이스라엘과 무역 관계를 원만하게 유지하기 위해서도 예루살렘을 방문할 필요가 있었을 것이다(2절 참조). 솔로몬의 아카바만 통치가 남부 아라비아를 부유하게 해주는 대상들의 루트를 위협하고 있었기 때문이다. 스바 왕국은 예루살렘에서 1,920km나 떨어진 아라비아 남부(오늘날의 예멘?)라는데, 물론 낙타를 타고 왔을 것이다. 스바는 부국이었기에 수행원도 많이 대동하고 왔다. 물론 값비싼 선물도 가지고 왔다(10절).

- 3-9절 : '설마 그렇게 지혜가 많을까' 하고 반신반의했던 스바 여왕도 막상 솔로몬과 그가 지은 성전과 궁전을 보고 사실이었음을 고백한다. "내가 듣던 것보다 훨씬 뛰어나군요!" 돌아갈 때에 여왕은 솔로몬에게 금 120달란트(약 4.11ton)와 향료와 보석을 주었다고 했다(10절).

- 11-13절 : 오빌(스바 왕국에 인접해 있거나 속해 있었을 것이다. 9:28)에서 많은 백단목과 보석을 운반해 왔다. 솔로몬은 백단목을 성전과 궁의 계단을 만드는 데 썼다. 음악가들이 쓸 수금과 비파를 만드는 데도 썼다. 솔로몬은 자기 나라로 돌아가는 스바 여왕에게 원하는 대로 선물을 주었다고 했다.

14-29절 : 솔로몬의 부귀

- 14-17절 : 솔로몬이 얼마나 부귀를 누렸는가를 요약하고 있다. 솔로몬은 해마다 세금을 받았는데, 금으로 약 22.8톤에 해당하는 액수였다. 그 외에 아라비아 왕들과 이스라엘의 방백들이 바치는 금도 받아들였다. 그 금으로 금방패를 만들었다. 그는 이미 신명기 17:17을 어기고 있었다.
- 18-21절 : 상아로 보좌를 만들고 거기에다 금을 입혔다. 왕좌로 올라가는 계단을 만들고 계단 양 옆에는 열두 사자 상을 만들었다.
- 23-25절 : 솔로몬의 지혜와 재산이 천하 열왕보다 컸기에 그의 얼굴 보기를 원하는 사람이 많았다.
- 26-29절 : 병거와 마병을 모으고 은을 돌같이, 백향목을 평지의 뽕나무같이 흔하게 썼다. 말은 이집트

❖ 9:3절을 보면, 비록 솔로몬의 손에 의해 이 성전이 완공을 보았지만 결국 이 성전의 완공자는 여호와이심을 본다. 그러므로 하나님은 일방적인 은혜를 베푸셔서 솔로몬과 언약을 세우신다. 그런데 그 언약의 내용이 성취되어가는 것은 인간 편에서의 순종, 즉 조건적인 면이 있음을 보게 된다. 왜냐하면 이스라엘의 역사는 언약의 역사이기 때문이다.

❖ 이제 이스라엘의 흥망성쇠는 왕의 순종 여부에 달려 있다. 그러니까 성전은 단순히 하나님께서 경배나 받으시려고 지어진 것이 아니다. 그분은 하나님이시기에 그에게는 인간의 전폭적인 순종이 요구된다. 즉 언약 안에 함께 계심을 드러내기 위하여 성전을 필요로 했던 것이다. 물론 솔로몬은 순종한다(9:25). 적어도 그의 생의 전반에는….

❖ 솔로몬의 명성을 듣고 스바 여왕이 찾아왔다. 여왕의 방문은 무역의 길을 트기 위한 것이었으나 본문에서는 솔로몬의 지혜의 말씀을 듣기 위하여 왔다고 기록하고 있다. 여왕은 실제 소문으로 듣던 것보다 더 훌륭했기 때문에 부러움을 표시하고 하나님을 찬양한다. 그리고 많은 예물을 바친다.

❖ 솔로몬의 부는 엄청난 것이었다. 세 수입은 해마다 금으로 666달란트나 되었고 그 외에도 많았다. 그러나 이 엄청난 부는 타락으로 이끄는 요인이 되기도 했다.

< 도표 >

A. 왕위 계승 문제(1-2장) : 다윗에서 솔로몬으로
- B. 꿈 에피소드 1(3:1−15):축복의 약속
  - C. 국내 정치
    - (1) 여인들과 지혜(3:16-28)
    - (2) 행정과 지혜(4:1-34)
  - D. 노동관련 문제
    - (3) 히람과 교역(5:1-12)
    - (4) 노역(5:13-18)
  - E. 하나님에 대한 솔로몬의 긍정적 태도(6-8장)

- B′ 꿈 에피소드 2(9:1−10상) : 재앙의 위협
  - D′ 노동관련 문제
    - (3′) 히람과 교역(9:10하-14)
    - (4′) 노역(9:15-28)
  - C′: 국제 정치
    - (1′) 여인과 지혜(10:1-13)
    - (2′) 부와 지혜(10:14-29)
  - E′ 하나님에대한 솔로몬의 부정적 태도(11:1-13)

A′ 왕위 계승 문제(11:14-43): 솔로몬에서 르호보암으로

다시 솔로몬에게 나타나사(왕상 9:1−9)

옆의 도표를 자세히 들여다보자. 1장에서 이미 소개된 내용이다. 솔로몬이 기드온에서 일천 번제를 드린 후에 하나님께서 꿈에 나셔서 그에게 축복을 약속하셨던 것처럼, 이번에도 다시 꿈에 나타나셨다. 이미 8장에서 살펴보았듯이 솔로몬의 간절한 기도가 있었다. 여기 9:1-9의 사건은 그 기도에 대한 하나님의 응답으로 주어진 계시이다. 봉헌 기도의 내용이 다분히 언약적인 요소를 갖고 있음을 본다. 그 기도에 대한 하나님의 응답은 이스라엘 편에서의 순종을 요구하시는 것으로 나타난다. 이스라엘의 왕은 단순한 통치자가 아니라 하나님의 대리 통치자요, 인간편으로는 대표적인 입장에 서 있는 자였다. 따라서 왕의 순종 여부가 이스라엘의 축복과 저주를 가져오는 시금석이 된다. 이미 사무엘하 7장에서 자세하게 살펴본 다윗 언약과 비교하면서 솔로몬과 맺은 하나님의 언약을 살펴보자.

1. 성경 본문에는 솔로몬의 봉헌 기도가 끝난 후 즉시 하나님이 솔로몬에게 나타나신 것으로 소개되지 않고 있다.

(1) 하나님께서 솔로몬에게 나타난 시기를 언제로 표시하고 있는가?

9:1 솔로몬이 여호와의 성전과 왕궁 건축하기를 마치며 자기가 이루기를 원하던 모든 것을 마친 때에

솔로몬이 성전과 왕궁을 다 완공하기까지는 20여 년의 세월이 걸렸다(대하 8:1). 성전 공사는 그의 재위 4년에 시작되었다(왕상 6:1). 20여 년 동안 모든 공사를 필역한 후, 그러니까 솔로몬 재위 24년에 하나님께서 이전에 기브온에서 나타나셨던 것처럼(왕상 3:4이하) 다시 나타나셨다.[1)]

(2) 성전이 봉헌됨으로써 마침내 하나님을 중심으로 하는 신정왕국의 틀이 갖추어졌다. 어떤 의미에서는 출애굽 이후 역사의 초점이 예루살렘 성전에 맞추어져 왔다고도 볼 수 있다(열왕기상 6:1*에서는 성전 공사 착공 연대를 출애굽을 기점으로 해서 계산하고 있다). 하나님의 임재의 처소는 더 이상 이리저리로 이동할 수 없고 거룩한 시온산에 고정되어 있어야 했다. 마침내 성전이 완공되었다. 사무엘하 6, 7장에서 기대했던 바가 열왕기상 8장에서 가시적으로 구체화되었다.

2. 그렇다면 과연 솔로몬 통치 하에서 정치적 이상이 온전히 실현될 것인가?

1) 본문 9:1의 설명대로라면, 적어도 솔로몬 재위 24년에 꿈에 나타나신 것으로 되어 있다. 그렇다면 성전봉헌은 성전이 지어진 후 13년(궁전 건축)이 더 지나서야 하게 되었다는 이야기가 된다. 그러나 성전봉헌도 하지 않고 계속 13년 동안이나 사용하다 궁전까지 짓고 나서야 성전을 봉헌했다는 주장은 무리이다. 여기서의 이야기는 성전 봉헌식은 준공 후에 드렸고, 이제 궁전이 완공된 후에 교만하기 쉬운 상황이 왔기에 경고를 주시기 위해 꿈에 나타나셨을 것이다.

• 왕상 6:1 "**이스라엘 자손이 애굽 땅에서 나온 지 사백팔십 년이요** 솔로몬이 이스라엘 왕이 된 지 사 년 시브월 곧 둘째 달에 솔로몬이 여호와를 위하여 성전 건축하기를 시작하였더라."

(1) '약속의 땅' 가나안이 이상적 사회구조로 확립될 것인가? 솔로몬은 과연 하나님이 원하시는 진정한 왕인가? 그는 과연 그의 아비 다윗의 길을 걸어갈 것인가? 이스라엘의 왕권은 시내산 언약이 요구하는 바를 충족시킬 수 있어야 한다. 지금 여호와 앞에 서 있는 솔로몬 역시 다윗과 마찬가지로 여호와의 대리자 자격으로 통수권을 행사하고 있는 것이다. 이스라엘의 장래는 이 대리 통치자인 왕의 율법 준수 여하에 따라 부침(浮沈)을 계속할 것이다.

이스라엘의 장래는 이 대리 통치자인 왕의 율법 준수 여하에 따라 부침(浮沈)을 계속할 것이다.

(2) 하나님은 솔로몬의 꿈에 나타나셔서 무엇이라고 말씀하셨는가?

- 왕상 9:3 여호와께서 그에게 이르시되 네 기도와 네가 내 앞에서 간구한 바를 내가 들었은즉 나는 네가 건축한 이 성전을 거룩하게 구별하여 내 이름을 영원히 그 곳에 두며 내 눈길과 내 마음이 항상 거기에 있으리니

(3) "너의 봉헌 기도를 잘 들었다." 하나님은 솔로몬의 봉헌 기도를 주의 깊게 들으셨다. 솔로몬은 봉헌 기도를 통해서 성전을 초월하여 계신 여호와 하나님께(8:23) 하늘을 향해 손을 펴면서(8:23) 다윗과 하신 언약을 충실히 지켜 주실 것을 간구했다(8:24). "네가 지은 이 전(Temple)을 내가 거룩하게 구별하였으므로 내가 내 이름을 영원히 거기에 둘 것이다. 내가 그 성전을 보살피며 항상 보살필 것이다" (쉬운 성경).

자기 이름을 두시려고*

1. 이스라엘 백성이 약속의 땅 가나안으로 들어가기 전날 모세는 백성들에게 다음과 같이 권면한다.

- 신 12:5-6 "오직 너희의 하나님 여호와께서 **자기의 이름을 두시려고** 너희 모든 지파 중에서 택하신 곳인 그 계실 곳으로 찾아 나아가서 [6]너희의 번제와 너희의 제물과 너희의 십일조와 너희 손의 거제와 너희의 서원제와 낙헌 예물과 너희 소와 양의 처음 난 것들을 너희는 그리로 가져다가 드리고"

- 신 12:11 "너희는 너희 하나님 여호와께서 자기 이름을 두시려고(to dwell, לְשַׁכֵּן) 한 곳을 택하실 그 곳으로…."

(1) 하나님은 "그 계실 곳에 자신의 이름을 두기 위하여" 이스라엘 땅의 한 성소를 택하셨다는 말이다. 성전이 봉헌된 후 하나님의 임재를 상징하는 영광

두시려고(to dwell, לְשַׁכֵּן)

- '두시려고'(to dwell, לְשַׁכֵּן)로 번역된 동사는 성소, 또는 성막에서 "하나님이 거하신다"는 말과 같은 뜻이다. '성막'(장막, 출 25:9, 26:1)이라는 말은 '미시칸' (מִשְׁכָּן)이라는 말로 '거주지, 거처, 장막, 주택' 등의 뜻이 있다. '미시칸' 이라는 말은 '정착하다, 거주하다, 머무르다, 거하다'라는 뜻을 가진 '솨칸'이라는 단어에서 유래되었다. 즉 성막은 하나님께서 이스라엘 백성과 '교제하기 위한 장소' 라는 말이다. 그러니까 성막이란 주로 거처(dwelling place)를 의미한다. 이는 '앉아서 함께 머문다' 라는 의미보다는 '함께 산다' 는 활동적인 의미를 담고 있다.

하나님의 참된 거주지는 하늘의 성전이다. 그러나 하나님의 이름, 혹은 다른 자아는 성전에 거하신다.

의 구름이 전에 가득했다. 신명기 저자는 거기에 거하는 것은 '하나님의 이름'이라고 했다(신 12:11). 그 이름은 여호와의 개인적 본질을 나타낸다. 물론 하나님은 인간의 손으로 지은 성전에 거하지 않으신다. 하나님의 참된 거주지는 하늘의 성전이다. 그러나 하나님의 이름, 혹은 다른 자아는 성전에 거하신다. 백성이 주의 이름을 부르고 하나님이 "이스라엘 찬송 중에 거하시는"(시 22:3) 곳이 바로 하나님의 거주지이다(버나드 W. 앤더슨, 구약신학, 19항).

(2) 이와 같은 표현으로 하나님은 성전에 그의 이름을 영영히 두시겠다고 약속하신다. 성막의 경우보다, 하나님께서 백성 가운데 거하시겠다는 면이 한층 강화된 것을 볼 수 있다. 그렇다면 이 성전에서 여호와는 결코 떠나시지 않는다는 말인가? 만약 언약을 어기고 불순종한다면 어떤 결과가 올 것인가? 하나님은 솔로몬과 맺은 언약에서 조건성을 보여주시고 있다.

부할 때에 잘해라!

• 기브온 산당에서 일천 번제를 드리고 난 후에 하나님은 꿈에 솔로몬에게 나타나셨다. 그때 하나님은 솔로몬에게 상당히 호의적이셨다. 하나님은 솔로몬이 원하는 대로 모든 것을 다 주시겠다고 약속하신다. 솔로몬은 하나님께 다른 무엇보다 백성을 잘 통치할 수 있도록 지혜를 간구했다. 하나님은 이를 크게 기쁘게 여기시고 지혜뿐만 아니라 부와 영광도 함께 주셨다.

그러나 성전과 궁전 공사가 끝난 지금 하나님은 솔로몬에게 철저하게 경고하시는 모습을 볼 수 있다. 이스라엘은 지금 최고의 부와 평강을 누리고 있다. 언제든지 타락으로 떨어질 수 있는 잠재적 요인을 갖고 있었기 때문이다.

3. 위에서 살펴보았듯이 성전을 완공한 것은 궁극적으로는 여호와 하나님이신 것을 보게 된다. 하나님은 자기 이름을 이곳에 두시려고 성전을 짓게 하셨다. 즉 하나님은 백성들과 함께 하시기 위해 한 곳(=예루살렘)을 정하여 성전을 짓게 하시고 이곳에 임재하실 것이라고 약속하신다. 그러나 그 언약의 성격상 왕의 순종 여부가 축복과 역사의 관건이라고 말씀하신다.

(1) 4절 : "네가 만일 (   )을 지키면"(누구처럼?)
괄호 안에 들어갈 말을 써 넣어보라.

• 왕상 9:4 네가 **만일 네 아버지 다윗이 행함 같이** 마음을 온전히 하고 바르게 하여 내 앞에서 행하며 내가 네게 명령한 대로 온갖 일에 순종하여 내 법도와 율례를 지키면

(2) "다윗의 행함같이"란 어떤 조건을 말하는 것인가? 하나님은 다윗과 언약을 맺으셨다. 이에 대해서는 우리가 사무엘하 7장에서 자세하게 살펴본 바이다. 다윗 언약은 영원한 언약이라 했다. 즉 다윗의 후손들이 하나님의 언약을 어기고 범죄한다 해도 하나님의 인자(헤세드)는 철회되지 않을 것이라고 약속하셨다(삼하 7:16). 그렇다면 다윗 언약에는 어떤 조건성이 없다는 말인가? 물론 아니다. 사무엘하 6, 7장의 주석이라 할 수 있는 시편 89편에서는 조건이 분명히 명시되어 있다. 시편 89:33-37을 찾아 읽어보자. 다윗 언약에서 은혜가 강조되고 있지만 그 은혜가 무조건적이라고 하는 것은 언약의 성격에 대한 오해를 가져올 수 있다.* 즉 하나님의 주권에 대한 계속적인 순종이

있을 때에만 다윗의 가계가 영구히 확립될 것이었다.

(3) 따라서 하나님은 솔로몬에게도 동일한 조건을 요구하신다. "만약 네가 네 아버지 다윗처럼 올바르고 성실하게 내 율법과 내가 명령한 모든 것을 지키면"(쉬운 성경)이라는 단서가 붙는다. 그렇다면 왜 '다윗'처럼 행해야 하는가? 앞으로 이스라엘의 왕이 '선한 왕인가, 악한 왕인가'를 판단하는 시금석은 그 왕이 '다윗처럼'(다윗의 길) 살았느냐, 그렇지 않았느냐에 의해 평가된다.

(4) 하나님은 만약 솔로몬이 자기 부친이 간 길을 따라간다면 "네 집안이 영원토록 이스라엘을 다스리게 해주겠다"고 약속하신다(5절).

"그러나, 언약을 어기고 우상 숭배를 한다면"(6절)

• 왕상 9:7

내가 이스라엘을 내가 그들에게 준 땅에서 끊어 버릴 것이요
내 이름을 위하여 내가 거룩하게 구별한 이 성전이라도
내 앞에서 **던져버리리니**
이스라엘은 모든 민족 가운데에서 속담거리와 이야기거리가 될 것이며

(4) 하나님의 언약을 어기고 우상 숭배의 길로 간다면 이스라엘 백성을 이 땅에서 쫓아내겠다고 말씀하신다. 그래도 말 안 들으면 내가 거룩히 구별한 성전도 다 던져버리겠다고 선언하신다(7절).

(5) 그래서 정말 솔로몬이 여호와의 말씀에 순종했을까? 그렇다. 그는 정말 여호와께 순종했다. "솔로몬이 여호와를 위하여 쌓은 단 위에 해마다 세 번씩 번제와 감사제를 드리고 또 여호와 앞에 있는 단에 분향하니라 이에 전 역사가 마치니라"(왕상 9:25).

(5) 후에 언급되겠지만 이스라엘은 솔로몬 치하에서 정말로 최고의 번영을 구가하지만, 그의 통치 말기는 심각한 퇴락의 국면으로 접어드는 시기이기도 했다. 솔로몬이 죽은 후 나라는 남북으로 분열된다. 그는 결코 이스라엘이 바라는 이상적인 왕은 아니었다. 결국 이스라엘 백성들은 민족의 죄를 해결할 '이상적인 왕'을 바라보게 된다. 물론 이사야, 예레미야, 에스겔 등의 이야기다.

(4) 성전이 무너지면 그 모습을 보는 사람들이 어떻게 생각할까? (8, 9절)

다윗 언약은 무조건적인가?

• 시내산 언약은 '조건적'이고 다윗 언약은 '무조건적'이라는 주장에 이의를 제기하는 학자들도 있다. 이러한 비교는 언약의 본질을 잘못 이해한 데서 생기는 과장된 비교라는 것이다. 사무엘하 7장에서 다윗은 신실할 것을 서원하지만 그 조건들을 기록하지는 않았다. 그러나 시편은 다윗 계약의 본질을 밝히고 있다.

• 시편 132:11-12과 역대상 28:7을 자세히 읽어보라. 여기서 보는 것처럼 하나님의 증거를 준수하는 것이 신실한 것이라고 표현하고 있다. 신뢰와 겸손 그리고 순종은 다윗 언약에 있어서 의무 조항의 일부이다. 시내산 언약이나 다윗 언약은 모든 계약이 그러하듯이 조건적이다. 조건은 '신실함'이다.

• 왕상 9:8 "**이 성전이 높을지라도 지나가는 자마다 놀라며 비웃어 이르되** 여호와께서 무슨 까닭으로 이 땅과 이 성전에 이같이 행하셨는고 하면 9 대답하기를 그들이 그들의 조상들을 애굽 땅에서 인도하여 내신 그들의 하나님 여호와를 버리고 다른 신을 따라가서 그를 경배하여 섬기므로 여호와께서 이 모든 재앙을 그들에게 내리심이라 하리라 하셨더라."

솔로몬과 히람 (왕상 9:10-14)

Agreement with Hiram

히람은 솔로몬에게 성전과 왕궁을 짓는 데 필요한 재료를 공급해 주었다. 성전과 궁전을 짓는 데 필요한 기술자도 보내주었다. 두로의 왕 히람은 다윗 왕 때부터 우호적 관계를 가지고 있었다. 이에 솔로몬은 히람에게 성읍 20개를 주었는데, 이 땅이 거의 쓸모없는 땅이었다. 그래서 그 땅 이름을 '가불'(Gabul)이라고 했다.

1. 팔레스타인 북부와 대부분의 지역은 시리아가 점유하고 있었으며, 시리아 북부에는 높이가 만 피트 이상 되는 레바논 산맥들이 바다와 가까운 곳에 위치하고 있었다. 산맥과 바다 사이의 협소한 해안의 평지 지역을 '페니키아'(베니게)라 부른다. 이들은 협소한 지역 때문에 무역에 종사하지 않으면 안 되었다. 또한 토양 역시 비옥하지 못해 레바논 백향목을 제외하고는 변변한 자원이 없었다. 앞에서 이미 간단하게 설명했다.

(1) 솔로몬은 히람에게 갈릴리 땅의 성읍 20개를 주었다. 언제, 그리고 왜 주었을까? 건축 자재를 많이 보내왔기에 준 것인가, 아니면 히람이 솔로몬에게 보낸 금(14절)의 대가로 준 것인가? 아니면 차관 형식으로 준 것인가?

여호와의 전과 왕궁 공사를 마친 후에, 그러니까 그의 재위 24년, 아마 솔로몬의 나이 40대 중반이 되었을 때, 지금 이스라엘은 최고의 안정기에 있었고 나라는 크게 부강했다. 솔로몬은 히람에게 성읍 20개를 양도했다. 물론 이 지역은 이스라엘 백성이 많이 살고 있지 않았을 것이다. 어쩌면 베니게인들이 더 많이 살고 있었을 것이다.

(2) 그런데 히람은 이 땅을 탐탁하게 여기지 않는다. 값어치가 없는 불모의 땅이었기 때문이다. 그래서 이곳을 '쓸모없는 땅'이라는 의미로 가불(Cabul, כָּבוּל)이라고 했다. 그 이름이 오늘날(열왕기서 기록 당시)까지 있었다고 했다(13절). 솔로몬은 백향목과 건축 재료, 그리고 기술자들을 보내준 일에 대한 대가로 히람에게 이미 많은 식량(밀 이만석과 맑은 기름 20석을 해마다)을 주었다(왕상 5:11). 그렇다면 여기 히람(후람)이 금 120달란트(4.11톤)를 보낸 것은 이 성읍을 준 대가였을 것이다.[1] 히람은 이 땅을 솔로몬에게 다시 돌려주었고 솔로몬은 이곳을 재건했다(대하 8:1-2*).

(3) 왜 다시 이 성읍들을 돌려주었을까?[2]

1) 솔로몬은 무역을 통해 엄청난 세수(稅收)가 있었음에도 불구하고 각종 건축 사업으로 부채가 날로 증가했을 것이다. 히람이 그에게 금 120달란트를 가지고 온 것을 보면(왕상 9:14), 모자라는 재원을 충당하기 위한 담보물로 제공했을 가능성도 있다. 역대하 8:2에 보면 솔로몬은 이곳을 다시 재건했다고 기록하고 있기 때문이다.

• 대하 8:1-2 "솔로몬이 여호와의 전과 자기의 궁궐을 이십 년 동안에 건축하기를 마치고 후람이 자기에게 준 성읍들을 다시 건축하여 이스라엘 자손으로 거기 거하게 하니라."

2) 물론 성경에 설명이 없다. 어쨌든 이 일은 양국 관계를 긴장관계로 몰아갔을 것이다. 히람 왕 이후 두로는 이스라엘이나 유다와 어떤 관계를 맺은 것을 찾아볼 수 없다. 훗날의 아합의 아내 이세벨은 시돈 왕 엣바알의 딸이었다(왕상 16:31). 아마 건축 자재의 대가로 주었던 성읍을 후에 솔로몬이 다시 사들였던 것 같다.

솔로몬의 업적 (왕상 9:15–28)

솔로몬의 업적 중 가장 중요한 것은 물론 성전이었다. 오늘날의 건축술에 비하면 시골 교회의 크기에 불과하지만 당시로서는 기념비적인 건축물이었다. 특히 그 화려함에는 견줄 만한 건물이 없었다. 그 성전과 연결되어 새 왕국의 궁전이 있었다. 이런 건축 과정에서 솔로몬은 두로 왕 히람의 도움을 많이 받았다. 이제 열왕기 기자는 그 외의 솔로몬의 많은 업적을 소개하고 있다.

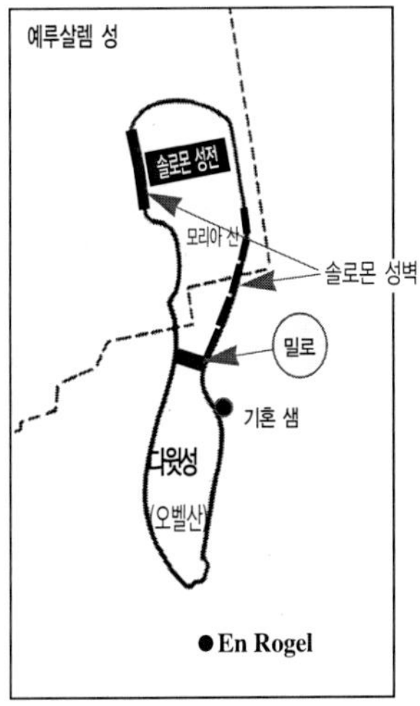

1. 솔로몬이 역군(일꾼)들을 일으킨 까닭은 무엇인가?

9:15-19 여호와의 전과 자기 궁과 밀로와 예루살렘 성과 하솔과 므깃도와 게셀, 아래 벧호론, 바알랏과 그 땅의 들에 있는 다드몰과 모든 국고성과 병거성들과 마병의 성들을 건축하려 했다.

(1) 솔로몬은 가나안에 남아 있는 많은 이방인들을 종으로 썼다. 이스라엘의 역군들도 3만이나 일으켜 레바논의 재목을 벌목케 했다(왕상 5:13, 14). 돌을 운반하는 담꾼이 7만, 돌을 뜨는 자가 8만(왕상 5:14, 15), 거기에다 감독관만도 3,300(왕상 5:16)이나 되었으니 일반 노무자는 그 수가 엄청났을 것이다(왕상 9:21-22). 이스라엘은 마침내 강제 징용을 실시한다.

(2) 솔로몬은 성전을 짓는 데 7년 반, 그리고 자기가 살고 있는 왕궁을 건축하는 데 13년, 도합 20년의 세월에 걸쳐 건축 공사를 이룬다. 이 건축 외에도 많은 건축을 했다. 그는 밀로(Millo)*와 예루살렘 성*을 건축했다고 했다. 밀로는 다윗 때에 이미 쌓기 시작했다. 다윗은 여부스(예루살렘)를 점령하고 나서 도시의 규모를 확장하고 방어에 힘쓴다. "다윗이 밀로(Millo)에서부터 두루 성을 쌓았고 그 남은 성은 요압이 중수하였더라"(대상 11:8, 삼하 5:9). 오늘 본문의 기록은 솔로몬이 밀로를 다시 수축했다는 말일 것이다.

2. 솔로몬은 성전 건축을 위해 처음 역군을 뽑았을 때, 적절한 안식을 줌으로써 공의로운 행정을 폈음을 본다(왕상 5:13-18). 그러나 계속되는 건축에 점차 가나안 사람은 물론 이스라엘 백성들(아마, 북방 지파들)까지도 애굽의 노예처럼 동원하기 시작했다. 물론 성전 건축을 위한 징용이 아니라 병거성, 바로의 딸을 위한 별궁 건축, 에스온게벨의 항구 건설 등에 이들을 차출했을 것이다(왕상 9:15).

• '밀로'라는 말은 '채움'이라는 의미이다. 성전 구역과 다윗 성 사이를 흙으로 메꾼 언덕을 가리키거나 그와 가까운 곳에 위치해서 요새화된 망대를 가리키는 것 같다. 솔로몬은 시온 산의 낮은 부분을 방어하기에 용이하도록 경사진 언덕에다 데라스와 같은 구조물로 방어벽(supporting terraces)을 세웠다는 말이다.

다윗은 여부스(후에 예루살렘)를 공격하여 점령한 후 '밀로에서부터 안으로' 건축하였다고 했다(삼하 5:9 참조). 그렇다면 솔로몬의 밀로 건축은 이를 증축했다는 말일 것이다.

솔로몬의 건축(공공사업)

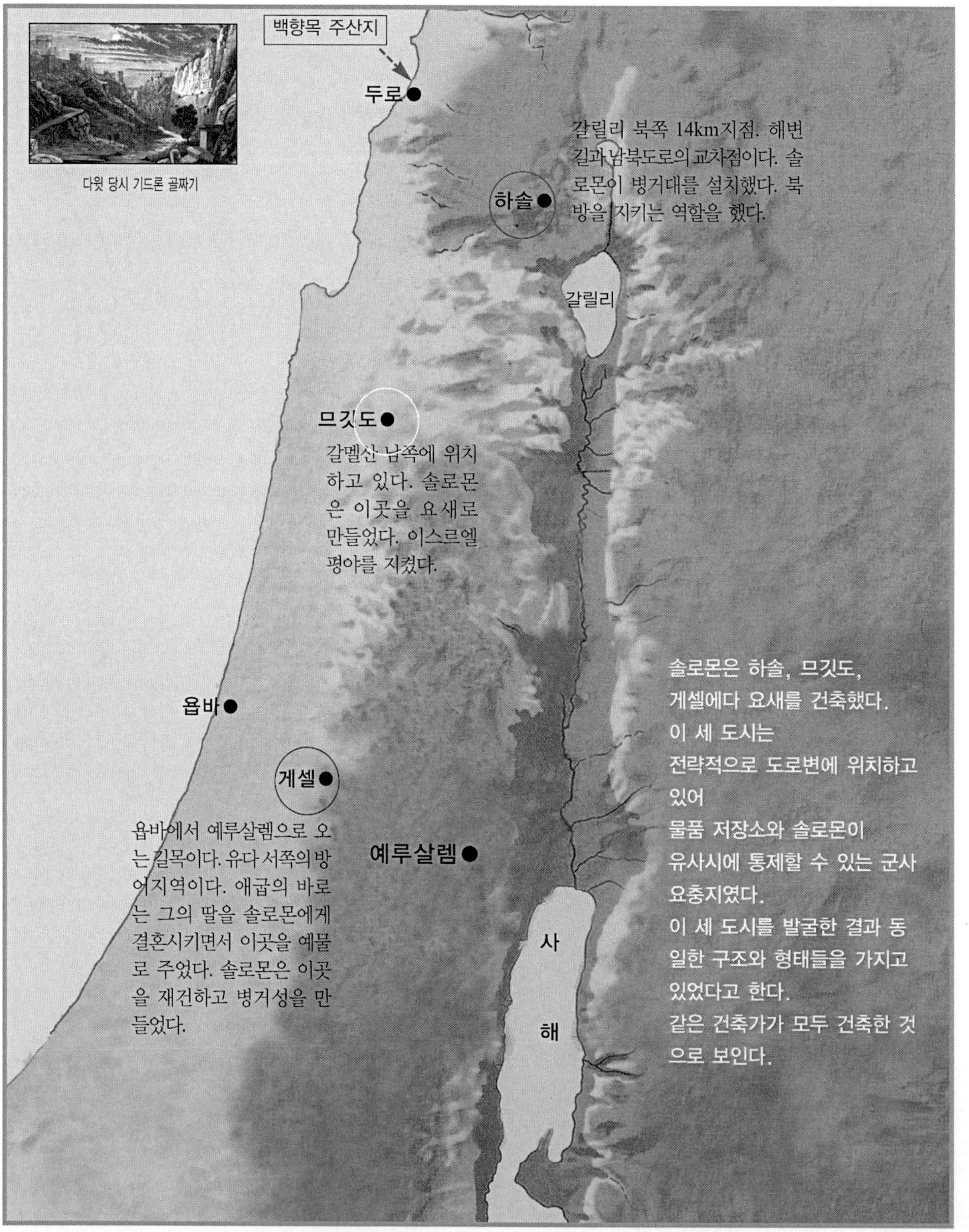
백향목 주산지
두로
하솔
갈릴리
므깃도
욥바
게셀
예루살렘
사
해
다윗 당시 기드론 골짜기
갈릴리 북쪽 14km지점. 해변길과 남북도로의 교차점이다. 솔로몬이 병거대를 설치했다. 북방을 지키는 역할을 했다.
갈멜산 남쪽에 위치하고 있다. 솔로몬은 이곳을 요새로 만들었다. 이스르엘 평야를 지켰다.
욥바에서 예루살렘으로 오는 길목이다. 유다 서쪽의 방어지역이다. 애굽의 바로는 그의 딸을 솔로몬에게 결혼시키면서 이곳을 예물로 주었다. 솔로몬은 이곳을 재건하고 병거성을 만들었다.
솔로몬은 하솔, 므깃도,
게셀에다 요새를 건축했다.
이 세 도시는
전략적으로 도로변에 위치하고
있어
물품 저장소와 솔로몬이
유사시에 통제할 수 있는 군사
요충지였다.
이 세 도시를 발굴한 결과 동
일한 구조와 형태들을 가지고
있었다고 한다.
같은 건축가가 모두 건축한 것
으로 보인다.

솔로몬의 무역 및 공사

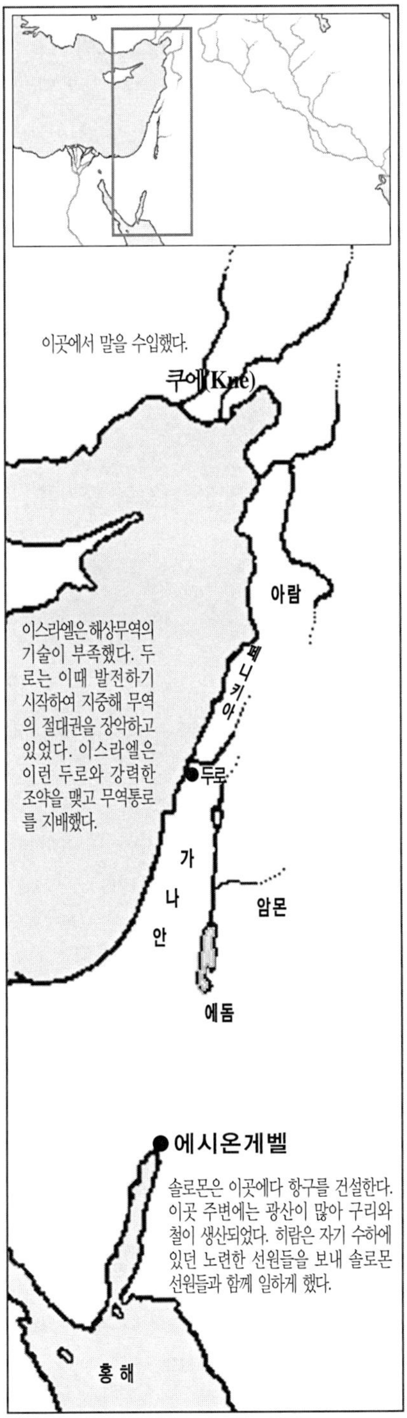

● **하솔(Hazor)** : '하솔'이라는 뜻 자체가 '요새지'라는 말이다. 애굽에서 수리아를 거쳐 메소포타미아에 이르는 소위 '바닷가 도로' 곁에 위치하여 있기 때문에 전략적으로 매우 중요한 도시였다. 이스라엘이 가나안을 정복할 때, 하솔 왕은 연합군을 형성하여 대항했다(수 11:1-5). 그러나 여호수아는 하솔 성을 정복하여 불태워버린다. 그 당시 하솔 왕 야빈은 북부 가나안의 맹주였다. 물론 그 뒤에(사사시대, 드보라) 하솔은 다시 일어났고 이스라엘을 괴롭혔다(삿 4, 5장). 그러나 바락의 활약으로 다시 이스라엘에 귀속된다. 솔로몬은 이 성을 요새화시켜 북방 길목을 지키는 역할을 하게 했다. 하솔은 주전 732년 앗수르에 의해 점령당한다.

● **므깃도(Megiddo)** : 갈멜산에서 얼마 멀지 않은 나사렛 남서쪽 16km 지점으로 고대에 두 무역로가 교차하는 곳이었다. 처음에 므낫세 지파에게 주어졌으나 원주민들을 완전히 쫓아내지 못했다(수 17:11-12, 삿 1:27-28). 솔로몬 시대에는 이스라엘에 속해 있었다. 솔로몬은 이곳을 요새화시켜 행정과 군사 중심지로 삼았다. 훗날(B.C. 609) 유다 왕 요시야는 애굽의 바로느고와 싸우다가 이곳에서 전사한다.

● **게셀(Gezer)** : 욥바에서 예루살렘으로 오는 중간 지점에 위치해 있다. 여호수아가 이 성을 정복해서(수 10:33) 에브라임 지파에게 분배했으나 레위 지파 그핫 자손에게 주었다(수 21:21). 그 후 애굽에게 점령당했고, 애굽 왕은 자기 딸을 솔로몬에게 결혼시키면서 예물로 이 성을 주었다. 솔로몬은 이곳에다 병거성을 만들었다(왕상 9:15-19, 10:26).

● **에시온게벨(Ezion Geber)** : 이스라엘 백성이 광야생활 중 마지막으로 진을 쳤던 곳(민 33:35, 신 2:8). 아카바 만에 있는 항구로 솔로몬은 이곳을 통해 금, 은, 상아, 원숭이 등을 오빌(Ophir, 인도 해안? 남아메리카? - 정확한 지역 알 수 없음 / '콩고'라는 영화에서는 솔로몬이 금을 채취한 사건에 대해 언급하고 있다.)에서 수입했다(왕상 9:26). 이곳에다 동과 철을 제련하는 제련소를 세웠다고 한다. 그리고 이곳에서 배를 지었다. 또 오빌에서 많은 금을 수입했다(대하 8:18, 대상 29:4, 욥 22:24).

● **하맛(Hamath)** : 솔로몬은 오론테 강가에 있는 하맛 소바를 함락, 재건했다.

● **다드몰(Tadmor)** : 다메섹에서 220km 떨어진 광야에 있는 다드몰이라는 성읍까지 요새화(건축)시켰다고 했다(왕상 9:18, 대하 8:4).

● **쿠에(Kue)** : 솔로몬은 쿠에(맛소렛 사본에서는 '애굽 및 쿠에'로 언급되어 있음)에서 많은 말들과 병거를 수입했다. 이 수입 말들을 헷 족속과 아람 왕들에게 파는 중개상 역할도 했다. 쿠에는 소아시아의 Cilcilia로 보기도 한다(왕상 10:28-29).

❖ 솔로몬은 처음 20년간은 하나님이 주신 지혜로 생산적이고 적극적이었다. 그는 건축뿐만 아니라 갖가지 교역에도 손을 대 엄청난 부를 챙긴다. 나라는 크게 부강했고, 그의 명성 또한 대단했다.

• 기브온 성막에서 일천 번제를 드렸던 솔로몬, 그는 다른 무엇보다 하나님께 오직 지혜만을 구했다. 그의 나이 겨우 20여세, 그는 부왕 다윗이 이루어낸 광대한 제국을 이끌기에는 나이가 너무 어렸고 통치 경험 또한 부족했다. 그는 여호와에 대한 경외심이 투철했다. 하나님께서 내려주신 지혜는 이스라엘을 굳건한 반석 위에 올려 놓는 결정적 요인이 된다.

• 그로부터 20여 년이 지난 지금, 성전은 물론 궁정도 아름답게 지어졌고, 국력은 부강했다. 그는 지금 역사의 최정점에 올라서 있다. 그러나 역사는 그를 정점에 오래 머물러두려 하지 않는다. 그를 추락케 하는 요인들이 벌써 드러나기 시작했다. 사무엘을 통해 주신 왕이 지켜야 할 율례는 잊은지 벌써 오래다. 물론 솔로몬은 자신이 추락한다는 점은 생각하지 못한다. 이미 영적인 면이 많이 무뎌졌기 때문이다.

(1) 비록 기록상에는 그가 이스라엘 사람을 노예로 만들지는 아니했다고 했으나(왕상 9:22), 상황은 노예보다 나을 것이 없었다. 점차로 세금과 노역이 무거워지기 시작했다. 솔로몬은 그가 앉아 있는 보좌를 상아로 만들고 거기에다 금으로 입히기 시작했다(왕상 10:18). 그는 많은 외국 여인을 사랑했으며, 그의 부인은 7백 명이나 되었다고 한다. '뭔가 잘못 기록된 것 아냐?' 잘못된 기록이 아니라면, 이스라엘은 지금 역사의 정점에서 추락하고 있는 것이 분명하다.

(2) 사무엘은 왕을 달라고 떼를 쓰는 백성들에게 이미 왕을 세울 때에 닥칠 어려움을 경고했었다(삼상 8:10-18). 솔로몬은 자녀들을 마부로 삼기 시작했다(왕상 9:22). 그리고 세금을 무겁게 징수하기 시작했다. 엄청나게 늘어난 방만한 재정을 충당하기 위해서였다. 그의 내리막길에 대한 이야기는 다음 과에서 자세히 설명된다.

3. 그래도 그의 여호와에 대한 충성은 아직 식지 않았다. 성경 저자의 평가를 보라.

9:25 솔로몬이 여호와를 위하여 쌓은 제단 위에
해마다 세 번씩 번제와 감사의 제물을 드리고
또 여호와 앞에 있는 제단에 분향하니라
이에 성전 짓는 일을 마치니라

(1) 솔로몬은 어느새 신명기 17:14-17*의 명령을 어겨가고 있었다. 그는 많은 말을 수입하고, 병거성을 짓고, 아내를 많이 두었고, 은금으로 자기를 방어하고 있었다. 또 가나안 7족속을 멸하기보다는 이들을 역군으로 삼았다.

• 신 17:14 "네가 네 하나님 여호와께서 네게 주시는 땅에 이르러 그 땅을 차지하고 거주할 때에 만일 우리도 우리 주위의 모든 민족들 같이 우리 위에 왕을 세워야겠다는 생각이 나거든 15반드시 네 하나님 여호와께서 택하신 자를 네 위에 왕으로 세울 것이며 네 위에 왕을 세우려면 네 형제 중에서 한 사람을 할 것이요 네 형제 아닌 타국인을 네 위에 세우지 말 것이며 16그는 병마를 많이 두지 말 것이요 병마를 많이 얻으려고 그 백성을 애굽으로 돌아가게 하지 말 것이니 이는 여호와께서 너희에게 이르시기를 너희가 이 후에는 그 길로 다시 돌아가지 말 것이라 하셨음이며 17그에게 아내를 많이 두어 그의 마음이 미혹되게 하지 말 것이며 자기를 위하여 은금을 많이 쌓지 말 것이니라."

(2) 이런 부정적인 면이 있음에도 불구하고 아직은 징계를 받을 만큼 악하지(?) 않았다는 것이다. 물론 열왕기 기자는 솔로몬에 대한 평가를 아직 내리지 않고 있다. 그러나 그에 대한 묘사에는 부정적인 면이 있음을 본다.

스바 여왕의 방문(왕상 10:1-13)

너무 유명한 내용이기 때문에 자세한 설명이 필요치 않을 것이다. 그래도 당시의 정황을 살피는 것도 재미 있는 일일 것이다. 스바(Sheba)는 어디쯤에 있던 나라일까? 어떤 사람은 아라비아 남서쪽, 오늘날의 예멘(Emen)에 해당한다고도 주장하기도 하고, 또 다른 사람은 오늘날의 예멘이 아니고 이디오피아라고 주장하기도 한다. 어쨌든 이들 스바 사람은 유명한 장사꾼들로서 아주 부유했다. 이들은 장대한 족속이라고 했다(사 45:14). 그런데, 솔로몬과 이스라엘을 방문한 스바 여왕 사이에로맨스가 있었다는데 그게 정말일까? 물론 성경 기자의 관심은 그것에 있지 않다.

솔로몬의 후기 통치(9-11장)

- 솔로몬과 맺은 하나님의 언약(9:1-9)
- 솔로몬과 히람의 거래(9:10-14)
- 솔로몬의 많은 업적(9:15-28)
- **스바 여왕 방문(10:1-13)**
- 솔로몬의 부국강병책(10:14-29)

1. '스바' 족속의 기원은 어디일까? 우선 성경에 나와 있는 두 곳을 살펴 보자.

(1) 창세기 10:28 – 셈의 후손으로 (　　　　)의 아들

(2) 창세기 25:3 – 아브라함의 후처 그두라가 낳은 (　　　　)의 아들

스바(Sheba, שְׁבָא)는 아라비아 남쪽과 에디오피아 해안 가까이에 있었던 스바 상인들의 고향이다(욥 1:15). 이 땅에 사는 사람들은 약대(낙타) 유목민들이었다. 이들은 주로 무역을 하는 사람들로 때로는 약탈도 서슴지 않았다(욥 6:19). 이들 상인들은 황금, 보석, 향료, 유향 등의 상품을 인도, 아프리카, 베니게 등으로 교역하며 주요 대상로를 지배했다.[1)]

1) 왕상 10:2, 시 72:10, 사 60:6, 렘 6:20, 겔 27:22

이들이 남아라비아를 지배할 수 있었던 것은 스바 땅이 사막으로 격리되어 있어 외세의 침입으로부터 보호받을 수 있었기 때문이다. 이들 스바 사람들은 이런 지리적인 이점과 함께 유황과 몰약 등의 산지라는 장점을 이용해 인근과의 교역을 통해 부를 축적할 수 있었다. 스바 여왕은 이들을 다스리는 왕이거나 아니면 북서 아라비아에 있었던 스바 사람들의 식민지 가운데 하나를 다스리는 왕이었을 것이다.

2. 스바 여왕이 왜 솔로몬을 방문하게 되었을까?

10:1 스바의 여왕이 여호와의 이름으로 말미암은 솔로몬의 명성을 듣고 와서 어려운 문제로 그를 시험하고자 하여

(1) 솔로몬의 지혜는 인근 국가에 널리 알려져 있었던 것 같다. 본문에는 세상의 백성들이 솔로몬을 보고 그에게 있는 지혜를 듣고 싶어했다고 했다(왕상 10:24). 부자 나라 스바의 여왕은 이런 솔로몬의 지혜가 사실인가 '시험하고' 싶은 생각이 있었을 것이다.

왕상 10:10
이에
그가
금 일백이십 달란트와
심히 많은 향품과
보석을 왕에게 드렸으니
스바의 여왕이
솔로몬 왕에게 드린 것처럼
은 향품이
다시 오지 아니하였더라

• 일백이십 달란트가 얼마나 되는 값어치일까? 금으로 약 4.11ton이니까 글쎄?

저가 금 일백이십 달란트와 심히 많은 향품과 보석을 왕께 드렸으니

(2) "어려운 문제로 저를 시험하고자" : '시험하다'(나사, test, נָסָה)라는 단어는 여러 뜻으로 사용되었으나 때로는 사람이 다른 사람을 시험하고자 할 때 사용되었다. 예를 들면 오늘 본문의 경우이다(왕상 10:1, 대하 9:1). 또 바벨론 왕 느부갓네살의 환관장이 다니엘과 그의 세 친구들에게 열흘 동안 채식을 시킨 후 그들의 외모를 '시험하였다'(단 1:12, 14)고 할 때도 같은 단어를 셨다.[1)]

(3) 앞에서 언급되었듯이 스바는 당대의 부국(富國)이었다. 따라서 그녀와 함께 동행한 수행원들이 많았다. 물론 빈손으로 오지 않았다. 그가 가지고 온 예물은 금만 해도 (　　　)달란트나 되었다(10:10). 이는 참으로 부국다운 선물이었다. 스바 여왕은 솔로몬에게 나아와 '마음에 있는 것'을 다 말했다. 즉 질문하고 싶은 내용을 다 말했다는 뜻이다. 물론 솔로몬은 여왕의 질문에 빠짐 없이 대답해 주었다. 설명할 수 없는 어려운 문제는 하나도 없었단다. '문제가 너무 쉬었나?'

(4) 솔로몬은 스바 여왕을 대동하고 성전을 비롯해 왕궁 구석구석을 다 보여주었을 것이다. 계속 입이 다물어지지 않는 스바 여왕(4-5절), 물론 수행원들도 감탄을 연발했을 것이다. 그래서 여왕은 다음과 같은 찬사를 한다(10:6-9).

"내 나라에서 들은 왕의 업적과 지혜에 대한 소문이 사실이군요." 스바 여왕은 직접 와서 보니 자신이 기대했던 것보다 훨씬 뛰어나다고 고백한다(7절).

1) 때로는 하나님이 사람을 시험하실 경우에도 이 단어를 썼다. 하나님은 가나안 족속들을 이용해 이스라엘을 시험하셨다(사 2:22, 3:1, 4). 하나님께서 아브라함(창 22:1)과 히스기야 를(대하 32:31) 시험할 때도 이 단어가 사용되었다.

물론 이럴 때의 시험은 인간의 성품을 정련시키는 데 목적이 있었다(출 16:4, 신 8:2).

그녀는 감탄과 부러움을 표시했다(8절). 그녀는 "정신이 현황했다"고 했다. 한마디로 넋이 나갔다는 말이다. 그녀는 여호와에 대한 고백을 넘어 솔로몬의 하나님을 찬양한다(9절).* 그녀는 예물을 드리지 않을 수 없을만큼 여호와의 위대하심을 보았다.

① 여호와께서는 당신(솔로몬)을 기뻐하셔서 이스라엘의 왕좌에 앉히셨습니다. ② 여호와께서는 영영히 이스라엘을 사랑하십니다. ③ 그래서 당신을 세워 왕을 삼았고 공과 의로 다스리게 하셨습니다.*

3. 스바 여왕이 솔로몬을 방문한 또 다른 동기는 무엇이었을까?

(1) 앞에서도 언급되었던 것처럼 스바인들은 낙타 유목민들로서 황금, 향료, 유향 등의 상품을 인도나 동아프리카로 나가는 해상무역과 아라비아 사막을 통과하는 대상(隊商)* 무역을 통해 교역함으로 많은 부를 축적하고 있었다. 이들은 자연히 솔로몬의 상선의 위협 속에 놓였을 것이다. 솔로몬은 페니키아의 히람 왕과 상호조약을 맺고 공동으로 상선대를 조직해 에시온게벨을 근거지로 크게 활약하고 있었기 때문이다.

- 당시 페니키아의 해상 무역은 전성기였으며, 육상에서는 낙타의 사육이 발달하여 사막 지방의 대상(코끼리나 낙타 등을 이용하여 식량을 준비하여 여행하는 상인)의 활동도 활발했다.

(2) 솔로몬은 무역업자와 상인들이 바치는 금과 함께 아라비아 왕들에게서도* 세금을 받고 있었다(15절). 스바 여왕은 이번 예루살렘 방문길에 자국의 상업 선박의 안전 문제를 평화적으로 해결받기 원했을 것이다.

- 스바에서 예루살렘까지의 거리는 약 1,200마일이라고 한다. 그 먼 거리를 단순히 솔로몬의 지혜를 테스트하기 위해 많은 수행원을 대동하고 오지는 않았을 것이다. 스바 여왕은 솔로몬과의 통상 조약에 성공했을 것이다. 그 후에 아라비아 왕들과 아라비아 나라의 방백들과 더불어 큰 무역이 이루어졌기 때문이다(왕상 10:15).

(3) 솔로몬은 귀국하는 스바 여왕에게 많은 선물을 주었다지? 얼마나 주었길래 그래? (10:13 "솔로몬 왕이 왕의 규례대로 스바의 여왕에게 물건을 준 것 외에 또 그의 소원대로 구하는 것을 주니 이에 그가 그의 신하들과 함께 본국으로 돌아갔더라.")

- 솔로몬의 지혜가 사실임을 확인한 스바 여왕은 그 지혜에 탄복한다. 그녀는 금 일백 이십 달란트나 되는 엄청난 예물을 바친다. 스바 여왕이 드린 예물이 얼마나 많은 것인지 이후에 이렇게 많이 드린 사람이 없다고 할 정도였다.

- 스바 여왕은 솔로몬의 지혜를 확인하고 오히려 솔로몬 자신을 찬양한 것이 아니라 솔로몬에게 지혜를 주신 여호와 하나님을 찬양하고 있다(9절). 따라서 그녀는 "복되도다 당신의 사람 들이여 복되도다 당신의 이 신복들이여 항상 당신 앞에 서서 당신의 지혜를 들음이로다" 라고 고백한다.

- 즉 지혜의 원천이 솔로몬 개인에게 있는 것이 아니라 여호와께 있음을 깨달았던 것이다. '이에' 스바 여왕은 자신이 가져온 금과 향품과 보석을 드리지 않을 수 없었을 것이다(10절).

☝ 이디오피아의 솔로몬 훈장(남자용, 왼쪽)과 시바 훈장(여자용, 오른쪽). 솔로몬 훈장에는 다윗의 별과 기독교의 십자가가 결합되어 있다. 여자용 훈장의 다윗의 별 중앙에는 시바 여왕의 옆 얼굴이 새겨져 있다.

(4) 어쨌든, 솔로몬과 시바 여왕은 친밀한(?) 관계가 되었을 것이다. 이디오피아에서는 황제가 솔로몬과 시바 여왕 자손이라고 전하여지고 있다고 한다(옆의 이디오피아 훈장 참조). '정말이니까 그랬겠지!'

4. 성경 기자는 이런 솔로몬의 명성을 다음과 같이 추가로 설명하고 있다.

10:24-25

온 세상 사람들이
다 하나님께서 솔로몬의 마음에 주신 지혜를 들으며
그의 얼굴을 보기 원하여
그들이 각기 예물을 가지고 왔으니
곧 은 그릇과 금 그릇과 의복과 갑옷과 향품과 말과 노새라
해마다 그리하였더라

(1) 솔로몬의 지혜는 온 천하에 알려졌다고 했다. 모든 세상의 백성들이 솔로몬을 보고 싶어했다는 것이다. 이들은 그의 지혜가 하나님께로부터 왔음을 인정했다. 그래서 솔로몬을 보고자 해마다 선물을 가지고 찾아왔다.

(2) 그의 지혜가 탁월했던 것은 하나님이 주셨기 때문이다. 그러나 솔로몬이 범죄하게 되자 그의 지혜는 흐려졌다. 하나님이 그의 지혜를 거두어가셨을 것이다. 따라서 솔로몬은 그의 아버지 다윗처럼 여호와를 참되게 섬기지 못하게 된다(11:4).

- 다시스로부터 은, 철, 납 등
- 두로에서 의복 / 상수리나무
- 이집트에서 가는 베
- 스닐 : 가는 베, 산호, 홍보석
- 이스라엘 : 밀, 꿀, 기름, 유황

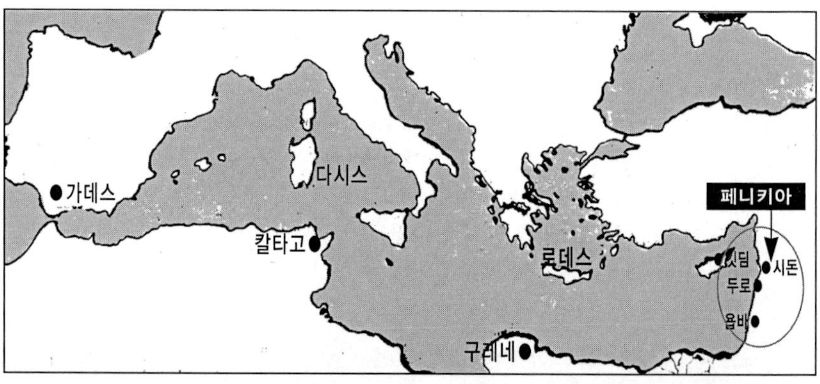

⬆ 페니키아는 당시 지중해의 해상권을 장막하고 있었다. 이스라엘은 두로와 강력한 조약을 맺고 있었다. 따라서 이 양국(兩國)이 해상과 육상의 가장 중요한 무역통로를 지배하고 있었다.

솔로몬의 부국 강병책 (왕상 10:14-29)

솔로몬은 그의 왕국을 중앙집권적으로 통치하기 위해 행정 개혁을 단행하여 전국을 열 두 구역으로 나누었다. 그리고 행정관을 임명하고 왕가를 위한 세금을 징수할 권한을 부여했다. 그리고 예루살렘 성벽을 중수(重修)하고 하솔, 므깃도, 게셀 등에 요새를 건축했다. 또한 팔레스타인을 통과하는 중요한 무역로를 장악하여 많은 세금을 거둬들였다. 나라는 크게 부강했다.

1. 솔로몬의 부와 영화는 절정에 달했다. 그는 실제 생활에서뿐만 아니라 행정이나 외교 면에서 매우 소심했다.

(1) 그러나 하나님으로부터 받은 지혜는 놀라운 것이어서 그의 통치 전면에 나타났다. 솔로몬은 두로의 히람과 무역 동맹을 체결하여 지중해와 홍해의 지역을 지배하고 있었다.

(2) 당시 두로는 해상왕국이었다.[1] 두로는 이 시대의 지중해 무역의 절대권을 장악하고 있었다. 당시 두로가 얼마나 강력한 해상국가였는가는 에스겔 27장을 읽어보면 잘 알 수 있다. 두로는 레바논의 백향목과 바산의 상수리나무로 된 돛대를 가졌고, 스닐(=헬몬산)의 잣나무로 만들어진 화려한 배를 만들었다고 묘사하고 있다. 그 배의 갑판은 구브로섬에서 가져온 싯딤나무와 상아로 만들었다고 했다. 시돈과 아르왓 사람이 배를 저었고 두로에서 온 사람이 선장이 되었다고 언급하고 있다(물론 에스겔 26-28장은 두로에 대한 심판을 선포하고 있다). 어쨌든 당시 두로는 두로의 무역업자와 상인들이 지중해 연안을 상대로 통상을 해 엄청난 부를 얻고 있었다.[2]

- 페니키아(베니게)의 상품은 청동 갑옷과 무기, 전차, 금과 은제품, 가구, 직물 등이었다. 가장 유명한 제품으로는 염료와 직물이었다. 그리고 도시 뒤에 있는 산에서 나무를 이용하여 집과 배를 만들고 나머지는 수출했다. 천연자원이 부족했기 때문에 수공업과 무역에 종사했다. 이들의 상품은 매우 세련되었기 때문에 해외에서 상품을 구매하려는 수요가 상당했다. 반대로 두로의 교역 상품으로는 키프로스의 동광(銅鑛), 스페인의 광물, 갈리아의 피혁제품, 발트해의 호박, 영국의 주석 등이었다. 성경의 언급으로는 에스겔 27장*을 자세히 읽어보자.

(3) 그런데 이스라엘은 이런 두로와 강력한 조약을 맺고 있었다. 따라서 이 양국(兩國)이 해상과 육상의 가장 중요한 무역통로를 지배하고 있었다. 스바 여

페니키아 베니게

- 레바논 산맥은 바다 가까운 곳에 위치해 있는데, 이 산 맥과 바다 사이의 협소한 해안의 평야 지역을 페니키아라고 부른다. 페니키아의 모든 도시들은 규모가 적은 도시국가였지만(시돈, 두로, 베이루트, 비블로스) 그들의 방위 목적을 위해 연합했다. 처음에는 시돈이 주도권을 가졌고, 기원전 천년 이후에는 두로가 주도권을 가졌다. 이들은 미노아-미케네 문명이 몰락하고 동방의 제국들이 권력을 상실했기 때문에 가능했던 것으로 보인다. 이들은 지중해를 무대로 주도권을 계속 장악했다. '페니키아'라는 말은 이집트인들이 그들을 가리켜 조선자(造船者)라는 뜻의 '펜크'라고 부른 데서 유래했다.

1) 에스겔 27:3에서는 두로를 가리켜 "바다 어귀에 거하여 여러 섬과 백성과 통상하는 자여"라고 불렀다.

2) 두로의 상인들은 이 지중해 연안을 따라 식민지와 항구를 얻었는데 그 중에 가장 유명한 항구는 칼타고였다. 이 칼타고는 페니키아에서 스페인으로 가는 길목에 위치하고 있어 훗날 그리스와, 그리고 나중에는 로마와 항상 마찰을 빚기도 했다.

- 그리스인은 훗날 페니키아인들로부터 항해 및 조선기술과 알파벳을 배웠다.

아라비아와 무역

• 아리비아는 홍해와 페르샤만 사이에 있는 거대한 반도를 가리킨다. 왕국 시대에 이스라엘에게 아라비아는 주요 무역 거래처였다. 이스라엘은 금, 백단목과 보석을 오빌에서 수입해 왔으며 유황은 스바에서 수입해 왔다. 스바 여왕은 솔로몬을 찾아와서 이 무역 관계에 대해 원활한 해결을 보았을 것이다. 다른 지방의 아라비아 왕들도 솔로몬에게 금과 은을 조공으로 바쳤음을 본다(왕상 10:15).

왕의 예루살렘 방문은 이런 통상의 압력을 해결하고자 하는 목적도 있었을 것이다. 자연히 솔로몬 왕국에는 막대한 세금이 유입되기 시작했다(왕상 10:14). 세금으로 들어오는 돈이 해마다 금으로 (　　　　)달란트나 되었다고 했다(14절). 이 무게는 약 22.82ton에 해당되는 것이었다. 물론 이외에도 무역업자(상고, merchantmen)와 상인들이 바치는 금도 있었고, 아리비아* 왕들(조공을 바치는 나라)과 이스라엘의 지방 장관이 바치는 금도 있었다.

2. 이 주체할 수 없는 금을 어떻게 했을까?(16-22절)

(1) 무역과 세금을 통한 재정 수입은 막대했고, 이로 인해 나라는 크게 부강했다. 솔로몬의 영화 역시 극치를 이루었다. 왕궁의 모든 물건이 다 금 제품이었고, 레바논의 별궁(나무궁, 왕상 7:2)에서 쓰는 금은 그릇까지 정금이었으며, 은 제품은 없었다고 했다(21절). 그리고 다음과 같은 것들도 다 금으로 입혔다고 했다.

(1) 큰 방패(방어 효과가 좋은 직사각형의 방패) : 물론 전투용이 아니고 예식용으로 이스라엘의 부귀와 영예를 상징했다. 몇 개나 만들었는데? (　　　　) 방패는 나무로 만들고 가죽으로 입히는 것인데, 가죽 대신 금을 얇게 쳐서 입혔다. 이 금방패는 훗날 르호보암 때 애굽에게 빼앗긴다(왕상 14:26). 방패 하나에 들어간 금이 600세겔이었다. 1세겔은 약 11.4g이니까 계산해 보라(600세겔×11.4×200개 = 　　　　　　).

(2) 작은 방패(가슴만 가리는 휴대용 방패) : (　　　　)개 / 방패 하나에 들어간 금이 삼 마네(minas)이고 1마네(50세겔)는 약 571g이라니까….

(3) 18절 :

3. 솔로몬이 이렇게 풍족하게 금을 쓸 수 있었던 이유는 무엇인가? (22,24-25)

(1) 솔로몬 제국이 크게 안정을 누릴 수 있었던 요인은 앞에서 살펴보았듯이 탄탄한 재무 구조였다. 솔로몬은 전 국토를 12개의 행정 지역으로 개편하고 거기에 관장을 두었다. 이들은 한 달 동안 중앙 정부가 사용하는 식량을 제공할 의무를 가졌다. 필요에 따라 토목 공사나 군사를 동원하는 일에 순번적으로 참여했을 것이다. 백성들에게 무거운 세금이 부과되었겠지만 이것만으로는 부족했고, 속주와 봉신국에서 조공을 받았다. 또 국제 무역에서 상당한

양의 이익을 얻었을 것이다.

(2) 솔로몬은 국제무역을 통해 말과 마차를 사들였다. 솔로몬 자신이 1,400기의 병거와 12,000마리의 말을 갖고 있었다. 당시 애굽은 제일 좋은 말과 마차를 생산했다(왕상 10:28-29).[1] 솔로몬은 이런 말과 마차를 사들여 아람과 헷 지역에 파는 중개 무역을 했다.

(3) 이런 부로 인해 백성들의 생활 역시 풍요로웠다. 성경 기자는 솔로몬의 통치하의 백성들의 모습을 어떻게 표현하고 있나?(왕상 4:20, 25) 그러나 어느 사회에서나 늘 그러하듯이 그 부가 이스라엘의 모든 계층에게 베풀어지지는 아니했다. 이런 부의 편중화 현상은 훗날(주전 8세기) 위대한 선지자들의 집중 포화의 대상이 된다.

(4) 솔로몬의 정책이 반드시 성공적인 것은 아니었다. 그의 통치는 독재적인 면이 강했다. 이스라엘 내에서 불만이 표출되기 시작했다. **솔로몬의 통치는 점차 힘을 잃게 된다. 그는 종교적인 면에서 실패했다. 그는 공공연한 우상 숭배자는 아니었지만 그의 부인들이 이스라엘 내에서 산당을 짓고 이방신을 섬기도록 허용했다**(11:4-8). 여호와의 신앙을 수호해야 할 자신이 자기 아내들의 신을 허용했다. 무엇보다 먼저 주변 국가들이 동요하기 시작했다. 하닷은 에돔에서 반역을 일으키고 르손은 다메섹을 장악한다. 여로보암에 대한 하나님의 심판 이야기가 11장에서 계속된다.

1) 개역성경에서는 "솔로몬의 말들은 '애굽'에서 내어왔다"고 했으나 맛소렛 사본에서는 '애굽 및 쿠에(Kue)' (וּמִקְוֵה מִמִּצְרָיִם)에서라고 되어 있다. 쿠에는 킬리키아(Cilicia, 신약의 길리기아)로 알려졌다.

적용을 위한 묵상 **솔로몬의 부귀와 영화, 누구를, 무엇을 위해 주어진 것일까?**

- 솔로몬의 지혜를 시험해 보기 위해 불원천리 찾아왔던 스바 여왕, 그녀는 솔로몬의 지혜가 뜬소문이 아님을 확인하고 놀란다. 그의 지혜는 그녀가 생각하고 있던 수준을 훨씬 뛰어넘는 것이었기 때문이다. 모든 것이 진실이었음을 고백한다. 그녀는 솔로몬의 부와 영화를 보고 '정신이 현황했다'고 한다. 스바 여왕은 감사하고 놀라워서 엄청난 금액을 바친다. 그리고 솔로몬 개인을 찬양하는 것이 아니라 솔로몬에게 지혜를 주신 여호와 하나님을 찬양한다. '이런 지혜를 날마다 듣고 사는 심복들과 국민들은 얼마나 행복할 것인가!'
- 오늘 우리는 그 솔로몬과는 비교할 수 없는 주님을 모시고 있다. 우리는 날마다 주님의 음성을 듣고 있지 않은가! 그런데도 스바 여왕의 고백보다 못한 수준에 머물러서야 되겠는가?

솔로몬은 이스라엘이 바라는 이상적인 왕이었을까?

솔로몬 그는 결코 이스라엘이 바라는 이상적인 왕이 아니었다. 결국 이스라엘 백성들은 민족의 죄를 해결할 '이상적인 왕'을 바라보게 된다.

• 왕상 8:15 "왕이 이르되 이스라엘의 하나님 여호와를 송축할지로다 여호와께서 그의 입으로 내 아버지 **다윗에게 말씀하신 것을 이제 그의 손으로 이루셨도다.**"

• 왕상 8:56 "여호와를 찬송할지로다 그가 말씀하신 대로 **그의 백성 이스라엘에게 태평을 주셨으니** 그 종 모세를 통하여 무릇 말씀하신 **그 모든 좋은 약속이 하나도 이루어지지 아니함이 없도다.**"

1. 성전 건축은 이미 다윗에게 약속하신 것인데, 이제 그 약속이 성취되었음을 고백한다(왕상 8:15, 56*).

(1) 솔로몬은 초월적인 하나님이 인간이 만든 건물 안에 갇혀 계실 수 없다는 것을 잘 알고 있었다(8:27). 하나님은 하늘의 하늘이라도 용납할 수 없다고 언급함으로써 하나님이 결코 이 건물 안에 갇혀 있는 분이 아님을 확실히 했다. 그러함에도 불구하고 솔로몬은 이 성전 안에서 기도할 때 응답해 달라고 간구한다. 하나님은 초월적인 존재이면서도 우리 안에 내주하시는 분이기 때문이다.

(2) 솔로몬은 하나님께 구체적인 청원 기도를 드린다. 특히 백성이 범죄하여 포로가 되었을 때에라도 회개하면 돌아오게 해달라는 기도를 드린다. 성전은 지상에 건축된 여호와의 왕궁이었다. 이 성전에서 백성들은 하나님을 만나고, 교제하며, 용서받을 것이다.

2. 앞에서 살펴본 것처럼 솔로몬은 하나님이 주신 지혜를 가지고 이스라엘을 부국(富國)으로 이끌었다. 나라를 크게 부강케 하고 번성케 했다.

(1) 그러나 그의 통치 말기가 되면서 세금은 높아갔고 도가 넘치는 부역으로 불평 또한 높아졌다. 자연히 백성들은 솔로몬에게 등을 돌리기 시작했다. 그의 출발은 얼마나 아름다웠던가?! 그러나 그는 끝까지 하나님께 충성하지 못했다. 그는 많은 이방 여인을 아내로 두었다. 다른 여러 나라와 동맹을 맺기 위해서였을 것이다. 그 외에도 많은 첩들이 있었다. 솔로몬은 칠백 명의 후궁과 삼백 명의 첩을 두었다고 했다. 솔로몬의 아내들은 대체로 이방 여인이었고, 이들 여인들은 결혼할 때 저들 나라의 종교를 들여왔다. 따라서 솔로몬은 이방 종교의 영향을 크게 받는다. 솔로몬은 저들의 신들을 숭배하도록 허락했을 뿐 아니라 그들의 신들을 위한 산당까지 지어주었다(왕상 11:7).

(2) 이런 일은 하나님의 징계를 가져왔다. 물론 하나님은 일찍부터 여러번 경고해 오셨다(왕상 11:2, 9-10, 신 17:16, 17). 그렇다면 언제부터 솔로몬은 이런 종교적 타락이 있어왔을까? 부귀와 영화가 절정에 달하게 되었을 때, 그의 마음은 이미 세속화 되어 있었다. 11장부터는 그의 몰락의 길이 서술된다. 그의 부귀와 영화는 누구를 위해 주어진 것인가?

열왕기상 9-10 장 요약 정리

요약 질문

9장: 솔로몬과 맺은 언약 · 업적

- 하나님은 솔로몬에게 전과 같이 다시 꿈에 나타나셨다. 전에는 언제 어디서 나타나셨는가? (왕상 3:5)
- 솔로몬에게 두 번째 꿈에 나타나신 것은 성전 준공 후인가, 아니면 궁전까지 완공한 후인가? 후자라면 그 이유가 무엇일까? (9:1)
- 꿈에 솔로몬에게 말씀하신 내용은 무엇인가? (9:3)
- "자기 이름을 두시려고"(9:3)란 의미는 무엇인가? 신 12:5-11을 읽고 설명해 보라. (교재)
- 하나님께서 이번 꿈에 나타나셔서 말씀하신 것은 전에(왕상 3:5) 말씀하신 내용과 어떤 면에서 차이점이 있는가? (교재)
- 솔로몬에게 왜 이런 언약적 경고가 주어졌는가? 축복(4-5절)과 저주(6-9절)의 경고의 내용이 무엇인가?
- 솔로몬과 두로 왕 히람의 관계를 설명해 보라(10-14절).
- 솔로몬의 치적 중 중요한 사건은 어떤 것들이 있나? (10-28절)

10장: 스바 여왕의 방문 · 솔로몬의 부국강병책

- 스바 족속은 어떤 민족인가? 당시 이들의 활동무대는 어디였나?
- 스바 여왕이 솔로몬을 방문하게 된 이유는 무엇인가? (10:1)
- 스바 여왕이 솔로몬을 방문하게 된 또 다른 동기는 무엇일까? (교재 참고)
- 솔로몬의 지혜에 대한 성경기자의 평가를 말해 보라. (10:24-25)
- 페니키아는 어떤 곳을 말하는가? 그 역사적 배경을 간단히 말해 보라. 페니키아의 활동 무대가 된 곳은 어디인가?
- 두로는 어떤 도시국가인가? 왜 솔로몬은 그와 동맹을 맺게 되었는가?
- 이스라엘이 부강하게 된 요인은 무엇인가?
- 솔로몬이 금을 풍족하게 쓸 수 있었던 이유는 무엇인가? (10:22, 24-25)
- 솔로몬은 이 막대한 금을 어떻게 사용했나? (10:16-22)

이번 과에서 배운 내용을 요약 정리해 보세요.

Summary

(1) 솔로몬의 외국무역

(2) 당시 페니키아(베니게)의 도시들(시돈, 두로 등) 연구

(3) 솔로몬 왕권의 특성

1Kings 11장

솔로몬의 타락과 징계

솔로몬 치하에서
백성들은 늘 행복한 삶이었을까?
성전 건축에 이어 계속되는 왕궁 건축
그리고 각종 건축 사업 등을 위해
많은 노역에 동원되었다.
백성들은 이미 지쳐 있었다.

그의 지혜로운 통치가 있었다해도
백성들은 불평하기 시작했다.
하나님은 점차 솔로몬에게서 축복을
거두어가시기 시작하셨다.

하나님의 징계가 어떻게 나타났을까?
먼저, 세 명의 원수를 일으키셨다.
에돔 왕의 자손 중 하닷이라는 자가
솔로몬을 대적하기 시작했고,

다메섹 사람 르손이
강력한 수리아 왕국을 건설하고 대적했다.

무엇보다 여로보암이 결정적 원수로 등장한다.
마침내 나라가 둘로 나뉠 것이라는
예언을 듣는다.
그러나 솔로몬 생전에는 그 비극이 유보되었다.

열왕기상 11장

(타락의 이유, 경고, 대적들. 솔로몬의 죽음)

1-13절 : 솔로몬의 타락 이유 : 이방 아내가 그를 우상숭배로 이끔

• 1-8절 : 이방인 아내들

(1) 하나님은 왕이 지켜야 할 율례를 이미 정확하게 말씀하셨다. 그 자세한 규례가 신 17:14-20에 기록되어 있다. 그가 이런 규례를 몰랐을 리 없다. 그러나 솔로몬은 여러 이방 아내를 둔다. 특히 이집트의 바로의 딸을 좋아했고, 모압, 암몬, 에돔, 시돈, 헷 여인을 아내로 맞았다.

(2) 왕은 아내를 많이 두어서는 안 된다고 하셨다(신 17:17). 그런데 솔로몬은 칠백 명의 후궁과 삼백 명의 첩을 두었다.

(3) 결국 솔로몬은 시돈의 여신 아스다롯과 암몬의 신 밀곰과 모압의 신 그모스를 좇게 되었다. 솔로몬은 여호와 앞에서 악을 행한다.

• 9-13절 : 솔로몬에게 징계 선포

(1) 하나님은 솔로몬에게 나타나 두 번이나 경고하셨다(9절). 그러나 솔로몬은 여호와의 명령에 순종하지 않는다. 드디어 하나님은 솔로몬에게 분노하신다.

(2) 하나님은 솔로몬에게 주어졌던 축복을 거두어 가실 것을 선포하신다. 이제 솔로몬의 나라는 그의 신하에게 넘겨주게 될 것이다. 그러나 솔로몬 생전에는 이런 일이 일어나지 않을 것이다. 왜냐하면 다윗과의 언약 때문이었다(13절).

14-40절 : 솔로몬을 대적하는 자가 일어남

(1) 먼저, 3명의 원수를 일으키셨다. 에돔 왕의 자손 중 하닷, 다메섹 사람 르손, 그리고 가장 결

정적인 대적 여로보암이 등장 솔로몬을 대적한다.

(2) 아히야 선지자가 여로보암에게 나라의 분열을 보여준다(29-33).

(3) 솔로몬의 아들 르호보암에게는 한 지파를 남겨줄 것이다(34-39절).

41-43절 : 솔로몬의 죽음 : 그의 부친 다윗의 성인 예루살렘에 묻힘

❖ 솔로몬은 하나님의 언약을 어기고 많은 이방인 여인을 아내로 맞는다. 이는 분명히 율법에 대한 불순종이었다. 솔로몬은 하나님으로부터 많은 지혜를 받아 나라를 부국으로 이끌었지만 그는 나라를 중혼 정책을 통해 유지하려 했다. 그는 이웃 나라와 전쟁을 하지 않는다. 그대신 다른 나라와 동맹 관계를 맺음으로써 체재를 유지하려 했다.

❖ 이런 정책은 결국 하나님의 언약을 어기는 배신적인 행위였다. 그는 끝까지 하나님께 충성하지 못했다. 그는 당연히 이방 종교의 영향을 받았다. 이방 여인이 갖고 들어온 신들을 숭배하도록 허락하게 되었고 이들을 위한 산당도 지어주었다.

❖ 그가 늙어가자 이들을 통제할 능력을 상실하고 결국 다른 신을 섬기게 된다. 물론 하나님의 징계가 따른다. 그의 나라는 두 개로 나누어지게 될 것이다.

솔로몬의 배교(왕상 11:1–13)

솔로몬, 그의 출발은 얼마나 아름다웠던가! 이스라엘의 왕은 세상 열방의 왕들과는 그 근본이 다르다. 이스라엘의 왕은 하나님의 대리 통치자요, 신정왕국을 통해 하나님의 뜻을 이 땅 위에 펼쳐야 하는 구원자의 선구자로서의 왕이다. 따라서 하나님의 영광은 이 왕들과 아주 밀접한 관계가 있다. 이스라엘은 장차 그리스도가 태어날 언약 공동체였다. 그 공동체 이스라엘은 하나님이 기름부어 세우신 백성의 대표를 통해서 통치된다. 따라서 통치자로서의 왕이 하나님의 언약을 어기는 것을 하나님은 인정하지 않으신다. 그러므로 열왕기 저자는 평가의 초점을 왕에 두고 있다. 솔로몬은 어느 사이에 돈과 명예 그리고 권력의 사람이 되어 있었다. 그런 면에서 솔로몬은 언약적 불충성에 대한 징계를 받게 된다.

1. 성경 기자는 지금 솔로몬의 부정적인 면을 드러내고 있다. 우선 앞에서 살펴보았던 도표를 다시 가져와 보자.

A. 왕위 계승 문제(1-2장) : 다윗에서 솔로몬으로
B. 꿈 에피소드 1(3:1-15) : 축복의 약속
C. 국내 정치
(1) 여인들과 지혜(3:16-28)
(2) 행정과 지혜(4:1-34)
D. 노동관련 문제
(3) 히람과 교역(5:1-12)
(4) 노역(5:13-18)
E. 하나님에 대한 솔로몬의 긍정적 태도(6-8장)

B′ 꿈 에피소드 2(9:1-10상) : 재앙의 위협
D′ 노동관련 문제
(3′) 히람과 교역(9:10하-14)
(4′) 노역(9:15-28)
C′: 국제 정치
(1′) 여인과 지혜(10:1-13)
(2′) 부와 지혜(10:14-29)
E′ 하나님에대한 솔로몬의 부정적 태도(11:1-13)
A′ 왕위 계승 문제(11:14-43): 솔로몬에서 르호보암으로

성경 기자는 솔로몬의 긍정적인 면(E)과 대조해서 그의 부정적인 면(E′)을 소개하고 있다.

(1) 솔로몬은 정확히 언제부터인지 모르나 하나님의 언약에서 멀어져 가고 있었다. 그렇다면 솔로몬을 타락으로 이끈 요인은 무엇이었을까?

- 왕상 11:1 "솔로몬 왕이 **바로의 딸 외에 이방의 많은 여인을 사랑하였으니** 곧 모압과 암몬과 에돔과 시돈과 헷 여인이라."

(1) 솔로몬은 끝까지 하나님께 충성하지 못한다. 그는 이방의 많은 여인들을 아내로 맞는다. 물론 이런 결혼은 다분히 정책적인 것이었다. 당시 이스라엘은 가나안의 맹주로 부상하고 있었기에 이웃 나라에서 자청해서 결혼 동맹을 맺으려 했을 것이다. 본문에 그가 아내로 맞은 나라가 소개되고 있다. 그 중에서도 솔로몬의 사랑을 많이 받은 여인은 애굽의 바로의 딸이었다. 솔로몬은 그녀를 위해 왕궁까지 지어주었다(왕상 7:8).

(2) 그렇다면 이런 일이 잘한 일일까? 물론 아니다. 아버지 다윗은 어떠했을까? 다윗 역시 이방 여인을 아내로 맞아들였다(삼하 3:2-5, 5:13-15). 다윗 역시 중혼 정책을 통해 많은 민족의 불만을 잠재웠다. 그러나 다윗의 그것은 이스라엘 내의 호족과 그 딸들과 이루어진 것이었음에 비해, 솔로몬은 이방 나라의 왕녀들과 결혼했다는 점이 다르다. 솔로몬의 경우는 그가 혼인하는 이방 여인들이 가져온 신들을 인정했고 결국은 그 자신도 그 신들을 섬겼다는 데 문제점이 있었다. 또한 다윗은 결코 우상 숭배를 허락치 아니했다.

2. 왕정(王政)은 하나님이 의도하셨던 바인가? 사무엘하에서 이미 다루웠던 주제이다(동 교재, 사무엘하).

(1) 어떤 학자들은 백성들이 왕을 요구한 것은 영적 생활에서 벗어난 것이라고 주장한다. 그래서 다윗 왕조는 결코 하나님의 적극적인 뜻하심이 아니고 허용적인 왕조였다고 주장한다. 그렇다면 왕을 요구한 것은 잘못된 일이었을까?

(2) 물론 학자들의 견해가 서로 다를 수 있겠으나 왕정제도는 분명 하나님의 뜻이었을 것이다(삼상 2:10, '한나의 노래' 참조). 사무엘 때에 백성들이 왕을 구한 것을 책망한 일이 있으나(삼하 8:5이하를 읽어보자), 이는 당시 백성들이 왕을 구하는 근본 동기가 불신앙적이었기 때문이다. 하나님은 자신이 정하신 때에 원하시는 방법으로 왕을 세우실 것이었다. 당시 백성들은 세속적인(열방의 왕들처럼) 왕을 구했다(삼상 8:20).

(3) 세상 군왕들의 통치의 특성은 무엇인가? 세상의 왕들은 백성을 억압하고, 오직 '힘의 논리'로 통치한다. 그런데, 하나님의 백성 이스라엘의 왕도 다분히 그런 요소를 가질 수 있다는 것이다.

3. 하나님은 앞으로 왕을 세울 날이 있을 터인데, 그때에 왕이 지켜야 할 규례들을 모세를 통해 말씀하셨다. 신명기 17:14-20을 읽어야 한다.

① 반드시 여호와의 (　　　　　　) 자를 네 위에 왕으로 세워라(15절).
② 이방인은 안 된다(15절).
③ 말(馬)을 많이 두지 말라(16절).* - (왜?　　　　　　)
④ 아내를 많이 두지 말라(17절). - (왜?　　　　　　)
⑤ 자신을 위해 부(富)를 쌓지 말라(17절).
⑥ 여호와의 율법을 항상 옆에 두고 그 규례를 지켜라(18-19절).

(1) 위의 규례를 보면 왕정제도에는 언제든지 하나님과의 언약관계를 방해하는 위협적인 요소가 숨어 있음을 볼 수 있다. 그러나 이런 우려했던 요소들이 현실로 드러났다. 솔로몬은 벌써 ③, ④번을 분명하게 어기고 있지 않은가! ⑤, ⑥번도 어겼을까? 솔로몬은 많은 말을 구입했다(왕상 10:26*). 말을 많이 둔다는 것은 군사적인 힘을 더 의지한다는 말이다. 전쟁의 승패는 곧 군사력에 달려 있다고 믿기 때문이다.

영적 배교 왕상 11:1-8

• 10장에서 살펴본 것처럼 솔로몬의 나라가 그렇게 부강했다면, 왜 그의 왕국이 퇴락의 국면으로 빠져들어갔을까? 이스라엘은 정치, 군사, 경제적인 면에서 탁월한 성취를 가져왔지만 그것이 계속적인 번영을 가져오게 하는 요인은 아니었다. 그의 나라가 부강할 수 있었던 것은 왕국 초기에 그가 하나님의 언약을 떠나지 않았기 때문이었다. 그러나 그의 말년은 급격하게 퇴락한다. 솔로몬은 하나님의 언약을 어기고 영적 배교를 하게 된다. 그 원인이 어디에 있다고 말하는가? (11:1-6)

• 말을 많이 둔다는 것은 곧 왕이 군사적인 힘을 의지한다는 말이다. 전쟁의 승패가 자신들의 손에 달려 있다고 믿기 때문이다. 약속의 땅에서의 전쟁의 승패는 "하나님께 순종 하느냐, 순종하지 않느냐"에 달려 있다. 따라서 하나님 없이 자기 자신의 힘으로 전쟁에서 승리하겠다는 생각은 명백히 불신앙이요 배역적인 행동이다.

• 왕상 10:26 "솔로몬이 병거와 마병을 모으매 병거가 일천 사백이요 마병이 일만 이천이라 병거성에도 두고 예루살렘 왕에게도 두었으며."

솔로몬 통치 하의 종교

• 사사시대는 가나안의 종교에 깊이 감염되어 파국적인 우상 숭배가 계속되었다. 그러나 사울과 다윗 시대 그리고 솔로몬 정권의 초기 시절은 시내산 언약을 철저히 지키려 했던 시대였다. 가나안 종교의 우상 숭배적인 요소들을 추방하려는 노력이 상당히 진지하게 행해졌다. 특히 다윗 왕조는 하나님의 언약에 아주 충실한 왕조였다. 따라서 우상 숭배가 발을 붙이지 못했다.

• 이 시기에 가장 특기할 만한 점은 솔로몬 통치 초기에 예루살렘 성전을 건축할 수 있었다는 점이다. 그러나 솔로몬 통치 말년에는 가나안의 우상 숭배가 다시 살아난다. 그 주요 원인을 제공한 자가 바로 솔로몬이다. 이는 왕국이 두 개로 나뉘는 바극을 가져왔다. 특히 여로보암으로 인해 북쪽 이스라엘은 급속히 우상 숭배의 나라로 빠져들어간다.

(2) 그리고 네 번째, 즉 아내를 많이 두지 말라고 한 명령을 어겼다. 솔로몬의 후비(후궁)가 (　　　　)명이고, 빈장(첩)이 (　　　　)명이라고 했다. (잘못 계산한 것 아냐?) 아니라면, 이 일이 솔로몬에게 치명적인 결과를 가져왔음에 틀림없다.

(3) 더욱이 솔로몬의 아내 중에는 많은 이방 여인들이 있지 아니한가(1절). 하나님이 이런 일에 대해 분명히 경고하셨다(신 7:3, 4; 출 34:15, 16). 하나님이 이스라엘 백성에게 어떻게 경고하셨나?

> 11:2 다른 나라의 백성과 결혼하지 말라, 그들과 결혼하게 되면 그들이 너희의 마음을 돌려 우상을 섬기게 만들 것이기 때문이다.

4. 솔로몬의 통치 전반기 약 20여 년간은 여호와께 지혜를 구하고 그의 언약에 충실함으로써 나라가 크게 부강했다. 그래서 그는 성전과 왕궁을 훌륭하게 지을 수 있었다. 그러나 이미 솔로몬에게는 타락으로 떨어질 잠재 요인이 나타나기 시작했다. 이런 솔로몬에게 하나님은 언약의 약속을 재확인하셨다. "만약 네가 네 아버지 다윗처럼 올바르고 성실하게 내 율법과 내가 명령한 모든 것을 지키면"(쉬운 성경) 나라를 견고케 해주겠다고 약속하신다(왕상 9:4-9을 읽어보자).

(1) 그렇다면 솔로몬의 왕국이 퇴락으로 떨어질 잠재적 요인은 무엇인가?

> 11:3 왕은 후궁이 칠백 명이요 첩이 삼백 명이라 그의 여인들이 왕의 마음을 (돌아서게) 하였더라

솔로몬을 무너지게 한 것은 그가 사랑하는 아내들이었다. 그의 처첩(妻妾)들은 이방 여인들이었고 이들은 결혼할 때 자신들이 믿던 이방신을 가지고 들어왔다. 물론 이들과의 결혼은 이웃 나라와 동맹을 맺기 위한 일환이기도 했지만 이것이 솔로몬을 얽어매는 올무가 되었다.

우상 숭배는 결코 허락해서는 안 되는 가장 근본적인 죄

(2) 솔로몬이 이런 우상을 숭배했다는 증거는 없지만 이들 부인들에게 자신들의 신을 숭배하는 일을 허락했다. 그의 아비 다윗도 이방 여인들을 아내로 맞아들이기는 했지만 이들에게 우숭 숭배를 허락하는 일은 결코 없었다. 우상 숭배는 결코 허락해서는 안 되는 가장 근본적인 죄였기 때문이다.

5. 솔로몬의 이방 아내들이 들여온 우상에는 어떤 것이 있는가?

11:1 "...곧 모압과 암몬과 에돔과 시돈과 헷 여인이라."

(1) 모압의 신 : 그모스(7, 33절) – 잔인, 음탕

모압인들은 몰렉*을 그모스(Chemosh)라고 불러 그들의 민족신으로 숭배했다. 몰렉(Molech) 또는 밀곰(Milcom)은 암몬 사람들이 섬기는 민족신이었다(11:33). '몰렉'은 셈계어에서 '왕'(=히브리어 '멜렉')을 의미하는 말이다. 몰렉 제사에는 어린아이들이 제물로 드려지는 가증한 일이 행해지기도 했다(왕하 16:3, 17:17). 그런데 솔로몬은 몰렉을 위하여 산당을 지었다(왕하 23:13). 훗날 아하스와 므낫세도 그 자녀들을 몰렉에게 제물로 바쳤음을 본다(왕하 16:3, 21:6, 렘 32:35). 특히 몰렉 종교는 유다 말기의 반역시대에 성행했다. 한때 요시야 왕이 이를 근절시키려 했으나 철저히 근절되지 못했다. 선지자들은 몰렉 숭배 등 우상 숭배의 죄를 지적했으나(렘 32:35, 49:1, 겔 16:20) 멸망으로 치닫는 이스라엘을 막지 못했다(왕하 17:17-18).

하나님은 이미 이스라엘 백성에게 이 몰렉 신에 대해 경고하셨다(레 18:21*을 보자). 이 신을 섬기는 자는 반드시 죽이라고 명령하셨다(레 20:1-5). 그 가증스러움 때문이었다. 이스라엘이 가나안 땅에 들어갔을 때는 이 종교가 상당히 퍼져 있었다. 그런데 솔로몬은 이런 신을 섬기는 부인을 아내로 맞아들였고 게다가 산당까지 지어주었으니, 심판은 필연적이 아니었겠는가!

(2) 암몬의 신(7, 33절) : 밀곰(위의 설명 참조) – 일반적으로 몰렉(제물로 아이를 바쳤다)은 밀곰의 이름이 인위적으로 변형된 형태라고 보고 있다.

(3) 시돈의 여신(女神) : 아스다롯(음탕, 별 숭배) – 아스다롯은 저녁 별의 여신이다. 이스라엘 여인들이 '하늘의 여신'*에게 분향하고 전제를 드렸다고 했다(렘 44:19). 아스다롯은 아낫(Anath)* 여신과 같이 풍요, 전쟁과 성(性)의 여신으로 성적 매력을 상징했다. 아세라의 딸이며, 아낫의 자매요 바알(Baal)의 배우자로 나타난다. 그래서 아낫, 아세라, 아스다롯을 가나안의 3대 여신이라고 한다.

여호수아가 죽은 뒤 이스라엘은 급격히 우상 숭배로 빠졌는데, 그 중 대표적인 것이 아스다롯이었다(삿 2:13-15). 물론 이스라엘은 급격한 타락으로 이어졌다.

- 몰렉: 암몬사람들이 섬기던 우상으로 사람의 몸에 황소 머리를 하고 두 팔을 벌리고 있는 형상을 하고 있다. 몰록(왕상 11:70, 밀곰(왕상11:5), 말감(렘49:1) 이라고도 불렀다.

- 레 18:21 "너는 결단코 자녀를 몰렉에게 주어 불로 통과케 말아서 네 하나님의 이름을 욕되게 하지 말라 나는 여호와니라."

- **하늘의 여신** : '아스다롯'은 바벨론식 표현으로 이쉬타르(Ishtar)였다. 이 여신은 월신(月神) '신'(Sin)의 딸이자 하늘의 신 '아누'(Anu)의 배우자였다. 앗수르인들은 그녀를 전쟁의 신으로 여겼지만 보통 사랑과 쾌락 또는 풍요의 여신으로 간주되었다.

- **'아낫'** 역시 바알의 배우자였다고 한다. 모압에서 '아스다롯'은 그모스의 배우자였다. 아스다롯은 헬레니즘 시대와 로마 시대에는 '아프로디테'(비너스)라고 불렸다. 훗날 요시야 왕은 솔로몬 때 세운 아스다롯과 산당을 헐고 그것을 빻아 가루로 만드는 종교개혁을 단행했다(왕하 23:13-15).

여호와의 눈 앞에 평가

בְּעֵינֵי יְהוָה
Yahweh in-eyes-of

in the sight of the LORD

"여호와 보시기에"

6. 성경 기자는 솔로몬을 어떻게 평가하고 있는가?

왕상 11:4 "…왕의 마음이 그 부친 (   )의 마음과 같지 아니하여 그 하나님 여호와 앞에 (   ) 못하였으니."

왕상 11:6 "솔로몬이 (   )에서 악을 행하여 그 부친 다윗이 여호와를 온전히 좇음같이 좇지 아니하고."

(1) 구약 역사서에서는 '여호와 보시기에'라는 패턴이 40번 이상 등장한다. 열왕기 기자는 왕들을 평가할 때, '여호와의 눈'이라는 표현을 통해 평가하고 있다. 열왕기 기자가 어떻게 왕들을 평가하고 있는가, 또 어떤 기준들이 사용되었는가 살펴보자.

(2) 바벨론 포로로 끌려간 유다 백성은 고난 속에서 이렇게 울부짖는다. "왜 유다와 이스라엘이 비극적으로 종말을 고했는가? 그렇다면 그 책임은 누구에게 있는가?" 이에 대한 대답은 백성들을 바른 길로 인도하지 못한 왕들의 사상과 통치에 있다고 할 수 있을 것이다.

(3) 열왕기 기자는 왕들을 평가할 때 모든 왕을 동일하게 논평하지 않는다. 많은 왕들 가운데서도 특히 솔로몬, 여로보암, 아합, 히스기야, 요시야 등에 많은 지면을 할애하고 나머지는 간단하게 언급하고 있다.

(4) 열왕기 기자의 평가 기준은 무엇이었을까? 즉 누가 선한 왕이고, 누가 악한 왕인가를 무엇을 기준하여 평가했을까? 열왕기 기자는 다른 왕들을 평가할 때 한 인물을 제시했다. 그 평가의 기준이 되는 인물이 바로 '다윗'이었다. 그렇다면 왜 왕들이 평가의 대상이 되는가? 이는 앞에서도 언급한 바와 같이 이스라엘의 왕은 하나님에 의해 선택된 하나님의 대리 통치자였기 때문이다. 왕이 하나님의 언약을 얼마나 잘 순종하느냐, 아니냐에 따라 이스라엘은 부침(浮沈)을 계속했다.

왜 유다와 이스라엘이 비극적으로 종말을 고했는가? 그렇다면 그 책임은 누구에게 있는가?

7. 그렇다면, 솔로몬에게는 어떤 평가가 내려졌을까?

솔로몬이 성전과 그의 궁전을 다 지었을 때, 하나님은 솔로몬에게 언약의 약속을 재확인하셨다. "네가 만일 '네 아비 다윗의 행함같이'(as David thy father walked) 마음을 온전히 하고 바르게 하여 내 앞에서 행하며 내가 네게

명한 대로 온갖 것을 순종하여 나의 (   )와 (   )를 지키면"(왕상 9:4) 나라를 견고케 해주겠다고 약속하신다.

(1) 결국 왕국이 번영하고 축복 받는 것은 왕의 정치적인 행정력이나 군사력 또는 성전과 같은 종교적인 제도에 달려 있는 것이 아니라는 것이다. 축복과 성공의 열쇠는 '다윗과 같이'(כְּדָוִד) 하나님의 법에 순종 여부에 달려 있다는 것이다. 여기 전치사 '케'(כְּ, as)라는 말은 '~처럼'이라는 말이다.

(2) 솔로몬은 '여호와의 눈앞에서'(בְּעֵינֵי יְהוָה, in the sight of the LORD) '그 부친 다윗이 여호와를 온전히 좇음같이' 좇지 아니하여 악을 행했다는 것이 열왕기 기자의 평가였다. 그렇다면 그 악은 구체적으로 어떤 것을 가리키는가?

> 11:7-8 "**모압의 가증한 (** 그모스 **)를 위하여** 예루살렘 앞 산에 산당을 지었고 또 **암몬 자손의 가증한 (** 몰록 **)을 위하여** 그와 같이 하였으며 [8] 그가 또 그의 이방 여인들을 위하여 다 그와 같이 한지라 그들이 자기의 신들에게 분향하며 제사하였더라."

물론 그것은 말할 것도 없이 우상 숭배였다. 이미 사무엘하에서 배운 바와 같이 하나님의 왕국(나라)은 다윗과 그의 가정(왕조)에 위임되었다(삼하 7장). 그렇다고 하나님이 자신의 통치를 포기하신 것은 아니다. 역시 그 소유권은 여호와께 있다(대상 28:5-6*, 대하 13:8). 따라서 이제 다윗 왕조의 왕들은 다윗은 물론 누구라도 여호와의 대리인의 자격으로 통수권을 행사해야 한다. 이스라엘의 왕들은 시내산 언약이 요구하는 바 율법을 충실하게 지켜야 한다.

(3) 하나님은 다윗과 언약을 맺으셨다. 이른바 '다윗 언약'인데, 다윗과 맺은 언약은 '영원한 언약'(בְּרִית עוֹלָם, 베리트 올람, everlasting covenant)이라고 했다(삼하 23:5*). 시편 89편에서는 다윗의 혈통이 '왕조의 날'이 아닌 '하늘의 날과 같이'(시 89:28, 29) 지속될 것과 그의 보좌는 해와 달과 같이 계속될 것이라고 하여 그 영원성을 확언하고 있다(36-38절). 하나님은 앞으로 다윗에게 그의 가계(家系)가 징책을 받을 수 있을 것이나 사울에게서 은총을 빼앗은 것같이 (다윗과의) 약속이 철회되는 일은 없을 것이라고 그 왕조의 영원성을 약속하셨다(사무엘 7:14-15, 시 89:33-37 참조).

(4) 그러나 그 영원성은 다윗 왕조의 왕들이 언약을 어겼을 경우에도 그대로 묵과하시겠다는 말씀을 의미하는 것이 아니다. 다윗 언약에서 은혜가 강조된

그의 아비 다윗같이

כְּדָוִד אָבִיו

• 다윗이라고 전혀 죄를 짓지 아니한 삶을 살았을까? 물론 아니다. 다윗 역시 죄를 지을수밖에 없는 인간이었지만, 그는 평생에 전심으로 여호와를 구했기 때문에 그를 '온전하다'고 평가하신다(왕상 9:4). 따라서 다윗은 (완전히) 이상적인 왕은 아니었지만 열왕들의 의의 표준이 되었다. 그러나 솔로몬은 그의 아비 다윗의 행함같이 여호와의 법도와 명령을 지키지 아니했다. 그의 결정적인 죄악은 우상 숭배였다.

• 대상 28:5-6 "여호와께서 내게 여러 아들을 주시고 그 모든 아들 중에서 내 아들 솔로몬을 택하사 여호와의 나라 위에 앉혀 이스라엘을 다스리게 하려 하실새 내게 이르시기를 네 아들 솔로몬 그가 내 전을 건축하고 내 여러 뜰을 만들리니 이는 내가 저를 택하여 내 아들을 삼고 나는 그 아비가 될 것임이라."

• 삼하 23:5 "내 집이 하나님 앞에 이 같지 아니하냐 하나님이 나로 더불어 영**원한 언약**을 세우사 만사에 구비하고 견고케 하셨으니 나의 모든 구원과 나의 모든 소원을 어찌 이루지 아니하시랴."

지속적인 순종이 있을 때에만

• 옆의 성경 구절에서 볼 수 있는 것처럼 다윗 언약은 하나님의 주권에 대한 계속적인 순종이 있을 때에만 영구히 확립될 언약이었다. 다윗은 물론 솔로몬, 그리고 계속되는 다윗 왕조의 왕들에게 요구하시는 것은 언약에 철저히 순종하는 것이다. 물론 이 언약은 철저히 지켜지지 아니한다. 다윗도 그 언약을 어긴 일이 있거니와 그의 아들 솔로몬은 결정적인 죄에 빠지고 만다. 물론 이에 대한 하나님의 심판이 있게 된다.

것은 사실이지만 그 언약이 무조건적이라는 것은 아니다. 다음의 성경 구절을 찾아 읽어보도록 하자.

• 시 89:30-32 "만일 그 자손이 내 법을 버리며 내 규례대로 행치 아니하며
31내 율례를 파하며 내 계명을 지키지 아니하면, – 조건
32내가 지팡이로 저희 (   )를 다스리며
채찍으로 저희 (   )을 징책(懲責)하리로다."

• 시 132:12 "네 자손이 내 (   )과 저희에게 교훈하는 내 (   )를 지킬진대 – **조건**

저희 후손도 영원히 네 위에 앉으리라 하셨도다."

• 왕상 2:4 "여호와께서 내 일에 대하여 말씀하시기를 만일 네 자손이 그 길을 삼가 마음을 다하고 성품을 다하여 진실히 내 앞에서 행하면, – **조건**

이스라엘 왕위에 오를 사람이 네게서 끊어지지 아니하리라 하신 말씀을 확실히 이루게 하시리라."

• 왕상 11:9-11 "솔로몬이 마음을 돌이켜 이스라엘 하나님 여호와를 떠나므로 여호와께서 저에게 진노하시니라 여호와께서 일찍이 두 번이나 저에게 나타나시고 이 일에 대하여 명하사 다른 신을 좇지 말라 하셨으나 저가 여호와의 명령을 지키지 않았으므로 여호와께서 솔로몬에게 말씀하시되 네게 이러한 일이 있었고 또 네가 나의 언약과 내가 네게 명한 법도를 지키지 아니하였으니 내가 결단코 이 나라를 네게서 빼앗아 네 신복에게 주리라."

8. 그런데 솔로몬은 하나님의 언약을 어겼다. 솔로몬은 이방인 아내에게 자신들의 신을 섬기는 것을 허락했다. 게다가 산당까지 지어주었다.

(1) 마침내 여호와께서는 솔로몬에게 분노하셨다(9절*). 그리고 심판을 선언하신다(11절*). 하나님은 두 번씩이나 솔로몬에게 나타나셔서 언약을 지킬 것을 주지시키셨다. 언제, 언제 두 번?

왕상 3:5-14 / 9:2-9

(2) 하나님은 두 번씩이나 솔로몬에게 나타나셔서 언약에 충실할 것을 명령하셨다. 그럼에도 솔로몬은 마음을 돌이켜(4절 참조) 하나님을 떠나 불순종했다. 물론 솔로몬이 하나님을 완전히 떠난 것은 아니나, 다른 신들을 섬겼거나 또는 섬기는 데 일조를 했다는 것이다.

9. 마침내 하나님은 솔로몬에게 심판을 내리신다. 그 심판의 내용은 무엇인가?

11:11-13
• "네 나라를 너에게서 빼앗아 네 (   )에게 주리라."

하나님의 심판과 자비

• 하나님은 인간이 조금만 잘못해도 무자비한 심판을 내리시는 무서운 분이신가? 하나님의 진노의 정도를 묘사하기 위해 사용된 생생한 이미지들은 마치 하나님의 심판이 자제력을 잃은 감정에서 비롯된 것처럼 잘못 생각할 수도 있다. 물론 아니다. 성경은 하나님께서 악(악인)을 대적하시지만 심판을 위해서는 적절하고 적합한 시간을 가지고 대하신다. 솔로몬에게 심판이 선언되었다는 것은 이미 오랫동안 솔로몬에게 경고하시고 그의 행위를 추적하고 계셨다는 것을 의미한다.

• "그러나 네가 살아 있는 동안에는 그렇게 하지 않겠다." 왜?

> 11:12 "여호와께서 솔로몬에게 말씀하시되 네게 이러한 일이 있었고 또 네가 내 언약과 내가 네게 명령한 법도를 지키지 아니하였으니 내가 반드시 이 나라를 네게서 빼앗아 네 신하에게 주리라." (34절 참조)

(1) 하나님은 솔로몬 당대에는 이런 형벌이 일어나지 않겠다고 약속하신다. 그의 아들 대에 가서 이 나라를 갈라놓겠다고 말씀하신다. 나라 전체를 빼앗지 않는 이유를 무엇이라고 했는가?

> 11:13오직 내가 이 나라를 다 빼앗지 아니하고 내 종 다윗과 내가 택한 예루살렘을 위하여 **한 지파를 네 아들에게 주리라** 하셨더라."

(2) 여기서 '한 지파'는 물론 유다 지파를 가리킨다. 하나님이 솔로몬에게 심판을 내리시는 가운데서도 다윗과의 언약을 지키려 하심을 본다. 솔로몬이 죽을 때까지는 분열이 일어나지 않았으나 나라 외부와 내부로부터 대적이 일어나기 시작했다. 그 중에서도 솔로몬의 신하 누밧의 아들 여로보암의 반역은 치명적인 것이었다.

적용을 위한 묵상 **믿음을 끝까지 지킨다는 것은 얼마나 어려운 일인가!**

• 하나님은 나만 미워해. "너, 무슨 소리를 그렇게 해!" 그렇다. 하나님은 나만 미워하시는 것 같다. 비바람은 수그러질 줄 모르고 앞 길은 먹구름만 끼어 있다. 아무리 고개를 넘어도 첩첩산중이다. '내가 뭐 그리 중한 죄를 지었길래?' '죄에 대한 징계가 아니라면, 무슨 시험(훈련)이 이토록 길단말인가?'

• 성경은 고난이 성도의 성화나 성품의 성숙 등과 관련이 있다고 말한다. 히브리서에서는 "우리의 유익을 위하여 그의 거룩하심에 참예케 하시려고" 고난을 주신다고 말한다(히 12:10-11). 그래서 고난은 영광을 위해서 필수적이라고 했던가(롬 8:17).

• 그런데, 솔로몬에게는 그 아비 다윗과 같은 고난의 시절이 없었다. 그는 다윗이 이루어놓은 안정 위에 아름다운 일생만을 그려갔다. 이제 이스라엘은 솔로몬의 죄악으로 인해 역사의 긴 터널로 들어가야 한다.

• 신앙생활은 마라톤과 같다. 처음에 가졌던 믿음을 끝까지 잘 지킨다는 것은 얼마나 어려운 일인가! 솔로몬은 믿음의 경주에서 끝까지 주파하지 못했다.

솔로몬의 대적들(왕상 11:14-40)

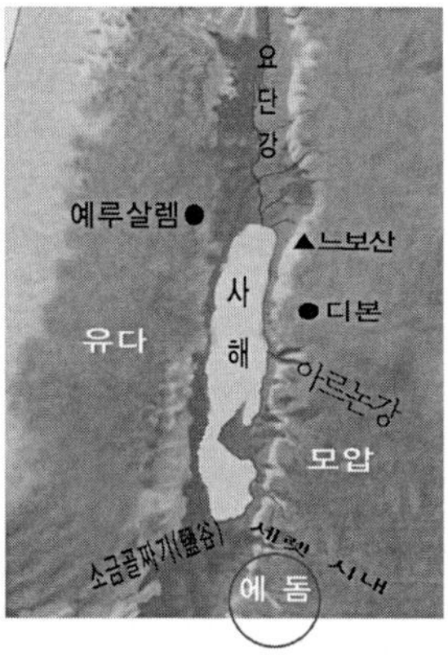

에돔: 스루야의 아들 아비새에 의해 18,000명이 죽임을 당함(대상 18:12-13)

하나님은 마침내 솔로몬에게 주셨던 축복을 거두어가기 시작하신다. 하나님의 징계가 어떻게 나타났을까? 먼저, 3명의 원수를 일으키신다. 대적은 내부에서가 아니라 외부에서 먼저 일어났다. 에돔 사람 하닷이란 자가 솔로몬을 대적하며 일어났는데, 물론 이는 하나님께서 솔로몬을 징계하시기 위해서 였다고 했다(14절). 또 수리아 사람으로 소바 왕 하닷에셀의 군대장교였던 르손이라는 자가 들고 일어났다. 그러나 누구보다도 솔로몬의 가장 큰 대적은 여로보암이었다. 그는 솔로몬이 다윗 성의 무너진 부분을 수축할 때 감독을 하던 자였다. 어쨌든 이들의 발흥은 솔로몬에게 징계를 내리시기 위한 하나님의 조치들이었다.

1. 하닷은 어떤 인물이며, 무슨 이유로 솔로몬에게 대적했는가?

11:15-22 에돔 왕의 자손으로 옛날 다윗이 에돔을 점령했을 때, 그는 어린 아이였다. 요압이 에돔의 남자들 죽이는 과정에서 신복들에 의해 애굽으로 피신, 바로 왕의 보호를 받다가 본국으로 돌아와 솔로몬을 대적한다.

• 삼하 8:13-14 "다윗이 염곡(鹽谷)에서 에돔 사람 일만 팔천을 쳐 죽이고 돌아와서 명예를 얻으니라 다윗이 에돔에 수비대를 두되 온 에돔에 수비대를 두니 에돔 사람이 다 다윗의 종이 되니라 다윗이 어디를 가든지 여호와께서 이기게 하셨더라."

❶ 에돔왕 하닷의 반역

(1) 전에(언제? 삼하 8:13-14* 사건) 그러니까 다윗이 에돔을 점령했을 때, 염곡(鹽谷, 소금 골짜기)에서 에돔 사람 일만 팔천을 (스루야의 아들 아비새에 의해, 대상 18:12-13) 쳐 죽인 사건이 있었다. 그러고 난뒤 다윗은 에돔에 수비대를 설치했다(삼하 8:14). 이때 요압은 에돔의 남은 남자를 다 없이 하기까지(민족 말살 정책?) 이스라엘 무리와 함께 여섯 달을 그곳에 머물렀다고 했다(왕상 11:16). 그때 하닷(Hadad)은 작은(나아르, נַעַר) 아이였다. 하닷은 아비의 신복(신하)들에 의해 애굽으로 도망치게 된다.

이들은 미디안을 떠나 바란에 이르러서 이곳에서 몇 사람과 함께 애굽의 바로를 찾아갔다. 바로는 이들을 후하게 대해주어 집과 땅과 먹을 것을 주었다. 바로는 하닷을 매우 좋아해 그가 성장하자 자기의 처제를 주어 아내를 삼게 하고 아들까지 낳게 했다. '아들의 이름이 뭐냐고?' '20절에 있잖아!'

(2) 마침내 하닷은 다윗이 죽었다는 것과 군대장관 요압도 죽었다는 소식을 듣는다. '그렇다면!' 하닷은 자기를 환대해준 바로에게 청원을 넣는다. "나를

보내주십시오. 내 나라로 돌아가겠습니다." 그랬더니 바로가 무엇이라고 그랬을까? (22절)

(3) 하닷이 느닷없이 자신의 나라로 가겠단다. "아니, 내가 뭐 섭섭하게 한 것 있어?" "아닙니다. 그냥 돌아가게 해주십시오." 에돔 사람들은 앞에서 언급된 사건 때문에(대상 18:12-13) 이스라엘에 대한 감정이 좋지 않았다. 오랫동안 적대감이 쌓여 있었다.

(4) 그래서 하닷이 솔로몬에게 정면으로 공격을 감행했을까? 물론 그러기에는 에돔이 이스라엘에게 크게 역부족이었다. 그렇다고 애굽의 바로가 에돔을 도와 공격할 수 없었을 것이다. 당시 애굽과 이스라엘은 우호 관계에 있었기 때문이다. 그러나 25절의 "솔로몬의 일평생에 하닷이 끼친 환난"이라는 말을 보아, 어떤 규모로라도 군사적 도발을 했음이 틀림없다. 전쟁을 하지 않는 것을 원칙으로 했던 솔로몬 행정부에게는 적지 않은 골칫거리였을 것이다.

솔로몬 통치때 **애굽의 21왕조**

• 솔로몬이 통치할 때 애굽은 제21왕조(B.C.1100-900)로서 역사상 매우 약한 형편이었다. 앗수르 역시 소위 암흑세기라고 해서 쇠퇴할 때였다. 이런 상황에서 다윗과 솔로몬은 국가의 판도를 크게 넓힐 수 있었다. 물론 이런 축복은 다윗이 하나님에 대한 철저한 언약을 준수했기 때문이었다.

2. 하닷을 도와주었던 애굽의 바로는 누구였을까? 우리는 솔로몬의 아내 중 하나가 바로의 딸이라는 것을 알고 있다(왕상 3:1).

(1) 솔로몬은 특히 이 바로의 딸을 사랑하여 궁전까지 지어주었다(왕상 9:24). 그렇다면 솔로몬에게 자기 딸을 준 애굽의 바로는 누구일까? 물론 정확한 자료는 없지만 어떤 학자는 21왕조의 끝에서 두 번째 바로였던 시아문(Siamun,* 976-958 B.C)이라고 주장한다(존 브라이트, 유진 H. 메릴). 그러나 다른 학자는 Pesibkhenno 2세(958-945 B.C) 또는 시삭(세숑크 1세, 945-924 B.C)이라고도 주장한다.

(2) 어쨌든 하닷은 다윗과 요압의 사망 소식을 듣고(21절), 귀국하기로 결심한다. 그렇다면 그의 귀국 시기가 솔로몬 통치 초기였을 것이고, 솔로몬의 통치 기간 동안(일평생, 살아 있는 동안) 여러 모로 이스라엘을 괴롭혔을 것이다. 그리고 솔로몬의 통치가 비틀거리자 결정적인 반역을 시도했을 것이다.

• 유진 H. 메릴은 하닷이 시아문(BC 978-959)이 통치할 때까지는 아직 혼인할 나이가 아니었을 것이고, 그렇기 때문에 하닷과 결혼한 사람은 시아문의 처제였을 것이라고(왕상11:19) 주장한다. 만약 그렇다면 시아문이 자기 딸은 솔로몬에게 주고 자기의 처제는 솔로몬의 원수 하닷에게 주는 모순을 발견하게 된다(유진. H. 메릴, 제사장의 나라).

❷ 수리아 왕 르손의 반역

3. 또 한 명의 외부의 대적은 수리아(다메섹) 왕 르손(Rezon)이라는 자였다. 그는 소바 왕 하닷에셀의 군대장교였다. 그러나 소바 왕국이 다윗에게 전멸될 때(삼하 8:3-12), 그는 남은 자들을 거느리고 다메섹으로 가서 강력한 수리아 왕

하맛소바: 어떤 학자들은 소바(Zobah)를 다르게 표현한 지명으로 보고 있다. 즉 소바가 하맛 지방의 일부였던 때, 곧 역대기가 기록된 바사 시대의 상황을 이 지명이 반영한 것으로 추측하고 있다.

국을 건설한다. 소바(Zobah)*는 당시 강력한 아람계 국가로서 다메섹 북방에서부터 유프라테스 강 북쪽에 이르기까지 유목민 부족을 다스리고 있었다.

솔로몬은 크게 전쟁을 하지 않았으나 하맛소바를 쳐서 취한 적이 있었다(대하 8:3). 이 하맛소바*는 원래 하닷에셀이 다스리던 왕국이었다. 이때 솔로몬은 르손이 이끄는 세력에 의해 방해를 받았다. 물론 다메섹이 솔로몬이 살아있는 동안에는 적어도 이스라엘의 속국이었을 것이나 르손은 솔로몬에게는 끝까지 가시 같은 존재였을 것이다. 남북이 분열된 후 수리아는 이스라엘의 지배로부터 독립하게 된다.

- **하닷에셀** : 아람의 소바(Zobah) 왕으로, 르홉의 아들이다. 그는 유프라테 강으로 지배권을 회복하려 출정했지만 다윗에게 패하고 만다(삼하 8:3). 이때 다메섹 사람들이 그를 도우러 왔지만 다윗에게 다시 패한다. 하닷에셀은 그 후에 아람 사람들로부터 도움의 요청이 있자 군대장관 소박을 보내 이스라엘을 공격했지만 다윗에게 패한다(대상 19:16-19).

❸ 내부의 적 여로보암

- **시삭((Shishak)** : 여로보암이 애굽에 망명했을 때 피난처를 제공했던 세숑크(Sheshonk) 1세를 가리킨다. 애굽의 제21왕조가 리비아인 용병대의 쿠데타에 의해 쓰러지고 그 장군 세숑크가 등장하여 제 22왕조를 연다. 이후 애굽은 가나안 지방에 야심을 품기 시작한다. 따라서 여로보암에게 쉽게 망명처를 제공했을 것이다.

4. 누구보다도 솔로몬을 궁지로 몰아넣은 자는 여로보암(Jeroboam)이었다. 그는 솔로몬의 결정적 대적자로 등장한다. 그는 왕국이 분열된 후 최초의 북쪽 왕이 되었다. 여로보암은 아히야(Ahijah) 선지의 예언을 듣는다. 그 이후 여로보암은 이 사실을 알아버린 솔로몬의 타도의 대상이 된다. 여로보암은 애굽 왕 시삭(Shishak)*에게로 도망가 솔로몬이 죽을 때까지 그곳에 머문다. 여로보암은 어떤 인물이었을까?

- 왕상 11:27-28 "그가 손을 들어 왕을 대적하는 까닭은 이러하니라 솔로몬이 **밀로를 건축하고** 그의 아버지 다윗의 성읍이 무너진 것을 수축하였는데 [28]이 사람 여로보암은 큰 용사라 **솔로몬이 이 청년의 부지런함을 보고 세워 요셉 족속의 일을 감독하게 하였더니**"

(1) 솔로몬은 밀로를 건축하며(왕상 9:15) 다윗 성의 무너진 부분을 수축할 때, 여로보암이 유능하고 부지런하다는 것을 알고 그에게 에브라임과 므낫세 지파 즉 요셉 가문의 모든 일꾼들을 감독하는 일을 맡겼다(28절).

(2) 어느 날 여로보암은 선지자 아히야를 만나게 된다. 이때 아히야는 자신이 입고 있던 새 옷을 열두 조각으로 찢어 그 중 열 조각을 여로보암에게 준다.

그러면서 나라가 분열되어 여로보암이 열 지파의 왕이 될 것을 예언한다(29-39절). 여로보암은 이 사실을 안 솔로몬의 추격 대상이 되었고, 따라서 그는 애굽의 시삭(Shishak)에게로 도망간다. 여로보암은 솔로몬이 죽은 후에 귀국한다. 북쪽 열 지파는 솔로몬이 죽은 후 솔로몬의 후계자인 르호보암을 반역한다. 그리고 애굽으로부터 돌아온 여로보암을 북이스라엘의 왕으로 추대한다(왕상 12:20).

왕의 무덤

(3) 선지자 아히야가 여로보암에게 전한 하나님의 말씀을 이야기해보라(30절 이하). 하나님은 여로보암에게 11:38처럼 약속하셨지만 여로보암은 왕이 되어 하나님을 배반하고, 악한 왕의 견본이 된다.

솔로몬의 죽음(왕상 11:41-43; 대하 9:29-31)

1. 솔로몬은 40년을 치리한 후 그의 부친 다윗의 성인 예루살렘에 묻힌다(주전 930년경). 그리고 그의 아들 르호보암이 왕이 된다.

(1) 왕위 서열상으로는 왕이 될 수 없었던 솔로몬이었지만 다윗은 그를 후계자로 지명하여 왕이 되게 했다(왕상 1:17, 33-35). 솔로몬은 어린 나이(약 20세)에 왕위에 올라 모든 면에 익숙하지 못했다. 그러나 솔로몬은 하나님을 크게 경외한다. 그는 기브온에서 일천 번제를 드리고 하나님의 응답으로 지혜와 영광과 부를 받았다(왕상 3:4-14). 솔로몬의 지혜와 명성은 대단한 것이었다. 그의 지혜는 친자 소송 사건에서 크게 드러났다. 이후 백성들은 그의 통치에 순응하게 된다. 그는 성전을 건축했고, 또한 궁전도 지었다.

- 왕상 11:41 "솔로몬의 남은 사적과 그의 행한 모든 일과 그의 지혜는 솔로몬의 실록에 기록되지 아니하였느냐
- 42 솔로몬이 예루살렘에서 온 이스라엘을 다스린 날 수가 사십 년이라
- 43 솔로몬이 그의 조상들과 함께 자매 그의 아버지 다윗의 성읍에 장사되고 그의 아들 르호보암이 대신하여 왕이 되니라."

(2) 그 외에 외교에도 주력했고 주변 국가들로부터 조공을 받았다. 두로 왕과 협력하여 해상권을 잡기도 했다. 그러나 그는 부와 함께 어느 사이에 독재자가 되어 가기 시작했다. 노예 제도를 도입한 것이다.

2. 게다가 솔로몬은 정치적 목적으로 이방 여인을 아내로 맞아들인다. 솔로몬은 이들 여인들의 신을 허용하고 만다. 이 여인들을 사랑하였기 때문이다.

게다가 이방 신전을 세워주기까지 한다. 이 일로 인해 솔로몬은 하나님의 심판을 받게 된다. 그는 통치 초기의 믿음을 끝까지 갖지 못했다. 믿음을 끝까지 잘 지킨다는 것은 얼마나 어려운 일인가!

아히야의 예언(왕상 11:29-40)

하나님이 두 번씩이나 나타나셔서 언약을 어기지 말 것을 경고하셨지만(11:9) 우려했던 대로 솔로몬은 우상 숭배에 빠져 언약을 어기고 만다. 물론 하나님의 진노가 나타났다. 하나님은 솔로몬에게 다시 돌아올 수 있는 길을 열어 주시는 최종적인 통고를 하셨지만(11:11) 이미 그의 마음은 율법에서 멀리 떠나 있었다. 그의 지혜는 자신의 유익만을 위해 사용되고 있었다. 그는 어느 사이에 독재자가 되어 있었다. 반역의 요소들이 국내외적으로 생겨나기 시작했다.[1]

1) 다윗 시대에는 잠잠했던 하닷과 르손이 대적하여 일어섰다. 하나님이 징계의 도구로 이들을 선택하셨기 때문이다. 무엇보다 여로보암의 반란은 그 동기가 분명했다. 성전 봉헌식에 임했던 하나님의 영광은 이제 인간의 실패로 사라져버린다. 아히야의 예언을 좀더 자세하게 들여다보자.

1. 우선, 예언을 전한 아히야(Ahijah)에 대해 잠깐 살펴보자.

(1) 아히야는 예루살렘을 떠나 다른 곳으로 가다가 여로보암을 만나게 된다. 아히야는 솔로몬 통치 때에 이미 많은 활동을 하였지만 본문에는 그 기록이 없다. 아히야는 (   ) 사람이라고 했다(29절). 이 중요한 메시지를 아히야에게 위임하신 것을 보면 아히야가 하나님의 사랑을 받는 선지자였음을 알 수 다. 이런 메시지를 전한다는 것은 또한 용기가 필요했을 것이다. 그러나 아히야는 담대하게 이 하나님의 뜻을 전한다. 아히야는 「솔로몬의 시종(始終) 행적」을 기록했다고 말하고 있다(대하 9:29).

(2) 아히야는 여로보암에게 전하는 메시지가 생생하게 전달되도록 실물을 들어 설명했다. 어떻게 전했을까? (11:30-32)

열 지파는 네(여로보암)게 주고 한 지파만 솔로몬에게 주겠다는 것이었다. 분명히 12조각으로 찢었는데, 그러면 나머지 한 조각은 누구를 주지? 물론 우리는 이 한 지파가 베냐민 지파라는 것을 잘 안다. 베냐민 지파는 유다 지파와 남 왕국의 두 지파를 형성한다.[2]

2) 이 메시지를 전할 때 아마 하나님에 의해 한 지파만을 언급하라는 인도를 받았을 것이다. 또한 남왕국 초기에는 유다 지파만이 왕국을 형성했기 때문이었을 것이다.

2. 이스라엘의 왕국이 두 나라로 분열되어야 했던 이유가 무엇인가?

11:33 이는 그들이 나를 버리고
시돈 사람의 여신 아스다롯과
모압의 신 그모스와 암몬 자손의 신 밀곰을 경배하며
그의 아버지 다윗이 행함 같지 아니하여
내 길로 행하지 아니하며
나 보기에 정직한 일과 내 법도와 내 율례를 행하지 아니함이니라

(1) 그 이유는 솔로몬뿐만 아니라 이스라엘 백성들도 우상 숭배를 하고 다윗의 길로 가지 않았기 때문이었다(왕상 11:33). 아히야가 전한 내용은 이미 하나님께서 다윗에게 하신 말씀이었다(왕상 11:11-13).

- "저희가 나를 (　　　　) 시돈 사람의 여신 아스다롯과 모압의 신 그모스와 암몬 자손의 신 밀곰을 숭배하며"(33절상).
- 그 아비 (　　　　) 같지 아니하여 내 길로 행치 아니하며 나 보기에 정직한 일과 나의 (　　　)와 나의 (　　　)를 행치 아니함이니라"(33절하).

(2) 그러나 하나님은 다윗의 언약을 기억하신다. 다윗의 언약이 지속될 것이라는 약속 때문에 왕국 전체가 솔로몬의 손에서 빼앗기지는 않을 것이라고 말씀하신다.

3. 자, 그렇다면 하나님이 여로보암에게 원하시는 것은 무엇이었을까?

11:36-37

(1) 솔로몬의 나라가 분열된 원인은 언약적 불충성 때문이었다. 즉 우상 숭배와 다윗의 길로 가지 않았다는 것이다. 따라서 하나님이 여로보암에게 요구하신 것도 다윗에게 요구한 것과 동일한 말씀임을 볼 수 있다. 여로보암 왕국이 영원할 수 있는 길은 오직 하나님의 언약에 충실하면 된다는 것이다.

11:38 "네가 만일 내가 명한 모든 일에 순종하고
내 길로 행하며
내 눈에 합당한 일을 하며
내 종 다윗의 행함같이 내 율례와 명령을 지키면

내가 너와 함께 있어
내가 다윗을 위하여 세운 것같이
너를 위하여 견고한 집을 세우고
이스라엘을 네게 주리라."

(2) 여기서 언약적으로 충성하는 그 기준이 다윗이었다는 점을 볼 수 있다.

4. 문제는 이스라엘 전체를 여로보암에게 준다는 것이 아니라 이스라엘을 두 쪽으로 나누시겠다는 것이다. 결국 한 하나님의 나라의 두 왕국을 인정하신다는 점이다. 다윗에게 그렇게 철저한 약속을 하셨던(삼하 7장) 하나님이 또다시 여로보암에게

언약에 순종하면

- 솔로몬의 죄악으로 이스라엘은 또다시 옛날 사사시대로 후퇴하고 만다. 열왕들이 범죄할 때마다 선지자들의 날카로운 죄의 지적이 있었다. 하나님은 선지자 아히야를 통해 솔로몬의 나라가 두 나라로 분열될 것을 말씀하신다.
- 솔로몬의 초창기는 여호와께 지극히 헌신했으나 그의 말년은 다신론에 빠져들어간다. 선지자 아히야는 여로보암에게 새 왕국을 이끌게 될 것임을 언급한다. 솔로몬의 후손들은 다윗의 언약 때문에 멸망당하지는 않을 것이나 오직 남유다 왕국만을 계속 유지하게 될 것이다. 다윗의 후손이라는 특권 때문에 하나님의 심판에서 솔로몬이 제외되지 아니한다. 그는 하나님이 주신 지혜조차도 인간의 신실성을 통해서만 유지된다는 것을 알지 못했다. 열왕기상 11:1-13은 솔로몬의 그러한 어리석음을 지적하고 있다.
- 따라서 새로운 왕국을 이끌어 갈 여로보암에게 하나님이 요구하시는 것은 다윗에게 요구했던 조건과 같다. 여로보암이 여호와의 언약에 순종하지 않는다면 같은 징계를 받게 될 것이다. 하나님이 원하시는 것은 왕국 자체의 존속이 아니라 그 왕국 속에 살아가는 백성들의 신실한 삶이다. 만약 왕과 그 백성이 하나님의 언약적인 삶에 충실한다면 그의 나라의 평강은 하나님이 보장해 주실 것이다. 그러나 대체로 왕들은 자신의 통치력을 더 의존한다.

한 하나님 나라에 두 체제?

• 송제근, 열왕기의 신학과 메시지(그 말씀, 두란노, 2002. 1월호), 10-17면 참조.

• 송제근, 역사의 정점, 그리고 곧 이는 추락(그 말씀, 두란노, 2002. 2월호), 35-44면 참조.

동일한 약속(왕상 11장)을 할 수 있단 말인가? 송제근 교수의 설명을 인용하여 들어보자.*

(1) 한 하나님 나라의 두 개의 체제라는 사실을 어떻게 받아들일 수 있는가? 그 약속도 다윗에게 주었던 약속과 동일하지 않은가! 두 가지 사실이 어떻게 공존할 수 있을까? 두 체제의 공존을 통하여 어떤 면에서 선의의 경쟁을 유도하신 것이 아닐까? 그것이 사실이라면 분열을 오히려 하나님의 선물로 볼 수 있을 것이다.

(2) 따라서 북조가 멸망하기 이전에는 역사 서술의 관심이 북조에 기울어져 있음은 전혀 이상한 일이 아니다. 예를 들어 대표적인 악한 왕인 아합에 대해서 지나칠 정도로 많은 부분을 할애하는 것(왕상 16:25-22:40)이나 북조에 대해 대표적인 예언자 엘리야와 엘리사를 활동하게 한 것을 보면 두 체제를 유지하면서 상호간에 긴장과 경쟁을 유도하시는 것을 볼 수 있다.

(3) 즉 진정으로 중요한 것은 외적인 통일이 아니라 그 속에 있는 사람들이 실제로 언약적인 삶을 사느냐가 중요하다는 것이다. 그 원리의 실제는 이미 다윗이 보였다. 그러나 솔로몬은 그 아비 다윗의 길로 가지 않고 언약을 어겼다. 결국 중요한 것은 하나님의 언약에 얼마나 충성하느냐가 축복과 저주의 관건이 된다는 점이다.

• 우리는 대체로 하나님의 말씀대로 살아가려고 몸부림치기보다는 하나님을 기쁘시게 해드리기 위해 엄청난 프로젝트를 만들어낸다. 힘에 겹도록, 그래서 몸이 부서지도록 충성하지만 하나님의 나라는 인간들의 잔치로 흥청거린다. 자신들이 계획을 세우고, 그 계획을 추진하기 위해 하나님의 방법을 무시하기까지 한다. 어쨌든 일은 성취되고, 가끔은 하나님을 잔치 말석에 앉혀드리기도 한다. '할렐루야, 아멘' 소리는 하늘을 찌를 듯하다.

5. 여로보암이 실제로 북조의 왕으로 세움 받았을 때 과연 이런 언약적 삶을 살았을까?

(1) 물론 다음 장에서 보게 되겠지만 여로보암은 악을 행하는 왕의 대명사가 되었다. 그는 사울 왕과 같이 하나님으로 시작하였다가 인간의 방법으로 나간 자였다. 건국 초기부터 북이스라엘은 신정(神政)의 원리를 망각했다. 이때도 역시 아히야 선지자가 등장하게 된다.

(2) 여로보암은 하나님의 말씀에 순종하는 것보다는 정책적인 술책으로 일관했다. 결국 북이스라엘은 죄 때문에 망하게 된다. **'이스라엘의 순수성을 지키기 위해'** 나라를 반쪽으로 나눠 새로운 왕조를 허락하셨는데….

(3) 이제 선지자들은 12장부터 이스라엘의 쇠퇴와 몰락의 원인을 보여주려 하고 있다. 즉 이후 기록은 왕들에 대한 전기가 아니라 왕들에 대한 하나님의 평가를 기록하고 있다.

열왕기상 11장 요약 정리

요약 질문

11장: 솔로몬의 타락과 징계

- 솔로몬의 통치 후반기에는 백성들의 불평이 점차 높아가기 시작했다. 그 이유는 무엇이었는가?
- 솔로몬은 많은 처첩을 두었다. 특히 이방 여인을 아내로 맞아들인 것이 비극을 불러일으킨다. 어떤 나라의 여인들을 맞아들였나? (1절)
- 솔로몬은 왜 이런 결혼 정책을 채용했는가?
- 하나님은 이런 이방 공주들을 맞아들이는 일에 대해 왕에게 어떻게 경고하셨나? (2절)
- 솔로몬이 취한 처첩은 몇 명이었나? 이들이 솔로몬에게 어떤 영향을 끼쳤는가? (3, 4절)
- 솔로몬의 치명적인 잘못은 무엇인가? (6, 7절)
- 시돈, 암몬, 모압의 신은 어떤 신이었나 설명해 보라. (교재)
- 하나님은 솔로몬에게 언약에 충실할 것을 두 번이나 말씀하셨다(9절). 언제 언제 나타나셨나?
- 솔로몬이 언제부터 종교적인 타락의 길을 가게 되었나? 물론 서서히 물들어 갔겠지만.
- 하나님은 솔로몬에게서 축복을 거두어가신다. 하나님의 징계가 구체적으로 어떻게 나타났는가? (11-13절)
- 솔로몬의 대적은 내외적으로 나타났다. 에돔 사람 하닷은 어떤 인물이며 구체적으로 어떻게 솔로몬에게 대적했는가? (14-22절)
- 르손은 어떤 인물이며 왜 그는 솔로몬에게 대적하고 나섰는가? (23-25절)
- 솔로몬의 결정적 대적자는 내부에서 일어났다. 여로보암은 어떤 인물인가? 그는 어디로 도망갔는가?
- 아히야는 어떤 선지자인가? 그의 인물됨을 말해 보라. (교재) 아히야가 여로보암에게 전한 메시지의 내용은 무엇인가?
- 솔로몬의 왕정사의 위치를 말해 보라.

Summary

확대경(No.5)

שְׁלֹמֹה

셸로모

• 블레셋의 눈치를 보며 전전긍긍했던 사사시대, 삼손에 의해서 일시적으로 추춤했던 블레셋의 세력은 더 강력한 단합과 결단력으로 이스라엘을 괴롭혀 왔다. 그러나 다윗이 등장하면서부터 이스라엘 지파들의 결속뿐 아니라 주변의 나라들도 다윗의 영향권 내로 들어오게 되었다. 다윗이 통치하는 이스라엘 왕국은 세계의 열강들에게 인정 받는 강대한 왕국이 되었다. 그의 통치하에서 이스라엘은 참된 영적 부흥을 가져왔다. 비록 다윗은 자신의 죄로 인해 엄청난 고통을 당했지만 나라는 여전히 강력했으며, 그의 믿음 역시 경건했다. 그의 통치 하에서 여호와의 종교가 굳게 섰으며, 우상 숭배가 없어졌다. 이러한 엄청난 호조건 속에서 솔로몬은 다윗을 이은 왕으로 등극하게 된다.

솔로몬의 성전 봉헌

1. 솔로몬의 등극 배경

솔로몬이 어떻게 왕으로 등극하게 되었는가는 앞에서 이미 자세히 살펴보았다. 하나님은 솔로몬을 사랑하셔서 불가능한 가운데서 그를 왕으로 세우셨다. 왕위를 노리는 아비아달과 요압 등의 반란 속에서도 하나님은 솔로몬을 축복하셨다. 어린 나이(약 20세)에 왕이 된 솔로몬은 통치 경험이 부족했다. 그는 지극히 여호와를 경외했다. 그의 경외심은 기브온에서의 일천 번제 가운데서 잘 드러나 있다.

2. 솔로몬이 왕이 되고 난 후

(1) 솔로몬은 왕이 되자 국가의 기초를 튼튼히 하고, 외교에 힘을 썼다. 솔로몬은 외국과 전쟁을 하지 않았지만 정략 결혼을 통해 그 역학 관계를 정립하려 했다. 그는 애굽과도 친선을 맺고 당시 바로의 딸을 아내로 맞기도 했다. 특히 바로의 딸을 사랑해서 그녀를 위해 궁전까지 지어주었다. 바로 왕은 전쟁에서 얻은 땅 '게셀'을 솔로몬에게 주기까지 했다(왕상 9:15, 16).

(2) 솔로몬은 지혜의 왕으로 유명하다. 특히 그의 통치 초기에는 기브온 산당에 자주 들러 제사를 드렸다. 일천 번제를 드렸던 날 밤, 하나님은 그에게 원하는 것을 주겠다고 약속하셨다. 솔로몬은 자신의 무능력을 인정하고 지혜를 원했다. 하나님은 그에게 지혜뿐만 아니라 부와 영광도 함께 주셨다. 하나님께로부터 받은 지혜를 통한 그의 통치는 여러 부분에서 나타나 꽃을 피웠다. 그러나 솔로몬은 그의 부친 다윗과 같은 삶을 따르지 아니했다. 솔로몬은 여호와를 사랑했지만 이방 여인을 아내로 맞아들이기를 서슴지 않았다. 산당에서 분향하고(왕상 3:3) 나중에는 우상 숭배 허용하기를 주저치 않았다.

3. 솔로몬의 통치 방법

(1) 국경 : 나라를 확장하기보다 현 국경 유지 정책(왕상 4:21, 대하 9:26)

(2) 건축 : 하솔(북방 요새), 므깃도(남북 연결의 요충지대), 게셀(서부 블레셋 지역의 요새)을 건축(왕상 9:15) / 다드몰 - 트랜스요르단 북방 지역의 요새 / 국고성(왕실 양곡 저장소) / 병거성과 마병성 건축(왕상 9:18-19)

(3) 군사력 강화 : 병거 1,400 / 마병 12,000 / 외양간 4,000(대하 9:25) – 말들은 애굽에서 수입(왕상 10:28) – 하나님을 의지하기 보다는 점차 자신의 국방력을 의지

(4) 스바 여왕의 방문(왕상 10:1-10, 13)

4. 성전 건축(왕상 5-6장, 7:15-51, 대하 2-4장)

(1) 다윗은 성전을 건축하려 했으나 하나님으로부터 거절(?)당했다(삼하 7:5). 그러나

다윗은 성전 건축을 위한 많은 물자를 비축한다(대상 22:2-4). 성전 건축은 솔로몬에게 유보된다. 다윗은 솔로몬에게 성전 건축에 대해 유언한다(대상 22:14-16).

(2) 성전 건축 시작 : B.C. 966년(솔로몬 즉위 4년) – 7년반에 걸쳐 완공

장소 : 모리아산(대하 3:1)

(3) 성전 완공 후 헌당 제사를 드림 : 헌당식의 화려함(왕상 8:1-9:9, 대하 5-7장)
장시간의 헌당 기도를 드리자 불이 하늘에서 내려와 그 번제물과 제물들을 살랐다(대하 7:1). 하나님은 솔로몬의 기도를 받으시고 그와의 언약을 다시금 새롭게 하셨다(왕상 9:1-9, 대하 7:12-22).

5. 왕국 건축(왕상 7:1-12) : 건축 기간 13년(왕상 7:1)

6. 솔로몬의 통치 후반기

솔로몬이 최고의 번영을 노래하고 있을 때, 그는 이미 타락의 길로 들어서고 있었다. 고난을 몰랐던 그의 삶은 쉽게 무너지고 만다. 하나님은 솔로몬에게 일찍부터 언약에 충실할 것을 경고하셨지만, 이방 여인을 왕비로 맞아들이면서 그들이 섬겼던 우상을 허용한다. 그는 우상 숭배를 묵인, 결국은 하나님의 징계를 맞게 된다. 하나님은 솔로몬에게 내리셨던 축복을 거두어가신다. 원수를 일으켜 솔로몬을 대적하게 하셨고, 그의 사후 이스라엘은 두 개의 나라로 나뉘는 비운을 맞는다. 솔로몬은 초기에는 자신의 재능을 하나님을 공경하는 데 사용했지만, 그는 영원한 유산보다는 일시적 쾌락을 더 중요시했다. 그는 지혜도 권세도, 많은 여인들도 가졌지만, '해 아래서' 수고와 슬픔뿐이었다고 고백한다(전 1:3).

메시야의 모형

(1) 성경의 메시야 사상과 희망의 근원은 다윗과 맺으신 언약이었다. 물론 솔로몬은 지명된 계승자, 즉 다윗과 오실 그리스도 사이의 명확한 연결 고리였다(마 1:6-7, 16). 솔로몬은 약속된 메시야의 조상이요 선조였다.

(2) 또한 솔로몬은 앞으로 오실 메시야의 모형*이었다. 솔로몬은 평화의 왕이요, (신성의 모든 성품을 가지고 계신 분이요 모든 나라를 주권적으로 다스리시는 분이신) 메시야의 예표였다. 특히 그의 통치 초반기에서 우리는 장차 임할 왕국의 윤곽과 구조에 대한 인상들과 그림자를 발견할 수 있다.

(3) 또한 그는 왕적 인물이기도 했다. 솔로몬만큼 좁은 의미의 메시야 개념을 충족시킨 사람도 없다. 솔로몬의 성전 건축은 넓은 의미의 메시야 개념, 즉 '인간과 함께 거하시는 하나님'의 개념을 역사 속에서 한층 더 실현시켰다.

- 재정과 경제 : 세금 공물을 징수하기 위해 12 구역으로 나누고, 각 지역마다 관장을 두어 왕실을 위해 식물을 제공케 함(각 지역마다 1개월씩 분담)
- 왕실 경비(왕상 4:22, 23) – 이런 과소비는 백성들에게 무거운 짐이 됨(12:3-4)
- 외국으로부터 조공물을 받음(왕상 10:2, 10, 25).
- 외국 무역 : 경제적으로 부강키 위해 무역에 힘썼다. 오빌에서 많은 금을 수입 / 다시스에서는 보물 수입 / 홍해 연안 에스엔게벨에서 배를 지었다(왕상 9:26, 27). 무역의 결과로 솔로몬의 영화의 극치를 보게 된다. 왕궁의 화려함(10:21).

문화의 꽃을 피운 시기

(1) 서기관들이 궁중 역사 기록
- 나단 : 다윗과 솔로몬의 행적을 기록(대상 28:29, 대하 9:29)
- 갓: 다윗의 행적 기록(대하 9:29)
- 무명의 선지자 : 솔로몬의 행장 기록(왕상 11:41)
- 아히야와 잇도 : 솔로몬 사후까지 남아 그들의 행적을 정리(대하 9:29)

(2) 음악의 발달 : 성전에는 노래하는 자 4,000명을 둠(대상 23:1-5). 특히 288명의 찬양대를 두어 관현악의 악대에 맞추게 했다(대상 25:7).

(3) 다윗과 솔로몬 : 시편의 일부를 썼다.

* G. Van Groningen, 구약의 메시야 사상, 류호준 역, 기독교문서선교회.

확대경(No.6)

분열왕국

(이스라엘과 유다 왕들)

1Kings; 2Kings

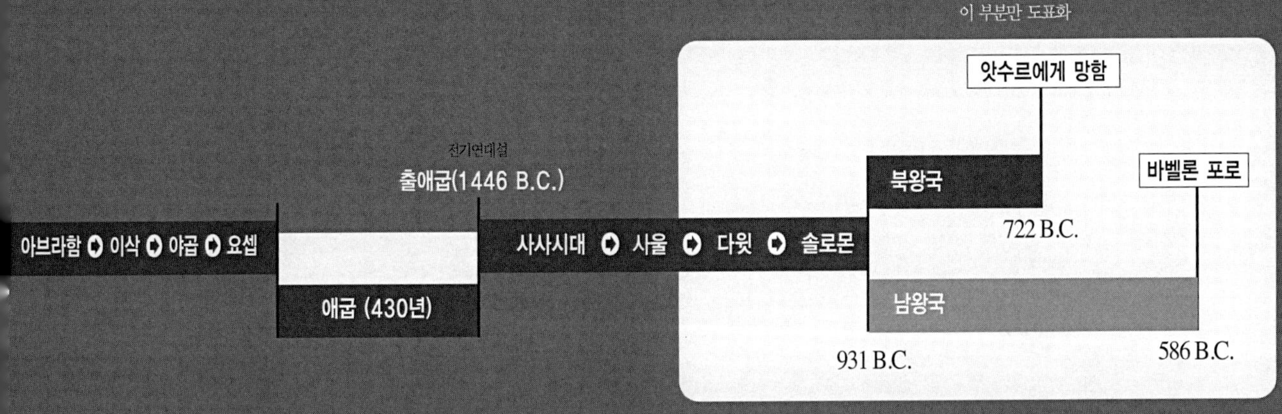

"악한 왕인가 선한 왕인가는 다윗 왕을 기준으로 할 거야!"

이스라엘 백성은
지금 바벨론 강가에서(시 137:1-4)
'왜 선택된 백성이 이방 땅에 와서 포로로 살아야만 하는가' 하고 질문하고 있다.
'우리는 이제 전혀 희망이 없는 것인가?'라는 질문에
선지자들은 답을 주어야만 했다.

열왕기 기자는 이스라엘의 멸망사를 다루면서
장대한 논문을 작성하지 아니한다.
그는 지금까지 왕들의 행적을 보여줌으로써
패망의 원인을 설명하고 있다.

열왕기 기자는
지금 바벨론의 포로가 되어 바벨론 강가에서
예루살렘을 향하여 울고 있는 백성에게
그들이 이런 비참한 상태에 빠진 이유를 설명하고 있다.
이는 선민 이스라엘의 완강한 고집과
반항으로 인한 언약 파기 때문이었다는 것이다.

그러므로
열왕기 기자는 이스라엘의 역사를 회고하며
그들이 망한 이유를 분석하고 설명하고 있다.
그러면서도 기자는 소망을 갖게 한다.
비록 포로생활 속에서라도
다윗의 언약을 제시하면서
계속적으로 그것을 바라보도록 촉구하고 있다.
그동안 많은 선지자들이 등장해서
벼랑으로 치닫는 이스라엘에게
경고의 메시지를 선포했다.

"예루살렘 성은 불타고 성전은 파괴되었다. 이는 아브라함 선택의 종말을 의미하는 것인가?" (서론에서)

BACK TO THE BIBLE

분열왕국

① 여로보암 :에브라임 지파 출신 : 에브라임 지파는 아주 작은 지파였다. 그것이 소외감으로 나타나 불만을 표출했다. 그는 위에 오르면서 세겜을 요새화하여 자기의 거처로 삼았으나(왕상 12:25) 그 후 요단 동편에 브니엘(요단 동쪽)을 건축(왕상 12:25) 수도로 옮긴 것 같다.). 백성들의 마음이 다윗의 집으로 돌아가는 것을 두려워했다. • 그래서 금송아지를 만들어 남쪽 '벧엘'과 북쪽 '단'에 두어 예루살렘에 올라갈 필요가 없다고 했다. 제사장도 레위 자손이 아닌 자로 세웠다. • 여로보암은 여호와께 충성하면 영원한 왕조를 주신다는 약속을 받았으나, 약속을 따르지 않고 악을 행한다. 여호와를 섬김과 동시에 바알 신도 섬김(Syncretism). 그래서 징벌이 임했다.

④ 엘라(886-885)
⑤ 시므리(885)
⑥ 디브니(885-880)

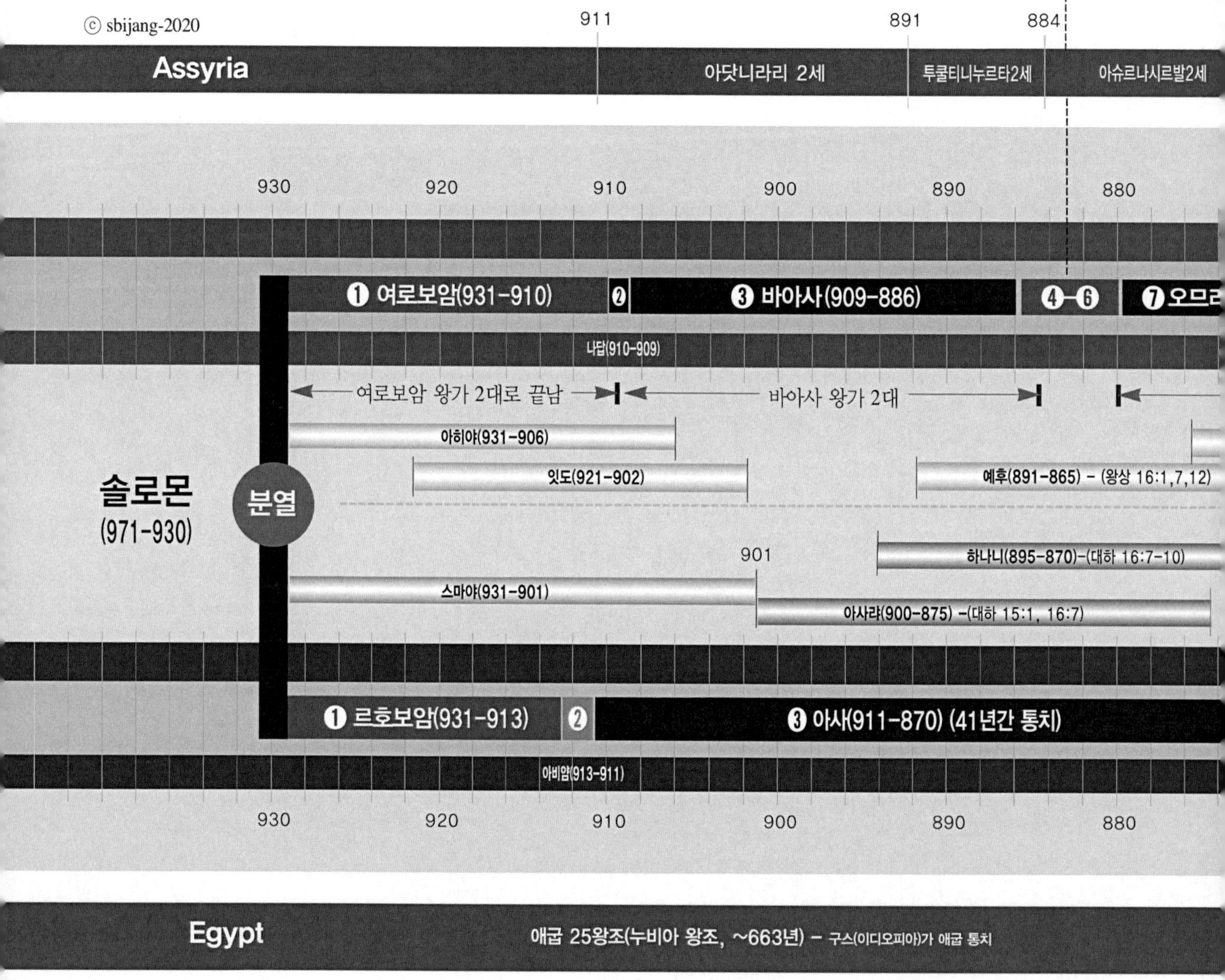

① **르호보암** • 41세에 왕 위에 오름. • 그 역시도 문란하게 우상숭배를 했다(왕상 14:23,24). 어머니의 영향 때문(왕상 14:21,31) • 계속 전쟁에 시달림(북쪽:여로보암/애굽 왕 시삭의 침략) • 이스라엘과의 전쟁 계속 - 주로 국경분쟁(왕상 14:30) • 르호보암 5년에 애굽왕 시삭의 침략(왕상 14:25) - 교만에 대한 하나님의 징벌을 받음(대하12:1) • 처음에는 올바른

② **아비얌** • 르호보암의 아들 : 아비얌은 르호보암의 죄를 버리지 못했다. • 그러나 이스라엘과의 전쟁에서 40만의 군대로 80만의 여로보암의 군대를 이겼다. 이 전쟁에서 벧엘을 빼앗았다(대하 13:19). • 이스라엘과 전쟁을 할 때 이스라엘이 하나님을 어떻게 배반했는가에 대해 설교했다(대하 13:4-12). • 아비얌은 어려울 때 하나님께 부르짖은적도 있었으나(대하 13: 13-21) 그의 조상 다윗의 마음 같지 아니했다.

③ **아사:** • 여호와 보시기에 정직하게 행했다(왕상 15:11). 그의 개혁운동은 철저했다. • 아사 왕의 개혁 운동으로 에브라임과 므낫세와 시므온 지파들 중에서 많은 사람이 아사왕으로 돌아왔다(대하 15:8-9). 예루살렘에서 성회를 열어 신앙 부흥을 일으켰다(대하 15:13-15). • 아사 왕은 두 번의 전쟁을 치른다. 애굽 및 구스(에디오피아)군과의 전쟁이고(대하 16:8), 다른 하나는 이스라엘의 바아사 왕과의 전쟁이다. 이때 아사 왕은 다메섹 왕 벤하닷에게 원병을 청원한다. 그런데 선지자 하나니가 그의 잘못을 지적했고, 이에 아사 왕은 선지자를 감옥에 가둔다. • 아사는 하나님의 징계로 병이 들었다. 그러나 그는 하나님을 찾지 아니했다. 그리고 2년 후에 죽는다.

④ **여호사밧** • 아사의 개혁운동을 계속 • 율법을 가르치게 함 • 모압, 암몬, 에돔 연합군과의 전쟁에서 대승 • 국고성 건축 등 국방을 튼튼히 함 • 이스라엘과 동맹을 맺음 - 하나님은 이 일을 책망하심 • 아들 여호람이 왕위에 오름(아합의 딸과 결혼)

⑤ **여호람** • 여호람은 조부 아사왕과 부왕 여호사밧과 같지 아니했다. • 그는 자기 형제들을 모두 죽이고, 이스라엘의 방백 몇 사람도 죽였다. • 북

② **나답** • 여호와 보시기에 악을 행함. 종교적으로 나답은 아버지의 발자취를 따름. 이에 바아사가 나답을 죽이고 대신하여 왕이 됨.

③ **바아사** • 출생이 비천함 • 나바의 부하로 전쟁에 출전 중 반란을 일으킨 것으로 보임 • 여로보암 죄악 답습 • 라마 성 건축하다가 중단 • 아들 엘라 때에 전멸

④ **엘라** • 깁브돈을 점령하려고 오므리 파견 • 시므리가 반란을 일으킴

⑤ **시므리** • 칠일 동안 통치 • 혁명과 동시에 바아사와 엘라 집안은 물론 친구까지 진멸함 • 칠일 후 살해되어 왕조를 개설치 못함

⑦ **오므리** • 시므리와 같이 엘라 왕의 군대장관이었음 • 백성의 절반은 디브니를 따르고 절반은 오므리를 좇음. 결국 오므리가 정권을 잡음 • 사마리아 성 건축 • 모압을 다시 속국으로 만듦 • 부강한 나라가 되었으나 여호와 보시기에 악을 행하되 더욱 악한 왕이 됨

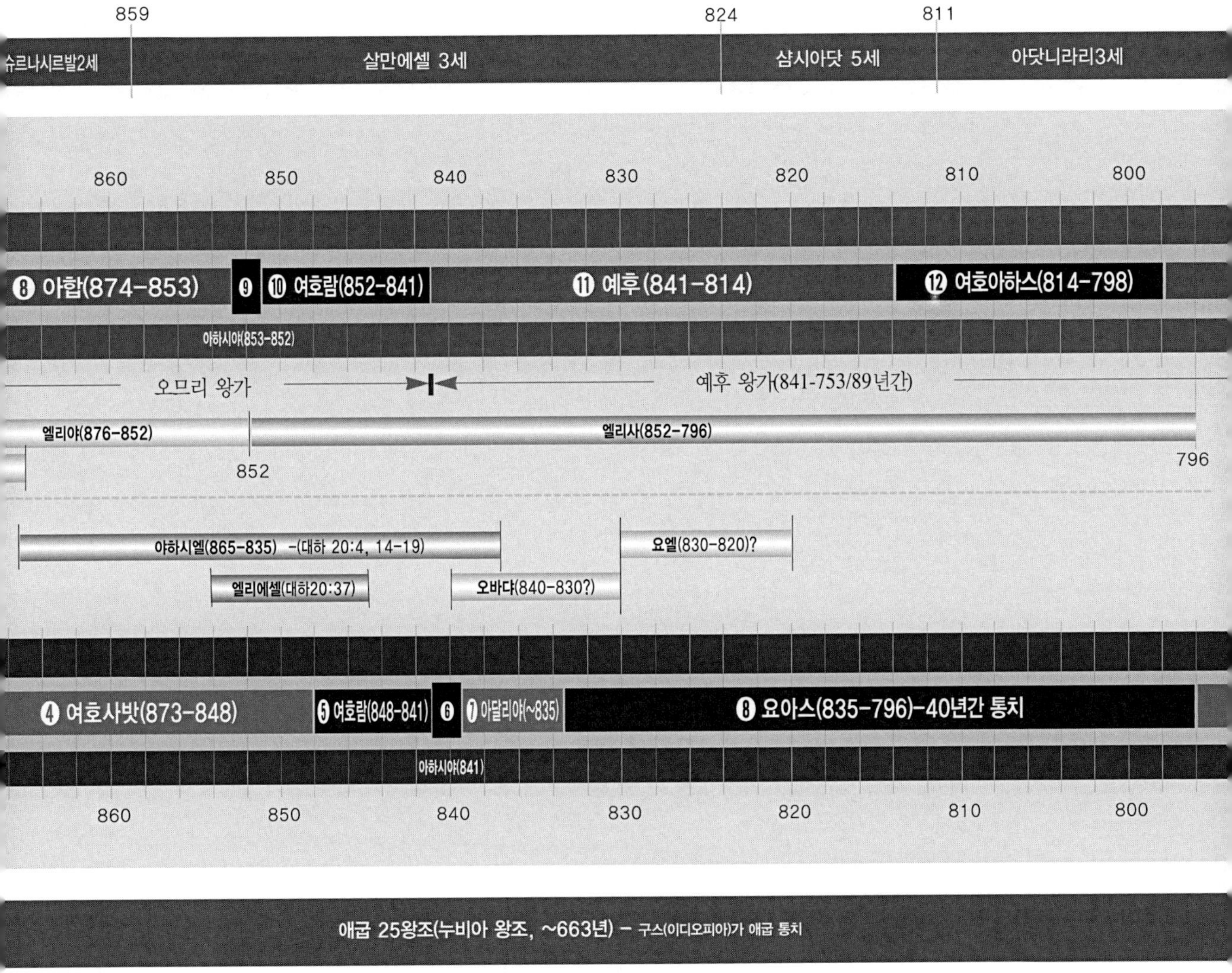

방에 있는 엘리야 선지는 편지를 보내어 무서운 형벌을 예고했다(대하 21:12-15). • 그의 예언대로 블레셋과 아라비아 군대가 군대를 일으켜 유다를 친다.

⑥ **아하시야** • 블레셋과 아라비아의 침략으로 여호람 왕가는 거의 진멸되고 오직 말째 아들 여호아하스만 살아 남아 22세에 왕위에 올랐으나 1년도 못되어 죽었다. 어머니 아달랴의 교도를 받아 완전히 아합의 길로 행했다. • 북방 아합의 아들 요람 왕이 아람의 하사엘과 전쟁을 치르자 아하시야는 그를 도우려 길르앗라못으로 간다. 이스라엘 왕 요람은 부상을 입고 이스르엘로 되돌아왔고, 아하시야는 그를 방문했다가 때마침 반란을 일으킨 예후에게 죽는다. • 그러자, 이 소식을 듣고 아하시야의 어머니 아달랴가 일어나 정권을 잡고 왕족들의 씨(자기의 손자들)를 전멸시킨다.

⑧ **요아스** • 제사장 여호야다의 반정으로 아하시야의 누이 여호세바의 손에서 자라던 요아스가 7세가 되자 왕위에 오른다. 아달랴의 정책에 불안해 하던 모든 사람들이 여호야다에게 호응했다. • 요아스가 성장하자 종교개혁에 착수한다. 영적 부흥이 일어나게 되었다. • 여호야다가 죽자 유다 방백들의 아세라 목상을 허용했다. • 하나님이 징벌하신다(아람을 일으켜 유다를 침).

⑨ **아마샤** • 요아스 왕이 피살된 후 그 아들 아마샤가 왕 위에 오른다. 그는 조직력을 가진 행정 수완이 있었던 것 같다. 그는 약해진 정국을 정리하여 나라를 굳게 한 후 부왕을 죽인 신복들을 처형했다. • 국방을 튼튼히 하고 30만의 군대로 에돔을 공격한다. • 그런데 개선하고 돌아올 때 에돔의 우상을 가져다가 자기의 신으로 세우고 경배하며 분향했다(대하 25:14). • 피살되었다.

⑩ **웃시야** • 웃시야 왕의 52년간의 통치(왕하 15:2). 그러나 그의 단독통치 기간은 16년간이었다. 그의 이름이 아사랴로 기록된 곳이 많다. • 유다

⑩ **여호람** • 바알 신상을 제거한 일도 있고(왕하 3:2,3), 아람의 공격 시 굶은 베를 입고 옷을 찢으며 회개했다(왕하 6:24-30). • 그러나 엘리사를 죽이려고 애썼다. • 모압의 반란 : 모압 왕 메사가 오므리에 의해 부과된 공물을 거절하고 반란을 일으켰다. • 요단 동쪽의 길르앗 라못을 탈환하기 위해 아람과 싸우다 부상을 입고 치료 중에 군대 장관 예후에게 피살된다(왕상 21:29, 왕하 10:11).

⑪ **예후** • 이세벨을 죽임 • 아합의 아들 70인을 죽임 • 바알 선지자와 대제사장 극렬한 처형 • 그러면서도 율법을 전심으로 지키지 않았다. • 다메섹 왕 하사엘과 앗수르 왕 살만에셀의 침략을 받음 • 숙청과정에서 고급 인력까지 처형 • 유다 왕 아하시야까지 죽임(동맹관계 깨짐)

⑬ **요아스** • 아람왕 벤하닷 2세를 쳐서 이김 • 유다왕 아마샤의 공격이 있었으나 격퇴한다.

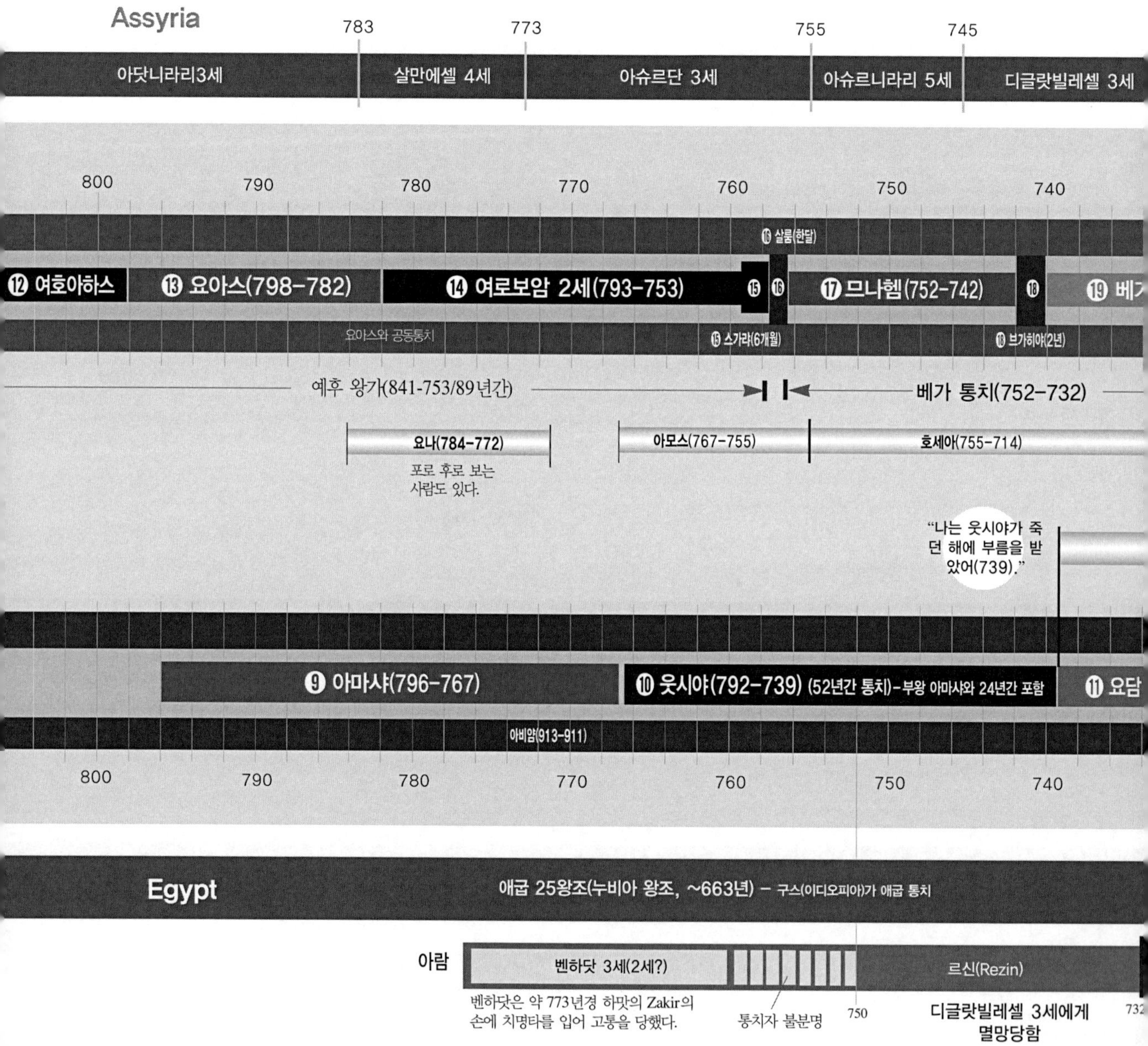

의 열왕 중에서 가장 유능하고 강력한 왕이었다. • 영토 확장 : 에돔을 계속 주관 / 무역 정책 / 암몬을 다스려 조공을 받았다. 블레셋의 여러 성읍 정 • 산업정책 :무역확대, 목축에 힘쓰고, 농업에도 힘썼다. • 번영 : 백성은 사치 / 자신은 교만

⑪ **요담** • 웃시야가 죽자 국내외가 어수선했다. • 이사야가 등장했다. • 계속적 번영은 종교적 타락을 가져온다. • 요담 자신은 큰 허물이 없었으나 백성들의 죄악을 다스리는데 실패한다. • 당시 앗수르의 세력이 현저히 커진다. • 요담왕 말년에 이스라엘왕 베가와 다메섹 르신이 앗수르에 대항하도록 압력을 넣기 시작한다.

⑫ **아하스** • 20세에 왕위에 오름. 여호와 보시기에 정직히 행치 아니했다. 국력은 심히 약해짐. 그는 자연히 친앗수르 정책을 쓴다. 이때 선지자 이사야의 권고가 있었으나 듣지 아니한다. • 반앗수르 정책을 쓰고 있던 북쪽 이스라엘과 다메섹이 연합하여 유다를 공격한다(왕하 16:5, 대하 27:5,6). • 이때 이사야가 권면(사 7:3-7) 그러나 아하스왕은 말을 듣지 아니한다(사7:13). • 성전 기명을 뜯어내고 성전을 폐쇄해버렸다(대하28:24).

⑬ **히스기야** • 29년간 재위(대하 29:1, 왕하 18:2) • 하나님 보시기에 정직히 행한 자(왕하 18:5) 反앗수르 정책을 썼다. 성전의 문을 다시 열고, 성전을 청결케 했다. 산당을 제거하고 철저한 종교개혁을 단행했다. • 그

여로보암 2세 • 부왕의 업적으로 비교적 안정, 황금시대를 열었다. • 다메섹을 속국으로 삼음 • 부강해질 수 있는 요인이 있었다. 그러나 부패로 이어진다. • 선지자 등장 - 호세아, 아모스, 요나

므나헴 • 그의 혁명이 아주 잔인했음 • 여로보암 2세 때 잃은 영토를 회복하려 했으나 다시 세력이 커진 앗수르(디글랏빌레셀 3세)의 공격을 받고 조공을 바침

⑲ **베가** • 실제로는 8년간만 통치 • 호세아에게 죽임을 당함

⑳ **호세아** • 앗수르가 베가를 죽이고 호세아를 허수아비 왕으로 세움 • 나중에 앗수르에 반역하자 디글랏빌레셀 3세의 공격을 받아 나라가 망함

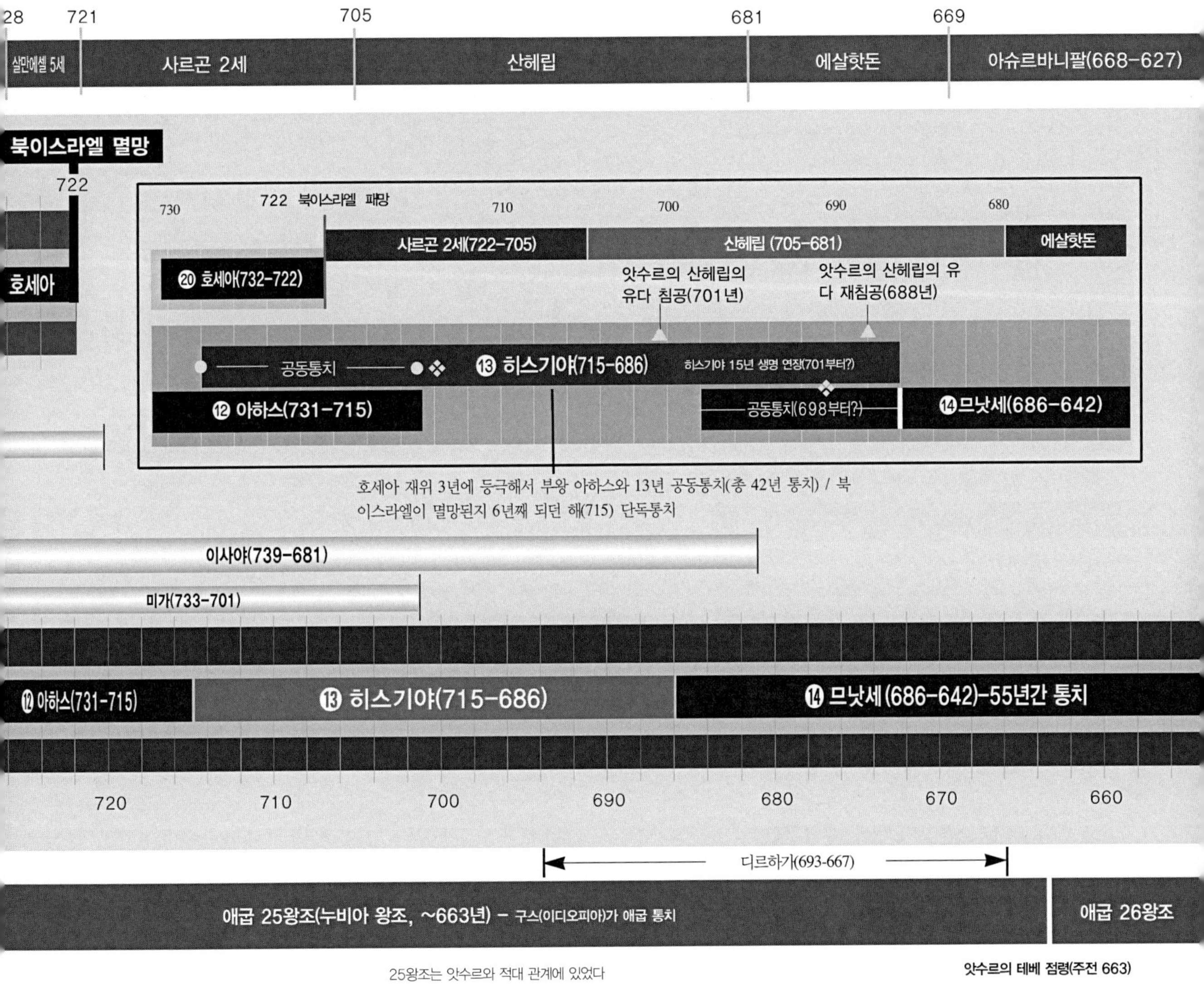

는 반앗수르적이었으나 사르곤 왕이 살아있을 때는 공개적으로 앗수르를 대항치 아니했다. 사르곤 왕의 아들 산헤립이 왕이 되었을 때 애굽의 후원을 얻어 두로 및 아스글론과 에글론과 더불어 반앗수르 동맹을 맺었다. 그리고 국방을 튼튼히 했다(대하 32:5). • 산헤립이 항복을 요구. 히스기야는 은과 금을 거두어 화해를 요청했으나 거절당함. 몇 개월이 지나서 다시 쳐들어옴. 이사야의 예언(사 37:6이하) = 앗수르는 반드시 물러갈 것을 예언, 용기를 주었다(왕하 19:20-28, 32-33) • 앗수르는 군대 18만 5천 명이 죽고 물러갔다.

⑭ **므낫세** • 12세에 왕위. 55년 재위(최장기) • 그의 종교적 부패(대하 32:2-10, 왕하 21:2-16) : 그는 부왕이 헐어버린 산당들을 다시 짓고 바알의 단을 다시 세우고 아세라 목상과 하늘의 일월성신을 숭배했다. 몰렉에게 아들을 번제로 드려 불 가운데 지나게 하며 점치고 사술을 행했다(왕하 21:6, 대하 33:6). • 이런 정책을 반대하는 사람들을 처형했다. 그가 이렇게 악해진 것은 앗수르에 예속된 후 앗수르의 종교 와풍속을 따르면서 앗수르의 호의를 얻고자 했기 때문일 것이다. • 므낫세에게 무서운 징계 : 쇠사슬로 결박되고 갈고리에 꿰어 잡혀가는 비참한 신세가 됨

⑮ **아몬** • 2년간 부왕의 타락한 정치에 불과했다. • 그는 궁중의 신하들의 반역으로 죽었다. 그러나 이 반역을 국민들이 좋게 보지 않아 반역을 일으킨 자들을 처형하고 8살밖에 안된 요시야를 왕위에 세웠다. • 벌써 이때는 신흥 바벨론이 점차 두각을 나타냈고 애굽과 앗수르는 이 세력을 꺾으려 한다.

앗수르왕의 모습

Assyria

앗수르 멸망

609

660

627

●612 니느웨 점령

아슈르바니팔(668-627)

마지막 연약한 왕들

❶ 나보폴라살(625-605)

• **스바냐** : 요시야(성전 수리, 율법책 발견) 왕과 숙질간이다. 왕족(히스기야의 현손)이었기에 자유롭게 성전 출입을 할 수 있었다. 요시야 왕의 종교개혁의 배경이 된다. 중심은 심판이다. 심판 후에 서광이 있음을 선포했다. - 메시야 왕의 도래

• **나훔** - 니느웨 멸망 선포 니느웨는 회개했다. - 회개하면 모두 잘되는가? (요시야 - 회개했는데, 전사했다. 나라도 망하고...) - 그렇게 될 수 있다. 크게 망하기 직전 - 큰 부흥이 있다.

"나는 요시야 왕 13년에(627년) 부름을 받았어."

627

예레미야(627-?)

❷차 포로(5

스바냐(636-626)

650

620

나훔(650-620)

❶차 포로(605)

갈그미스 전투

605

⑭ 므낫세(686-642)-55년간 통치 ⑮ ⑯ 요시야(640-609) (31년간 통치) ⑱ 여호야김(609-597)

⑮ 아몬(2년간) ⑰ 여호아하스(3개월) ⑲ 여호야긴(3개

660 650 640 630 620 610 600

Egypt

애굽 26왕조(663~525년)

⑯ **요시야** • 그의 치리기간은 유다 창건 이래 가장 행복했던 시기라고 볼 수 있다. 그는 우상을 멸하였다. 개혁운동은 아주 철저했다. • 성전을 수리하다가 율법책을 발견했다. • 앗수르는 바벨론의 공격을 받았다. 메대도 바벨론과 연합하여 앗수르를 공격했다. 애굽도 신흥 바벨론을 꺾어야겠다고 생각했다. 요시야 왕은 반앗수르적인 입장이었다. 그래서 앗수르를 도우려 출정하는 애굽을 저지하고자 므깃도로 진출한다. 그러나 그곳에서 전사하고 만다(왕하 23:29, 30).

⑰ **여호아하스** • 므깃도에서 요시야왕이 죽자 백성들은 둘째 아들인 여호아하스를 왕으로 삼았다. 그러나 3개월뿐이었다. 요시야 왕을 죽인 바로 느고(Pharaoh Necho)가 여호아하스를 제거하고 그의 형인 엘리야김을 왕으로 삼고 그의 이름을 여호야김으로 고쳤다. 여호아하스는 애굽의 포로로 끌려가 거기서 죽었다(왕하 23:34). 그의 죽음은 예레미야가 예언한 그로였다(렘 22:11).

⑱ **여호야김** • 애굽은 유다를 속국으로 삼고 조공을 받았다. 여호야김은 이 위해 은과 금을 늑봉하였다(왕하 23:25). 에스겔은 여호아하스와 여호야을 '사람을 움키는 사자 새끼'라고 했다(겔 19:1-4). • 여호야김은 아 자기가 형이면서도 동생 여호아하스가 왕이 된 것을 불만으로 여겼을 이다. 그런 와중에서도 왕궁을 더 크게 짓기 위해 백성에게 고역을 시 많은 피를 흘리게 한다(렘 22:13-19). 예레미야의 경고가 있었고 하박 선지의 탄식(합 1:3-4)도 이 시대를 배경으로 한 것이다. • 선지자 우리 를 죽였고(렘 26:20-23), 예레미야도 죽이려 했으나 하나님이 보호하심 로 살았다(렘 26:24, 36:26). 특히 예레미야가 받은 계시의 두루마리를

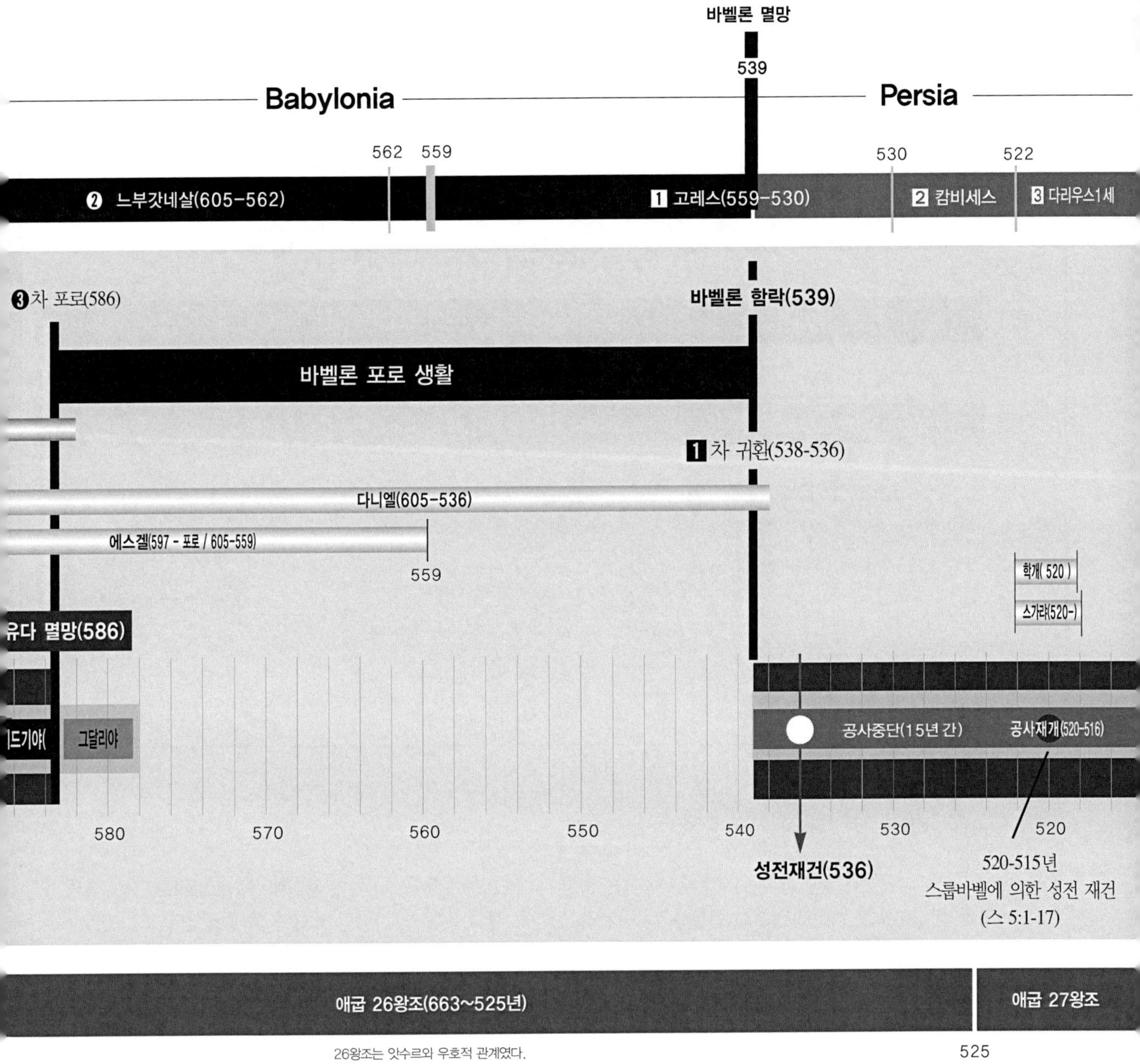

에 태웠다. 그는 많은 죄악된 일을 저질렀으며 그의 정책도 애굽을 섬기다 바벨론을 섬기는 등 불안정했다. 그러다가 비참한 죽음을 맞게 된다(렘 22:18-19).

⑲ **여호야긴** • 여호야김의 뒤를 이어 왕위에 올랐다. 그러나 3개월 10일만에 바벨론으로 끌려가게 된다. 느부갓네살이 다시 예루살렘에 쳐들어와서 그를 끌어가고 그의 숙부 시드기야를 대신 왕으로 세웠다. 그때 많은 이들이 포로로 끌려갔다. • 에스겔도 본래는 그때에 잡혀간 포로 출신 중 한 사람이었다. 여호야긴은 일평생 바벨론 왕궁에서 비교적 후한 대접을 받았다(왕하 25:27-30).

⑳ **시드기야** • 느부갓네살은 여호야긴의 숙부 맛다니야를 왕위에 세우고 그 이름을 시드기야로 고친다. 그러나 바벨론왕은 여호야긴을 계속 유다왕으로 처우했다. • 시드기야는 반바벨론파와 친애굽파의 압력으로 바벨론을 배반하게 된다(왕하 24:20). • 느부갓네살 군대가 시드기야 9년(주전 588)에 유다를 공격해와 예루살렘을 포위한다. 그리고 2년후에 주전 586년에 예루살렘은 함락된다. • 느부갓네살은 시드기야가 보는 앞에서 그의 아들들을 죽이고, 그의 두 눈을 뽑고 결박하여 바벨론으로 끌고 갔는데 죽는 날까지 옥에 갇혀 있었다(렘 52:9-11). 그리고 그달리야(Gedaliah)를 세워 총독으로 삼았다. 그달리야는 한때 예레미야를 숨겨주기도 했던 인물이었다 • 애굽에서도 예레미야는 계속 선지자의 사명을 다했다(렘 44:1,14, 20-23, 24:30).

200 북이스라엘의 마지막 기간

확대해서 보기

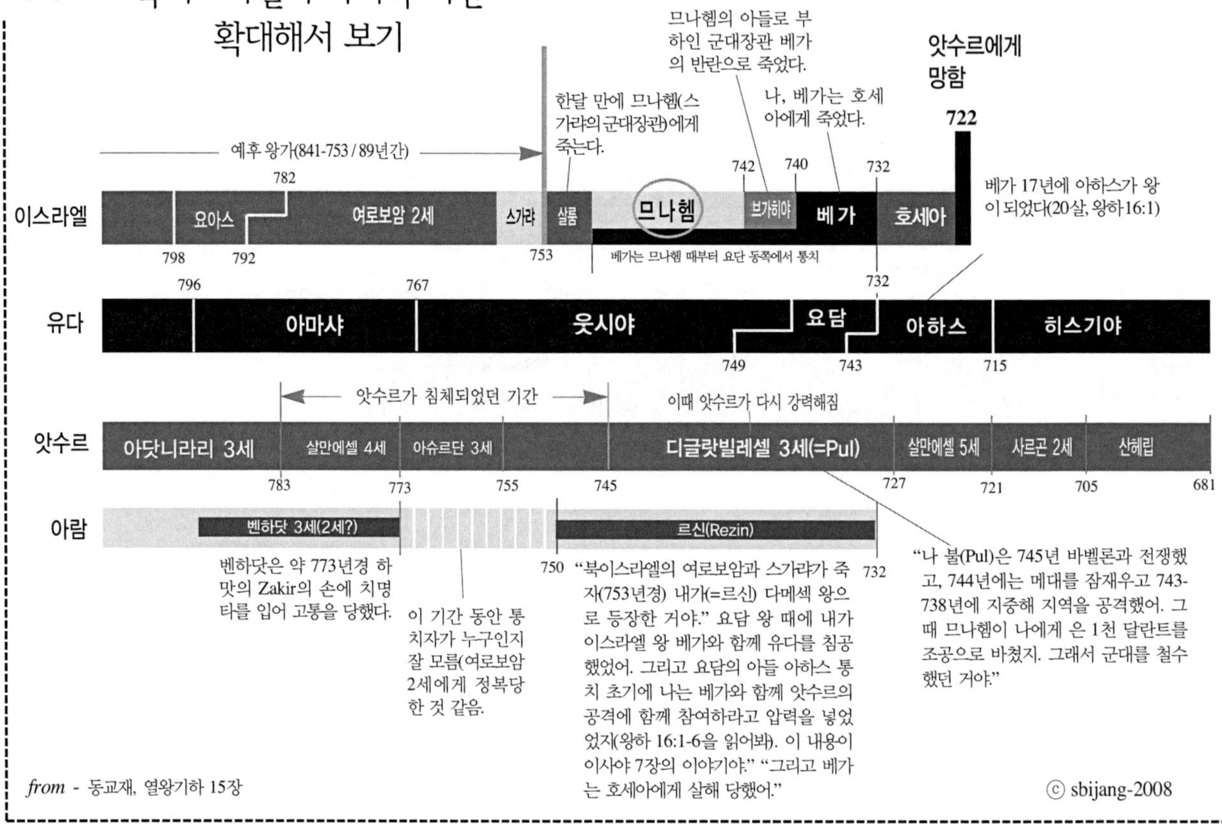

다시 강성해지는 앗수르

1. 앞에서 여러 차례 언급했듯이 약 50여년간 앗수르는 서진 정책을 펴지 못하고 연약한 가운데 있었다. 그러나 디글랏-빌레셀 3세가 등장하면서 다시 강력한 나라로 발돋움했다. 그는 바벨론을 평정했다. 북부 우라라트 왕국의 Sarduk 2세 역시 그의 동맹국들과 함께 유프라테스 강에서 대패한다. 북부의 메대인들에 대해서도 군사작전을 펴 카스피해 남쪽으로 밀어냈다.

2. 그러고 나서 다시 서진 정책을 펴 지중해 쪽을 공격하기 시작했다(743년). 늦어도 738년에는 디글랏빌레셀 3세는 하맛, 두로, 비블로스, 다메섹, 팔레스타인의 대부분의 나라들로부터 조공을 받았다. 물론 이스라엘도 포함되었다. 이 때의 왕이 므나헴이었다.

3. 므나헴은 조공을 충당하기 위해 인두세라는 정책을 펴 조달하였다. 이렇게 하는 것이 자신의 보위를 지탱해주리라고 확신했을 것이다. 이는 곧 애국자들의 반감을 불러왔다. 그의 아들 브가히야가 왕위에 올랐으나(B.C. 737-736), 군관 가운데 한 사람인 베가에 의해 암살되었고, 결국 베가가 왕권을 장악하게 된다. 이스라엘은 무정부 상태가 되었다.

4. 이때 다메섹 왕 르신은 앗수르에 저항했다. 르신은 므나헴에게도 합류를 원했을 것이고, 므나헴이 반대하자 베가를 밀어주었을 가능성이 있다. 베가가 정권을 잡자 그는 르신과 함께 반(反) 앗수르 연합세력의 지도자가 된다(사 7장 참조).

5. B.C. 734-732년, 디글랏빌레셀 3세는 다시 서편에서 남부 수리아-팔레스타인 안에서 일어난 대규모 반란을 진압했다. 먼저 해안을 따라 휩쓸고 내려왔다가 방향을 돌려 732년 다메섹을 멸망시켰다. 그리고 그는 호세아의 즉위를 재가하였다. 이어 그는 수리아 왕국을 멸망시켜 앗수르의 속주로 편입시켰다.

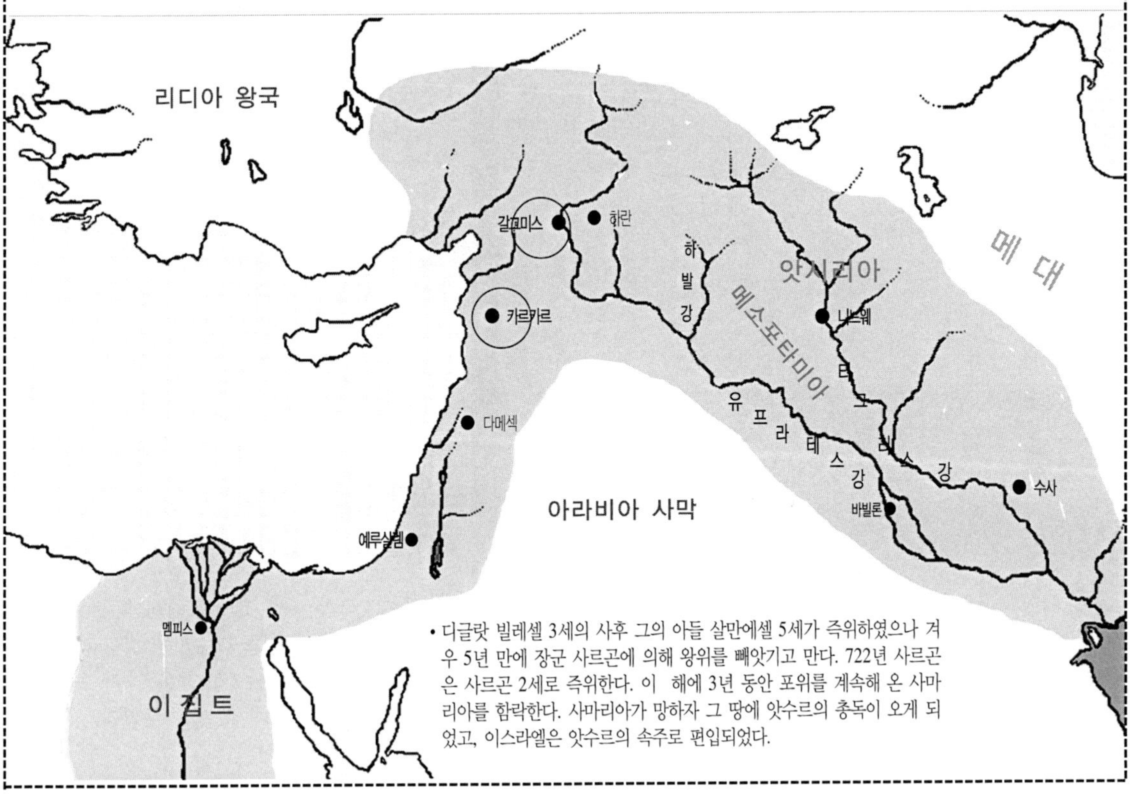

• 디글랏 빌레셀 3세의 사후 그의 아들 살만에셀 5세가 즉위하였으나 겨우 5년 만에 장군 사르곤에 의해 왕위를 빼앗기고 만다. 722년 사르곤은 사르곤 2세로 즉위한다. 이 해에 3년 동안 포위를 계속해 온 사마리아를 함락한다. 사마리아가 망하자 그 땅에 앗수르의 총독이 오게 되었고, 이스라엘은 앗수르의 속주로 편입되었다.

from - 동교재, 열왕기하 15장

당시 앗수르 왕들

- 아닷니라리 2세(911-891)
- 투쿨티니누르타 2세(890-884)
- 아슈르나시르발 2세(883-859)
- 살만에셀 3세(858-824)
- 샴시아닷 5세(823-811)
- 아닷니라리 3세(810-783)
- 살만에셀 4세(782-773)
- 아슈르단 3세(772-755)
- 아슈르니라리 5세(754-745)
- **디글랏빌레셀 3세(746-728)**
- **살만에셀 5세(727-722)**
- **사르곤 2세(722-705)**
- 산헤립(705-681)
- 에살핫돈(681-669)
- 아슈르바니팔(668-627)
- 아슈르에텔일라니(627-623)
- 신숨리실(623)
- 신사르이스쿤(623-612)
- 아슈르우발릿 2세(612-609)

앗수르 제국

이스라엘이 남북으로 분열되었을 때, 앗수르는 약체에서 벗어나 서서히 강국으로의 기지개를 켜고 있었다. 하나님은 이스라엘을 징계하시기 위해 앗수르를 몽둥이로 준비하고 계셨기 때문이다(사 10:5). 아슈르나시르발 2세(883-859)가 등장하면서부터 앗수르는 교착 상태에서 벗어나 팔레스틴을 침략하기 시작했다. 그의 후계자 살만에셀 3세는 계속 서진(西進) 정책을 써 857년 갈그미스를 점령한다. 그리고 853년에 살만에셀 3세는 오론테스 강변의 카르카르(Qarqar)까지 밀고 내려왔다. 아람과 이스라엘은 아벡에서 서로 치열한 전투를 벌였지만 앗수르의 위협 때문에 이들은 연합하여 공동 대처한다(이때가 아합 통치시기였다). 카르카르 전쟁 이후 앗수르의 공격이 없어지자 아합과 벤하닷은 다시 적대 관계가 된다.

그 후 살만에셀 3세는 동쪽으로 진출해 바빌로니아를 합병한다(850년). 그리고 다시 서쪽으로 진출하여 시리아(=하사엘이 통치)를 포위한다(841년). 이때 이스라엘은 예후가 통치하고 있었는데 무거운 조공을 바치게 된다. 그러나 이스라엘을 포함한 팔레스틴을 진정으로 공격한 것은 **디글랏빌레셀 3세**였다(746-728년). **그후 이스라엘의 수도 사마리아는 살만에셀 5세(727-722년)에게 정복당한다.** 그러나 정복 직전에 죽었기 때문에 사르곤 2세(722-705)가 정복 사업을 완수한다. 옆에 있는 앗수르 왕의 도표를 참고해 보자.

Outline

202

1Kings

12-14장

왕국의 분열 · 여로보암의 통치

에브라임 지파와 유다 지파 사이에 골이 깊어졌다.
여로보암은 에브라임 출신이다(왕상 11:26).
더욱이 에브라임 지파는
유다 지파에 비해 작은 지파로
늘 소외감을 갖고 있었다.
거기다가 유다 지파에 대한 북쪽 지파들의 반발도 컸다.

사울이 죽고 나서 다윗이 왕에 오를 때도
북쪽 지파들은 다윗을 따르지 않고
이스보셋을 따라 그를 왕으로 삼아
2년간 이스라엘 왕국을 세운 일도 있었다.
여기에는 유다 지파에 대한 강한
반발 의식이 숨어 있었다.

이에 비해 사울은
가장 적은 지파의 하나인 베냐민 지파의 출신이었던
까닭에 각 지파 간에 반목이 없었다.
세바의 반역 역시도 종파적인 감정이
깊게 숨어 있었다(삼하 19:41-20:22).

이런 제반 상황에 비추어 볼 때 솔로몬의 뒤를 이은
르호보암은 종파 간의 단합을 꾀했어야 했다.
솔로몬이 죽고 르호보암이 왕위에 오르자
먼저 백성들이 왕에게 원했던 것은
각종 세금과 강제 노역을
경감시켜 달라는 것이었다(12:3, 4).
중대한 문제를 앞에 놓고 르호보암은 고민했다.
그러나 솔로몬 때부터 섬겨온 원로들에게 세금과 노역을 경감해야 한다는 조언을 듣고도
오히려 강력한 탄압 정책을 쓰고 만다.

12장 여로보암의 북이스라엘 통치

1-5절 : 르호보암이 북쪽 지파들의 요구에 반대함

- 1절 : 르호보암이 세겜으로 올라감(이유 : 온 이스라엘이 저를 왕으로 삼으려 했기 때문에)
- 2절 : 여로보암이 이집트에서 르호보암이 왕이 되었다는 소식을 들음
- 3절 : 백성들이 여로보암을 부름 / 여로보암이 이스라엘 모든 무리와 함께 르호보암에게 요구사항을 말함
- 4절 : 요구사항 (막중한 세금과 노역 경감 요청)
- 5절 : 르호보암은 대답을 지연한다(삼 일 후에 다시 오라).

6-15절 : 르호보암의 모사들의 조언과 강경책

- 6-7절 : 노인 그룹 모사들에게 조언을 구함 / 답 : 백성들의 요구대로 해주시는 것이 좋을 것이오.
- 8-11절 : 그러나 르호보암은 자기 또래(새로운 행정 각료들?)에게 조언을 구한다. / 답 : 오히려 더 강경책을 쓰시오.
- 12-15절 : 르호보암은 강경책을 쓰기로 결정

16-20절 : 이스라엘의 반역과 르호보암의 무력 제압 시도

- 16-20절 : 분열은 기정 사실이 되었다. 그러나 르호보암은 계속 북쪽 지파에게 영향력을 행사하려 한다. 세리대장 아도람을 보내 수습도 하고 세금도 거두려 했으나 이들은 아도람을 돌로 쳐죽인다.

- 21-24절 : 르호보암은 18만 명의 군사를 모아 무력으로 통일을 시도하려 했으나 하나님은 스마야 선지자를 통해 그 계획을 실행치 못하게 하신다.

25-33절 : 여로보암의 우상 숭배

13장 벧엘 제사에 대한 하나님의 사람의 심판 예언

1-10절 : 유다에서 온 하나님의 사람이 벧엘에서 분향하는 여로보암을 책망하고 그에 대해 예언함

• 1-3절 : 하나님은 한 무명의 선지자를 벧엘로 보내신다. 그 선지자는 여로보암이 단 곁에서 분향하고 있을 때 담대하게 외쳤다.

내용: "다윗의 집안에 요시야라 이름하는 아들이 태어나 여로보암의 제사장들의 뼈를 그 단 위에서 불사를 것이다"라고 했다(물론 이 예언은 300년 뒤에 그대로 성취된다. 왕하 23:15,16, 25). 이 예언의 증거로 '단이 갈라질 것이다'라고 외쳤다.

• 4-6절 : 여로보암은 크게 진노한다. "저놈 잡아라." 그러나 그의 손이 마비되어버렸다(4절). 그리고 정말로 제단이 갈라졌다(5절). 크게 당황한 여로보암은 그 선지자에게 손이 펴지도록 은총을 구한다. 다시 손이 회복되었으나 그의 마음까지 변한 것은 아니었다(6절).

• 7-10절 : 한번 크게 혼난 여로보암은 그 선지자에게 호의를 베풀고 식사를 대접하려 한다. 그러나 하나님의 지시가 있었기에 선지자는 호의를 거절한다.

11-32절 : 벧엘의 늙은 선지자가 유다로부터 온 선지자를 속여 죽게 한다.

• 벧엘의 늙은 선지자가 젊은 선지자와 교제를 나누고 싶어 자기 집으로 식사 초대를 한다. 여기서 젊은 선지자는 호의에 넘어가게 되고 그곳에서 식사를 함으로써 여호와의 명을 어긴다. 따라서 젊은 선지자는 사자에게 죽임을 당한다.

33-34절 : 여로보암의 철저한 배교

• 하나님의 사람으로부터 확실한 경고가 있었음에도 불구하고 그는 죄에서 돌아서지 않는다. 그는 멸망을 선언받는다.

14장 여로보암의 아들의 병 르호보암의 유다 통치

1-18절 : 여로보암의 아들 아비야가 병이 들어 죽음

• 1-5절 : 아들이 병이 들자 여로보암은 옛날 자신이 장차 왕이 될 것이라고 예언한 선지자 아히야(왕상 11:29-31)를 기억해 낸다. 그 선지자라면 자기 아들의 운명도 알 수 있으리라 믿었다(3절). 그래서 자기 아내를 변장시켜 실로에 있는 아히야 선지자를 찾아가게 한다(1, 2절).

• 6-14절 : 이 사실을 이미 알고 있던 아히야 선지자는 여로보암의 아내에게 여로보암의 집안에 대해 충격적인 예언을 한다. ① 여로보암 집에 재앙을 내리되 그에게 속한 사내는 전멸할 것이다. ② 여로보암 일가는 장사되지 못하고 개나 새에게 먹힐 것이다. ③ 아이(아비야)만 죽어 묘실에 들어갈 것이다. ④ 여로보암의 집을 끊어버리리라.

• 15-18절 : 심판에 대한 구체적 이유가 우상 숭배였다. 선지자가 예언한 것처럼(12절) 여로보암의 아내가 집에 이르러 문지방에 들어설 때 그의 아들 아비야가 죽는다. 결국 아히야 선지자가 예언한 대로 그의 온 집안은 전멸되었다(왕상 15:28).

• 19-20절 : 그는 왕위에 올라 22년을 통치하고 자연사했다. 이런 모든 사실은 「역대지략」에 기록되어 있었다. 「역대지략」은 궁중실록을 가리킨다.

21-24절 :르호보암의 유다 통치

• 21-24절 : 르호보암은 41세에 왕위에 올라 17간을 통치했다. 왕의 모친 나아마는 이방 여인으로 암몬 사람이었다. 그녀는 우상 숭배로 밀곰을 섬겼다. 국력이 점점 부강해 지자 르호보암은 부친 다윗의 길로 가지 않고 다른 열조보다 더욱 악을 행했다. 무엇보다 북쪽 여로보암과 국경 충돌이 항상 있었기에(20절) 전쟁에 시달려야 했다.

25-28절 :애굽 왕 시삭의 침략

B.C. 931-870

왕국분열의 초기
(12-22장)

- **12장: 여로보암의 북이스라엘 통치**
- 13장: 벧엘 제사에 대한 하나님의 사람의 심판 예언
- 14장: 여로보암의 아들의 병과 아히야의 예언 · 르호보암의 유다 통치

같이 읽을 곳

- 왕상 14:21-15:24
- 대하 10-16장

왕국 분열의 역사적 배경(왕상 12장)

주전 970년 솔로몬이 죽자, 히브리 민족은 걷잡을 수 없는 수렁으로 빠져들어간다. 북쪽 이스라엘과 남쪽 유다로 분열되기 시작한다. 물론 분열의 징후는 오래 전부터 싹트고 있었다. 다윗이 하나의 나라로 통일하기까지도 적지 않은 세월과 힘이 들었다. 그런데 이들은 지금 다시 돌이킬 수 없는 역사를 만들어가고 있다. 그렇지만 히브리 민족의 분열은 솔로몬이 지은 죄에 대한 하나님의 징계였다고 말하고 있지 않은가! 그것은 왕과 백성들이 하나님의 언약을 어기고 지은 죄와 불순종의 결과였다. 선의(?)의 경쟁을 유도했던 하나님은 끊임없이 배도하는 백성들에 의해 고개를 저으셔야 했다. 인간들의 삶이 늘 그러한 것처럼 남북은 경쟁하듯 죄악으로 깊이 빠져들었다. 그 분열의 책임은 백성들을 옳은 데로 인도해야 할 책임이 있는 왕에게 있었다. 열왕기 기자는 이제 그 열왕들의 행적을 찾아내어 평가를 내리고 있다. 어쨌든 먼저 분열의 배경을 살피는 것이 좋겠다.

1. 에브라임 지파와 유다 지파 사이에는 오래 전부터 갈등이 있어 왔다. 과거에 어떤 문제점이 있었는가?

(1) 여로보암은 에브라임 지파 출신이라고 했다(왕상 11:26). 에브라임 지파는 유다 지파에 비해 작은 지파로 늘 소외감을 갖고 있었다. 사사시대에 있었던 일이었다. 미디안과의 전쟁에 승리한 후 에브라임 사람들은 기드온에게 불만을 토로했다(삿 8:1-3). 당시 그들은 왜 그리고 어떤 불만을 표출했을까?[1)]

- 이들의 불평의 표면적인 이유는 기드온이 미디안을 공격할 때(모레 산에서의 처음 전투 시, 삿 7:1 참조) 왜 자기들을 부르지 않았느냐는 것이었다. 에브라임 사람들은 미디안 병사들이 패주(敗走)할 때, 기드온의 청원을 받고 즉각 출동하여 요단 나루턱을 취하여 단숨에 적장 두 명을 생포하는 공훈을 세웠다. 이때 에브라임 사람들은 적장의 머리를 가지고 오면서 기드온에게 따지고 들었다. 처음부터 자기들을 불렀다면, 이보다는 더 큰 공을 세우지 않았겠느냐는 것이었다. 사사기의 내용이다.

(2) 에브라임은 누구의 자손인가? 이들은 므낫세와 함께 요셉의 자손이었다. 므낫세가 장자이고, 에브라임은 차자였다. 그러나 우리는 야곱이 장자 므낫세보다 차자 에브라임을 장자의 자리에 두었던 것을 기억한다(창 48:13-19). 사사 시대에 성막은 에브라임 지파가 있는 실로(Shiloh)에 있었다. 왕정 시대 이전에 이스라엘의 예배의 중심지는 바로 '실로'였다. 그래서 에브라임 사람들은 어느 정도 이스라엘의 주도권을 갖고 있었다(수 18:1). 그런데 미디안과의 전투로 인해 기드온의 인기가 점점 치솟고 있었다. 에브라임의 불평은 이런 보이지 않은 감정들이 밑바닥에 깔려 있었을 것이다.

1) 그 외에도 에브라임 사람들은 불평이 많았다. 사사기 12:1-6에서도 볼 수 있는 것처럼, 그때에도 에브라임 사람들은 사사 입다와 논쟁을 하게 된다. 그 때에도 같은 내용의 항의를 했다. 이 일로 에브라임 사람들 4만 2천 명이 죽임을 당하는 일이 벌어졌다. 이렇게 보이지 않는 골은 지역 감정과 함께 에브라임으로 하여금 훗날 북 쪽 정권 창출에 주도적인 역할을 하는 동기를 제공하게 된다(동교재, 사사기에서).

2. 또 유다 지파에 대한 북쪽 지파들의 반발은 사울이 죽고 다윗이 헤브론에서 왕위에 올라 있을 때부터 있었다.

(1) 사울의 군장이었던 아브넬은 사울의 넷째 아들 이스보셋을 등에 업고 북이스라엘 왕국을 세운다. 사울계에서는 북쪽 사람들을 규합하여 다윗과 대적했다. 사울의 죽음 이후 7년 반 동안 남북은 어떤 모양으로도 골이 깊이 패이게 되었다. 이는 남북 분열의 불씨를 제공하는 계기가 되었다.

(2) 이처럼 유다 지파에 대한 강한 반발 의식이 밑바닥에 깔려 있으나 다윗의 통치 하에서 표면으로 떠오르지 아니했을 뿐이다. 사울은 가장 적은 지파인 베냐민 출신인 까닭에 북쪽 사람들은 크게 반목이 없었다. 세바*의 반역 때에도 종파적인 감정이 있었음을 본다(삼하 19:41-20:22). 그러나 솔로몬의 통치 후반기에 서서히 그 불만들이 다른 여러 요소들과 함께 폭발해 버렸다.

- **세바**는 베냐민 지파의 사람이라고 소개하고 있는데(삼하 20:1), 이는 유다 지파와는 지파 감정과 지역 감정이 있었음을 암시하는 것이다. 베냐민 지파의 사람들은 왕위 계보가 유다 지파로 넘어간 사실 때문에 감정이 좋지 않은 상태에 있었다. 다윗은 이런 지파 간의 갈등을 끌어안으려고 애를 썼지만 불만이 폭발한 요소가 잠재되어 있었다. 이런 가운데 세바는 북쪽 이스라엘은 다윗과 상관없다고 백성들을 선동했다. 물론 세바의 난은 평정되었지만 남북 간의 골은 그전보다 더욱 깊어갔다.

3. 이와 같이 남북은 언제든지 분열될 잠재적 요인이 있었다. 그러나 하나님은 다윗에게 통일된 나라를 주셨다.

(1) 다윗은 비록 죄를 지어 하나님의 징계를 받아 어려움 가운데 있기도 했지만 우상을 숭배하는 어리석은 죄는 짓지 아니했다. 다윗 왕가의 기본 원칙(삼하 7:8-16, 다윗 언약)이 있기에 범죄한 다윗은 징계를 받지만 그는 이 점을 크게 회개한다. 따라서 다윗의 목숨은 보존된다. 하나님은 그 나라가 영원히 견코게 되게 하기 위해 특별히 다윗을 사랑하셨다(삼하 12:24, 25). 다윗의 아들들의 패역함이 있긴 했지만 이는 다윗 왕가의 내분 때문이 아니라 하나님의 징계였다. 다윗 역시 인간이었고 구원은 인간 다윗에게 있지 않음을 다윗 자신도, 그의 백성들도 깨닫게 된다. 다윗의 나라는 여전히 부강했고, 다윗은 하나님의 은총 가운데 있었다.

(2) 솔로몬의 영화, 그 장면은 지금까지 이미 자세하게 살펴본 바와 같다. 솔로몬의 하나님 경외함은 대단한 것이었다. 그의 경외심은 기브온 산당에서 드린 일천 번제에서 가장 잘 드러난다. 그는 하나님께서 주신 지혜로 이스라엘을 최고의 부국으로 이끌었다. 그가 지은 성전과 궁전은 당시 주변 국가를 놀라게 했다. 성경 기자는 솔로몬 통치 하의 이스라엘을 이렇게 평가했다. “솔로몬의 사는 동안

솔로몬의 뒤를 이은 르호보암은 현명하지 못했다.

솔로몬이 죽자 백성들이 제일 먼저 원한 것은 각종 세금과 강제 노역을 경감시켜 달라는 것이었다. 르호보암은 모사들에게 자문을 구했지만 노인들의 자문보다는 젊은 각료들의 의견을 채택하고 오히려 강경책을 쓸 것을 선포한다.

결국 북쪽 이스라엘 온 지파는 르호보암에게 반역한다. 르호보암은 무력으로 통일시키려 했으나 하나님의 제지로 실행치 못한다. 이제 히브리 민족은 두 나라로 영구히 나눠지게 되었다. 여로보암은 르호보암의 반발로 창출된 정권이기에 왕이 되자 세금과 노역을 가볍게 했을 것이다.

그는 수도를 세겜으로 정했다. 그리고 다시 수도를 디르사로 옮겼다. 그는 선정을 베풀려고 애를 썼으나 백성들의 마음을 사로잡으려고 북쪽 백성을 위해 다른 예배 장소를 세우게 된다. 제사 장소를 북쪽에는 단, 남쪽에는 벧엘에 세우고 그곳에다 금송아지를 만들어 세운다. 결국 북조 이스라엘은 처음부터 탈선하기 시작했다.

에 유다와 이스라엘이 단에서부터 브엘세바에 이르기까지 각기 포도나무 아래와 무화과나무 아래서 안연히 살았더라."

• 남북이 분열되었다. 어느날 갑자기 이런 일이 일어났을까?아니다. 분열(깨어짐)은 어느 시점에서 그 원인이 있었다. 그러나 그 원인이 봉합되지 않고 계속 불신을 키워왔기 때문에 돌이킬 수 없는 강을 건너고 말았다. 문제가 생겼다면 즉시 매듭을 풀어야한다. –'나도 알아, 그런 건.'

• 하나님의 이름을 걸고 벌어지는 대형 프로젝트, 검증도 받지 않은 거창한 사업이 무리한 추진력에 의해 성공적으로 마무리될 수 있다. 그렇다고 그 일이 모두 하나님의 뜻에 합당하다고 할 수 없다. –'그렇다면 어떻게 하란 말이오!'

5. 왕국 분열을 부채질한 것으로는 또 무엇이 있었을까?

(1) 성전 건축에는 엄청난 노동력이 동원되었다. 거기까지는 큰 문제가 없었을 것이다. 그러나 솔로몬은 곧이어 자신의 왕궁을 짓는데, 성전 공사보다 거의 두 배가 되는 기간이 소요된다. 백성들은 노역에 동원되었을 것이고, 모두 지쳐 있었을 것이다.

(2) 솔로몬은 국가의 내부 조직을 위해서도 개혁을 단행했는데, 이는 현명한 정책이 되지 못했다. 솔로몬은 온 이스라엘을 열두 구역으로 개편했다(왕상 4:7). 이 과정에서 지파가 무시되었다. 따라서 어떤 지파에서는 큰 불평이 터져나왔다. 열두 관장을 두어(왕상 4:7-19) 왕실을 위해 식물을 예비하게 하되 일 년에 한 달씩 식물을 예비케 했다. 문제는 이 목록에 유다가 언급되어 있지 않다는 점이다. 이것은 그때부터 조직적으로 유다와 이스라엘의 분열 조짐이 굳어졌다는 것을 보여준다.

(3) 솔로몬은 각종 대형 건설 사업을 추진한다. 그는 궁전은 물론이고 밀로와 예루살렘과 하솔과 므깃도와 게셀과 벧호른을 건축했다. 또한 자기에게 있는 모든 국고성(곡식 창고)과 병거성(전차 차고), 그리고 마병(馬兵, 전차 모는 군인)의 성들을 건축했다(왕상 9:19). 이 과정에서 엄청난 세금이 부과되었고, 부역 또한 적지 않았다. 이 세금과 부역 문제는 북쪽 지파들이 세겜 회담에서 제기한 핵심 주제였다(왕상 12:1). 그는 자신도 모르는 사이에 백성을 국유화시키고(중앙집권) 있었다. 그는 어느새 독재자가 되어 있었다(전제정치).

• 왕상 12:15 "왕이 이같이 백성의 말을 듣지 아니하였으니 이 일은 여호와께로 말미암아 난 것이라 여호와께서 전에 실로 사람 아히야로 느밧의 아들 여로보암에게 하신 말씀을 이루게 하심이더라."

6. 아히야 선지자를 통해 선포된 예언은 어떻게 되었는가?

12:15 (   )

열왕기서의 탁월한 요소 중 하나는 예언과 성취의 관계를 특별히 강조한다는 점이다. 르호보암이 백성의 요구를 들어주지 않았는데, 이 일은 여호와께서 그렇게 되도록 하신 것이다. 즉 아히야가 여로보암에게 고한 예언이 성취되게 하려 하셨다는 것이다. 그렇다면 여로보암은 그의 과실이 면해지는가? 물론 아니다. 이 말은 여로보암에게도 분명히 분열의 책임이 있지만 그의 어리석음은 죄를 처벌하는 수단으로 사용되었다는 말이다.

북쪽 지파들의 요구 사항 (왕상 12:1-15)

솔로몬은 40년을 통치하고 죽어 예루살렘에 장사된다. 그리고 그의 아들 르호보암이 그의 계승자가 되었다. 그가 왕위에 오르는 문제에 대해서 예루살렘과 유다는 이의를 제기하지 않았다. 그러나 문제는 북쪽이었다. 온 이스라엘이 르호보암을 왕으로 세우기 위해 세겜에 모였다. 따라서 르호보암도 세겜으로 갔다. 북쪽 이스라엘의 대표로는 여로보암이 앞장 서 있었다. 그는 북쪽 지파에게 이미 상당한 영향력을 끼치고 있었다. 북이스라엘 지파들이 르호보암에게 원하고 있는 것은 각종 세금과 노역을 경감시켜 달라는 것이었다.

왕국분열의 초기
(12-22장)

- **12장: 여로보암의 북이스라엘 통치**
- 13장: 벧엘 제사에 대한 하나님의 사람의 심판 예언
- 14장: 여로보암의 아들의 병과 아히야의 예언 · 르호보암의 유다 통치

1. 르호보암은 북쪽 사람들과 회담하기 위해 세겜으로 올라갔다. 세겜은 어떤 곳인가?

(1) 세겜은 에발산과 그리심산 사이의 에브라임 산지에 위치한 성읍이다. 아브라함은 가나안에 도착한 후 세겜 땅 모레 상수리나무에서 여호와를 위하여 단을 쌓았다. 야곱은 이곳에서 땅을 사기도 했다(창 33:18-20). 요셉은 이곳에 장사되었다(수 24:32). 또한 사사시대의 아비멜렉이 이곳에다 왕국을 건설하려다 실패한 곳이기도 하다(삿 9장).

(2) 르호보암은 이스라엘의 옛 제의 장소인 세겜에서 북쪽 이스라엘 사람들과 만나기로 했다. 그곳에는 이미 여로보암이 와 있었다. 그는 솔로몬을 피해서 애굽으로 도망쳤던 자였다. 그는 애굽에서 르호보암이 왕이 되었다는 소식을 들었다. 북이스라엘 백성들은 애굽에 있는 여로보암을 국내로 불러들였다. 지금 여로보암은 백성의 대표자로 르호보암과 회담하기 위하여 이곳 세겜에 나와 있다. 르호보암 왕이 세겜으로 올라가지 않을 수 없을 만큼 남북의 분열 조짐은 심각한 상황에 와 있었다.

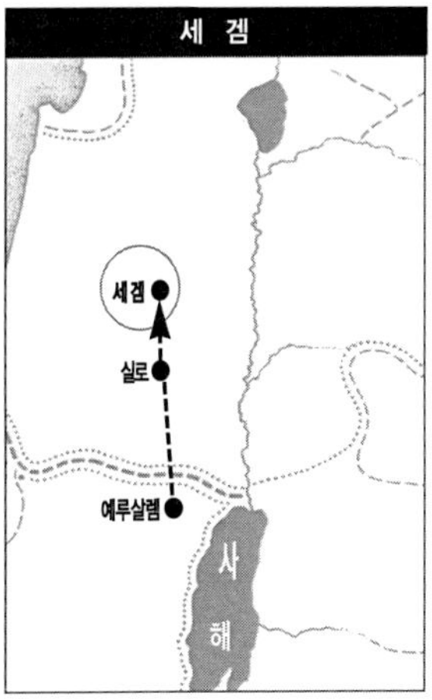

2. 북쪽 이스라엘 백성들이 르호보암에게 요구하고 있는 사항은 무엇인가?

12:4

(1) 솔로몬이 죽자 이스라엘 백성들이 원했던 것은 현 정부를 전면 부정하자는 것이 아니었다. 만약 르호보암이 위의 조건만 수락했다면 그에게 동맹을 약속했을지도 모른다. 그러나 르호보암은 어리석게도 이들의 제의를 거절하고 만다.

(2) 르호보암은 중대한 문제를 앞에 놓고 고민했다. 만약 이들의 말대로 세금과 노

르호보암은 왜 원로들의 제안을 거절했을까?

역을 경감하여준다면 모처럼 얻은 자리, 그리고 부친 솔로몬이 누렸던 호화로운 궁정생활을 누릴 수 없을 것이었다. 르호보암은 이 일에 자문을 구하기로 한다. 그래서 르호보암은 삼 일 뒤에 다시 오라 하고 그들을 돌려보낸다.

3. 르호보암에게, 그의 부친 솔로몬 때부터 섬겨온 나이 많은 공직자들은 어떻게 조언했나?

12:7 대답하여 이르되 왕이 **만일 오늘 이 백성을 섬기는 자가 되어 그들을 섬기고 좋은 말로 대답하여 이르시면** 그들이 영원히 왕의 종이 되리이다 하나

(1) 그러나 르호보암은 원로들의 조언을 듣지 아니했다. 원로들은 그들의 조언을 따르면 민족이 분열되지 않고 지파 간에 연합이 가능할 것이라고 조언했다. 그러나 르호보암은 원로들의 제안을 받아들이지 않고 자기와 함께 자라난 젊은(소년, 옐레드,יֶלֶד)[1] 참모들과 이 문제를 의논했다(9절).

(2) 젊은 참모들은 원로들의 제안을 일축했다. 새로운 세대들로 구성된 행정부는 르호보암에게 좀 더 강력하게 대처하라고 조언했다. 그리고 다음과 같이 말하라고 했다.

12:10 "…나의 (   ) 손가락이 내 부친의 (   )보다 굵으니."

이 말은 격언적인 말이다. 즉 자신의 능력은 부친 솔로몬의 능력보다 훨씬 크다는 것을 드러내는 말이다. 아무래도 젊은 사람들은 패기가 넘치게 마련이다. 이들 새로운 행정부 각료들은 북쪽 이스라엘 백성들의 제안을 가소롭게 생각하고 강력하게 대처할 것을 주장했다.

12:11 "내 부친이 너희로 무거운 멍에를 메게 하였으나 이제 나는 너희의 멍에를 (   ) 할지라 내 부친은 (가죽) 채찍으로 너희를 징계(징치, 懲治)하였으나 나는 전갈(scorpions, 가시 돋힌 채찍)로 너희를 징계하리라 하소서."

(3) 돌아갔던 북쪽 대표들이 삼 일 만에 다시 르호보암에게 나타났다. 르호보암은 이들에게 모욕적인 언사를 퍼부었다. 르호보암은 노인의 교도(충고)를 듣지 않고 젊은 사람들이 일러준 말 그대로 포악한(roughly) 말로 윽박질렀다.

1) 소년(옐레드,יֶלֶד) : 본문에 나타난 '소년'이라는 말 yeled는 '아이, 어린아이, 젊은이'라는 말이다. 르호보암이 왕위에 오를 때 그의 나이가 41세라고 했는데(왕상14:21), 그렇다면 그와 함께 자라난 소년들이란 르호보암과 거의 동년배였을 것이다. 여기서의 소년이란 표현은 원로들과 비교할 때 상대적으로 젊은 사람들이란 뜻이다.

• 왕상 12:10 "**함께 자라난 소년들**이 왕께 아뢰어 이르되 이 백성들이 왕께 아뢰기를 왕의 부친이 우리의 멍에를 무겁게 하였으나 왕은 우리를 위하여 가볍게 하라 하였은즉 왕은 대답하기를 내 새끼 손가락이 내 아버지의 허리보다 굵으니

11 내 아버지께서 너희에게 무거운 멍에를 메게 하였으나 이제 나는 너희의 멍에를 **더욱 무겁게** 할지라 내 아버지는 채찍으로 너희를 징계하였으나 나는 전갈 채찍으로 너희를 징계하리라 하소서"

원로들과 신임각료들 - 원로들의 경험은 신진들의 패기에 묻혀버렸다.

"내 부친은 (가죽) 채찍으로 너희를 징계하였지만 나는 전갈(가시 돋힌 채찍)로 너희를 징계하겠다."

4. 르호보암은 이 문제로 고민했을 터인데(이스라엘 백성들에게 답을 해주기 위해 3일 간의 유예 기간을 주었다) 왜 이렇게 강력하게 밀어붙이려 했을까? 아마 왕은 아직도 강경책을 쓰면 백성들이 그의 통치에 순응하리라 믿었을 것이다. 그에게는 아직도 강한 군대가 있었다(왕상 12:21*). 그는 아직 통치 경험이 부족한 상태였다. 그래서 이 문제로 갈팡질팡하다 결국 젊은 각료들의 말을 들었을 것이다.

• 왕상 12:21 "르호보암이 예루살렘에 이르러 유다 온 족속과 베냐민 지파를 모으니 택한 용사가 십팔만이라 이스라엘 족속과 싸워 나라를 회복하여 솔로몬의 아들 르호보암에게 돌리려 하더니."

앞에서 설명되었듯이 결국 르호보암이 이런 결정을 내리게 된 것은 여호와께서 그렇게 되도록 하셨다고 성경 기자는 주장한다. 즉 아히야 선지자가 여로보암에게 고한 예언(왕상 11:11, 31*)이 성취되게 하려 하셨다는 것이다(15절).

- 왕상 11:11 "여호와께서 솔로몬에게 말씀하시되 네게 이러한 일이 있었고 또 네가 내 언약과 내가 네게 명령한 법도를 지키지 아니하였으니 **내가 반드시 이 나라를 네게서 빼앗아 네 신하에게 주리라.**"
- 왕상 11:31 "여로보암에게 이르되 너는 열 조각을 가지라 이스라엘의 하나님 여호와의 말씀이 내가 **이 나라를 솔로몬의 손에서 찢어 빼앗아 열 지파를 네게 주고**"

이스라엘의 반역과 르호보암(왕상 12:16-24)

북왕국 독립 12:16-20

- 회담 결렬
- 르호보암이 강경책을 채택했기 때문이다.

1. 르호보암의 대답을 들은 이스라엘 사람들은 크게 분통을 터뜨렸다. 이미 분열이 기정 사실이 되어버린 상태에서 르호보암의 으름장은 분열을 더욱 가속화시켰다. 혹시 하는 생각으로 대표자들이 모여들었으나 역시 르호보암은 신임할 만한 왕이 아님을 확인했다. 그들은 이렇게 외친다.

- 왕상 12:16 "**온 이스라엘이 자기들의 말을 왕이 듣지 아니함을 보고** 왕에게 대답하여 이르되"

(1) "우리가 다윗과 무슨 관계가 있느냐?[1]
우리는 이새의 아들과 상관이 없다. (받을 유산이 없다)
이스라엘 백성아,
우리 집으로 돌아가자.
다윗의 아들이여,
이제 네 가족이나 다스려라."(쉬운 성경)

1) 이 표어는 전에 다윗을 반역했던 비그리의 아들 세바가 썼던 말이다(삼하 20:1). 우리는 여기서 북쪽 지파들이 얼마나 유다 지파, 즉 다윗 정부에 불만을 품어왔던가를 볼 수 있다.

- 삼하 20:1 "마침 거기 난류 하나가 있으니 베냐민 사람 비그리의 아들 세바라 하는 자라 저가 나팔을 불며 가로되 우리는 다윗과 함께 할 분의가 없으며 이새의 아들과 함께 할 업이 없도다 이스라엘아 각각 장막으로 돌아가라 하매."

(2) 그래서 이스라엘 백성은 모두 집으로 돌아가버렸다. 분열은 더욱 가속화되었고 다시는 돌이킬 수 없는 상황으로 치달았다. 상황이 이쯤 되자 당황한 것은 르호보암이었다. 젊은 각료들의 말을 들은 것을 후회했는지도 모른다. '어떻게 할까?'

2. 르호보암은 새로운 아이디어를 하나 내놓았다. 어떤 아이디어인데?

- 왕상 12:18 "르호보암 왕이 역꾼의 감독 아도람을 보냈더니 **온 이스라엘이 그를 돌로 쳐죽인지라** 르호보암 왕이 급히 수레에 올라 예루살렘으로 도망하였더라."

(1) 역군의 감독(forced labor), 그러니까 강제로 노역에 동원된 일꾼들을 감독했던 아도람(Adoram)을 북쪽 이스라엘로 파견 보냈다. 대체로 아도람과 아도니람은 동일인으로 본다(왕상 4:6, 5:14). 다윗 시대에도(삼하 29:24), 솔로몬 시대에도 역군의 감독관이었다고 했다. 그렇다면 나이가 많았을 터인데, 르호보암이 보낸 아도람과 동일인인지 확실치 않다.[2] 만약 나이가 든 아도람이라면 이 일을 해결하기 위해 보낸 인물로는 적합치가 않다.

2) 요세푸스는 이 인물이 다윗 시대의 아도람의 아들이었을 것이라고 했다.

(2) 아도니람은 르호보암을 위해 세금을 관리하는 우두머리였다(KJV 참조). 르호보암은 북쪽 지파들로부터 세금을 거두어들임으로써 그들에게 계속적인 권세를 행하려고 했다(NIV 각주). 어쨌든 선입관이 좋지 않은 감역관을 맞은 이스라엘 백성들은 오히려 열을 받기 시작했다. 그는 백성의 멍에를 무겁게 한 장본인이 아닌가! 극도로 화가 난 이들은 아도니람을 돌로 쳐죽였다. 일이 이렇게 진행되자 문제가 심각해졌다.

• 북이스라엘을 무마시키기 위해 아도니람이 파견되었으나 오히려 불길에 기름을 붓는 격이 되어 버렸다.

(3) 아직까지도 그 상황을 심각하게 생각지 못했던 르호보암도 크게 당황하지 않을 수 없었다. 그 역시도 신변의 위협을 느끼고 급히 서둘러 (세겜에서) 예루살렘으로 돌아와야 했다(18절).

(4) 북쪽 이스라엘 백성들은 분열이 고착화되었음을 인지했다. 더 이상 머뭇거릴 이유가 없어졌다. '이 판국에 아예 왕을 세웁시다.' 그래서 지금까지 북쪽을 대표했던 여로보암이 왕으로 등극하게 된다. 르호보암이 왕위에 올라섰던 동일한 해였을 것이다(주전 931년). 이후 이스라엘과 유다는 서로 화평을 누리던 때가 있기도 했지만 계속 투쟁하며 지내게 된다. 앞으로 북쪽 이스라엘은 많은 왕조가 바뀌면서 우상 숭배의 국가로 떨어진다. 그렇게 해서 이스라엘은 앗수르에게 멸망당할 때까지(주전 722년) 약 200년간을 존속하게 된다. 물론 남방 유다는 주전 586년에 바벨론 포로 때까지 존속한다.

3. 이제 북쪽은 10지파가 연합되었고 남쪽은 오직 유다 지파만이 다윗 왕조를 따르게 된다. 그렇다면 나머지 한 지파 베냐민은 어느 쪽을 택했을까?

(1) 베냐민 지파는 남쪽 유다 지파보다는 북쪽 지파를 더 지지했었다. 역사적 사건을 언급해 보자.[1)]

• 사울 왕이 죽고 나서 사울의 군대장관이 사울의 넷째 아들 이스보셋(에스바알)을 업고 왕국을 세울 때 베냐민 지파는 이들을 좇았다(삼하 2:8, 9).

• 세바의 반란 때도 그러했다(세바는 베냐민 지파 출신, 삼하 20:2).

(2) 남북이 분열되자 베냐민 지파는 유다에게로 돌아왔다(왕상 12:23). 아마 지리적으로 유다와 인접해 있고, 또한 르호보암의 강력한 정책 때문이었을 것이다. 그러나 처음부터 다윗 정권을 전적으로 지지한 것 같지는 않다.[2)]

1) 레위 지파가 토지를 소유하지 않았기 때문에 전부를 11지파로만 생각해서 남쪽이 한 지파이고 북쪽이 10지파라고 생각할 수도 있지만 확실한 대답은 아니다. 왕상 12:21-24에서 베냐민 지파가 르호보암에게 속했다는 것을 알려주고 있다.

2) 후에 이스라엘 왕 바아사는 사람들이 유다와 연락하지 못하도록 라마를 건축했다. 그런데 이 라마는 베냐민 지파 내에 있는 곳이다. 그렇다면 이스라엘과 유다(베냐민)의 국경선은 오랫동안 안정되지 않았을 것이다. 늘 두 나라 사이에 국경 분쟁이 있었다는 말이다.

르호보암의 보복 계획(왕상 12:21–24)

스마야 선지자

• 스마야 선지자는 애굽 왕 시삭이 공격했을 때에도(르호보암 5년) 르호보암과 신하들 앞에 나타나서 하나님의 말씀을 선포했다(대하 12:5).

1. 이제 평화적인 방법으로는 통일이 불가능하다고 생각한 르호보암은 무력으로 해결하려 했다. 그는 즉각 전투 동원령을 내린다. 그 숫자가 적지 않았다. 유다 온 족속과 베냐민 지파의 용사가 모두 (　　　　)명이었다(21절).

물론 가장 급하신 분은 하나님이셨다. 북쪽은 아직 나라로서 안정이 되지 않았을 것이다. 만약 전쟁이 일어나면 대항이야 하겠지만 엄청난 사상자가 생길 것이 뻔하다. 하나님은 스마야(Shemaiah)* 선지자를 르호보암과 그의 백성에게 보내신다(대하 11:1-4). 스마야가 르호보암에게 무엇이라고 하나님의 말씀을 선포했나?

• 왕상 12:24 24 "여호와의 말씀이 너희는 올라가지 말라 너희 형제 이스라엘 자손과 싸우지 말고 각기 집으로 돌아가라 **이 일이 나로 말미암아 난 것이라 하셨다 하라** 하신지라 그들이 여호와의 말씀을 듣고 그 말씀을 따라 돌아갔더라

2. 하나님은 형제인 이스라엘을 공격하지 말 것을 선언하신다. 이렇게 나라가 분열된 것은 하나님의 뜻대로 된 일이기 때문이라고 하셨다. 이들은 하나님의 말씀에 순종했다. 전투는 결코 하나님의 뜻이 아님을 확신했기 때문이다. 그러나 저러나 히브리 민족은 두 개의 나라로 영구히 고착된다.

적용을 위한 묵상

솔로몬의 죄는 언제부터 잉태되었는가?

• 솔로몬 때부터 불어오기 시작한 폭풍은 이내 히브리 민족을 두 쪽으로 나누어놓았다. 그 폭풍이 불어오게 된 근본 원인은 솔로몬의 우상 숭배였다. 물론 솔로몬은 그의 나라가 둘로 나누어질 것이라는 생각은 미처 하지 못했을 것이다. 다윗에 의해 간신히 일으켜 세워진 통일 왕국은 다시 건널 수 없는 길로 들어서고 말았다. 분열이 고착화되어 가고 있다. 이제 같은 형제들이 원수처럼 으르렁거리며 지내게 된다. 밀월의 때도 있었지만 두 나라는 쉼 없는 전쟁 속에 지냈고, 결국 우상의 극을 달리던 북쪽 이스라엘은 앗수르라는 거대한 몽둥이를 맞고 영원히 일어나지 못했다.

• 남쪽은 그 존속이 연장되기는 했지만 바벨론에 포로로 끌려가는 비운을 맞게 된다. 별것 아닌 것 같았던 솔로몬의 우상 숭배는 이스라엘을 비극으로 몰아넣는 씨앗이었다. 그의 죄는 치명적인 것이었다. 그래도 우리는 솔로몬의 지혜만을 운운하고 있다.

여로보암의 통치(12:25–33)

이스라엘은 르호보암의 반발로 인해 창출된 정권이었다. 따라서 이들은 자신들이 원하던 것, 즉 백성들에게 지워진 무거운 세금과 노역을 가볍게 하는 정책을 폈을 것이다. 여로보암은 우선 수도를 회담이 열렸던 곳, 즉 가나안 중앙에 위치한 세겜으로 정한다(25절). 그리고 요단 동편 얍복강 강가에 있는 브니엘을 재건한다. 북쪽 이스라엘은 남쪽 유다보다는 지리적으로 좋은 부분이 많았다. 인구도 더 많고, 경작할 수 있는 땅도 대부분을 차지하고 있었다. 이스라엘은 급속히 부강해지기 시작했다. 그러나 여로보암은 늘 불안했다. '왜 그랬을까?'

북이스라엘 초대왕

① Jeroboam

북왕국의 초대왕
왕상 15:25-14:20
931-910(22년간)

Evil
in the sight of the LORD

1. 여로보암이 마음에 불안을 느끼고 있던 점은 무엇인가?

• 왕상 12:26-27

(1) 여로보암이 이스라엘의 왕으로 등극하고 제일 먼저 해야 했던 일은 무엇이었을까? 그것은 상처받은 백성들의 마음을 안정시켜주는 일이었을 것이다. 따라서 여로보암은 우선 벧엘을 수도로 정하고 요단 동편 브니엘을 재건함으로써 유다 왕국의 영향력을 차단시키려 했다. 무엇보다 백성들에게 시급한 것은 예배 드릴 장소였다. 그렇다고 남북이 분열된 마당에 이스라엘 백성들로 하여금 예루살렘으로 가서 예배 드리게 할 수는 없었을 것이다. 만약 그것을 허락한다면 잦은 예배를 통해 민심이 남쪽 정권으로 기울어질 수도 있을 것이 아닌가! 절기가 되면 백성들은 예루살렘으로 가려할 것이다. 여로보암에게는 적지 않은 고민이었다.

• 왕상 12:26 "그의 마음에 스스로 이르기를 나라가 이제 다윗의 집으로 돌아가리로다 [27]**만일 이 백성이 예루살렘에 있는 여호와의 성전에 제사를 드리고자 하여 올라가면** 이 백성의 마음이 유다 왕 된 그들의 주 르호보암에게로 돌아가서 **나를 죽이고 유다의 왕 르호보암에게로 돌아가리로다** 하고"

(2) 여로보암은 즉각 각료 회의를 소집해 장시간 '의논 끝에'(After seeking advice - NIV, consulted - NASB) 중대한 성명을 발표한다. 어떤 성명?

• 왕상 12:28 이에 계획하고 두 금송아지를 **만들고**
무리에게 **말하기를**
/너희가 다시는 예루살렘에 올라갈 것이 없도다
이스라엘아 이는 너희를 애굽 땅에서 인도하여 올린
너희의 신들이라 하고

(3) 여로보암은 아히야 선지자가 자신에게 예언한 말씀을 완전히 잊고 있었을까? 어떤 예언? 열왕기상 11:38에 있는 말씀 말이다. 물론 잊고 있지는 않았

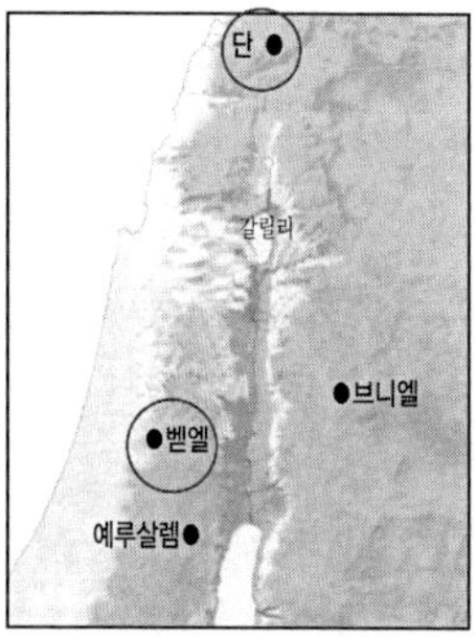

을 것이다. 그는 여호와의 말씀에 순종하기보다는 정책적인 술책을 펴기 시작했다. 그에게는 여호와의 예언의 말씀보다는 국가의 존립이 더 중요한 것으로 여겨졌을 것이다.

(3) 여로보암은 급히 제의 장소를 물색했을 것이고 두 곳이 선택된다. 두 곳은 어떤 특징이 있는 곳인가?

- **벧엘** : 아브라함은 애굽으로 이주하기 전에 이곳에다 제단을 쌓고 장막을 쳤었다(창 12:8). 야곱이 사닥다리의 환상을 본 곳으로도 유명하다. 따라서 벧엘은 종교적으로 중요성을 가지게 된다. 벧엘은 베냐민 지파의 성읍이었지만(수 18:22) 후에 에브라임의 영토가 되었다(삿 4:5; 대상 7:28 참조). 벧엘은 위치상 이스라엘 백성들이 예루살렘으로 올라가는 길목에 있었다.

- **단** : 이곳은 이스라엘의 최북단에 위치한 곳으로 이스르엘 지역 북쪽에 있는 사람들이 쉽게 나아갈 수 있는 곳이다. 단은 사사시대에 단 지파의 일부가 이곳 라이스 사람들을 살륙하고 정착한 곳이다.

2. 여로보암은 이곳에다 산당을 짓고 예루살렘의 유일성과 견주기 위해 하나님의 임재를 상징한다는 의미로 금송아지를 두 제의 장소에 안치시킨다. 이는 중앙 성소 외에서 제사를 드린 행위로서 신명기 율법을 깨뜨리는 죄였다(신 12:5-11). 어쨌든 그는 백성에게 무엇이라고 외쳤는가? (12:28)

(1) 르호보암이 만들었던 송아지의 형상은, 시내산에 올라간 모세가 내려오지 않자 이스라엘 백성들이 만들었던 금송아지와 같은 모양(애굽의 聖牛 Apis)이었을 것이다. 어떤 학자들의 말처럼, 이 송아지를 사람의 눈으로는 볼 수 없는, 여호와께서 올라선 발등상[1] 정도로 여겼든(시 132:6-8, 옆의 각주 참조), 아니면 실제로 볼 수 있게 만들었든, 여로보암이 백성에게 한 말은(28절) 시내산 밑에서 국가적 배교 사건 때 말한 것과 동일하다 : "이스라엘아 이는 너희를 애굽 땅에서 인도하여 낸 너희 신이로다"(출 32:4). 여기서 볼 수 있는 것처럼 여로보암은 금송아지를 애굽에서 이스라엘을 건져낸 하나님으로 묘사하고 있다.

(2) 그렇다고 여로보암의 금송아지 사건이 여호와의 종교를 완전히 떠났다는 것을 의미하는 것은 아니다. 여기서 지적하고 있는 것은 여호와를 형상화한 죄악을 말하고 있다(제2계명을 범함). 즉 시내산의 금송아지 사건도 여호와를 완전히 떠난 것이 아니라 금송아지를 "너희를 애굽 땅에서 인도하여 낸 너희 신(여호와)"이라고 하면서 변질된 하나님의 상을 만들어냈다는 데 문제가 있었다. 이렇게

1) 어떤 학자들(Hebert Donner, Martin Noth) 중에는 여로보암이 금송아지를 만들었다는 말은 단지 이스라엘의 고대 예배 전승을 회복하려는 것뿐이며, 금송아지는 제의의 대상이 아니고 여호와를 위한 동물 모양의 받침대(여호와의 법궤와 조금이나마 견줄 수 있는)였다고 주장한다. 즉 법궤가 여호와의 보좌인 것처럼 단지 그의 발등상을 가리키는 것뿐이라고 주장한다(Paul R. House, 구약신학, 기독교문서선교회, 458면).

금송아지로 '변질된' 하나님의 상(像)은 우상 숭배와 같은 죄악이다.

(3) 처음에 여로보암이 우상을 섬기려는 의도로 그렇게 한 것이 아니었다 하더라도 이런 일은 가나안 풍요 종교의 신상들과 연결시켜 생각했음이 분명하다. 이렇게 해서 여호와의 종교와 바알 종교가 서로 융합되기 시작한다. 완전한 배도는 아니었지만 여로보암은 이른바 혼합주의(Syncretism)의 문을 열어 놓는 결과를 가져왔다. 이제 여로보암은 북쪽 이스라엘 왕들을 평가할 때 악한 왕의 비교 모델이 된다. 훗날 아합은 아예 여호와의 종교를 버리고 바알을 숭배하여 완전한 배도를 하게 된다. 결국 200여 년이 지난 후 이스라엘은 앗수르에게 멸망당한다. 성경 기자는 그 멸망의 장본인이 바로 여로보암이었다고 지적하고 있다(왕하 17장).

3. 문제는 여기서 끝나지 않았다. 또 어떤 문제가 있었을까?

12:31 그가 또 **산당들을 짓고 레위 자손 아닌 보통 백성으로 제사장을 삼고**

(1) 여로보암은 여러 곳에 산당을 지었다. 이를 받들기 위해서는 제사장이 있어야 했다. 그런데 여로보암은 레위인이 아닌 사람들로 제사장으로 삼았다. 누구든지 수송아지 한 마리와 숫양 일곱 마리만 바치면 제사장이 되었다(대하 13:9). 이 일은 당연히 레위인들의 반발을 사게 되었고, 이들 레위족들은 대부분 남쪽 르호보암에게로 왔다(대하 11:13-16*).

(2) 그렇다면 여로보암은 왜 레위 계통의 사람을 제사장을 세우지 않고 이런 정책을 썼을까? 레위인의 반발이 있을 것을 분명히 예상했을 터인데 말이다. 아마 그는 어디까지나 다윗 왕가와 자신을 비교하려 했을 것이다. 다시 말하면 여로보암은 자신을 유다의 메시아적 왕권과 동일한 이스라엘의 왕으로 보아 멜기세덱의 반차를 따를 왕적 제사장으로 간주하였을 것이다.

4. 여로보암은 아예 절기까지 새로 고쳤다. 새로운 절기는 어떤 것을 어떻게 제정했는가? 이렇게 한 이유는 무엇인가?

- 12:32-33 "여덟째 달 곧 그 달 열다섯째 날로 절기를 정하여 유다의 절기와 비슷하게 하고 제단에 올라가되 벧엘에서 그와 같이 행하여 그가 만든 송아지에게 제사를 드렸으며 그가 지은 산당의 제사장을 벧엘에서 세웠더 33

- 대하 11:13-16 "온 이스라엘의 제사장과 레위 사람이 그 모든 지방에서부터 르호보암에게 돌아오되 레위 사람이 그 향리와 산업을 떠나 유다와 예루살렘에 이르렀으니 이는 여로보암과 그 아들들이 저희를 폐하여 여호와께 제사장의 직분을 행치 못하게 하고 여로보암이 여러 산당과 숫염소 우상과 자기가 만든 송아지 우상을 위하여 스스로 제사장들을 세움이라 이스라엘 모든 지파 중에 마음을 오로지하여 이스라엘 하나님 여호와를 구하는 자들이 레위 사람을 따라 예루살렘에 이르러 그 열조의 하나님 여호와께 제사하고자 한지라."

그가 자기 마음대로 정한 달 곧 여덟째 달 열다섯째 날로 이스라엘 자손을 위하여 절기로 정하고 벧엘에 쌓은 제단에 올라가서 분향하였더라."

(1) 절기[1]는 유다와 비슷하게 정했다. 초막절(7월 10일)을 대체할 날로 8월 15일을 정했다. 이는 구태여 이스라엘 백성이 예루살렘까지 예배 드리러 갈 필요가 없게 하기 위해서였다.

(2) 여로보암은 자신의 제의(祭儀)를 유다의 종교와 철저히 분리시키려 했다. 통치에 조금이라도 불만을 느끼게 되면 백성들은 옛날 다윗과 솔로몬의 통치를 그리워할 것이기 때문이다. 따라서 여로보암은 자신이 통치하는 이스라엘이 괴뢰(傀儡) 정권이 아님을 확실히 하려 했다. 그는 특히 종교 문제를 통해 정권의 정당성을 확보하려 했다.

(3) 이렇게 북이스라엘은 바알 종교에 신속히 접근함으로써 타락의 길로 그 방향을 틀었다. 이에 놀란(?) 하나님은 익명의 선지를 보내 그의 회항을 권고했지만 그러기에는 너무 늦어버렸다. 마침내 여로보암에게 축복을 선포했던 아히야 선지자는 여로보암 집안의 멸망을 선포한다(왕상 14:10-14). 여로보암의 대부분의 사건들은 간략하게 기술되었지만 13장의 내용은 아주 길게 소개된다. '무슨 이야긴데 그래?'

1) 절기는 여호와와의 교제 혹은 삶을 거룩하게 하는 것을 유지하기 위하여 제도화된 것이다. 특히 유월절은 하나님이 이스라엘을 애굽에서 구출하신 구속행위를 제의를 통해서 반복해서 기념하는 절기였다. 희생제사와 피를 뿌리는 행위 등을 통해서 하나님과 인간 사이의 관계를 갱신하는 성격이 담겨 있다. 유월절 양은 한편으로는 공동체의 식사이며(평화의 제사), 다른 한편으로는 속죄제(피를 뿌리는 것)이고, 유월절과 관계된 이야기는 여호와를 영광스럽게 하는 것이었다. 이런 점에서 유월절 절기는 이스라엘 제사 전체의 대표였다고 할 수 있다.

벧엘에서 분향하는 여로보암(왕상 13:1-33)

(벧엘 제사에 대한 무명 선지자의 심판 예언)

여로보암의 죄악된 행동은 이미 브레이크가 파열된 상태였다. 그의 금송아지 숭배는 계속되었다. 물론 백성들도 점차 바알 종교에 깊이 감염되어 갔다. 어느날 여로보암은 벧엘에서 분향하고 있었다. 이때 여호와께서 보낸 무명의 선지자가 도착한다. 이 선지자는 왕 앞에서 결코 주저하지 않고 하나님의 심판을 선포한다. 그 심판의 내용은 여로보암의 마음을 폭발시키기에 충분했다. "뭐라고? 저놈 잡아라." 하나님은 죄 지은 인간에게 진노를 내리신다. 그렇다고 하나님은 죄를 짓는 자에게 반복적인 경고도 없이 심판을 내리시는가? 물론 그렇지 않다. 어쨌든 이 이야기를 길게 다루고 있는 목적은 무엇일까?

> 마침내 여호와 숭배와 바알 숭배가 서로 융합하기 시작한다.
>
> 여로보암은 절기까지 바꾸어가며 유다와의 차별화를 선언했다.

1. 르호보암의 패역된 행위는 하나님의 또 다른 근심거리 중 하나였다. 하나님은 그에게 격렬한 진노를 내리실 수 있으시다. 그러나 그런 경우는 극히 드물고, 혹 그럴 때에라도 하나님은 엄격한 공의에 부합하게 행하신다. 따라서 선지자가 여로보암에게 심판을 선언했다면, 이는 계속해서 하나님이 그의 죄를 주시하고 계셨다는 것을 의미한다.

   왜 하나님은 그에게 심판을 선언하시는 걸까? 물론 이 심판 예언을 통해 여로보암과 그의 백성을 하나님께 돌아오게 하시려는 데 그 일차적 목적이 있다. 악을 행하는 습관은 제2의 천성을 만들어낸다. 누구든지 처음에는 일말의 양심이 있지만 계속되는 죄악 가운데 그 양심이 무디어지게 마련이다. 따라서 하나님의 개입 없이는 이를 고칠 방법이 없게 된다. 그래서 징벌은 어그러진 길로 가는 자들을 바른 길로 돌아오게 하는 수단이 된다.

2. 유다에서 온 선지자는 여로보암 왕 면전에서 제단을 향하여 무엇이라고 외치고 있는가? (13:2*)

> • 왕상 13:2 "하나님의 사람이 제단을 향하여 여호와의 말씀으로 외쳐 이르되 **제단아 제단아 여호와께서 이와 같이 말씀하시기를 다윗의 집에 요시야라 이름하는 아들을 낳으리니** 그가 네 위에 분향하는 산당 제사장을 네 위에서 제물로 바칠 것이요 또 사람의 뼈를 네 위에서 사르리라 하셨느니라 하고."

(1) 선지자의 예언의 내용은 이와 같다. 즉, 다윗의 집안에서 '요시야'(Josiah)*라는 아들이 태어날 것인데, 그 요시야라 이름한 왕이 여로보암의 제단을 파괴할 것이고, 또한 그 제사장들을 다 죽일 것이라는 것이다.

- '요시야'라는 이름까지 구체적으로 언급된 예언은 성경에서 보기 드물다. 그래서 어떤 학자들은 이 예언을 '사건 이후에 만들어진 것'으로 간주한다. 또는 이 이름이 '요시야'를 구체적으로 가리키는 것이 아니라 단지 다

요시야 왕하 23:19-20

선지자의 예언 성취

'요시야'(Josiah)는 어떤 왕인가? 그는 주전 640-609년까지 남유다를 다스렸던 왕이었다. 그는 아버지 암몬이 살해당함으로 인해 8세에 왕이 되었다. 당시 앗수르의 세력이 현저히 약해지자 남유다는 안정 속에서 발전한다. 요시야는 므낫세나 암몬과는 달리 과감하게 바알 숭배를 배척했다. 그는 유다와 예루살렘에서 모든 우상을 제거해 버렸고, 그 개혁 범위를 북이스라엘까지 확장시켰다. 그래서 벧엘에 있는 제단까지 헐어버렸다(왕하 23:15). 그리고 사마리아 지역에 있던 산당 제사장들을 죽이고 그들의 뼈를 그 산당에서 불태워버렸다(왕하 23:20; 대하 23:1-25:2). 유다에서 온 무명의 선지자의 예언이 성취되었다. 예언이 있은 지 약 300년 후의 일이었다.

• 신 18:21-22 "네가 혹시 심중에 이르기를 그 말이 여호와의 이르신 말씀인지 우리가 어떻게 알리요 하리라 만일 선지자가 있어서 여호와의 이름으로 말한 일에 증험도 없고 성취함도 없으면 이는 여호와의 말씀하신 것이 아니요 그 선지자가 방자히 한 말이니 너는 그를 두려워 말지니라."

윗의 후손 중 하나를 언급한 것으로 보기도 한다. '요시야'라는 말이 '여호와께서 도우시는 자'라는 뜻이 있기 때문이다. 아니면 원래 예언에는 구체적인 이름이 언급되지 않았지만 나중에 요시야의 개혁을 이 예언의 성취로 보고 이 양자 사이의 관계를 강조하기 위하여 그의 이름을 덧붙였을 수도 있다.

(2) 하나님의 사람은 그 날에 예조(豫兆, sign)를 들었다. 예조, 즉 예언을 입증하는 기적을 선포한다. 어떤 기적?

13:3 제단이 갈라지고 그 위의 재(ashes)는 땅에 쏟아질 것이다.

이 예조의 성취는 장기적인 예언이 확실히 이루어질 것이라는 사실을 확증하는 데 사용되었다. 이 예조로 인하여 이 무명의 선지자는 거짓 선지자가 아님이 확증된다. 신명기 18:21-22*을 참고로 읽어보자.

3. 이 예언을 들은 여로보암은 물론 즉각적인 반응을 드러낸다. 그는 크게 진노하고 그 선지자를 잡으라고 명령한다. 여로보암은 제단 위에서 손을 뻗어 그 선지자를 가리키며 소리친다. "저 놈을 잡아라!" 아, 그러나 그 순간 여로보암의 손이 마비되어가고 있지 아니한가! 그리고 곧이어 제단이 갈라지고, 재가 땅에 쏟아지기 시작했다. 예조가 성취된 것이다. 이는 지금까지도 여로보암과 그의 백성들이 드린 제사가 열납되지 않았지만 앞으로 결코 그의 제사가 여호와께 열납되지 않을 것이라는 명확한 표징이었다(레 6:10, 11 참조).

(1) 여로보암은 아주 급해졌다. 그에게는 이미 왕으로서의 체면은 없다. 그는 선지자에게 애걸한다. "제발, 내 팔을 고쳐달라고 하나님께 기도 좀 해주시오." 이미 여호와는 여로보암의 하나님이 아니셨다. 여로보암은 그 선지자에게 '나의 하나님'이라고 하지 않고 '그대(선지자)의 하나님께' 은혜를 구하여 내 팔을 고쳐달라고 매달리고 있기 때문이다.

(2) 선지자는 어떻게 응답했을까? 그는 즉시 하나님께 은총을 구했고, 추가적인 기적이 다시 일어났다. 여로보암의 팔이 그 전과 같이 되었다. 왜 하나님은 다시 그의 팔을 고쳐주셨을까? 물론 회개의 기회를 주신 것이다. 이제라도 여로보암이 자신의 잘못을 깨닫고 여호와께로 돌아온다면 모든 상황을 원래대로 회복시키실 것이다. 그러나 다시 그의 손이 회복되었지만 그의 마음과 행위가 돌아섰다는 증거가 없다.

(3) 여로보암은 다만 그 순간 크게 감격했을 것이다. 짧은 순간이었지만 그는 선지자를 함부로 대했다는 죄책감에 사로잡혔을 것이다. 그래서 선지자를 극진하게 대접하기로 한다. 어떻게? (13:7-9)

여로보암 : "우리 집에 가서 식사나 합시다. 선물을 드리고싶기도 하고…."

선지자 :

(4) 그래서 유다에서 온 그 선지자는 벧엘로 올라왔던 길로 되돌아가지 않는다. 그는 결코 관광차 이곳에 온 것이 아니다. 그는 하나님의 대변인으로서 여로보암 앞에 선 것이다. 그가 왕의 초청을 거절한 것은 이미 하나님의 지시가 있었기 때문이었다. 여기까지는 하나님의 명령에 잘 순종한다.

한 늙은 선지자 13:11-25

4. 벧엘에 한 늙은 선지자가 살고 있었다. 그는 젊었을 때 선지자로서 활동했던 사람이었다. 그 아들들이 앞에서 일어난 전말을 그 아비에게 전하게 된다. 그 늙은 선지자는 갑자기 유다에서 온 선지자를 추적하기 시작한다. 왜 그를 만나보려 했을까? 물론 그 이유는 본문에 언급이 없다.

- 먼저, 벧엘에 살고 있는 늙은 선지자에 대해 좀더 알아보자. 이 선지자는 '거짓 선지자'가 아니었을까? 왜냐하면 그는 유다에서 온 선지자를 속였기 때문이다(18절). 그러나 하나님께서 그를 통하여 자신을 계시하신 사실과(20-22절), 그 예언이 성취된 것을 볼 때(24절) 거짓 선지자는 아니었던 것 같다. 왜냐하면 하나님은 거짓 선지자에게 말씀하시지 않기 때문이다. 또한 그 늙은 선지자는 젊은 선지자의 죽음 소식을 듣고 그 시신을 거두어 자신의 무덤 속에 장사지냈다는 사실을 보아도 거짓 선지자는 아니었을 것이다.

(1) 그럼에도 불구하고 그 늙은 선지자의 영적 상태는 문제가 있었음에 틀림없다. 이 늙은 선지자는 (거짓 제단을 세운) 벧엘에 살고 있었는데도 이 제단이 파괴될 것이라는 것을 선포하지 않았다. 아니 못했다. 그는 유다에서 온 젊은 선지자가 속시원히 하나님의 메시지를 선포한 것에 대해 조금은 충격을 받았을 것이다. 그 소식을 듣고 그는 여로보암의 거짓된 예배 행위에 대해 침묵하고 있었던 것에 부끄러움을 느꼈을 것이고(따라서 하나님은 그를 들어 쓰지 않으셨다), 순간 그 젊은 선지자를 보고 싶었을 것이다.

(2) 그래서 그 늙은 선지자는 거짓말을 하게 된다. 18절*처럼 속였다. 아마 늙은 선

회개와 후회

1 (되)돌아오다(슈브, שׁוּב) : 이 동사는 여러 가지 뉘앙스를 갖고 있다. 구약에서만도 1,050회 이상 등장한다. 이 단어는 '돌아가다'(창 18:33, 레 25:10), '돌아오다'(출33:11), '돌이키다'(신23:13), '떠나다'(신 23:14), '회복하다'(왕하 13:25) 등의 뜻으로 쓰였다.

2 성경에는 회개의 과정에서 인간의 책임을 묘사해 주는 관용어들이 많다(수 24:23, 렘 4:4, 렘 4:14, 호 10:12 등등). 여기 이 '슈브'(bWv)라는 동사는 다른 어떤 동사들보다 본질적으로 회개의 두 가지 필요 요건들, 즉 악으로부터 돌아서는 것과 선을 향하는 것과 더 잘 결합되고 있다.

3 세 번째로 신학적으로 가장 중요한 용법(회개의 의미로)은 ① 언약의 공동체가 하나님께로 되돌아가는 것, ② (죄를 부인한다는 의미에서) 악에서 돌아서는 것, ③ (배교자가 된다는 의미에서) 하나님께로부터 돌아서는 것을 의미하는 용법이다.

4 '~에로' 혹은 '~로부터' 돌아서라고 요구하는 것은 하나님께로 돌이킴으로써 하나님이 주신 능력으로 죄인이 자기 운명의 방향을 고칠 수 있음을 말한다. 회개는 하나님의 자유로운 주권적 행동과, 인간이 통회와 슬픔을 초월하여 하나님께로 돌아오는 의지적인 결단을 하는 것 등 두 가지 측면이 있다.

5 그러나 여로보암은 지금 여호와께로 회항(回航)하지 않는다. 일시적인 후회가 있었으나(왕상 13:6), 그것이 여호와께로 돌아섬

을 의미하지 않는다. 변화된 행동은 회개의 가장 뚜렷한 증거이다.

하나님은 선지자를 통해 여로보암에게 축복을 약속하셨지만, 그는 지금 허황된 꿈에 젖어 그 본래의 취지를 잃어버렸다. 그는 다윗 왕국과 필적할 만한 왕국을 꿈꾸며 인간의 방법을 동원한다. 그는 하나님의 뜻에 순종하기보다는 백성의 비위를 맞추려 했다. 이제 그의 왕국은 길지 않을 것이다. 하나님이 그의 모의에 관여하지 않으실 것이기 때문이다.

- 왕상 13:18 "저가 그 사람에게 이르되 나도 그대와 같은 선지자라 천사가 여호와의 말씀으로 내게 이르기를 그를 네 집으로 데리고 돌아가서 그에게 떡을 먹이고 물을 마시우라 하였느니라 하니 이는 그 사람을 속임이라."

지자는 이전에도 이런 행위 속에 빠져 있었을 것이다. 문제는 유다에서 온 젊은 선지자였다. 여로보암이 함께 식사를 하자 했을 때 강력하게 거절했던 젊은 선지자는 아주 쉽게 그 늙은 선지자의 유혹에 넘어갔다. 그리고 그 집에 들어가 음식을 먹는다.

5. 하나님은 이 젊은 선지자에게 크게 실망하셨을 것이고 하나님의 명령을 절대 순종하지 않은 자에게 심판을 내리기로 작정하신다. 그런데 놀라운 것은 그 심판에 대한 예언이 (젊은 선지자를 데려온) 늙은 선지자에게 임하였다는 것이다.

(1) 젊은 선지자에게 어떤 심판이 내려졌는가?
13:22 "여호와가 너더러…말라 한 곳에서… 네 시체가 네 열조의 (   )에 들어가지 못하리라 하셨느니라 하니라."

(2) 거짓은 늙은 선지자가 했지만, 그렇다고 젊은 선지자에게 핑계가 되지 못한다. 죄는 젊은이에게 있다. 결국 이 예언은 곧바로 일어났다. 젊은 선지자가 집으로 돌아가고 있는데 사자 한 마리가 나타나 그를 물어 죽이고 만다. 이 사실은 즉시 늙은 선지자에게 알려졌고, 그는 아들들과 함께 젊은 선지자의 죽은 현장에 나타났다.

(3) 그는 자신에게 말씀하신 예언이 성취된 것을 알았다. 사자는 나귀를 해치지 않았고, 죽은 시체도 먹지 않았다. 하나님의 징계였음을 확인했다. 젊은 선지자는 하나님의 명령을 끝까지 지키지 아니했다. 늙은 선지자는 자신이 행한 일을 후회했을 것이다. 그는 죽은 선지자의 시체를 나귀에 싣고 성으로 돌아온다. 그는 젊은 선지자의 죽음을 슬퍼하고 그의 시체를 자기의 묘실에 안장했다. 그리고 아들들에게 자신이 죽거든 그의 곁에 묻어달라고 유언한다. 늙은 선지자는 벧엘에 내려진 하나님의 심판이 그대로 이루어질 것을 믿었다.

6. **이렇게 회오리바람이 불고 지나갔지만 여로보암은 여호와께로 돌아서지 않는다.** 여로보암은 물론 그의 집안이 계속해서 죄를 짓는다. 어떤 죄를 계속해서 지었을까? (13:34)

(1) 결국 그 죄 때문에 여로보암의 집안은 땅에서 끊어져 멸망케 된다. 여로보암이 자연사한 후(22년간 통치, 931-910 B.C.) 그의 아들 나답이 왕위에 올라 2년을 다스렸으나 그 역시 그의 부하 바아사의 반역으로 피살된다(왕상 15:27). 이로써 여로보암 왕가는 2대 만에 뿌리째 뽑히고 만다.

불순종한 선지자의 죽음

왕상 13장
21 그가 유다에서부터 온 하나님
의 사람을 향하여 외쳐 이르되 여
호와의 말씀에 네가 여호와의 말
씀을 어기며 네 하나님 여호와께
서 네게 내리신 명령을 지키지 아
니하고
22 돌아와서 여호와가 너더러 떡
도 먹지 말고 물도 마시지 말라
하신 곳에서 떡을 먹고 물을 마셨
으니 네 시체가 네 조상들의 묘실
에 들어가지 못하리라 하셨느니라
하니라
23 그리고 자기가 데리고 온 선지
자가 떡을 먹고 물을 마신 후에
그를 위하여 나귀에 안장을 지우
니라
24 이에 그 사람이 가더니 사자가
길에서 그를 만나 물어 죽이매 그
의 시체가 길에 버린 바 되니 나
귀는 그 곁에 서 있고 사자도 그
시체 곁에 서 있더라
25 지나가는 사람들이 길에 버린
시체와 그 시체 곁에 선 사자를
보고 그 늙은 선지자가 사는 성읍
에 가서 말한지라
26 그 사람을 길에서 데리고 돌아
간 선지자가 듣고 말하되 이는 여
호와의 말씀을 어긴 하나님의 사
람이로다 여호와께서 그에게 하신
말씀과 같이 **여호와께서 그를 사
자에게 넘기시매 사자가 그를 찢
어 죽였도다** 하고
27 이에 그의 아들들에게 말하여
이르되 나를 위하여 나귀에 안장
을 지우라 그들이 안장을 지우매
28 그가 가서 본즉 그의 시체가
길에 버린 바 되었고 나귀와 사자
는 그 시체 곁에 서 있는데 사자
가 시체를 먹지도 아니하였고 나
귀를 찢지도 아니하였더라
29 늙은 선지자가 하나님의 사람
의 시체를 들어 나귀에 실어 가지
고 돌아와 자기 성읍으로 들어가
서 슬피 울며 장사하되
30 곧 그의 시체를 자기의 묘실에
두고 오호라 내 형제여 하며 그를
위하여 슬피우니라

(2) 또한 그는 통치 기간 중 많은 영토를 잃어버렸다. 수리아 지역에는 르손에 의해 아람국이 창설되었고, 동쪽으로는 모압을 잃는다. 무엇보다 애굽 왕 시삭에게 침략을 당한다. 더욱 심각했던 것은 이방 나라의 가증한 풍습을 이스라엘로 좇게 했다는 점이다.

> 회개는 어느 때 일어나는가?
> 그것은 죄를 인식하는 데서부터 출발한다.
> 율법을 낭독하는 것을 들을 때,
> 하나님의 말씀을 듣고,
> 또 선지자가 하나님의 메시지를 선포할 때,
> 즉 죄의 인식은 성경적인 회개에 있어서 핵심적이다.

(4) 회개의 뚜렷한 증거는 무엇일까? 그것은 변화된 행동이다. 회개는 새로운 방향으로 내던지는 힘찬 발걸음이다. 울고 소리치고도 변화된 행동이 없다면 이는 진정한 회개가 아니다.

여로보암에 대한 아히야의 예언(왕상 14:1-18)

B.C 931-870

왕국분열의 초기 (12-22장)

- 12장: 여로보암의 북이스라엘 통치
- 13장: 벧엘 제사에 대한 하나님의 사람의 심판 예언
- **14장: 여로보암의 아들의 병과 아히야의 예언 / 르호보암의 유다 통치**

여로보암의 이야기는 계속된다. 그는 유다에서 온 젊은 선지자의 예언과 그 선지자가 돌아가는 길에 어떻게 하나님의 심판을 받았는가를 이미 자세히 알고 있다. 그러나 그는 그 악한 길에서 떠나 돌이키지 않는다. 아히야 선지자를 통한 하나님의 약속(왕상 11:38)은 잊은 지 이미 오래다. 이제 그의 아들 아비야가 병이 들었고 그 아이를 살려내려는 몸부림 속에서, 아히야 선지자를 통한 마지막 하나님의 메시지를 받는다.

1. '그 때에'(At that time)라는 말을 보아 앞의 사건 직후였을 것이다. 여로보암의 아들 아비야(Abijah)가 병이 든다. 여로보암은 옛날 그가 장차 왕이 될 것이라고 예언했던 선지자 아히야(왕상 11:29-31)를 기억해 낸다. 여로보암은 자기 아들이 병든 것은 우연한 일이 아니라는 것을 직감했을 것이다. 그는 아히야 선지자라면 아이의 운명도 알 수 있을 것이라고 생각했다. 그는 자기 아내를 변장시켜 아히야 선지자에게 보내기로 한다. 아이의 운명도 문제려니와 그것보다는 유익한 예언을 유도해 내기 위해서 자기 아내를 보내려 했을 것이다.

(1) 그래서 여로보암은 자기 아내를 변장시키되 몇 가지 주의 사항을 알려준다.[1)]

1) 여로보암은 자기의 장남인 아비야가 병이 들자 크게 근심한다. 그동안 여로보암이 아히야 선지자를 계속 만났을까? 아마 여로보암의 죄악이 계속되자 오히려 아히야 선지자가 그를 만나지 않았을 것이다. 그의 아내를 변장시킨 사실을 보아도 계속적 만남은 없었을 것이다. 그러나 여로보암은 아히야 선지자에게 좋은 기억을 갖고 있다.그래서 아이가 병이 들자 아히야 선지자를 기억해 냈을 것이다.

14:2-3 당신이 내 아내라는 것을 눈치 채지 못하게 변장하고, 그리고 갈 때 과자나 꿀 같은 선물도 가지고 가시오.

(2) 그래서 여로보암의 아내는 실로에 있는 아히야 선지자를 찾아간다. 아히야는 너무 늙어서 앞을 보지 못했다. 그러나 하나님은 아히야에게 여로보암의 아내가 올 것을 미리 알려주신다. 그리고 무슨 말을 해야 할 것인지까지 가르쳐 주셨다.

(3) 드디어 변장한 여로보암의 아내가 문을 열고 들어선다. 그러나 그 문에 들어서는 소리를 듣고 6절처럼 이야기한다. "여로보암의 아내여, 들어오시오. 어찌하여 변장을 하고 왔소?" '이크! 큰일 났네.'

2. 아히야 선지자는 여로보암 집에 엄청난 예언을 한다. 그 집안을 뿌리째 뽑아 버리시겠다는 예언이었다. 어떤 심판을 내리셨는가?

(1) 하나님은 아히야를 통해 여로보암에게 심판을 선언하기 전에 먼저 그를 고소한

다. 하나님은 여로보암에게 엄청난 축복과 기회를 주셨다는 것이다. 그런데 여로보암은 이런 하나님의 은혜를 저버리는 배은망덕의 죄를 지었다고 말씀하신다. 아히야 선지자는 병이 든 아이에 대한 언급은 하지도 않고 메가톤급 저주를 선언하고 있다.

> 여로보암에 대한 심판:
>
> 다윗처럼 살지 않았다. 즉 언약을 어겨 불순종 했다.

- **고소** : 이스라엘 백성 가운데서 너를 뽑아 왕으로 세워주었건만…. 더욱이 다윗 왕가를 두 개로 쪼개어 너에게 주었다. 그런데…(7-8절상)
- **죄** : ① 다윗처럼 살지 않았다. 즉 언약을 어겨 불순종 했다(8절하).
  ② 앞의 왕들보다 더 악한 죄를 지었다. 즉 우상 숭배를 함으로써 하나님의 노를 격발케 했다(9절).
- **벌** : ① 종이든 자유인이든 네 집안의 모든 남자는 다 죽이겠다. 마치 거름(dung)을 치우듯이 아주 말갛게 쓸어버리겠다(10절).[1)]
  ② (11절)*
  ③ (12절)
  ④ 오직 아이(young child)만 묘실에 들어가게 될 것이다(13절).

  - '아이'라고 표현되었지만 정확한 나이는 알 수 없다. 이 아들만 무덤에 들어갈 수 있는데, 왜냐하면 이 아들만 여호와를 기쁘시게 했기 때문이라는 것이다. 아마(이 아이만, 누구?) 아버지 여로보암의 우상 숭배 정책을 정면으로 반대했을 것이다. 그렇다면 그의 나이가 아주 어리지는 않았을 것이다.

  ⑤ 한 왕을 일으켜 그 날에 여로보암의 집을 끊어버리겠다(14절).

  - 여기서 한 왕은 북이스라엘의 3대 왕 바아사를 가리킨다. 그는 나답(여로보암의 뒤를 이는 이스라엘의 2대 왕)의 부하였을 것이다. 나답은 블레셋 땅인 깁드본을 점령하려고 그곳 성을 포위했다가 바아사의 반란으로 피살되었다(왕상 15:27). 바아사가 왕이 되자 여로보암의 온 집을 쳐 멸망시킴으로써 아히야의 예언이 성취된다.

  ⑥ 정말 무서운 예언은 무엇인가?

  (16절)

  - 이 예언은 이스라엘을 아예 포로로 내쫓으시겠다는 폭탄과 같은 선언이다. 이후 북이스라엘은 계속 우상 숭배에서 벗어나지 못한다. 결국 주전 722년에 이스라엘은 완전히 멸망함으로써 그 예언이 성취된다.

1) 여로보암의 집의 남자는 누구든지 길바닥에 있는 오물을 아주 깨끗이 소제하여 치우는 것처럼(as one burns dung, until it is all gone) 진멸하시겠다는 말씀이다.

- 셈족은 정식으로 장사되지 못하고 개나 새에게 먹히는 일을 아주 치욕거리로 여겼다. 바아사 일가(왕상 16:4)와 아합 일가(왕상 21:24)가 이런 일을 당했다.

(2) 위와 같은 심판이 선포되는 근본적인 이유는 무엇인가?

(15절 "여호와께서 이스라엘을 쳐서 물에서 흔들리는 갈대 같이 되게 하시고 이스라엘을 그의 조상들에게 주신 이 좋은 땅에서 뽑아 그들을 강 너머(=하수(河水) : 여기서 하수는 유프라테스 강을 가리킨다. 훗날 북쪽 이스라엘은 앗수르에 의해 완전 멸망당한다.)로 흩으시리니 그들이 아세라[1] 상을 만들어 여호와를 진노하게 하였음이니라."

3. 아히야에게서 유익한 예언을 기대했던 여로보암의 아내의 기대는 무너졌다. 그녀는 무거운 걸음으로 발길을 돌린다. 그녀가 디르사[2]에 있는 집안으로 들어섰을 때에 자식이 죽는다. 아히야의 예언이 즉시 성취되었다.

(1) 그러나 이 아이(소년)의 죽음은 앞으로 여로보암의 집안이 완전 멸절할 것이라는 예조(豫兆, sign)였을 뿐이다. 온 이스라엘이 그를 묻어 주고 그의 죽음을 슬퍼했다고 했다.

(2) 이렇게 여로보암은 22년 동안 왕위에 있으면서 이스라엘을 우상 숭배의 나라로 몰아갔다. 그의 우상 숭배 정책에 대한 하나님의 징계는 자신의 아들의 죽음을 예조로 시작하여 그의 통치 기간에 일어났다. 앞에서도 언급되었듯이 여로보암은 많은 땅을 잃는다. 다메섹 근처의 영토를 잃었고, 아람은 독립을 선언했다. 그리고 블레셋이 다시 발호하기 시작했다(15:27). 동쪽으로는 모압을 잃어버렸다.

르호보암의 유다 통치에 대해서는 다음 과에서 다루기로 하자.

1) **'아세라'(Asherah)**는 고대 근동에서 아모리족이나 가나안족이 숭배하던 여신이었다. 고대 우가릿 문서에 의하면, 아세라는 엘(El)의 배우자요 모신(母神)으로서 바알을 포함한 70신들의 어머니였다. 아세라는 아스다롯과 더불어 가나안의 소위 3대 여신 중의 하나였다.

2) **디르사(Tirzah)** : 여로보암은 수도를 벧엘에서 디르사로 옮겼다. 디르사는 벧엘에서 북동쪽으로 약 9km 떨어진 곳이다. 이곳은 나답, 바아사, 엘라, 시므리 왕 때까지 북이스라엘의 수도였다. 오므리 왕 때 수도를 사마리아로 옮긴다. 수도를 이렇게 여러 번 옮겨야 할 정도로 북이스라엘의 정권은 불안했다.

적용을 위한 묵상 **여로보암의 몰락, 국가의 몰락, 언약을 어긴 것이다**

• 여로보암, 그는 하나님의 허락하심에 의해 북이스라엘 정권을 열었다. 그에게 부어질 축복 역시 적지 않은 것이었다. 그러나 그는 배은망덕 했다. 그는 예루살렘에 있는 솔로몬 성전에 대항해서, 즉 자신의 정권 유지를 위해 금송아지를 만들었다. 장막절의 날짜도 임의로 변경해 지켰다. 게다가 성전을 대신해 산당을 짓고 레위 지파 자손이 아닌 사람들을 제사장으로 세워 제사를 드리게 했다. 하나님의 축복의 약속은 하나님의 언약을 지키기 위해 발버둥치는 사람에게만 유효하다. 여로보암은 하나님의 언약을 어긴 것이다. 그래서 급속히 몰락한다.

열왕기상 12-14장 요약 정리

요약 질문

12장: 왕국 분열 • 여로보암의 북이스라엘 통치

- 여로보암 지파와 유다 지파 사이에는 오래 전부터 알력이 있어 왔다. 어떤 이유에서인가? (교재)
- 왕국이 분열되는 또 다른 이유는 무엇인가? 솔로몬의 통치의 문제점을 말해보라.
- 르호보암은 왜 세겜으로 갔는가? (12:1) 세겜은 어떤 곳인가?
- 북쪽 이스라엘 백성들이 르호보암에게 요구한 조건은 무엇인가? 이런 요구를 하게 된 동기는 무엇일까?
- 북쪽 이스라엘 지파들의 요구에 르호보암은 어떻게 대했나?
- 르호보암과 함께 자라난 소년들(12:10)은 누구를 말하는가? 이들은 왜 르호보암에게 강경책을 쓰도록 조언했는가?
- 여로보암은 어떤 인물이며, 그가 북이스라엘의 왕으로 오르게 된 과정을 이야기해보라.
- 르호보암은 무력으로 통일하려 했다. 어떤 행동을 취했으며 왜 이 일이 좌절되었는가?
- 여로보암이 왕이 되었으나 그는 불안했다. 그가 불안해했던 점은 무엇이고, 이에 대한 조치는 무엇인가? (12:26-28)

13장: 벧엘에서 분향하는 여로보암

- 유다에서 온 젊은 선지자는 누구인가? 그가 여로보암에게 선포한 예언의 내용은 무엇인가?
- 여로보암에게 내려진 예조는 어떤 것이었나? 그 예언의 성취는 어떤 의미를 갖고 있는가?
- 유다에서 온 젊은 선지자의 잘못된 점은 무엇인가?
- 벧엘의 한 늙은 선지자의 행적에 대해 말해 보라.

14장: 여로보암에 대한 아히야의 예언

- 아히야 선지자가 (여로보암의 아내를 통해) 전한 예언의 내용을 말해 보라. 그 예언은 언제 어떻게 성취되었나?
- 여로보암이 지은 죄 중 치명적인 죄는 무엇인가? (14:8-9)

Summary

(1) 예조(豫兆)란 무엇인가?
(2) 북쪽 이스라엘의 우상 숭배의 길을 연 여로보암
(3) 왕국 분열의 주요 원인

❖ 여로보암은 왕위에 올라 22년간(931-910 BC) 치리하다 자연사했다. 그의 아들 나답(아마 차남?)이 왕위에 올랐지만 2년 만에 바아사에게 피살된다(왕상 15:27). 물론 나답의 온 집도 바아사에게 전멸되었다. 여로보암은 그의 22년 통치기간 중 많은 영토를 잃어버린다. 수리아 지역에서는 르손에 의하여 아람국이 창설되었고, 동쪽에서는 모압을 잃었으며, 게다가 애굽 왕 시삭(제22왕조 창건 왕)의 침략을 당한다. 무엇보다 심각했던 것은 이방나라의 가증한 풍습들을 이스라엘로 좇게 했다는 것이다.

남쪽 유다는 어떠했을까? 르호보암은 여로보암과 여러 번 국경충돌을 빚었다. 문제는 그 역시 부친 다윗의 신앙을 따르지 않고 열조보다 더 많은 악행을 했다는데 있다(14:23, 24). 그는 한때 하나님의 뜻을 따르기도 했으나 3년을 넘기지 못했다.

❖ 언약의 나라에서 왕은 왜 중요한가?

Outline

226

1Kings 15-16장

왕국의 분열 통치 초기

여로보암 왕조는 앞 과에서 자세히 살펴보았다.
그렇다면 남쪽 유다 왕국은 어떠했을까?
르호보암은 솔로몬의 뒤를 이어 왕이 되었다.
르호보암은 모든 면에서 너무 경솔했다.

북쪽 이스라엘 지파들의 반발이
얼마나 큰 것인가를 잘 알지 못했고
또한 과소 평가했다.
여로보암을 대표로 하는 북쪽 대표단의 요구에
즉각적인 결정을 내리지 않고
원로들과 의논했지만
원로들의 의견도 받아들이지 않는다.

그리고 그는 자신과 같은 또래의
새로운 각료들의 의견을 받아들인다.
물론 젊은 각료들은 욕심을 드러냈고
또한 국정 경험이 없는 자들이었다.
이들은 르호보암에게
철저하게 강압 정책을 쓰라고 조언했다.
그 말을 듣고 르호보암은
북쪽 대표단에게 으름장을 놓았지만
역효과만을 가져왔을 뿐이었다.
북쪽 대표단들은 현 정부와 대적하고
독립을 선언한다.

그리고 한동안 애굽으로 도망가 있던
여로보암을 왕으로 세운다.
르호보암은 한때 무력으로
북쪽 지파들을 통일하려고 했지만
하나님의 지시로 무산된다.

르호보암의 유다 통치(14:21-31)

1. 르호보암(Rehoboam)이 솔로몬의 뒤를 이어 왕위에 올랐지만, 그는 처음부터 북쪽 지파들의 연합 전선에 휘말려야 했다. 결국 히브리 민족은 두 나라로 나뉘었고 또한 분열이 영구히 고착화되었다. 북이스라엘과 남유다는 한 때 우호적인 때도 있었으나 계속 사이가 좋지 않았다.

(1) 르호보암이 통치하는 유다는 옛날 가나안 전체를 호령하던 위치에서 아주 작은 나라로 축소되었지만 골칫덩어리 이스라엘이 떨어져나감으로써 내적인 긴장은 없어졌다. 따라서 르호보암은 유다를 강한 나라로 이끌 수 있었다. 그러나 한 가지 걱정되는 것은 애굽의 꿈틀거림이었다.

(2) 애굽에서는 21왕조가 리비아인 용병대의 쿠테타에 의해서 쓰러지고, 그의 장군 세숑크(Schoschenk)가 22왕조를 일으킨다. 성경에서는 세숑크를 시삭(Sisak)이라고 언급하고 있다(왕상 14:25).

(2) 르호보암은 이런 애굽의 침략에 대비하여 여러 성읍들을 건축했다(대하 11:5-10). 그리고 그곳에 장관을 두어 양식과 기름과 포도주를 저축했다(대하 11:11). 또 각 성읍에 방패와 창을 두어 심히 강하게 했다.

(3) 무엇보다 유다가 강성해질 수 있었던 것은 제사장과 레위 사람들이 르호보암에게로 돌아온 일 때문이다. 왜 이들이 르호보암에게 돌아왔는가? (대하 11:14-16)

(4) 르호보암이 즉위한 지 3년 동안은 유다가 강성해질 수 있었다. 그 이유가 무엇이라고 했는가? (대하 11:17)

2. 르호보암이 통치를 슬기롭게 해 나라가 크게 부강할 수 있었다. 그러나 "나라가 견고하고 세력이 강하매" 백성들이 여호와의 율법을 버렸다고 했다(대하 12:1).

(2) 이렇게 점차 남쪽 유다의 르호보암은 여호와의 율법을 버리고 범죄하기 시작했다. 따라서

르호보암 5년에 애굽의 시삭이 예루살렘을 치러 올라왔다. 그 전투병의 숫자가 얼마나 되었을까?

애굽의 시삭이 예루살렘 침공

(1) 왜 애굽의 시삭이 유다를 공격하려 했을까? (대하 12:5) 열왕기 기자는 그 이유를 생략하고 있지만 역대기 기자는 애굽의 침공 이유를 밝히고 있다. 그 이유가 무엇일까? (대하 12:5).

(2) 이 말을 들은 왕과 방백들은 신속히 움직였다. 그들 스스로 여호와 앞에서 겸비했다. 그리고 이렇게 고백했다. "여호와는 (여호와는 의로우시다)"(6절).

(3) 하나님은 이들의 고백이 진실임을 아시고, 그 채찍의 강도를 낮추기로 하신다. "여호와께서 그들이 스스로 겸비함을 보신지라 여호와의 말씀이 스마야에게 임하여 이르시되 그들이 스스로 겸비하였으니 내가 멸하지 아니하고 저희를 조금 구원하여 나의 노를 시삭의 손을 통하여 예루살렘에 쏟지 아니하리라"(대하 12:7). '시삭을 시켜 예루살렘을 멸망시키지는 않겠지만 다음과 같은 사실은 꼭 기억해라.'

4. 애굽의 시삭(Shishak)*은 예루살렘을 초토화시키지 아니했으나 예루살렘 백성은 시삭의 종이 되어야 했다. 시삭은 예루살렘을 공격하여 여호와의 성전과 왕궁의 보물을 빼앗아 갔다(B.C. 926 / 925년).

(1) 무엇까지 빼앗겼다고 했는가? (9절, 왕상 14:26)

(2) 르호보암이 잘못을 뉘우치자 하나님은 분노를 거두셨다. 그래서 르호보암은 나름대로 유다를 강하게 할 수 있었다(대하 12:12 "르호보암이 스스로 겸비하였고 유다에 선한 일도 있으므로 여호와께서 노를 돌이키사 다 멸하지 아니하셨더라")

르호보암의 우상 숭배

(1) 열왕기상에서는 르호보암의 우상 숭배가 여호와의 노를 격발했다고 기록하고 있다(왕상 14:21). 위에서 고찰한 바와 같이 르호보암은 그의 통치 3년까지는 하나님의 뜻을 따랐으나(대하 11:16, 17)

(2) 그 3년을 넘기지 못하고 타락의 길을 걸었다. 따라서 하나님의 징계를 받았다(애굽의 시삭 침공).

❖ 유다의 통치로부터 완전한 독립을 원했던 여로보암은 자신의 왕국을 강화시키기 위한 특단의 조치를 취한다. 무엇보다도 연례적으로 순례자들이 예루살렘으로 가는 것이 문제였다. 이 문제를 해결키 위해 예루살렘 성전과 상응하는 성전(?)을 건립하기로 했다. 그래서 선택한 곳이 종교적인 성읍인 벧엘과 이스라엘의 최북단인 단이었다. 여로보암은 제사장을 레위인이 아닌 사람들로 임명했다. 이는 레위인들의 반발을 사게 되었고 많은 레위인들이 르호보암에게로 돌아왔다. 결국 여로보암은 아히야 선지자를 통한 심판 예언을 듣는다. 여로보암은 강력한 선지자의 메시지에도 불구하고 돌아서지(회개) 않는다.

❖ 그는 한때 하나님의 뜻을 따르기도 했지만(대하 11:16, 17) 3년을 넘가지 못했다.여로보암 왕조는 앞 과에서 자세히 살펴보았다. 그렇다면 남쪽 유다 왕국은 어떠했을까? 르호보암은 솔로몬의 뒤를 이어 왕이 되었다. 르호보암은 모든 면에서 너무 경솔했다. 북쪽 이스라엘 지파들의 반발이 얼마나 큰 것인가를 잘 알지 못했고 또한 과소 평가했다. 여로보암을 대표로 하는 북쪽 대표단의 요구에 즉각적인 결정을 내리지 않고 원로들과 의논했지만 원로들의 의견도 받아들이지 않는다. 그리고 그는 자신과 같은 또래의 새로운 각료들의 의견을 받아들인다.

❖ 물론 젊은 각료들은 욕심을 드러냈고 또한 국정 경험이 없는 자들이었다. 이들은 르호보암에게 철저하게 강압 정책을 쓰라고 조언했다. 그 말을 듣고 르호보암은 북쪽 대표단에게 으름장을 놓았지만 역효과만을 가져왔을 뿐이었다.

남유다 초대왕

① Rehoboam

왕상 14:21-15:24
대하 10-16장

931-913(17년간)

Evil

in the sight of the LORD

르호보암의 유다 통치(14:21-31)

르호보암은 솔로몬이 죽은 뒤, 그의 나이 41세에 왕위에 오른다. 그러나 나라는 평탄치 못했다. 무엇보다 북쪽 이스라엘 지파가 떨어져 나갔다. 너무 화가 치민 르호보암은 군사 18만을 동원하여 무력으로 남북을 통일하려 했다. 따라서 그의 통치 기간 중 북쪽 여로보암과 여러 번 국경 충돌을 빚었다. 그러나 여로보암의 통치에 불만을 가진 자들이 유다와 베냐민 지역으로 이주해 왔기 때문에 국력은 점점 강해졌다. 그는 한때 하나님의 뜻대로 살기 위해 노력해 보기도 했다. 그러나 계속 전쟁에 시달려야 했고, 무엇보다 애굽 왕 시삭의 침략은 그의 정치 기반을 크게 흔들어 놓았다. 또한 그의 어머니는 암몬 사람으로 르호보암의 타락에 일조를 했을 뿐이다. 열왕기 기자는 유다 백성이 여호와께서 보시기에 악한 일을 저질렀다고 평가를 내렸다.

- 솔로몬과 암몬 여인 사이에서 난 왕 : 솔로몬 사후에 그를 뒤이어 왕으로 오르려 했으나 북쪽 지파들의 반발로(왕상 12:3-4) 남북이 분열된다.

1. 르호보암(Rehoboam)이 솔로몬의 뒤를 이어 왕위에 올랐지만, 그는 처음부터 북쪽 지파들의 연합 전선에 휘말려야 했다. 결국 히브리 민족은 두 나라로 나뉘었고 또한 분열이 영구히 고착화되었다. 북이스라엘과 남유다는 한 때 우호적인 때도 있었으나 계속 사이가 좋지 않았다.

- 북쪽 열 지파는 여로보암을 왕으로 세우고 남유다는 유다와 베냐민에 의해 다윗 왕국이 유지된다.
- 르호보암은 군대를 모아 북쪽을 치려했으나 하나님의 뜻을 전해 듣고 포기한다(왕상 12 :21-24).

(1) 르호보암이 통치하는 유다는 옛날 가나안 전체를 호령하던 위치에서 아주 작은 나라로 축소되었지만 골칫덩어리 이스라엘이 떨어져나감으로써 내적인 긴장은 없어졌다. 따라서 르호보암은 유다를 강한 나라로 이끌 수 있었다. 그러나 한 가지 걱정되는 것은 애굽의 꿈틀거림이었다. 애굽에서는 21왕조가 리비아인 용병대의 쿠테타에 의해서 쓰러지고, 그의 장군 세숑크(Schoschenk)가 22왕조를 일으킨다. 성경에서는 세숑크를 시삭(Sisak)이라고 언급하고 있다(왕상 14:25).

- 르호보암은 선정을 베풀기도 했다(대하 11:13-14). 그 3년 동안 나라는 크게 부강했다. 그러나 이방 여인과 결혼하여(아내 18명, 첩이 60명) 우상 숭배를 하는 등 악을 행한다. 결국 애굽 왕 시삭의 침략을 받는다(왕상 14:21-28). 그는 17년간을 통치했다.

(2) 르호보암은 이런 애굽의 침략에 대비하여 여러 성읍들을 건축했다(대하 11:5-10). 그리고 그곳에 장관을 두어 양식과 기름과 포도주를 저축했다(대하 11:11). 또 각 성읍에 방패와 창을 두어 심히 강하게 했다.

(3) 무엇보다 유다가 강성해질 수 있었던 것은 제사장과 레위 사람들이 르호보암에게로 돌아온 일 때문이다. 왜 이들이 르호보암에게 돌아왔는가?

- 대하 11:14-16 레위 사람들이 자기들의 마을들과 산업을 떠나 유다와 예루살렘에 이르렀으니 이는(for, כִּי) **여로보암과 그의 아들들이 그들을 해임하여 여호와께 제사장의 직분을 행하지 못하게 하고** 15여로보암이 여러 산당과 숫염소 우상

과 자기가 만든 송아지 **우상을 위하여 친히 제사장들을 세움이라.** [16]이스라엘 모든 지파 중에 마음을 굳게 하여 이스라엘의 하나님 여호와를 찾는 자들이 레위 사람들을 따라 예루살렘에 이르러 그들의 조상들의 하나님 여호와께 제사하고자 한지라."

(4) 르호보암이 즉위한 지 3년 동안은 유다가 강성해질 수 있었다. 그 이유가 무엇이라고 했는가?

- 대하 11:17 "그러므로 삼 년 동안 유다 나라를 도와 솔로몬의 아들 르호보암을 강성하게 하였으니 이는(for, כִּי) 무리가 삼 년 동안을 **다윗과 솔로몬의 길로 행하였음이더라.**"

2. 르호보암이 통치를 슬기롭게 해 나라가 크게 부강할 수 있었다. 그러나 "나라가 견고하고 세력이 강하매" **백성들이 여호와의 율법을 버렸다**고 했다(대하 12:1).

(1) 옆의 성경 구절에서 볼 수 있듯이 르호보암의 처첩(妻妾)도 그 숫자가 만만치 않았다. 몇명인데? 그의 맏아들은 ① 여우스(Jeush)였으나 압살롬의 딸에게서 나은 ② **아비야**를 더 사랑해 장자로 삼아 그를 왕위에 오르게 했다(대하 11:19, 21).

(2) 이렇게 점차 남쪽 유다의 **르호보암은 여호와의 율법을 버리고 범죄하기 시작했다.** 따라서 르호보암 5년에 **애굽의 시삭이 예루살렘을 치러 올라 왔다.** 그 전투병의 숫자가 얼마나 되었을까?

- 대하 12:3 "그에게 병거가 천이백 대요 마병이 육만 명이며 애굽에서 그와 함께 온 백성 곧 리비아와 숙과 구스 사람이 헤아릴 수 없이 많더라."

애굽의 시삭이 예루살렘 침공

3. 왜 애굽의 시삭이 유다를 공격하려 했을까?

대하 12:5

(1) 열왕기 기자는 그 이유를 생략하고 있지만 역대기 기자는 애굽의 침공 이유를 밝히고 있다. 그 이유가 무엇인데?

르호보암의 아내들 (대하 11:18-22)

- 아내 십팔과
- 첩 육십을 취하여
- 아들 이십팔과
- 딸 육십을 낳았으나

대하 11:18-22

18 "르호보암이 다윗의 아들 여리못의 딸 마할랏으로 아내를 삼았으니 마할랏은 이새의 아들 엘리압의 딸 아비하일의 소생이라
19 그가 아들들 곧 ① 여우스와 스마랴와 사함을 낳았으며
20 그 후에 압살롬의 딸 마아가에게 장가들었더니 저가 아비야와 앗대와 시사와 슬로밋을 낳았더라
21 르호보암이 아내 십팔과 첩 육십을 취하여 아들 이십팔과 딸 육십을 낳았으나 압살롬의 딸 마아가를 모든 처첩(妻妾)보다 더 사랑하여
22 마아가의 아들 ②**아비야**를 세워 장자를 삼아 형제중에 머리가 되게 하였으니 이는 저로 왕이 되게 하고자 함이라."

시삭의 출정 동기

• 시삭의 출정 동기는 무엇이었을까? 북쪽의 여로보암은 한 때 애굽으로 도망가 시삭의 보호 밑에 있었다(왕상 11:40). 그렇다면 여로보암이 유다를 공격하기 위해 애굽의 바로를 불러들였을까? 그러나 남쪽 유다 보다는 북쪽 이스라엘이 더 수난을 당한 것을 보면 그런 이유는 아닌 것 같다. 아마 유다는 적시에 조공을 바칠 수 있을 만큼 부유했기에 비교적 피해를 적게 입었을 것이다. 그러나 북쪽은 수도를 벧엘에서 디르사로 옮길 정도로 압박을 많이 당했다. 역대하에서는 시삭의 침략은 범죄한 유다를 벌주기 위한 하나님의 도구였다고 밝히고 있다. 역대하12:1-8도 읽어보자.

"그 때에 유다 방백들이 시삭의 일로 예루살렘에 모였는지라
선지자 스마야가 르호보암과 방백들에게 나아와 **이르되**
/여호와께서 이같이 말씀하시기를
/너희가 나를 (버렸으므로)
나도 너희를 (버려)
시삭의 손에 넘겼노라 하셨다 한지라"(대하 12:5).

(2) 이 말을 들은 왕과 방백들은 신속히 움직였다. 그들 스스로 여호와 앞에서 겸비했다. 그리고 이렇게 고백했다. "여호와는 (여호와는 의로우시다)"(6절).

(3) 하나님은 이들의 고백이 진실임을 아시고, 그 채찍의 강도를 낮추기로 하신다. "여호와께서 그들이 스스로 겸비함을 보신지라 여호와의 말씀이 스마야에게 임하여 이르시되 그들이 스스로 겸비하였으니 내가 멸하지 아니하고 저희를 조금 구원하여 나의 노를 시삭의 손을 통하여 예루살렘에 쏟지 아니하리라"(대하 12:7). '시삭을 시켜 예루살렘을 멸망시키지는 않겠지만 다음과 같은 사실은 꼭 기억해라.'

• 그러나 그들이 (시삭의 종)이 되어 나를 섬기는 것과
• (세상 나라들을 섬기는 것)이 어떠한지 알게 되리라(대하 12:8).

("예루살렘 백성은 시삭의 종이 될 것이다. 그래야 그들은 나를 섬기는 것과 다른 나라의 왕들을 섬기는 것이 어떻게 다른지 알게 될 것이다." - 쉬운 성경)

• 시삭 : 애굽의 제22왕조의 창시자로서 945-924년까지 21년간을 통치했다. 그는 어떤 셈계의 부족과의 국경 문제를 구실삼아 유다까지 공격했다.

그러나 그의 아들 오솔콘 1세는 더 이상 정복 전쟁을 하지 않는다. 그가 소유한 엄청난 양의 금과 은은 대부분 예루살렘 성전에서 가져온 것이라고 한다.

4. 애굽의 시삭(Shishak)*은 예루살렘을 초토화시키지 아니했으나 예루살렘 백성은 시삭의 종이 되어야 했다. 시삭은 예루살렘을 공격하여 여호와의 성전과 왕궁의보물을 빼앗아 갔다(B.C. 926 / 925년).

(1) 무엇까지 빼앗겼다고 했는가? (9절, 왕상 14:26)

• 대하 12:9 "애굽 왕 시삭이 올라와서 예루살렘을 치고
여호와의 전 보물과
왕궁의 보물을 모두 빼앗고
솔로몬이 만든 금 방패도 빼앗은지라."

(2) 르호보암이 잘못을 뉘우치자 하나님은 분노를 거두셨다. 그래서 르호보암은 나름대로 유다를 강하게 할 수 있었다(대하 12:12 "르호보암이 **스스로 겸비하였고 유다에 선한 일도 있으므로** 여호와께서 **노를 돌이키사 다 멸하지 아니하셨더라**")

르호보암의 우상 숭배

1. 열왕기상에서는 르호보암의 우상 숭배가 여호와의 노를 격발했다고 기록하고 있다(왕상 14:21). 위에서 고찰한 바와 같이 르호보암은 그의 통치 3년까지는 하나님의 뜻을 따랐으나(대하 11:16, 17) 그 3년을 넘기지 못하고 타락의 길을 걸었다. 따라서 하나님의 징계를 받았다(애굽의 시삭 침공). 이 침공은 르호보암의 교만을 징계하기 위한 하나님의 징벌이었다고 말하고 있다(대하 12:1-8).

(1) 르호보암이 우상 숭배로 빠지게 된 이유 중 하나는 그의 어머니 나아마 때문이었을 것이다. 기자는 역사를 기록하면서 그 시작과 끝에 거듭 "그 모친의 이름은 나아마라 암몬 사람이더라"라는 말을 언급하고 있다. 그의 타락은 그의 어머니의 영향 때문이라는 것을 암시하고 있다. 성경 기자는 지금 북쪽의 여로보암은 물론 남쪽의 르호보암 역시 우상 숭배를 했다고 고발하고 있다.

14:23 "이는(하나님이 노를 격발하신 이유) 저희도 산 위에와 모든 푸른 나무 아래 산당과 우상과 아세라 목상을 세웠음이라."

(2) 심지어 그 땅에는 또 '남색하는 자'(남자 신전 창기, male shrine prostitute)가 있었다고 했다. 가나안 원주민은 이런 가증스런 일 때문에 쫓겨남을 당했는데 이제 유다 백성들이 이들과 똑같은 일을 하고 있다. 따라서 하나님은 애굽의 시삭을 도구로 유다를 징계하신다. 물론 북쪽 이스라엘도 징계의 대상이었고, 시삭에게 어려움을 당한다. 르호보암은 성전 안에 있던 금방패를 빼앗기고 놋방패를 다시 만들었다. 체면을 유지하기 위해서였다. 그는 이런 치욕을 받고도 그 억울함을 하나님께 아뢰지 아니했다. 그는 자신의 죄를 인정하려 하지 않는다. 죄 짓는 백성에게는 아무리 금으로 만든 성전이라 해도 의미 없는 일이다.

2. 무엇보다 유다와 이스라엘은 끊임없는 국경 충돌로 많은 전쟁을 치러야 했다. 앞에서도 언급되었듯이 르호보암은 맨 처음 유다와 베냐민 지파에서 18만을 뽑아 여로보암을 쳐서 남북을 통일하려 했다. 물론 하나님은 **스마야 선지**를 통해 이 일을 금하셨다(대하 11:1-4).

르호보암과 여로보암 사이의 국경 분쟁은 유다 르호보암의 대를 이은 아비얌의 생애를 통해서도 계속되었다(대하 13:2-20). 유다의 아사 왕 16년에도 이스라엘 왕 바아사가 유다를 공격해 베냐민 땅 라마를 점령하고 그곳에 성을 건축했다. 급하게 된 아사는 이웃 나라를 불러들이는 어리석음을 행한다.

아세라 목상
(Asherah poles)

• '아세라'는 가나안(또는 아모리) 족속이 숭배하던 여신을 말한다. '아세라 목상'은 아세라 상을 새겨 만든 주상(柱像), 즉 기둥을 말한다. 아합 왕이 페니키아의 공주 이세벨과 결혼했을 때 아세라 숭배는 바알 숭배와 함께 북왕국에서 크게 장려되었다(왕상 18:19).

잇도(Iddo) 대하 9:29

• 대하 9:29 "이 외에 솔로몬의 시종 행적은 선지자 나단의 글과 실로 사람 **아히야의 예언**과 선견자 **잇도의 묵시책** 곧 잇도가 느밧의 아들 여로보암에게 대하여 쓴 책에 기록되지 아니하였느냐."

• 남색하는 자(sodomites, קָדֵשׁ) : 열왕기하 23:7에 나오는 단어 케데쉼(קְדֵשִׁים, 개역성경에 '美童'으로 번역되었음)이라는 말과 같은 말이다. 가나안 종교의 특성은 풍년과 번영을 성(性)과 결부시켰다. 그들은 경관이 좋은 곳에 산당을 짓고 아세라 목상(木像)을 세우고 음란한 종교 예식을 행했다. 이러한 행위가 르호보암 때부터 이미 있었다는 것이다. 르호보암의 어머니가 암몬 사람이었기에 그녀에게서 영향을 받았을 것이다.

국경 분쟁 대하 13장

이스라엘과 유다는 계속적으로 사이가 좋지 않았다. 여호사밧과 아합의 시기에 이르러서야 두 나라가 동맹하게 되지만 그것도 좋지 않은 목적에서였다.

930 B.C.

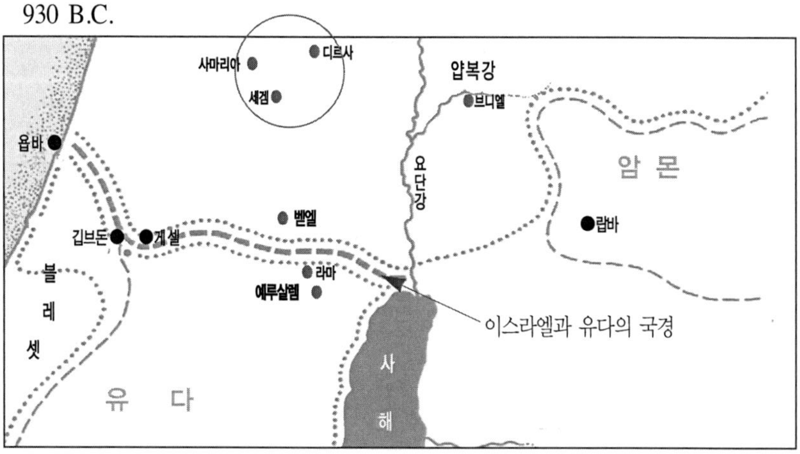

❶ 아비야(유다 2대왕)와 여로보암(이스라엘 초대왕) 간의 전쟁

아비야의 군대 40만 // 여로보암의 군대 80만 = 누가 이겼을까? 아비야의 군대가 이겼다. 어떻게? (대하 13:15-18) 이긴 이유는?(대하 13:18) 이 전쟁에서 이스라엘 용사 50만 명이 죽었다. 유다는 이스라엘의 종교 중심지 <벧엘>을 빼앗았다.

❷ 아사(유다 3대왕)와 바아사(이스라엘 3대왕)간의 전쟁

아사 왕 16년 이스라엘 왕 바아사가 유다를 공격해 베냐민 땅 라마를 점령하고 그곳에 성을 건축했다. 왜? - 백성들이 유다와 연결하지 못하도록(라마는 연결 통로였다). 이런 상황이 되자 아사 왕은 아람 왕 벤하닷에게 원병을 청한다. 그래서 이스라엘의 바아사는 철군한다. 이때 하나니 선지자가 아사 왕을 책망했다. 그러나 아사 왕은 선지자를 옥에 가둔다. 결국 아사 왕은 하나님의 징계로 병에 걸린다.

적용을 위한 묵상

우리의 진정한 통치자는 누구인가?

- 신정왕국(神政王國) : 다윗은 온 이스라엘을 통일하고 가나안을 발 아래 둔다. 이제 그의 왕국은 무적의 제국이 될 것이다. 그러나 나라는 그의 아들 솔로몬의 후반기 통치 때부터 삐꺽거리더니 마침내 두 동강으로 나뉘었다. 북쪽 이스라엘과 남쪽 유다로 고착된다. 북이스라엘은 넓은 토지와 풍요로운 곡창 지대를 갖는 등 유리한 출발을 했지만, 여로보암의 실정(失政)은 북이스라엘이 우상의 나라로 가는 길을 열어놓았을 뿐이다.
- 이스라엘은 점차 그 정체성을 잃어간다. 왜 하나님은 이스라엘을 부르시고 그의 자녀로 삼으셨을까? (출 19:6) 사사시대 사람들은 우리에게도 왕이 꼭 있어야 한다고 큰 소리치며 울어댔다(삼상 8:19-22)
- 이제 그 왕들이 통치하는 왕정이 허락되었지만 범죄하고 무력하기는 마찬가지이다. 무엇이 문제일까? 우리의 진정한 통치자는 누구인가?

이스라엘 • 유다 (분열왕국) - B.C. 10세기

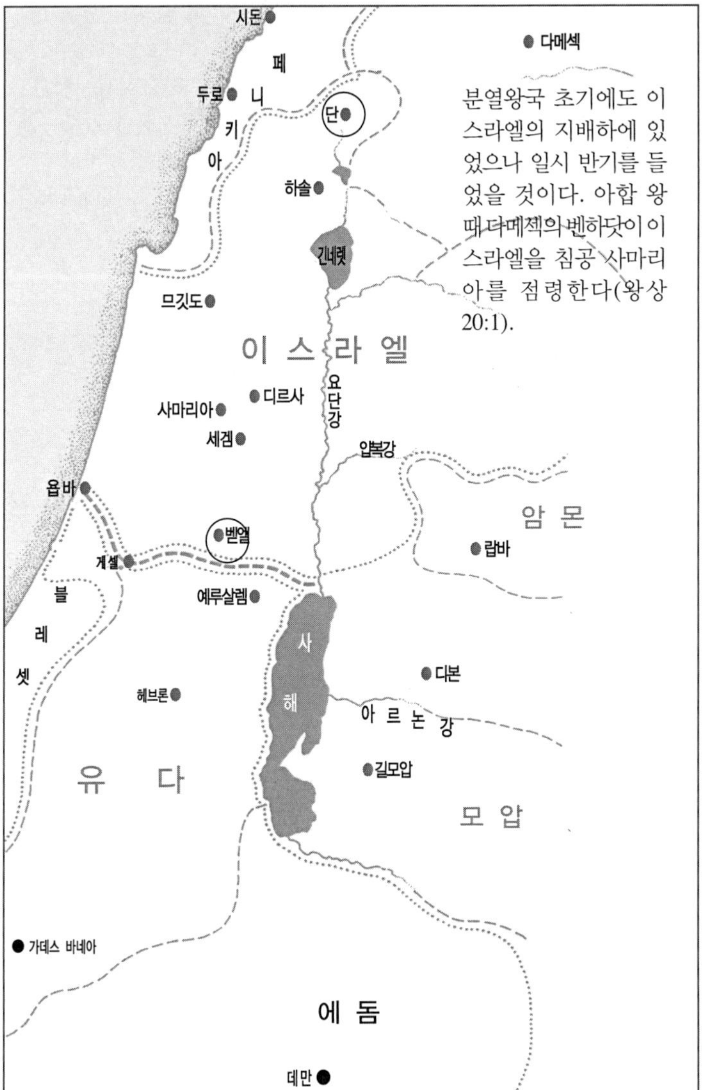

분열왕국 초기에도 이스라엘의 지배하에 있었으나 일시 반기를 들었을 것이다. 아합 왕 때 다메섹의 벤하닷이 이스라엘을 침공 사마리아를 점령한다(왕상 20:1).

여로보암은 자신의 제의를 유다의 종교와 철저히 분리시키려 했다. 통치에 조금이라도 불만을 느끼게 되면 백성들은 옛날 다윗과 솔로몬의 통치를 그리워할 것이기 때문이다. 따라서 여로보암은 자신이 통치하는 이스라엘이 괴뢰(傀儡) 정권이 아님을 확실히 하려 했다. 그는 특히 종교 문제를 통해 정권의 정당성을 확보하려 했다.

남북 분열의 장

분 열

• 르호보암의 반발로 창출된 정권이기에 여로보암은 왕이 되자 세금과 노역을 가볍게 했을 것이다. 그는 수도를 세겜으로 정했다. 그리고 다시 수도를 디르사로 옮겼다. 후에 북왕조의 오므리 왕이 세멜로부터 은 두 달란트를 주고 산 언덕에 사마리아 성을 건축한다(왕상 16:24). 이렇게 수도를 여러 번 옮겼다는 것은 그만큼 정국(政局)이 불안정했다는 것을 의미한다.

• 그는 선정을 베풀려고 애를 썼으나 백성들의 마음을 사로잡기 위해 다른 예배 장소를 세우게 된다. 제의 장소를 북쪽에는 단(Dan), 남쪽에는 벧엘(Bethel)에 세우고 그곳에다 금송아지 제단을 만들었다(B.C. 925년경). 결국 북조 이스라엘은 처음부터 탈선하기 시작했다.

산 당

• 여로보암은 단과 벧엘에다 산당을 세웠다. 그리고 예루살렘의 유일성과 견주기 위해 하나님의 임재를 상징한다는 의미로 금송아지를 두 제의 장소에 안치시킨다. 이는 중앙 성소 외에서 제사를 드린 행위로서 신명기 율법을 깨뜨리는 죄였다(신 12:5-7).

이웃나라 독립

• 다메섹과 에돔은 이미 솔로몬 치하에서부터 반란이 있었다. 후대의 자료에 의하면 모압과 암몬 역시 솔로몬 사후에 독립을 얻었던 것으로 보인다. 다윗이 세웠던 강대국은 그 기초가 다져지자 곧 붕괴되고 말았다.

아비얌의 유다 통치(왕상 15:1-8)

남유다

❷ Abijam

왕상 15:1-8,
대하 13:1-22
913-911(3년간)

Evil

in the sight of the LORD

아비얌(대하 13:1에서는 '아비야'로 되어 있음)의 통치는 3년이라는 짧은 기간에 끝이 났지만 굵직한 사건으로 가득 차 있다. 이 기간 중에 남북 사이의 전쟁이 계속되었다. 그는 부친 르호보암이 행한 모든 죄를 행하고 그 마음이 그 조상 다윗의 마음 같지 아니하여 여호와 앞에 온전치 못했다고 했다(왕상 15:3). 그러나 그는 어려움이 닥쳤을 때 하나님께 부르짖기도 했다.

1. 아비얌의 가족 배경을 살펴보자.

(1) 부친 : 르호보암 (아비얌은 장남이었다.)
르호보암은 아내가 18명 / 첩은 60명(누가 뭐래도 너무 많다.)
아들 28명 / 딸 60명

(2) 모친 : 압살롬의 손녀 마아가
압살롬의 딸 다말(삼하 14:27)과 기브아 사람 우리엘 사이에서 난 딸이다(대하 13:2).

대하 13:1-22

- 주전 913-911년(3년간)
- 르호보암의 아들
- 어머니 : 기브아 사람 우리엘의 딸 미가야
- 북쪽의 여로보암이 왕으로 있은 지 18년째 되는 해

2. 아비얌에 대한 성경 기자의 평가가 어떠했나?

- 왕상 15:3 "비얌이 그의 아버지가 이미 행한 모든 죄를 행하고 **그의 마음이 그의 조상 다윗의 마음과 같지 아니하여** 그의 하나님 여호와 앞에 온전하지 못하였으나

(1) 그의 부친 르호보암이 이미 행한 죄란 어떤 죄를 말하는가?

왕상 14:22-24 : 산당과 우상과 아세라 목상을 세움, 남색하는 자가 있었음.

- **다윗에게 허락한 등불**: 다윗의 왕조가 계속되리라는 의미로 하나님의 맹세와 관련된 은유이다(삼하 7:16).

(2) 아비얌은 그의 부친 르호보암의 이런 죄를 버리지 못했으나 하나님은 다윗에게 허락한 등불*(왕상 11:36 참조)을 기억하시고 은혜로 입혀 예루살렘을 견고케 해주시겠다고 약속하신다(왕상 15:4).

3. 르호보암과 여로보암 사이에서는 그들이 사는 날 동안 국경 문제로 인한 전쟁이 계속되었다. 물론 아비얌이 통치하던 기간에도 남북은 전쟁이 계속되었다. 아비얌은 이스라엘과의 전쟁에서 40만의 군대를 동원했다. 여로보암도 이에 뒤질세라 80만의 군대를 동원했다. 아비얌은 베냐민 지파 변경에 가까운 에브라임의 산지

에 있는 스마라임 산 위로 올라가 이스라엘을 향하여 이렇게 외친다. 역대하 13:5-12을 읽어보고 그 설교(?) 내용을 설명해 보라.

"에브라임과 모든 이스라엘아 내 말을 들어라"(4절부터 12절까지 들어라).

- 여호와께서 '(　　　) 언약'[1]으로 이스라엘 나라를 영원히 (　　　)과 그 자손에게 주신 것을 너희가 알 것이 아니냐(5절)
- 그런데 여로보암이 그 주를 배반하고(6절)
- 난봉(건달)과 비류(불량배)가 모여 솔로몬의 아들 (　　　)을 대적하지 않았느냐(7절)
- 이제 너희가 (여호와의 나라)를 대적하려 하는도다…너희를 위하여 신으로 만든 (　　　)가 너희와 함께 있도다(8절).
- (9절　　　　　　　　　　　　　　　　　　　　)
- 우리에게는…여호와를 섬기는 제사장들이 있으니 (　　　)의 자손이요 (10절)
- …우리는 우리 하나님 여호와의 계명을 지키나 너희는 그를 (배반)하였느니라(11절).
- …이스라엘 자손들아 너희 열조의 (하나님 여호와)와 싸우지 말라 너희가 형통치 못하리라(12절).

4. 이렇게 큰소리를 쳤으나 여로보암의 공격은 치열했다. 이들은 양쪽으로 공격하기 시작했다. 더욱 급해진 것은 아비얌이었다. 그는 여호와께 부르짖기 시작한다. 하나님은 그의 기도를 들어주셨고 마침내 유다는 크게 승리한다.

(1) 이 전쟁의 결과가 어떠했는가?

대하 13:17 (　　　　　　　　　　　　　　　　　　　　)

(2) 이 전쟁에서 유다가 승리할 수 있었던 원인은 무엇인가?

대하 13:18 (　　　　　　　　　　　　　　　　　　　　)

이번 전쟁에서 유다는 벧엘을 빼앗고 그 외에도 여사나와 에브론 성 등 몇몇 마을을 더 빼앗았다(대하 13:19). 싸움은 국경 근처, 그러니까 베냐민 지파의 땅에서 벌어졌다. 두 나라는 계속되는 전쟁으로 인해 국력이 약해질 수밖에 없었다.

1) **소금 언약** : 소금은 언약을 맺을 때와 같은 종교 의식에서도 사용되었다. 구약에서 '소금 언약'은 영원한 언약을 가리킨다(민18:19, 대하13:5). 그 때문에 '하나님과의 언약의 소금'이 모든 제물(레 2:13)과 성막의 향(출 30:35)에 첨가되었다.

- 민 18:19 "이스라엘 자손이 여호와께 거제로 드리는 모든 성물은 내가 영영한 응식으로 너와 네 자녀에게 주노니 이는 여호와 앞에 너와 네 후손에게 변하지 않는 소금 언약이니라."

- 대하 13:7 "**난봉꾼과 잡배가 모여 따르므로** 스스로 강하게 되어 솔로몬의 아들 르호보암을 대적하였으나 그 때에 르호보암이 어리고 마음이 연약하여 그들의 입을 능히 막지 못하였었느니라
8 이제 너희가 또 다윗 자손의 손으로 다스리는 여호와의 나라를 대적하려 하는도다 너희는 큰 무리요 또 여로보암이 너희를 위하여 신으로 만든 금송아지들이 너희와 함께 있도다."

그 부친의 이미 행한
모든 죄를 행하고
그 마음이 그 조상 다윗의
마음 같지 아니하여
그 하나님 여호와 앞에
온전치 못하였다.

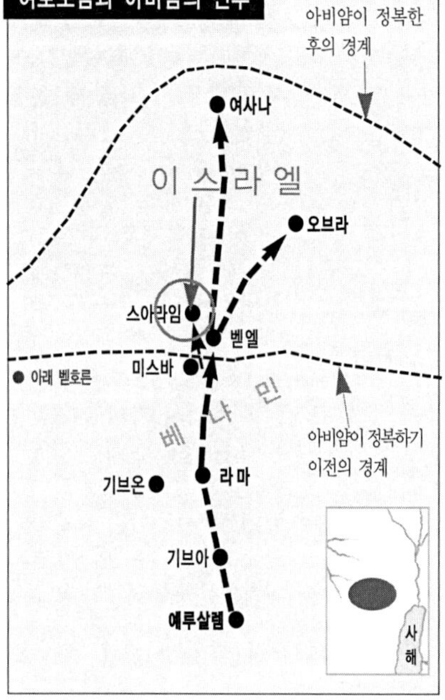

5. 아비얌은 위기가 닥쳤을 때 하나님께 부르짖었다(대하 13:13-21). 그러나 열왕기상 15:3에서 이미 살펴본 것처럼 아비얌은 “그 부친의 이미 행한 모든 죄를 행하고 그 마음이 그 조상 다윗의 마음 같지 아니하여 그 하나님 여호와 앞에 온전치 못하였다”고 하는 것으로 보아 그는 아마도 여로보암을 쳐서 이긴 후 교만해졌을 것이다.

(1) 어쨌든, 옆의 지도에서 볼 수 있는 것처럼 유다의 영토는 크게 확장되었다. 벧엘을 위시하여 여사나와 에브론의 여러 성읍을 유다에 병합(倂合)시켰다(대하 13:19). 그러나 그를 뒤이어 아사왕 시대에 이르러서는 북이스라엘이 더 강성해졌다. 따라서 북쪽의 바아사 왕은 유다에게 잃어버렸던 땅을 되찾으려 한다. 그는 오히려 베냐민 남부 지방 깊숙한 곳까지 공격하게 된다.

(2) 그 이후 북이스라엘의 바아사 왕은 예루살렘에서 5마일 정도 떨어진 라마를 요새화하기 시작한다. 백성들이 남유다로 많이 넘어가기 때문이었다.

• 스마라임: 에브라임 산지에 있는 산으로 아비야는 이 산에 올라가서 이스라엘과 싸우기 전에 그들에게 연설했다(대하 13:4-18).

(3) 북이스라엘의 여로보암은 남유다의 아비얌보다 더 오래 살았다. 아비얌의 모친은 압살롬의 딸(=손녀) 마아가였는데 아비얌은 그의 모친의 나쁜 영향을 받았던 것 같다. 그래서 그녀(마아가)의 손자 아사가 다음 왕이 되었을 때, 그가 가장 먼저 한 일은 그의 조모에게서 태후의 위를 폐하고 그녀가 세운 우상들을 제거하는 일이었다(왕상 15:12-14, 대하 14:2-5).

6. 아비얌은 예루살렘에서 3년간을 통치했다. 아비얌은 14명의 여자와 결혼하여 아들 22명과 딸 16명을 두었다고 했다(대하 13:21). 아비얌의 행적은 선견자 잇도가 쓴 글에 적혀 있다.

적용을 위한 묵상

환경과 신앙성장과의 관계는?

• 북이스라엘의 시작은 우상 숭배로 그 문을 열었다. 그렇다고 남유다라고 크게 나을 것이 없었다. 다만 다윗 왕과의 언약 때문에 그 축복의 선이 연결되어 있을 뿐이었다. 아비얌은 부모의 영향을 받아 그 행위가 하나님 앞에 온전치 못했다고 했다. 환경과 신앙성장과의 관계를 말해보자.

아사의 유다 통치(15:9–24)

남유다의 세 번째 왕 아사는 언덕으로 굴러떨어지는 유다에게 제동을 걸었다. 물론 그에게 흠이 없었던 것은 아니지만 그는 "그 조상 다윗같이 여호와 보시기에 정직하게 행했다"고 했다(15:11). 그는 그의 아버지와 같이 강력하게 외부 세력에 대처하지는 못했다. 오히려 북왕국에 대해 수세에 몰리고 있었다(왕상 15:16-17 참조). 북이스라엘이 유다를 침공하자 다급해진 아사 왕은 시리아 왕 벤하닷에게 원군(援軍)을 청한다. 결국 외세를 불러들이는 잘못을 범하게 된다. 그러나 아사 왕은 나라를 우상 숭배에서 건져내려고 애를 썼다. 그의 개혁 정책으로 남유다는 하나님의 축복을 받게 된다. 먼저, 그의 개혁 정책을 살펴보자.

남유다

③ Asa
왕상 15:9-24
대하 14-16장
911-870(41년간)

Right
in the sight of the LORD

1. 아사는 여호와 보시기에 정직하게 행했다는 평가를 받았다(왕상 15:11). 그의 개혁은 아주 철저했다. 개혁은 주위의 측근을 정리하는 일로부터 시작되었다. 그가 개혁한 내용은 어떤 것들인가?

15:12 ① ('남색하는 자'를 그 땅에서 쫓아냈다.)
② ( )
15:13 ③ ( )

• 남색하는 자(美童, 왕하 23:7)란?

그의 아버지는 하나님 앞에 철저한 배교자였지만 아사는 부모의 악덕을 물려 받지 않았다. 그는 왕위에 올라서자 어머니의 우상 숭배를 꾸짖었고, 그의 할머니(大妃, 마아가, 대하 13:2에서는 '미가야'로 표기됨)*의 위(位)까지도 폐했다. 마아가는 르호보암의 아내이며, 아사 왕의 부친인 아비얌의 어머니였다. 즉 아사의 할머니 마아가는 태후로 있으면서 아세라 우상을 섬겨 왔었는데, 아사 왕은 그 목상(木像)을 찍어서 기드론 시냇가에 불살라버리는 강력한 종교 개혁을 단행했다(대하 15:16). 이렇게 철저하게 개혁을 단행했지만 '남자 창기'(美童)를 다 정리하지는 못했던 것 같다. 그를 이은 여호사밧 때에 가서야 미동을 다 쫓아내게 된다(왕상 22:46 참조).

• '마아가'는 왕상 15:10에는 압살롬의 딸이라고 되어 있다. 그러나 마아가는 우리엘과 다말의 딸이라는 언급을 볼 때(삼상 14:27), 보통 압살롬의 손녀라고 받아들인다.

2. 아사 왕은 이렇게 강력한 종교 개혁을 단행했지만 우상 숭배를 깔끔하게 청소하지는 못했다. 그는 평생 동안 여호와께 충성했지만 산당만은 제거하지 못했다고 했다(14절). 여기서 말하는 '산당'은 하나님께 예배 드리는 곳을 말한다(왕상 3:2, 3 참조). 물론 역대하 14:3-5에서 아사 왕이 산당을 파괴했다는 내용은 가나안 신을 섬기는 산당을 파괴했다는 말이다.

아사 왕의 개혁은 주위의 측근을 정리하는 일로부터 시작되었다.

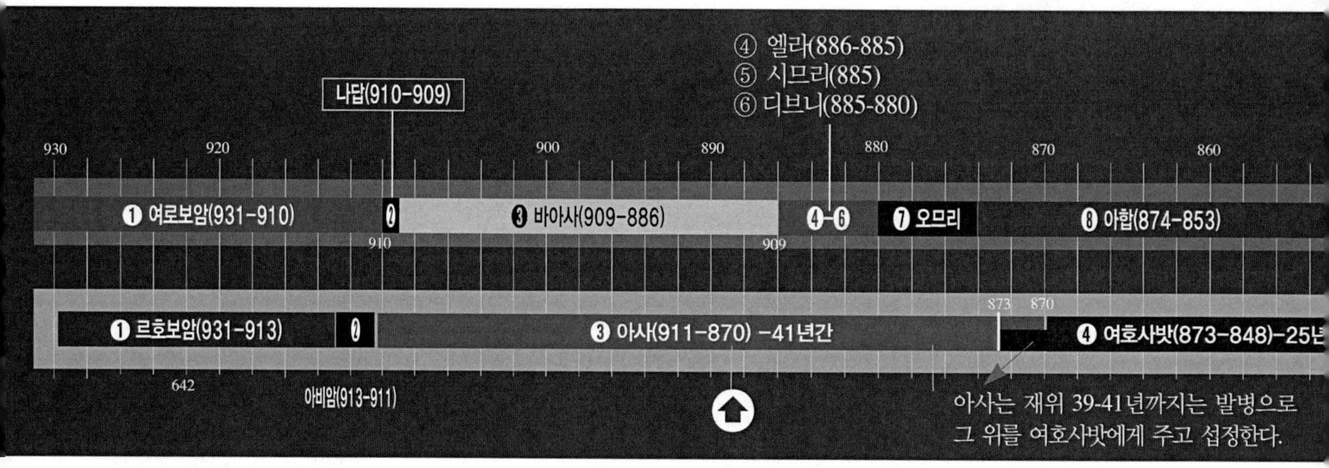

① 애굽 및 구스와의 전쟁
② 아사 왕과 이스라엘의 바아사 왕
과의 전쟁

아사랴 선지자

• 아사랴는 아마도 전임 사역자는 아니었을 것이다. 즉 부분적인(part time) 예언자라는 말이다. 이런 예언자들은 하나님의 영이 계속적인 능력으로 임하지 않고 오직 특별한 임무를 위해서만 하나님의 영이 임한다. 온 나라, 특히 북쪽 이스라엘이 여호와께 순종하지 않았기 때문에 환란과 어려움이 발생했음을 주지시키고 아사 왕과 그의 백성들에게 계속해서 하나님을 의지 하도록 용기를 주었다.

3. 아사 왕은 일평생 하나님 앞에서 온전하였다고 했다(대하 15:14). 이런 아사 왕을 하나님은 축복하시고 유다에게 평안을 주신다(대하 14:7). 그의 선왕들이 그렇지 못했음에 비해 아사 왕이 종교 개혁 운동을 일으킬 수 있었던 원동력은 어디에 있었을까?

대하 15:1 "하나님의 영이 오뎃의 아들 **아사랴**에게 임하시매"
8 "아사가 이 말 곧 선지자 **오뎃의 예언을 듣고 마음을 강하게 하여**
가증한 물건들을 유다와 베냐민 온 땅에서 없애고
또 에브라임 산지에서 빼앗은 성읍들에서도 없애고
또 여호와의 낭실 앞에 있는 **여호와의 제단을 재건하고**"

(1) **아사랴***(Azariah) 선지자는 누구인가? 그가 아사 왕에 끼친 영향력에 대해 말해 보라. 아사랴 선지자는 아사 왕과 백성에게 용기의 메시지를 전했다. 아사랴가 전한 내용을 요약해서 설명해 보라. (대하 15:1-7)

(2) "…여러분은 힘을 내시오. 낙심하지 마시오. 여러분이 한 좋은 일에 대해 상이 있을 것이오"(대하 15:7, 쉬운성경). 아사랴는 오랫 동안 북이스라엘이 하나님 없이 살아왔음을 말한다. 이스라엘에는 백성을 가르칠 제사장도 없었고, 율법도 없었기에 하나님으로부터 심판을 받았다는 것이다. 따라서 **아사랴는 유다의 왕과 백성에게 용기를 갖고 하나님을 의지하라고 했다.**

여호와를 의지하고 언약을 맺음

(3) 아사 왕은 이 말에 용기를 얻고 온 유다와 베냐민 지역뿐만 아니라 에브라임

남유다 ③ 아사 왕

- 여호와 보시기에 정직하게 행했다(왕상 15:11).
- 개혁운동 철저
- 아사 왕의 개혁 운동으로 에브라임과 므낫세와 시므온 지파들 중에서 많은 사람이 아사왕으로 돌아왔다(대하 15:8-9).
- 앙 부흥을 일으켰다(대하 15:13-15).
- 두 번의 전쟁 ① 애굽 및 구스와의 전쟁이고(대하 16:8), ② 이스라엘의 바아사 왕과의 전쟁이다. 이때 아사 왕은 다메섹 왕 벤하닷에게 원병을 청원한다. 선지자 하나니가 그의 잘못을 지적했고, 이에 아사 왕은 선지자를 감옥에 가둔다.
- 아사는 하나님의 징계로 병이 들었다. 그리고 2년 후에 죽는다.

언약 갱신

- 아사 왕은 백성들을 모아놓고 여호와 앞에서 언약을 맺는다. 이 언약 예식에서 백성들은 크게 회개했을 것이다. 백성들은 우상 숭배에서 떠나 철저하게 여호와만을 섬길 것을 약속한다. 이 언약 예식은 희미해져가는 믿음을 다시 갱신하는 계기가 된다. 백성들이 여호와께로 돌아왔다는 말이다. 이들은 이스라엘의 하나님이신 여호와를 따르지 않는 사람은 남녀노소를 불문하고 죽이기로 했다(대하 15:13). 이러한 철저한 갱신으로 인해 유다는 하나님의 축복을 받는다.

산지에서 빼은 성읍에서도 우상을 없애버렸다. 그는 유다와 베냐민의 백성들을 불러 모아 언약을 맺는다. 아**사 왕은 적에게서 빼은 소 700과 양 7천 마리로 여호와께 번제를 드렸다**(대하 15:13-15). 그들은 "마음을 다해 그들의 조상이 섬기던 여호와 하나님을 따르기로 약속했다"(대하 15:12). 아사 왕의 이런 선행은 북이스라엘에게 영향을 끼쳐 많은 백성들이 남유다로 돌아오게 된다. 이에 자극을 받은 **북이스라엘의 바아사 왕은 남쪽으로 이동하는 백성들을 통제하기 위해 유다로 가는 길목인 라마에다 성을 건축하려 한다(대하 16:1).**

4. 아사는 구스의 세라가 침공했을 때(그의 재위 5년) 전적으로 하나님을 의지했던 것처럼(대하 14:11) 아사랴를 통한 하나님의 말씀에 전적으로 순종했다. 아사 왕은 예루살렘에서 성회를 열어 신앙 부흥을 일으켰다(그의 재위 15년째 되던 해 셋째 달). 아사 왕의 개혁이 어느 정도였는지 역대하 15:12-18까지 자세히 읽어보자. 아사는 41년간을 통치했는데, 그의 재위 35년 되던 해까지 전쟁이 없었다고 했다.

(1) 왕과 백성들은 마음을 다해 하나님을 철저하게 섬겼다. 어느 정도로?

- 대하 15:13 "이스라엘 하나님 여호와를 찾지 아니하는 자는 대소 남녀를 막론하고 죽이는 것이 마땅하다 하고"

왕은 언약 갱신 의식을 가지면서 큰 소리로 함성을 지르며 맹세했다. 그들은 하나님을 구하여 찾았고 하나님은 그들을 만나주셨다. 아사 왕은 또한 여호와의 낭실 앞 여호와의 단을 중수하기도 했다(대하 15:8).

(2) 아사 왕은 자기와 자기 아버지의 거룩한 금과 은으로 만든 예물을 하나님의 성전에 바치기도 했다(대하 15:18). 아사는 평생토록 온전한 마음으로 하나님을 섬겼다고 했다. 나라는 안정권에 들었고 그의 재위 35년까지 전쟁이 없었다.

두 번의 전쟁(대하 14:9-15 · 16:1-10)

아사 왕은 그의 재위 기간 중 두 번의 전쟁을 치른다. **첫 번째는 애굽의 세라의 공격이요, 두 번째는 북이스라엘과의 전쟁이다.** 구스의 세라가 공격했을 때에는 여호와께 간절히 기도했다. 따라서 아사 왕은 크게 승리했다. 그 이듬해 북이스라엘의 바아사가 유다를 공격했다. 그런데 이번에는 아사가 여호와를 의지하지 않고, 아람의 벤하닷에게 원병을 청한다. 물론 선지자의 책망을 듣는다. 왜 그랬을까?

❶ 애굽의 세라의 공격 (대하 14: 9-15)

1. 아사 왕은 여호와 보시기에 선과 정의를 행하였기에 하나님은 그를 크게 축복하셨다. 아사 왕이 통치하고 있는 유다는 평안하고 여러 해 동안 싸움이 없었다고 했다(대하 14:6). 따라서 그는 이 기간에 견고한 성읍들을 건축할 수 있었다. 그런데 아사 왕 재위 15년에 구스[애굽 및 구스(에디오피아)] 사람 세라(Zerah)가 유다를 공격했다.

(1) 세라(Zerah)는 어떤 인물일까? 그는 왜 유다를 공격하려 했을까?
남유다는 르호보암 5년에 애굽의 바로인 시삭의 침공을 받는다. 그 침공의 이유를 역대기 기자는 어떻게 설명하고 있나?(대하 12:5*) 이 공격으로 왕과 백성들은 여호와 앞에 겸손해졌다. 이들의 겸손과 고백을 보시고 하나님은 유다를 멸하지 않기로 작정하신다(대하 12:7). 예루살렘은 멸망당하지 아니했지만 백성들은 여호와를 떠난 죄악으로 인해 시삭의 종이 되어야 했다. 이때 북이스라엘도 함께 침공을 당했다(926, 925년).

(2) 그로부터 약 30년이 지난 후에 다시 세라의 공격을 받게 되었다. 세라는 아마도 시삭이 실패했던 일을 상기시키기 위해 공격했을 것이다. 세라를 가리켜 '바로'라고 하지 않은 것을 보아 그는 리비아 왕조 제 22대 왕 시삭의 아들 오솔곤 1세 휘하에 있던 장군이었을 것이다.

2. 구스 군대의 숫자는 군사가 100만이요 병거가 300승이었다고 했다. 이에 비해 아사 왕이 이끄는 군대는 몇명이라고? (대하 14:8)

(1) 이 전쟁 때 아사 왕이 하나님께 기도 드린 내용을 보라(대하 14:11). 하나님은 그의 기도를 들으시고 유다로 하여금 크게 승리케 하셨다(대하 14:12-15). 아사 왕 재위 15년 때의 일이었다(대하 15:10).

- 르호보암은 우상 숭배로 여호와의 노를 격발했다고 기록하고 있다(왕상 14:21).

- 대하 12:5 "때에 유다 방백들이 시삭을 인하여 예루살렘에 모였는지라 선지자 스마야가 르호보암과 방백들에게 나아와 가로되 여호와의 말씀이 **너희가 나를 버렸으므로** 나도 너희를 버려 시삭의 손에 붙였노라 하셨다 한지라."

당시 애굽의 왕들

애굽은 이스라엘이 출애굽했던 18왕조(출애굽 전기연대설)와 19왕조 후에는 거의 잊혀진 나라가 되었다. 특히 20왕조와21왕조는쇠퇴기로다른나라를 침공하지 못한다. 그러다가 다시 영향력을 행사하기 시작한 것은 제 22왕조가 들어서면서부터이다. 시삭은 갈릴리 지역까지 올라와곳곳에 비석과 상징물을 남겨 두었다.

그의 뒤를 이은 왕이 오솔곤 1세(Osorkon, 914-874)였다. 그는 그리 성공적인 왕이 되지 못했다. 그의 장군 세라가 유다를 침공했지만 유다 왕 아사에게 격파당한다(대하 14:7-12). 시삭이 철군할 때 그랄 부군에다 국경 수비대를 남겨두었을 것이다. 아마 세라는 거기에 주둔해 있던 용병부대의 지휘관이었을 것이다.

아사 왕이 얼마나 철저하게 이들을 격파시켰는지 애굽은 이후 일 세기 반 동안 팔레스타인을 공격하지 못한다.

❷ 바아사의 공격 대하 16:1-10

1. 아사 왕 16년에(그러니까 구스와의 전쟁에서 승리한 그 이듬해) 북이스라엘 왕 바아사가 유다를 공격한다. 그러나 역대하 16:1에는 이 때를 '아사 왕 36년'이라고 했다. 아마 이 연대는 남유다의 시작 연대(주전 931년)부터 계산한 숫자인 것 같다. 즉 분열된 지 36년이 된 것을 가리킨다고 많은 학자들이 주장한다.

(1) **왜 북이스라엘의 바아사가 유다를 공격하려 했을까?**

- 대하 16:1 "아사 왕 제삼십육년에 **이스라엘 왕 바아사가 유다를 치러 올라와서** 라마(Ramah)를 건축하여 사람을 유다 왕 아사에게 왕래하지 못하게 하려 한지라."

남유다의 아사 왕의 선정(善政)은 앞에서 언급한 바와 같다. 자연히 북이스라엘 백성의 민심이 동요되기 시작했다. 많은 백성들이 남유다로 넘어가기 시작했다. 아직은 국경선이 느슨했다. 급해진 바아사 왕은 이를 차단해야 했다. 그는 **라마**(Ramah, 예루살렘에서 북쪽으로 8km) 성을 요새화 시켜 남쪽으로 내려가려는 백성들을 막으려 했다.

(2) 남유다의 아사 왕은 이에 대한 해결책을 강구했으나 강력해진 이스라엘을 무력으로 맞설 힘이 없었다. 그에게는 구스의 세라가 공격했을 때 하나님께 간절히 매달렸던 믿음도 없어져 버렸다. 아사는 어떤 결정을 내렸나?

- 대하 16:2-3 "아사가 여호와의 전 곳간과 왕궁 곳간의 은금을 내어다가 다메섹에 사는 아람 왕 벤하닷에게 보내며 이르되 3내 아버지와 당신의 아버지 사이에와 같이 나와 당신 사이에 약조하자 내가 당신에게 은금을 보내노니 와서 이스라엘 왕 바아사와 세운 약조를 깨뜨려 그가 나를 떠나게 하라 하매"

(3) 아사 왕은 다메섹(아람, 시리아) 왕 벤하닷(Ben-hadad)에게 원병(援兵)을 청한다. 그는 하나님께 의지하지 않고 인간적인 방법을 택한다. 아람과 북이스라엘은 이미 조약을 맺고 있는 상태였다. 그러나 아사는 여호와의 전 곳간과 왕궁 곳간에 있는 많은 금과 은을 뇌물로 보내어 이스라엘을 공격하도록 그를 설득했다.

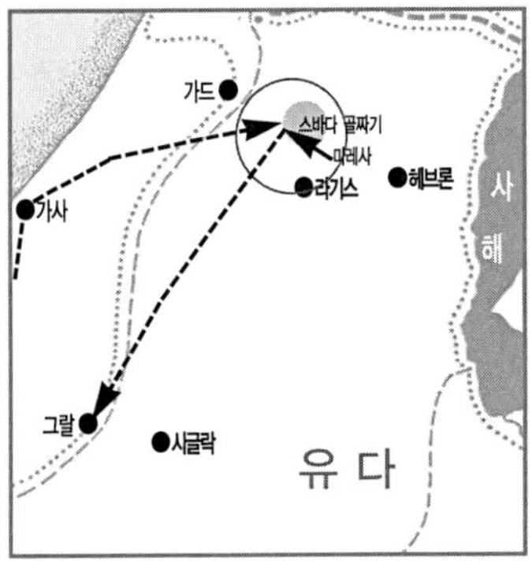

⬆ 세라는 유다를 공격하기 위해 군사 백만과 병거 삼백 승을 거느리고 마레사의 스바다 골짜기로 올라왔다. 이 때 아사 왕은 하나님께 간절히 기도한다(대하 14:11). 그의 선행을 기억하셨던 하나님은 유다에게 엄청난 승리를 허락하셨다. 아사 왕은 그랄까지 구스 군을 추격했다. 그들은 너무 많이 죽어서 다시 싸울 힘을 잃었다. 적군에게 빼앗은 물건이 심히 많았다고 했다.

세라가 오솔곤 1세의 명령에 의해서인지, 아니면 자발적이었는지. 아니면 다메섹과 연계해서 공격했는지 그 이유는 확실치 않다.

Ramah

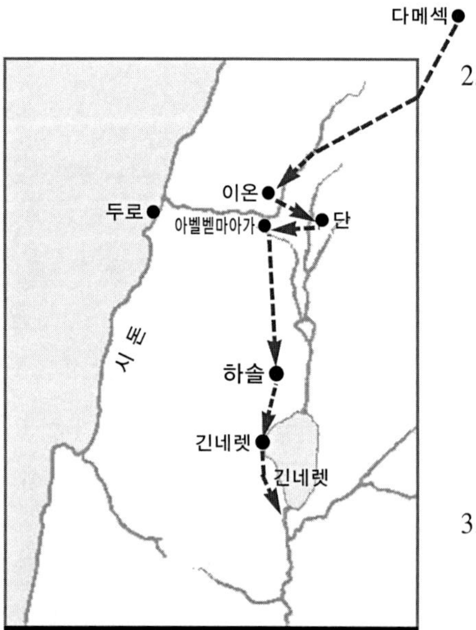

벤하닷 1세의 이스라엘 공격

⬆ 아사 왕은 북이스라엘의 공격을 받게 되자 당황한 나머지 다메섹 왕 벤하닷(Ben-hadad)에게 원병을 청한다. 아사 왕은 여호와의 전 곳간과 왕궁 곳간에 있는 많은 금과 은을 뇌물로 보내어 벤하닷으로 하여금 이스라엘을 공격하도록 그를 설득했다

2. 벤하닷(='하닷' 신의 아들)은 아사 왕의 말을 듣고 이미 이스라엘과 맺고 있던 동맹 관계를 끊는다. 그리고 즉각 행동을 개시했다. 벤하닷은 이스라엘의 북쪽에 있는 몇 개의 성읍(이욘과 단과 아벨마임과 납달리의 모든 국고성)을 공격했다. 물론 바아사는 이 소식을 듣고 라마 성을 건축하는 일을 멈추고 철군해 북으로 올라갔다. 라마에 성을 건축하려던 재료들은 아사 왕이 게바와 미스바에다 성(城)을 건축하는 데 사용했다(대하 16:6). 이런 일련의 정책을 아사는 자기가 선택한 지혜로운 일이라고 생각했을 것이다. 그러나 그는 후대 왕에게 좋지 않은 선례를 남겼다.

3. 그런데 선지자 **하나니** (=이스라엘의 바아사를 꾸짖은 예후 선지는 하나니의 아들이다)가 그의 죄를 지적했다. 하나니는 여호와를 버리고 어리석은 짓을 했음을 지적했다. 그에게 무엇이라고 경고했나?

대하 16:7-9　그 때에 선견자 **하나니**가
유다 왕 아사에게 나와서 그에게 **이르되**
/왕이 아람 왕을 의지하고
왕의 하나님 여호와를 의지하지 아니하였으므로
아람 왕의 군대가 왕의 손에서 벗어났나이다

8　구스 사람과 룹 사람의 군대가 크지 아니하며
말과 병거가 심히 많지 아니하더이까
그러나 왕이 여호와를 의지하였으므로
여호와께서 왕의 손에 넘기셨나이다

9　여호와의 눈은 온 땅을 두루 감찰하사
전심으로 자기에게 향하는 자들을 위하여 능력을 베푸시나니
이 일은 왕이 망령되이 행하였은즉
이 후부터는 왕에게 전쟁이 있으리이다

• 아사는 여호와 보시기에 선한 왕이라는 평가를 받았다. 그의 개혁 또한 철저했다. 그가 개혁 운동을 이렇게 철저하게 단행할 수 있었던 이유는 무엇이었을까? 아사랴 선지자는 왕에게 어떤 역할을 했을까? (대하 15:1-7)

(1) 그러나 아사 왕은 회개하기보다는 선지자를 감옥에 가둔다. 하나니 선지자가 지적한 것은 '아람의 도움을 요청하지 않았다면 세라의 공격 때처럼 이스라엘의 공격도 물리치고 다메섹도 주관할 수 있었는데, 그 기회를 놓쳤다는 것'이었다.

(2) 결국, 아사는 하나님의 징계로 발에 심한 병이 들었다. 그러나 그는 하나님을 찾지 아니했다. 그리고 2년 후에 죽는다. 재위 39-41년까지는 발병으로 그 위를 여호사밧에게 주고 섭정한다.

나답의 이스라엘 통치(15:25-28)

북이스라엘의 창건 왕 여로보암은 아히야 선지자를 통한 약속을 받고도(왕상 11:29-31) 하나님 앞에서 언약을 어기고 오히려 북이스라엘에 우상 숭배의 길을 터놓은 장본인이 된다. 그는 22년을 치리하고 죽었으나(왕상 14:20 참조) 우상 숭배 등으로 인하여 그의 나라는 크게 축소된다. 또한 많은 영토를 잃어버렸다. 무엇보다 북쪽의 아람(수리아) 왕 르손이 활개를 치기 시작했다. 이후 이스라엘은 회오리 바람 속에 휘말린다.

북이스라엘 왕

❷ Nadab
the son of Jeroboam
왕상 15:25-28
910-909(2년간)

Evil
in the sight of the LORD

1. 나답 왕은 열왕기 기자에게 어떤 평가를 받았는가?

- 왕상 15:26 "**그가 여호와 보시기에 악을 행하되** 그의 아버지의 길로 행하며 그가 이스라엘에게 범하게 한 그 죄 중에 행한지라."

여로보암의 아들 아비야는 병이 들어 죽는다(왕상 14:1). 그를 뒤이어 나답(Nadab)이 유다 왕 아사 제2년에 왕이 되었다. 그의 통치 기간은 2년밖에 안 되는 짧은 통치 기간이었지만 그는 여호와 보시기에 악을 행하되 그 아비 여로보암이 지은 모든 죄를 따라 행했다고 했다(26절).

2. 북이스라엘은 아직 불안정이 계속되었다. 여로보암은 사울처럼 백성들의 열렬한 환영을 받으며 왕위에 올랐지만, 그의 실정(失政)과 함께 이스라엘을 우상 숭배로 이끌어 나라를 곤경 속에 빠지게 했다. 그의 아들 나답 역시 부친의 영향력에서 벗어나지 못한다.

(1) 나답 왕은 그의 통치 기간 중 정확한 이유는 모르지만 블레셋 땅인 깁브돈을 점령하려고 출정한다. 깁브돈[고지(高地)라는 뜻]은 가사에서 3마일 정도의 위치에 있는 곳으로 그 이름의 뜻과 같이 전략상 중요한 곳이었던 것 같다. 따라서 나답은 이곳을 점령하려고 했을 것이다. 나답이 죽은 후에 약 26년이 지나서 이스라엘이 또 이곳을 포위했던 것을 보면(왕상 16:15, "유다의 아사 왕 제이십칠년에 시므리가 디르사에서 칠 일 동안 왕이 되니라 그 때에 백성들이 **블레셋 사람에게 속한 깁브돈을 향하여 진을 치고 있더니**") 그 중요성을 알 수 있다.

(2) 그러나 나답 왕은 잇사갈 족속 아히야의 아들 '바아사'(Baasha)의 반란으로 피살된다. 바아사는 비천한 출신이었으나(아마, 출정한 장교 중 한 사람이었을 것이다) 나답을 죽이고 대신하여 왕이 되었다. 이렇게 해서 여로보암 왕조는 2대만에 끝난다. 이는 아히야 선지자의 예언의 성취였다(왕상 14:4이하).

왕의 업적 기록 방법

- 열왕기는 왕의 등극(登極)을 다음과 같이 하나의 공식처럼 열거했다.

(1) 등극했던 해(남유다의 왕을 언급할 때는 북이스라엘의 왕의 통치 연대를 함께 언급했다. 반대로 북왕국의 왕의 등극 연대도 남왕국의 왕의 통치 연대를 언급했다.)
(2) 통치 기간
(3) 왕의 모친의 이름
(4) 왕의 통치에 대한 평가(평가 기준은 다윗의 길로 갔느냐, 아니냐로 평가했다)

바아사의 이스라엘 통치(15:29–34)

북이스라엘 왕

❸ Baasha
the son of Ahijah,
왕상 15:29-16:7 /대하 16:1-6
909-886(24년간)

Evil
in the sight of the LORD

나답이 죽음으로써 여로보암 왕가는 2대 만에 막을 내린다. 여로보암은 금송아지를 만들어 숭배했을 뿐만 아니라 제단에서는 여호와도 섬기고 바알도 섬기는 혼합주의로 나아갔다. 그의 이런 행동은 아합과 이세벨이 바알신을 이스라엘 백성에게 끌어들이는 길을 열어주는 계기가 되었다. 그의 아들 나답도 여호와 보시기에 악한 왕이었다는 평가를 받는다. 혁명을 통해 왕으로 올라선 바아사는 어떤 인물일까? 그는 24년간이라는 비교적 긴 기간을 통치했다. 그는 어떤 평가를 받았을까?

1. 바아사의 내력은 분명치 않으나 잇사갈 출신이라고 했다. 그의 출생이 비천한 데서 출발한 자라고 했다(왕상 16:2, "너를 진토에서 들어"). 그는 아마 나답 왕의 부하였을 것이다. 그가 전쟁에 출정했다가 반란을 일으켰던 것으로 보인다. 혁명은 성공했으나 그는 전 왕조의 가정 사람들에게서 너무 많은 피를 흘린다.

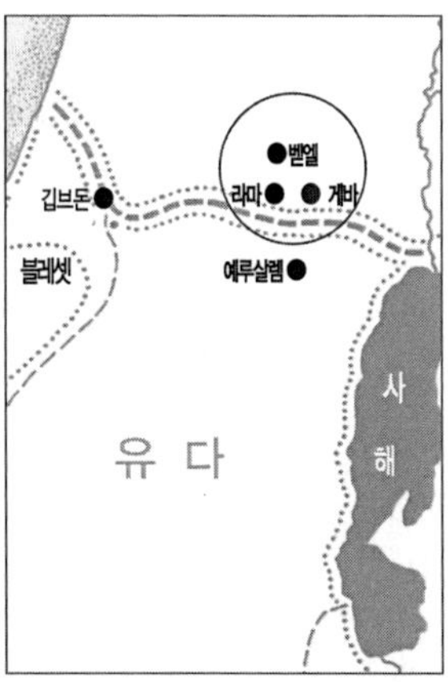

북이스라엘의 바아사와 유다 왕 아사 사이는 일평생 전쟁 상태에 있었다(15:28-34). 바아사는 남으로 남하하는 백성들을 막기 위해 라마에 성을 쌓고 있었다. 그러나 이 전쟁으로 라마에 성을 건축하는 일이 중단되었다.

(1) 그에 대한 성경 기자의 평가를 보라. (왕상 15:34)

바아사 역시 하나님 보시기에 악했다는 평가를 받았다. 그는 여로보암의 죄악을 답습했다. 바아사는 유다 왕 아사(Asa)와 일평생 전쟁 상태에 있었다고 했다(왕상 15:28-34). 그 전쟁의 이유는 앞에서(아사 왕) 이미 언급했다. 이 전쟁으로 라마에 성을 건축하는 일이 중단되었고 오히려 유다의 국력만 키워주는 결과를 가져왔다.

(2) 여로보암이 죽은 후에도 남북은 계속 긴장 상태에 있었다. 바아사는 이스라엘 백성들이 유다로 가는 것을 막기 위해 라마(Ramah, 남북의 국경 지대) 성을 건축한다(대하 16:1). 그러나 유다 왕 아사는 이스라엘의 공격을 감당할 힘이 없었고 급하게 된 아사는 여호와를 의지하기보다는 아람(다메섹)의 도움을 얻어 이를 물리친다. 아사의 청원대로 아람 왕 벤하닷 1세는 북이스라엘을 공격해 성을 점령했다. 바아사는 결국 군대를 철수시킨다. 남쪽의 아사 왕은 이 기회를 이용해 오히려 이들이 짓다 버린 자재로 게바(Geba)와 미스바(Mizpah) 성을 건축한다(대하 16:6).

2. 성경은 여로보암 왕조가 망한 것은 예언의 성취라고 말하고 있다(왕상 14:4). 그렇다면 하나님은 여로보암 왕조를 심판하시기 위해 바아사를 들어 쓰셨다

는 말이다. 그러나 바아사는 여호와에 대한 신앙이 없었다. 바아사의 통치는 24년이라는 적지 않은 기간 동안 계속되었지만 바아사 역시 여로보암의 길을 걸어간다. 그는 혁명 과정에서 너무 많은 피를 흘렸다. 어떤 일인가?

- 왕상 15:29 "**왕이 될 때에 여로보암의 온 집을 쳐서 생명 있는 자를 한 사람도 남기지 아니하고 다 멸하였는데** 여호와께서 그의 종 실로 사람 아히야를 통하여 하신 말씀과 같이 되었으니"

(1) 바아사는 혁명을 일으키면서 여로보암의 집안 사람들을 한 사람도 남김 없이 다 죽였다. 그는 여호와 보시기에 악을 행했다는 평가를 받는다. "그 손의 소위(=그의 행적)로 여호와의 노를 격동케 했다"고 했다(왕상 16:7).

(2) 따라서 하나님은 바아사의 악행을 징계하시고자 이번에는 예후(Jehu) 선지자를 보내신다. 예후 선지자는 바아사에게 무엇을 선포했는가?

- 왕상 16:2 "내가 너를 티끌에서 들어 내 백성 이스라엘 위에 주권자가 되게 하였거늘 **네가 여로보암의 길로 행하며** 내 백성 이스라엘에게 범죄하게 하여 그들의 죄로 나를 노엽게 하였은즉"

예후는 바아사의 멸망을 선포한다. 여로보암에게 선포했던 것과 같은 유사한 심판을 언급했다. 그의 예언대로 바아사의 가족은 엘라 대에 이르러 전멸된다(왕상 16:11-13). 그 선포 내용을 읽어보자(16:2-4).

- "내가 너를 (   )에서 들어 나의 백성 이스라엘 위에 (   )가 되게 하였거늘" - 아무것도 아닌 미천한 자를 불러 너를 높여 내 백성 이스라엘의 지도자로 삼았거늘
- "네가 (   )의 길로 행하며" - 너는 여로보암처럼 내 백성 이스라엘로 범죄케 하여
- "저희 죄로 나의 (   )를 격동하였은즉"
- "내가 너 바아사와 네 집을 (   ) 네 집으로 느밧의 아들 여로보암의 집같이 되게 하리니"
- "바아사에게 속한 자가 성읍에서 죽은즉 (   )가 먹고 들에서 죽은즉 공중의 새가 먹으리라 하셨더라."

(3) 바아사는 여로보암 왕조를 징벌하기 위한 도구로 쓰였지만, 그러나 그는 하나님의 지시에 따라 움직이지 않고 오직 자신만을 위해 칼을 휘둘렀다.

하나님의 진노

왕이나 백성이 언약을 어겨 범죄할 때 하나님은 이들에게 진노하신다(왕상 14:9-11, 15). 물론 하나님의 진노는 인간들의 진노와는 다르다. 하나님의 진노는 인간들처럼 감정의 컨트롤의 상실로 나타나지 않는다. 하나님의 진노는 인간이 저지른 죄에 대한 심판이며 하나님의 거룩하심과 의에 걸맞는 행위로 나타난다.

여로보암은 여호와 신앙에서 떠나 우상을 섬기는 죄를 범했다. 그는 여호와도 섬기고 바알도 섬기는 혼합주의의 길을 걸었다. 이는 하나님 앞에 구역질 나는 행위였다. 따라서 하나님은 그의 집안을 심판하신다. 하나님은 아히야 선지자를 보내 여로보암의 왕조의 멸망을 선포하셨다. 바아사는 이 왕조를 멸망시키기 위한 하나님의 도구(몽둥이)였다.

그러나 이 몽둥이가 주제를 파악치 못하고 하나님 앞에 진노를 쌓는다. 바아사는 혁명을 일으켜 새로운 왕조를 열었지만 그 과정에서 여로보암에게 속한 전 식구를 무차별하게 몰살시키는 엄청난 악을 저질렀다. 하나님은 바아사를 '진토에서 들어 이스라엘의 주권자로' 삼으셨다. 그가 얼마나 천한 태생이었나를 보여준다. 그러나 바아사 역시 여로보암과 같은 죄를 짓되 그 배교 정도가 더했음을 보여준다. 이제 하나님은 여로보암의 후손들을 죽인 책임이 바아사에게 있다고 분명하게 말씀하신다. 그의 아들 엘라가 그의 뒤를 이었지만 디르사에서 2년간을 다스리다가 그의 부하 시므리에게 피살된다. 물론 바아사의 집안도 시므리에 의해서 전부 죽임을 당한다(왕상 16:11).

엘라의 이스라엘 통치(왕상 16:8-14)

북이스라엘 왕

❹ Elah
the son of Baasha
왕상 16:8-14
886-887(2년간)

Evil
in the sight of the LORD

바아사 왕은 여로보암의 길을 따라갔다고 했다. 그는 여로보암 왕가를 징계하기 위해 하나님의 도구로 부름을 받았지만, 하나님 앞에 온전치 못했다. 그는 혁명을 통해 새로운 왕조를 열었지만, 그 과정에서 너무 잔인한 행동을 했다. 여로보암 집안을 완전히 전멸시키는 엄청난 죄를 범했다. 이는 하나님 앞에 악한 행위였다. 따라서 그의 장기간에 걸친 통치(24년간)에도 불구하고 그의 기록은 간단하다. 특이한 업적이 없었기 때문이다. 성경 기자의 평가는 악한 왕이었다는 것이다. 바아사는 "전에 여로보암의 집안이 한 일과 똑같이 악한 일을 저질렀다"(왕상 16:7). 이제 그의 아들 엘라가 등장한다. 엘라는 어떤 왕이었을까?

1. 바아사의 아들 엘라는 유다 아사 왕 26년째 되는 해에 왕위에 올랐다. 그는 어떤 왕이었나?

- 왕상 16:13 "이는 바아사의 모든 죄와 그의 아들 엘라의 죄 때문이라 그들이 범죄하고 또 이스라엘에게 범죄하게 하여 그들의 헛된 것들로 이스라엘의 하나님 여호와를 노하시게 하였더라."

엘라는 수도 디르사에서 2년간을 다스렸다(주전 886-885). 엘라 역시 그의 아비 바아사의 길을 따른다. 그는 악한 정책을 펼쳤다. 헛된 우상들을 만들어 백성까지 죄를 짓게 했다. 바아사의 집안 사람들은 시므리(Zimri)라는 휘하 장군에 의해 전멸되었는데, 이런 일은 그들 자신의 죄 때문이라고 했다(13절).

엘라 왕은 깁브돈을 점령하기 위해 오므리를 군대장관으로 삼아 출정케 했다. 그러나 자신은 전투에 참여치 않았다.

2. 엘라 왕은 그의 군대 장관이었던 시므리에 의해 죽임을 당한다. 그의 온 집안뿐만 아니라 친구까지도 죽임을 당하는 비운을 맞는다. 시므리의 쿠데타 과정을 설명해 보라.

(1) 깁브돈(Gibbethon)은 어떤 곳인가? 엘라 왕은 왜 그곳을 점령하려 했을까?

(2) 시므리와 오므리는 어떤 인물인가?
엘라 왕은 전쟁에 참여하지 않는다. 오므리는 깁브돈을 점령하기 위해 전투 수행 중이었다. 그러나 엘라 왕은 수도 디르사(Tirzah)에서 궁내 대신 아르사(아르사도 모반에 동조했을 것이다)의 집에서 만취되어 있었다. 그런데 병거 절반을 통솔하고 있던 또 다른 장군 시므리가 후방에 남아 있다가 반란을 일

시므리의 7일 천하

으켜 엘라 왕을 살해한다(왕상 16:14). 시므리의 악랄함을 어디에서 볼 수 있는가? 그는 얼마 동안 정권을 장악했나? (16:11, 15)

3. 깁드돈을 치기 위해 전투 중에 있던 군사들은 쿠데타 소식을 듣고 사태를 파악, 군대장관 오므리를 왕으로 세운다(16절). 오므리는 즉시 철군하여 수도 디르사를 에워쌌다. 성이 이미 함락되는 등 상황이 심각하게 돌아가자 쿠데타를 일으켰던 시므리는 왕궁에 불을 지르고 자신은 자살하고 만다.

시므리가 죽자 백성들은 재빨리 오므리(Omri)를 왕으로 추대했다.* 그는 대중의 뜻에 따라 예기치 않게 새로운 왕으로 추대된다. 시므리는 쿠데타에는 성공했으나 **그의 통치는 7일밖에 되지 못했다**. 따라서 그는 왕조를 개설하지 못한다. 이렇게 바아사 왕조가 2대 만에 끝나면서 철저한 징계를 받은 것은 어떤 이유에서라고 했는가?

- 왕상 16:12, 13 "바아사의 온 집을 멸하였는데 ...이는 바아사의 모든 죄와 그의 아들 엘라의 죄 때문이라."

4. 시므리가 혁명을 일으키면서 바아사의 집안 사람뿐만 아니라 그의 친구까지도 한 사람도 남기지 않고 죽였다. 이렇게 바아사의 집안은 완전히 파멸되었다. 이는 예후의 예언(왕상 16:1-4, 11-12)의 성취라고 했다.

시므리는 후방에 남아 있다가 엘라를 제거하고 반란을 일으켜 왕이 되었으나 그의 통치는 7일 천하로 끝나고 만다. 그러나 그 기간 동안 엄청난 피의 숙청을 벌인다. 그는 왕이 되자마자 바아사의 집안을 몰살하고 그의 친구들까지 한 사람도 남기지 않고 처형했다.

• 왕상 16:12 "바아사의 온 집을 멸하였는데 선지자 예후를 통하여 바아사를 꾸짖어 하신 여호와의 말씀 같이 되었으니 13 이는 **바아사의 모든 죄와 그의 아들 엘라의 죄 때문이라** 그들이 범죄하고 또 이스라엘에게 범죄하게 하여 그들의 헛된 것들로 이스라엘의 하나님 여호와를 노하시게 하였더라."

오므리 왕가와 예후 왕가

⑦ 오므리

- 시므리와 같이 엘라 왕의 군대장관이었다.
- 백성의 절반은 디브니를 따르고 절반은 오므리를 좇음. 결국 오므리가 정권을 잡았다.
- 사마리아 성 건축, 수도로 삼았다.
- 모압을 다시 속국으로 만들었다.
- 부강한 나라가 되었으나 여호와 보시기에 악을 행하되 더욱 악한 왕이 되었다.
- 그의 아들이 그 유명한 아합이다.

사마리아 오므리 궁전터

이스라엘의 제7대 왕 오므리('여호와의 종'을 의미)
그는 엘라 왕 때에 이스라엘의 군대장관이었다.
시므리가 엘라를 죽이고
왕위를 탈취했다는 소식을 들었을 때,
그는 블레셋 사람에게 속해 있던
깁브돈을 향하여 진을 치고 있었고,
이스라엘군은 즉시 오므리를 이스라엘 왕으로
삼았다(왕상 16:1-16).

오므리는 이스라엘에서 군인이 왕으로 된 자들 중
가장 중요한 인물로서 명성을 떨쳤다.
오므리는 외세에 대하여 강력하게 대처하였으며,
그가 통치하는 동안 이스라엘은
역사에서 볼수 없었던 정치적 안정과
번영을 누렸다.

오므리는 세멜에게서 사마리아 산을 구입하여
수도를 그 곳으로 옮겼다.
이후 이스라엘이 망할 때까지
사마리아는 북왕국의 수도였다.

오므리는 자신의 아들인 아합을
시돈 사람의 왕 엣바알의 딸인
이세벨(Jezebel)과 결혼시켰는데(왕상 16:30),
이 일은 12년간의 그의 통치 중
가장 현명한 조처로 간주되었으나,
결국 그로 인하여 이스라엘은
우상숭배의 나라로 떨어졌다.

오므리는 여로보암의 우상숭배를 따랐을
뿐만 아니라, 다른 점에서도
그 이전의 어느 왕보다도
더 악하였다는 평가를 받았다(왕상 16:25-26).

오므리는 B.C 874년 경 죽어 사마리아에 장사되고
그의 아들 아합이 왕위를 계승했다(왕상 16:28).
그가 죽고 그 가계가 멸절한 다음에도
앗수르인은 얼마 동안 이스라엘의 왕을
후므리'(오므리)라 불렀을 정도로 강대국이었다.
그러나....

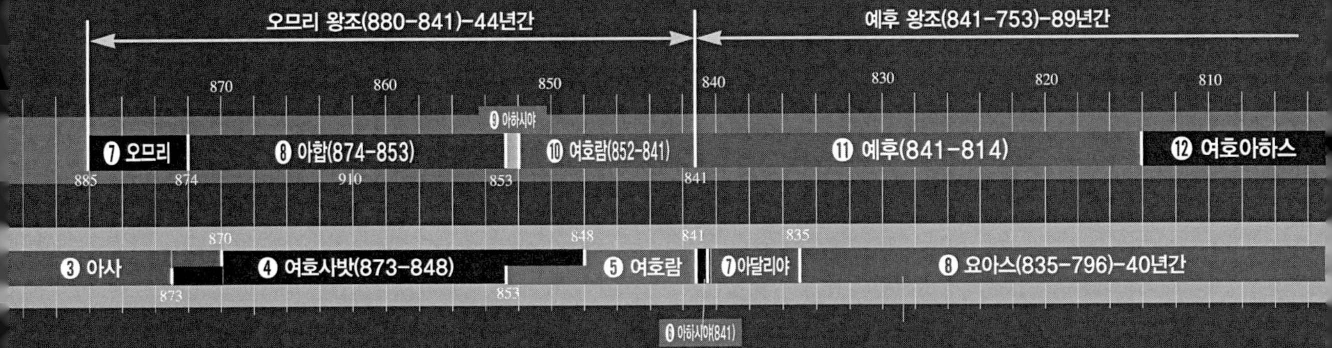

북이스라엘의 혼란기를 잠재우고 등장한 오므리 왕가는
불안했던 정국을 안정적으로 정착시켰다.
세속적으로는 강력한 국가로 발돋움했으나
이스라엘은 바알의 종교로 떨어진다.

하나님은 바알의 종교로 떨어진 오므리 왕가를 정리하기 위해
엘리사를 통해 군대장관이었던 **예후**에게 기름을 붓게 하셨다.
예후는 전방에서 동료장군들에 의해 왕으로 옹립받자
즉시 전군에 비상을 걸고, 요람 왕부터 처단했다(왕상 21:29).
이때 예후는 요람 왕을 돕고자 함께 전투에 참여했던
남유다 아하시야 왕도 역시 살해한다(왕하 9:27).
물론 서슬이 시퍼렇던 이세벨도 그 최후를 비참하게 마감했다.

예후는 오므리 왕가의 최후를 진두지휘하고 있다.
아합에게는 70명의 아들들이 있었는데,
예후는 이들을 죽이기 위해 사마리아에 있는 장로들과
아합의 아들들을 교육시키는 사람들을 위협했다.
이들에게 아합의 아들들의 머리를 베어 가져오라는 것이었다.
게다가 아하시야의 형제들까지 살해했다.
이제 예후 왕조가 등장하여 89년간(841-753)을 통치하게 된다.

그러나 그는 전심으로 여호와의 율법을 지켜 행하지 아니했다.
즉 예후는 바알 종교를 박살내는 데는 충성을 다했지만,
여호와의 법을 지키는 데는 마음을 다하지 못했다.
결국 예후는 다시 여로보암의 종교로 되돌아갔다.

오므리의 이스라엘 통치
(왕상 16:23 - 왕하 9:24)

북이스라엘 왕

❼ Omri
왕상 16:23 - 왕하 9:24
대하 17:1-22:9
885-874(12년간)

Evil
in the sight of the LORD

유다 왕 아사 제31년에 오므리가 이스라엘 왕이 되어 12년을 위에 있었으며 디르사에서 6년 동안 치리했다. 그렇다면 나머지 6년은 새로운 수도에서 통치했다는 말이 된다. 오므리 왕은 새로운 수도를 건설한다. 새로운 수도 사마리아는 어떤 곳인가?

1. 디르사는 아름다운 도시였던 것 같다. 아가서 6:4을 보자.

"나의 사랑 / 그대는 '디르사'같이 아름답고 / 예루살렘같이 사랑스러우며…"

아가서의 노래와 같이 디르사는 매우 아름다운 성인 것 같다. 이 성은 세겜 북동쪽 약 11km 지점에 위치한 텔 엘파르와 동일시되고 있다. 그러나 이 성은 시므리가 불을 놓고 자결하는 바람에 많이 파괴되었을 것이다.

(2) 새로 정권을 잡은 오므리는 이곳에서 6년간을 통치하고 새로운 수도를 건설하기 위해 장소를 물색한다. 오므리가 등장하면서 소용돌이치던 정국이 안정되었다. 왕조는 세속적 의미에서 크게 번영했다. 따라서 여유가 있었을 것이다. 오므리는 주전 880년경 세멜(Shemer)로부터 은 두 달란트를 주고 산 하나를 사고 그 위에 성을 건축, 그 산 주인의 이름을 따서 '사마리아'라 칭했다(왕상 16:23-24). 그리고 이곳을 수도로 정했다.[1)]

2. 오므리 왕조는 아주 부하고 강해서 앗수르까지도 이 사실을 높이 평가했다. 즉 이스라엘의 마지막 왕 호세아 때까지도 이스라엘을 가리켜 '오므리의 집'이라고 했다(앗수르의 디글랏 빌레셀 왕의 기념비에서). 그러나 종교는 심히 부패했다. 열왕기 사가의 평가는 어떠했는가? (왕상 16:25, 26)

(2) 북이스라엘은 바아사 왕 때 아람의 공격을 받고 어려움을 당했다. 영토는 축소되었고 나라는 50년에 걸친 내정의 불안으로 외부의 세력을 방어할 만한 힘이 없었다. 오므리는 이런 가운데 왕권을 장악했다. 그러나 국세 정세에 큰 변화가 일어나기 시작했다. 애굽은 이미 쇠약해져 있었지만 메소포타미아 지방에서는 앗수르가 새로운 강국으로 떠오르고 있었다. 다윗과 솔로몬 시대에는 앗수르의 세력이 주춤했었다. 그러나 나라가 분열되고 이스라엘과 유다가 우상 숭배로 치닫게 될 즈음 앗수르는 다시 국력을 회복하기 시작한다 (Asshur-nasirpal Ⅱ, 884-860). 이 무렵 앗수르는 잔인하기로 악명을 떨치고

1) 오므리는 여호와께서 보시기에 악을 행하되, 전에 있던 다른 왕들보다 더욱 악한 일을 저질렀다고 했다. 그 악은 그의 아들인 아합 때에 극에 달한다. 오므리는 세속적으로는 아주 강한 왕이었다. 그의 외교 정책을 살펴보자.

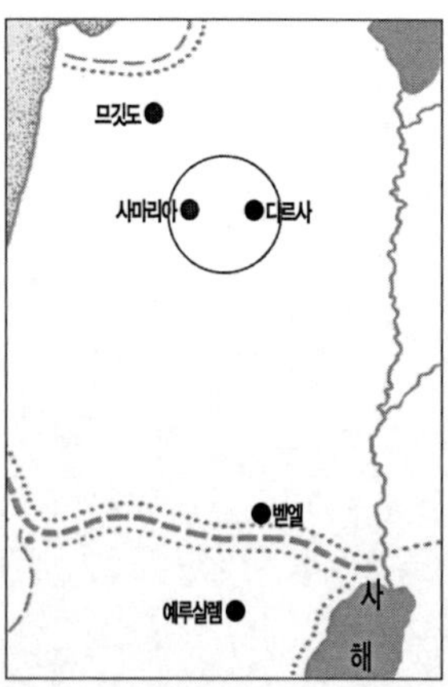

석비 비문에서 볼 수 있는 것처럼 모압의 신은 '그모스'였다. 몰렉신에게 제사드리는 과정에서 자녀들을 제물로 바쳐 죽이는 일이 있었다고 성경은 기록하고 있다(겔 16:20, 렘 7:31). "메사의 석비"에 의하면 메사 왕은 그모스의 직접적인 교훈을 따라 행동했으며 '자신의 장자로 희생 제사를 드리는 의식'에서 주도권을 잡았다고 했다.

확대경(No. 7) 모압의 유명한 석비 내용

"나는 그모스 (Chemosh)의 아들이며 모압 왕 메사이다. 나의 부왕은 30년간 모압을 다스렸으며 모든 왕들로부터 구출받은 것을 감사하며 콰르호(모압의 수도, 성경의 기르하라셋, 왕하 3:25)에 있는 그모스 신에게 산당을 지어 바쳤다. 그모스 신께서는 이스라엘을 노엽게 여기셨기 때문에 이스라엘 왕 오므리는 수십년 동안 모압을 억압했다. 그의 아들이 왕이 된 후에는 그 역시 '나는 모압을 억압하겠다' 하고 말했다. 내가 임금으로 있을 때 그는 이렇게 말했지만 나는 그와 싸워 승리하였다. 이스라엘은 영원히 멸망하였다. 오므리는 메데바 땅을 소유했고 이스라엘 사람들이 오므리 시대와 그의 아들들의 초기 통치기에 40년간 그곳에서 정착해 살았지만 그모스 신은 내 시대에 다시 그곳에 거하셨다…나는 바알 므온을 세우고 그 안에 구덩이를(렘 18:20 참고)를 팠으며 카르야덴(기랴다임, 렘 48:1)을 세웠다. 그 전에 갓 사람들이 자력으로 아다롯을 세웠지만 나는 저들과 싸워 그 성읍을 빼앗은 후 성읍 주민들을 모두 죽여서 그모스 신과 모압의 제물로 바쳤다. 나는 그들의 족장인 오리엘을 케리욧(Qerioth, 아모스 2:2의 그리욧)에 있는 그모스 신 앞으로 끌고 갔다…그모스 신은 나에게 '가서 이스라엘의 느보를 빼앗아라'(렘 48:1 참조) 하고 말씀하셨다. 그래서 나는 밤중에 이스라엘로 올라가 새벽부터 정오까지 저들과 싸워 느보를 탈취하고 7,000명의 남자들과 어린 아이들 및 부녀자들을 죽였다. 나는 이들을 모두 아쉬타르 그모스 신에게 제물로 바쳤다…." <기독지혜사, 성서대백과>

메사의 석비 발견

1868년 모압 지방의 유적지를 여행하던 알사스 출신의 독일인 선교사 클라인 (F.A. Klein)이 아르논강 중류 유역에 있는 디반(Divan, 옛 이름은 디본) 인근에서 발견했다. 39줄의 초기 초서체 히브리 글자(모압어)가 새겨진 기념 석비였다. [높이 3피트 10인치, 폭 2피트, 두께 2.6인치]

그런데 아랍인들이 화약으로 이 석비를 폭파해버렸다. 그러나 한 프랑스 학자가 폭파하기 수개월 전 탁본을 떠놓았기에 부서진 조각들을 그 탁본에 따라 재조립할 수 있었다. 조립이 완성되자 1,100자 중에서 약 3분의 2인 699자의 히브리 글자가 제자리에 붙게 되었다. 지금은 파리의 루브르 박물관에 소장되어 있다.

있었다. 그의 세력은 두로와 시돈 등과 같은 베니게 도시들로부터 공물을 받아냈을 정도였다.

(3) 이러한 상황에서 오므리는 두로와 강화 조약을 맺는다. 그의 아들 아합을 페니키아(베니게) 공주인 이세벨과 결혼시킨 것은 그 해변 강국과 중요한 동맹 관계에 있었다는 것을 의미한다. 그러나 아합의 이방 아내 이세벨 때문에 이스라엘은 회오리바람 속에 휘말려야 했다. 그녀는 이스라엘을 바알 왕국으로 만든 장본인이었다. 두로 역시 아람을 견제하기 위해 이스라엘과 동맹을 맺었다. 오므리 왕조는 남유다와도 동맹 관계를 맺는다. 아합 왕의 딸인 아달랴를 남유다의 여호람과 결혼시킨다. 유다와의 관계는 이런 정략 결혼을 통해 안정시켰다.

(4) 오므리는 옛날 다윗이 통치했던 트랜스요르단(요단 동편 땅)을 수중에 넣었다. 땅이 비옥할 뿐만 아니라 남방 홍해에 이르는 '왕의 대로'(King's High Way)를 확보할 수 있기 때문이었다. 오므리는 다윗과 솔로몬 왕 이후 잃어버렸던 모압을 속국으로 만들고 트랜스요르단 남부를 다시 장악하게 된다. 모압을 격파하고 그 국경선을 제한하고 이스라엘 사람들을 아르논강 이북의 영토에 이주시켰다. 이 지역은 다윗이 정복하여 통치했었는데(대상 18:2 참조), 남북 분열을 틈타 독립했던 것으로 보인다.

아합의 이스라엘 통치

북이스라엘 왕

⑧ Ahab
the son of Omri
왕상 16:29-22:40
874-853(22년간)

Evil
in the sight of the LORD

- 아합은 이스라엘의 8대 왕으로 우상 숭배와 탐욕으로 얼룩진 모습을 보여준 왕이다. 이는 바알을 숭배하는 베니게(페니키아)의 시돈 왕의 딸인 이세벨과 정략 결혼을 하게 됨으로써 더욱 촉진되었다. 이세벨은 이스라엘을 바알의 나라로 떨어뜨린 일등 공신이었다.

- 우상 숭배로 기근이 왔다(왕상 16:32-33).
- 나봇의 포도원을 빼앗았다.
- 아람과의 전쟁 - 하나님의 도움으로 승리(왕상 20장).
- 남쪽 유다와 동맹을 맺고, 자신의 딸을 여호사밧의 아들 여호람과 결혼시켰다(왕하 8:18).
- 비참한 죽음 - 그 피를 개들이 핥는 저주를 받음(왕상 22:29-38).

혁명으로 왕조를 연 오므리는 연약했던 이스라엘을 강국으로 바꿔놓았다. 물론 그가 여호와의 신앙이 있어서 그런 것이 아니었다. 그는 세속적인 왕으로 모압이 그의 이름을 비석에 새길 만큼 능력 있는 왕이었다. 오므리는 한 차례 내란을 치른 뒤 나라를 안정권에 진입시켰다. 그는 수도를 디르사에서 사마리아로 옮겼다. 물질적으로 상당한 번영을 누렸기 때문이다. 오므리는 아람의 세력을 견제하기 위해 베니게(두로와 시돈)와 동맹을 맺었고 남유다와도 동맹을 맺었다. 또한 모압도 다시 정복해 속국으로 만들었다. 이제 그의 뒤를 이어 이스라엘 역사상 가장 악하기로 유명한 아합 왕이 등장한다.

1. 열왕기 기자는 아합 왕에 대해 많은 지면을 할애한다. 우리가 본 받을 만한 왕이어서 그랬을까? 물론 아니다. 성경 기자의 아합 왕에 대한 평가를 보라.

(1) 아합은 여호와께서 보시기에 악을 행하되 전에 있던 다른 왕들보다 더욱 악했다고 했다. 그 구체적인 악이 무엇이었을까? (왕상 16:30, 31)

오므리는 아람 세력을 견제하기 위해 베니게(두로와 시돈)와 동맹 관계를 맺었다. 이에 대한 약속으로 오므리는 그의 아들 아합과 시돈의 왕 엣바알(Ethbaal)의 딸 이세벨을 결혼시킨다. 앞에서 언급된 바와 같이 아합은 유다와도 동맹을 맺고 그의 딸 아달라(왕하 8:26)를 유다 왕 여호사밧의 아들 '여호람'에게 주었다(왕하 8:16, 18). 이런 정책들은 남북 모두 우상 숭배의 국가로 떨어지게 만들었다. 물론 이스라엘에게 가장 가시 노릇하던 다메섹의 세력을 꺾는 데는 성공했지만 이스라엘은 여호와의 종교를 완전히 버리고 만다.

(2) 아합의 죄악은 여로보암의 죄를 훨씬 뛰어넘는 것이었다. 이전의 왕들은 여호와의 종교를 완전히 버린 것은 아니었다. 여호와도 섬기고 바알도 섬기는 혼합종교(Syncritism)의 길을 걸었다. 물론 이렇게 변질된 신앙 역시 우상 숭배와 본질적으로 같은 것이다.

(3) 오므리가 그의 아들 아합의 아내로 시돈 왕 엣바알의 딸인 이세벨(Jezebel)을 맞아들인 것은 치명적인 실수였다. 오므리는 아주 유능한 왕으로서 아람의 세력을 견제하기 위해 시돈과 동맹을 맺고 당시 화친 정책의 일환으로 이세벨을 자부로 맞아들였다. 그런데 이세벨은 바알 문화에 어느 정도 빠져 있던 이스라엘 백성들의 종교를 아주 바알신의 종교로 대치하려고 투쟁을 벌인다.

아합은 이 싸움에서 지고 만다.

(4) 아합 왕은 혼합주의에서 한 걸음 더 나아가 이제는 여호와를 아주 버리고 바알을 위하여 단을 세우고, 또 아세라 목상을 만들었다. 이스라엘은 바알의 나라가 되었다. 아합은 아내 이세벨을 위하여 모든 것을 허락했다. 이세벨은 자기 종교와 여호와의 종교가 공존하는 것에 만족하지 않았기에 여호와의 종교 말살 정책을 편다. 그래서 수많은 여호와의 선지자를 살해한다(왕상 18:4). 이는 완전한 언약 파기였다. 이들을 징계하기 위해 하나님은 몽둥이를 준비하고 계셨다. 그 몽둥이가 바로 앗수르였다. 앗수르는 서서히 그의 세력을 다시 회복하고 있었다.

(5) 아합은 수도 사마리아에 바알의 신전을 세웠다. 그리고 바알을 섬기는 제단을 쌓았다(왕상 16:31, 32). 아합은 아세라 우상도 만들어 섬겼다. 가라스 샤마라 서판에는 아세라를 최고 신 '엘'의 아내와 '바알'을 포함한 70명의 자녀의 어머니(母神)로 기록하고 있다. 이스라엘은 약속의 땅 가나안에 정착한 후에 곧바로 아세라를 숭배하기 시작했다. 아세라, 아스다롯, 아낫 신을 가나안의 3대 여신이라 부른다. 아세라는 한 가정의 주관자요, 그 가정의 머리인 아내요, 어머니로서의 모습을 보여준다고 한다. 어쨌든 이런 일은 여호와의 진노를 불러일으켰다.

2. 아합이 왕으로 있을 때, 하나님의 명을 어긴 사건이 있었다. 어떤 사건이며, 그는 어떤 벌을 받았는가?

16:34

(1) 여리고 성의 함락 사건은 우리가 이미 잘 아는 바이다. 여리고 성은 가나안 진입의 첫 열매였다. 따라서 이 성은 하나님께 완전히 바쳐져야 했다. 여호수아 6:17을 보면 성읍 전체가 "바쳐진 도시"(הָעִיר חֵרֶם)라고 표현되어 있다. 그러니까 여리고 성과 그 성에 속한 모든 것은 하나님께 '바쳐질 것' 즉 '헤렘'(חֵרֶם)이라는 말이다. 따라서 태워버릴 것은 태워버리고, 태울 수 없는 것은 여호와께 드려야 한다. 이를 어길 경우에는 저주가 임한다.

(2) 그러나 이런 명령을 어긴 사람이 바로 '아간'이었다는 것을 안다. 아간은 이런 경고를 무시하고 물건 중 일부를 자기 자신을 위하여 감추었다. 이 일로 인해 여리고 다음에 공격 대상이었던 아이 성 공격에 실패하고 만다. 이후

바알 종교

בַּעַל

• 라스솨마라(우가리트 지역) 서판의 기록에 의하면(1929년에 발굴됨), 가나안의 최고의 신은 '엘'(EL)이었다. '엘'신은 북방에서 모여 온 여러 신들을 모아 총회를 열고 그 의장이 되는 위치에 있었다. 이들에게 북방은 전혀 미지의 나라로서 그저 신비의 나라로 알았다.

• 우가리트(북방 수리아 지역) 문헌에 의하면 '엘'신의 아내는 아세라 여신이었다. 성경 본문에는 아세라 목상(木像), 또는 아세라 상으로 되어 있다. '바알'은 바로 이 '엘'(EL)신의 아들이요 후계자로서 그는 북방 하늘에 있는 어떤 높은 산에 왕좌를 베풀고 모든 가나안 신들을 다스리는 왕으로 군림해 있었다고 생각했다. 그러므로 그들은 바알을 '하늘의 주'라고 생각했다. 하늘의 비와 땅의 폭풍을 주관하는 신으로 섬김을 받았다.

• '바알'이라는 말의 원뜻은 '주'(主), 또는 주인, 남편이라는 말이다. 그로므로 이스라엘 사람들은 한때는 여호와를 바알이라고 불렀다(호 2:16, 17). 그러나 많은 이스라엘인이 바알신을 섬기게 되자 그들은 여호와를 '바알'이라고 부르지 않았다(호 2:16, 17).

• 가나안의 주신인 '엘'신이 바알로 점차 대치되는 것을 볼 수 있다. 비와 풍요의 신으로서 바알은 팔레스타인의 농경적인 환경에서 매우 중요한 신으로 여겼다.

• 예루살렘에서 동북동쪽으로 28km, 요단강에서는 서쪽으로 11km 지점

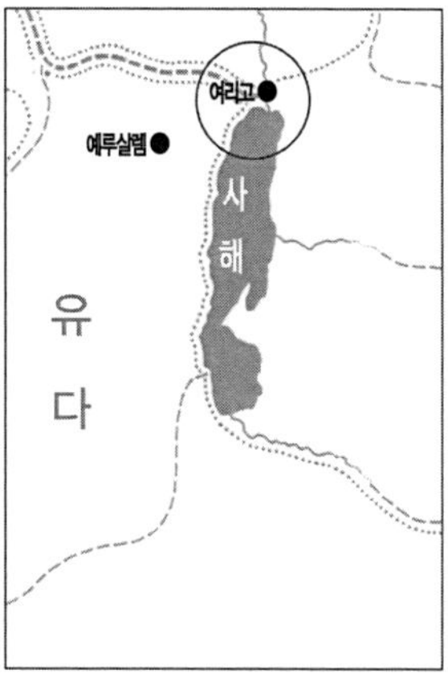

이 성을 건축하는 자는 누구든지 여호와 앞에서 저주를 받을 것이라 경고했다(수 6:26). 그렇다고 여호수아 이래 그곳에 사람이 거주하지 않았다는 말이 아니다. 그러나 성벽은 건축하지 않았다. 아합 왕 때에 이런 경고를 무시하고 히엘이라는 자가 여리고 성을 건축하기 시작했다. 물론 하나님의 심판을 받았다. 여리고를 점령할 때의 배경은 동교재, 여호수아, 6장을 보라.

• 그렇다면 왜 여리고를 '헤렘'으로 완전히 파괴되도록 선택하였을까? 여리고는 가 나안 정복의 첫 번째 공격 대상이었다. 여호와의 거룩성과 이스라엘 백성을 위하여 다른 지역 사람들에게 경고로 사용코자 했을 것이다. 따라서 이스라엘이 가나안을 정복할 때 파괴된 도시들은 여리고를 비롯하여 아이 그리고 하솔뿐이었다. 나머지 성은 파괴하지 않는다.

(3) 어떤 하나님의 심판을 받았는가? 여호수아의 경고가 있은 후 500여 년이 지난 후에 아합 왕 때에 예언이 성취되었다. 아합의 명령으로 히엘은 성을 쌓기 시작하면서 맏아들 아비람을 잃는다. 그리고 성문을 세울 때 그의 막내아들 스굽을 잃는다. 여리고는 분열 당시에는 남유다에 속했었으나 바아사 시대에 북이스라엘로 양도되었을 것이다. 아합은 요단 동편과의 교역을 위해 여리고를 재건하려 했을 것이다.

적용을 위한 묵상 **나라가 패망하는 일은 어떻게 시작될까?**

• 북이스라엘의 우상 숭배가 아합으로 인해 탄력을 받는다. 열왕기 기자의 아합에 대한 평가는 날카롭다(30, 31, 33절). 그가 얼마나 악한 왕인가를 보여주기 위한 서론이다.

• 아합은 혼합주의에서 한 걸음 더 나아가 아예 바알 종교를 이스라엘에 뿌려 놓는다. 무엇이 그를 이토록 악한 왕으로 이끈 것일까? 그가 악한 왕의 화신이 된 것은 아내 이세벨의 영향 때문이었을 것이다.

• 오므리는 국가가 어려움에 빠졌을 때 하나님을 의지하기보다는 자신의 능력을 더 의지했다. 국가는 세속적인 안정을 가져왔으나 그것이 결국 패망의 길이었음을 안 것은 후에 일이다.

• 한 사람이 한 나라를 파멸로 이끈다. 한 사람이…

열왕기상 15–16장 요약 정리

요약 질문

15장: 유다 왕 아비얌의 통치

- 유다 왕 아비얌은 어떤 왕이며 어떤 평가를 받았는가? (15:3)
- 아비얌은 여호와 앞에 온전치 못했으나 하나님의 특별한 배려를 받는다. 그 이유가 무엇인가? (15:4)
- 아비얌의 통치 기간은? 이 기간 동안 북쪽은 누가 통치하고 있었는가? (15:6-7)
- 유다 왕 아사는 어떤 평가를 받았는가? (15:9) 아사의 개혁 정책을 말해 보라. 역대하에는 좀 더 자세한 평가가 나와 있다. 역대기하의 내용을 설명해 보라. (대하 14장)
- 아사 왕은 어떤 점에서 부정적인 면이 있었는가? (15:14)
- 아사와 바아사 사이에 일생 동안 전쟁이 있었다고 했다. 북이스라엘의 바아사는 유다를 공격한다. 그 이유와 이에 대한 아사의 대책은 무엇이었나? (15:17-22)
- 이스라엘의 나답 왕은 어떤 정책을 폈는가? 나답은 누구에게 피살되었는가? 여로보암 왕가의 멸망에 대해 설명하라.
- 이스라엘의 왕 바아사가 일으킨 혁명 내용과 그에 대한 평가를 말해 보라. (15:33-16:7)

16장: 바아사 왕가의 몰락 / 오므리 왕조 등장

- 혁명으로 나라를 연 바아사의 행적을 설명해 보라. 선지자 예후는 누구이며, 예후의 바아사에 대한 예언과 그 성취를 설명해 보라. (16:1-7)
- 이스라엘의 엘라 왕은 어떤 죽임을 당했는가?
- 시므리는 어떤 인물인가? 그의 혁명 과정을 설명하라. (16:15-20)
- 시므리의 칠일 천하에 대하여 설명하라. 그의 악함은 어느 정도였는가?
- 군대 장관 오므리가 어떻게 새로운 왕으로 등장했는가? (16:21-24)

Summary

- 오므리의 행적을 말해 보라. 그는 어떤 면에서 강력한 왕이었는가?
- 아합 왕은 어떤 평가를 받았는가? (16:32-33)

Outline

1Kings 17-19장

아합과 엘리야의 사역

오므리 왕조가 등장하면서
오랫동안 소용돌이 치던 북이스라엘 정국이
안정을 찾는다.
오므리는 정권을 잡으면서(왕상 16장 참조)
강력한 정책을 펼쳐나갔다.
그는 여호와 보시기에 악을 행하되,
전에 있던 왕들보다 더욱 악을 행했다고 했다.
그는 나라를 여호와께 의지하여 다스리지 않고
세속적인 방법으로 통치했다.

오랜 동안의 혼란으로 북이스라엘의 영토는
크게 축소되었다.
50여 년간에 걸친 내정의 불안으로
외부의 세력을 방어할 힘이 없었다.
이스라엘에게 가장 강력한 적수는 다메섹(아람)이었다.

오므리는 이런 아람을 견제하기 위해
베니게(두로와 시돈)와 동맹을 맺는다.
따라서 그 증표로 이세벨을 자부로 맞아들인다.
아합의 아내 이세벨은
이스라엘을 바알의 나라로 만든 장본인이었다.
오므리 왕조는 남유다와도 동맹을 맺는다.

아합의 딸 아달랴를 남유다의 여호람과
결혼시켜 사돈 관계를 갖는다.
이렇게 해서 그는 솔로몬 통치 이후
이스라엘의 영향력을 가장 멀리까지 확대시켰다.

17:1-16 엘리야의 가뭄 예언

(1) 하나님은 이스라엘에 극심한 가뭄을 내리신다. 신명기 11:16, 17에서 어떻게 말씀하셨는가?

3년 동안의 가뭄이 이스라엘을 곤경으로 몰아넣는다. 이 3년 동안의 가뭄에서 하나님은 엘리야 선지를 통해 크게 역사하신다. 고통이 가장 큰 기간이었지만 기적 역시 가장 많이 나타나는 시기이기도 했다.

(2) 엘리야는 왕에게 기근이 임할 것이라는 예언을 선포한 후 그릿 강가에 가서 숨는다. 숨어있는 엘리야를 죽이기 위해 아합은 그의 고향뿐만 아니라 주변국들까지도 추적한다(왕상 18:10).

17:18-24 에리야가 사르밧 과부의 아들을 살리다

(1) 추적이 지나간 후 하나님은 엘리야에게 사르밧(두로와 시돈 사이)으로 가라고 말씀하신다. 엘리야는 한 과부의 집에 머물렀는데 계속해서 항아리에 양식과 기름을 공급하심으로써 기적적으로 먹이셨다.

(2) 또한 과부의 아들이 병으로 죽었는데 엘리야를 통하여 다시 살아났다.

18:1-46 엘리야와 바알의 예언자들 :

(1) 3년 반에 걸친 기근이 끝나자 하나님은 엘리야에게 다시 이스라엘로 돌아가라고 말씀하신다. 그는 궁내 대신 오바댜를 통해 아합 왕과 대면한다.

아합은 이스라엘에게 닥치는 재앙이 엘리야 때문이라고 생각했다. 그러나 엘리야는 아합에게 바알을 섬기는 450명의 예언자들과 이세벨의 상에서 함께 식사하는 400명의 아세라 예언자들을 갈멜산으로 나오도록 요구한다.

(2) 아합은 그의 요구에 응했는데, 그 이유는 비가 오기를 갈망했기 때문이다. 갈멜산에는 백성들도 참석했다. 엘리야는 백성들에게 양단 간에 결단을 내리도록 촉구한다.

그 날 하나님의 응답이 있어 물에 흠뻑 젖은

제물을 다 태워버렸다. 백성들은 바알 선지자를 다 죽였고, 가물었던 땅에는 큰 비가 내려 가뭄이 해소되었다. 엘리야는 일곱 번까지 기도했다.

19:1-18 시내 산의 엘리야 :

(1) 바알 선지 450인을 죽인 사건이 이세벨에게 알려지자 그녀는 극도로 노했다. 그녀는 엘리야를 죽이겠다고 자기 신의 이름을 들어 맹세한다. 엘리야는 도망가기 시작한다. 두려운 생각이 들었기 때문이다. 그는 이스라엘 국경을 넘어 유다 국경의 가장 먼곳으로, 사람이 찾아올 수 없는 광야로 도망간다.

(2) 광야에서 하룻길을 가서 로뎀나무 아래서 죽기를 구한다. 음식도 먹지 않는다. 그러나 자고 있는 동안 천사가 그를 깨우고 음식을 먹게 했다. 기운을 차린 엘리야는 40일을 밤낮으로 걸어 호렙산에 도착한다.

(3) 엘리야는 나만 홀로 남았다고 투덜거리지만(?) 하나님은 엘리야에게 바알 선지자와의 싸움이 결코 엘리야 개인의 싸움이 아님을 알려주신다. 그리고 그에게 후계자가 될 사람을 알려주시며 그들에게 가서 기름을 부으라고 명하신다(하사엘, 예후, 엘리사).

19:19-21 엘리사가 예언자가 되다

❖ 강력한 제국이 형성된 뒤에 오므리의 아들 아합이 등장한다. 악명 높은 이세벨을 아내로 맞은 아합은 그녀가 섬기는 바알 우상을 허용하고 이스라엘을 바알의 나라로 만든다. 북이스라엘 왕국은 이런 일로 인해 그 몰락을 앞당긴다.

❖ 아합의 통치 기간(874-853)은 유다의 여호사밧과 다메섹의 벤하닷 1세와 같은 시대였다. 이즈음 앗수르가 고개를 다시 쳐들기 시작했다. 그 영향력은 가나안 전체에 미쳤다.

❖ 국제 정세가 복잡하게 움직이고 북이스라엘이나 남유다 역시 바알 숭배로 하나님을 반역하고 있었다. 이 혼란의 시기에 하나님의 선지자 엘리야가 등장하게 된다.

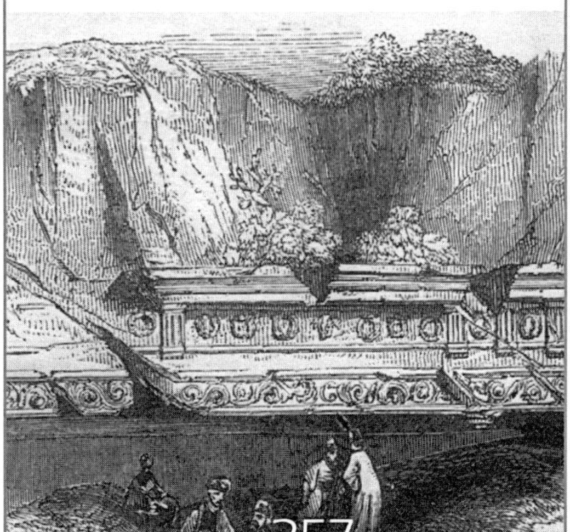

엘리야의 가뭄 선포(왕상 17:1-16)

앞으로 몇년 동안
비나 이슬이 내리지
않을 것입니다

엘리야는 아합 왕에게 가서 3년 기근을 선포한다(왕상 17:1). 야고보서 5:17에 의하면 엘리야는 이러한 기근이 발생할 것을 위하여 기도했던 것으로 보인다. 이는 이세벨로 인해 나라가 바알의 종교로 뒤덮여가고 있었기 때문이었다. 물론 아합은 그를 죽이려 한다. 하나님은 그에게 요단 강 동쪽 그릿 시냇가에 숨으라고 말씀하신다. 그리고 엘리야는 사르밧으로 가서 머문다. 거기서 사르밧 과부의 죽었던 아들을 살려냈다(왕상 17:8-24). 하나님은 엘리야 선지자를 통해 바알의 나라로 떨어지려는 이스라엘을 놀라운 방법으로 구원해 내려 하신다. 그 과정을 살펴보자.

1. 아합이 어떻게 바알을 숭배하게 되었는가는 앞에서 살펴보았다. 마침내 하나님은 이스라엘에 극심한 가뭄을 내리신다. 그 가뭄은 언약을 어겼기에 형벌로 내리신 것이었다. 언약을 어겼을 때 오는 심판이 어떤 것일까?

아합은 나약한 인물이었을까?

물론 아니다. 그는 그의 아버지와 같이 능력 있는 통치자였다. 그의 바버지 오므리는 베니게와의 친선과 국권의 확장을 위하여 바알 종교를 용납한 혼합주의(Syncretism)를 추구했다. 그러나 아합은 아예 이스라엘을 우상 나라로 전락시켰다. 아합은 건축에도 힘을 써 왕궁 지역 둘레에 내부와 외부 벽을 설치하는 등 백성들을 위해 많은 성읍들을 건축했다. 그러나 결국 그는 세속 나라의 번영과 부강만을 펴다 몰락하게 되었다.

(1) 가나안에 진입하려는 이스라엘 백성을 바라보는 모세는 여러 가지로 걱정이 되었다. 이스라엘 백성이 광야에서 반역을 일삼던 일을 기억했기 때문이리라. 모세는 가나안에 진입하려는 출애굽 2세대를 행해 무엇을 강조했는가?

- 신 11:1 "그런즉 네 하나님 여호와를 사랑하여 그 직임과 (   )와 규례와 (   )을 항상 지키라."

(2) 여호와를 순종하면, 즉 "마음을 다하고 성품을 다하여 섬기면"

- (   )와 (   )를 적당한 때에 내리실 것이다(신 11:14상).
- 곡식과 새 포도주와 기름을 거둘 수 있을 것이다(신 11:14하).
- 육축이 잘되고 먹고 배부를 것이다(신 11:15절).

(3) 그러나, 반대로 마음에 미혹을 당하여 우상을 섬기게 되면 어떤 징계를 내리신다고 하셨는가?

신 11:16-17

모세는 이 말을 마음과 영혼에 새기고 그것을 손에 써서 손에 매고 이마에 붙여 항상 기억하라고 했다. 그런데 이스라엘은 지금 우상의 나라가 되었다.

하나님은 지금 이들에게 징계를 내리실 것을 선포하신다.

2. 디셉 사람 엘리야*는 아합 왕에게 나아가 다음과 같은 폭탄 선언을 한다.

17:1

(1) 오므리는 여호와에 대한 신앙이 없었다. 그의 아들 아합은 어떠했을까? 아합 역시 철저한 기회주의자였고 믿음이나 양심이 없는 무자비한 인물이었을 것이다. 그런데 그의 아내 이세벨은 그 지위를 이용하여 이스라엘 내에 바알 숭배를 적극적으로 뿌리 내리고 있었다. 그녀는 바알 숭배에 반항을 하던 선지자들을 철저하게 없애버리려고 했다(왕상 18:3, 4).

(2) 그녀는 바알과 아세라를 섬기는 수백 명의 거짓 선지자들을 궁정 안으로 끌어들였다(18:19). 지금까지 이스라엘은 혼합주의를 걸어왔다. 즉 여호와도 섬기고 바알도 섬겼다. 물론 이 역시 우상 숭배였다. 그러나 지금 아합과 이세벨은 한걸음 더 나아가 여호와를 완전히 떠나 바알의 나라로 만들고 있었다.* 오므리에 이어 아합 역시 강력한 나라를 유지했다. 그는 초강국으로 나아가는 길이라면 어떤 나라나 세력과도 연합했다. 따라서 믿음 없는 백성들은 쉽게 아합의 새로운 정책에 매혹되었을 것이다. 아마 환영하는 사람들도 있었을 것이다.

3. 요단강 동쪽 길르앗의 디셉(그 위치가 정확치 않음) 사람 엘리야는 아합 왕에게 최후 통첩을 한다. 엘리야는 자신이 이스라엘의 하나님 여호와를 섬기는 하나님의 종임을 말하고, "자신이 다시 명령하기 전까지는 앞으로 이 땅에 수년 동안 비나 이슬이 내리지 않을 것"이라고 선포했다.

(1) 이런 선포는 바알 숭배의 핵심을 찌르는 선언이었다. 바알 숭배자들은 이 땅에 비를 내리며 풍년을 가져다주는 신이 바알이라고 믿었기 때문이다. 이제 하나님은 이 땅에 우로(雨露)를 내리시는 분이 여호와 하나님이시라는 사실을 가르치실 것이다. 하나님은 엘리야에게 은신처를 제공하셨다. 그릿 시냇가가 어디인지는 확실히 모르지만 요단 계곡으로 흘러내려 가파른 골짜기를 형성시키는 곳이었을 것이다. 이곳에는 엘리야가 은신할 수 있는 동굴들이 있었다. 물론 아합은 엘리야를 잡기 위해 그의 고향은 물론 주변국들까지 추적해 왕들에게 '엘리야가 여기 없다'는 맹세까지 시켰을 정도였다(왕상 18:10). 따라서 엘리야가 공개적으로 나다닐 수 없었다.

엘리야 선지자

• **엘리야**(에리야후, ...אֵלִיָּהוּ) : '나의 하나님은 여호와이시다'라는 뜻이다. 요단강 동쪽 길르앗 지방 디셉에서 태어났기에 '디셉 사람 엘리야'라 불렀다. 엘리야 당시 북이스라엘은 시돈 왕 엣바알의 딸인 이세벨과 결혼한 아합 왕이 통치하고 있었다. 아합 때에 바알 숭배가 극성을 떨친다. 그의 아내 이세벨 때문이었다. 그는 하나님 앞에 완전한 배교를 하게 되었다. 열왕기 기자는 아합의 치적을 기록하기 이전에 상당 부분을 엘리야의 사적을 묘사하는 데 할애한다. 그는 털옷을 걸치고 다녔다(왕하 1:8).

• 바알 종교의 영향력은 이스라엘을 성적 문란으로 내몰았다. 더욱이 바알은 포도의 신이기도 했다. 바알 숭배 과정에서 폭음과 성적인 문란이 필연적으로 나타났다. 제사를 드릴 때 창기들(남자, 여자가 다 있었음)과의 성 관계는 바알을 자극시키게 되고 바알은 그 여신과 성 관계를 갖게 만들며, 그래서 풍족한 비를 내리고 온 땅에 풍요를 가져온다고 믿었다.

• 눅 4:26 "엘리야가 그 중 한 사람에게도 보내심을 받지 않고 오직 시돈 땅에 있는 사렙다의 한 과부에게 뿐이었으며."

사르밧(헬, 사렙다)

• 하나님은 엘리야를 사르밧으로 보내 이적 가운데서 과부의 공궤를 받게 하셨다. 그녀의 아들이 다시 사는 기적을 나타냈다.

(2) 하나님은 기적을 베푸셔서 그의 생명을 보호하셨다. 어떤 기적을 베푸셨는가? (17:4-7)

하나님은 엘리야에게 이런 기적을 통해서 갈멜산에 바알 선지자들과 대결을 할 수 있는 믿음을 키우려 하셨을 것이다. 엘리야가 얼마나 그릿 시냇가에 있었는지 모르나 얼마 후에 시냇물마저 말랐다. 가뭄이 계속되었기 때문이다.

사르밧에서 사역 왕상 17:7-24

4. 하나님은 엘리야에게 다시 시돈 땅 사르밧이라는 곳으로 가라고 명령하신다. 그곳에서 한 과부를 돌보라고 하셨다. 사르밧(Zarephath)이 어디쯤 있을까? 사르밧은 페니키아(시돈과 두로) 지역이었다.

(1) 하나님은 왜 사르밧까지 가라고 하셨을까? 이스라엘 백성들은 가뭄도 가뭄이려니와 목숨을 걸고 그를 숨겨줄 만한 사람이 없었을 것이다. 엘리야는 이스라엘 국경을 넘어 사르밧으로 갔다. 성문으로 들어서니 마침 땔감을 줍고 있는 한 여인이 있었다.

(2) 시돈에서도 가뭄은 계속되었던 것 같다. 이 과부와 그 아들이 기근으로 인해 굶어죽어 가고 있었다. 엘리야는 이 여인의 집을 은신처로 삼는다. 하나님은 물론 기적으로 이들을 살리신다. 기적의 내용을 설명해 보라(왕상 17:12-16).

5. 얼마 뒤에 이 집 아들이 병이 들었는데 그 병이 점점 더 깊어지더니 마침내 죽고 만다. 여인은 절규했고, 엘리야는 하나님께 아이를 살려달라고 기도한다.

⇧ 사르밧(히 - '차레파트' / 헬 - 사렙다) : 두로와 시돈 사이에 위치한 페니키아의 한 해변 성읍으로 오늘날의 Sarafand와 동일한 곳이다.

엘리야는 바알의 나라로 떨어지고 있는 이스라엘을 구원하려 전면에 등장했다. 하나님께서 엘리야에게 특명을 내리셨다.

(1) 하나님은 기적을 베푸신다. 아이가 살아난 것이다. 이 여인은 분명히 엘리야가 이스라엘 사람인 것을 알았을 것이다. 그러나 이 여인은 엘리야를 하나님의 선지자로 알고 순종한다.

(2) 어떻게 그렇게 순종할 수 있었을까? 그녀는 자신의 아들이 죽기 전에 마지막으로 먹을 음식을 만들기 위해 땔감을 줍고 있는 중이었다. 이 절박한 순간에 하나님의 사람 엘리야를 만난다. 엘리야는 기적이 계속되는 중에 더욱 큰 기적을 체험한다. 죽은 사람이 다시 살아나는 놀라운 체험은 앞으로 큰 전투를 위해 하나님이 주신 용기였을 것이다.

(3) 왕정제도가 등장하면서 이스라엘에는 또 다른 문제거리가 생길 것이다. 그것은 왕이 하나님의 뜻과는 거리가 먼곳으로 흘러갈 수 있기 때문이다. 이런 일들을 제어하기 위해서 하나님은 선지자를 세우신다. 선지자는 여호와의 메시지를 선포하는 선포자이다. 죄를 회개하지 않을 때 장차 임할 재앙을 예언하기도 하고, 죄에서 돌이킬 때에는 구원을 말하기도 했다. 이들 선지자는 제사장들처럼 하나님과 백성 사이에 중보자로서 봉사한다.

아합과 선지자들

이런 선지자들은 이스라엘 역사의 위기 시마다 등장했다. 오므리 왕조는 세속적으로는 아주 강한 나라를 이루었지만 종교적으로는 우상의 나라로 떨어졌다. 하나님은 이런 시대에 엘리야와 엘리사를 세워 장기간에 걸친 가뭄과 기근으로 오므리 왕조와 이스라엘을 심판하셨다.

갈멜산에서의 대결(왕상 18:1–46)

The Contest
on Mt. Carmel

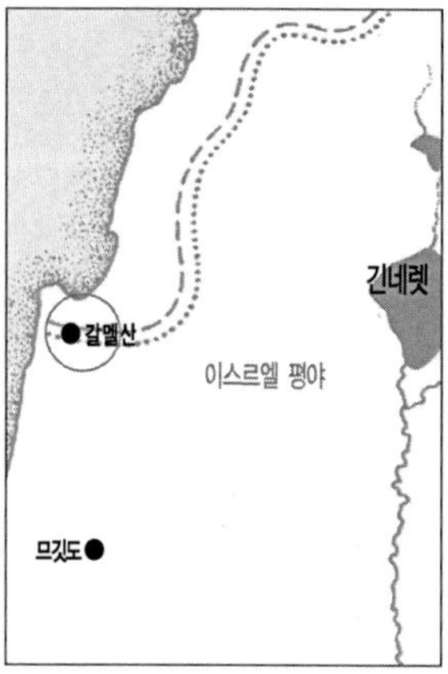

• 갈멜산의 가장 높은 곳은 해발 530m이다. 이 산은 이스라엘의 해안 평야를 두 부분으로 나누고 있다. 북쪽으로는 악고 평야, 남쪽으로는 샤론과 필리스티아 평야가 위치한다. 이곳은 풍부한 강우량으로 숲이 무성하며 윤택하다.

갈멜산 정상에서 보면 그 아래로 이스르엘 평야가 한 눈에 보인다. 아주 멀리는 다볼산, 길보아 산 등이 보인다. 이 산의 하단 기슭에 위치하고 있는 곳이 유명한 하이파 항구이다. 갈멜산은 베니케 사람들이 신성시 여겼던 산이었다.

삼년 반에 걸친 기근이 거의 끝나가고 있었다(눅 4:24, 약 5:17 참조). 이 3년 반의 기근은 곧 있을 갈멜산 전투를 위한 서곡이었다. 아합은 이 전투에 응하지 않을 수 없는 형편이 되었다. 가뭄으로 인해 나라는 엄청난 곤경 속에 있었을 것이기 때문이다. 아합은 죽어가는 말과 노새를 위해 있는 모든 샘과 시내를 다 뒤지고 있는 판이었다(5절). 갈멜산에서 결투(?)를 신청하는 엘리야에게 그는 선뜻 응하게 된다. 그는 지금 엘리야를 죽일 수 없다.

1. 북이스라엘에게 내린 하나님의 징계는 가뭄으로 나타났다. 가뭄이 든 지 3년째 되던 해 하나님은 엘리야에게 아합 왕을 만날 것을 명하신다. 만약 엘리야가 그 이전에 아합에게 나타났다면 죽임을 면치 못했을 것이다. 그러나 아합은 이제 엘리야를 만나지 않을 수 없었다. 가뭄 때문에 나라가 위기에 처했기 때문이다. 그 가뭄의 정도가 어떠했는가?

왕상 18:5-6

(1) 아합은 궁내 대신 오바댜를 부른다. 오바댜는 어떤 인물일까? 오바댜는 여호와를 경외하는 사람이라고 했다. 그는 이세벨이 여호와의 선지자들을 죽이려고 혈안이 되었을 때 목숨을 걸고 선지자들을 숨겨준 사람이었다. 어떻게 숨겨주었을까?(4절) 아합은 궁내 대신 오바댜와 함께 말과 노새를 살릴 수 있는 물이 있을까 하여 찾아 나섰다.

(2) 두 사람이 각기 다른 방향으로 흩어져 찾아보기로 했다. 이 과정에서 오바댜는 엘리야 선지자를 만난다. 지금 엘리야는 아합 왕을 찾아가는 길이다. 엘리야는 오바댜에게 아합 왕에게 메시지를 전하라고 한다. 물론 오바댜는 사색이 된다. 왜 오바댜는 메시지 전하기를 두려워했을까? 9-14절을 읽어보고 설명해 보자.

(3) 결국 오바댜는 아합 왕에게 엘리야가 있는 곳을 알려주었고, 아합은 엘리야를 찾아간다. 아합이 엘리야를 보고 말한다.

8:17 "엘리야를 볼 때에 저에게 이르되 (   )을 괴롭게 하는 자여 네냐."

아합은 이스라엘에게 재앙이 내리는 것은 엘리야 때문이라고 생각했다. 엘리야는 오히려 바알에게 그 책임이 있다고 말한다. 엘리야는 아합에게 결투를 신청한다. 엘리야가 결투장에 나오라고 요구한 대상은 누구인가?

- 결투 장소 : 갈멜산
- 아합 쪽 대상자
  바알(男神)을 섬기는 예언자 (　　　　)명
  이세벨(女神)의 상에서 함께 식사하는 아세라 예언자 (　　　　)명
- 엘리야 편은 아무도 없다(물론 하나님이 계시다).
- 아직도 갈피를 못잡는 불쌍한 이스라엘 백성들 : 이 사람들은 전투의 결과를 보고 자신들이 믿는 대상을 결정하려는 무리들이었다.

Kishon River

- 악고 평야와 이스르엘 계곡 서쪽 지역에 있는 시내로 오늘날의 Nahr el-Muqatta와 동일하다. 사사기 5:19에서는 '므깃도 물가'라고 표현했다. 열왕기상 18:40에서는 '기손 시냇가로' (אֶל־נַחַל קִישׁוֹן) 표시했는데, 여기서 나할(נַחַל)이라는 말은 강이라기보다는 일종의 '와디'(Wadi)라고 할 수 있다. 즉 평상시에는 물이 없다가 강우 시에만 물이 흐르는 시내를 말한다. 우기인 겨울이나 이른 봄에는 강의 수량이 크게 불어난다. 여러 개의 와디들이 합쳐서 강을 이루고 있는 지점이 므깃도와 다아낙 부근이다. 여선지자 드보라가 바락과 함께 시스라의 병거를 박살낸 곳이 바로 이곳이다. 갑자기 불어난 물에 스시라의 병거는 무용지물이 되었기 때문이다(삿 4:7 이하).

2. 아직도 바알과 여호와 사이에서 갈등을 느끼는 백성들에게 엘리야는 마음의 결단을 내리라고 촉구하고 있다.

18:21 "엘리야가 모든 백성에게 가까이 나아가 이르되
　　너희가 어느 때까지 두 사이에서 (　　　　　　) 하려느냐
　　여호와가 만일 하나님이면 그를 좇고
　　바알이 만일 하나님이면 그를 좇을지니라 하니
　　백성이 (　　　　　　　　　　　)."

(1) 갈멜산에서 엘리야는 바알 선지 450명과 대결한다. 아합 왕은 이런 대결을 허락하지 않을 수 없었다. 그만큼 가뭄으로 인해 고통을 당하고 있었기 때문이었다. 바알을 폭풍과 비의 신으로 여겼던 백성들은 3년 반 동안 비가 오지 않자 과연 바알이 참신인가 아닌가 하는 의구심이 일어났을 것이다. 백성(군중)들은 상당히 많이 모였던 것 같다. 대결이 끝난 후 이들 거짓 선지자들을 모두 체포할 수 있는 숫자라면 상당한 숫자라야 가능했기 때문이다. 더욱이 이들은 백성의 대표들이었음이 분명하다.

(2) 엘리야는 백성들에게 누구를 따를 것인지 양단 간에 마음에 결정하라고 촉구했다. 백성들의 반응이 어떠했을까?

18:21하

3. 백성들의 반응이 없자 엘리야는 바알 선지자들에게 무엇을 요구했는가?

엘리야는 돌 열두 개를 준비했다. 그 돌을 가지고 제단을 만들었다. 그리고 작은 도랑을 파게 했다. 엘리야는 번제물과 장작 위에 여러 차례 물을 붓게 했다. 물이 넘쳐 도랑에도 물이 가득했다. 이는 제단과 제물과 그 주위를 완전히 적심으로써 기적이 아니고서는 불이 붙을 수 없게끔 하려는 것이었다. 그의 기도가 끝나자 하나님은 불로써 응답하셨다.

(1) 엘리야는 두 마리의 소를 가져오게 했다. 바알 선지자들에게 그 중에 한 마리를 고르게 하고 그 소를 잡아 각을 뜨고 제단 위에 올려 놓게 했다. 그리고 바알에게 기도하여 그 제물을 다 태워보라는 것이었다. 즉 기도를 들어주셔서 불을 내리는 신이 참하나님이라는 것이다(왕상 18:23-24).

(2) 드디어 바알 선지자들이 기도를 하기 시작했다. 아침부터 시작한 기도가 한낮이 될 때까지 계속되었다. 바알 선지자 450명이 불이 내리기를 기도하는 광경을 상상해 보라. 물론 응답이 있을 리 없다. 엘리야가 그들을 조소하기 시작한다. 무엇이라고 약을 올렸을까?(27절) 그 야유 소리에 더욱 크게 소리를 질러댔고 그 중에 어떤 놈들은 칼과 창으로 자신의 몸을 상하게 하여 피까지 흘렸다. 낮이 지나고 저녁 시간이 되도록 응답이 없었다.

(3) 자, 이제 엘리야의 차례가 되었다. 백성들이 그 주위로 몰려들었다. 엘리야는 돌 열 두개를 준비했다. 왜 12개를 준비했을까? (31절) 그리고 그 돌을 가지고 제단을 만들었다(분명히 여호와의 단은 헐려 있었을 것이다). 바알의 제단보다 당연히 초라(?)했다. 게다가 정말 이상한 행동을 한다. 어떤 행동을 했길래?

제단 둘레에 곡식 종자를 두 세아(two seahs, 약 15.2리터) 정도 담을 수 있는 작은 도랑을 파게 했다. 번제물과 장작 위에도 여러 차례 물을 붓게 했다. 물이 넘쳐 도랑에도 물이 가득했다. 이는 제단과 제물과 그 주위를 완전히 적심으로써 기적이 아니고서는 불이 붙을 수 없게끔 하려는 것이었다.

(4) 엘리야는 하나님께 기도하기 시작한다. 짤막하지만 간절한 기도였다. 아침부터 저녁까지 광란하듯 기도했던 바알 선지자들과 비교해 보라. 그 기도가 끝나자 즉시 응답되었다. 불이 하늘로부터 내려와 제물과 나무는 물론 제단 둘레의 돌과 흙 그리고 도랑에 흐르는 물까지도 다 태워버렸다. 이 광경을 보고 있던 모든 백성들이 땅에 엎드려 이렇게 외친다.

39절 "여호와(יְהוָה) 그는 (　　　　)이시로다 여호와 그는 (אֱלֹהִים)이시로다."

יְהוָה הוּא הָאֱלֹהִים יְהוָה הוּא הָאֱלֹהִים׃

(5) 이스라엘 백성들은 여로보암 때부터 지금까지 계속 우상 숭배에 젖어 있었다. 백성들은 바알과 여호와 사이에서 머뭇거렸었다. 이제 어떤 신이 참신인가가 판별되었다. 아니 바알은 우상이었다는 것을 인정하게 되었다. 만약 이런 극적인 일이 없었다면 이스라엘은 완전히 바알의 나라가 되었을 것이다. 이번 일이 여호와의 종교가 바알 종교로 흡수되는 것을 막는 계기가 되었다.

4. 상황이 완전히 반전되었다. 도저히 믿기지 않는 기적이 눈앞에 전개되고 있다. 부들부들 떨기 시작하는 바알 선지자들, 차츰 제정신이 돌아오기 시작하는 이스라엘 백성들…. 이스라엘 백성들은 흥분하기 시작한다. 지금까지 우상을 섬겼다는 것을 깨닫기 시작했으리라. 엘리야는 백성들에게 선지자들을 한 사람도 도망가지 못하게 했다. 그리고 이들을 기손 강(시내)으로 끌고가 그곳에서 다 죽인다. 기손 시내는 북쪽 편에서 갈멜 산맥을 따라 흐른다.

지금 갈렘산 정상에는 위의 그림과 같이 엘리야의 동상이 서 있다. 엘리야가 들고 있는 칼이 휘어져 있다. '왜, 휘어져 있느냐고?' '글쎄'

Elijah Prays for Rain

1. 전투가 일방적으로 끝났다. 그동안 바알 선지자들이 이스라엘에 끼친 악영향은 놀라운 것이었다. 여호와의 종교는 이들로 인해 고사 직전에 있었다. 하나님은 엘리야를 통해 비상 수단을 동원하셨다. 따라서 이 날의 전투를 지휘한 분은 엘리야가 아니라 바로 여호와 하나님이셨다. 그 날의 엘리야를 야고보 사도는 이렇게 설명하고 있다.

- with a nature like ours - NASB
- just like us - NIV

약 5:17 "엘리야는 우리와 (　　　　　)*이 같은 사람이로되 저가 비 오지 않기를 간절히 기도한즉 삼 년 육 개월 동안 땅에 비가 아니 오고."

2. 엘리야는 아합에게 이제 큰 비가 내릴 것이라고 했다(18:41). 그러니까 지금까지 가뭄의 원인이 바알 숭배에 있었음을 알리는 것이었다. 엘리야는 갈멜 산 꼭대기로 올라갔다. 그는 몸을 굽혀 머리를 무릎 사이에 묻고 기도하기 시작했다. 엘리야는 종에게 바다 쪽을 살펴보라고 했다. 그러나 구름 한 점 보이지 않는다. 엘리야는 다시 가보라고 했다. 이러기를 일곱 번이나 되풀이 했다. 일곱 번째에 가서야 사람 손 바닥만한 구름이 보이기 시작했다. 엘리야는 종을 시켜 아합에게 무엇이라고 전하게 했나? (18:44하)

만약 아합이 지체하면 말랐던 개울 물이 큰 비로 인해 막힐 것이기 때문이다. 아합은 곧바로 이스르엘 평온으로 내달렸다. 그러나 엘리야는 하나님이 주신 힘으로 아합 왕보다 먼저 이스르엘로 달려갔다.

갈멜산 전투로 바알 종교가 완전히 무너졌을까?

물론 그러지 못했다. 그러나 여호와의 신앙이 희미했던 백성들에게 여호와의 권능이 선포되었고 또한 바알 종교로 흡수되어 가는 이스라엘을 막아낼 수 있었다. 물론 아합과 이세벨이 여호와에 대한 신앙으로 돌아서지 않는다. 아니 무엇보다 독이 오른 것은 아합 왕의 아내 이세벨이었다.

호렙산으로 피신(왕상 19:1-18)

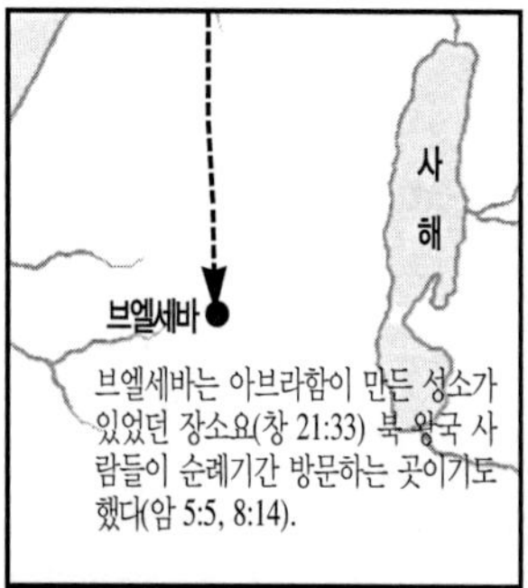

호렙산으로 가자

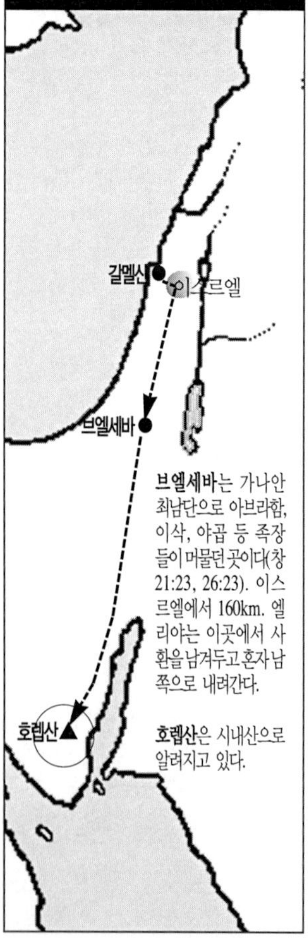

바알 선지자 450명(18:22 참조, 아세라 선지자는 갈멜산에 오지 않았을 것이다)을 죽인 사건은 아합 왕에 의해 이세벨에게 알려졌다. 이 소식을 전해들은 그녀는 극도로 노했다. 이세벨은 엘리야를 반드시 죽이겠다고 자기 신의 이름을 들어 선언한다. 급해진 것은 엘리야였다. 이 정도면 아합 왕과 이세벨이 정신을 차릴만도 한데, 지금 이세벨은 독을 품고 있는 것이 아닌가. 그렇다고 이세벨은 엘리야를 잡기 위해 군대를 동원할 수 없었다. 백성들의 인심이 돌아서기 시작했기 때문이다. 그녀는 한 사람을 보내 "내일 이맘때까지 너를 죽이겠다"고 통보한다. 엘리야는 갑자기 두려워지기 시작한다. 갈멜산에서의 믿음은 어디로 간 것일까?

1. 엘리야는 도망가기 시작한다. 갑자기 두려운 생각이 들었기 때문이었다. "도망가자, 국경을 넘어 먼 곳으로." 그는 남쪽으로 사환과 함께 도망한다. 그는 유다 왕국의 브엘세바까지 와서 한숨을 돌린다. 브엘세바가 어딘데?

   • 브엘세바(Beersheba) : 네게브(사해 남쪽 지역) 지방에 위치한 종교적 중심의 성읍으로 이스라엘의 최남단을 가리킬 때 지칭되었다. "단에서 브엘세바까지"(삿 20:1, 왕상 4:25)라는 말은 이스라엘 전체를 가리키는 말이다. 이 지역은 애굽으로 가는 길과 유다 해안으로 가는 길목에 있다. 아브라함과 이삭이 이곳에 체류한 적이 있었다(창 22:19, 28:10). 브엘세바(בְּאֵר שֶׁבַע)라는 말은 '일곱개의 우물' 또는 '맹세의 우물'이라는 뜻이다.

(1) 엘리야는 브엘세바까지 와서 숨을 돌린다. 이스르엘에서 이곳까지가 160km라고 한다. 엄청난 거리를 단숨에 달려왔다. 그만큼 이세벨의 노는 격렬한 것이었다. 엘리야는 이곳에 같이 도망왔던 사환을 남겨두고 애굽으로 가는 길로 들어선다.

(2) 엘리야는 혼자 하룻길쯤 광야로 들어섰다. 그는 어느 한 로뎀나무(broom tree, juniper tree) 아래서 죽기를 기도한다. 무엇이라고 기도했을까?

19:4 "가로되 여호와여 (　　　　)하오니 지금 내 생명을 취하옵소서 나는
내 (　　　　)보다 낫지 못하니이다 하고."

'넉넉하오니'(enough, 라브, רַב) : '라브'라는 말은 '크다, 족하다, 풍부하다'라는 의미로 쓰였다. 그러니까 한마디로 나는 할 만큼 하고 살 만큼 살지 않았느냐는 말이다. 게다가 자신은 열조에 비해서도 뛰어나지 못한 자이니

하늘나라로 데려가 달라는 말이다.

(3) 바알 선지자들과 그렇게 강력하게 전투를 벌였던 엘리야, 그가 그렇게 쉽사리 낙심할 수 있을까? 그렇다. 낙심할 수 있다. 왜냐하면 그 역시 우리와 동일한 성정(nature)을 가진 인간이기 때문이다(약 5:17). 그는 극한적인 상황에서 절망한다. 독기를 품은 이세벨의 선전 포고에 엘리야는 놀란다. 갈멜산 전투의 결과를 전해 들은 이세벨은 전혀 변함이 없었다. 이제 이세벨은 분명히 굴복하고 자신이 믿고 있던 신이 우상이었다는 것을 고백했어야 했다. 그러나 결과는 정반대였다. 엘리야의 절망은 공포로 변했고, 그는 이세벨의 칼날을 피해 전력 질주해 도망가고 있다. 자기의 생명이 이세벨의 손 안에 있다고 생각했기 때문이었다.

(4) 엘리야는 지금 몹시 지쳐 있다. 그는 하나님께 자신을 하늘나라로 데려가 달라고 떼를 쓰고 있다. 요나 선지자도 이와 비슷한 탄식을 했다지? (욘 4:7-8 참조) 음식도 먹기 싫었다. 낙심한 데다 기진맥진해진 엘리야는 그만 잠이 들어 버렸다. 얼마를 잤을까 천사가 엘리야를 깨우고 있었다. 하나님이 엘리야의 여정을 친히 간섭하셨다는 말이다. 그의 피곤함도, 그의 낙심하는 소리도, 이제 생명을 거두어달라는 투정도 다 알고 계셨다.

(5) 천사가 엘리야를 깨우면서 "일어나 먹어라."라고 말했다. 일어나 보니 뜨거운 돌 위에 떡과 물 한 병이 있었다. 엘리야는 그것을 먹고 다시 자리에 누워버린다. 또다시 잠에 떨어졌다. '에라, 모르겠다. 잠이나 자자.' 천사가 다시 나타났다. 천사가 다시 그를 깨우며 말한다. "일어나 먹어라. 아직도 갈 길이 멀구나." 아마, 떡을 먹다 말고 다시 잠이 들었나 보다. '떡이 무슨 맛이 있겠어.' '좀, 맛있는 것을 갖다 주지 않고….' 어쨌든 엘리야는 다시 일어나 그 떡을 먹고 가운을 차린다.

호렙산(시내산)으로

2. 떡을 먹고 정신을 차린 엘리야는 40주(晝) 40야(夜)를 걸어 호렙산에 도착한다. 호렙산은 어디일까? 그 위치에 대해 학자들마다 견해를 달리하지만 대체로 호렙산을 시내산으로 본다. 어떤 학자들은 시내산과 구별하기도 하나 여러 정황으로 보아 모세가 하나님의 언약을 다시 받을 때의 그 장소였을 것이다.

(1) 브엘세바에서 시내산까지는 약 320km나 된다. 정상인의 걸음으로는 보름

로뎀나무(juniper tree)

• 수리아, 팔레스틴, 시나이, 애굽 등지에서 흔히 볼 수 있는 별로 크지 않은 관상목의 일종이다. 잎은 거의 없으나 잔 가지가 많아 여행자들에게 그늘을 제공해 준다. 욥기 30:4에서는 '대싸리'로 번역했다. 봄이 되면 이 나무에서 빨간 줄무늬가 있는 하얀 꽃이 피는데 살구꽃 냄새가 풍긴다(아가페성경사전).

우울증 · 허탈감

• 아합과 이세벨을 공포의 도가니로 몰아넣었던 역전의 용사가 지금은 낙심천만하여 심한 우울증과 허탈감에 사로잡혀 있다. '하나님, 이제는 내 목숨을 취하여 가십시오'(19:4)라고 탄식하고 있다. 그는 육체적으로나 정신적으로 심한 탈진 상태에 있었다. 엘리야는 로뎀나무 아래서 죽기를 기도하고 있다. 그는 자신의 사역이 실패한 것으로 간주하고 있다. 그래서 인지 탈진으로 인해 깊은 잠에 빠져든다. 이렇게 위대한 사람도 탈진하여 허탈감에 빠질 수 있다. 어떤 큰 일을 성취한 사람이 오히려 일이 끝난 후 우울증에 빠진 것을 볼 수 있다. 그러나 하나님은 그에게 사명이 남아 있음을 말씀하신다. 그의 사역은 아직 끝이 나지 않았다.

그곳 동굴에

אֶל־הַמְּעָרָה

the-cave into

• 엘리야는 호렙산에 이르러 '그곳' 동굴로 들어갔다고 했다(19:9). 여기 정관사(the, הַ)를 붙인 것을 보면 이미 독자들이 알고 있는 동굴(메아라, מְעָרָה)을 가리키고 있는 것 같다. 그렇다면 모세가 시내산에서 언약서를 받을 때 머물던 곳이 아닐까? 모세가 시내산에서 거했던 곳을 '반석 틈'(he cleft of the rock)이라고 표현했다(출 33:22). 모세는 이 반석 틈에서 하나님의 영광을 보았다. 그렇다면 엘리야 역시 같은 장소에서 하나님의 음성을 들었을 것이다.

정도면 갈 수 있는 거리라고 한다. 그러나 엘리야는 40주 40야를 행하여 하나님의 산 호렙에 도착했다고 했다. 천사가 갖다 준 떡을 먹고 기운을 얻었지만 하나님의 특별한 도우심이 없었다면 불가능한 행군이었다.

(2) 엘리야는 이 40주 40야를 걸으면서 무엇을 생각했을까? 그는 광야길을 걸으면서 이스라엘 백성들의 광야 40년을 상기했을 것이다. 하나님의 기적적인 인도하심이 아니었다면 그 생존이 불가능했던 광야의 이스라엘 백성들, 그리고 40주 40야를 걸어 호렙산에 도착한 엘리야 역시 하나님의 동행하심으로써만 가능한 생존이었다.

3. 호렙산에 도착한 엘리야는 동굴(메아라, מְעָרָה)*을 발견하고 그곳에 들어가 밤을 지샜다. 그런데 하나님이 나타나셨다. 하나님은 엘리야에게 이렇게 물으신다.

(1) "엘리야야, 네가 어찌하여 여기 있느냐?" 물론 하나님이 그 이유를 모르실 리 없다. 그를 인도하신 분이 하나님이시기 때문이다. 하나님은 실의에 빠진 엘리야에게 다시 용기를 주고자 하셨다. 아직도 그에게 할 일이 남아 있었기 때문이다.

(2) 물론 엘리야는 하나님께 그 이유를 설명하고 있다(19:10).

• "저가 대답하되
 내가 만군의 하나님 여호와를 위하여 '열심이 특심하오니'1)
 이는 이스라엘 자손이…내 생명을 취하려 하나이다."

• 로마서에서 바울은 '엘리야가 이스라엘을 하나님께 송사하고 있다'고 했다. "하나님이 그 미리 아신 자기 백성을 버리지 아니하셨나니 너희가 성경이 엘리야를 가리켜 말한 것을 알지 못하느냐 저가 이스라엘을 하나님께 송사하되 주여 저희가 주의 선지자들을 죽였으며 주의 제단들을 헐어 버렸고 나만 남았는데 내 목숨도 찾나이다 하니"(롬 11:2-3)

① 주의 (　　　　)을 버리고
② 주의 (　　)을 헐며
③ 칼로 주의 선지자들을 죽였음이오며

קַנֹּא קִנֵּאתִי

1) 열심이 특심하오니(very zealous) : קנא(jealous)라는 말을 중복 사용함으로써 그 뜻을 강조하고 있다. 그러니까 열심 위에 열심을 냈다는 말이다.

오직 ( )만 남았거늘
저희가 내 생명을 찾아 취하려 하나이다.

(3) 엘리야는 지금 이스라엘 백성을 송사하고 있다. 백성들이 주의 선지자들을 죽이고, 주의 제단들을 헐어버리고, 이제 나만 남았는데 내 목숨까지도 찾고 있다는 것이다. '그런데 하나님, 어찌하여 보고만 계십니까?' 나는 더 이상 이를 감당할 힘이 없사오니 이제는 하나님이 개입하셔야만 된다는 것이었다.

(4) 하나님은 엘리야에게 산 위로 올라가라고 말씀하신다. 그곳에서 "내가 네 앞으로 지나가겠다"고 약속하셨다. 엘리야는 그곳에서 놀라운 광경을 보게 된다. 크고 강한 바람이 산을 가르고 바위를 부수기 시작했다. 그러나 그 가운데 하나님은 계시지 아니했다. 바람이 지난 후에 지진이 계속되었으나 그 지진 가운데도 하나님은 계시지 아니했다. 그 지진 후에 불이 있으나 불 가운데도 하나님은 계시지 아니했다. 엘리야는 다시 동굴로 돌아왔다(19:3). 조금 있다가 세미한 음성*을 들을 수가 있었다. 하나님이 엘리야에게 나타나신 것이다. 엘리야는 겉옷으로 얼굴을 가리고 동굴 밖 입구에 서 있었다.

하나님은 전과 같이(9절) 엘리야에게 질문하신다. 물론 엘리야를 자각시키기 위하여 물으신 것이었다. 즉 '아, 이놈아(?) 네가 나의 기적을 체험하고도 그렇게 낙심하느냐?'란 의미였다. 이 질문에 대한 엘리야의 대답 역시 전과 같았다. 하나님의 전능하신 역사(바람, 불, 지진)를 보고도 엘리야의 마음은 여전했다. "나만 남았단 말이에요."

4. 이제 자신만 남았다고 불평(?)하는 엘리야에게 하나님은 이렇게 말씀하신다 (로마서 11:4-5도 읽고 그 뜻을 설명해 보라).

19:18 "그러나 내가 이스라엘 가운데 ( ) 인을 남기리니 다 무릎을 바알에게 꿇지 아니하고 다 그 입을 바알에게 맞추지 아니한 자니라."

(1) 엘리야는 지금 엄청난 도전 앞에서 절망하고 있다. 그의 눈에는 바알에게 대항하고 있는 사람이 자기 자신뿐인 것처럼 느껴졌을 것이다. 누가 그가 당한 어려움을 이해할 수 있을까?! 엘리야의 이런 울부짖음에 하나님은 그래도 아직까지도 바알에게 무릎 꿇지 아니한 자 7천 명*을 남겨두었다고 말씀하신다. 이들은 은혜의 선택을 따라 남은 자들이었으며, 하나님은 이 남은 자들로 인하여 이스라엘 백성을 심판하지 않으셨다.

세미한 음성

קוֹל דְּמָמָה דַקָּה
gentle whisper voice

하나님의 임재는 불과 바람, 지진 등의 현상과 함께 임했다(출 19장, 십계명을 받을 때). 그러나 이번에는 위와 같은 현상으로 임재하지 않으셨다. 오히려 불(火) 후에 세미한 음성으로 자신을 계시하셨다. 하나님의 임재 방식은 다양함을 볼 수 있다. 항상 전통적인 방식만으로 임재하신다고 주장하면 안 된다.

세미한 음성으로의 임재 방식은 이미 탈진한 엘리야에게 용기와 위로를 주시는 한 방편이었을 것이다. 세미한 음성이 들리자 엘리야는 하나님의 계시로 알아차리고 겉옷으로 얼굴을 가리웠다(출 33:22, 23 참조). 겉옷으로 얼굴을 가린 엘리야는 굴 어귀로 나가 하나님이 행동하시기를 기다렸다. 하나님은 이번에도 "네가 왜 여기에 있느냐?"고 말씀하신다. 엘리야는 이런 하나님의 거듭된 질문에도 같은 말만을 되풀이했다. "…그리고 나만 남았나이다"라고 변명함으로써(19:10, 14) 마치 혼자만 전투를 한 것처럼 영적 교만함이 들어 있었다.

또한 엘리야는 하나님을 진정으로 섬기고 있는 사람은 자기 혼자뿐이라고 생각했다. 하나님은 이런 엘리야의 생각을 바꿔주신다. 그리고 남은 사역을 감당하도록 그에게 용기를 주셨다.

7천 명이란 숫자

• 하나님께 충성된 자는 하나도 없고 오직 자기 혼자만 남았다는 엘리야의 투정에 하나님은 바알에게 무릎 꿇지 아니한 자, 즉 '남은 자' 7천 명을 남기시겠다고 말씀하셨다. 여기서 7천이라는 숫자는 물론 개략적인 숫자이다(롬 11:1-4 참조). 문자적이라기보다는 하나님이 정하신 구원 받을 자의 총수를 가리킬 것이다. 3은 하늘의 숫자, 4는 땅의 숫자, 7은 이의 합계로 만수를 가리킨다. 1,000은 세상적인 만수인 10의 3승이니 역시 만수이다.

(2) 이제 하나님은 엘리야에게 바알 선지자들과의 싸움이 결코 엘리야 개인의 대적과의 싸움이 아님을 알려주셨다. 여호와께 충성된 자는 오직 자기 하나뿐이라는 생각이 잘못된 것임을 깨닫게 해주셨다.

5. 엘리야는 용기를 다시 얻었을 것이다. 엘리야는 하나님으로부터 다시 소명을 받는다. 하나님은 그가 다시 용기를 갖고 일어설 수 있도록 그에게 나타나셨던 것이다. 하나님은 우선 바알에게 무릎 꿇지 아니한 7천 명의 남은 자를 붙여주셨다. 이들을 인하여 이스라엘은 버림을 당하지 않게 될 것이다. 그리고 그의 사역을 승계할 수 있는 선지자도 붙여주셨다. 그에게 주어진 사명이 무엇인가?

19:5-17 ① 하사엘에게 기름을 붓고 ② ③

(1) 하나님은 이스라엘의 반역에 대해 징계하실 것이다. 하나님은 아람 왕 하사엘(Hazael)에게 기름을 부어 왕이 되게 하라고 명령하신다. 이제 이 하사엘을 통해 이스라엘은 징계를 받게 될 것이다. 하나님은 자기 백성 이스라엘의 죄에 대해 묵과하지 않으신다. 하나님의 명예는 아합을 위시하여 모든 이스라엘 백성 때문에 크게 실추되었다. 또 예후에게 가서 기름을 부으라고 말씀하신다. 그가 이스라엘의 왕이 되어 아합을 심판하게 될 것이다.

(3) 엘리사에게 가서 기름을 부어 너 대신 선지자가 되게 하라고 하신다. 너무 힘들어하는 엘리야의 태도가 그의 사역을 단축시켰는지 모른다. 하나님은 이스라엘을 심판하시기 위해 이방 왕을 들어쓰시기도 한다. 이 세 인물이 우상숭배한 이스라엘을 치게 될 것이다. 특히 아직도 바알에게 입맞추지 아니한 7천인을 남기실 것이다.

The Call of Elisha

• 왕상 19:19 "엘리야가 거기서 떠나 사밧의 아들 엘리사를 만나니
저가 열두 겨리 소를 앞세우고 밭을 가는데
자기는 열두째 겨리와 함께 있더라 엘리야가
그리로 건너가서 겉옷을 그의 위에 던졌더니
저가 소를 버리고 엘리야에게로 달려가서 이르되
청컨대 나로 내 부모와 입맞추게 하소서
그리한 후에 내가 당신을 따르리이다
엘리야가 저에게 이르되 돌아가라 내가 네게 어떻게 행하였느냐 하니라
엘리사가 저를 떠나 돌아가서 소 한 겨리를 취하여 잡고
소의 기구를 불살라 그 고기를 삶아 백성에게 주어 먹게 하고
일어나 가서 엘리야를 좇으며 수종들었더라."

사밧의 아들 엘리사를 만나니 저가 열두 겨리 소를 앞세우고 밭을 가는데 자기는 열두째 겨리와 함께 있더라

엘리사가 부름을 받음(왕상 19:19-21)

1. 엘리사의 사역에 대한 이야기는 열왕기하 2장에서부터 나온다. 자세한 이야기는 그때 하기로 하고 여기서는 엘리야가 다시 용기를 얻고 엘리사를 만나는 과정만 설명하기로 하자.

(1) 엘리야는 호렙 산을 떠나 아벨므홀라로 가 엘리사를 찾는다. 벧산에서 남쪽으로 약 16km지점이라고 한다. 갈릴리에서는 남쪽으로 약 38km 지점이다. 마침 엘리사는 밭을 갈고 있었다. 엘리사는 열두 겨리의 소를 앞세우고 밭을 갈고 있었는데, 그는 열두 째 겨리와 함께 있었다. 1겨리는 두 마리의 소를 가리킨다. 이로 보아 엘리사는 가정이 부유했던 것 같다.

(2) 엘리야는 겉옷을 그에게로 던졌다. 이는 예언적 권위가 그에게 옮겨졌음을 뜻하는 일이었다. 하나님은 이미 탈진 상태에 있었던 엘리야에게 엘리사를 붙여 동역케 하셨다. 엘리사의 반응이 어떠했을까? (19:20)

(3) 엘리사는 즉시 부름에 응답했다. 그는 엘리야에게 부모님에게 입맞추고 마지막 인사를 할 수 있도록 부탁했다. 엘리사는 소 한 겨리를 취하여 제사를 드리고, 소의 기구를 불살라 그 고기를 삶아 백성에게 주어 먹게 하고 엘리야를 따랐다. 이는 그가 앞으로의 사역에 결코 뒤를 돌아보지 않겠다는 뜻을

보여준 것이었다. 이제는 전의 일은 다 과거로 돌려버리고 전적으로 하나님께 헌신하겠다는 약속이었다. 엘리사는 농사 일로 바쁜 사람이었지만 그 모든 부와 안정을 버리고 하나님의 일을 위해 돌아섰다. 하나님은 게으른 자에게 하나님의 일을 맡기시지 않는다.

(4) 엘리사의 사역 기간 : 여호람, 예후, 여호아하스, 요아스 왕의 통치 기간 동안 북이스라엘에서 활동했다. '엘리사'라는 이름은 '하나님은 구원이시다'라는 뜻이다. 엘리사는 엘리야의 후계자로서 엘리야보다 갑절이나 되는 영감을 구하여 받았다(왕하 2:9-15). 그는 약 50년간에 걸쳐 병든 이스라엘을 치료하려고 애를 썼다.

2. 엘리야의 사역은 열왕기하에서 계속 소개된다. 엘리사와의 공동 사역은 엘리야가 승천할 때까지 약 10여 년간(대강 그의 사역을 살펴볼 때) 계속된다. 엘리야의 전체적인 삶의 조명은 열왕기하 교재에서 다루기로 하자. 아합 왕의 악행이 다음 장에서 소개된다. 또한 아람과의 전쟁도 소개된다.

적용을 위한 묵상

기적은 언제, 왜 일어날까?

- 하나님의 사역을 하다 탈진할 수 있다. 그때 나도 모르게 떠오르는 생각이 있다. 대체로 어떤 생각들을 하게 될까? '하나님, 왜 나에게만 이런 힘든 일을 시키시나요?' 그런 소리 안 한다고요? 그렇다면 굉장한 믿음입니다.

- 하나님은 자기 백성 이스라엘의 범죄에 제동을 거신다. 극적인 상황으로 인해 파멸에 이르지 않게 하기 위해서이다. 엘리야와 같은 강력한 선지자를 동원해 이세벨의 만행에 쐐기를 박으신다. 이세벨은 어느 쪽이 참신의 역사인지 분명한 판단을 보고서도 그 마음을 돌이키지 않는다. 아니 그녀는 오히려 더욱 표독스러워졌다.

- 하나님의 기적적인 역사를 보여준다고 해서 꼭 주님을 믿는 것은 아니다. 현대인은 웬만한 전도 방법에 관심을 기울이지 않는다. 바알의 종교보다 더욱 달콤한 일들이 너무 많기 때문이다. 아직도 바알과 하나님 사이를 저울질하는 사람들이 많이 있다.

- 엘리야가 다시 와서 기적을 베푼다해도 크게 달라질 것은 없다. 성령님만이 강퍅한 심령을 움직일 수 있다. 그 성령님을 의지하기보다는 훌륭한 전도 방법을 배우려고 더 많은 시간을 투자한다. '너는 그런 훈련이라도 받아보기는 했니?' '…?'

열왕기상 17-19장 요약 정리

요약 질문

17장: 엘리야의 가뭄 선포

- 엘리야의 사역 기간을 말해 보라.
- 엘리야는 아합 왕에게 3년 기근을 선포한다. 이 재앙을 선포하게 된 동기를 살펴보라.
- 이스라엘에게 기근과 가뭄은 우연한 것인가? 하나님의 언약과 관련해서 설명해 보라.
- 바알과 아세라 선지자들은 이세벨의 보호 아래 그 세력을 무한정 키워가고 있었다. 이들 종교의 특징은 무엇인가?
- 사르밧은 어느 지역인가? 엘리야는 왜 그곳으로 가게 되었는가? 또 사르밧에서의 사역을 설명해 보라. (왕상 17:7-24)

18장: 갈멜산의 전투(18:1–46)

- 갈멜산의 위치는?
- 갈멜산에서의 양 진영의 숫자와 구성원을 말해보라.
- 갈멜산에서의 대결 장면과 그 결과를 설명해 보라.
- 갈멜산 전투로 바알 종교가 무너졌을까? 전투 결과를 들은 이세벨의 반응은 어떠했나?

19장: 호렙산으로 피신(19:1–18)

- 호렙산은 어디를 가리키는가?
- 호렙산까지 가는 도중에 벌어졌던 내용을 이야기해보라.
- 하나님은 호렙산에서 어떤 모습으로 나타나셨는가?
- 엘리야는 하나님께 자신만 남았다고 항의조로 묻는다. 이에 대해 하나님은 어떻게 응답하셨나?
- '바알에게 무릎 꿇지 아니한 자 7천 명을 남겨두었다'는 말은 무엇을 의미하는가?
- 엘리야는 다시 용기를 얻고 남은 사역을 계속하기 위해 돌아온다.

Summary

- 엘리사가 부름 받는 장면을 이야기 해보자.

확대경(No. 8)

바알에게 무릎 꿇지 아니한 자 7천명

1. 엘리야는 갈멜산에서의 한판 승부로 아합 정부를 경악케 했다. 바알 우상 숭배의 실질적인 지배자인 이세벨의 분노는 극에 달했다. 그렇다고 그녀는 지금 군대를 동원할 수 없다. 상황이 반전되었기 때문이다. 그녀는 엘리야에게 한 사람을 보내 "내일 이맘 때까지 너를 죽이고 말겠다"고 극언을 퍼부었다. 자신이 믿는 신들의 이름을 들먹이며 맹세까지 했다. 이에 놀란 엘리야는 브엘세바를 거쳐 호렙 산까지 도망간다.

(1) "네가 어찌하여 여기 있느냐?"라는 하나님의 계속된 질문에 엘리야는 오직 자신만 남았다고 불평(?)한다. 그는 열심을 다해 투쟁했지만 실패했다고 여겼다. 이런 엘리야에게 하나님은 자비를 가지고 다가오신다. 하나님은 세미한 음성으로 자기를 계시하셨다. 하나님은 지금 엘리야를 꾸짖고 계신 것이 아니다. 하나님은 출애굽기 19:16-18에서 보는 것처럼 나타나지 않으셨다. 그리고 며칠 전에 갈멜산에서처럼 나타나지도 아니하셨다. 이제 하나님은 자비하신 모습으로 나타나셔서 엘리야에게 말씀하신다. 이후의 사역은 극적인 방법을 사용하지 않으실 것이라는 의미이다. "이제는 나만 남았다"고 불안해하는 엘리야에게 하나님은 아직도 바알에게 무릎을 꿇지 아니하고, 그 입을 바알에게 맞추지 아니한 자 7천인을 남겨두었다고 말씀하신다(왕상 19:18).

(2) 사도 바울은 로마서에서 엘리야의 이야기를 인용한다(롬 11:3-4). 바울은 이때 엘리야가 이스라엘을 '송사했다'(pleads with – NASB / maketh intercession – KJV, 롬 11:2)고 했다. 엘리야는 이렇게 이스라엘을 송사한다: 저희가 ① 주의 언약을 어기고 ② 주의 단을 헐며 ③ 주의 선지자들을 죽였습니다. 그리고 엘리야는 하나님께 '왜 가만히 보고만 계십니까?'라는 투로 불평(?)한다. 이에 하나님은 세미한 음성으로 그에게 자신을 계시하신다. 그리고 엘리야에게 바알에게 무릎을 꿇지 아니한 자 7천 인을 남겨 두었다고 말씀하신다. 엘리야는 모세가 하나님의 언약을 다시 받은 그 동굴(출 33:22, 바위 틈)에서 하나님의 영광을 본다.

(3) 아합 때에 와서 이스라엘은 완전히 바알 숭배로 기울어졌다. 백성들은 여호와와 바알을 함께 섬기는 상황에서(Syncfritism) 한 걸음 더 나아가 이제는 하나님을 완전히 떠나 있었다. 갈멜산 전투에 참석했던 이스라엘 백성의 대표자들은 아직도 누가 참신인지 확신치 못해 유리한 쪽을 택하려고 그 결과만을 바라보고 있었다(왕상 18:21). 하나님은 엘리야의 송사에 대해 이렇게 말씀하신다.

즉 앞으로 ① 언약을 어긴 이스라엘은 철저히 심판하실 것이며, 이제는 ② 신실한 남은 자를 남겨두시겠다고 말씀하신다. 하나님은 이스라엘을 완전히 심판하실 것이나 그 중에서 바알에게 무릎 꿇지 아니한 사람과 같은, 즉 '남은 자'를 구원하시겠다는 것이다. 이후 모든 선지자들(주전 8세기의)이 전하는 핵심 메시지는 하나님이 엘리야에게 말씀하신 '남은 자'를 구원하시겠다는 내용의 확대 해석이다. 남은 자의 사상은 이사야에서 크게 드러난다.

2. 바울은 신약 로마서에서 이 사건을 인용하여 이스라엘의 구원 문제를 다루고 있다. 당시 유대인들은 바울이 전하는 복음에 대해 큰 오해를 하고 있었다. 바울은 사람이 구원을 받는 것은 오직 믿음뿐임을 강조했다. 따라서 누구든지 예수님을

영접하면 유대인이든 이방인이든 구원을 받을 수 있음을 강조했다(롬 1:16). 이는 구원의 근거가 행위에 있지 않고 오직 믿음에 있다는 것이다. 그렇다면 유대인은 어떻게 되는 것인가? 바울은 계속해서 당시 이스라엘의 상황을 묘사한다(롬 11:7). 대부분의 이스라엘은 구하는 의(하나님과의 올바른 관계)를 얻지 못했다. 오직 소수의 택하심을 입은 자가 의를 얻었고 나머지 대다수의 백성은 완악해졌다(롬 9:30-10:3). 이스라엘은 오히려 그리스도의 십자가에 이르는 길을 막고 있었다(롬 11:9-10).

(1) 바울은 이때에 엘리야 사건을 인용 설명하고 있다. 바울은 당시 강력한 불신 풍조가 있었지만 "은혜로 택하심을 따라 남은 자(remant)"가 있다고 주장한다(롬 11:5). 바울은 로마서 11:2-6에서 남은 자(여기서는 유대인 그리스도인)가 존재한다는 사실을 지적하면서, 하나님이 자기 백성을 버리지 아니하셨다는 사실을 설명해 간다. 물론 이 남은 자에 대한 사상에는 대다수의 이스라엘이 구원을 얻지 못한다는 사실이 함축되어 있다. 바울은 로마서 3:3에서도 이렇게 반문한다: "만일 유대인 중에 하나님을 믿지 않는 사람이 있다면 이 사실을 어떻게 설명하겠는가? 이 사람들이 믿지 않는다고 해서 하나님의 신실하심이 폐해진 것인가?" 그는 결코 그렇지 않다고 잘라 말한다. 모든 사람이 의롭지 못하지만 하나님은 참되시다고 하면서, '만약 하나님이 불의하시다면 그가 어떻게 세상을 심판하겠는가'(롬 3:6)라고 반문한다.

(2) 그렇다면 하나님은 이스라엘을 완전히 버리셨는가? 물론 바울은 그렇지 않다고 주장한다. 하나님의 이스라엘에 대한 사랑은 끊어지지 아니했으며, 하나님의 신실하심은 여전하다는 것이다. 이스라엘은 원래 하나님의 언약 백성이었다. 그런데 이스라엘에게는 오히려 그리스도의 십자가와 이방인도 믿음만으로 하나님의 백성이 된다는 사실이 걸림돌이 되었다. 그러나 강팍한 이스라엘도 이방인들이 누리는 하나님의 자비를 보고, 하나님께로 돌아올 것이라고 결론을 내린다(롬11:31). 물론 바울은 하나님의 신비한 구원 계획 전부를 명쾌하게 설명하지 못한다. 그는 하나님의 부요와 지혜와 지식을 찬양할 수밖에 없음을 한마디 시(詩)로 표현한다. 로마서 11:33-35을 읽어보자.

3. 엘리야의 역사는 구원사상의 주요 위치를 차지하고 있다. 엘리야에게 주어진 하나님의 말씀(남은 자의 개념)은 이후 선지자들이 전하는 메시지의 근거와 토대를 제공하게 된다. 그의 이야기는 신약 성경 여러 곳에 등장한다. 특히 마가복음 9장 변화산 사건에서 엘리야는 모세와 함께 나타난다. 모세가 나타난 것은 그 인물의 중요성 때문에 쉽게 수긍이 간다. 그렇다면 엘리야는 왜 나타나는가? 분명히 그의 사역의 비중이 모세와 동일한 차원에 있기 때문이었을 것이다. 여기서 그 내용을 언급하는 것은 적절치 않다. 선지자에 대해서는 열왕기하 교재에서 다뤄보기로 하자. (❈)

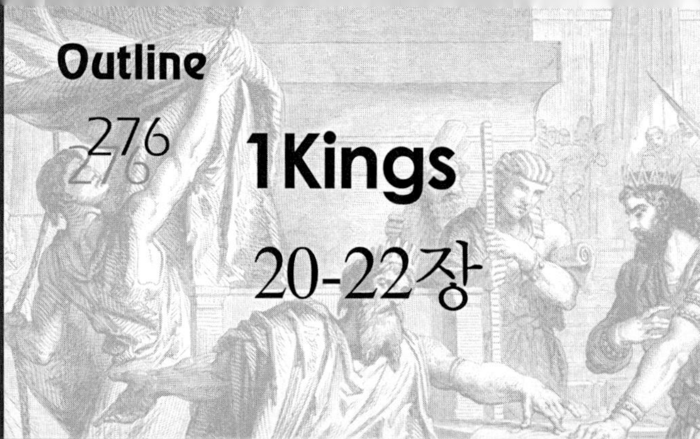

Outline

1Kings

20-22장

아합의 승리와 패배

아합은 아람(수리아) 왕 벤하닷 2세와
세 번의 전투를 벌이게 된다.

벤하닷은 그에게 속한 32열왕(列王)과 함께
이스라엘의 수도 사마리아를 공격한다.
벤하닷은 아합에게 속한 은금과
아합의 처자들도 요구했다.
처음에 아합은 이 요구에 응했지만
벤하닷은 또다시 도시 전체를 요구했다.

아합은 즉시 원로들과 상의한 후 이런 제의를 거절했다.
이런 와중에 한 이름 없는 선지자가 아합을 찾아와서
이번 싸움에 하나님의 도우심이 있을 것을 이야기한다.
아합은 하나님의 도움을 구하지 아니했지만
하나님은 이스라엘의 백성을 위해
아합으로 승리케 하신다.

이 선지자의 예언과 같이
아람 왕 벤하닷은 퇴각한다(20:1-12).
이때 아람 군대 10만이 죽는다.
남은 자는 아벡 성으로 도망했지만
그 성이 무너짐으로 2만 7천 명이 죽는다.
하나님의 도우심으로 아합이 크게 승리했다.

그러나 아합은 결정적인 실수를 하게 된다.
아합은 벤하닷을 그의 형제라고 부르고
그를 살려주게 된다.
아합은 전투의 승리가
하나님의 도우심으로부터 온 것을 잊고 오만했다.
하나님은 수리아와의 고질적인 전쟁을
끝맺을 수 있는 기회를 주셨지만
그 기회를 놓치게 되었고
국제 간의 양상은 더욱 복잡해져만 간다.

20장 (아람의 벤하닷과의 전투에서 승리)

- 20:1-9 트랜스요르단(요단 동편)을 차지하려는 이웃 나라들 간의 각축이 대단했다. 이스라엘에게는 다메섹이 가장 큰 적수였다. 이들은 자연히 남하정책을 펼쳤다. 아람 왕 벤하닷 2세는 그에게 예속된 32열왕과 함께 말과 전차를 이끌고 사마리아 성을 포위 공격했다.

- 20:10-22 이에 벤하닷은 아예 사마리아를 완전히 멸망시키겠다고 나섰다. 벤하닷은 자기 장막에서 술에 취해 있었다. 한 이름 없는 선지자가 와서 이번 싸움에 하나님의 도움이 있을 것을 전한다. 아합은 하나님의 도움을 구하지 아니했지만 성읍 방백의 부하 군인들 232명과 이들 외에 7천 명의 용사가 싸움에 합세했다. 벤하닷은 크게 패하고 퇴각한다. 선지자는 아합 왕에게 벤하닷이 내년 봄에 다시 쳐들어올 것이니 강한 군대를 만들라고 했다.

- 20:23-30 선지자의 말대로 벤하닷은 크게 패한다. 아람 군대 10만이 전투 첫날에 죽었고, 남은 자는 아벡으로 피신했으나 성이 무너짐으로 2만 7천이 죽는다(29-30).

- 20:31-34 벤하닷의 신하들은 성읍 골방에 숨어 있는 왕을 찾아가 아합 왕에게 살려달라고 간청해 보라고 조언했다. 이스라엘의 왕들은 근동의 왕들에 대해 인자했기 때문이다. 그런데 아합은 쉽게 용서해 주고 그를 형제라고 부르고 살려준다. 아합은 벤하닷을 자기 병거에 태우고 불가침 조약을 맺는다. 이에 벤하닷은 그의 부친 벤하닷 1세가 바아사(아합의 부친)에게서 빼앗은 성읍(15:20)을 되돌려주겠다고 약속한다. 또한 다메섹에서의 무역 특권도 제공했다.

- 20:35-43 아합 왕의 실수로 이스라엘의 원수 아람을 잠재울 아주 좋은 기회를 놓치게 된다. 하나님은 선지자의 무리 중에서 한 사람을 보내 하나님의 말씀을 전한다. 그 선지자가 어떤 방법으로 하나님의 뜻을 전달했는가는 본문을 읽어보자. 선지자는 아합에게 '죽이라고 한 사람을 살려주었으므로 그 대신에 아합 자신이 죽을 것'이라고 선포한다.

[이로부터 3년 후(B.C. 853)에 아합과 벤하닷은 연합하여 그들 공동의 적 앗수르(살만에셀 3세)와 대결했다. 앗수르 군대는 오른테스 강 기슭에 있는 카르카르(Qarqar)에서 격퇴당했다.]

21장 (나봇의 포도원 탈취 사건)

• 21:1-6 아벡 전투에서 아람에게 크게 승리한 이스라엘에는 한동안 평화가 있었다. 이 포도원 탈취 사건은 이 시기에 일어났다. 바알 종교의 저급한 도덕률은 사람들을 공포의 도가니로 몰아갔다. 그 중에 '나봇의 포도원 탈취 사건'은 대표적인 것이었다. 어느날 왕궁(이스르엘 평야의 여름 별장)을 거닐던 아합은 궁에 인접해 있는 크고 아름다운 포도원을 갖고 싶어했다. 그는 나봇을 찾아가 더 좋은 포도원을 대토해 줄 것을 약속하지만 나봇은 조상에게서 물려받은 그의 기업이었기에 아무리 왕의 요청이라도 들어줄 수 없다고 했다. 아합은 자기의 권력의 한계를 느끼고 얼굴을 돌리고 음식도 들려 하지 않았다.

• 21:5-16 마침내 탐심이 많은 이세벨이 보통 이방 왕들이 하는 방법대로 강제로 그 포도원을 뺏는다. 그녀가 이스라엘의 율법을 알 리가 없었다. 그녀는 편지를 써서 왕의 인을 치고 그 성에 사는 장로들과 유지들에게 나봇이 왕에게 큰 죄를 지은 것처럼 보낸다. 그리고 부랑자들로 하여금 나봇을 돌로 쳐죽이게 한다. 아합은 백성들을 돌보아야 할 왕이 아닌가!

• 21:17-26 엘리야 선지자는 아합에게 나타나 하나님의 심판을 전한다. 심판의 내용이 무엇인가?

• 나봇의 피를 핥던 개들이 – 같은 자리에서 네 피를 핥을 것이다.
• 네게 속한 남자는 – 다 진멸될 것이다.
• 이세벨은 – 이스르엘 성 곁에서 개들이 먹으리라.

• 21:27-29 아합은 이런 엘리야의 선포를 듣고, 옷을 찢고 굵은 베옷을 입고 금식에 들어간다. 그리고 그의 걸음걸이까지 조심하며 걸었다. 하나님은 이런 아합의 회개를 받으시고 그에게 내리시려던 재앙을 그의 아들 대에 내리기로 작정하신다.

열왕기상 22장 (아합의 패전과 죽음)

• 22:1-7 아합이 아벡을 점령한 후 당분간은 전쟁이 없었다. 이 두 나라는 앗수르라는 공동의 적을 물리치기 위해 잠시 동안만 동맹 관계에 있었다. 그 동맹 후 3년이 지나자 아합은 길르앗 라못을 점령하기 위해 그곳에 주둔하고 있던 아람 군대를 공격했다.

• 여호사밧은 이번 싸움이 합당한가를 여호와께 묻는 것이 어떠냐고 제안했다. 그래서 아합은 400명의 선지자들을 모은다. 이들은 바알 선지자들은 아니지만 우상 숭배와 관계가 있는 자들이었을 것이다. 물론 이들은 거짓 예언을 했다. 그러나 어딘가 믿지 못할 기분이 든 여호사밧은 다른 선지자를 요구했다.

• 22:8-28 그래서 미가야라는 선지자가 왔다. 그는 아합이 미워하는 선지자였다. 그는 흉한 일만 예언하기 때문이었다. 미가야는 예언하되 빈정거림으로써 거짓 선지자들의 예언을 지적했다. 아합은 그가 올바른 예언을 하리라는 것을 알아차렸다(16절). 미가야는 마침내 진실된 예언을 한다. 그는 아합이 전장에서 죽고 백성들은 흩어질 것이라고 예언했다. 그 옆에 있던 시드기야(거짓 선지자)가 미가야의 뺨을 때린다(24절). 물론 미가야는 다시 감옥에 갇힌다.

• 22:29-40 전쟁이 벌어지자 아합은 변장하고 적진으로 들어갔지만 결국은 죽임을 당한다. 그는 사마리아에 장사되었다. 그가 탄 병거를 연못에서 씻었는데 그 때 흘린 피를 개가 핥음으로써 예언이 성취되었다. 이후에도 오므리 왕조는 아람과 각축전을 벌인다. 아합의 아들 아하시야도 이세벨의 영향을 받아 바알 신에게 열중하기는 마찬가지였다(51-53절).

여호사밧의 유다 통치(22:41-50)

아람과의 전쟁(왕상 20:1-34)

아합이 이스라엘을 통치하고 있을 때 국제 정세는 매우 복잡했다. 트랜스요르단(요단 동편)을 차지하려는 이웃 나라들 간의 각축이 대단했다. 그 중에서도 이스라엘의 가장 큰 적수는 아람이었다. 이들은 자연히 남하정책을 펴 암몬과 모압을 지배하려 했다. 아람 왕 벤하닷은 그에게 속한 32명의 열왕들과 합세하여 이스라엘의 수도 사마리아를 공격해 왔다. 급해진 아합은 이들에게 전적으로 순종했다. 그러나 첫 번째의 조공에 만족을 느끼지 못했음인지 이들은 다시 아합에게 으름장을 놓아 도시 전체를 요구했다(아합의 신하들에게도 재물 요구). 그러나 아합은 즉각 원로회의를 소집하고 그의 제의를 거절하기로 했다. 이에 두 나라 사이에 큰 전투가 벌어졌다. 누가 승리했을까?

1. 이스라엘을 공격한 벤하닷은 어떤 인물인가?

(1) 이스라엘을 침공한 아람 왕은 벤하닷 2세를 가리킬 것이다. 그의 아버지 벤하닷 1세는 남쪽 아사 왕의 청병 요구에 응하여 북쪽 이스라엘의 갈릴리 지역에 위치한 몇 개의 성읍을 침공했던 자였다(왕상 15:18, 20). 그의 아들 벤하닷 2세는 확실한 침공 이유를 알 수 없지만 그에게 예속된 32열왕들과 함께 말과 전차를 이끌고 사마리아 성을 포위 공격했다.

(2) 벤하닷이 이끄는 연합군의 병력은 대단한 규모였다. 아합은 그의 공세에 겁이 나지 않을 수 없었다. 아합에게 일차적으로 요구한 것이 무엇인가?

- 왕상 20:3 "네 은금은 내 것이요 네 아내들과 네 자녀들의 아름다운 자도 내 것이니라 하매"

벤하닷의 요구에 아합은 순순히 응했다. 이를 거부한다는 것은 무모한 일이기 때문이었다. 처음 요구에 말을 잘 듣자 벤하닷은 더 많은 것을 요구했다. 내일 이맘때에 신하들의 집까지 금은 패물을 뒤질 것이라고 엄포를 놓았다.

(3) 급해진 아합은 즉시 원로들과 상의했다. "벤하닷이 또 우리를 괴롭히고 있소. 내 처자는 물론 은금을 내놓으라고 협박하고 있는데 나는 차마 거절하지 못하겠소." 원로들과 백성들은 그의 말을 무시하고 들어주지 말라고 했다. 술에 취해 있던 벤하닷은 이 말을 듣고 즉각 출동 명령을 내린다.

2. 화가 난 벤하닷은 아예 사마리아를 완전히 멸망시키겠다고 나섰다. 그는 큰 소리 쳤다. "내가 내 군인들을 보내 사마리아를 완전히 멸망시켜 버리겠다.

아람 왕들(열왕기에서)

- 르손(헤시온) (약 940-915) /왕상 11:23
- 다브림몬 (약 915-900) / 왕상 15:18
- 벤하닷 1세(약900-860) / 왕상 15:18, 20
- **벤하닷 2세(약860-841) / 왕하 6:24, 8:7, 9, 14**
- 하사엘 (841-801) / 왕상 19:15, 17, 왕하 8:8, 9:14, 10:32, 12:17, 13:3, 22, 24
- 벤하닷 3세 (약 801-?) / 왕하 13:3, 24-25
- 르신 (? - 732) / 왕하 13:37, 16:5, 6 (이사야 7:1, 4, 8)

- 아람 족속은 솔로몬 왕 때에도 이스라엘의 지배 하에 있었다. 분열왕국 초기에도 북이스라엘 왕국의 지배를 받았다. 그 후 아합 왕 시대에 벤하닷 2세는 사마리아를 침공한다(왕상 20:1). 그러나 결국 아합이 승리한다(왕상 20:21). 아합은 아람과의 길르앗 라못 전투에서 화살에 맞아 죽고 만다.

- 그 후 요람 왕 예후 왕 시대에는 막강한 세력으로 북이스라엘 왕국을 위협했다(왕하 8:28-29). 아람 족속은 앗수르에 의해 세력이 크게 약화된 후에도 이스라엘을 괴롭히다 바벨론 제국에 흡수되어 버린다.

내 군인들이 이 성에서 재를 한줌이라도 모을 수 있다면 신들이 나에게 무서운 벌을 내려도 좋다"(쉬운 성경, 20:10). 이때 아합 왕의 말이 이러했다:

- 왕상 20:11 "이스라엘 왕이 대답하여 이르되 갑옷 입는 자가 갑옷 벗는 자 같이 자랑하지 못할 것이라 하라 하니라."

(1) "싸워 보지도 아니하고 으시대며 갑옷을 벗지 말라"(공동번역). "아직 싸우고 있는 군인은 이미 이긴 것처럼 뽐내어서는 안 된다"(쉬운성경). 즉 네가 승리하기 전까지는 큰소리 치지 말라는 말이었다. 둘 사이에 한바탕 설전(舌戰)이 오갔을 것이고, 이어 벤하닷은 전투 명령을 내린다. 이때 벤하닷은 다른 왕들과 자기 장막에서 술에 취해 있었다. 전투를 앞에 놓고 아주 교만했다는 증거였다.

(2) 한 이름 없는 선지자가 아합에게 왔다. 이 선지자는 어떤 말을 전했는가?

- 왕상 20:13 "**한 선지자가** 이스라엘의 아합 왕에게 나아가서 이르되 여호와의 말씀이 네가 이 큰 무리를 보느냐 내가 오늘 그들을 네 손에 넘기리니 너는 내가 여호와인 줄을 알리라 하셨나이다."

선지자는 이번 싸움에 하나님의 도움이 있을 것이라고 했다. 아합이 하나님을 얼마나 신뢰했는지는 모르지만 성읍 방백의 소년(부하 군인)들 232명과 이들 외에 7천 명의 용사가 싸움에 합세했다.

(3) 때가 오정인지라(날이 덥기 때문에) 벤하닷은 그의 32명의 열왕들과 함께 장막에서 술을 먹고 취해 있었다. 아합의 군대가 먼저 벤하닷의 군대를 공격하기 위해 출동했다. 벤하닷의 정찰대가 이들을 발견하고 즉각 보고했다. 벤하닷은 설마 이들이 싸우러 오리라고는 생각지 못했다. 벤하닷은 취중에 이렇게 명령을 내린다. "싸우러 오든 협상을 하러 오든 무조건 잡아라."

(4) 아합의 군대가 선제 공격을 했다. 취중에 있던 열왕들이 이 갑작스런 공격에 싸움 한번 제대로 하지 못하고 도망가고 만다. 이 날 아합은 크게 승리한다. 벤하닷은 크게 패하고 퇴각한다.

3. 선지자는 아합 왕에게 벤하닷이 내년 봄에 다시 쳐들어올 것이니 돌아가면 강한 군대와 적을 막을 계획을 세우라고 했다.

이스라엘의 신은 산의 신?

- 전쟁에 패하고 나면 그 패인(敗因)을 조사하게 마련이다. 아합과의 싸움에서 패한 벤하닷은 그 요인을 분석한다. 이스라엘의 승리가 여호와로 말미암은 것을 알 리 없는 이들은 이스라엘의 신을 산의 신으로만 알고 있었다. 따라서 자신이들이 패할 수밖에 없었다고 생각했다. 이스라엘이 사마리아산의 신을 섬기고 있다고 생각했다. 이스라엘의 신의 능력을 어떤 한 장소로 제한했다. 만약 다음번의 전투 때 평지에서 싸운다면 자신들이 승리할 수 있다고 패인을 분석했다.

왜 이들은 이스라엘의 신을 산의 신으로 이해했을까? 여호와가 호렙산이나 갈멜산, 그리고 이번에 싸운 사마리아산에서 나타나셨기 때문일까?

어쨌든 다음해에 벤하닷은 다시 대오를 정비하고 아벡 가까이에 있는 이스르엘 평지에 진을 쳤다. 칠 일이 지난 후 전투가 벌어졌는데, 벤하닷은 또다시 대패했다. 이 전투에서 10만 명이나 죽고 퇴각한다. 물론 전쟁의 승리가 이스라엘의 죄악에도 불구하고 그들을 용서하시는 하나님의 은혜 때문이라는 사실을 아합은 미처 깨닫지 못한다. 전쟁에서 승리한 후 아합은 결정적 실수를 범한다.

아벡(Aphek): 아벡이란 동일한 이름이 여러 곳 있다. 지중해에 까까운 아셀의 아벡(수 19:30) / 욥바 동편 에브라임의 아벡(수 12:18) / 갈릴리 동편 므낫세의 아벡(왕하 13:7) = 오늘 전투 지역은 맨 마지막 지역이었을 것이다.

(1) 뜻하지 않게 공격을 받아 대패한 아람 군대는 지휘관 회의가 열리고 그 패인을 조사했다. 이들은 패인을 무엇으로 보고 있는가?

- 왕상 20:23 "아람 왕의 신하들이 왕께 아뢰되 **그들의 신은 산의 신이므로** 그들이 우리보다 강하였거니와 우리가 만일 평지에서 그들과 싸우면 반드시 그들보다 강할지라."

아람 사람들은 그들이 전쟁에서 패한 이유를 평지에서 싸웠기 때문이라고 결론을 내렸다. 이스라엘의 신은 산(山)의 신이라는 것이다. 벤하닷의 참모들은 32명의 열왕들도 갈아치우고 새로운 지휘관을 임명할 것을 제안했다. 벤하닷은 이를 받아들인다.

(2) 이듬해 봄 벤하닷은 대오를 정비하고 다시 이스라엘을 공격했다. 아랍 왕의 장교들의 말처럼 이스라엘의 신을 산의 신으로 이해했다. 따라서 사마리아 산지에서 싸우지 않고 평지에서 싸운다면 쉽게 승리할 수 있으리라 생각했다. 그래서 이스라엘과 싸우려고 아벡으로 향했다. 이스라엘 백성들도 전쟁 준비를 위해 아벡으로 향했다. "이스라엘의 군대는 염소 새끼의 두 적은 떼와 같고 아람 사람은 그 땅에 가득했다"고 했다(20:27).

(3) 이번에도 하나님의 사람이 아합 왕에게 와서 이스라엘이 승리할 것이라고 예언했다. 이들은 평지에서 일주일간을 대치했다(29절). 7일째 되는 날 두 진영은 접전하게 되었고 결과는 이스라엘의 대승이었다. 이스라엘 군대가 아람 군대를 하루에 보병 (　　　　　)명을 죽이는 대 전과를 올렸다. 벤하닷의 남은 자는 아벡으로 피신했으나 성이 무너짐으로 2만 7천이 죽는다(29-30절). 하나님은 놀라운 방법으로 아합으로 승리케 하셨다.

아합은 벤하닷을 쉽게 용서해 주고 그를 자기 병거에 태우고 불가침 조약을 맺는다.

4. 벤하닷은 성으로 도망쳐 숨는다. 벤하닷의 신하들이 왕을 찾아가 기왕 죽을 몸인데 이스라엘 왕에게 살려달라고 간청해보자고 한다. 벤하닷은 이에 동의했고, 벤하닷의 신하들은 베로 허리를 묶고, 테두리를 머리에 이고, 아합 왕을 찾아가 "왕(아합)의 종 벤하닷이 제발 목숨만 살려 달라고 말했다"고 아뢴다. 아합은 이 말을 듣자 "그가 아직도 살아 있었느냐?"라고 반가움을 표시하고 그를 '나의 형제'라고 부르고 용서해준다. 아합은 결정적인 실수를 범했다.

(1) 아합은 벤하닷을 쉽게 용서해 주고 그를 자기 병거에 태우고 불가침 조약을 맺는다. 죽을 뻔하다가 살아난 벤하닷은 아합에게 답례했다. 어떤 약속을 했는가?

• 왕상 20:34 "벤하닷이 왕께 아뢰되 내 아버지께서 당신의 아버지에게서 빼앗은 모든 성읍을 내가 돌려보내리이다 또 내 아버지께서 사마리아에서 만든 것 같이 당신도 다메섹에서 당신을 위하여 거리를 만드소서 아합이 이르되 내가 이 조약으로 인해 당신을 놓으리라 하고 이에 더불어 조약을 맺고 그를 놓았더라."

(2) 그러나 아합 왕은 아람과의 고질적인 전쟁을 끝맺을 수 있는 아주 좋은 기회를 놓치게 된다. 이런 아합 왕의 결정으로 국가 간의 양상이 더욱 복잡해지고 전쟁을 계속하게 만드는 결과를 낳는다. 하나님은 선지자의 무리 중에서 한 사람을 보내 하나님의 말씀을 전한다. 그 선지자가 어떤 방법으로 하나님의 뜻을 전달했는가는 본문을 읽어보자.

20:35-43

아합에게 하나님의 말씀을 전하는 선지자는 마치 다윗이 범죄했을 때 나단이 비유를 들어 설명한 것과 같은 방법으로 메시지를 전했다. 즉 선지자는 "죽이라고 한 사람(벤하닷)을 살려주었으므로 그 대신에 아합 자신이 죽을 것"이라고 전했다.

아합은 왜 벤하닷을 살려주려고 했을까?

시리아를 중심으로 하는 서부 지역의 왕들이 주도권을 잡으려고 서로 티격태격하는 동안 앗수르가 다시 그 세력을 확장하고 있었다.

앗수르는 이들의 공동의 적이었다. 따라서 벤하닷을 살려주는 것이 앗수르의 남하 정책을 저지하는 데 도움이 도리라 생각했을 것이다.

5. 아합은 왜 벤하닷을 살려주려고 했을까? 아합은 아마 치밀한 계산이 있었을 것이다. 당시 국제 정세를 살피는 것이 본문 이해에 도움이 될 것이다.

(1) 시리아를 중심으로 하는 서부 지역의 왕들이 주도권을 잡으려고 서로 티격태격하는 동안 앗수르가 다시 그 세력을 확장하고 있었다. 앗수르의 디글랏빌라셋(Tiglath-Pileser) 1세는 이미 지중해까지 그 세력을 뻗치고 있었다(B.C. 1000년경). 그러나 앗수르는 여러 이유로 다시 소국(小國)으로 전락했다. 그러나 9세기 초 앗수바니팔 2세(B.C. 833-859)는 다시 영토 확장 정책을 편다. 그의 군대는 북부 수리아와 페니키아(두로, 비블로스, 두로, 시돈 등)에게서 조공을 거둬들였다.

(2) 마침내 그의 아들 살만에셀 3세는 그의 재위 6년(B.C. 853)에 니느웨에서 출발하여 카르카르(Qarqar)까지 진출했다(지도 참조). 따라서 이스라엘 역시 그 위협 속에 놓이게 되었다. 당연히 이 지역은 연합군을 형성하여 대항했다. 물론 이 전투 상황은 성경에 기록되어 있지 않으나 살만에셀의 기록에 의하여 자료가 남아 있다(현재 대영박물관 소장).

아합 왕은 아람과의 고질적인 전쟁을 끝맺을 수 있는 절호의 기회를 놓치게 된다.

282 위의 연맹국이 앗수르에 대항하기 위해 카르카르로 집결했다. 아합 군대의 비중이 적지 않음을 본다. 마병대의 숫자가 절반이 넘었다. 이스라엘의 군사력이 만만치 않았음을 암시한다. 유다의 군대의 언급이 없으나 이스라엘과 함께 편성되어 출전했을 것이다.

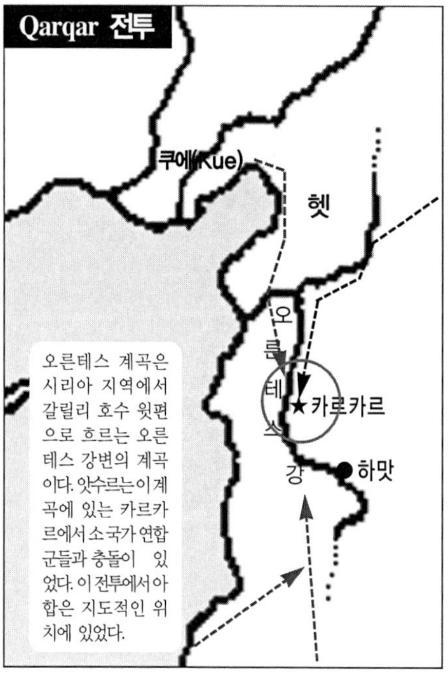

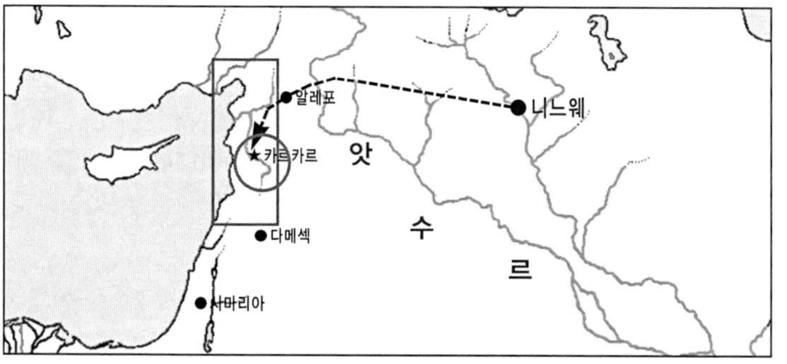

- 하맛의 이르훌레니 병거 700(보병 10,000)
- 쿠에 (보병 500)
- 이집트 (보병 1,000)
- 아라비아 긴디부(낙타 1,000)
- 암몬의 르홉의 아들 바아사 (?)
- 기타

(3) 그 당시에 앗수르에 대항한 연합군의 숫자가 기록되어 있다. 이때 아합은 병거 2,000과 보병 10,000명을 참가시켰다고 기록되어 있다. 다메섹의 하닷에셀(성경의 벤하닷 2세)이 병거 1,200과 보병 20,000명을 참가시켰다. 옆의 참전 국가와 전투병 숫자를 참조해 보자.*

(4) 카르카르(Qarqar) 전투의 결과가 어떠했을까? 물론 앗수르의 기록은 살만에셀 군대가 승리한 것으로 되어 있으나 연합군이 앗수르의 세력을 물리친 것 같다. 이 과정에서 벤하닷과 아합은 밀월 관계를 갖는다. 그러나 이 밀월 관계는 3년 후에 아합이 길르앗 라못을 점령하기 위해 그곳에 주둔하고 있던 아람 군대를 공격하면서부터 깨졌다. 이 전투에는 남유다의 여호사밧 군대도 참여한다. **이 전투 과정에서 아합은 전사한다.**

적용을 위한 묵상 **소망이 없어보이는 백성, 그래도 끝까지 관심을 기울이신다**

- 극적인 상황에서 하나님은 이스라엘에게 구원을 베푸신다. 바알 종교로 멍들어가는 백성이지만 그래서 더욱 사랑하시는 것이리라. 선지자들을 보내셔서 나락으로 떨어지는 백성을 다시 끌어안으신다.
- 비록 맘에 안드는 아합 왕이지만 그래도 그를 도와 이스라엘로 승리케 하신다. 망나니 아들을 둔 부모의 심정이리라. 하나님은 한 가닥 희망을 끝까지 거두지 아니하신다. 가끔 매를 드실망정….

한 예언자가 아합 책망(왕상 20:35-43)

앞에서 이미 살펴본 것처럼 아합은 유능했지만 모든 것을 인간의 방법대로, 즉 세속적인 방법으로 나라를 다스리려 했다. 그는 무섭게 다가오는 앗수르의 세력을 견제하기 위해 이스라엘의 큰 원수였던 벤하닷 2세를 살려주었다. 아람과 이스라엘은 적대적 관계였지만 그들의 공동의 적인 앗수르를 대항하기 위해 동맹을 맺었던 것이다. 하나님은 아람(수리아)과의 고질적인 전쟁을 끝맺을 수 있는 기회를 주셨다. 물론 아합은 세속적인 방법으로 볼 때 올바른 선택을 했다고 생각했을 것이다. 결국 3년 후에 이스라엘과 아람의 동맹 관계는 깨어지고 만다. 아합은 아람을 공격했으나 그 전투에서 죽고 만다. 어쨌든 선지자의 무리 중에서 한 사람이 하나님의 말씀을 전하기 위해 아합 앞에 나타났다.

1. 선지자의 무리는 어떤 집단(?)을 가리킬까? 아마 선지학교*의 생도들을 가리킬 것이다. 하나님은 아합에게 징계를 선포하시기 위해 선지학교의 학생(the sons of the prophets, מִבְּנֵי הַנְּבִיאִים)을 보내신다. 아합으로 하여금 메시지의 의미를 정확히 파악하게 하기 위해서는 메시지를 전하는 사람(선지자)이 마치 자신이 전쟁을 겪었던 것처럼 보이도록 상처를 낼 필요가 있었다. 그렇다면 따귀를 때리는 정도가 아니라 거의 죽을 정도로 패야 한다.

(1) 하나님으로부터 명령을 받은 그 선지자는 그의 동료 선지자에게 여호와의 말씀이니(in the word of the LORD, בִּדְבַר יְהוָה) "네가 나를 쳐 상처를 내라"고 했다. 그러나 그의 동료는 이 명령을 거절한다. 왜 그랬을까?

• 나카(נָכָה)(Hiph) – '치다(창 32:8), 강타하다, 쳐죽이다(민 35:16), 쳐부수다, 공격하여 멸망시키다, 정복하다, 징벌하다' 등의 의미로 쓰였다. 아마 이 선지자는 동료를 전쟁을 겪었던 사람처럼 보이게 하기 위해 상처를 낼 수 없다고 동정심을 가졌을 것이다. 그러나 이는 여호와의 명령에 불순종한 것이요 반항이었다.

(2) 첫 번째 선지자가 두 번째 선지자에게 저주를 선포한다. 어떻게? (20:36)

하나님의 명령을 대수롭지 않게 여긴 두 번째 선지자는 정말 사자에게 물려 죽었다. 열왕기상 13:23-24에서도 이와 비슷한 일이 있었다. 어떤 사건일까?

(3) 첫 번째 선지자는 다른 선지자를 찾아가 위와 같은 주문을 했다. 이미 소문을 들었음인지, 세 번째 선지자는 첫 번째 선지자를 때려 상처를 내게 했다.

선지자의 무리

엘리야 시대에는 선지자들의 집단이 있었음을 알 수 있다. 이 선지자들의 집단이 사무엘에 의하여 조직된 집단이 계속된 것인지는 확실히 알 수 없다. 모세와 사무엘 사이의 기간에는 선지자들이 간헐적으로 출현하였는 데 반하여 엘리야 시대에는 선지자들이 계속 존재하여 그 직분을 행하였다. 선지자들은 백성들을 위한 하나님의 대변인 역할을 하였다. 이들은 계속하여 왕과 백성들을 권면하고, 꾸짖고, 위로하였다.

특히 북왕국의 상황이 악화되면서 선지자들은 이때 발생했던 우기들과 깊이 연관된다. 이중에서도 가장 극적인 인물인 아합 왕을 대적했던 엘리야의 사역이 두드러진다. 이때도 몇백 명의 선지자들의 무리가 있었음을 본다(왕상 22:6). 엘리야의 사역은 이미 본문에서 살펴보았다. 선지자 제도의 전반적인 고찰은 열왕기하 교재에서 더 자세하게 언급해 보기로 하자.

지금 아합 왕 앞에 선 이 선지자는 지혜롭게 하나님의 메시지를 선포해야 한다. 잘못하면 죽을 수도 있다.

그래서 첫 번째 부름을 받은 선지자는 부상당한 병사의 역할을 하며 아합 왕이 사마리아로 돌아가는 길목에서 그를 기다리고 있었다.

2. 지금 아합 왕 앞에 선 이 선지자는 지혜롭게 하나님의 메시지를 선포해야 한다. 잘못하면 죽을 수도 있다. 다윗이 범죄했을 때, 그의 죄를 지적하기 위해 왕 앞에 섰던 나단 선지자의 비유를 생각해 보자(삼하 12장 참조). 나단은 다윗에게 직격탄을 날리지 않았다. 나단은 비유를 들어 하나님의 메시지를 극대화시켰다. 다윗의 정곡을 찌른 것이다. 따라서 세례 요한식 정면 공격은 역효과를 낼 수도 있다.

(1) 지금 이 선지자 역시 직격탄을 날리지 않는다. 죄를 지은 인간은 자신의 죄를 합리화시키는 데 명수이기 때문이다. 따라서 하나님의 메시지를 전할 때 지혜가 필요하다. 물론 이 선지자는 하나님의 대변자로서 죄를 지은 아합 왕과 맞서고 있다. 그렇다고 그는 직격탄을 날려 그의 죄를 지적하지 않는다. 이 선지자가 어떤 비유를 들고 있는가?

20:39-40

• 아합은 벤하닷이 처음 찾아와 엄포를 놓을 때 아주 쉽게 굴복했다. 그러나 두 번째 전투에서는 선지자의 말에 순종하여 아람을 크게 이길 수 있었다. 그들의 군사력에 비하면 이스라엘의 군대는 염소 떼에 지나지 않았었다. 그러나 전투에서 크게 승리했고, 벤하닷을 죽일 수 있었다. 그러나 그는 순종하지 않았다.

아합은 3년 후에 다시 아람에게 빼앗긴 길르앗 라못을 공격했지만 크게 패하고 그 전투에서 죽임을 당한다. 물론 군사력이 우세했기 때문에 공격했다. 승리와 패배의 이유가 무엇일까?

(2) 아합 왕이 볼 때 이 병사(선지자)는 치열한 전투에서 얼굴에 심한 상처를 입었다. 그러나 아합이 이 병사의 말을 들어 보니 분명 사형에 처할 수 있는 군법을 어긴 자가 아닌가! 아합은 이렇게 판단을 내린다(마치 나단이 비유를 설명했을 때 의분을 내며 판결을 내렸던 다윗처럼, 삼하 12:1-4).

20:40 "…이스라엘 왕이 저에게 이르되 네가 스스로 결정하였으니 그대로 (   ) 하리라."

(3) 이때 예언자는 즉시 가렸던 천을 벗어버린다. 아합은 그가 선지자임을 알아차린다. 선지자는 아합에게 '벤하닷을 놓아준 것은 하나님의 명을 어긴 것이며, 따라서 아합 왕 자신이 대신 죽어야 할 것'을 선언한다. 본문에는 언급이 없지만 분명히 하나님은 아합 왕에게 벤하닷을 죽이라고 명령하셨을 것이다.

그러나 아합 자신은 벤하닷을 살려주는 것이 유익할 것이라고 판단했을 것이다. 지금 앗수르의 위협이 전 가나안을 공포로 몰아가고 있었기 때문이다. 아합 왕은 무겁고 우울한 마음으로 사마리아로 돌아갔다.

나봇의 포도원 탈취(왕상 21장)

열왕기 기자는 아합이 아람과의 전투에서 승리한 후에도 여전히 악했음을 증거하는 사건을 소개한다. 바알 종교를 신봉하는 자들이 하나님의 율법에 기록한 하나님의 뜻을 이해할 리가 없다. 더욱이 아합의 아내 이세벨의 탐심은 도를 넘었다. 아합은 의지가 강하지 못한 자였다. 그래서 이세벨을 마음대로 휘어잡지 못한다. 어느날 왕궁을 거닐던 아합은 궁에 인접해 있는 아름다운 포도원을 갖고 싶어 했다. 그가 만약 세상의 열왕 중 하나였다면 강제로 뺏으면 그만이다. 그러나 그렇게 할 수는 없었다. 그래도 여호와를 두려워하는 일말의 양심이 있지 아니한가!

1. 아합이 나봇의 포도원을 강제로 빼앗은 것은 언제 일어난 사건인가?

(1) "그 후에 이 일이 있으니라." 아벡 전투(왕상 20:26-34)가 끝난 후 이스라엘에는 잠시 평화의 시기가 도래했다. 아벡 전투에서 아합은 대승을 거두었고, 아람 왕 벤하닷 1세는 아합의 호의로 죽음을 면했다. 아합 왕이 나봇의 포도원을 강제로 빼앗은 사건은 아벡 전투 이후에 있었다는 말이다. 바알 종교를 믿는 왕과 왕비에게서 높은 도덕성을 기대하는 것은 어리석은 일이다. 아합 왕과 그의 아내 이세벨의 통치는 많은 사람들을 공포의 도가니로 몰아넣기에 충분했다. 그 중에서 '나봇의 포도원을 강제로 빼앗은 사건'은 그의 대표적 악행이었다.

(2) 아합은 악한 왕으로 평가를 받고 있지만 그의 성격이 아주 모진 것은 아닌 것 같다. 그는 아내 이세벨의 영향을 받았다(왕상 18:1, 4; 19:1-3, 왕하 9:22). 아합은 아세벨의 악행을 반대하기에는 너무 마음이 약한 왕이었다. 따라서 그녀가 하는 대로 내버려두었다(왕상 18:4).

(3) 이세벨은 탐심이 아주 많은 여자였다. 아합은 그녀를 위해 '상아궁'을 건축했다(왕상 22:39*). 그 궁 전체가 상아로 되어 있었던 것 같다. 따라서 아모스는 후일에 상아궁에 대한 공격을 퍼부었다(암 3:15). 그리고 아합은 이스르엘 평야*의 여름 별장 가까이에 유흥지를 만들었다. 나봇(Naboth)은 이스르엘에서 아합의 궁과 이웃한 곳에 포도원을 가지고 있었다.

2. 아합은 궁에 인접해 있는 크고 아름다운 포도원을 갖고 싶어했다. 그는 나봇을 찾아가 더 좋은 포도원이든 현금이든 좋을 대로 줄 터이니 팔라고 했다. 열방의 왕들이라면 이런 비굴한(?) 청원은 하지 않아도 된다. 그대로 접수하

이스르엘(Jezreel)

여기서 언급된 이스르엘 평야는 갈릴리 지방과 사마리아 지방을 구분하는 계곡이다. 물이 풍부하기 때문에 팔레스타인에서 가장 비옥한 지역 가운데 하나이다. 근처에 이스르엘 계곡이 있고, 또한 므깃도가 여기에 있다. 원래 이곳에는 가나안 원주민이 있었는데 철병거로 무장하고 있었다. 사사시대에 기드온과 북쪽 지파 사람들이 그곳에 진을 치고 있던 아말렉 사람과 미디안 사람들과 동방 사람들의 연합군을 패배시켰다(삿 6:33-7:23). 이 골짜기 동편에 길보아산이 보인다. 사울 왕은 길보아 전투에서 전사했다(삼상 31장). 아합은 이곳에 여름 별장을 두었던 것 같다.

- 왕상 22:39 "아합의 남은 행적과 무릇 그 행한 일과 그 건축한 **상아궁**과 그 건축한 모든 성은 이스라엘 왕 역대 지략에 기록되지 아니하였느냐."
- 암 3:15 "겨울궁과 여름궁을 치리니 **상아궁**들이 파멸되며 큰 궁들이 결단나리라 이는 여호와의 말씀이니라."

나봇은 왜 자신의 포도원을 좋은 조건에도 팔 수 없다고 했나?

면 그만이다.

(1) 아합의 이런 제안에 대해 나봇은 어떻게 대답했나? 왜 그는 포도원을 팔 수 없다고 했나?

21:3

(2) 지금 아합이 나봇에게 요구하는 것은 그 밭을 잠깐만 빌려달라는 것이 아니다. 그 밭을 사서 영원히 자기 것으로 하겠다는 것이다. 그러나 나봇은 하나님을 경외하는 사람이었다. 그는 기업으로 받은 그 땅을 조건이 좋다고 해서 팔 수가 없었다. 율법은 토지에 대한 영구적인 거래를 허락하고 있지 않기 때문이다.

• 레 25:23-28 "토지를 영영히 팔지 말 것은 토지는 다 내 것임이라 너희는 나그네요 우거하는 자로서 나와 함께 있느니라 너희 기업의 온 땅에서 그 토지 무르기를 허락할지니 만일 너희 형제가 가난하여 그 기업 얼마를 팔았으면 그 근족이 와서 동족의 판 것을 무를 것이요 만일 그것을 무를 사람이 없고 자기가 부요하게 되어 무를 힘이 있거든 그 판 해를 계수하여 그 남은 값을 산 자에게 주고 그 기업으로 돌아갈 것이니라 그러나 자기가 무를 힘이 없으면 그 판것이 희년이 이르기까지 산자의 손에 있다가 희년에 미쳐 돌아올지니 그가 곧 그 기업으로 돌아갈 것이니라."

레 25:23-28* 땅을 영영히는 팔지 말아라. 왜냐하면 토지는 하나님의 것이기 때문이다.

하나님은 토지를 영영히 팔지 말라고 명하셨다(레 25:23). 왜냐하면 땅의 소유권이 하나님께 있었기 때문이다. 혹 땅을 팔 경우가 생길 수 있다. 그럴 경우에도 아주 공정히 거래해야 한다. 그때 땅 매매 가격은 희년 후의 연수를 따라, 그러니까 다음 희년이 되어 그 원 주인에게 돌려질 때까지 그 땅의 수확량과 남은 연수의 열매의 많고 적음으로 결정되었다. 그러므로 이들에게 땅을 판다는 것은 최대한 49년까지 빌려주는 것을 의미했다(50년이 되는 희년에는 모든 땅을 원 주인에게 돌려주어야 한다). 따라서 땅을 판 자는 언제든지 자기가 판 땅을 다시 자기 것으로 무를(되찾을) 수 있다(룻기 3장의 경우). 만약 그 땅을 되찾으려면 그 땅을 사용한 햇수를 계산하여 지불하면 된다.

그런 의미에서 땅의 원 주인은 하나님이요, 이스라엘은 오직 소작인에 불과했다. 결국 이스라엘에게 희년은 사회적 관계의 갱신을 의미했다. 한동안 평등치 못했던 것이 일시에 정리되고 이전의 역경이 극복된다. 땅까지도 휴경(休耕)을 명하셨다. 물론 이스라엘은 이 규례를 잘 지키지 못했다. 지금 아합 왕의 경우는 나봇에게 포도원을 영영히 팔라는 것이었다.

3. 나봇은 그것이 비록 왕의 청이라도 들어줄 수 없었다. 포도원은 조상에게서

물려받은 그의 기업이기 때문이었다. 아합은 비록 자신이 왕이라도 하나님의 율법을 철저히 지켜야 했다(신 17:14이하). 여호와의 백성들과 그들의 기업* 은 아무도 빼앗을 수 없었다(레 25:23-28).

(1) 이 마음 약한(?) 아합의 태도 좀 보자.

21:4 아합은 꼭 어린애 같은 행동을 했다. 그는 권력의 한계를 느꼈다.

아합은 분하고 마음이 상해 집으로 돌아왔다. 아합은 침대에 누워 얼굴을 벽 쪽으로 돌리고 음식도 먹지 않았다. 이세벨이 그 꼴을 보니 한심하기 이를 데 없다. '아니, 당신….' 그랬을까? 아니면 '왕이시여 어찌하여 근심하시나이까?' 그랬을까? 아합은 이세벨의 행동을 제어하지 못한 마음 약한 왕이었다. 아합은 이세벨의 물음에 자초지종을 이야기했다.

(2) 이 말을 들은 이세벨은 한심한 투로 이렇게 이야기 한다. "그러고도 당신이 이스라엘의 왕이십니까? 일어나서 음식을 드시고 기운을 차리십시오. 이스르엘 사람 나봇의 포도밭을 왕의 것으로 만들어 드리겠습니다"(7절, 쉬운 성경). '멋있는 여자다. 그치?' '뭐가 멋있어!'

(3) 이세벨로서는 아합의 이런 태도를 이해할 수 없었다. '일국의 왕이 이렇게 나약할 수가 있는가!' 탐심에 가득 찬 이방 여인이 하나님의 율법을 이해할 리가 없었다. 그가 자란 페니키아에서는 상상도 못할 상황이 아닌가. 그녀는 강제로 그 포도원을 뺏기로 계획을 세운다. 당장 가서 쑥밭을 만들 수 있으나 백성의 시선이 두렵다. 그녀는 나봇이 왕에게 크게 죄를 지은 것처럼 일을 꾸몄다. 그녀가 어떻게 나봇을 죽였는가?

21:8-15

4. 백성을 자비롭게 통치해야 할 왕이 하나님의 율법을 공공연히 어기면서 간접 살인을 저질렀다. 그는 하나님의 백성을 돌보아야 할 목자의 위치가 아닌가. 그가 아내 이세벨이 진행시킨 일을 알지 못했다 하더라도 그의 책임은 면할 수 없다.

(1) 이세벨의 악랄함은 이미 백성들이 잘 알고 있었을 것이다. 따라서 그의 계획

기업(inheritance)

• 기업(나할라, נַחֲלָה): 한 세대에서 다른 세대로 넘어가는 재산의 전이(轉移)를 가리킨다. 장자는 아버지 재산의 두 배를 받을 수 있었다. 기업이란 특히 땅과 관련되었다. 오늘 본문에서 보는 것처럼 아합이 포도원을 갈취하려고 했을 때 나봇은 이를 허락치 않았다. 이는 그 포도원이 조상으로부터 기업으로 받은 땅이었기 때문이다. 룻기에서도 볼 수 있는 것처럼 이스라엘에서는 부동산을 사고 팔 수가 없었다. 따라서 땅은 가문의 기업의 일부로서 대대로 전수된다. 아주 극한 상황에서는 땅을 팔 수 있으나 이 경우에도 먼저 친족에게 매수의 우선 순위가 있었다.

'기업'이라는 말이 신약에서는 심오한 신학적 의미를 가진다. 성도의 '기업'이란 곧 영생과 하나님의 나라에 참여하는 것을 의미했다(엡 1:18, 골 1:12, 마 19:29, 눅 10:25).

'일국의 왕이 이렇게 나약할 수가 있는가!'

개들이 피를 핥는 것

• 죽은 시체의 피를 개들이 핥는다는 것은 어떻게 비참하게 죽을 것인가를 가리키는 예언이다. 들개들은 이스르엘 성읍과 같은 곳에서 쓰레기를 뒤지며 살았다. 아합은 엘리야의 폭탄과 같은 심판 예언에 충격을 받았다. 그는 진정으로 회개하기 시작했다. 그는 여호와 앞에서 스스로 겸비했다. 하나님은 그의 회개를 보시고 그에게 내리기로 한 심판을 연기하신다. 아합의 집에 닥칠 재앙은 그의 시대에 임하지 않을 것이다. 심판은 그의 아들 요람 시대에 임하게 될 것이다(왕하 9:24-26, 10:17).

에 이의를 제기하는 사람이 없었다. 그녀는 편지를 써서 왕의 인을 치고 그 성에 사는 장로들과 유지들에게 나봇이 왕에게 큰 죄를 지은 것처럼 보낸다. 그러나 장로들이나 유지들도 이 일이 부당한 일임을 알았을 것이나 여기에 항변하지 못한다. 이들은 여호와보다 이세벨을 더 두려워했다.

(2) 결국 나봇은 백성들에 의해 돌에 맞아 죽었다. 이세벨은 아합에게 포도원 주인 나봇이 죽었다고 통보했다(21:15). 이 소식을 듣고 아합은 침상에서 벌떡 일어났다. 그리고 나봇의 포도밭을 취하려고(to take possession of it) 단숨에 내려갔다. 처음부터 끝까지 자초지종을 지켜보셨을 우리 하나님이….

5. 엘리야의 사역은 계속되고 있었다. 하나님은 다시 엘리야를 부르셔서 아합에게 심판의 말씀을 전하게 하신다. 엘리야가 아합에게 전한 심판의 내용은 무엇인가?

• 아합(19절): 나봇의 피를 핥던 개들이 같은 자리에서 네 피를 핥을 것이다.
• 이세벨(23절) : (   )
• 아합에게 속한 남자(24절) : (   )

(1) 한마디로 오므리 왕조를 멸망시키겠다는 말씀이다. 여로보암 왕조와 바아사의 왕조를 멸망시켰던 것처럼 아합의 왕조(오므리 왕조)를 끝내시겠다는 말씀이다(22절상). 그 멸망의 이유가 "하나님의 노를 격동하고 이스라엘로 범죄케 한" 까닭이었다(22절하).

(2) 개들이 나봇의 피를 핥던 곳은 이스르엘이었다. 엘리야는 아합 왕에게 개들이 나봇의 피를 핥던 바로 그곳에서 '네 몸의 피도' 핥으리라고 분명하게 전함으로써 진노가 확실히 임할 것을 전했다.

6. 엘리야에 대한 아합의 감정은 아직도 좋지 않았다. 전날에 아합은 엘리야를 가리켜 '이스라엘을 괴롭게 하는 자'라고 했었다(왕상 18:17). 그러나 지금은 아예 '대적'(enemy)이라고 부르고 있지 아니한가! 엘리야에 대한 아합의 감정은 더욱 격해져 있었다.

(1) 열왕기 기자는 아합이 이렇게 악해질 수밖에 없었던 이유를 설명한다.

21:25

나봇의 피를 핥던 개들이
같은 자리에서
네 피를 핥을 것이다!

(2) 오므리 왕조의 정책은 완전히 실패한 것만은 아니었을 것이다. 아합은 연합군의 지도자적인 위치에 있으면서 앗수르의 팽창 정책을 저지했다(카르카르 전투에서). 또한 모압에 대한 통치권도 오므리 왕조에서 다시 회복되었다는 것이 '메사 비문'을 통해 확인할 수 있다. 오므리 왕조와 남쪽 여호사밧의 동맹으로 에돔은 유다의 통치 하에 있게 되었다.

(3) 오므리 왕조는 안으로는 자기 국가의 단합을 추구했으며, 민족 간에는 이스라엘과 가나안의 평화적인 공존을 추구했다. 이런 정책을 추구한 것은 수리아(아람)와 앗수르의 위험을 극복하기 위해서였다. 이스라엘은 남유다와 동맹을 맺는 데 성공했고, 당시 부국이었던 페니키아(베니게)와 동맹을 맺었다. 아합의 아내 이세벨(אִיזֶבֶל)은 페니키아 지방에 있는 에드로의 에드바알 왕의 딸이었다.

(4) 그럼에도 불구하고 열왕기 기자는 아합처럼 '여호와 보시기에'(in the sight of the LORD) 악을 행한 자가 없다고 평가를 내린다. 그 이유는 아합이 "그 아내 이세벨에게 충동되었기(הֵסַתָּה)*" 때문이라고 했다. 또한 아합은 아모리 사람들과 같이 우상을 섬기는 무서운 죄를 지었기 때문이다.

• 수트(סוּת)의 히필 완료형. '수트'라는 말은 '자극하다, 부추기다, 선동하다, 격동시키다, 충동되다' 등의 뜻으로 쓰였다. 그러니까 여기서는 '충동되었다'(사역형)는 말이다.

(2) 그러나 웬일일까, 아합은 하나님의 심판 선고를 받고 심경의 변화를 가져왔

• 왕상 21:19-25 "너는 저에게 말하여 이르기를 여호와의 말씀이 네가 죽이고 또 빼앗았느냐 하셨다 하고 또 저에게 이르기를 여호와의 말씀이 ① **개들이 나봇의 피를 핥은 곳에서 개들이 네 피 곧 네 몸의 피도 핥으리라** 하셨다 하라…여호와의 말씀이 내가 재앙을 네게 내려 ② **너를 쓸어버리되 네게 속한 남자는 이스라엘 가운데 매인 자나 놓인 자를 다 멸할 것이요** 또 네 집으로 ③ **느밧의 아들 여로보암의 집처럼 되게 하고 아히야의 아들 바아사의 집처럼 되게 하리니** *이는 네가 나의 노를 격동하고 이스라엘로 범죄케 한 까닭이니라*하셨고 이세벨에게 대하여도 여호와께서 말씀하여 가라사대 ④ **개들이 이스르엘 성 곁에서 이세벨을 먹을지라** ⑤ 아합에게 속한 자로서 **성읍에서 죽은 자는 개들이 먹고 들에서 죽은 자는 공중의 새가 먹으리라** 하셨느니라 하니 예로부터 아합과 같이 스스로 팔려 여호와 보시기에 악을 행한 자가 없음은 저가 그 아내 이세벨에게 충동되었음이라."

아합의 회개

• 아합은 그의 아내 이세벨에게 지대한 영향을 받았다. 그는 이세벨에게 충동(격동)되었다. 바알을 섬기는 나라의 공주를 아내로 맞아들인 것부터가 문제였다. 아합은 마음이 여린 면이 있었다. 그는 포도원을 갈취하는 과정에서 거절하는 나봇을 함부로 하지 못했다. 그는 엘리야 선지자로부터 엄청난 심판 예언을 듣고 충격을 받았다. 그는 진정으로 여호와 앞에 회개하기 시작한다. 물론 하나님의 마음은 아합보다 더 여리시다. 그의 회개를 받으신 것이다. 물론 그에게 내릴 심판이 그의 아들 대로 옮겨진 것뿐이다.

다. '뭘, 어떻게 했길래?' (왕상 21:27-29)

• 왕상 21:27 "아합이 이 모든 말씀을 들을 때에 **그의 옷을 찢고 굵은 베로 몸을 동이고 금식하고 굵은 베에 누우며 또 풀이 죽어 다니더라** 28 여호와의 말씀이 디셉 사람 엘리야에게 임하여 이르시되 29 아합이 내 앞에서 겸비함을 네가 보느냐 그가 내 앞에서 겸비하므로 내가 재앙을 저의 시대에는 내리지 아니하고 그 아들의 시대에야 그의 집에 재앙을 내리리라 하셨더라."

(3) 아합은 엘리야의 심판 예언을 듣고 진정으로 회개하기 시작했다. 옷을 찢고 **굵은 베옷을 입고 금식에 들어갔다.*** 그는 누울 때에도 베옷을 입은 채로 누웠다. 그는 스스로 겸비했다. 더욱이 그는 걸음걸이까지 조심하며 걸었다. 이런 행동들은 통회함을 나타내는 행동들이었다.

(4) 하나님은 이런 아합의 회개를 받으시고 그에게 내리시려던 재앙을 그의 아들 대에 내리기로 작정하신다. 그의 회개가 어느 정도였을까? 어떤 학자들은 일시적인 행동인 것으로 보아 그의 행동은 근신이라고 설명한다. 하나님의 심판이 너무 무서운 것이어서 두려워 근신했다는 것이다.

(5) 그렇다면 이세벨은 어떠했을까? 그녀 역시 엘리야가 전한 심판 예언을 들었겠지만 전혀 개의치 않았다. 물론 그녀는 예언된 심판대로 비참한 죽음을 맞게 된다. 그녀의 죽음에 대해서는 열왕기하 9:30-37에 언급되어 있다.

적용을 위한 묵상 **세속적인 영광만을 좇다가 망한 사람...**

• 세속적으로 볼 때야 아합 통치 하의 오므리 왕국은 강력한 제국이었다. 그의 통치력도 칭찬받을 수 있다. 그러나 영적으로 볼 때 이스라엘은 다시 치유하기 힘든 언덕으로 굴러 떨어졌다. 하나님의 강력한 제동이 없었다면 이스라엘은 훨씬 앞서 멸망을 초래했을 것이다. 그러나 하나님은 지금 이 자리에서 끝을 내려 하지 않으신다. 다시 치유의 길이 있기 때문이다.

• 선지자가 일어나 잘못된 길로 걸어가는 왕을 제지하려 했지만, 아합은 이세벨의 치마폭에서 헤어나오지 못한다. 정략결혼, 오므리는 이 일이 얼마나 엄청난 결과를 초래할 것인가를 미처 생각지 못했을 것이다.

• 우리는 대형 프로젝트를 앞에 놓고 깊은 기도를 하기보다는 자신들의 지혜를 짜내기에 골몰한다. 어느 날 그 일이 성취되었을 때, 영광은 그들 자신의 것이 되기 싶다. 하나님의 방법과 길이 때로는 어리석어 보일지 모른다. 그러나 그 결과는 엄청나게 다르다.

아합의 죽음(왕상 22장)

아합이 아벡을 점령한 후 아람과 이스라엘 사이에는 전쟁이 없었다고 했다(22:1). 아합은 아벡 전투에서 아람 왕 벤하닷 2세를 죽일 수 있는 기회가 있었으나 그를 용서한다. 그리고 이들 두 나라는 다른 이웃 나라들과 함께 연합군을 편성 앗수르의 팽창를 저지하는 데 성공한다(오른테스 계곡의 카르카르 전투). 그러나 동맹은 다시 깨어졌다. 아합은 아람(수리아)을 공격하기 위해 길르앗 라못으로 출동한다. 벤하닷의 부친이 빼앗은 땅을 다시 되찾기 위해서였다. 그러나 이 전투에서 아합은 전사한다.

1. 남유다의 여호사밧 왕은 마침 아합 왕을 찾아왔다.* 이 둘 사이는 서로 사돈간이었다. 여호사밧은 아합이 왕위에 있은 지 4년째 되는 해에 왕위에 올랐다.

(1) 여호사밧은 바알 종교가 유다로 들어오는 것을 막은 경건한 인물이었다. 북쪽에서는 이세벨의 영향으로 아세라를 섬기고 있을 때 여호사밧은 산당과 아세라 목상을 제거했다(대하 17:6). 그는 부왕 아사가 하지 못했던 남색하는 자를 쫓아내기도 했다(왕상 22:46). 그의 통치 하에서 유다는 강국으로 변했다. 그는 국고성을 건축하는 등 국방에도 게을리하지 않았다. 여호사밧은 어떻게든 북이스라엘과의 전쟁은 피해야겠다는 생각으로 정책을 폈지만 결국 그는 치명적인 실수를 범하고 만다.

(2) 즉 여호사밧은 그의 아들 여호람을 아합 왕의 딸(아달랴)과 결혼시키는 정책을 받아들였다. 그런데 여호람은 그의 부친 여호사밧과 같지 아니했다. 그는 북이스라엘의 아합의 길을 따른다. 그녀의 아내 때문이었을 것이다. 유다가 종교적으로 크게 부패한 것은 당연한 결과였다(대하 21:11*). 아달랴의 학정에 대해서는 265면을 참고하라.

2. 제3년, 그러니까 연합군이 앗수르의 공격에 승리한 그 해에(B.C. 853년), 아합은 길르앗 라못을 다시 찾아야겠다고 결심한다.

(1) 아람 왕 벤하닷 2세는 3년 전에 아벡 전투에서 자기 부친(벤하닷 1세)이 빼앗은(왕상 15:20) 이곳을 아합에게 다시 돌려주기로 약속했었다(왕상 20:34). 그러나 아직도 그 땅을 이스라엘에게 돌려주지 않았다. 마침 아합 왕은 자신을 찾아온 여호사밧 왕에게 함께 싸울 것을 요청했다. 여호사밧은 이 일이 종교적인 일이 아니었기에 이에 동의한다(22:4). 그러나 여호사밧은 이 전쟁

The death of Ahab

• 여호사밧은 길르앗 라못으로 아합과 전쟁을 하러 나간 그 해에 그의 아들 여호람을 공동 섭정자로 임명한다(주전 853년). 여호사밧은 그의 아들 여호람을 아합의 딸 아달랴와 결혼시킨다. 이로써 남북의 밀월 관계는 지속되었다. 그러나 이 일은 유다에 우상 숭배의 길을 열어놓는 결과를 가져왔다.

• 대하 21:11-14 "여호람이 또 유다 여러 산에 산당을 세워 예루살렘 거민으로 음란하듯 우상을 섬기게 하고 또 유다를 미혹케 하였으므로 선지자 엘리야가 여호람에게 글을 보내어 가로되 왕의 조상 다윗의 하나님 여호와의 말씀이 네가 네 아비 여호사밧의 길과 유다 왕 아사의 길로 행치 아니하고 오직 이스라엘 열왕의 길로 행하여 유다와 예루살렘 거민으로 음란하듯 우상을 섬기게 하기를 아합의 집과 같이 하며 또 너의 아비 집에서 너보다 선한 아우들을 죽였으니 여호와가 네 백성과 네 자녀와 네 아내들과 네 모든 재물을 큰 재앙으로 치리라."

거짓 예언자

• 아합 왕 앞에서 예언을 한 400명의 무리들은 거짓 예언을 했다. 그러나 이믈라의 아들 미가야(왕상22:8이하)는 참 예언을 했다. 여기서 거짓 예언자에 대해 언급이 처음 나온다. 오늘 모인 400여 명의 선지자들은 아합이 충고를 듣기 위해 정기적으로 불렀던 사람들인 것 같다. 미가야를 데리러 갔던 사람이 왕이 기뻐하는 말만 하라고 간청했지만, 미기야는 목숨을 걸고 하나님의 말씀을 전했다. 아합은 미기야를 감옥에 가둔다.

• **미가야(Micaiah) 선지자** : 아합은 미가야를 싫어했다. 자신에게 한 번도 좋은 예언을 해준 적이 없었기 때문이다. 지금 아합은 거짓 예언자들의 예언에 만족하고 있다. 이들은 아합의 전쟁 계획을 전폭 지지하면서 이는 곧 하나님의 뜻이라고 예언했다. 그러나 남유다의 여호사밧은 이들의 예언이 왜곡된 충성심인 것을 간파했다. 따라서 여호사밧은 진정한 하나님의 뜻이 어디 있는 지 확인해 보자고 제안했다.

이 여호와께서 허락하신 것인지를 알고 싶어했다. 따라서 선지자의 의견을 듣기를 원했다.

(2) 아합은 400명의 선지자들을 불렀다. 이들 선지자는 확실치 않으나 여호와의 선지자들이었을 것이다. 바알의 선지자들을 여호사밧이 좋아할 리가 없기 때문이었다. 그러나 이들은 거짓 선지자들이었던 것 같다. 바알을 섬기는 자들은 아니지만 우상 숭배와 관계가 있었을 것이다. 이들은 거짓 예언을 했다. 이들은 어떤 예언을 했나?

- 왕상 22:6 "스라엘의 왕이 이에 선지자 사백 명쯤 모으고 그들에게 이르되 내가 길르앗 라못에 가서 싸우랴 말랴 그들이 이르되 **올라가소서** 주께서 그 성읍을 왕의 손에 넘기시리이다."

(3) 아합과 여호사밧은 왕복을 입고 사마리아 성문 앞 마당에 보좌를 놓고 앉아 있었고, 이들 앞에서 모든 선지자가 예언을 했다. 그 중에 '시드기야'라는 선지자는 쇠뿔을 만들어 가지고 다음과 같은 예언을 한다.

- 왕상 22:11 "그나아나의 아들 **시드기야**는 자기를 위하여 철로 뿔들을 만들어 가지고 말하되 **여호와의 말씀이 왕이 이것들로 아람 사람을 찔러 진멸하리라** 하셨다 하고"

(4) 모든 예언자들은 한결같이 아합 왕의 승리를 예언했다. 아합 왕은 이들의 예언에 대해 흡족했을 것이나 여호사밧은 만족하지 않았다. 여호사밧은 다른 신실한 예언자를 원했다. 약간 난감해진 아합은 마지못해 다른 선지자를 언급했다. "다른 예언자가 한 명 있기는 한데…" 그러나 자기 마음에 들지 않는 자라고 했다. 여호사밧은 그 선지자의 예언을 듣기 원했다. 그래서 미가야 선지자를 불러오게 된다.

(5) 미가야를 부르러 갔던 사람이 미가야에게 특별 주문을 했다. 어떤 주문?

- 왕상 22:13 "미가야를 부르러 간 사신이 일러 이르되 선지자들의 말이 하나 같이 왕에게 길하게 하니 청하건대 당신의 말도 그들 중 한 사람의 말처럼 길하게 하소서"

미가야를 부르러 갔던 사람은, 모든 선지자가 예언했던 것처럼, 미가야 역시 '아합이 승리할 것'이라고 예언해 주기를 원했다. 그러나 미가야는 굳게 맹세하면서 자신은 오직 여호와께서 말씀하시는 것만을 전할 것이라고 했다(14절).

3. 미가야가 아합 왕 앞에 섰다. 아니 소환되었다. 아합은 미가야에게도 '이스라엘이 길르앗 라못으로 싸우러 가는 것이 좋은가, 아닌가?'를 물었다. 미가야는 어떤 어떤 예언을 했을까? (22:15하)

이미 천상에서는 아합에 대한 징벌 계획이 진행되고 있었다.

(1) '어, 이상하다.' '뭐가?' 미가야도 다른 예언자들과 동일한 예언을 하고 있지 아니한가! 그렇다. 미가야도 다른 선지자들과 같이 동일한 내용으로 거듭 "싸우러 가라"고 예언했다. 그러나 아합은 고개를 젓는다. 이미 과거에 미가야를 겪어본 바가 있었기 때문이다. 아합은 미가야에게 진정한 예언을 재촉했다.

(2) 결국 미가야는 이번 전투에서 아합의 죽음을 예언한다. 그의 예언 내용을 들어보자. (22:17)

미가야는 "온 이스라엘이 목자 없는 양처럼 이 산, 저 산에 흩어져 있는 것이 보이오. 여호와께서 말씀하셨소. '이들에게 지도자가 없으니 싸우지 말고 집으로 돌아가게 하여라'"(쉬운성경)라고 예언했다.

"그러면 그렇지! 그것 보십시오. 이 선지자는 나에게 한 번도 좋은 말을 한 적이 없습니다." 아합이 여호사밧에게 미가야의 예언을 듣고 한 말이었다.

(3) 그러나 미가야의 예언은 이것으로 끝나지 않는다. 미가야는 계속해서 예언을 말한다. 미가야는 천상에서 일어나고 있는 광경을 그대로 전한다. 여호와 하나님과 '하늘의 만군'(천사?, הָרוּחַ) 간의 대화 내용을 들어보자(19-23절). 이미 천상에서는 아합에 대한 징벌 계획이 진행되고 있었다. 하나님은 "누가 아합을 꾀어 저로 길르앗 라못에 올라가 죽게 할꼬?"라고 하셨다(20절). 여호와 앞에 한 영이 자신이 그 일을 수행하겠다고 자발적으로 나섰다. 여기서 '한 영'(spirit, רוּחַ)은 아마 예언자의 영*을 가리킬 것이다. 이 영 (רוּחַ)이 거짓말 하는 영이 되어 아합의 모든 예언자 속에 역사했다(22절).

한 영 (הָרוּחַ)

영어성경은 'a spirit'으로 번역했다. 고대 주경가들은(M. Henry) 사단으로 보기도 했고, 또는 하나님의 영(LXX, Luther), 즉 성령으로 보기도 했다. 또 예언자의 영으로(Bähr, K&D, Lange) 보기도 했다. 마지막 설이 다수의 의견이다. 즉 예언자를 감동하시며 인도하시는, 예언하게 하는 영이다(이상근, 왕상 주석, 인용).

(4) 미가야의 이런 예언을 들은 거짓 선지자들은 길길이 날뛰었다. 그 중에 쇠뿔을 만들어 예언하던(11절) 시드기야는 분을 참지 못하고 미가야의 뺨을 때렸다던데…. 그는 미가야의 뺨을 때리며 이렇게 투덜거렸다. "여호와의 영이 언제 내게서 나가 너에게 말씀하셨느냐"(24절). '웃기지?' '뭐가?'

(5) 아합은 미가야에게 매우 화를 냈지만, 사실 미가야의 예언은 자기가 함부로

거짓말하는 자의 영

רוּחַ שֶׁקֶר
lying spirit

- 본문에서(22절) '거짓말 하는 자의 영'(lying spirit)이란 누구를가리킬까? 물론 다양한 견해가 있다. 어떤 사람은 여기서 거짓말하는 영을 사단이나 사단의 대행자로 본다. 이와 반대로 거짓말하는 역할을 맡은 하나님의 한 영으로 보기도 한다. 또는 거짓말이 지닌 힘을 상징적으로 표현한 것으로 보는 견해도 있다. 어쨌든 하나님이 진리를 사랑하지 않고 오직 자기 마음을 따라 말하는 400명의 예언자들을 거짓의 세력 아래 내버려 두셨음을 본다(렘 14:14, 24:16, 26, 겔 13:2,3,17 참조).- NIV 성경

- 레온 우드는 이 영(spirit)이 아마도 하나님께서 이 사명을 수행하도록 허락하신 사단일 것이라고 주장한다. 욥기는 사탄이 천국에도 접근한다는 사실을 보여주기 때문이다. 하나님의 천사가 아닌 악한 영들은 거짓을 말한다(레온 우드, 이스라엘의 선지자).

내뱉은 말이 아니었다. 미가야는 자신의 전한 예언의 말씀이 여호와께로부터 온 것임을 분명히 했다.

"그런즉(라켄, לָכֵן) 왕은 여호와의 말씀을 들으소서." '라켄'(therefore)이란 말이 아주 중요하다. 즉 미가야는 자신의 예언이 아합 왕 개인에 대한 적대적 감정으로 한 말이 아니라는 사실을 분명히 보여주고 있다. 그는 천상에서 일어났던 일을 정확히 묘사했다.

4. 그렇다고 미가야는 아합 왕에게 직격탄을 날리지 아니했다. 이는 나단 선지자가 다윗 앞에서 전한 것과 같은 방법이었다. 미가야는 비유를 들어 아합 왕의 죽음을 선포했다. 미가야는 지금 국가의 운명을 바라보며 가슴 아파하면서 이 소식을 전하고 있다. 결코 아합 왕 개인에게 적대적 감정이 없다.

(1) 미가야는 곧 닥칠 이스라엘의 패전을 내다보며 그 상황을 묘사하고 있다. "온 이스라엘이 목자 없는 양처럼 이 산, 저 산에서 흩어져" 있을 것이라고 했다. 결국 아합은 이번 전투에서 죽을 것이라는 표현이었다.

(2) 물론 아합은 마음이 편치 않았다. 그렇다고 미가야를 당장 처단할 수 없다. 화가 난 아합은 미가야를 감옥에 가두고 연명할 만큼의 빵과 물을 주라고 명했다. 미가야는 감옥에 갇혔고 빵과 물만 먹는 신세가 되었지만 그는 하나님의 말씀을 담대하게 전했다. 미가야는 화가 나서 돌아가는 아합을 향해 이렇게 외친다. "아합이여, 만약 왕이 전쟁터에서 무사히 돌아온다면, 내가 전한 말은 여호와께서 전한 말이 아닐 것이오."

5. 그렇다면 이 사건이 벌어지고 있는 동안 엘리야는 어디서 무엇을 하고 있었을까? 물론 아합은 엘리야 역시 몹시 싫어했다. 어쨌든 미가야는 사마리아에 살고 있었기에 즉시 소환할 수 있었을 것이다. 엘리야는 아마도 그의 선지 학교가 있는 지역(길갈, 벧엘, 여리고)에 살고 있었을 것이다.

6. 어쨌든 아합과 여호사밧은 라못 길르앗(Ramoth-gilead)으로 출전한다. 이전에 아람과의 전투에서 대승한 이후 아합은 상당히 교만해져 있었다. 아합은 이번 전투를 위해 삼 년 동안 군비를 크게 증강했다. 마침내 전쟁이 벌어졌고 아합은 변장하고 적진 깊숙이 들어갔다. 그 대신 동행한 여호사밧은 이스라엘의 왕의 옷을 입고 나갔다.

• 아람과의 전투 개요 :

아합이 이스라엘을 통치하고 있을 무렵 수리아 지역에서는 아람 왕 벤하닷 2세가 다른 군소 아람 왕국들을 지배하고 있었다. 벤하닷은 군소 왕국들의 왕을 강제적으로 폐위시키고 그 자리에 총독을 임명함으로써 갈릴리 북부로부터 하맛에 이르기까지 강력한 국가로 성장시켰다.

그 세력을 몰아 아람은 이스라엘을 3차에 걸쳐 공격했다. 이미 앞에서 살펴본 바와 같이 1차 때에는 아람이 먼저 사마리아를 공격했다. 이에 아합은 제대로 싸워보지도 못하고 무릎을 꿇었다. 얼마 후에 아람의 2차 공격이 있었으나 하나님의 도우심으로 이스라엘이 크게 승리했다. 아람의 막강한 군사력에 비해 이스라엘의 군사력은 염소 떼에 비유될 정도였다.

이 승리 때에 아합은 아람 왕을 죽일 수 있었으나 그를 풀어준다. 물론 그의 얄팍한 정치적 계산 때문이었다. 이후 둘 사이에는 화해가 계속되었고, 이들은 다른 연합군들과 함께 앗수르의 공격을 물리쳤다. 그 후 둘 사이는 다시 냉각되었고 이번에 아합은 길르앗 라못의 아람 군대를 공격하려고 하는 것이다.

이스라엘과 아람의 3차 전투

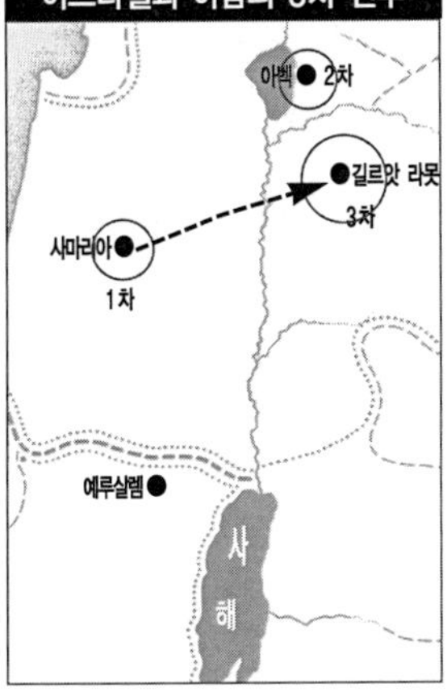

• **길르앗 라못** : 요단강 동편 갓 지파 영토 안에 있는 세 도피성 가운데 하나였다. 이 성읍은 므라리 자손을 위해 레위 지파에게 분배된 성읍이다(수 21:38). 이스라엘이 남북으로 분열되면서 이 성읍은 수리아(아람)의 통치로 들어갔다. 아합은 이를 되찾으려 했으나 실패했고, 자신은 전사한다. 몇 년 후에 이스라엘의 요람과 유다의 아하시야는 이 성읍을 탈환하는 데 성공한다(왕하 8:28).

(1) 아람 군사는 여호사밧이 아합 왕인 줄 알고 그를 추격했다. 그러나 그가 아합이 아닌 줄 알고 쫓기를 그쳤다. 하나님은 여호사밧을 보호하셨다. 전투가 치열한 가운데 아람의 한 병사가 우연히 활을 쏘았는데, 그 화살이 그만 아합의 갑옷 틈새를 뚫고 들어갔다. 싸움은 하루 종일 계속되었다. 아합은 적이 눈치 채지 못하게 버티며 싸움을 계속했으나 결국은 저녁 때에 숨을 거두고 만다. 상처에서 흘러내린 피가 전차 바닥을 흥건히 적시고 있었다.

(2) 아합은 이렇게 해서 죽는다. 그의 시체가 사마리아로 옮겨졌다. 그가 탄 전차를 사마리아에 있는 연못에서 씻었는데, 개들이 와서 아합의 피를 핥았다. 그 연못은 창녀들이 목욕하는 곳이었다. 이로써 아합이 비참하게 죽을 것이라는 예언(왕상 21:19)이 성취되었다.

오므리 왕조는 아합이 죽은 후에도
계속 아람과 각축전을 벌인다.
아합의 아들 아하시야도 그의 모친 이세벨의 영향을 받아
바알 신에게 열중하기는 마찬가지였다.
따라서 오므리 왕조는 바알의 아들 아하시야에게서 끝이 난다.
아합에 대한 보다 자세한 이야기는
이스라엘 왕 「역대지략」에 기록되어 있다고 설명한다.

• *아합은 언제부터 더욱 교만해졌을까?*

• *아합은 3차 전투를 하러 출전했을 때, 인간이 동원할 수 있는 최대한의 준비를 했다. 그러나, 아합은 승리는 하나님께로부터 온다는 사실을 망각했다.*

유다 왕

④ Jehoshaphat
the son of Asa
왕상 22:41-50, 대하 17:1-21:3
873-848(25년간)

Right
in the sight of the LORD

유다 왕 여호사밧의 통치(왕상 22:41-50)

열왕기 기자는 아합과 동시대의 유대 왕으로 여호사밧(Jehoshaphat)을 언급한다. 그는 아합이 왕위에 있은 지 4년째 되던 해에 왕이 되었다. 그는 아버지 아사의 개혁운동을 계속하되 그보다 더욱 철저하게 했다. 그는 누구보다 경건한 인물이었다. 여호사밧은 북이스라엘이 바알 종교로 곤두박질 치는 가운데서 그 영향력이 유다에 미치는 것을 가로막았다. 따라서 산당과 아세라 목상을 제거했다. 더욱이 부친이 제거하지 못했던 '남색하는 자'를 쫓아냈다(왕상 22:46). 물론 북이스라엘과의 관계는 크게 개선되었다. 아합 왕과 사돈 관계를 맺었기 때문이다. 그러나 이 일이 결국 올무가 된다.

1. 여호사밧은 전쟁을 많이 했다(왕상 22:45). 그에 대한 기록이 유다 왕들의 역사책(역대지략)에 언급되어 있다고 했다. 그리고 역대하(17:1-21:3)에서는 열왕기상의 기록보다 더 자세히 언급되었다.

(1) 앞에서 이미 살펴본 것처럼 여호사밧은 아합을 도와 아람과의 전투에 동참했다. 그는 하나님의 특별한 보호가 없었다면 목숨을 건지지 못했을 것이다(왕상 22:31-33 참조). 여호사밧이 다시 예루살렘으로 돌아오자 하나니의 아들 예후 선견자(the seer)*가 그를 찾아왔다.

(2) 예후는 여호사밧을 질타(?)한다. "어찌하여 악한 백성을 도와주셨습니까?" 예후는 여호사밧 왕에게 '아합을 도와준 사건 때문에 하나님께서 노하셨다'고 했다. 그러나 여호사밧이 좋은 일을 많이 했음을 인정한다.

2. 여호사밧은 선하고 경건한 인물로 평가되었다. 역대하 기자가 그를 어떻게 평가했는지 간단하게 살펴보자. 우선 역대하 17:1-6를 읽어보자.

(1) 여호사밧은 이스라엘과 맞서 싸우기 위해 유다를 강하게 만들었다. 유다의 모든 요새에 군대를 주둔시키고, 에브라임 여러 마을(아버지 아사가 점령한 곳)에도 군인들을 상주시켰다.

여호사밧은 왕이 되자 그의 조상 '다윗의 처음 길'로, 즉 다윗 왕이 처음 왕이 되었을 때 하나님께 경건했던 것처럼 그역시 하나님의 계명을 행하고, 바알 우상들을 찾지 아니했다. 따라서 하나님이 나라를 그의 손에서 견고하게 하셨다. 백성들이 그에게 많은 예물을 드렸으므로 그는 부와 명예를 크게 얻었다.

선견자(로에, רֹאֶה, seer)

구약에서 선지자를 지칭하는 히브리어 단어는 세 가지가 있다. (1)나비 (2)로에 (3)호제.

로에(ראה, seer)와 호제(חזה)의 일차적인 뜻은 하나님이 주신 메시지를 보는 사람을 가리킨다. 즉 꿈이나 환상이나 다른 비슷한 방편을 통해 여호와의 마음을 이해하게 될 때, 이런 사람을 선견자로 부른다(사무엘은 아마 꿈을 통하여 사울의 암나귀들에 대한 정보를 얻었을 것이다, 삼상 9:20). 그러니까 주로 선지자의 사역 중 받는 측면을 강조한다. 이 단어가 보는 것과 관계되어 있기에 보통 통찰력을 말하기도 한다. 따라서 '로에'와 '호제'는 환상에 의해서든 다른 것에 의해서든 하나님의 마음을 통찰할 수 있는 자를 가리킨다. 또한 백성들에게 주는 메시지를 선포하는 자를 지칭한다.

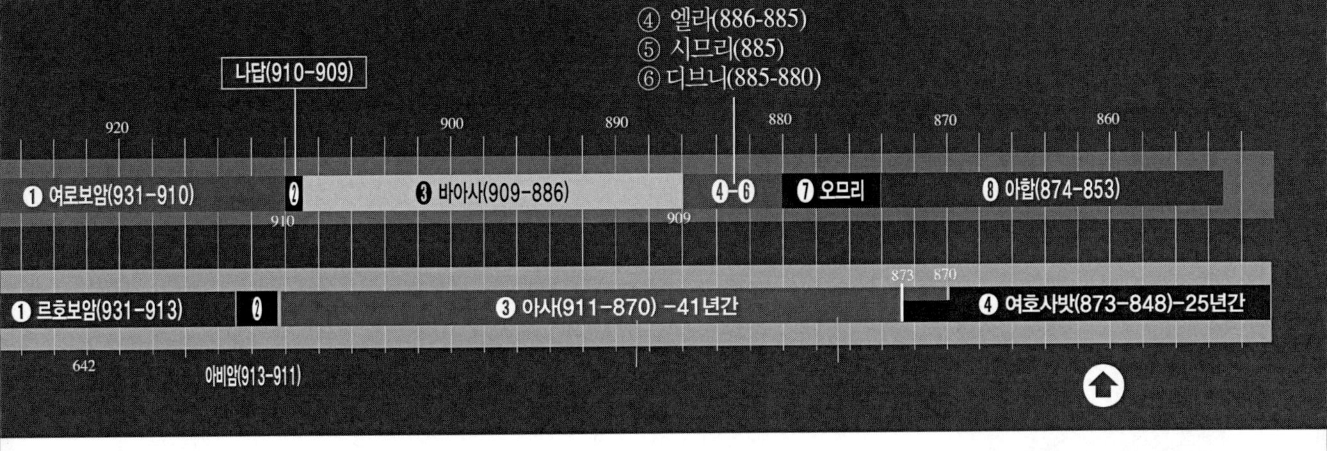

(2) 무엇보다 여호사밧이 행한 중요한 정책은 무엇이었을까?(대하 17:7-9)

역대기 기자는 여호사밧이 얼마나 하나님 앞에 경건한 삶을 살았는가를 이렇게 표현하고 있다.

"저가 (   )으로 여호와의 도를 행하여"

(3) 여호사밧은 무엇보다 국방력을 키웠다. 5개 군단에 100만이 넘는 군대가 편성되었다. (모압, 암몬, 에돔의) 연합군이 유다를 공격했을 때, 여호사밧은 두려워하여 백성들에게 금식을 선포하고 기도하게 했다(대하 20:3). 따라서 전쟁에 크게 승리했다. 전리품을 나르는 데만 3일이 걸렸다고 했다(대하 20:25). 그래서 그 전쟁하던 골짜기를 '브라가'라고 했다.

여호사밧의 선행

- 모세의 법대로 사법 제도를 수정함(대하 19:4-11).
- 모든 땅에 재판관들을 세워 그들에게 올바른 재판을 하도록 권고함.
- 레위인과 제사장들에게 율법을 백성들에게 가르치도록 함.
- 전심으로 하나님께 헌신했다(대하 17:7-9).
- 군사력을 강화하여 많은 성읍을 요새화시킴. 5개 군단, 100만을 넘어 열국에 두려운 존재가 되기도 함(대하 17:10).

3. 그러나 여호사밧은 그의 통치에 결정적인 실수를 범한다. 어떤 일인가?

왕하 8:18

(1) 여호사밧은 국고성을 건축하는 등 국방을 튼튼히 했다. 그는 어떻게 하든 이스라엘과의 전쟁을 피하겠다는 생각이었다. 그동안 북이스라엘과는 국경 문제 등으로 간헐적인 전투가 계속되었다. 따라서 두 나라 사이에 평화 조약을 맺기를 원했다. 그래서 생각해 낸 것이 정략 결혼이었다. 그는 불행하게도 아합 왕의 딸 '아달랴'를 자부로 맞이했다.

(2) 그러나 이 일은 하나의 큰 실책이었다. 여호사밧은 이스라엘과의 연혼을 통해 화평을 가져오려 했다. 이 일이 뒤에 화근을 가져오게 된다. 이로 인해 남유다가 종교적으로 크게 부패한다(대하 21:6). 더욱이 여호사밧은 그의 부친 아사처럼 여호와 보시기에 올바른 일을 했지만 산당은 없애지 아니했다. 산당 중에는 여호와를 섬기는 산당이 있었다(왕상 15:1).

- 왕하 8:16 "이스라엘의 왕 아합의 아들 요람 제오년에 여호사밧이 유다의 왕이었을 때에 유다의 왕 여호사밧의 아들 여호람이 왕이 되니라 17여호람이 왕이 될 때에 나이가 삼십이 세라 예루살렘에서 팔년 동안 통치하니라 18 **그가 이스라엘 왕들의 길을 가서 아합의 집과 같이 하였으니** 이는 아합의 딸이 그의 아내가 되었음이라 **그가 여호와 보시기에 악을 행하였으나** 19 여호와께서 그의 종 다윗을 위하여 유다 멸하기를 즐겨하지 아니하셨으니 이는 그와 그의 자손에게 항상 등불을 주겠다고 말씀하셨음이더라."

4. 앞에서도 언급되었지만 여호사밧은 아합의 청원을 받아 아람의 벤하닷과의

전쟁에도 참여했다. 그러나 길르앗 라못 전투에서 겨우 생명을 건진다(대하 18:29 이하).

(1) 그 후에도 아합의 아들 여호람의 청원을 받아 모압을 치는 전쟁에 나가게 된다. 그 전쟁에서 엘리사의 도움이 없었다면 생명을 건지지 못했을 것이다. 모압을 크게 이겼으나(왕하 3:15-27), 하나님은 악한 이스라엘 왕과의 연합을 책망하셨다. **여호사밧에 대한 선지자 예후의 책망**을 들어보라.

(2) 역대하 19:2 이하를 읽어보자.
2 하나니의 아들 선견자 예후가 나가서 여호사밧 왕을 맞아 이르되 왕이 악한
자를 돕고 여호와를 미워하는 자들을 사랑하는 것이 옳으니이까 그러므로 여호
와께로부터 진노하심이 왕에게 임하리이다 3그러나 왕에게 선한 일도 있으니 이
는 왕이 아세라 목상들을 이 땅에서 없애고 마음을 기울여 하나님을 찾음이니이
다 하였더라 4여호사밧이 예루살렘에 살더니 다시 나가서 브엘세바에서부터 에
브라임 산지까지 민간에 두루 다니며 그들을 그들의 조상들의 하나님 여호와께
로 돌아오게 하고 5또 유다 온 나라의 견고한 성읍에 재판관을 세우되 성읍마다
있게 하고 6재판관들에게 이르되 너희가 재판하는 것이 사람을 위하여 할 것인
지 여호와를 위하여 할 것인지를 잘 살피라 너희가 재판할 때에 여호와께서 너
희와 함께 하심이니라

적용을 위한 묵상

우리는 무엇 때문에 그리 바쁠까?

• 오므리 왕가가 이스라엘과 유다에 미친 영향은 대단했다. 물론 하나님께 악한 쪽으로 말이다. 여호사밧은 여호와 보시기에 정직히 행했으나 평화 정책의 일환으로 아합과 조약을 맺은 것은 결정적인 실책이었다. 유다가 종교적으로 부패와 타락을 맛보았기 때문이다.

• 이후 유다는 국력도 쇠약해졌다. 이웃 에돔도 들고 일어났다. 더욱이 아합의 딸(여호람의 아내), 아달랴의 학정은 유다 왕국의 씨를 말리는 비참한 사건을 만들어낸다(대하 22장). 사람의 눈에 좋아 보이는 것이 하나님께도 좋을 것이라는 막연한 생각은 버려야 한다.

• 우리의 삶에서 하나님의 뜻을 안다는 것은 결코 쉬운 일이 아니다. 물론 훈련이 잘 안 되어 그럴 수도 있으리라. 그러나 대체로 인간의 욕심이 마음 깊숙이 깔려 있다. 그렇다면 하나님의 뜻은 잘 드러나지 않는다.

• 우리는 하나님의 뜻을 알려고 노력하기보다는 하나님을 기쁘시게(?) 하기 위해 거창한 계획들을세우느라 바쁘다. 하나님의 뜻에 맞는 일인가 아닌가는 상관이 없다. 모든 것은 우리의 열심 속에 가려져버리기 때문이다.

열왕기상 20-22장 요약 정리

요약 질문 20장: 벤하닷과의 전투에서 승리

- 이스라엘을 공격한 벤하닷은 어떤 인물인가?
- 벤하닷이 아합에게 요구한 것은 무엇이며 이에 아합은 어떻게 굴복했는가? (3절)
- 벤하닷은 아합이 순순히 복종하자 더 큰 것을 요구했다. 무엇을 요구했나? 이에 대한 아합과 원로들의 대답은 무엇이었나? (11절)
- 벤하닷은 이스라엘의 거부에 군대를 동원 공격했으나 크게 패했다. 전투 개요를 설명하고 그 결과를 설명해 보라.
- 아합에게 크게 패한 벤하닷은 전쟁의 패인을 무엇이라고 결론내렸는가? 이스라엘의 신을 '산의 신'이라고 생각한 이유는 무엇인가?
- 이듬해 벤하닷은 또다시 공격을 감행했다. 이번에는 평지에서 싸웠는데 이번에도 벤하닷이 크게 패했다. 전투 개요를 설명해 보라.
- 궁지에 몰린 벤하닷은 아합에게 목숨을 구걸한다. 이에 아합은 벤하닷을 형제라고 부르며 그를 처형하지 않았다. 이로 인해 하나님의 심판을 통고받는다. 아합은 왜 그를 살려주려 했으며, 이 일이 왜 하나님 앞에 죄가 되었는가?
- 당시 점증하는 앗수르의 동향과 카르카르 전투 개요를 설명하라. 당시 국제 정세가 어떻게 돌아가고 있었는가? (교재)
- 한 예언자가 아합을 책망하는 과정을 설명하라. (35-43절)

21장: 나봇의 포도원 탈취 사건

- 나봇의 포도원을 빼앗은 과정을 실감 있게 표현해 보라. 아합, 이세벨, 그리고 심판을 전하는 엘리야 등의 사역을 소개해 보라.
- 나봇은 왜 그의 포도원을 팔지 않으려고 했는가? 엘리야가 아합과 이세벨에게 내린 저주의 내용은 무엇인가?

Summary

22장: 아합의 죽음

- 아합은 또다시 벤하닷(아람 왕)과 전쟁을 치른다. 전쟁 발발 동기와 그 결과를 설명해 보라.
- 남유다의 여호사밧 왕은 어떻게 아벡 전투에 참여하게 되었는가?
- 미가야는 어떤 선지자이며, 그는 이번 전투에 어떤 예언을 했는가? (17절)
- 아람과의 전투 개요를 설명해 보라. 그리고 연합군이 앗수르를 물리친 과정을 설명해 보라.
- 여호사밧의 유다 통치에 관한 모든 상황을 설명해 보라. (41-50절)

부록(1)

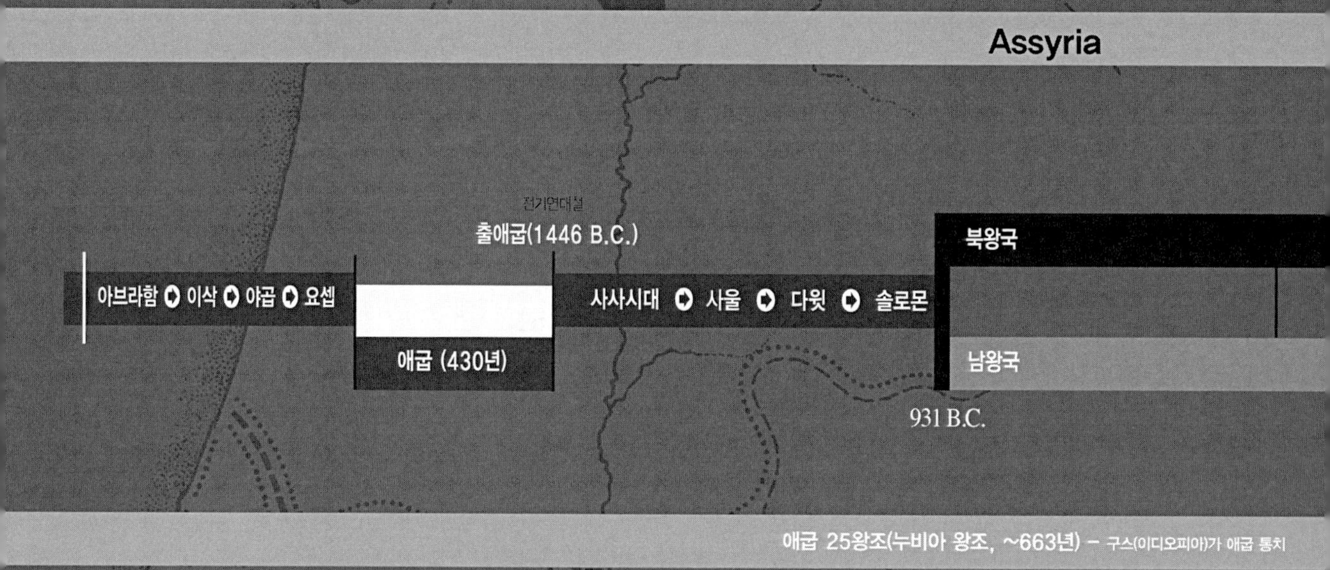

이미 앞에서
북이스라엘과 남유다의 왕들을 비교하여 살펴
보았다.

이 부분은 한 눈에 살펴볼 수 있도록
조금 자세하게 요약 정리한 것이다.

이스라엘과 유다 왕들

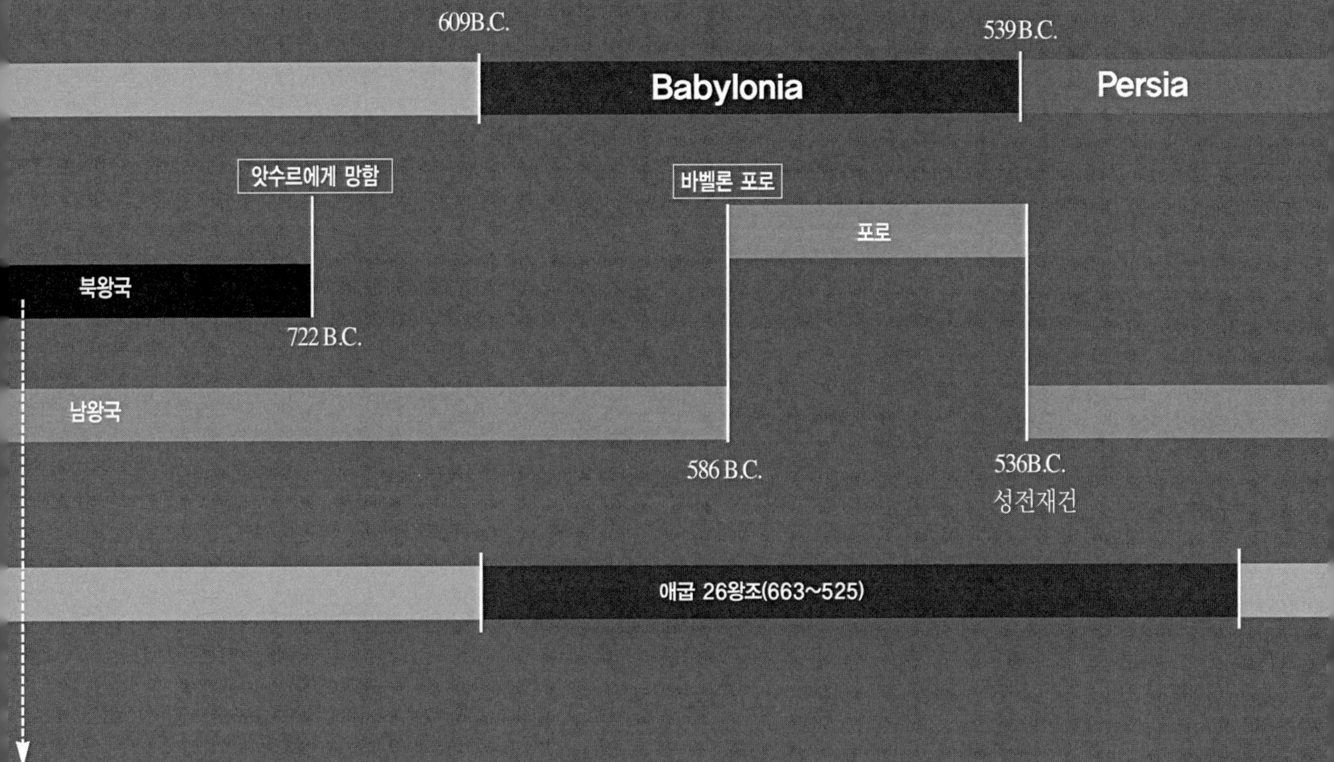
609B.C.
539B.C.
Babylonia
Persia
앗수르에게 망함
바벨론 포로
포로
북왕국
722 B.C.
남왕국
586 B.C.
536B.C.
성전재건
애굽 26왕조(663~525)

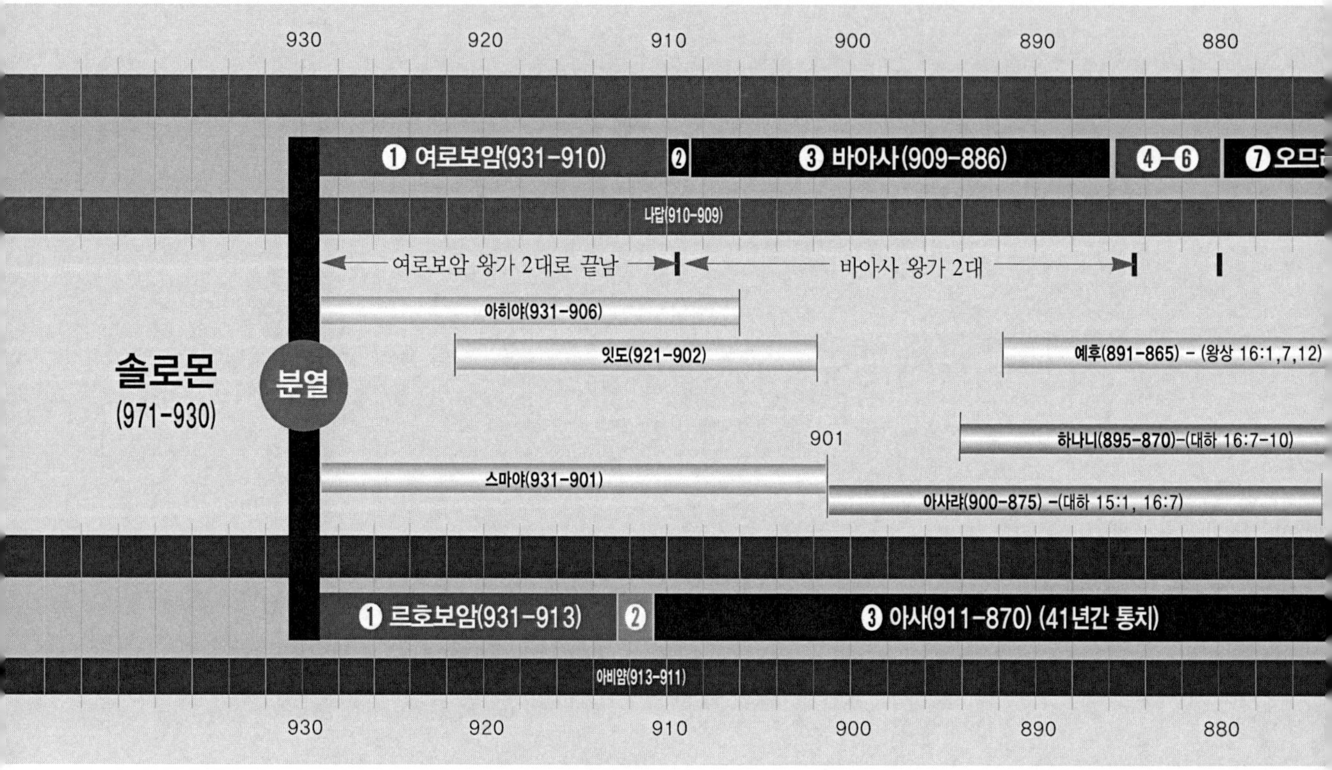

B.C
930

유 다(931-586)

❶ 르호보암(931-913 B.C.) 17년간

- 41세에 왕위에 오름. 그 역시 문란하게 우상숭배를 했다(왕상 14:23, 24). 어머니의 영향 때문이었다(왕상 14:21,31).
- 계속 전쟁에 시달림(북쪽: 여로보암/애굽왕 시삭에게).
- 이스라엘과의 전쟁 계속 – 국경분쟁(왕상 14:30).
- 르호보암 5년에 애굽왕 시삭의 침략(왕상 14:25) – 교만에 대한 하나님의 징벌이라고 했다(대하 12:1).
- 처음에는 올바른 길을 갔었다(대하 11:17).

❷ 아비얌(913-911 B.C.) 2년간

- 르호보암의 아들 : 아비야는 르호보암의 죄를 버리지 못했다. 그러나 이스라엘과의 전쟁에서 40만의 군대로 80만의 여로보암의 군대를 이겼다. 이 전쟁에서 벧엘을 빼앗았다(대하 13:19).
- 이스라엘과 전쟁을 할 때 이스라엘이 하나님을 어떻게 배반했는가에 대해 설교했다(대하 13:4-12). 아비야는 어려울 때 하나님께 부르짖은적도 있었으나(대하 13: 13-21) 그의 조상 다윗의 마음 같지 아니했다.

이스라엘(931-722)

❶ 여로보암(931-910 B.C.) 22년간

- 에브라임 지파 출신 : 에브라임 지파는 아주 작은 지파였다. 그것이 소외감으로 나타나 불만을 표출했다.
- 세겜을 요새화하여 자기의 거처로 삼았으나(12:25) 그 후 요단 동편에 브니엘을 건축하여(12:25) 수도를 옮긴 것 같다. 그 후 디르사로 수도를 옮겼다(14:17, 15:21,33).
- 백성들의 마음이 다윗의 집으로 돌아가는 것을 두려워했다(왕상12:26, 27). 그래서 금송아지를 만들어 남쪽 <벧엘>, 북쪽 <단>에 두었다. 제사장도 레위 자손이 아닌 자로 세웠다.
- 여로보암은 여호와께 충성하면 영원한 왕조를 주신다는 약속을 받았으나(왕상 11:38), 약속을 따르지 않고 악을 행한다. 여호와를 섬김과 동시에 바알신도 섬겼다(Syncretism, 왕상 14:9, 15). 그래서 징벌이 임했다. 아들 아비야가 병이 들었을 때 여로보암은 그의 아내를 실로에 있는 선지자 아히야에게 보낸다(왕상 14:1, 2). 이 때 선지자의 예언은?(14:10-16) 그의 아들은 결국 죽는다.

유 다(931-586)

❸ 아사(911-870 B.C.) 41년간

- 여호와 보시기에 정직하게 행했다(왕상 15:11). 그의 개혁운동은 철저했다.
- 아사 왕의 개혁 운동으로 에브라임과 므낫세와 시므온 지파들 중에서 많은 사람이 아사 왕으로 돌아왔다(대하 15:8-9). 예루살렘에서 성회를 열어 신앙부흥을 일으켰다(대하 15:13-15).
- 두 번의 전쟁 :
  ① 애굽 및 구스(에디오피아) 군과의 전쟁(대하 16:8),
  ② 이스라엘의 바아사 왕과의 전쟁. 이 때 아사왕은 다메섹 왕 벤하닷에게 원병을 청원한다. 그런데 선지자 하나니가 그의 잘못을 지적했고, 이에 아사 왕은 선지자를 감옥에 가둔다.
- 아사는 하나님의 징계로 병이 들었다. 그러나 그는 하나님을 찾지 아니했다. 그리고 2년 후에 죽는다.

❹ 여호사밧(873-848 B.C.) 25년간 선한 왕

- 아사의 개혁운동을 계속 • 율법을 가르치게 함
- 모압, 암몬, 에돔 연합군과의 전쟁에서 대승
- 국고성 건축 등 국방을 튼튼이 함
- 이스라엘과 동맹을 맺음 - 하나님은 이 일을 책망하심
- 아들 여호람이 왕위에 오름(이 아들을 아합의 딸과 결혼시킴)

890

하나니
(대하16:7-10)

880

이스라엘(931-722)

❷ 나답(910-909 B.C.) 2년간

- 여호와 보시기에 악을 행했다. 종교적으로 나답은 아버지의 발자취를 따른다. 이에 바아사가 나답을 죽이고 대신하여 왕이 된다.

---

❸ 바아사(909-886 B.C.) 24년간

- 출생이 비천함
- 나바의 부하로 전쟁에 출전 중 반란을 일으킨 것으로 보임
- 여로보암의 죄악 답습
- 라마성을 건축하다가 중단 함
- 아들 엘라 때에 전멸

❹ 엘라(886-885 B.C.) 2년간

- 바아사의 아들
- 블레셋 하에 있는 깁브돈을 점령하려고 군대장관 오므리를 파견한다.
- 엘라는 출전치 않고 집에서 술에 취하여 있었고, 또 다른 군대장관인 시므리가 후방에 남아 있다가 반란을 일으켜 엘라를 살해한다(왕상 16:4).

❺ 시므리(885 B.C.) 7일간

- 7일천하
- 그러나 바아사의 집안뿐만 아니라 그의 친구까지 몰살시키는 악행을 저질렀다.
- 백성 절반은 디브니를 절반은 오므리를 좇았다.

❻ 디브니(885-880 B.C.) 6년간 (오무리와 겹침)

- 결국 오므리가 승리하여 전국을 통치한다(왕상 16:22).

오무리 왕조

❼ 오므리(885-874 B.C.) 12년간

- 시므리와 같이 엘라 왕의 군대장관이었음
- 사마리아 성 건축
- 모압을 다시 속국으로 만듦
- 부강한 나라가 되었으나 여호와 보시기에 악을 행하되 더욱 악한 왕이 되었다고 했다.

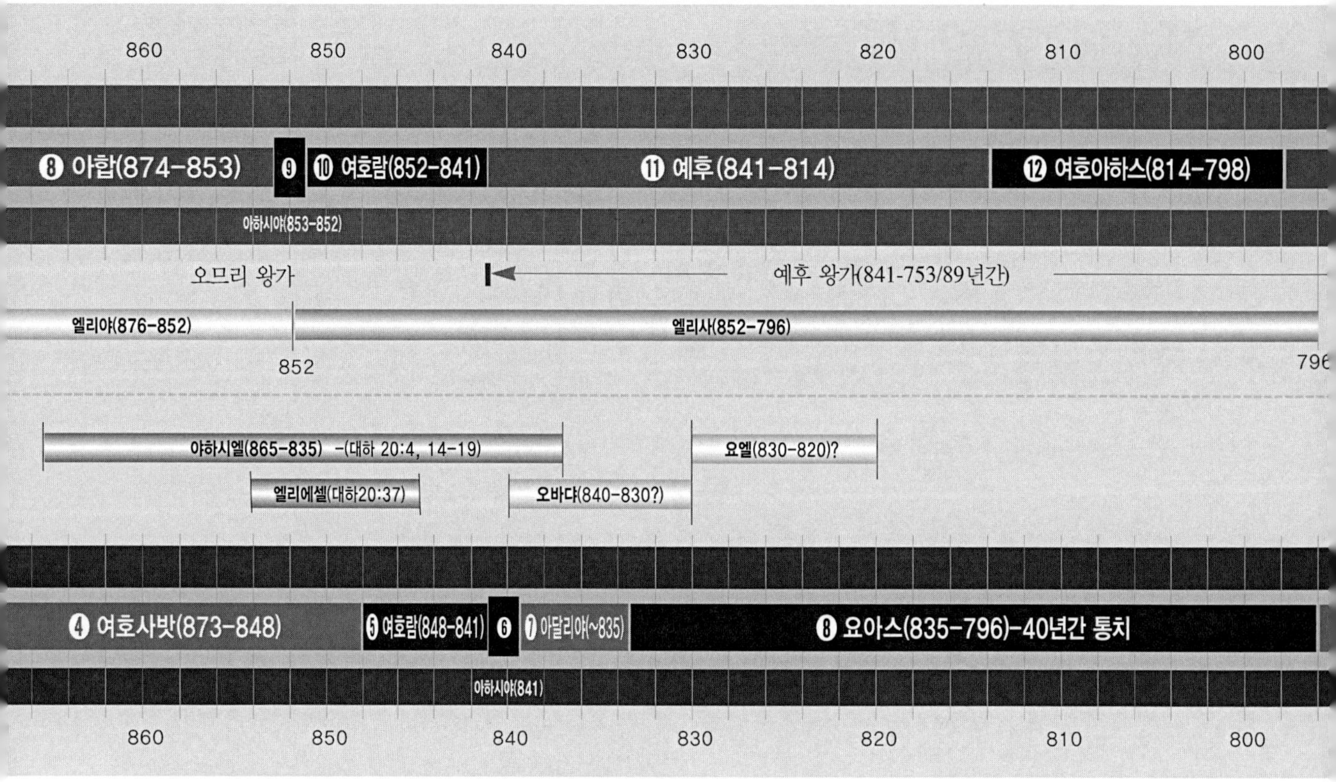

유 다(931-586)

❺ 여호람(848-841 B.C.) 8년간

- 여호람은 조부 아사 왕과 부왕 여호사밧과 같지 아니했다. 그는 자기 형제들을 모두 죽이고, 이스라엘의 방백 몇 사람도 죽였다.
- 북방에 있는 엘리야 선지는 편지를 보내어 무서운 형벌을 예고했다(대하 21:12-15).
- 그의 예언대로 블레셋과 아라비아 군대가 군대를 일으켜 유다를 친다. 엘리야의 예언대로 창자가 빠져나오는 중병이 들어 2년 후에 죽는다.

엘리야

850

오바댜

이스라엘(931-722)

❽ 아합(874-853 B.C.) 22년간

- 하나님 앞에 더욱 악을 행한 자(여호와의 종교를 바알의 종교로 대체시켰다)
- 남방 유다와 동맹
- 다메섹(아람)의 남하 정책에 불안을 느끼고 페니키아와 동맹을 맺고, 그 동맹의 증표로 이세벨을 아내로 맞아들였다.
- 호화 생활의 극치(상아궁까지 지었다)
- 아람과의 전투에서 전사한다.
- 나봇의 포도원 사건으로 심판을 선고받는다.

❾ 아하시야(853-852 B.C.) 2년간

- 아합과 이세벨 사이에 태어남
- 아합이 갑자기 죽어 왕위에 올랐으나 일찍 병사한다. 병이 들었을 때 이교사원으로 가서 바알세붑에게 병 낫기를 간청한다. 엘리야로부터 죽을 것이라는 예언을 받는다. 아합이 죽자 모압이 배반한다.
- 아들 없이 죽어 그의 동생 여호람이 왕위에 오른다.

유 다(931-586)		이스라엘(931-722)

❻ 아하시야(여호아하스, 841 B.C.) 1년간

- 블레셋과 아라비아의 침략으로 여호람 왕가는 거의 진멸되고 오직 말째 아들 여호아하스만 살아 남아 22세에 왕위에 올랐으나 1년도 못되 죽었다. 그는 어머니 아달랴의 교도를 받아 완전히 아합의 길로 행했다.
- 북방 아합의 아들 요람이 아람의 하사엘과 전쟁을 하게 되자 아하시야는 그를 도우려고 길르앗라못으로 간다. 이스라엘 왕 요람은 부상을 입고 이스르엘로 되돌아왔고, 아하시야는 그를 방문했다가 때마침 반란을 일으킨 예후에게 죽는다.

❼ 아달랴(841-835 B.C.) 6년간

- 아들 아하시야의 죽음 소식을 듣고 아하시야의 어머니 아달랴가 일어나 정권을 잡고 왕족들의 씨(자기의 손자들)를 전멸시킨다(반대 세력을 무자비하게 숙청). 그리고 바알 종교를 적극적으로 이스라엘에 심는다.
- 아하시야의 누이(아달랴에게서 난 딸이 아닐 것임)가 아하시야의 어린 아들 요아스를 간신히 뽑아내어 6년간을 몰래 기른다.

❽ 요아스(835-796 B.C.) 40년간 선한 왕

- 제사장 여호야다의 반정으로 아하시야의 누이 여호세바의 손에서 자라던 요아스가 7세가 되자 왕위에 오른다. 아달랴의 정책에 불안해 하던 모든 사람들이 여호야다에게 호응했다.
- 요아스가 성장하자 종교개혁에 착수하여 영적 부흥이 일어나게 되었다.
- 그러나 여호야다가 죽자 요아스는 유다 방백들의 아세라 목상 숭배를 허용했다.
- 하나님이 징벌하신다(아람을 일으켜 유다를 침).

❾ 아마샤(796-767 B.C.) 29년간

- 요아스 왕이 피살된 후 그 아들 아마샤가 왕위에 오른다. 그는 조직력을 가진 행정 수완이 있었던 것 같다. 그는 약해진 나라를 굳게 한 후 부왕을 죽인 신복들을 처형했다.
- 국방을 튼튼히 하고 30만의 군대로 에돔을 공격한다. 그런데 개선하고 돌아올 때 에돔의 우상을 가져다가 신으로 경배하며 분향했다(대하 25:14).
- 결국 피살된다.

840

엘리사 ➡

790

요엘 ⬅

호세아
요나
아모스 ➡

❿ 여호람(852-841 B.C.) 12년간

- 바알 신상을 제거한 일도 있고(왕하 3:2, 3), 아람의 공격 시 베옷을 입고 옷을 찢으며 회개했다(왕하 6:24-30). 그러나 엘리사를 죽이려고 애썼다.
- 모압의 반란 : 모압 왕 메사가 오므리에 의해 부과된 공물을 거절하고 반란을 일으켰다.
- 길르앗 라못을 탈환키 위해 아람과 싸우다 부상을 입고 치료 중 군대장관 예후에게 피살된다(왕상 21:29).

예후 왕조

⓫ 예후(841-814 B.C.) 28년간

- 이세벨을 죽임
- 아합의 아들 70인을 죽임
- 바알 선지자와 대제사장들을 극렬히 처형함
- 그러면서도 율법을 전심으로 지키지 않았다.
- 다메섹 왕 하사엘과 앗수르 왕 살만에셀의 침략을 받음
- 숙청과정에서 고급 인력까지 처형함
- 유다왕 아하시야까지 죽임(동맹관계 깨짐)

⓬ 여호아하스(814-798 B.C.) 17년간

- 17년간의 통치 중 처음 3년은 아버지와 함께 통치한 것으로 보임.
- 여로보암의 죄를 따름 / 따라서 하나님은 아람의 하사엘과 벤하닷의 손에 붙이셨는데, 이때 여호아하스는 하나님께 기도했다. 하나님은 구원자를 보내셨는데, 그가 앗수르 왕 아닷-니라리 3세였다.
- 그럼에도 그는 악행을 계속했다.

⓭ 요아스(798-782 B.C.) 16년간

- 아람 왕 벤하닷 2세를 쳐서 이김
- 유다 왕 아마샤의 공격이 있었으나 격퇴한다.

⓮ 여로보암 2세(793-753 B.C.) 40년간

- 부왕의 업적으로 비교적 안정, 황금시대를 열었다.
- 다메섹을 속국으로 삼음
- 여로보암 2세는 아주 유능한 왕이었다. 게다가 부강해질 수 있는 요인이 있었다(본문 참조). 이 때 남북의 영토의 넓이는 솔로몬 시대에 비해 손색이 없었다. 그러나 부패로 이어진다. • 이때 등장한 선지자들이 호세아, 아모스, 요나 등이었다.

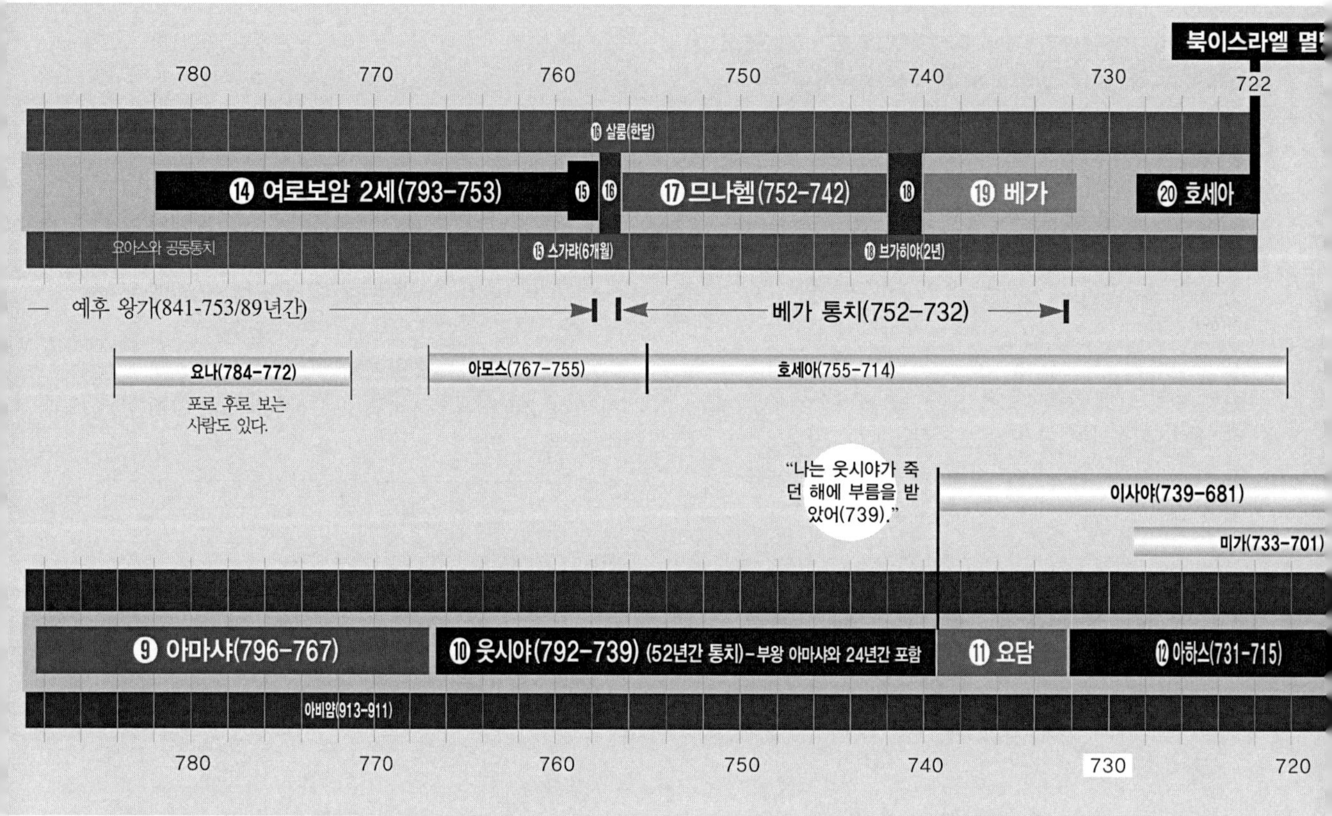

유 다(931-586)

⑩ 웃시야(792-739 B.C.) 52년간 **선한 왕**

- 웃시야 왕의 52년간의 통치(왕하 15:2). 그러나 그의 단독 통치기간은 16년간이었다. 그의 이름이 아사랴로 기록된 곳이 많다. 유다의 열왕 중에서 가장 유능하고 강력한 왕이었다.
- 영토 확장 : 에돔을 계속 주관 / 무역 정책 / 암몬을 다스려 조공을 받았다. 블레셋의 여러 성읍 정복
- 산업정책 : 무역확대, 목축에 힘쓰고, 농업에도 힘썼다.
- 번영으로 인해 : 백성은 사치 / 자신은 교만 • 문둥병에 걸림

⑪ 요담(739-731 B.C.) 16년간 **선한 왕**

- 웃시야가 죽자 국내외가 어수선했다.
- 이사야가 등장했다.
- 계속적 번영은 종교적 타락을 가져온다. 요담 자신은 큰 허물이 없었으나 백성들의 죄악을 다스리는데 실패한다.
- 당시 앗수르의 세력이 현저히 커진다.
- 요담 왕 말년에 이스라엘 왕 베가와 다메섹 르신이 앗수르에 대항하도록 압력을 넣기 시작한다.\

이스라엘(931-722)

⑮ 스가랴(753-752 B.C.) 6개월간

- 여로보암 2세의 아들로 왕위에 올랐으나 6개월 만에 반역이 일어나 평민인 살룸에게 죽는다(아모스의 예언이 있었다 - 암 7:9).

⑯ 살룸(752 B.C.) 한달간

- 혁명으로 예후왕가를 무너뜨림. 열왕들의 악을 따라 단과 벧엘에서 여로보암의 우상을 계속 섬겼다. 므나헴에게 죽임당함.

⑰ 므나헴(752-742 B.C.) 10년간

- 므나헴의 혁명은 잔인했다. 심지어는 아이 밴 여인까지도 배를 갈라 죽였다고 했다(왕하 15:16).
- 그는 여로보암 2세 때에 가졌던 영토를 회복하려 했으나, 앗수르 왕 불(디글랏 빌레셀 3세, 745-727 B.C.)의 공격을 받는다(왕하 15:19). 므나헴은 일천 달란트를 조공으로 바침으로 불을 물러가게 했다. 그는 계속하여 앗수르의 도움을 받아 나라를 굳게 세우려 했으나 결국은 앗수르의 하수인의 역할을 해야 했다.

유 다(931-586)

⑫ 아하스(731-715 B.C.) 16년간

- 20세에 왕위에 오름. 여호와 보시기에 정직히 행치 아니했다. 국력은 심히 약해짐. 그는 자연히 친앗수르 정책을 쓴다. 이때 선지자 이사야의 권고가 있었으나 듣지 아니한다.
- 반앗수르 정책을 쓰고 있던 북쪽 이스라엘과 다메섹이 연합하여 유다를 공격한다(왕하 16:5, 대하 27:5,6).
- 이때 이사야가 권면한다(사 7:3-7). 그러나 아하스 왕은 말을 듣지 아니한다(사 7:13).
- 성전 기명을 뜯어내고 성전을 폐쇄해버렸다(대하 28:24).

북이스라엘 멸망 후(722-586)

⑬ 히스기야(729-686 B.C.) 42년간 **선한 왕**

- 부왕 아하스와 공동 섭정 기간(729-715, 13년간)
- 하나님 앞에 정직히 행한 자(왕하 18:5, 이런 칭찬을 받은 왕은 히스기야를 포함해 아사, 여호사밧, 요시야뿐이다)
- 반앗수르 정책(산헤립에 대해 모반 - 이는 앗수르의 침공을 불러들인다(왕하 18:13-19:36)
- 철저한 종교개혁
- 블레셋의 많은 성을 공격(왕하 18:8)
- 히스기야의 기도(왕하 19:14-19)
- 히스기야의 질병(왕하 20:1-11)

⑭ 므낫세(686-642 B.C.) 55년간

- 12세에 왕위에 오름. 55년 재위(최장기)
- 그의 종교적 부패(대하 32:2-10, 왕하 21:2-16) : 산당들을 다시 짓고 바알의 단을 다시 세우고 아세라 목상과 하늘의 일월성신을 숭배했다. 몰렉에게 아들을 번제로 드려 불 가운데를 지나게 하며, 점치는 사술을 행했다(왕하 21:6, 대하 33:6).
- 이런 정책에 반대하는 사람들을 처형했다. 그가 이렇게 악해진 것은 앗수르에 예속된 후 앗수르의 종교와 풍속을 따르면서 앗수르의 호의를 얻고자 했기 때문일 것이다.
- 므낫세에게 무서운 징계가 임함 : 쇠사슬로 결박되고 갈고리에 꿰어 바벨론으로 잡혀가는 비참한 신세가 되었다.

이스라엘(931-722)

⑱ 브가히아(742-740 B.C.) 2년간

- 브가히야 역시 여로보암의 길을 걸어 악을 행했다.
- 부하인 군대장관 베가의 반란으로 죽는다.

⑲ 베가(752-732 B.C.) 20년간

- 20년 동안을 통치했다고 했으나(왕하 15:27) 실제로는 8년간에 지나지 않는다(740-732 B.C.). 12년 기간은 요단 동쪽의 길르앗 지역만을 다스리면서 므나헴과 대립하고 있었던 것으로 보인다.
- 통일된 지 6년 만에 앗수르 왕 디글랏 빌레셀 3세는 이스라엘을 공격, 트랜스요르단과 갈릴리 온 땅을 점령하고 많은 사람을 포로로 끌고갔다. 물론 이 침략은 유다 왕 아하스의 청원에 의한 것이었다.
- 호세아의 반란이 일어나게 되었고, 베가는 호세아에게 죽임을 당한다.

⑳ 호세아(732-722 B.C.) 9년간

- 이스라엘 최후의 왕
- 앗수르 왕 디글랏 빌레셀 3세가 죽자 그들 손에서 벗어나려 했으나 오히려 조공을 드리는 신세가 되었다.

---- 북이스라엘 멸망(주전 722년) ------

유 다(931−586)

⓯ 아몬(642-640 B.C.) 2년간 살해됨

- 그의 2년간의 통치는 부왕의 타락한 정치에 불과했다.
- 그는 궁중의 신하들의 반역으로 죽는다. 그러나 이 반역을 국민들이 좋게 보지 않아 반역을 일으킨 자들을 처형하고 8살밖에 안된 요시야를 왕위에 세웠다. 이때는 벌써 신흥 바벨론이 점차 두각을 나타냈고 애굽과 앗수르는 이 세력을 꺾으려 한다.

⓰ 요시야(640-609 B.C.) 31년간 선한 왕

- 그의 치리 기간은 유다 창건 이래 가장 행복했던 시기였다. 그는 우상을 멸하였다. 개혁운동은 아주 철저했다.
- 성전을 수리하다가 율법책을 발견했다.
- 앗수르는 바벨론의 공격을 받았다. 메대도 바벨론과 연합하여 앗수르를 공격했다. 애굽은 신흥 바벨론을 꺾어야겠다고 생각했다. 요시야왕은 반앗수르적인 입장이었다. 그래서 앗수르를 도우려고 출정하는 애굽을 저지하고자 므깃도로 진출한다. 그러나 그곳에서 전사하고 만다(왕하 23:29, 30).

⓱ 여호아하스(609 B.C.) 3개월간 애굽 포로

- 므깃도에서 요시야 왕이 죽자 백성들은 둘째 아들인 여호아하스를 왕으로 삼았다.
- 그러나 3개월뿐이었다. 요시야왕을 죽인 바로 느고(Pharaoh Necho)가 여호아하스를 제거하고 그의 형인 엘리야김을 왕으로 삼고 그의 이름을 여호야김으로 고쳤다.
- 여호아하스는 애굽의 포로로 끌려가 거기서 죽었다(왕하 23:34). 그의 죽음은 예레미야가 예언한 그대로였다(렘 22:11).

⓲ 여호야김(609-597 B.C.) 11년간

- 애굽은 유다를 속국으로 삼고 조공을 받았다. 여호야김은 이를 위해 은과 금을 늑봉했다(왕하 23:25).
- 에스겔은 여호아하스와 여호야김을 '사람을 움키는 사자 새끼'라고 했다(겔 19:1-4).
- 여호야김은 아마 자기가 형이면서도 동생 여호아하스가 왕이 된 것을 불만으로 여겼을 것이다. 그런 와중에서도 왕궁을 더 크게 짓기 위해 백성에게 고역을 시켜 많은 피를 흘리게 한다(렘 22:13-19). 예레미야의 경고가 있었고 하박국 선지의 탄식도(합 1:3-4) 이 시대를 배경으로 한 것이다.
- 선지자 우리야를 죽였고(렘 26:20-23), 예레미야도 죽이려 했으나 하나님이 보호하심으로 살았다(렘 26:24).
- 특히 예레미야가 받은 계시의 두루마리를 불에 태웠다. 그는 많은 죄악된 일을 저질렀으며 그의 정책도 애굽을 섬기다 또 바벨론을 섬기는 등 불안정했다. 그러다가 비참한 죽음을 당한다(렘 22:18-19).

⓳ 여호야긴(597 B.C.) 3개월 10일간 바벨론 포로

- 여호야김의 뒤를 이어 왕위에 올랐다. 그러나 3개월 10일 만에 바벨론으로 끌려가게 된다.
- 느부갓네살이 다시 예루살렘에 쳐들어와서 그를 끌어가고 그의 숙부 시드기야를 대신 왕으로 세웠다. 그때 많은 이들이 포로로 끌려갔다.
- 여호야긴은 일평생 바벨론 왕궁에서 비교적 후한 대접을 받았다.

⓴ 시드기야(597-586 B.C.) 11년간 바벨론 포로

- 느부갓네살은 여호야긴의 숙부 맛다니야를 왕위에 세우고 그 이름을 시드기야로 고친다.
- 그러나 바벨론 왕은 여호야긴을 계속 유다 왕으로 처우했다.
- 시드기야는 반바벨론파와 친애굽파의 압력으로 바벨론을 배반하게 된다(왕하 24:20).
- 느부갓네살 군대가 시드기야 9년(주전 588)에 유다를 공격해와 예루살렘을 포위한다.
- 그리고 2년 후에 예루살렘은 함락된다.

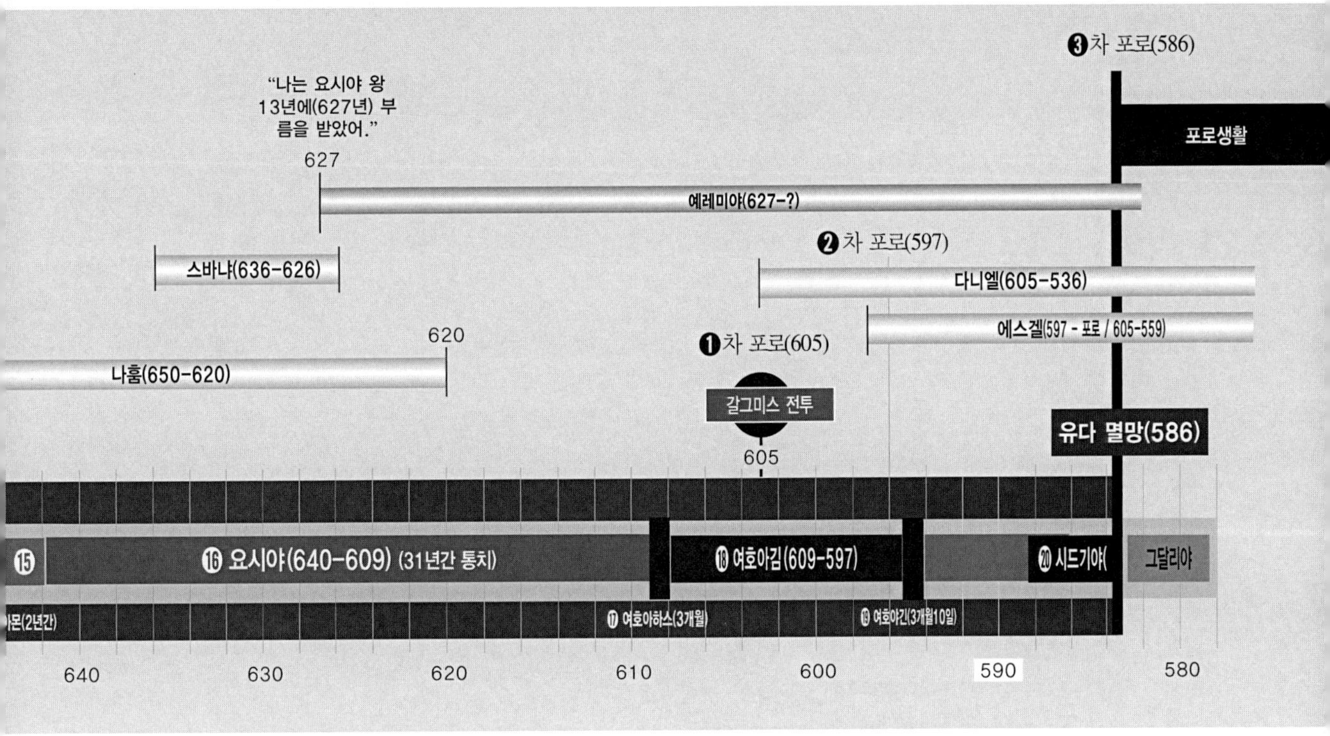

예루살렘 함락(586 B.C.)

- 시드기야는 반바벨론 파와 친애굽 파의 압력으로 바벨론을 배반하게 된다(왕하 24:20).
- 거짓 선지자들 : 반드시 하나님이 예루살렘을 지키실 것이고, 바벨론 포로들은 돌아올 것이며, 느부갓네살의 멍에는 두 해가 가기 전에 하나님께서 꺾어버리실 것이라고 했다(렘 28:1-12을 보라). 그는 이 말에 힘을 얻고 느부갓네살을 배반한다.
- 그러나 느부갓네살 군대가 시드기야 9년(588 B.C.)에 유다를 공격해 와서 예루살렘을 포위한다. 이런 기회를 틈타 에돔은 다시 유다를 공격한다(옵 1:10-14, 애 4:21-22).
- 결국 2년 후에 (586 B.C.) 예루살렘은 함락된다. 바벨론의 보복은 너무 가혹했다. 느부갓네살은 시드기야가 보는 앞에서 그의 아들들을 죽이고, 그의 두 눈을 뽑고 결박하여 바벨론으로 끌고가서 죽는 날까지 옥에 가두었다(렘 52:9-11, 왕하 25:6, 7).
- 결국, 예레미야의 예언대로 느부갓네살의 징벌군이 예루살렘을 포위했다. 물론 팔레스타인의 여러 동맹국들은 뒤로 물러서고 유다 혼자서 강력한 갈대아군과 맞서도록 버림을 당하고 말았다. 이런 혼란한 틈을 타 에돔까지도 또다시 유다를 침공한다(옵 1:10-14, 애 4:21-22).
- 예루살렘 공격은 애굽 군대가 쳐들어온다는 소문에 잠시 주춤했으나 곧 재개되었고, 결국은 그 최후를 맞았다. 포위는 2년간 계속되었고, 식량은 바닥을 드러냈다. 성벽은 금이 갔다. 급해진 시드기야, 그는 호위병들과 함께 여리고 방면 요단 쪽으로 달아났다(왕하 25:3이하). 물론 바벨론 군사가 뒤쫓았고, 시드기야는 여리고 근방에서 사로잡혔다. 587 B.C. 여름의 일이었다. 한달 뒤, 성전을 포함해서 성읍들이 불타고, 수 많은 포로들이 바벨론으로 끌려갔다. 582년에 다시 더 많은 사람들이 끌려갔다. (그 숫자가 렘 52:28-30에 기록되어 있다)
- 시드기야는 느부갓네살이 주둔해 있는 리블라(지도 참조)까지 끌려갔다. 두 아들들은 시드기야의 눈앞에서 처형당했고, 자신은 눈이 뽑히고 쇠사슬에 묶인 채 바벨론으로 끌려갔다(왕하 25:3-7, 렘 52:5-11).

부록(2)

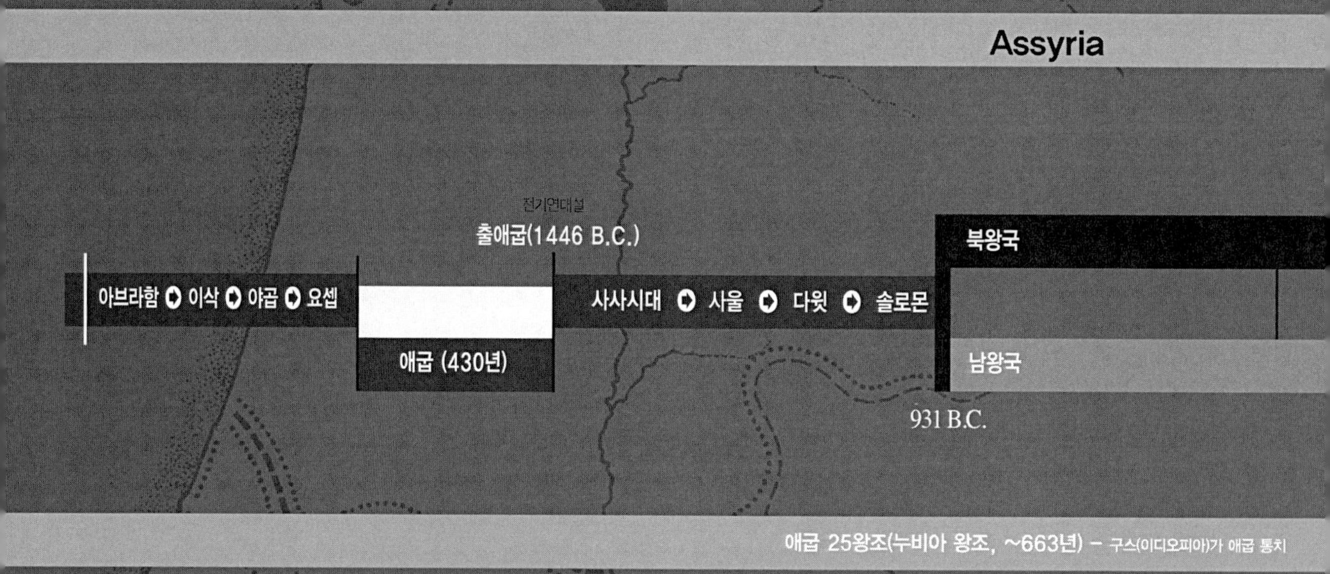

성경 본문에는 북이스라엘 왕과 남유다의 왕이
한 눈에 볼 수 있도록 되어 있지 않습니다.
그래서 성경을 읽을 때마다 혼동을 가져올 때가 있습니다.

이 부록에서는
남 · 북 왕국의 왕들을 구분해서 설명했습니다.
물론 교재 본문에서 보다 자세한 설명이 있습니다.

따라서 이 부록을 지나치고 본문으로 바로 들어가서 공부하셔도 됩니다.
같은 설명이 중복되어 있으니까요.
이 부록에서는 열왕기상 · 하의 내용이
한번에 요약 정리되어 있습니다.
참고하십시오.

북이스라엘 왕국

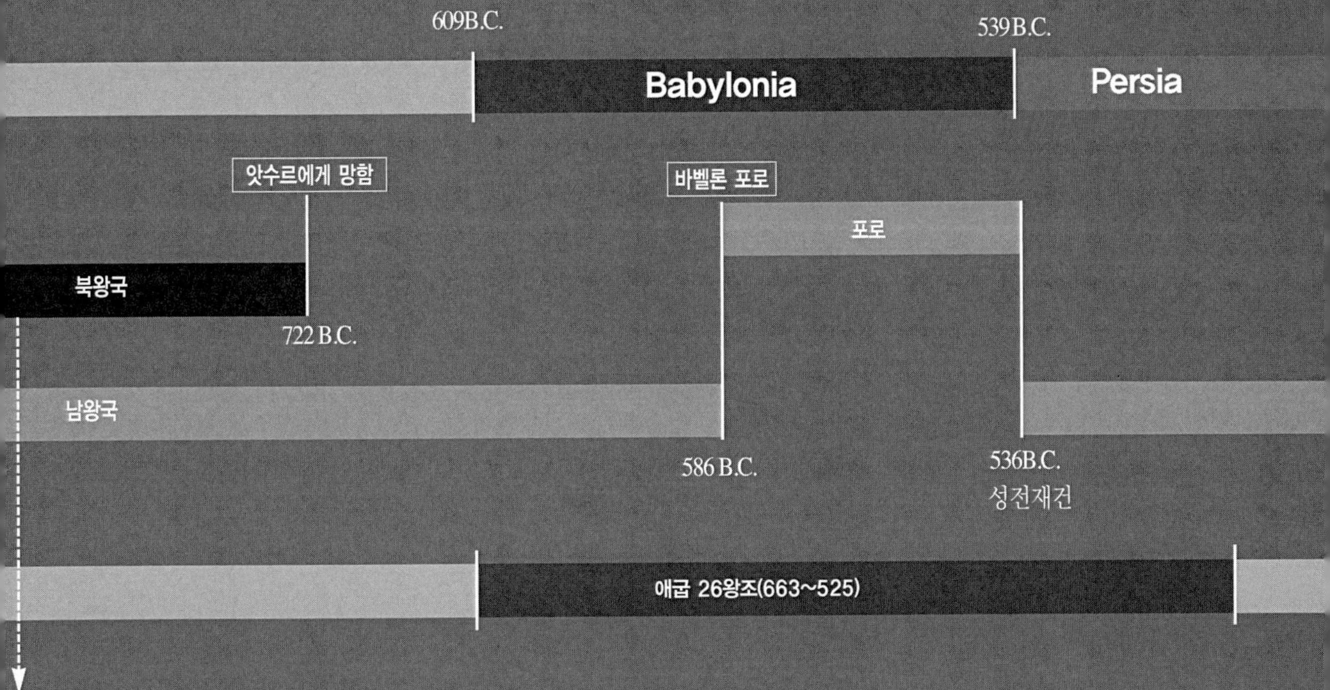

주전 970년 솔로몬이 죽자,
히브리 민족은 걷잡을 수 없는 수렁으로 빠져들어간다.
북쪽 이스라엘과 남쪽 유다로 분열되기 시작한다.
히브리 민족의 분열은 솔로몬이 지은 죄에 대한 하나님의 징계였다고 말하고 있다.
선의(?)의 경쟁을 유도하셨던 하나님은
끊임없이 배도하는 백성들에 의해 고개를 저으셔야 했다.
인간들의 삶이 늘 그러한 것처럼 남북은
경쟁하듯 죄악으로 깊이 빠져들었다.
그 분열의 책임은 백성들을 옳은 데로 인도해야 할 책임이 있는 왕에게 있었다.

북이스라엘은 여로보암, 남유다는 르호보암으로 출발했다.
하나님은 다윗과 언약을 맺으시면서(삼하 7장)
다윗의 혈통이 '왕조의 날'이 아닌 '하늘의 날과 같이'(시 89:28, 29) 지속될 것과
그의 보좌는 해와 달과 같이 계속될 것이라고 약속하셨다.

그러나 그 영원성은 왕들이
언약을 잘 지켰을 경우임을 분명히 하셨다(시 89:30-32, 132:12, 왕상 2:4).
분열된지 209년이 지난 후,
북이스엘은 역사에서 사라지게 된다.
북이스라엘은 우상 숭배로 점철되었고,
9번의 정변이 일어났다.

우리는 여기서 당시 타락한 백성의 삶과
멸망의 비참함을 보게 된다.
성경은 북이스라엘을 멸망시킨 앗수르를
이스라엘을 깨우치는 '진노의 몽둥이요,
막대기'라고 했다(사 10:50).

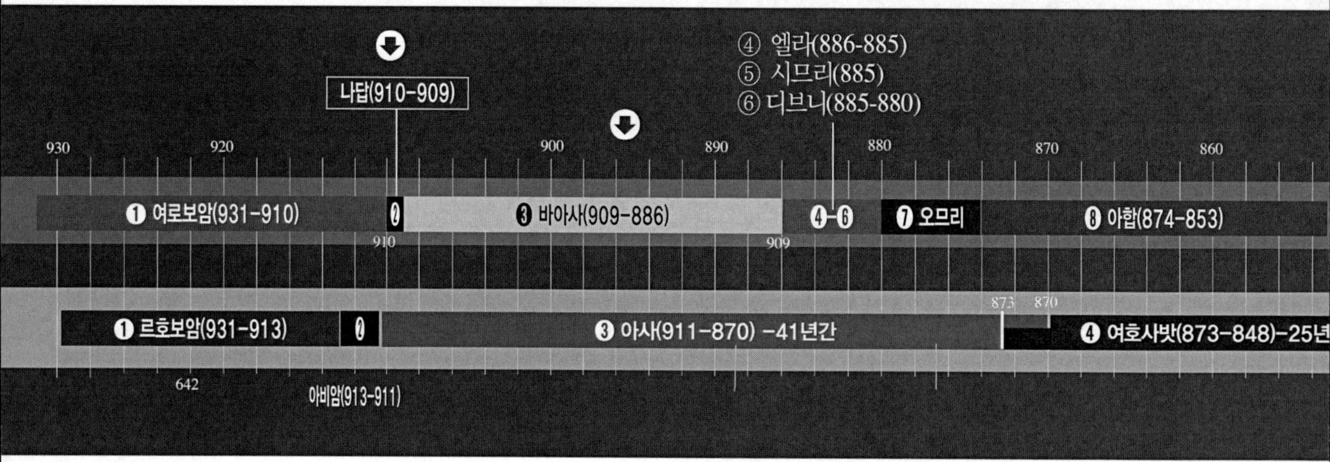

악한 왕

❷ 나답(Nadab)

the son of Jeroboam

왕상 15:25-28

910-909(2년간)

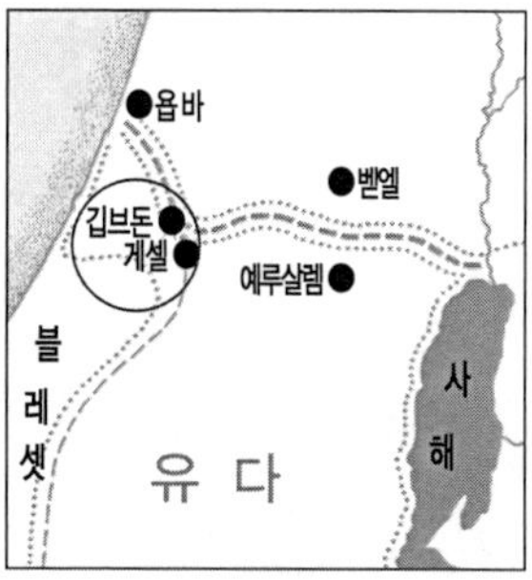

Gibbethon

• 깁브돈은 확실한 장소를 모르지만(가사 부근으로 이스라엘 변경) 적은 성읍으로 전략상 중요한 곳이었다. 이 성읍은 원래 레위 사람에게 주어졌지만 오랫동안 블레셋 수중에 있었다. 나답은 이곳을 점령하려고 출정했으나 바아사가 반란을 일으키고 나답을 죽였다. 후에 군대장관 오므리가 이곳으로 다시 출정했으나 시므리가 반란을 일으켰다는 소식을 듣고 퇴각한다. 이스라엘의 무리가 오므리를 왕으로 삼는다. 시므리는 분신 자살했다(왕상 16:15-18).

1. 열왕기상 14:1을 보라.

"그 때에 여로보암의 아들 아비야가 병든지라."

(1) 아비야가 여로보암의 장남이었다면 나답(Nadab)은 차남이었을 것이다. 나답은 유다 왕 아사 제2년에 이스라엘 왕이 되어 디르사에서 2년을 다스렸다(왕상 15:25).

(2) 여로보암은 북이스라엘의 창건 왕으로 22년을 치리하고 자연사(自然死)했으나(왕상 14:20 참조) 우상 숭배 등으로 인하여 많은 영토를 잃어버려 그의 나라는 크게 축소된다. 동쪽으로는 모압을 잃었고, 북쪽에서는 아람 왕 르손이 활개를 치기 시작했다. 무엇보다 애굽의 시삭의 침입으로 많은 피해를 보았다. 이렇게 연약해진 나라에 나답이 즉위했으나 그 역시 여호와 보시기에 악을 행했다.

2. 나답은 그의 통치 기간 중 블레셋 땅인 깁브돈을 점령하려고 출정한다. 그런데 잇사갈 족속 아히야의 아들 '바아사'(Baasha)의 반란으로 피살된다. 바아사는 비천한 출신이었으나(아마, 출정한 장교 중 한 사람이었을 것이다) 나답을 죽이고 대신하여 왕이 되었다.

(1) 이렇게 해서 여로보암 왕조는 2대 만에 끝난다. 어떻게?

왕상 15:29

(2) 성경 기자는 그의 죄를 어떻게 언급하고 있나? (왕상 15:30)

이 일은 여로보암의 집안이 전멸당할 것이라는 아히야 선지자의 예언이 성취된 것이라고 했다.

❸ 바아사(Baasha)

the son of Ahijah,
왕상 15:29-16:7 / 대하 16:1-6
909-886(24년간)

1. 바아사의 내력은 분명치 않으나(잇사갈 출신) 그의 출생이 비천한 데서 출발한 자라고 했다(왕상 16:2). 바아사 역시 하나님 보시기에 악을 행했다(왕상 15:34) 그는 아마 **나답 왕의 부하로 전쟁에 출정했던 장교** 중 하나였을 것이다. 그가 반란을 일으켰던 것으로 보인다.

2. 비교적 긴 기간을 통치했으나 기록이 많지 않다(그는 자연사했을 것이다). 그는 여로보암의 죄악을 답습했다. 따라서 유다 왕 아사(Asa)와 일평생 전쟁 상태에 있었다는 기록이 있다(왕상 15:28-34).

   무엇보다 바아사는 왕이 되자 여로보암의 집안 사람들을 한 사람도 남김 없이 다 죽였다(왕상 15:29). 그는 여호와 보시기에 악을 행했다. 따라서 "그 손의 소위(=과거의 행위)로 여호와의 노를 격동케 했다"고 했다(왕상 16:7).

3. 여로보암이 죽은 후에도 북이스라엘과 남유다 관계는 호전되지 못했다. 바아사는 이스라엘 백성들로 유다와 연락하지 못하도록 라마*(Ramah, 남북의 국경 지대) 성을 건축했다가 중단했다(대하 16:1).

   라마 성은 남북의 국경지대로 벧엘 근처이거나 남쪽 베냐민 족속의 땅이다. 그러나 유다 왕 아사는 다메섹의 도움을 얻어 이를 물리친다. 오히려 아사는 이들이 짓다 버린 자재로 게바(Geba)*와 미스바(Mizpah) 성을 건축했다(대하 16:6).

4. 하나님은 여로보암의 죄악을 참아 보지 못하여
   그를 징계하시고자 바아사를 세우셨던 것같이,
   이번에는 예후(Jehu)*를 보내어
   바아사의 멸망을 예언케 했다(왕상 16:2).
   여로보암에게 선포했던 것과 같은 유사한 심판을 언급했다.
   바아사의 가족은 엘라 대에 이르러 전멸된다(왕상 16:11-13).

   • **왕상 16:2-4** "내가 너를 진토(塵土)에서 들어 나의 백성 이스라엘 위에 주권자가 되게 하였거늘 네가 여로보암의 길로 행하며 내 백성 이스라엘로 범죄케 하여 저희 죄로 나의 노를 격동하였은즉 내가 너 바아사와 네 집을 쓸어버려 네 집으로 느밧의 아들 여로보암의 집같이 되게 하리니 바아사에게 속한 자가 성읍에서 죽은즉 개가 먹고 들에서 죽은즉 공중의 새가 먹으리라 하셨더라."

예후(Jehu) 왕상 16:1,7,12

• 선지자 예후 : 선견자 하나니의 아들로 소개되고 있다. 예후는 그의 사역 초기에 바아사에게 멸망을 선포한다(왕상 16:1-4). 그 이후에도 예후는 여호사밧을 책망한다. 아합이 다메섹의 아람인들과 싸움을 하고 있었는데 이를 돕기 위하여 여호사밧은 아합과 동맹을 맺고 그를 도왔다. 그때 하나님의 심판을 선언했다(대하 19:2).

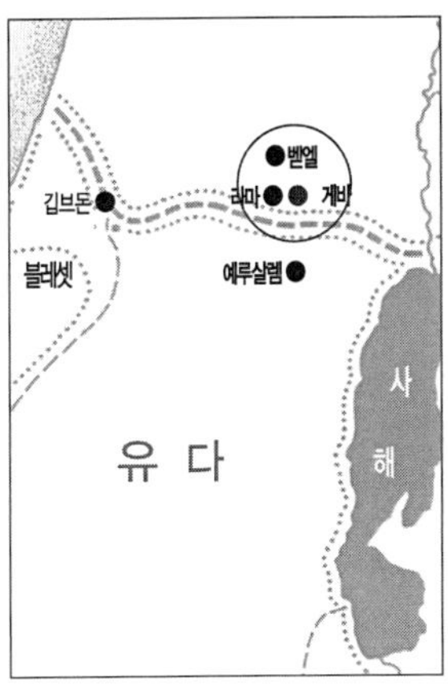

❹ 엘라(Elah)

the son of Baasha
왕상 16:8-14
886-887(2년간)

1. 유다 아사 왕 26년에 재위했다(바아사의 아들, 왕상 16:6).

2. 엘라 왕은 블레셋 점령 하에 있는 깁브돈(Gibbethon - 적은 성읍이지만 아주 중요한 요새이다)을 점령하려고 그의 군대 장관 오므리를 파송했다. 그러나 엘라는 수도 디르사(Tirzah)에 있는 궁내 대신 아르사(아르사도 모반에 동조했을 것이다)의 집에서 마시고 취하고 있었다. 시므리와 오므리는 엘라의 두 군대장관이었다. 오므리는 전투에 참여했는데, 병거 절반을 통솔하고 있던 장군 시므리가 후방에 남아있다가 반란을 일으켜 엘라를 살해한다(왕상 16:14). 비록 그는 한 주간 동안만 왕위에 있었지만 바아사의 집안은 물론 그의 친구까지도 죽이는 엄청난 살인을 저질렀다.

• 왕상 16:18 "시므리가 성읍이 함락됨을 보고 왕궁 요새에 들어가서 왕궁에 불을 지르고 그 가운데에서 죽었으니 19 이는 **그가 여호와 보시기에 악을 행하여 범죄하였기 때문이니라** 그가 여로보암의 길로 행하며 그가 이스라엘에게 죄를 범하게 한 그 죄 중에 행하였더라."

(1) 이스라엘의 군대장관이었던 오므리는 쿠데타 소식을 듣고 즉시 철군하여 수도 디르사를 에워쌌다. 시므리는 성이 이미 함락되었음을 보고 왕궁에 불을 놓고 자살한다. 시므리가 죽자 백성들은 재빨리 오므리(Omri)를 왕으로 추대했다. 그는 대중의 뜻에 따라 예기치 않게 새 왕으로 추대되었다. 시므리는 쿠데타에 성공했으나 7일 후에 죽었기에 왕조를 개설하지 못한다.

(2) 이렇게 바아사의 왕조가 2대 만에 끝난다. 이렇게 철저한 징계를 받은 것은 어떤 이유에서라고 했는가? 물론 이는 예후의 예언(왕상 16:1-4)의 성취라고 했다(16:12, 13).

16:19 "이는 그가 여호와 보시기에 악을 행하여 범죄하였기 때문이니라."

---

❺ 시므리(Zimri)

왕상 16:15-18
7일간 통치

1. 시므리에 대해서는 위에서 이미 설명되었다. 이런 혼란 가운데서 백성들은 둘로 분열되어 절반은 '디브니'를 좇고, 반은 '오므리'를 좇았다. 이렇게 분열된 상태로 4년이 지나게 된다.

❻ 디브니(Tibni)

왕상 16:21-22
885-880 / 오무리와 중복됨

2. 그러나 결국 오므리가 이기고 이스라엘 전국을 다스리게 된다(왕상 16:22). 남유다 아사 왕 31년에 왕위에 오른다(23절). 물론 그동안 이스라엘은 상당히 혼란했고 나라는 패망하여간다. 하나님이 이스라엘을 버리셨기 때문이다. 그러니까 2년 동안에 이스라엘에는 네 왕이 있었다는 말이다. 그만큼 불안정했다.

1. 오므리는 유다 왕 아사 제 31년에 이스라엘 왕이 되어 12년을 위에 있었다. 처음 6년간은 디르사에서 통치했고, 나머지 6년은 수도를 사마리아로 옮기고 그곳에서 통치했다.

2. 이 왕조는 세속적 의미에서 크게 번영했다. 북이스라엘은 창건 이후 50여 년 동안 3번에 걸친 혁명으로 왕조가 바뀌었다.

   이제 오므리 왕조에 들어서면서 나라는 크게 안정되었다. 오므리는 주전 880년경 세멜(Shemer)에게서 산을 사고 그 위에 성을 건축, 그 산 주인의 이름을 따서 '사마리아'*라 칭했다(왕상 16:23-24). 그리고 이곳을 수도로 정했다. 이 왕조는 아주 부강해서 앗수르에서까지 대대로 높이 평가했다. 그러나 종교는 심히 부패했다. 그리고 정치적 목적으로 남유다와도 우호 관계를 맺는다. 이 왕조는 4대에 걸쳐 44년간(885-841)을 통치한다.

3. 오므리는 다윗과 솔로몬 왕 이후 잃어버렸던 모압을 속국으로 만들고 트랜스요르단 남부를 다시 장악하게 된다. 이곳은 북부에서 남방 아리비아와 홍해에 이르는 무역에 아주 중요한 '왕의 대로'(King's High Way)가 있었기 때문이다. 물론 이 지역은 다윗이 정복하고 통치했었는데(대상 18:2 참조), 남북 분열을 틈타 독립했던 것으로 보인다. 또한 그의 아들 아합과 페니키아(베니게) 공주인 이세벨을 결혼시킨 것은 그 해변 강국과 중요한 동맹 관계에 있었다는 것을 의미한다.

4. 이렇게 오므리 왕조는 크게 번영은 했으나 여호와 보시기에 악을 행하되 그 전의 모든 사람보다 더욱 악하게 행했다고 했다(왕상 16:25). 번영과 반비례하여 악이 더욱 관영해 갔다. 그 악은 그의 아들인 아합 때에 극에 달한다.

   오므리의 기록은 길지 않으나 그의 업적은
   적은 것이 아니었다.
   그는 재정을 충실히 했고 능숙한 외교 정책을 벌였다.
   그는 우선 두로와 동맹을 맺음으로써 재정을 확보하려 했을 것이다.
   두로와의 우호관계는 솔로몬 이후에 깨졌던 것 같다.
   두로 역시 다메섹이 껄끄러운 존재였기에
   이스라엘과의 동맹관계를 환영했을 것이다.
   두로와의 동맹 관계를 돈독히 하기 위해서 오므리의 아들 아합과
   두로의 공주 이세벨의 결혼을 성사시켰을 것이다.

❼ 오므리(Omri)

왕상 16:23~왕하 9:24
대하 17:1-22:9
885-874(12년간)

• 사마리아 성의 건축술이 얼마나 놀라운 것이었는가는 발굴을 통해 잘 알려져 있다. 이런 그의 통치는 앗수르 통치자들의 비문에서도 발견되었는데, 그 비문에 보면 1세기도 더 지난 후에도 이스라엘을 가리켜 "오므리의 나라"라고 지칭할 정도로 강력한 통치를 했음을 볼 수 있다. 사마리아는 주전 722년 앗수르에게 함락될 때까지 북이스라엘의 수도가 되었다. 훗날 헤롯 대왕은 이곳을 재건하고 아우구스투스의 이름을 본떠 '세바스테'(Sebaste)라고 이름지었다.

아람은 이스라엘과 두로의 동맹관계를 달가워하지 않는다. 두로는 아람의 팽창을 두려워한다. 아합 때에 가서 아람 왕 벤하닷이 드디어 사마리아를 공격한다.

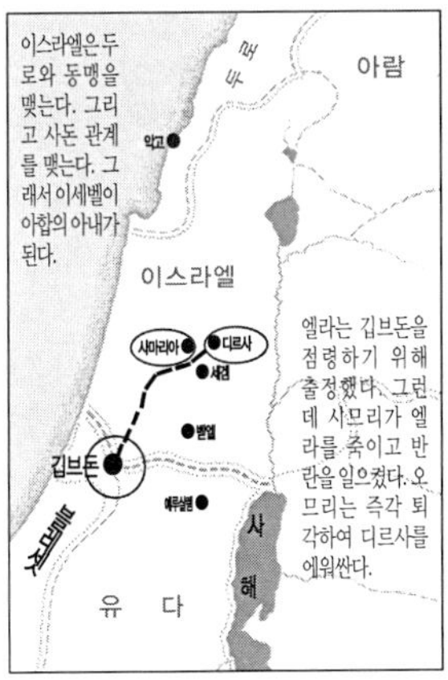

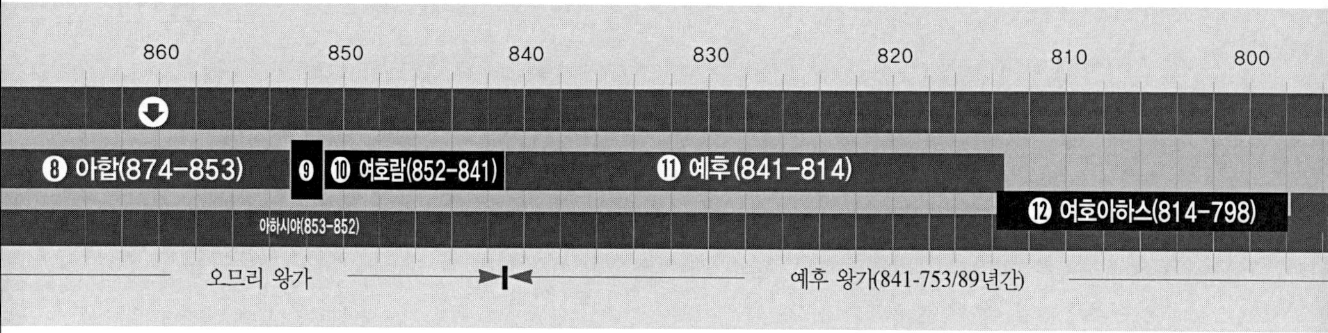

8 아합(Ahab)

the son of Omri
왕상 16:29-22:40
874-853(22년간)

엘리야 왕상 17장
무명 왕상 20:13-43
미가야 왕상 22:1-36

- 이스라엘의 가장 큰 적수는 이웃 나라 다메섹(아람)이었다. 그들도 남하 정책을 위해 이곳이 필수적이었기 때문이었다. 이에 대해 아합왕은 북방 베니게(페니키아 - 두로와 시돈은 이들의 중요 도시임)와 동맹을 맺어 아람을 대적하려 했다. 그 동맹의 증표로 '이세벨'을 아내로 맞아들였다. 이세벨은 그 당시 베니게를 통치한 시돈사람인 엣바알(Ethbaal) 왕의 딸이었다(왕상 16:31).

- 왕상 18:4 "이세벨이 여호와의 선지자들을 멸할 때에 오바댜가 선지자 일백 인을 가져 오십 인씩 굴에 숨기고 떡과 물을 먹였었더라."

☞ 아합 왕에 대한 자세한 공부는 별도로 하기로 하고 여기서는 간단하게 언급하기로 하자.

1. 이스라엘 왕이나 유다 왕 중에서 아합만큼 많은 지면을 차지한 왕도 없다. 우리가 본 받을 만한 왕이어서 그랬을까? 물론 아니다. 성경 기자는 아합을 가리켜 하나님 앞에 더욱 악을 행한 자*였다고 평가를 내린다(왕상 16:30).

(1) **강력한 정책** : 그는 부왕 오므리를 이어 계속 강력한 정책을 썼다. 트랜스요르단(요단 동편 땅)을 계속 장악하기 위해 힘을 썼다. 트랜스요르단을 차지하려는 이웃 나라들 간의 각축이 대단했다. 이곳은 비옥할 뿐만 아니라 King's High Way를 누가 차지하느냐 하는 문제 때문이었다. 이 대로(大路)는 남방 교역에 매우 중요했기 때문이다.*

(2) **남방 유다와의 동맹** : 아합은 또 유다와의 화평을 위해 그의 딸(아달랴, 왕하 8:26)을 유다 왕 여호사밧의 아들 '여호람'에게 주었다(왕하 8:16, 18). 이런 동맹 관계로 경제적으로는 도움을 받았는지 몰라도 유다는 종교적으로 엄청난 피해를 입게 된다. 상호 결혼의 관계로 바알 숭배의 영향을 받는다. 이세벨의 딸, 아달랴는 그의 어머니의 영향으로 바알 종교를 유다 내에 심게 된다.

(3) **여호와냐 바알이냐 선택의 길에서** : 지금까지의 아합의 정책은 그런 대로 이뤄질 수 있었다. 그런데 문제는 그의 아내 이세벨이었다. 이세벨은 바알 문화에 어느 정도 빠져 있던 이스라엘 백성들의 종교를 아주 바알신의 종교로 대치하려고 투쟁을 벌였다. 그런데 아합은 이 싸움에서 지고 만다. 아합 왕은 여호와와 바알을 함께 섬기던 것에서 이제는 여호와를 아주 버리고 바알을 위하여 단을 세우고, 또 아세라 목상을 만들었다. 아합은 아내 이세벨을 위하여 모든 것을 허락했다. 이세벨은 자기 종교와 여호와의 종교가 공존하는 것에 만족하지 않았기에 여호와의 종교 말살 정책을 편다. 그래서 수많은 여호와의 선지자를 살해한다(왕상 18:4*).

2. 엘리야 선지자 등장 : 이제 하나님은 엘리야 선지자를 보내 경고하신다.

엘리야는 아합 왕에게 가서 3년 기근*을 선포한다(왕상 17:1). 물론 아합은 그를 죽이려 한다. 하나님은 엘리야에게 요단 강 동쪽 그릿 시냇가에 숨으라고 말씀하셨다. 그리고 엘리야는 사르밧으로 가서 머문다. 거기서 사르밧 과부의 죽었던 아들을 살려냈다(왕상 17:8-24).

3. 갈멜산에서 엘리야는 바알 선지 450명과 아세라 선지 400인과 대결한다. 이 일로 인해 여호와의 종교가 바알 종교로 흡수되는 것을 막았다.

4. 나봇의 포도원 탈취 사건(왕상 21:1-16) : 엘리야가 이 일에 대해 크게 꾸짖는다. (335면 참조)

5. 호화 생활의 극치 : 그는 상아궁까지 지었다(왕상 22:39).

(1) 그렇다면 아합은 나약한 인물이었을까? 아니다. 그는 베니게와의 친선과 국권의 확장을 위하여 바알 종교를 용납한 혼합주의(Syncretism)를 추구했다. 그는 그의 아버지와 같이 능력 있는 통치자였다. 건축에 힘을 써 왕궁 지역 둘레에 내부와 외부 벽을 설치하는 등 백성들을 위해 많은 성읍들을 건축했다. 그러나 결국 그는 세속 나라의 번영과 부강만을 펴다 몰락하게 되었다.

(2) 더욱이 아합 시대에 무너졌던 여리고 성을 건축했던 것이다. 여호수아는 일찍이 이 무너진 여리고 성을 다시 건축하는 자는 하나님의 저주를 받아 그의 모든 아들들을 잃게 되리라고 경고했었다(수 6:26). 이것을 무시하고 히엘이라는 사람이 다시 성벽을 건축했다가* 심판을 받게 되었다(왕상 16:34).

(3) 아합은 요단 동쪽을 차지하려는 아람 왕과의 전투에서* 길르앗 라못이라는 곳에서 죽는다. 아합은 유다의 여호사밧을 불러 함께 점령하자고 했다. 아합은 여호사밧의 조언을 듣고 400명의 선지자와 의논했다. 이들은 일치된 승리를 예언했다. 이를 믿지 못한 여호사밧은 다른 선지자, 미가야를 부르게 했다. 미가야는 아합이 죽을 것을 예언했다(왕상 22:13-23). 아합은 변장을 하고 싸움에 출전했으나 예언대로 아람 군사의 화살을 맞고 죽는다. 다음 과에서 더 자세히 언급하기로 하자.

엘리야 왕상 17:1

- 가뭄을 선포함(왕상 17:1)
- 엘리사를 선택(19:20)
- 나봇의 포도원 일로 심판 선언
- 갈멜산에서 바알선지자 450명과 아세라 선지자 400명과 대결하여 기도로 이김, 기손시내에가서 다 죽였다(왕상18:19-40).

- 엘리야의 3년 기간 비를 내리지 않을 것이라는 선포는 죄에 대한 하나님의 심판이었다(신 11:16, 17). 이 3년 동안의 가뭄 속에서 하나님은 엘리야를 살리신다. 까마귀를 통해 음식을 공급받았다(왕상 17:1-6).

- 그렇다고 그동안 여리고에 사람이 살지 않았다는 말은 아니다(수 18:21, 삿 1:16, 삼하 10:5).성벽이 없었다는 의미이다. 히엘의 맏아들은 건축을 시작할 때 죽었고, 그의 마지막 아들은 문을 세울 때에 죽었다고 한다.

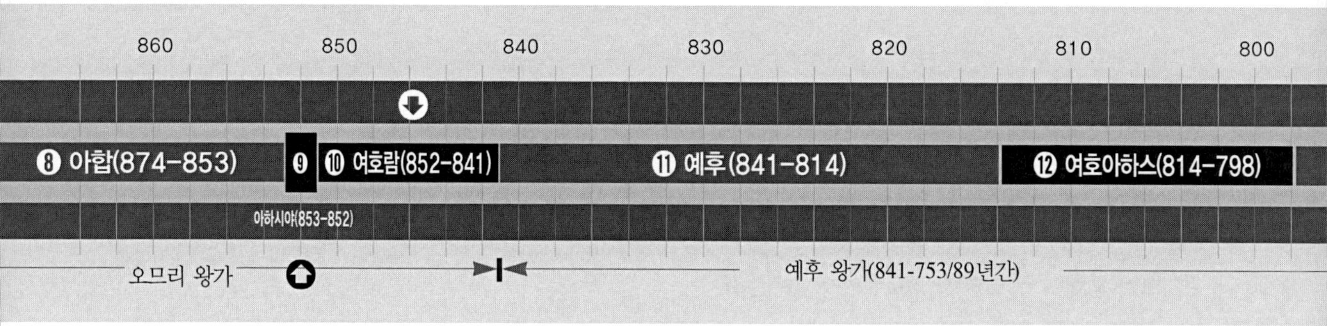

❾ 아하시야(Ahaziah)

the son of Ahab

왕상 22:51-53 / 왕하 1:2-16

853-852(2년간)

☞ 여기서는 간략하게 왕들의 행적을 살펴보고 열왕기하 교재에서 자세히 다루기로 하자.

1. 아하시야는 아합과 이세벨 사이에서 태어난 아들이다. 그는 아합을 이어 왕위에 올랐으나 병사한다(왕하 1:2-16). 그는 부왕 아합이 길르앗 라못에서 심한 부상을 입고 전사했기 때문에 갑작스럽게 왕위에 올랐다(왕상 22:40). 아들이 없이 죽었으므로 그의 동생 여호람(Jehoram, '요람'으로도 불렸다)이 왕위에 오른다(왕하 1:17).

• 모압 왕 메사가 매년 새끼양 10만 마리와 숫양 10만 마리의 양의 양모를 공물로 바쳤다. 그러나 아합이 죽은 다음 이를 거절했다.

2. 아하시야의 통치 기간 이스라엘의 국제 관계는 여러 가지로 악화되었다. 아합이 죽은 후에 모압이 배반한다. 모압은 오래 전 오므리에 의해 부과된 공물을 거절하였는데(왕하 1:1; 3:4-5) 아합이 아람 사람에게 죽은 사실을 보고 용기를 얻은 것 같다. 그러나 아하시야는 이를 제압할 능력이 없었다.

   아하시야는 에시온게벨에서 파선된 배를 재건하여 다시스와 무역을 하기 위해 여호사밧에게 동맹을 요청했으나 거절당한다(왕상 22:47-49).

3. 아하시야는 그의 궁전 이층의 난간(격자 창?)에서 떨어져서 병이 들었는데, 제사장이나 선지자에게로 가지 않고 에그론에 있는 유명한 이교사원으로 사람을 보내 그들의 신 바알세붑에게 이 병이 낫겠느냐고 묻는다.* 하나님은 엘리야에게 그의 죽음을 알리게 하신다. 당시 엘리야는 노령(老齡)이었다. 엘리야는 "너는 네 병상에서 일어나지 못하고 죽을 것이다"라고 예언했다. 그의 예언 대로 아하시야는 후사가 없이 죽는다. 결국 그의 형제 여호람이 그 위를 승계한다.

• 당시 요단 동편은 시리아가 장악하고 있었기 때문에(아합 때에 빼앗김) 유다를 통과하지 않고서는 모압에 갈 수 없었다.

4. 어쨌든 열왕기 기자의 아하시야에 대한 평가는 어떠했는가?

왕상 22:52

'요람' 왕으로도 불림

⑩ 여호람(Jehoram)
the son of Ahab
왕하 3:2-3; 6:24-30
852-841(12년간) **악한 왕**

1. 여호람(=요람)은 사악하기는 했지만 그의 부모와 같지는 아니했다고 기록하고 있다(왕하 3:2). 아비 아합이 세운 바알 신상을 제거한 일도 있었다(왕하 3:2, 3). 그러나 그는 이스라엘의 바알 숭배를 완전히 제거하지는 못하고 여로보암의 종교 정책을 따랐다.

2. **모압의 반란**(왕하 3:4-27) : 모압 왕 메사가 오므리에 의해 부과된 공물을 거절하고 반란을 일으킨다. 아합이 죽자 종주국인 이스라엘을 향해 반역을 일으켰다(왕하 1:1, 3:4-5, 이 사건은 모압 왕 메사의 석비에 의해 확증되었다). 여호람은 유다의 여호사밧과 에돔 왕의 지원을 받아 모압을 공격했다. 광야에서 갈증으로 위기에 봉착했지만 동행한 유다와 여호사밧의 제안을 받아들여 선지자 엘리사*를 찾아간다. 엘리사의 예언대로 결국 모압은 격퇴를 당한다. 너무 급한 모압 왕은 자신의 맏아들을 번제로 바친다.

엘리사 왕상 19:19-21

- 엘리사는 주로 북왕국에서 사역했다. 아합 통치 후기부터 요아스의 통치 때까지로 주전 852-796년경이다. 엘리사는 많은 기적을 행했는데, 이에 대한 것은 열왕기하 교재에서 다루기로 하자.

3. 엘리사는 아람의 벤하닷이 이스라엘을 공격할 때 여호람을 도왔다(왕하 6:8-12).여호람은 엘리사의 충고에 귀를 기울이기도 했다(왕하 6:20-23).

(1) 그러나 여호람은 엘리사를 죽이려고 애썼다. 왜냐하면 몇 가지 엘리사가 자신에게 거스리는 일을 했기 때문이다. 엘리사가 아람 장군 나아만의 문둥병도 고쳐주기도 했거니와(왕하 5장) 아람의 벤하닷 군대가 침입했을 때(왕하 6:8-19) 엘리사의 큰 이적으로 적군의 눈을 어둡게 한 일이 있었는데 여호람은 적군을 치려 했으나 엘리사는 그대로 돌려보낸 일이 있었다. 그리고 아람의 침공이 중지되자 다시 엘리사를 미워하기 시작했다(왕하 6:23). 그 뒤로 오히려 더 악하게 우상 숭배에 빠져들었다.

(2) 물론 다시 아람이 사마리아를 공격해 왔고 이로 인해 엄청난 기근의 심판이 내려졌다(6:24이하). 여호람은 이런 절망 상태에서 엘리사를 죽이려고 애를 썼다. 물론 이때 굵은 베를 입고 옷을 찢으며 회개하기도 했다. 굶주림 때문에 자신의 아이를 삶아 먹는 비극이 벌어지고 있었기 때문이다(왕하 6:24-30*). 그의 재위 시 바알 우상이 전국을 통하여 크게 팽창했지만 10여 년 후에 예후에게 모조리 피괴되었다.

- 왕하 6:24-30 "이후에 아람 왕 벤하닷이 그 온 군대를 모아 올라와서 사마리아를 에워싸니 2아람 사람이 사마리아를 에워싸므로 성중이 크게 주려서 나귀 머리 하나에 은 팔십 세겔이요 합분태 사분 일 갑에 은 다섯 세겔이라… 28또 가로되 무슨 일이냐 여인이 대답하되 이 여인이 내게 이르기를 네 아들을 내라 우리가 오늘날 먹고 내일은 내 아들을 먹자 하매 우리가 드디어 내 아들을 삶아 먹었더니 이튿날에 내가 이르되 네 아들을 내라 우리가 먹으리라 하나 저가 그 아들을 숨겼나이다 왕이 그 여인의 말을 듣고 자기 옷을 찢으니라 저가 성 위로 지나갈 때에 백성이 본즉 그 속살에 굵은 베를 입었더라."

4.여호람은 오므리 왕조의 마지막 왕으로 부친 때에 잃어버린 요단 동쪽의 길르앗 라못을 탈환하기 위해 아람과 싸우다 부상을 입고 치료 중에 군대 장관 예후에게 피살된다(왕상 21:29, 왕하 10:11).

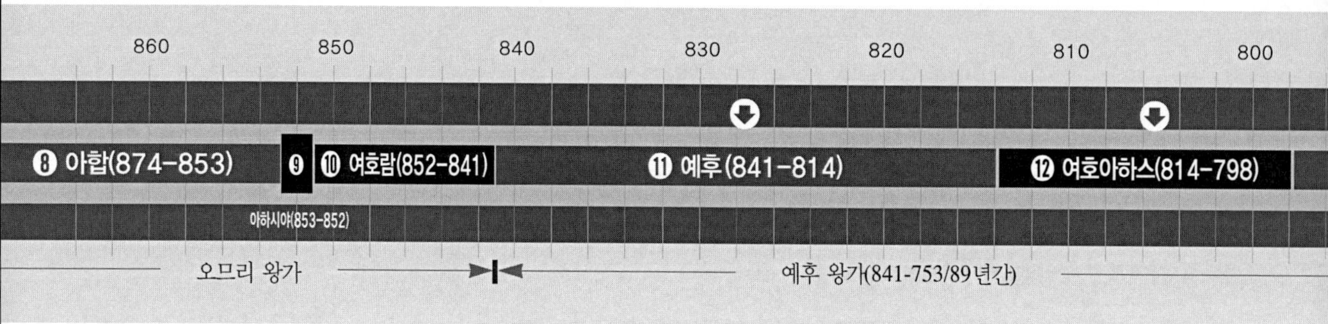

⓫ 예후(Jehu)

the son of Jehoshaphat
왕하 9-10장
841-814(28년간)

1. 오므리 왕가의 멸망은 엘리야 선지의 예언의 성취였다(왕상 19:15-17).

2. 엘리사가 생도를 보내 예후에게 기름을 부었다(왕하 9:1-10). 당시 여호람(요람)은 아람과의 전투에서 부상 치료 중에 있었다(왕하 8:29). 그러나, 예후는 곧바로 혁명을 일으키고 이스르엘로 가서 요람을 죽인다. 이스르엘은 나봇이 아합에게 처형된 곳이다. 아합이 회개함으로 그 징벌이 그의 아들 대에, 즉 요람에게 이루어졌다(왕상 21:19, 왕하 9:26). 이세벨도 죽임을 당함으로써(왕하 9:30-37) 엘리야의 예언이 성취되었다(왕상 21:23).

엘리사 왕하 2-10장

(1) 예후는 사마리아에 있는 정치적인 지도자들에게 편지하고, 아합의 아들 70인을 죽인다(왕하 10장). 이로써 오므리 왕가가 전멸되었다.

(2) 바알 선지자와 대제사장을 극렬하게 처형했다(왕하 10:19-24, 27). 바알 신당의 모든 목상을 불사르고 바알의 당을 헐어 변소를 만들어버렸다.

3. 그러나 그도 역시 하나님의 율법을 전심으로 지키지 아니했다. 그는 여로보암의 금송아지를 미워하지 않았고 오히려 벧엘과 단에서 그것을 섬기는 죄를 범해 하나님의 징계를 받는다. 결국 다메섹(아람) 왕 하사엘과 앗수르 왕 살만에셀의 침략을 받아 그의 판도가 줄어들고 열국에게 수모를 겪는다(왕하 10:32-36).

니므롯에서 발견된 살만에셀 3세가 '오므리의 아들 예후'에게 조공을 받고 있는 장면이다.

(1) 그의 숙청 과정에서 고급 인력까지 숙청을 하게 되었다. 하나님의 뜻을 실행하는 것보다는 그의 감정적인 것이 더 적용되었기 때문이다. 더욱이 유다왕 아하시야까지 죽이고(왕하 9:27), 아하시야의 형제들까지도 죽였다. 따라서 유다와의 동맹관계가 깨어졌다. 이세벨과 바알 제사장의 숙청은 자연히 북쪽 베니게를 자극했다. 따라서 국경 수비에 힘을 소비하게 된다.

(2) 범죄한 예후를 징계하기 위해 하나님은 다메섹의 아람왕 하사엘(Hazael, 벤하닷 1세는 하사엘에게 살해당함)을 일으켰다. 엘리야의 예언이 이미 있었다(왕상 19:15-17). 그 예언은 엘리사 때에 이미 이루어지기 시작했다(왕하 8:7-15). 또한 앗수르 왕에게 많은 조공을 바치는 위치로 몰락했다.

• 여호아하스는 17년간의 통치 기간 중 처음 3년은 아버지와 함께 다스린 것으로 보인다.

⑫ 여호아하스

the son of Ahaziah
왕하 10:35, 13:1-9
814-798(17년간)

1. 유다의 요아스 왕 23년째 되던 해에 왕이 되었다. 여호아하스는 예후의 아들로서 여로보암의 죄를 그대로 따라했기에 여호와 보시기에 악을 행했다고 평가되었다(왕하 13:2). 여호와께서 이스라엘을 향하여 노를 발하사 늘 아람 왕 하사엘과 그 아들 벤하닷의 손에 붙이셨다고 했다(3절).

2. 그의 통치 기간 중 아람 왕 **하사엘**의 군대가 이스라엘을 계속 괴롭혔다. 하사엘이 가드로 쳐들어와 그 땅을 점령한 후 예루살렘까지 진격할 정도가 되었다(왕하 12:17-18). 급하게 된 유다 왕 요아스는 성물(보물 창고와 성전의 보물 창고에 있는 것까지)을 하사엘에게 보냈다. 이 때 이스라엘 왕 여호아하스는 하나님께 구원을 호소했고, 하나님의 응답을 받았다. 하나님은 구원자를 보내셨는데(왕하 13:4-5), 그 구원자는 앗수르 왕 아닷-니라리 3세(Adad-Nirari Ⅲ, 810-782)였다. 그가 기원전 803년에 다메섹을 공격했다. 따라서 이스라엘은 자연히 다메섹의 압박에서 해방되었다.

• 왕하 10:32-33 "이때에 여호와께서 비로소 이스라엘을 찢으시매 **하사엘**이 그 사방을 치되 3요단 동편 길르앗 온 땅 곧 갓 사람과 르우벤 사람과 므낫세 사람의 땅 아르논 골짜기에 있는 아로엘에서부터 길르앗과 바산까지 하였더라." ➲

3. 그러나 계속 악을 행하고 또 사마리아에 아세라 목상을 그대로 남겨 두었다. 아람 왕이 여호아하스의 백성을 진멸하여 타작 마당의 티끌같이 되게 하고 마병 오십과 병거 십 승과 보병 일만 외에는 여호아하스에게 남겨 두지 아니했다고 했다(왕하 13:7). 그는 죽어 사마리아에 묻히고 그를 이어 요아스가 왕이 되었다.

➲

이스라엘의 약화는 다메섹이 활개를 치는 동기를 만들어냈다.
예후 왕의 통치 말기와 그의 아들 여호아하스 시대의 이스라엘은
사실상 다메섹의 속국이 되어 있었다.
물론 경계선은 축소되었고,
군사력은 마병 50과 병거 10과 보병 1만으로 줄어들었다고 했다(왕하 13:7).
트랜스요르단은 모두 하사엘에게 정복당하였다.
이 당시의 아모스의 외침을 들어보라.

"여호와께서 가라사대 다메섹의 서너 가지 죄로 인하여 내가 그 벌을 돌이키지 아니하리니 이는 저희가 철 타작하듯 길르앗을 압박하였음이라"(암 1:3).

하사엘의 파괴가 얼마나 컸던지 철 타작하듯 길르앗을 압박했다고 했다. 주전 815년경 하사엘은 가드로 진격했고, 유다 왕 요아스는 막중한 조공을 바치지 않을 수 없었다. 하솔도 이때에 크게 파괴되었다.

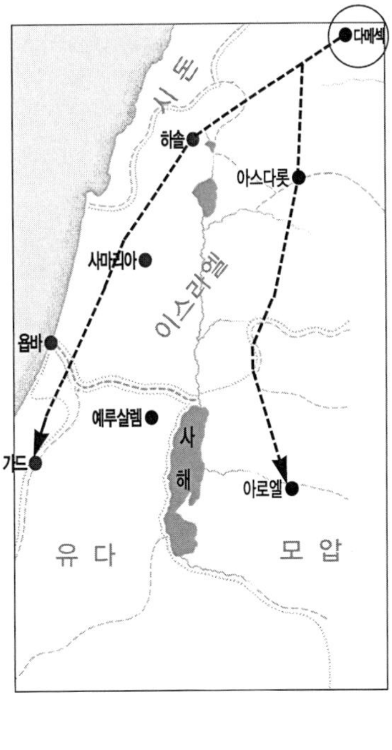

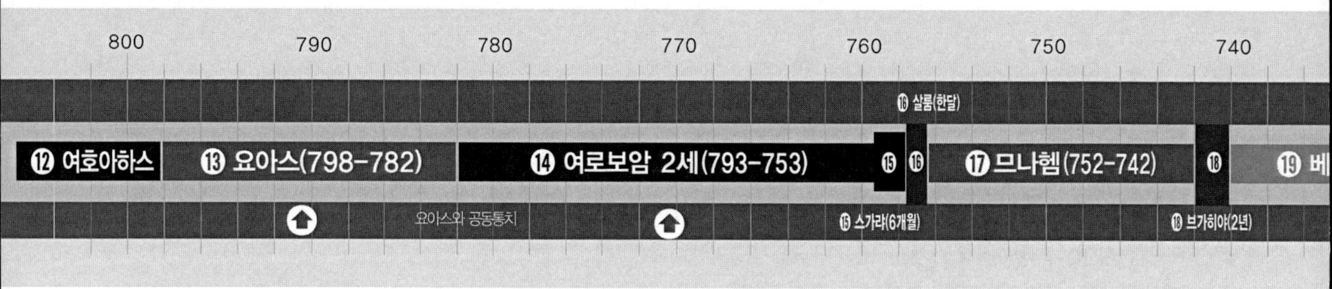

⑬ 요아스

tthe son of Jehoahaz
왕하 13:10-19, 25, 14:8-16, 23
798-782(16년간)

1. 여호아하스의 아들(예후 왕가의 3번째 왕) : 유다 왕 요아스 37년부터 아마샤 15년까지 16년간 통치했다(왕하 13:10). 요아스도 "여호와 보시기에 악한 일"을 저질렀다고 했다(11절).

2. 엘리사가 병들어 죽게 되자 요아스는 엘리사에게 가서 이렇게 외친다. "내 아버지여 내 아버지여 이스라엘의 병거와 마병이여." 엘리사는 아람을 이길 것이라고 예언한다. 엘리사는 요아스에게 활을 잡고 동편 창을 열고 쏘라고 했다. 이 활은 원수 아람을 진멸하는 활이라고 했다. 계속 활을 취하고 땅을 치라고 했다. 요아스는 3번 땅을 치고 그친다. 그러나 엘리사는 그를 책망하며, 왜 5, 6번을 치지 않았느냐고 했다. 그리하였다면 아람을 진멸할 것이었는데. 엘리사의 예언대로(왕하 13:16-17) 벤하닷 2세(하사엘의 아들)를 세 번 쳐 빼앗겼던 성들을 되찾았다(왕하 13:25). 따라서 국세(國勢)가 회복되었다.

아마샤와 요아스의 전쟁

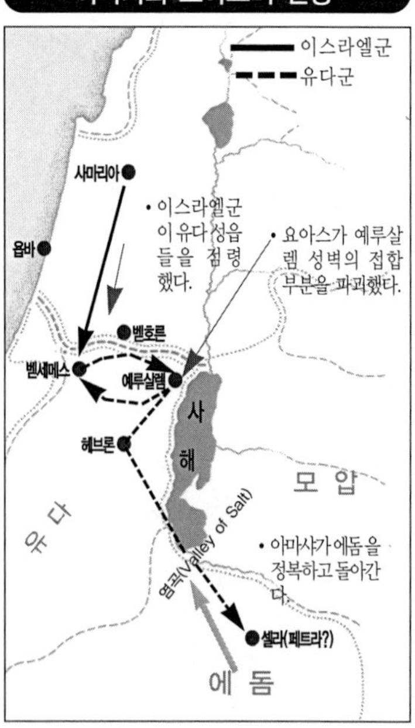

3. 유다 왕 요아스(Joash, 이스라엘 왕 요아스와 同名異人)의 아들 아마샤의 공격이 있었으나 격퇴했다. 아마샤는 사로잡히고 예루살렘의 성벽 일부가 무너졌다.

많은 포로들이 인질로 잡혀갔다(대하 25:22-24). 그러나 이스라엘 왕 요아스는 유다를 합병할 마음은 갖지 않고 은과 금을 받고 볼모를 잡는 것으로 만족했다. 이때 이후 남쪽 유다는 이스라엘의 완전한 예속 상태에 있게 되었다.

◐ 역대하 기자는 이스라엘 왕 요아스와 유다 왕 아마샤 사이에 어떻게 전쟁이 일어나게 되었는지 아주 자세히 기록하고 있다(왕하 25:5-24). 유다 왕 아마샤는 에돔을 재정복하기 위해 이스라엘인 용병을 고용했다. 그런데 하나님의 사람이 이를 반대했으므로 이들을 해고했다. 화가 난 용병들이 귀향 대열에서 도로 변의 성읍들을 약탈하여 분풀이를 했다. 아마샤는 에돔을 정복하고 돌아와서 사건의 전말을 알게 된다. 아마샤는 요아스가 설득을 했음에도 불구하고 선전포고를 한다. 그러나 벧세메스 전투에서 크게 패한다. 자신도 포로가 되었다.

⑭ 여로보암 2세

the son of Joash king of Israel
왕하 14:23-29
793-753(40년간)

1. 여로보암 2세는 부왕 통치 5년 후부터 부왕을 섭정으로 하고 왕위에 오른다. 그는 부왕 요아스가 남긴 업적으로 비교적 안정되고 부강해지는 황금 시대를 맞이하게 되었다. 그의 판도가 확장 되어 '하맛 어귀부터 아라바까지' (왕하 14:25) 회복됨으로써 솔로몬의 시대와 같아졌다. 또한 다메섹도 이스라엘의 속국으로 삼았다. 따라서 요단 동편 전체가 그의 수중에 들어갔다.

2. **이렇게 부강할 수 있었던 외적 요인은 무엇일까?**

이스라엘을 늘 괴롭히던 아람이 앗수르의 공격을 받아 힘이 약해졌고, 다메섹을 공격하던 앗수르는 또 다른 북방 세력인 '우라라트'(Urartu)를 막기 위해 남쪽에다 신경을 쓸 여념이 없었다. 또한 앗수르는 자국 내의 일로 국외에 눈을 돌릴 수 없었다. 게다가 요아스와 여로보암 2세는 나름대로 유능한 지도자였기 때문이다.

3. 그러나 나라는 부유해졌지만, 이 부유함이 결국 부패로 이어지게 된다. 이 부패를 깨우치기 위해 등장한 선지자가 **호세아**와 **아모스**였다.

4. **요나** 선지 역시 여로보암 2세의 통치 기간에 활동했던 선지자였다. 그는 앗수르의 니느웨에 가서 이들을 회개케 한다. 이는 앞으로 이스라엘이 포로로 앗수르에 끌려가게 될 날이 멀지 않으므로 이스라엘의 포로생활을 준비케 하는 것이었을 것이다. 그 당시 앗수르는 외적들의 침략으로 심히 약해져 있었고, 계속되는 재난(전염병 등 자연재해)으로 공포심이 확산되어 있었다. 따라서 이들은 쉽게 요나의 메시지를 받아들였을 것이다.

5. 여로보암의 정확한 정복 범위는 확실히 알 수 없지만 다메섹을 완전히 정복하고 야르묵 강 북쪽의 요단 동편에 있던 아람 족 땅들을 병합했을 것이다. 모압 족도 완전히 정복했을 것이다. 이스라엘의 남쪽 국경선은 사해(아라바) 연변의 어느 지점이었을 것이다.

6. 남유다의 웃시야 왕이 16세의 나이로 왕위에 올랐지만 점차 강력한 왕으로 성장해 침략 정책의 대등한 동반자로 성장한다. 따라서 주전 8세기 중엽, 이스라엘과 유다의 영토는 솔로몬 시대의 면적에 비해 거의 손색이 없었다. 솔로몬 이후 누려보지 못했던 번영이 찾아왔다. 남북 두 나라 역시 서로 평화로운 관계에 있었다. 그러나 부정부패와 불공평한 재판 등 사회 정의가 흔들리게 되었다(암 6:1-8). 어쨌든 자세한 것은 열왕기하 교재에서 다뤄보자.

선지자들 | 이스라엘

- **호세아 선지자** : 웃시야 – 요담 – 아하스 – 히스기야 시대에 활동했다(호 1:1). 여로보암 2세의 전 통치기간 약 40년 동안 활동, 바알을 섬기며 부패한 백성들에게 메시지를 선포했다.

- **아모스 선지자** : 여로보암 2세 때 이스라엘은 최고의 번영을 이루고 있었다. 물론 백성들이 사치하고 안일에 빠졌으며 불의와 부정이 행해지고 있었다(암 2:6-8). 아모스는 남방 출신으로 북방 이스라엘에 와서 선지 활동을 했다. 그는 이스라엘의 번영 뒤에 벌어지는 부패의 모습을 보고 멸망을 예고하고 있다(암 6:7-14).

- **요나 선지자** : 요나는 북쪽 이스라엘에 고향을 둔 선지자로서 여로보암 2세의 통치 기간에 활동했던 선지자였다. 그는 앗수르의 니느웨에 가서 이들을 회개케 했다.

⑮ 스가랴

the son of Jeroboam
왕하 15:8-12
753-752(6개월간)

1. 여로보암 2세의 아들 스가랴가 왕위에 올랐으나 6개월 만에 반역이 일어나 평민인 살룸(Shallum)에게 죽는다. 이미 아모스의 예언이 있었다(암 7:9). 그러나 이 살룸도 한 달 뒤에 므나헴이라는 사람에게 살해되었다. 이는 예후 왕가의 몰락만을 의미하는 것이 아니라 북쪽 이스라엘의 쇠퇴를 의미하는 것이었다.

2. 스가랴에 대한 기록은 별로 없고 그는 오직 열왕들의 악을 따라 단과 벧엘에서 여로보암의 우상을 계속 섬겼다는 기록이 있다. 이로써 예후 왕가는 4대 만에 막을 내린다.

---

⑯ 살룸

the son of Jabesh
왕하 15:13-15
752(한 달간)

평민이었던 살룸은 혁명을 일으켜 예후 왕가를 무너뜨렸으나 뒤따른 혁명을 일으킨 므나헴에게 죽는다(왕하 15:14). 므나헴은 예후 왕가의 마지막 왕 스가랴의 군대장관으로 옛날의 북왕국의 수도였던 디르사의 수비를 맡고 있었던 것 같다(왕상 14:17, 15:21, 33). 디르사는 오므리의 공격으로 불탔다. 오므리도 디르사에서 6년을 치리하다가 수도를 사마리아로 옮겼다(왕상 16:23-24).

---

⑰ 므나헴

the son of Gadi
왕하 15:16-22
752-742(10년간)

1. 므나헴의 혁명은 잔인했다. 성문을 열어 환영하지 않은 딥사에 사는 많은 사람을 잔인하게 죽이고 심지어는 아이 밴 여인까지도 배를 갈라 죽였다고 했다(왕하 15:16).

2. 그는 여로보암 2세 때에 가졌던 영토를 회복하려 했으나, 잠깐 주춤했던 앗수르의 세력이 커지기 시작했다. 따라서 앗수르 왕 불(디글랏 빌레셀 3세, 745-727 B.C.)의 공격을 받는다(왕하 15:19). 므나헴은 일천 달란트를 조공으로 바침으로 불을 물러가게 했다. 그는 계속하여 앗수르의 도움을 받아 나라를 굳게 세우려 했으나 결국은 앗수르의 하수인 역할을 해야 했다.

---

⑱ 브가히야

the son of Menahem
왕하 15:23-26
742-740(2년간)

1. 아사랴가 유다의 왕으로 있은 지 50년째 되는 해에 므나헴의 아들 브가히야가 이스라엘의 왕이 되어 2년 동안 다스렸다. 브가히야 역시 여호와 보시기에 악을 행하여 여로보암의 길을 따라 배교를 했다.

2. 자기의 부하인 군대장관 베가의 반란으로 죽었다. 베가는 사마리아 왕궁 호위소에서 브가히야 왕과 그의 아들 아르곱과 아리에를 죽이되 길르앗 사람 오십 명으로 더불어 죽이고 대신하여 왕이 되었다(왕하 15:25-26).

⑲ 베가

the son of Remaliah
왕하 15:27-31
752-732(20년간)

1. 그는 20년 동안을 통치했다고 했으나(왕하 15:27) 실제로는 8년간에 지나지 않는다(740-732 B.C.). 12년 기간은 요단 동쪽의 길르앗 지역만을 다스리면서 므나헴과 대립하고 있었던 것으로 보인다. 그동안 므나헴을 치지 못한 것은 므나헴이 앗수르의 도움을 받고 있었기 때문이었을 것이다. 그의 20년 통치는 므나헴이 사마리아에서 왕위에 오른 같은 시기에 길르앗에서 그의 통치를 시작했다는 것을 의미한다(752년). 베가가 므나헴과 브가히야에 대항한 이유는 앗수르에 대한 유화 정책 때문이었을 것이다.

베가의 20년 통치는 므나헴이 사마리아에서 왕위에 오른 같은 시기에 길르앗에서 그의 통치를 시작했다는 것을 의미한다(752-732년).

2. 통일된 지 6년 만에 앗수르 왕 디글랏 빌레셀 3세가 이스라엘을 공격, 트랜스요르단과 갈릴리 온 땅을 점령하고 많은 사람을 포로로 끌고 갔다.* 물론 이 침략은 유다 왕 아하스의 청원에 의한 것이었다. 이스라엘의 왕 베가와 아람 왕 르신은 다같이 반앗수르 정책을 쓰면서 유다도 같이 참여하기를 원했으나 아하스가 말을 듣지 않자 두 연합군이 유다를 공격한다. 이에 놀란 유다는 앗수르의 도움을 청해 이스라엘을 공격케 했던 것이다. 베가와 르신이 연합하여 유다를 공격했을 때 이사야 선지자는 아하스가 앗수르와 동맹하는 것을 강력히 반대했다(사 7장). 그러나 그는 듣지 아니하고 은금을 보내며 앗수르의 도움을 청한다. 베가는 이때 죽임을 당하지 아니한다. 이후 호세아의 반란이 일어나게 되었고, 베가는 호세아에게 죽임을 당한다. 물론 호세아는 앗수르의 도움을 받아 왕위에 올랐으나 앗수르에게 완전히 종속하게 된다.

• 왕하 15:29-30 "이스라엘 왕 베가 때에 앗수르 왕 디글랏 빌레셀이 와서 이욘과 아벨벳 마아가와 야노아와 게데스와 하솔과 길르앗과 갈릴리와 납달리 온 땅을 취하고 그 백성을 사로잡아 앗수르로 옮겼더라 웃시야의 아들 요담 이십 년에 엘라의 아들 호세아가 반역하여 르말랴의 아들 베가를 쳐서 죽이고 대신하여 왕이 되니라."

---

⑳ 호세아 (Hoshea)

the son of Elah
왕하 17:1-41
732-722(9년간)

1. **이스라엘의 최후의 왕** : 이때는 이미 영토가 많이 축소되어 있었다. 요단 동쪽 길르앗 지구와 북방지역 갈릴리가 모두 점령당하고 있었다(왕하 15:29). 호세아는 여호와 보시기에 악을 행하였으나 그 전 이스라엘 여러 왕들과 같이 하지는 아니하였다고 했다(왕하 17:2).

   앗수르 왕 디글랏 빌레셀이 죽자 이스라엘은 그 손아귀에서 벗어나려고 반 앗수르 정책을 편다. 그러자 앗수르 왕 살만에셀이 올라와서 호세아를 쳤고 호세아는 그에게 조공을 바쳤다. 그러나 기회를 찾아 이 조공 바치기를 거절했다(왕하 17:4). 이 배반에 화가 난 앗수르 왕은 다시 이스라엘을 공격하여 호세아를 잡아 가두고 온 이스라엘을 점령하고 사마리아 성을 3년이나 포위했다(왕하 17:5). 애굽의 도움을 청했으나 애굽도 도울 힘이 없었다. 결국 성은 함락되고 백성들은 포로로 끌려가게 된다. 그리고 그곳에는 많은 이방 사람들을 이민시켰다(왕하 17:24). 이런 잡족들의 이거는 앗수르를 반역하지 못하게 하는 정책이었을 것이다.

2. 이로 인해 종교의 혼란이 야기되었고(왕하 17:29-31), 이방 종교로 인해 혼합종교(Syncretism)의 발생을 가져오게 된다(왕하 17:32, 33). 이 이방인들과의 혼혈로 잡족이 생겼고, 이들을 '사마리아인'이라고 불렀다(요 4:9 참조).*

* 결국 호세아가 예언한 대로 성취되었다(호 13:11). 이렇게 해서 북쪽 이스라엘은 여로보암에서 호세아에 이르기까지 209년간, 아홉 가문, 20왕(디브니 포함)이 다스렸다. 물론 왕가가 바뀔 때마다 피를 부르는 혁명이 있었다.

부록(3) 남유다 왕국

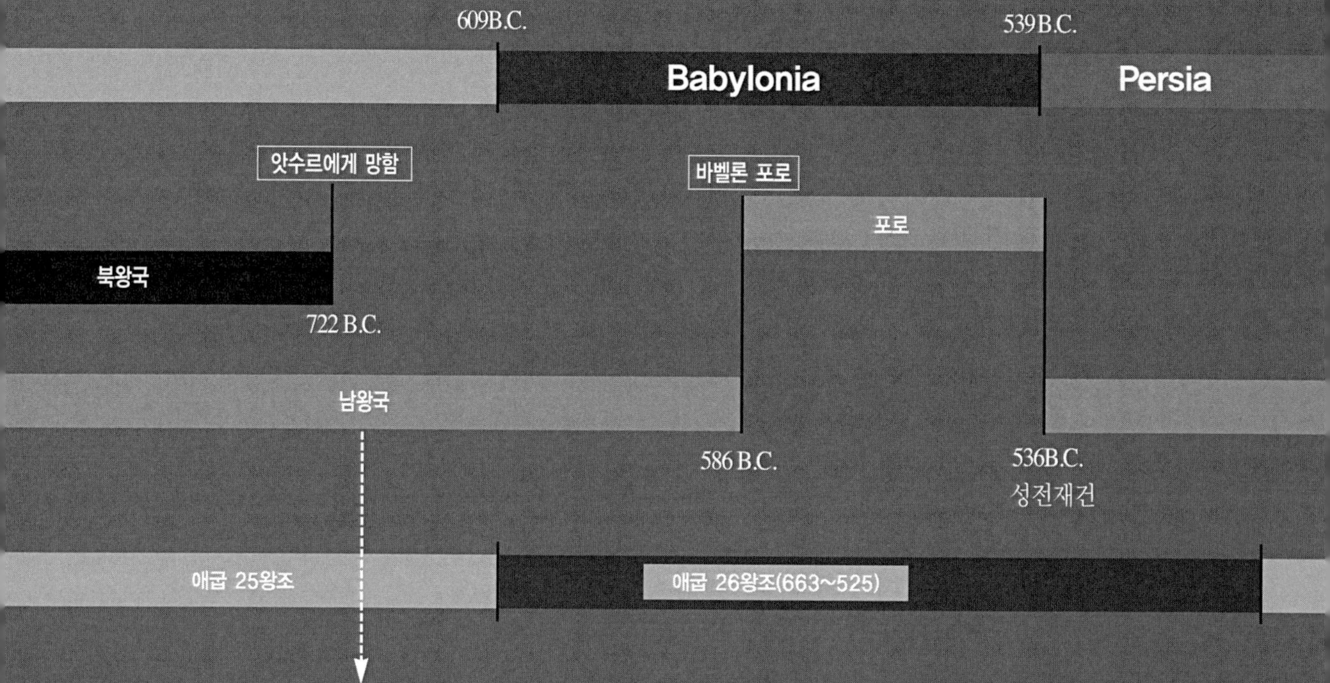

북이스라엘은 이미 역사에서 사라졌다.
사마리아는 앗수르의 한 주(州)가 되어버렸다.
사르곤 2세의 비문에는
다음과 같은 내용들이 적혀 있다.

"나는 재임 초기에 즉 첫 해에…나는 사마리아를 포위해서 함락시켰다. 나는 그 성중에서 27,209명의 포로를 잡아왔다.…나는 그 성중에 내가 빼앗은 땅의 사람들을 이주시켰다. 나는 나의 관리들로 그들을 다스리는 총독으로 임명했으며, 앗수르의 관례대로 그들에게 조공과 세금을 부과했다"(사르곤 2세의 연대기에 기록된 내용).

열왕기 기자는 북이스라엘의 멸망의 이유를 어떻게 설명하고 있는가?

① **하나님의 언약 파기와** ② **우상 숭배** : 그렇다고 이스라엘이 여호와를 섬기는 일을 전혀 하지 않았을까? 그렇지 않다. 오직 여호와 하나님만을 전적으로 섬기지 못했다. 이들은 여호와도 섬기고 우상도 섬기는 혼합주의로 일관했다. 성경은 이를 배교(背敎)라고 지적하고 있다.

그렇다면, 동시대의 남유다는 어떻게 하고 있었을까?

북이스라엘의 패망 후(주전 722년),
남쪽 유다는 수없는 선지자들의 외침에도 불구하고 역사 귀를 기울이지 않았다.
예루살렘에 성전이 있는 동안은
나라가 안전할 것이라는 생각은
예루살렘의 성의 함락과 함께 깨어져버렸다.
나라가 송두리째 공중분해 되었다.
주전 586년의 일이다.

남유다 왕국은 어떤 왕들이, 어떻게 등장하여, 역사를 꾸려갔을까?

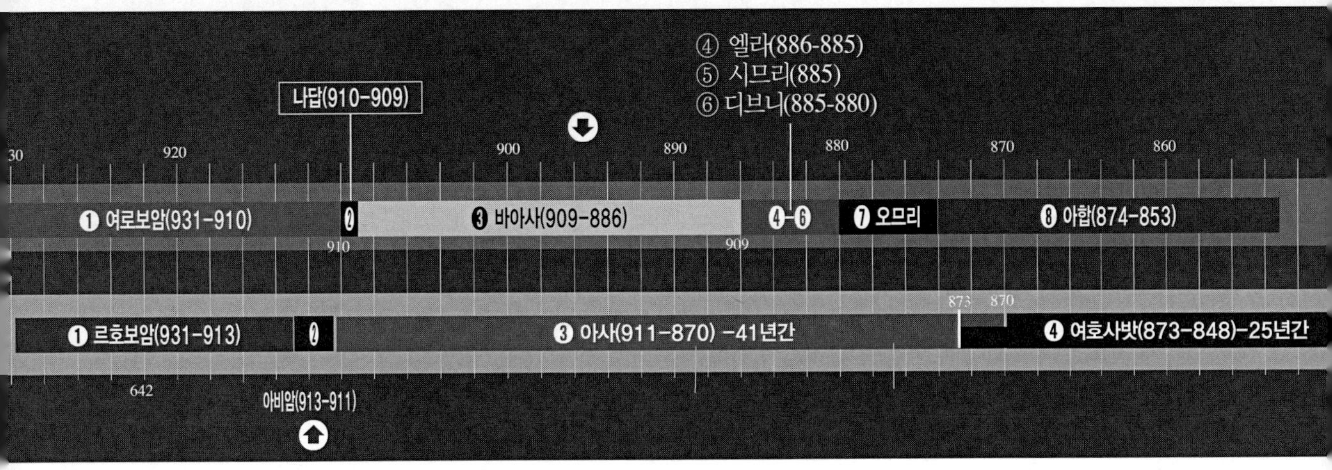

여기 남왕조도 아비얌부터 다룹니다.

❷ 아비얌

the son of Rehoboam

왕상 15:1-8, 대하 13:1-22

913-911(3년간)

1. 르호보암의 아들로, 어머니는 기브아 사람 우리엘의 딸 '마아가' *였다. 여로보암이 왕으로 있은 지 18년째 되는 해에 왕이 되어 예루살렘에서 3년을 다스렸다(대하 13:1). 그는 르호보암의 죄를 버리지 못했으나 하나님은 다윗에게 허락한 등불을 기억하시고 은혜로 입혀 예루살렘을 견고게 해주시겠다고 하셨다(왕상 15:4).

2. 따라서 이스라엘과의 전쟁에서 40만의 군대로 80만의 여로보암의 군대를 이겼다. 이 전쟁으로 이스라엘은 50만의 희생자를 냈다. 이 전쟁에서 벧엘을 빼앗고 그 외에도 몇 성읍을 빼앗았다(대하 13:19, 벧엘, 여사나, 에브론 성). 유다 백성이 이긴 까닭은 그들이 조상의 하나님이신 여호와를 의지했기 때문이라고 했다.

• **마아가** : 대하 13:2에는 '미가야'로 되어 있다. 서기관의 오기(誤記)였을 것이다.

유다와 이스라엘 사이의 불화는 왕국이 분열되면서부터 계속되었다. 싸움은 국경 근처, 그러니까 베냐민 지파의 땅에서 벌어졌다. 결국 두 나라가 전쟁으로 인해 국력이 약해질 수밖에 없었다.

3. 아비야(=아비얌)는 이스라엘과 전쟁을 하면서 에브라임 산지의 스마라임 산에서 이스라엘이 하나님을 어떻게 배반했는가에 대해 설교했다(대하 13:4-12).

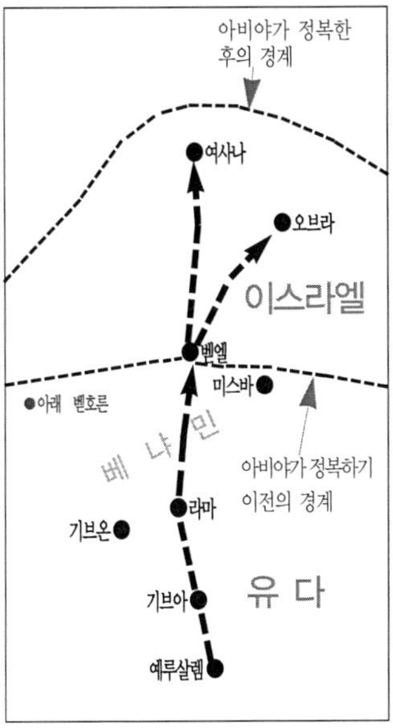

4. 그가 어려울 때 하나님께 부르짖었다고 했다(대하 13:13-21).

그러나 열왕기상 15:3에 "아비얌이 그 부친의 이미 행한 모든 죄를 행하고 그 마음이 그 조상 다윗의 마음 같지 아니하여 그 하나님 여호와 앞에 온전치 못하였"다고 했음을 보아 그는 여로보암을 이긴 후 아마 교만해졌을 것이다. 그는 예루살렘에서 3년간을 통치했다. 아비야는 14명의 여자와 결혼하여 아들 22명과 딸 16명을 두었다(대하 13:21). 아비야의 행적은 선견자 잇도가 쓴 글에 적혀 있다고 했다.

선한 왕

❸ 아사

the son of Abijam

왕상 15:9-24 / 대하 14-16장

911-870(41년간)

1. 아사가 그 조상 다윗같이 여호와 보시기에 정직하게 행했다고 했다(왕상 15:11). 그의 개혁운동은 아주 철저했다. 그의 개혁 운동은 궁정에서부터 시작되었다. 어머니의 우상숭배를 꾸짖고 대비(大妃, 마아가)의 위(位)까지도 폐했다. '남색하는 자'(美童, 왕하 23:7)를 그 땅에서 쫓아내 그 열조가 섬기던 우상을 없이 했다. 이미 르호보암 때부터 이방인들의 풍속을 따라 산 위 푸른 나무 아래 산당을 두고 아세라 목상을 세웠었다. 그러나 아사는 그 모두를 없이하지 못하고 남겨 두었다(왕상 15:14). 물론 산당 중에는 여호와를 섬기는(비록 불법이지만) 산당도 있었다(왕상 3:2, 3).

아사랴 대하 15:1, 16:7

- 아사랴는 오뎃의 아들로서(대하 15:1) 때로는 '선지자 오뎃'이라고도 불렀다(대하 15:8).

2. 아사 왕의 개혁 운동은 선지자 아사랴*(대하 15:1)에게 힘입은 바가 크다(대하 15:2, 7을 읽어보라). 아사 왕은 일평생 하나님 앞에서 온전하였다고 했다(대하 15:14). 이런 아사 왕을 하나님은 축복하시고 유다에게 평강을 주셨다(대하 14:7). 그는 선지자 아사랴의 말을 듣고 순종했다(대하 15:2-7). 이런 종교개혁 운동은 북방 이스라엘에게도 영향을 미쳐 에브라임과 므낫세와 시므온 지파들 중에서 많은 사람이 남쪽 아사 왕에게로 돌아왔다(대하 15:8-9). 이런 일로 인해 후에 북이스라엘의 바아사 왕은 그 통로가 되는 라마를 침략하여 그곳에 성을 건축함으로써 남으로 가는 길을 막았다(대하 16:1).

3. 예루살렘에서 성회를 열어 신앙 부흥을 일으켰다. 예루살렘의 성회에 모여 소 700과 양 7천의 번제를 드렸다(대하 15:13-15). 온 백성은 아사의 개혁적인 운동에 크게 호응했다. 이렇게 한 사람의 지도자의 신앙 부흥은 온 나라가 하나님의 축복 받는 원리가 된다.

구스 사람 세라(Zerah)의 출정

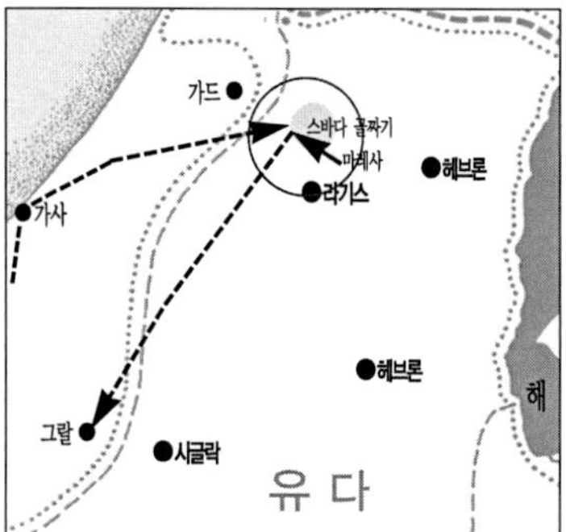

대하 14:9-13 "구스 사람 세라가 저희를 치려하여 군사 백만과 병거 삼백 승을 거느리고 마레사에 이르매 아사가 마주 나아가서 마레사의 스바다 골짜기에 진치고… 아사와 그 좇는 자가 구스 사람을 쫓아 그랄까지 이르매…여호와 앞에서 패망하였음이라 노략한 물건이 심히 많았더라."

사

4. 아사 왕은 두 번의 전쟁을 치른다. 그 하나는 구스 사람 세라(Zerah, 리비아 왕조 제 22대왕 시삭의 아들 오솔곤 1세의 부하 장군이었을 것이다)가 지도하던 애굽 및 구스(에디오피아)군과의 전쟁이고(대하 16:8), 다른 하나는 이스라엘의 바아사 왕과의 전쟁이다.

(1) 구스 군대의 숫자는 군사가 100만이요 병거가 300승이었다고 했다. 이에 비해 아사 왕이 이끄는 군대는 58만이었다(유다에서 30만, 베냐민에서 28만, 대하 15:8). 이 전쟁 때 아사 왕이 하나님께 기도드린 내용을 보라(대하 14:11). 하나님은 그의 기도를 들으시고 유다로 하여금 크게 승리케 하셨다(대하 14:12-15). 아합 재위 15년

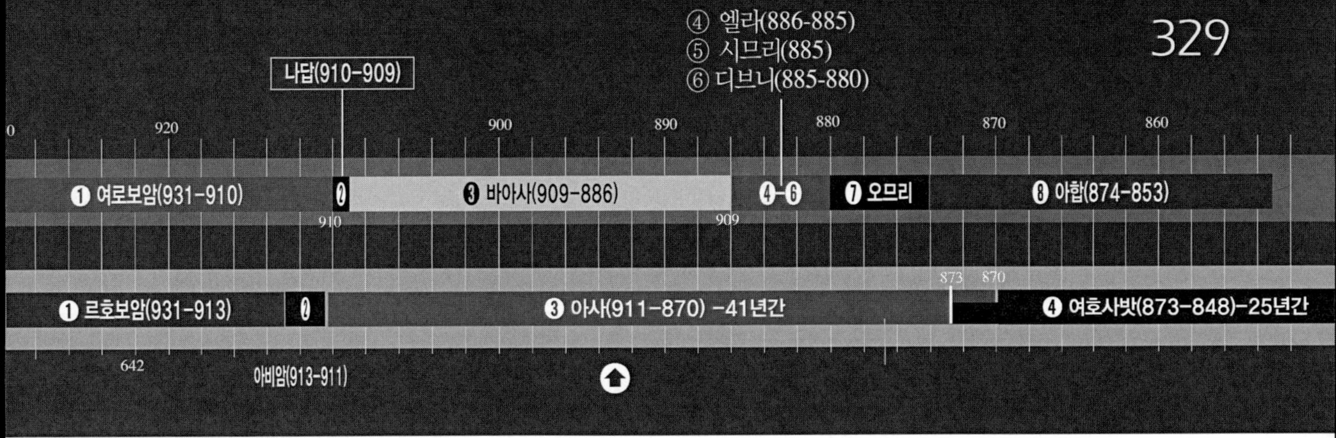

때의 일이었다(대하 15:10).

(2) 세라의 군대를 이긴 아사 왕은 어찌해서인지 하나님을 찾는 믿음이 식어졌다. 그런데 아사 왕 16년*(그러니까 구스와의 전쟁에서 승리한 그 이듬해)에 북이스라엘 왕 바아사가 유다를 공격한다. 이스라엘 왕 바아사는 유다를 치러 올라와서 라마를 건축하여 사람들을 유다 왕 아사에게로 왕래하지 못하게 하려 했다. 급하게 된 아사 왕은 다메섹(아람) 왕 벤하닷에게 원병을 청원한다. 벤하닷은 아사 왕의 말을 듣고 이스라엘의 몇 개의 성읍(이욘과 단과 아벨마임과 납달리의 모든 국고성)을 공격했다. 물론 바아사는 이 소식을 듣고 라마 건축하는 일을 그치고 철군한다.

- **아사 왕 16년** : 역대하 16:1에는 아사 왕 36년에 바아사가 유다를 공격했다고 했다. 그러나 여기서 36년이라 함은 그의 즉위 연대를 가리키는 것이 아닐 것이다. 왕상 16:8, 10에는 아사 왕 26년에 바아사가 죽었다고 했다. 따라서 대하 15:19의 아사왕 35년은 남유다의 시작 연대부터(주전 931년) 계산된 연수라고 많은 학자들은 보고 있다. 그러므로 세라와의 전쟁은 아사 왕 15년이다(대하 15:10). 북이스라엘의 바아사의 공격은 세라를 이긴 그 다음해(아사 왕 즉위 16년)를 의미한다(김희보, 구약이스라엘사, 총신대학교출판부, 345면 각주 31).

(3) 라마에 성을 건축하려던 재료들은 아사 왕이 게바와 미스바의 두 성(城)을 건축하는 데 사용했다(대하 16:6). 이런 일련의 정책을 아사는 자기가 선택한 지혜로운 일이라고 생각했을 것이다.

아사와 바아사 간의 전쟁

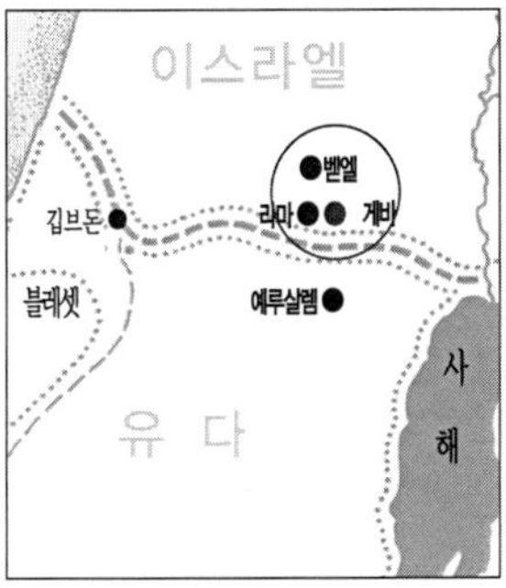

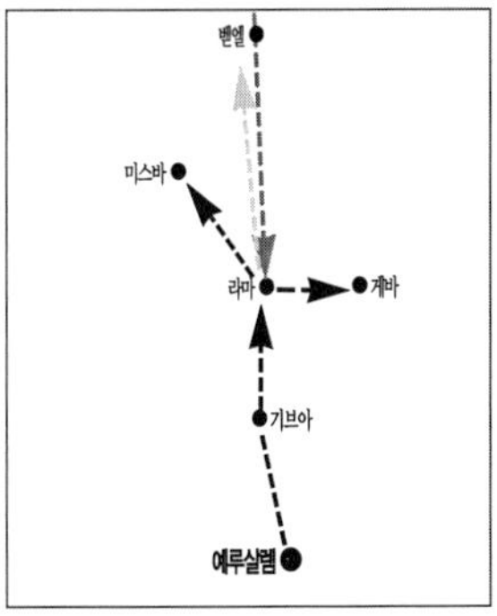

- 북이스라엘의 바아사가 라마에다 요새를 건축했다. 이스라엘 사람들이 유다로 왕래하지 못하도록 하기 위해서였다.

- 남유다 아사는 아람의 벤하닷에게 구원을 청했고, 벤하닷은 이스라엘을 공격한다. 따라서 이스라엘은 철군했고 아사는 짓다 만 건축자료를 수집해 미스바와 게바를 건축한다.

하나니 대하 16:7-10

4. 그런데 선지자 하나니(=이스라엘의 바아사를 꾸짖은 예후 선지는 하나니의 아들이다)가 그의 잘못을 지적했고, 이에 아사 왕은 선지자를 감옥에 가둔다. 하나니가 지적한 것은 아람의 도움을 요청하지 않았다면 이스라엘의 공격도 물리치고 다메섹도 주관할 수 있었는데 기회를 놓쳤다는 것이었다. 아사는 하나님의 징계로 병이 들었다. 그러나 그는 하나님을 찾지 아니했다. 그리고 2년 후에 죽는다. 재위 39-41년까지는 발병으로 그 위를 여호사밧에게 주고 섭정한다.

선한 왕

❹ 여호사밧

the son of Asa

왕상 22:41-50, 대하 17:1-21:3

873-848(25년간)

1. 여호사밧(Jehoshaphat)은 북이스라엘의 아합이 왕위에 있은 지 4년째 되던 해에 왕이 되었다.

그는 부왕(父王) 아사의 개혁운동을 계속하되 철저하게 했다(대하 17:6, 19:3). 여호사밧은 바알 종교가 유다로 들어오는 것을 막았다. 그는 경건한 인물이었다. 산당과 아세라 목상을 제거하고(대하 17:6), 부왕이 하지 못했던 '남색하는 자'를 쫓아냈다(왕상 22:46). 북이스라엘과의 관계는 크게 개선되었다.

야하시엘 대하 20:14-19

• 레위인이며 아삽의 자손으로 스가랴의 아들. 그는 여호사밧의 군대가 위험에 처했을 때 여호와의 감동을 받아 예언을 했다(대하 20:4).

2. 여호사밧은 모세의 법대로 사법 제도를 수정했다(대하 19:4-11). 그는 모든 땅에 재판관들을 세워 그들에게 올바른 재판을 하도록 권고했다.* 레위인과 제사장들에게 각 성읍을 돌면서 율법을 백성들에게 가르치도록 했다. 그는 전심으로 하나님께 헌신했다(대하 17:7-9). 그는 군사력을 강화하여 많은 성읍을 요새화시켰다. 유다의 군대는 5개의 군단으로 나누어져 있었고 그 군대의 숫자가 100만을 넘어 열국에 두려운 존재가 되기도 했다(대하 17:10).

• 대하 19:6-9 "재판관에게 이르되 너희는 행하는 바를 삼가하라 너희의 재판하는 것이 사람을 위함이 아니요 여호와를 위함이니 너희가 재판할 때에 여호와께서 너희와 함께 하실지라 그런즉 너희는 여호와를 두려워하는 마음으로 삼가 행하라 우리의 하나님 여호와께서는 불의함도 없으시고 편벽됨도 없으시고 뇌물을 받으심도 없으시니라 여호사밧이 또 예루살렘에서 레위 사람과 제사장과 이스라엘 족장 중에서 사람을 세워 여호와께 속한 일과 예루살렘 거민의 모든 송사를 재판하게 하고 저희에게 명하여 가로되 너희는 여호와를 경외하고 충의와 성심으로 이 일을 행하라."

3. 모압, 암몬, 에돔의 연합군이 유다를 공격하려 했을 때, 그 공격하는 숫자의 많음에 놀랐지만, 여호사밧은 백성들에게 금식을 선포하고 기도하게 했다(대하 20:3을 보라). 따라서 전쟁은 대승이었다. 전리품을 나르는 데만 3일이 걸렸다고 했다(대하 20:25). 그래서 그 전쟁하던 골짜기를 '브라가'라고 했다.

4. 국고성을 건축하는 등 국방을 튼튼히 했다. 그는 이스라엘과의 전쟁을 피해야겠다고 생각했고, 그 평화를 이루기 위해서는 비참하게도 아합 왕의 딸 '아달랴'를 자부로 맞이하게 된다(왕하 8:18). 그러나 이스라엘과의 동맹을 맺은 것이 하나의 큰 실책이었다. 부귀와 영광이 극에 달하자 이스라엘과의 전쟁을 피해야겠다는 생각에(대하 18:1, 2) 그의 아들 여호람을 이세벨의 딸들 중 하나와 결혼시킨 것이다.

물론 이 일이 뒤에 화근을 가져오게 된다. 남유다가 종교적으로 크게 부패한다(대하 21:6). 여호사밧은 이스라엘과의 연혼을 통해 화평을 가져오려 했다. 당시 북이스라엘의 아하시야는 매우 악한 왕이었는데 여호사밧은 에세온게벨에서 아하시야와 함께 무역을 하기 위해 배를 지었다. 다시스와의 무역을 하려 했으나 후에 배의 파선으로 그 일이 실패한다

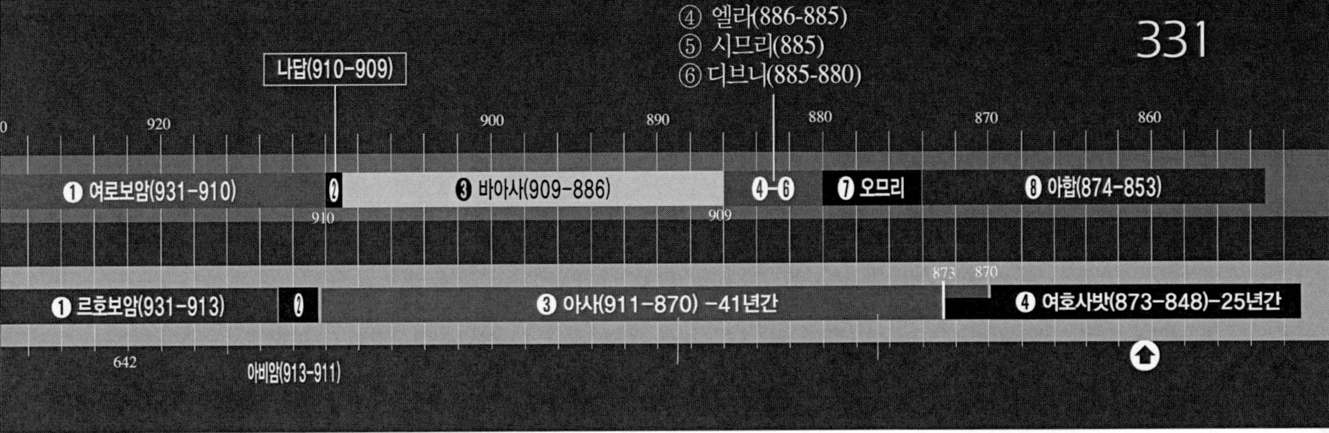

(왕상 22:48).

5. 여호사밧은 그의 부친 아사처럼 여호와 보시기에 올바른 일을 했지만 산당은 없애지 아니했다. 산당 중에는 여호와를 섬기는 산당이 있었다(왕상 15:1). 이것은 불법적인 일이었다.

6. 또한 선지자 엘리에셀*은 앞에서 언급한 바와 같이 북쪽의 아하시야와 교제하는 것을 책망했다. 여호사밧은 오빌에서 금을 실어오려고 배를 건조했으나 모든 것이 수포로 돌아갔다.

7. 여호사밧은 이스라엘의 아합과 군사 동맹을 맺어 아합의 청원을 받아 아람의 벤하닷과의 전쟁에도 참여했으나 길르앗 라못 전투에서 겨우 생명을 건진다(대하 18:29이하). 그 후 아합의 아들 여호람의 청원을 받아 모압을 치는 전쟁에 나가게 된다. 그 전쟁에서 엘리사의 도움이 없었다면 생명을 건지지 못했을 것이다. 모압을 크게 이겼으나(왕하 3:15-27), 하나님은 악한 이스라엘 왕과의 연합을 책망하셨다. 선지자 예후*의 책망도 있었다(대하 19:2)

8. 그가 아직 왕위에 있을 때, 그의 아들 여호람으로 왕이 되게 했다. 여호람의 아내가 바로 아합의 딸인 아달랴였다.

엘리에셀 대하 20:37

- 엘리에셀에 대해서는 대하 20:37에만 간단히 언급되어 있다. 고향이 마레사라고 했는데, 이곳은 유다의 서부 산악지대이다. 엘리에셀은 여호사밧이 오므리 집과 두 번째로 군사적 동맹을 맺은 것에 대해 경고했다. 그의 예언처럼 배는 건조되었지만 항구를 떠나지는 못했다.

예후 대하 19:2-3

- 이스라엘 왕 바아사 때의 선지자. 그는 유다 왕 여호사밧이 하나님을 신뢰하지 않고 이스라엘의 악한 왕 아합과 연합한 것에 대해 경고했다.

- 대하 19:2-3 "하나니의 아들 선견자 예후가 나가서 여호사밧 왕을 맞아 가로되 왕이 악한 자를 돕고 여호와를 미워하는 자를 사랑하는 것이 가하니이까 그러므로 여호와께로서 진노하심이 왕에게 임하리이다 그러나 왕에게 선한 일도 있으니 이는 왕이 아세라 목상들을 이 땅에서 없이하고 마음을 오로지 하여 하나님을 찾음이니이다 하였더라."

아합의 딸(아달랴)과 결혼

❺ 여호람

the son of Jehoshaphat
왕하 8:16-29, 대하 21:4-20
848-841(단독 통치 8년간)
악한 왕

오바댜 대하 21:16-17

- 오바댜는 남왕국에 살았던 것으로 추측된다. 여호람 통치 중에(848-841 B.C.) 블레셋과 아라비아인들의 침공(대하 21:16-17)에 대해 예언했다.
- 에돔의 멸망을 예언하고
- 이스라엘의 회복도 예언한다.

엘리야 대하 21:12-15

- 백성들에게 죄를 짓게 했고, 네 형제들을 죽였다.
- 그러므로 네 백성에게 끔찍한 벌을 내리실 것이다.
- 네 창자에 심한 병이 걸려, 네 창자가 밖으로 빠져 나올 것이다.

- 대하 21:2-4 "여호사밧의 아들 여호람의 아우 아사랴와 여히엘과 스가랴와 아사랴와 미가엘과 스바댜는 다 유다 왕 여호사밧의 아들이라 그 부친이 저희에게는 은금과 보물과 유다 견고한 성읍들을 선물로 후히 주었고 여호람은 장자인 고로 왕위를 주었더니 여호람이 그 부친의 위에 올라 세력을 얻은 후에 그 모든 아우와 이스라엘 방백 중 몇 사람을 칼로 죽였더라."

1. 이스라엘의 요람(여호람)이 왕으로 있은 지 5년째 되는 해(그의 나이 30세)에 왕위에 올랐다. 여호사밧은 길르앗 라못으로 아합과 전쟁을 하러 나간 그 해에 여호람을 공동 섭정자로 임명했다(주전 853년). 여호람은 조부 아사 왕과 부왕 여호사밧과 같지 아니했다. 그는 북방 이스라엘의 아합의 길을 따른다. 그의 아내가 아합의 딸(아달랴)이었기 때문이다(대하 21:6, 왕하 8:18). 하나님이 '다윗과 맺은 언약'(삼하 7장)이 아니었다면 그는 완전히 멸망당하였을 것이다(대하 21:7).

   - 대하 21:6-7 "저가 이스라엘 왕들의 길로 행하여 아합의 집과 같이 하였으니 이는 아합의 딸이 그 아내가 되었음이라 저가 여호와 보시기에 악을 행하였으나 여호와께서 다윗의 집을 멸하기를 즐겨하지 아니하셨음은 이전에 다윗으로 더불어 언약을 세우시고 또 다윗과 그 자손에게 항상 등불을 주겠다고 허하셨음이더라."

2. 여호람은 자기 형제들을 모두 죽이고(대하 21:2-4*), 이스라엘의 방백 몇 사람도 죽였다고 했다. 아마 아합의 길을 따르는 그의 악한 정책을 비난했기 때문일 것이다. 이러한 숙청은 아마도 그의 부인 아달랴의 생각에서 나왔을 것이다. 그녀는 나중에 엄청난 일을 저지른 장본인이기 때문이다(왕하 11:1). 이때 북방에 있는 엘리야* 선지는 편지를 보내어 무서운 형벌을 예고했다(대하 21:12-15).

3. 에돔은 유다의 지배 하에 있었다(대하 20:1-29). 그래서 유다에서 보낸 장관이 에돔을 다스리고 있었다(왕상 22:47). 그러나 여호람 시대에 에돔도 배반하게 된다. 여호람은 반란을 진압하려고 사일(에돔?)로 그의 군대를 파견했다. 그러나 진압은 성공하지 못하고 겨우 목숨만 구해 도망쳤다.

   블레셋 국경의 립나라는 도성도 배반한다(대하 21:8-9, 왕하 8:20-22). 블레셋도 여호람 시대에 유다를 공격했다(대하 21:16-17).

4. 그의 예언대로 블레셋과 아라비아가 군대를 일으켜 유다를 친다. 그들은 왕궁에 있는 모든 것을 빼앗고 여호람의 자녀와 아내들도 잡아갔다. 여호람의 막내 아들 아하시야만 붙잡혀 가지 않았다. 이 과정에서 여호람은 창자에 병이 들었고, 그 병 때문에 창자가 빠져나오는 중병이 들어 2년 후에 죽게 된다(대하 21:18-19).

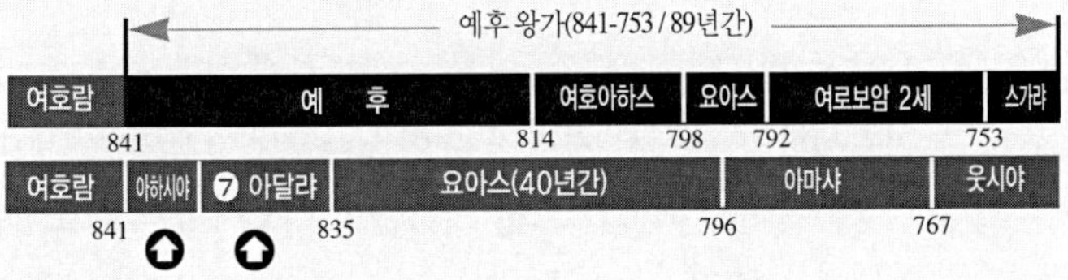

'여호아하스'라고도 불림

❻ 아하시야

Jehoram's youngest son

왕하 9:14 / 대하 22:1-9

841(1년간)

악한 왕

1. 블레셋과 아라비아의 침략으로 여호람 왕가는 거의 진멸되고 오직 말째 아들 여호아하스(=아하시야)만 살아 남아 42세에 왕위에 올랐으나 1년도 못되어 죽었다. 어쨌든 그는 어머니 아달랴(Athaliah)의 교도를 받아 완전히 아합의 길로 행했다.

2. 아합의 아들 요람(여호람) 왕과 아람의 하사엘 사이에 전쟁이 일어나자 아하시야(=여호아하스)는 아합 집안 사람들의 충고를 받아들여 그(요람)를 도우러 길르앗 라못으로 간다. 그러나 요람은 전쟁에서 부상을 입고 이스라엘로 되돌아온다. 이때 아하시야는 부상당한 요람을 방문한다(대하 22:5). 그곳에서 예후를 만난다. 예후는 아합의 집안을 징벌하기 위해 하나님이 세운 사람이라고 했다. 예후는 아합의 집안을 징벌했을 뿐만 아니라 유다의 지도자들과 아하시야를 섬기던 친척들도 죽였다. 물론 사마리아에 숨어 있던 아하시야도 예후의 부하들에게 붙잡혀 죽임을 당한다(대하 22:7-9).

악한 왕

❼ 아달랴

the mother of Ahaziah

대하 22:10-23:21

841-835(6년간) – **살해됨**

1. 이 소식을 듣고 아하시야의 어머니 아달랴가 일어나 정권을 잡고 왕족들의 씨(자기의 손자들)를 전멸시킨다. 이 와중에 아하시야의 누이(아마 아달랴의 몸에서 난 딸이 아닐 것이다)요 여호람의 딸인 여호세바(여호사브앗)가 아하시야의 어린 아들 '요아스'를 간신히 뽑아내어 6년간을 하나님의 성전에서 숨겨 키운다. 아달랴는 자기가 정권을 잡는 동안 또다시 바알 종교를 부흥시키려 했을 것이다. 아달랴는 여호람의 아내로 북쪽 이스라엘, 아합 왕(아내: 이세벨)의 딸이었기 때문이었다. 그녀는 자기 아들이 왕위에 올랐으나 1년도 못되어 죽자 6년 동안 정권을 잡고 바알 종교를 적극적으로 심는다.

2. 아달랴는 제사장 여호야다의 반정(反正)으로 유다 백성들의 칼에 죽임을 당한다. 그녀가 죽을 때까지 6년간 계대가 끊겼으나 어린 요아스가 왕위에 오르게 된다. 이후 이스라엘과 유다의 관계는 평행을 이루게 된다. 하마터면 다윗 계통은 아달랴의 집권으로 무너질 뻔했다. 여호야다가 어떻게 요아스를 왕으로 세우게 되었는가는 역대하 23장에 자세히 언급되어 있다.

• 아달랴는 그 집권 과정에서 반대세력을 무자비하게 숙청한다. 그녀가 복수심에 불탄 것은 그의 어머니 이세벨의 죽음과 그 시체를 개가 먹게 한 일(왕하 9::30-37), 아합 가족이 전멸된 일(왕하 10:1-11), 자기의 남편이 엘리야의 말대로 창자가 빠져 죽은 일(대하 22:11-15), 또 아들과 그를 동조하던 일행이 예후에게 죽은 일 등이 복합 요인이 되었을 것이다.

북이스라엘의 12대왕(예후 왕조의 3번째 왕)과는 동명이인이다.

❽ 요아스

왕하 12:1-12:21/ 대하 24:1-27
835-796(40년간) - **살해됨**

선한 왕

요 엘 대하 24:19

- 요엘은 아달랴의 이단 정권을 무너뜨린 여호야다의 반정으로 세워진 요아스왕 초기에 활동했다. 그 때, 요아스의 나이가 7세였다. 따라서 제사장과 장로들이 대거 정치에 참여했을 것이고, 여기에 따르는 부패가 있었을 것이다.
- 장로들과 제사장들과 모든 거민들의 회개를 촉구하면서 임박한 심판을 예고한다.
- 하사엘이 이스라엘의 요단강 동편 땅을 취하면서 유다도 공격했다.

1. 제사장 여호야다(Jehoiada)의 반정으로 아하시야의 누이(=그러니까, 요아스의 고모) 여호세바의 손에서 자라던 요아스가 7세가 되자 왕위에 오른다. 아달랴의 정책에 불안해하던 모든 사람들이 여호야다에게 호응했다. 여호야다는 아달랴를 처치하고 유다의 모든 백성들로 하여금 굳게 언약을 세우게 했다 : "여호와의 백성이 되리라." 온 백성이 스스로 일어나 바알과 우상들을 훼파하고 바알의 제사장 맛단을 죽였다. 이로써 다윗의 계보가 꺾이는 듯했으나 보존되었다.

2. 요아스는 성장하자 종교개혁에 착수한다. 제사장 여호야다를 격려하여 레위 사람들로 하여금 온 백성에게 연보를 거두게 하여 성전을 수리하게 했다. 따라서 전국적으로 영적 부흥이 일어나게 되었다. 요아스는 여호와 보시기에 옳은 일을 했으나 산당을 없애지는 않았으므로 백성들이 그곳에서 제사를 지내며 향을 피웠다고 했다(왕하 12:2-3).

3. 요아스의 오른팔격인 여호야다가 죽자 지도력이 약한 요아스는 그의 정책을 바꾼다. 유다의 방백들이 아세라를 섬길 것을 간청하자 허락하고 만다(대하 24-27장). 하나님은 예언자들을 보내어 백성들을 돌아오게 하려 하셨지만 백성들은 예언자들의 말을 듣지 않는다.

   그때 여호와의 영이 스가랴에게 임했다. 스가랴는 하나님의 말씀을 전했지만 왕과 그의 관리들은 스가랴를 죽일 계획을 세운다. 요아스는 스가랴를 돌로 쳐죽이도록 허락한다. 이 스가랴는 바로 제사장 여호야다의 아들이었다(대하 24:19-21). 스가랴는 죽기 전에 "여호와께서 왕의 하는 일을 보시고 그대로 되갚아 주소서"라고 기도했다.

4. 하나님은 이에 대한 징벌로 다메섹(아람) 하사엘을 일으켜 유다를 치게 하셨다.* 아람 군대는 수가 얼마 되지 않았지만 여호와께서 그들을 도와 유다의 큰 군대를 이기게 하셨다.

   그때 요아스는 곳간의 모든 금을 거두어 아람 왕 하사엘에게 주어 예루살렘을 떠나게 한다. 물론 많은 방백들이 죽는다. 여호와께서 이렇게 하신 이유는 그들이 여호와를 저버렸기 때문이었다(대하 24:24). 결국 부하들의 반란으로 요아스는 죽는다(대하 24:26, 왕상 12:21 참조). 그는 열왕의 묘실에도 장사되지 못하고 다윗 성에 장사되었다(대하 24:6).

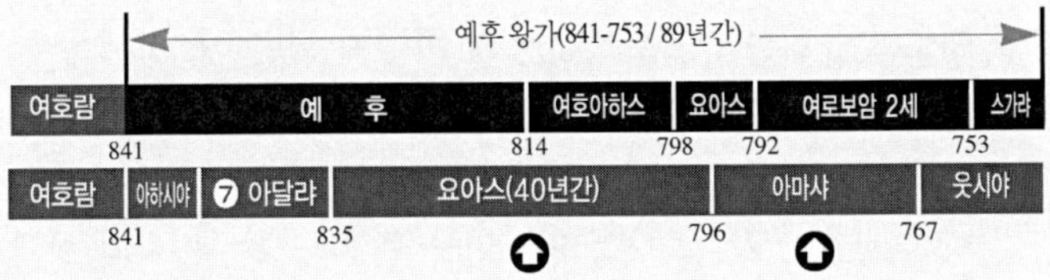

아마샤: 웃시야, 23년간(790-767) 부왕 아마샤와 공동 통치

악한 왕

9 아마샤

the son of Joash

왕하 14:1-22 / 대하 25:1-28

796-767(29년간) - **살해됨**

1. 요아스 왕이 피살된 후 그 아들 아마샤가 왕위에 오른다(25세, 이스라엘 왕 여호아하스의 아들 요아스 2년). 아마샤는 여호와께서 보시기에 옳은 일을 했다. 그는 아버지 요아스가 행한 대로 모두 행했다. 그러나 산당을 없애지는 못했다. 그는 조직력을 가진 행정 수완이 있었던 것 같다. 그는 약해진 정국을 정리하여 나라를 굳게 한 후 부왕을 죽인 신복들을 처형했다. 그러나 그들의 자녀는 죽이지 아니했다. 이는 모세의 법을 따른 것이었다(왕하 14:6).

2. 국방을 튼튼히 하고 30만의 군대로 에돔을 공격한다. 그리고 이스라엘에서 10만의 용병을 고용한다.

   어떤 선지자가 이 용병을 고용하는 것을 하나님이 기뻐하지 않을 것이라고 충고한다. 그래서 다시 돌려보낸다. 그러나 돈은 100달란트나 이미 지불했다(대하 25:6*). 그런데 용병들은 불만을 품고 유다의 성읍을 역습하여 3천의 사람을 죽이고 물건을 노략했다(대하 25:13*). 이는 아마샤가 선지자의 말을 멸시한 원인 때문인 것 같다. 그래도 아마샤는 계획대로 에돔을 공격한다. 이곳을 정복해야 홍해로 연결되는 남방 통상로를 확보하기 때문이었다. 이 전쟁에서 유다는 크게 승리한다. 그런데 개선하고 돌아올 때 에돔의 우상을 가져다가 자기의 신으로 세우고 경배하며 분향하는 죄를 범한다(대하 25:14).

3. 아마샤는 북이스라엘에게 화살을 돌리고 보복전쟁을 치른다. 보복 이유는 이스라엘 용병들이 이스라엘로 되돌아가면서 유다의 마을들을 노략질했기 때문이었다(3000명이나 죽이고 값진 물건도 빼앗아 갔다). 이스라엘 왕 요아스가 전쟁을 하지 말자고 설득했으나 교만해진 아마샤는 선전포고를 했다. 그러나 이 전쟁에서 아마샤는 크게 패한다. 선지자의 예언대로였다(대하 25:16). 에돔의 우상을 가지고 와 섬겼기 때문이다.

   그는 마침내 백성들에게 피살되었다. 그리고 그의 아들 웃시야가 대신 왕이 되었다(767년).

- 대하 25:5-13 "아마샤가 유다 사람을 모으고…또 은 일백 달란트로 이스라엘 나라에서 큰 용사 **십만을 삯 내었더니** 7 어떤 하나님의 사람이 아마샤에게 나아와서 이르되 왕이여 이스라엘 군대로 왕과 함께 가게 마옵소서…9 아마샤가 하나님의 사람에게 이르되 내가 **일백 달란트를 이스라엘 군대에게 주었으니** 어찌할꼬 하나님의 사람이 대답하되 여호와께서 능히 이보다 많은 것으로 왕에게 주실 수 있나이다 10 아마샤가 이에 에브라임에서 자기에게 나아온 군대를 구별하여 본곳으로 돌아가게 하였더니 저희 무리가 유다 사람을 심히 노하여 분연히 본곳으로 돌아갔더라 11 아마샤가 담력을 내어 그 백성을 거느리고 염곡에 이르러 세일 자손 일만을 죽이고 …13 아마샤가 자기와 함께 전장에 나가지 못하게 하고 돌려보낸 군사들이 사마리아에서부터 벧호론까지 **유다 성읍을 엄습하고 사람 삼천을 죽이고** 물건을 많이 노략하였더라."

'아사랴'로 기록된 곳이 많다.

⑩ 웃시야 선한 왕

the son of Amaziah

왕하 15:1-7 / 대하 26:1-23

792-739(52년간*) · **문둥병**

1. 여로보암 2세가 왕으로 있은 지 27년째 되던 해, 16세에 왕이 되어 52년간을 다스렸다. 그의 이름이 아사랴로 기록된 곳이 많다(왕하 14:21, 15:1,6, 8 등등). 유다의 열왕 중에서 가장 유능하고 강력한 왕이었다. 북방 여로보암 2세와 대등되는 인물이었다. 그는 여호와 보시기에 옳은 일을 했다. 웃시야는 스가랴라는 사람이 살아 있는 동안은 하나님께 복종했다. 그가 하나님을 두려워하는 법을 가르쳐주었기 때문이다. 이런 웃시야에게 하나님은 복을 주셨다.

*웃시야의 통치 기간

웃시야의 52년간의 통치(왕하 15:2)는 :

- 아버지 아마샤와 같이 섭정한 24년간,
- 그리고 그가 병들어 그의 아들 요담과 섭정한 12년간을 합해서 이다. 따라서 그의 단독 통치 기간은 16년간이었다.

2. **영토 확장** : 에돔을 계속 주관하고, 홍해 북부 연안에 항구(에시온게벨)를 건설하여 무역 정책에 힘썼다(왕하 14:22). 대상(隊商) 통로를 보호하기 위해 남방(네게브 지방)을 제압했고, 동쪽으로는 암몬을 다스려 조공을 받았다. 서쪽으로는 블레셋의 여러 성읍(가드, 아브, 아스돗 등)을 정복했다. 남쪽으로는 국경을 애굽 변방까지 확장했다. 이 당시 이스라엘과 유다의 영토는 솔로몬 시대의 면적에 비해 손색이 없었다.

3. **산업정책** : 무역을 확대하고, 목축에 힘쓰며, 농업에도 힘썼다(대하 26:10).

   국방과 군사 정책 : 군대 조직을 재편성, 하나냐 밑에 족장들 중 용사 2,600명을 뽑고 그 수하에 30만 7천 5백 명의 정예병을 두어 훈련시켰다(대하 26:11-13). 따라서 유다는 열국들의 공포의 대상이 되었다.

"웃시야가 예루살렘에서…망대를 세워…"(대하 26:9)

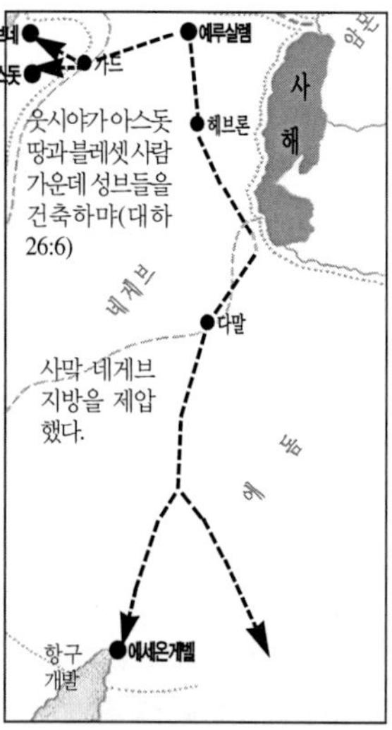

4. 이런 부흥의 요인은 외적인 데도 있었다. 이미 살펴본 것처럼 여로보암 2세 때의 북방 세력인 다메섹은 신흥 앗수르에 맥을 못쓰고, 앗수르는 또한 북방의 우라라트(Urart)의 공격을 받아 그것을 방어하기에 여념이 없었기 때문이다.

5. 이런 국가의 번영으로 인해 늘 인류가 그래 왔듯이 백성들은 물질주의로 기울어 사치해졌다(사 3:18-23). 웃시야는 강해지면서 그 자신도 또한 교만해졌다(대하 26:16). 그뿐만 아니라 역시 제사장 직분까지 무시하게 되었다. 따라서 그 때문에 망하게 된다. 하나님의 진노로 웃시야는 나병에 걸려 별궁에 살면서 그의 아들 요담에게 나라를 다스리게 했다. 제사장들은 그를 성전에서 쫓아냈다. 그는 결국 나병으로 죽었다(대하 26:5). 그가 묻힌 곳은 왕들의 무덤에서 조금 떨어진 곳이었다. 그가 나병에 걸렸기 때문이었다.

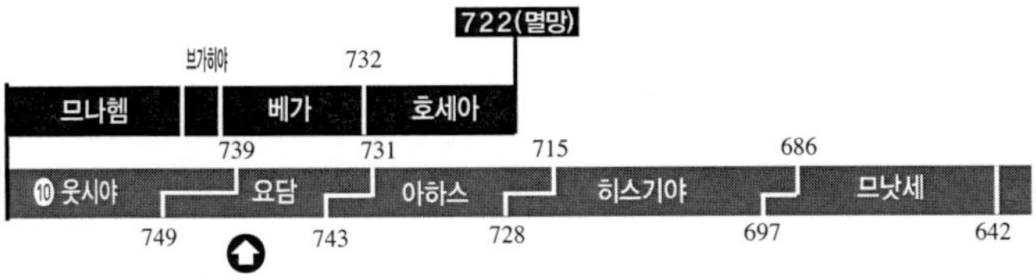

1. 북이스라엘의 베가가 왕으로 있은 지 2년째 되던 해에 요담이 왕으로 올랐다(25세에). 요담이 왕위에 올라 16년을 치리했으나 그가 왕궁을 관리하면서 백성을 치리한 것은 약 주전 749년부터였다. 웃시야가 병들자 아들인 그가 12년간을 섭정했기 때문이다(왕하 15:7, 대하 26:21). 그러므로 그의 단독 통치 기간은 739-731년까지 8년간이다.

2. 요담은 웃시야처럼 여호와께서 보시기에 옳은 일을 했다. 그러나 산당은 없애지 않았다고 했다. 아버지 웃시야처럼 향을 피우려고 성전에 들어가지는 않았지만 백성은 계속해서 악한 일을 했다.

3. 웃시야 시대는 솔로몬 시대 이후 가장 강력한 산업 국가요, 군사 국가로 발흥하던 때였다. 여로보암 2세 때 북쪽도 가장 강력한 나라로 부상했다. 그러나 그가 죽자 이스라엘은 내부 혼란과 계속되는 혁명 등으로 심히 약해졌다. 따라서 남쪽 유다는 강력한 나라로 성장했다. 그러나 웃시야가 죽자 국제 정세도 유다에게 불리해졌고 국내외가 어수선했다. 이때 이사야가 부름을 받는다(사 6:1-13). 이사야는 요담, 아하스, 히스기야 3대에 걸쳐 선교 활동을 한다. 유다 왕국이 위기에 부딪혔을 때 이사야 선지의 역할은 말로 다할 수 없었다.

4. 웃시야가 죽자 암몬이 배반하려 했으나 요담은 계속 그들을 제압하고 조공을 받는다. 그래서 암몬은 3년 동안 해마다 요담에게 은 백 달란트와 밀 만 고르를 바쳤다(대하 27:5, 6). 요담은 여호와 하나님께 복종했기 때문에 점점 강해졌다. 그러나 이런 번영은 종교적 타락을 가져오게 되기 마련인데 요담 때에도 그러했다. 요담은 큰 허물은 없었으나 백성들의 죄악을 다스리는 데 실패했다.

5. 당시 앗수르의 세력은 점점 커가고 있었다.* 북쪽 이스라엘은 벌써 앗수르의 세력권 안에 들어와 있었다. 요담 왕 말년에 이스라엘 베가와 다메섹 왕 르신이 점점 세력이 강해지는 앗수르에 대항하는 일에 동참하도록 유다에게 압력을 넣었다. 그의 아들 아하스는 이런 일 때문에 곤경에 처하게 된다.

⑪ 요담 선한 왕

the son of Uzziah

왕하 15:32-38 / 대하 27:1-9

739-731(단독통치 16년간)

이사야 사 6:1-13

- 이사야 선지자는 웃시야 왕이 죽던 해(사 6:1, B.C. 740년경)에 부름을 받는다. 히스기야 통치 때까지, 또는 B.C. 701년 산헤립이 예루살렘을 공격한 후까지(왕하 18:13 이하) 사역했다. 므낫세 시대에 순교당했다고 전해진다. 열왕기하 교재에서 더 자세히 언급하자.

앗수르 제국의 막강한 힘

- 디글랏 빌레셋 3세(본명: '불' B.C.745-727) : 세력이 애굽에까지 미침 / 이런 세력 앞에 반기를 들고 일어선 자가 르신이었다.

- 아람(수리아, 수도: 다메섹) 왕 르신(King Rezin)과 이스라엘왕 베가(Pekah)가 동맹해서 앗수르에 대항코자 했다. 그러나, 유다는 말을 듣지 않았다. 따라서 이들 연합군에 의해 침공을 당했다. 그러나 이 침공을 당한 것은 유다 왕 요담에 대한 징벌이었다고 했다(왕하 15:35-38). 그의 아들 아하스가 왕이 되나 동맹에 합세하지 않는다.

악한 왕

⓬ 아하스

the son of Jotham

왕하 16:1-20 / 대하 28:1-27

731-715(16년간)

이사야 사 6:1-13

• 유다 왕국이 위기에 처했을 때, 특히 웃시야 왕이 죽던 해부터 요담 - 아하스 - 히스기야까지 선지자의 임무를 수행했다.

오뎃 대하 28:8-15

• 싸움에서 이긴 이스라엘의 베가에게 가서 유다 사람을 풀어주도록 한 사마리아에서 살았던 선지자였다.

하나님을 괴롭게 한 자

• 아하스는 백성을 괴롭게 하고 또한 하나님도 괴롭게 한 자라 했다. 그는 바알 우상을 다시 부어 만들고 어린 자녀를 불살라 드리는 몰록 종교를 따르고 산당에서 우상을 섬겼다. 그는 다메섹에 있는 우상의 제단을 본떠 예루살렘에 두고 제사를 드렸고, 성전의 놋제단을 본떠다가 그 우상의 제단 북편에 두었으며 성전의 기명을 뜯어내고 성전을 폐쇄해버렸다(대하 28:24).

1. 아하스는 북이스라엘의 베가가 왕으로 있은 지 17년째 되던 해, 즉 20세에 왕위에 올랐다. 그는 여호와 보시기에 정직히 행치 아니했다. 따라서 국력은 심히 약해졌다. 북쪽은 이스라엘과 다메섹, 서쪽과 남쪽에서는 블레셋과 에돔의 공격이 그치지 않았다.

2. 당시 앗수르 제국의 힘은 막강해서 애굽까지 미쳤다. 이런 세력 앞에 반기를 들고 일어선 자가 아람 왕 르신이었다. 르신과 이스라엘 왕 베가가 동맹해서 앗수르에 대항코자 했다. 이때 유다의 동참을 원했다. 그러나 유다는 말을 듣지 않는다. 따라서 이들 연합군에 의해 침공을 당했다. 그러나 성경은 이 일을 유다 왕 요담에 대한 징벌이라고 했다(왕하 15:35-38). 이제 그의 아들 아하스가 왕이 되었으나 동맹에 합세하지 않는다.

3. 따라서 아람과 이스라엘 연합군은 재공격을 시도한다(대하 28:5, 6, B.C 733). 이 공격의 주 목표는 아예 아하스 왕을 폐위시키고 다른 인물을 세우려 함이었다(사 7:6). 유다가 친앗수르 정책을 갖자 반앗수르 정책을 쓰고 있던 북쪽 이스라엘과 다메섹이 연합하여 유다를 공격했던 것이다(왕하 16:5, 대하 27:5, 6). 이미 혼이 난적이 있는(대하 28:5) 아하스는 또다시 연합군이 유다를 침공한다는 소식에 기절초풍하고 있었다.

(1) 이때에 이사야가 등장한다(7:2의 말씀). 이사야가 어떻게 권면했는가? (사 7:3-7) **그러나 아하스는 이사야를 향해 사람을 괴롭게 하는 자라고 하면서 그의 말을 듣지 아니한다(사 7:13).** 아하스는 앗수르의 불(Tiglath Pilesser 3세)에게 은금을 보내며 도와달라고 했다(왕하 16:8; 대하 28:16ff). 아하스는 그 자신을 '그의 종'이라고 선언하고 있었다. 이렇게 해서 다메섹과 이스라엘은 물러갔으나 앗수르는 유다에게 더욱 큰 원수가 되었다. 따라서 아하스는 계속 앗수르의 눈치를 살펴야 했다(왕하 16:8).

(2) 앗수르는 다메섹과 이스라엘을 공격해 많은 성읍을 점령하고 포로들을 사로잡아 갔다(왕하 15:29-30). 물론 다메섹 왕 르신도 그때 죽임을 당했다. 이스라엘 왕 베가는 호세아의 반란으로 피살되었다(732 B.C). 이스라엘은 앗수르 왕 사르곤 2세에 의해 수도 사마리아를 함락당했다(722 B.C, 왕하 17장). 후에 블레셋과 에돔의 공격을 받자 아하스는 또다시 많은 재물을 보내 앗수르의 도움을 청한다. 그러나 오히려 앗수르는 이를 기회로 남쪽의 에돔까지 그 힘을 뻗치게 된다.

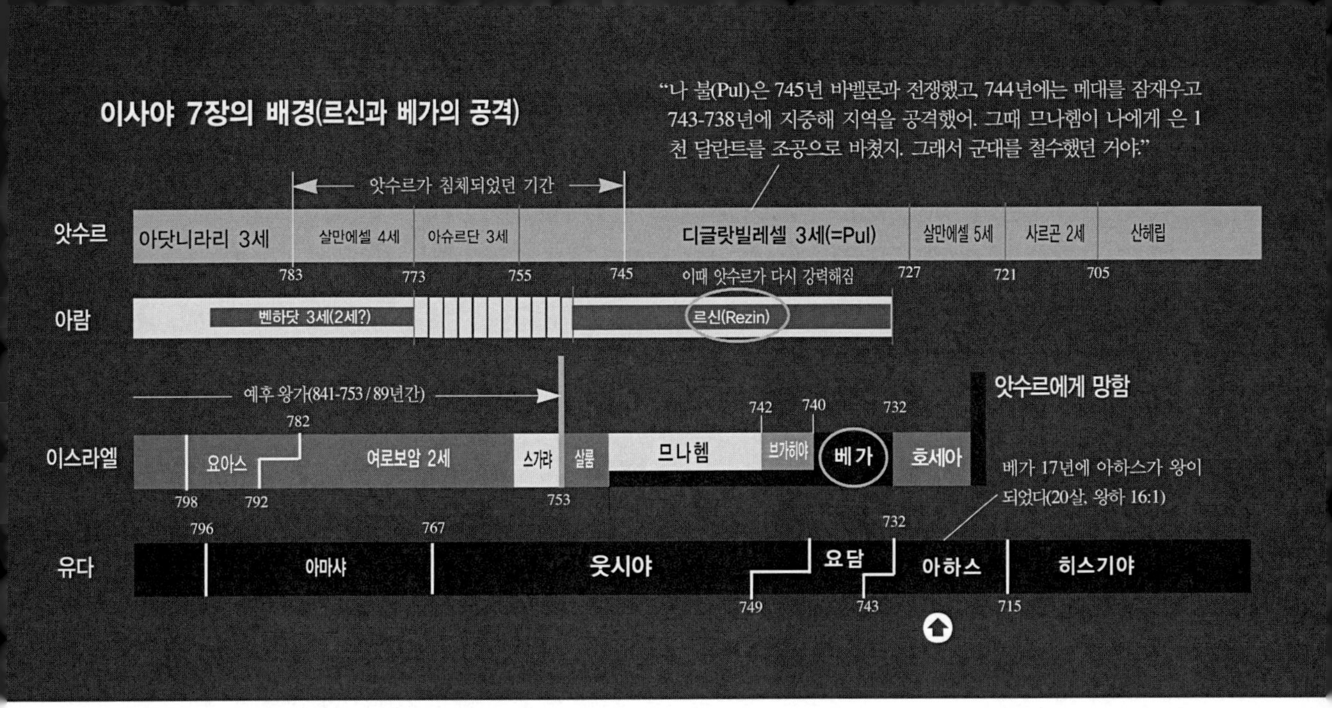

▲ **르신과 베가의 공격에 당황한 아하스는 앗수르 왕 디글랏빌레셀에게 도움을 청하기 위해 사자를 보냈다.** 물론 성전과 왕궁 곳간에 있던 상당한 양의 은금을 예물(뇌물)로 보냈다. 르신과 베가는 요담 통치 때에도 서로 연합하여 공격했으나 아하스 통치 초기에는 엄청난 군사력을 동원하여 유다를 침공했던 것이다(왕하 16:1-6).

(1) 이사야가 어떤 말씀을 전했을까? 물론 두려워 하지 말라는 것이었다(사 7:2, 3-9).

(2) 아람과 이스라엘의 연합군은 유다를 공격했다. 문제는 이들 연합군의 공격이 요담 때인가, 아니면 아하스 때인가가 문제다. 이 기록이 왕하 15:37에도 언급되어 있고, 아하스의 행적을 다룬 16:5-7에서도 언급되어 있기 때문이다. 요담은 그 부친 웃시야의 모든 행위대로 여호와 보시기에 정직히 행했다고 했다(왕하 15:34). 그러나 왕하 16:2-3을 보면 요담의 아들 아하스는 "그 조상 다윗과 같이 아니하며 그 하나님 보시기에 정직히 행치 아니했다"고 했다.

(3) 그렇다면 하나님께서 외국 군대로 하여금 유다를 치게 하신 이유는 유다의 죄악 때문이었음을 알 수 있다. 그러므로 요담과 아하스가 공동 통치에 있었다는 것이 증명된다(위의 도표 참조). 비록 아하스가 베가 17년에 요담으로부터 왕위를 물려받았지만 요담은 아직 죽지 않았으며 적어도 그가 통치한 이래 20년 간을(이때가 732년) 살았다는 알 수 있다(왕하 15:30). 어쨌든 이들 연합군이 공격한다는 소식을 듣고 왕의 마음과 백성이 거센 바람 앞에 흔들리는 수풀처럼 마음이 크게 흔들렸다(7:2). (동교재, 이사야서)

아람(אֲרָם)의 르신 왕

아람 사람이라고 불리는 백성의 기원은 신비에 싸여있지만, 유력한 견해는 그들이 서부 셈족의 한 집단, 즉 주전 1500년에 이미 비옥한 터키국에 스며들었던 아람어를 사용하는 종족들이었다는 것이다. 그들의 본향은 아마도 아랍 사막이었던 것같다. 아람인들이 상부(북서) 메소포타미아에서 정치적 지배력이 절정에 달한 것은 주전 10세기 후반기를 훨씬 지나서이다. 성경상으로나 지리상으로, 아람은 족장시대의 상부 메소포타미아와 관련되어 있다. 아브라함은 아람의 조상 나홀의 형제이다(창 22:20-21). 이삭(창 25:20)과 야곱(창 28:5)은 모두 아람의 여자들과 결혼하였다. 야곱 자신은 "유리하는 아람 사람"(신26:5)으로 묘사된다. 아람인들과 북 이스라엘인들 사이의 끊이지 않고 계속된 싸움은 사실상, 아합의 통치 시기(874-853, 왕상 20장, 왕상 22장)에 시작되었다. 물론 앗수르의 세력에 공동 대처할 때도 있었지만 이 두 나라는 여로보암 Ⅱ세(B. C. 783-743, 왕하 14:25, 왕하 14:28) 시기에 이르기까지 100년간 이상이나 서로 원수관계가 지속되었다.

⑬ 히스기야

the son of Ahaz

왕하18:1-20:21 / 대하 29:1-32:33

715-686(29년간) –

선한 왕

1. 히스기야는 29년을 통치했다(대하 29:1, 왕하 18:2, 이스라엘의 마지막 왕인 호세아 재위 3년째 되던 해). 첫 13년은 아버지 아하스와 공동 통치를 했다(총 42년). 그는 하나님 보시기에 정직히 행한 자라고 했다(왕하 18:5). 히스기야는 단독 통치를 하면서(715년, 사마리아가 망한 지 6년째) 반앗수르 정책을 썼다. 그리고 블레셋을 쳐 이겼다(왕하 18:6-8).

(1) 히스기야는 성전의 문을 다시 열고, 성전을 청결케 했다(대하 29:3, 대하 30:1-27). 그동안 선왕들이 하지 못했던 산당을 제거했을 뿐 아니라(왕하 15:4, 35, 14:4, 12:3), 철저한 종교개혁을 단행했다. 그의 부친 아하스는 친앗수르 정책을 쓰면서 그들의 종교제도를 그대로 답습했었다.

(2) 히스기야는 재위 첫해에 전국적으로(단에서 브엘세바까지) 사신을 보내 유월절을 지키도록 명했다.* 그는 여호와의 종교를 회복하면서 선조들이 세웠던 이방 제의의 요소들을 파괴했다. 그는 산당과 제단을 제거했을 뿐 아니라 그동안 성전에 보관했던 모세가 만든 놋뱀마저 파괴했다(왕하 18:3-4). 그에 대한 성경 기자의 평가를 읽어보자(왕하 18:5).

• 히스기야는 이미 없어진 북부 왕국의 백성들을 설득하여 개혁사업에 참여시키려고 했다(대하 30:1-12). 그는 남북의 재통일을 염두에 두고 개혁을 했을 것이다(참조 사9:1-7).

(3) 경건한 사마리아 사람들도 예루살렘에 초청되어 여호와의 예배에 참여할 수 있었다(대하 30:1).

2. 히스기야는 반앗수르적이었으나 사르곤 왕이 살아 있을 때는 공개적으로 앗수르를 대항치 아니했다. 사르곤은 전투에서 죽어 고국에서는 먼 곳에서 묻혔다. 히스기야는 사르곤 왕의 아들 '산헤립'이 왕이 되었을 때 애굽의 후원을 얻어 두로 및 아스글론과 에글론과 더불어 반앗수르 동맹을 맺었다. 그는 힘겨운 조공을 더 이상 바치지 않았다.* 그리고 국방을 튼튼히 했다(대하 32:5). 그러나 이사야는 히스기야에게 애굽을 의지하지 말라고 했다(사 30:1-3). 애굽은 이디오피아 왕 피안키(Piankhi)가 23왕조를 멸망시키고, 제24왕조의 마지막 왕을 자신의 봉주로 삼아 통치했다. 피안키는 제25왕조(이디오피아)를 창건했는데, 주전 710/9년에는 이집트 전체가 이 왕조의 지배 아래 있게 되었다.

• 히시기야가 앗수르의 조공을 거부할 수 있었던 것은 마르둑 아팔리디나(바벨론 귀족 중 하나 로서, 성경에서는 므로닥 발라단으로 불림)가 날로 강해지고 있는 애굽으로 인해 어려움을 겪고 있었기 때문이었을 것이다. 므로닥 발라단은 반앗수르 군사계획에 히스기야의 도움을 구하기 위해 유다를 찾아오기도 했다(왕하 20:12-19, 사 39장).

3. 마침내 앗수르의 산헤립이 예루살렘을 공격해서 항복을 요구했다(대하 32:1, 9 / B.C. 701년). 그는 반항하는 애굽의 군대를 엘데케(에그론 근처)에서 격퇴하고, 그 방향을 돌려 블레셋과 유다로 공격해 왔다. 그는 46개의 유다 성

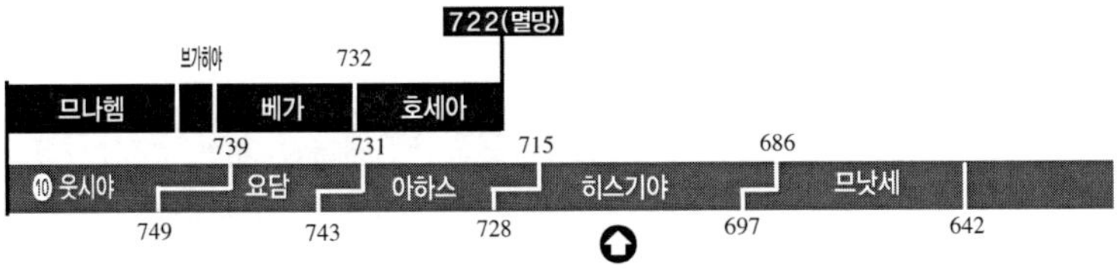

읍을 공격한 후 예루살렘으로 접근했다. 히스기야는 성을 파괴하지 않는 조건으로 엄청난 양의 공물을 바칠 것을 약속했다(왕하 18:13-16). 앗수르는 히스기야에게 은 300달란트와 금 30달란트 가량을 요구했다. 결국 히스기야는 성전과 왕궁 보물 창고에 있는 모든 은을 산헤립에게 주었다. 게다가 성전 문과 기둥에 있는 금까지도 벗겨 앗수르 왕에게 주었다. 이 과정에서 엄청난 학살이 있었을 것이다(사 1:4-9 참조).

4. **산헤립의 두번째(?) 공격** : 열왕기하 18:17-19:37과 이사야 36장의 사건은 위의 공격 사건과는 다른 사건일 것이다.* 산헤립은 바벨론의 반란을 잠재운 후에 다시 해안 평야(라기스, 립나 등)를 공격한 후 히스기야에게 항복을 요구했다. 우선 애굽을 치기 전에 다루기 쉬운 유다를 공격 대상으로 삼았을 것이다.

이때 이사야의 예언이 있었다(사 37:6이하). 그는 히스기야에게 앗수르는 반드시 물러갈 것이라고 예언하여 용기를 주었다(왕하 19:20-28, 32-33, 사 37:32-36).* 그의 예언대로 앗수르 군대는 18만 5천 명이 죽고 물러간다. 북방 이스라엘은 멸망했으나(호세아, 아모스 선지자 배척, 암 6:12, 13) 남방 유다는 그 뒤로도 오랫동안 남아 있었다.

5. 앗수르에게 시달림을 받던 바벨론 왕이 유다와 동맹을 맺고자 했다.
예물을 가지고 방문했다(왕하 20:12).
이때 히스기야는 무기고를 보여주며 그의 부강함을 자랑했다(왕하 20:13).
히스기야는 병이 나은 후(사 39:1, 대하 32:25) 교만해졌다.
이사야는 후에 바벨론에게 망할 것을 예언했다(왕하 20:16-18).
교만이 그의 실수였다. 은금, 무기를 부강의 원천으로 믿었다.
하나님이 어떻게 책망하셨는가?(대상 21:1-14, 삼하 24:1-17 참고)
히스기야를 공격했던 산헤립은 니느웨로 돌아가
그의 아들들 중 둘에 의해 신전에서 살해당한다.
그리고 그의 셋째 아들 에살핫돈(681-669)이 그를 승계한다.

산헤립의 두 번째 침공

- 열왕기하 18:17-19:37과 이사야 36장의 사건은 주전 701년에 있었던 산헤립의 침공과는 다른 사건일 것이다. 앗수르의 제2차 공격이 있었을 것이다. 제1차 공격이 있은 후 앗수르 왕 산헤립은 바벨론의 반란을 진압하기 위해 출전했다가 바벨론과 엘람인 등 연합군에게 대패당했다. 이때 애굽은 젊은 디르하가가 왕위에 올랐다.
- 산헤립은 주전 689년에 바벨론의 반란을 진압하고, 서쪽으로 눈을 돌려 주전 688년경 제2차 침공을 감행했던 것 같다.

히스기야의 병 왕하 20장

- 산헤립의 공격을 이겨낸 후 히스기야는 병이 들어 거의 죽게 되었다. 그는 여호와께 기도하기 시작했다. 이사야에게도 기도 부탁을 했다(왕하 19:4, 사 36:4). 자신도 회개했거니와 하나님의 긍휼(왕하 19:20)의 결과로 히스기야는 15년 생명 연장을 약속받는다(왕하 20:6). 일영표가 10도 뒤로 물러가는 이적도 있었다(왕하 20:9-11).

악한 왕

⑭ 므낫세

the son of Hezekiah

왕하 21:1-18 / 대하 33:1-20

686-642(55년간)

1. 므낫세는 12세에 왕위에 올라 55년을 통치했다(최장기). 55년은 부친 히스기야와 함께 공동 통치한 기간까지 포함한 기간이다.

2. 그의 종교적 부패는 어느 정도였을까?(대하 32:2-10, 왕하 21: 2-16) 그는 부왕이 헐어버린 신당들을 다시 짓고 바알의 단을 세우고 아세라 목상과 하늘의 일월성신을 숭배했다. 무엇보다 가증스러운 일은 성전 안과 뜰에다 일월성신을 섬기는 제단들을 세운 일이었다(왕하 21:3-7, 대하 33:2-7). 몰렉에게 자기 아들을 번제로 드려 불 가운데를 지나게 하며 점치고 사술을 행했다(왕하 21:6, 대하 33:6). 그는 요술과 마술을 부렸으며, 표적과 꿈을 풀어 점을 치기도 했다. 또한 무당과 점쟁이를 불러 의논하기도 했다.

유다에서 그보다 더 악했던 자는 아무도 없었다고 했다. 그는 그 전의 아모리 사람들보다 더 악한 일을 저질렀고, 또한 유다 백성들이 우상 섬기는 죄를 짓도록 만든 장본인이었다(왕하 21:11).

• 앗수르군이 쳐들어왔는데 왜 바벨론으로 끌려갔다고 했을까?(대하 33:11) 아마 당시 앗수르가 바벨론을 점령하고 그 본부를 수산에 두었기 때문이었을 것이다.

3. 므낫세는 자신이 행하는 이런 일에 대해 반대하는 사람들을 처형했다. 그가 이렇게 악해진 것은 앗수르에 예속된 후 그 나라의 종교와 풍속을 따르면서 앗수르의 호의를 얻고자 했기 때문일 것이다. 한마디로 그는 앗수르의 괴뢰였다. 유대인의 전설에 의하면 이사야도 그의 손에 죽었다고 한다(왕하 21:10-15 참조). 므낫세는 죄 없는 사람을 많이 죽여 예루살렘을 이쪽 끝에서 저쪽 끝까지 피로 가득 채웠다고 했다(왕하 21:16).

• 앗수르에 포로로 끌려간 므낫세는 크게 회개하고 믿음을 가졌을 것이다. 하나님은 그의 진정한 기도를 들으시고 은혜 가운데 다시 예루살렘으로 돌아오게 하셨다. 돌아와서 예루살렘과 요새들을 수축한다. 왕뿐만 아니라 국가도 죄를 지으면 종국에는 포로로 끌려가게 될 것이다. 그곳에서 백성들이 회개하면 다시 고토로 돌아오게 될 것이다. 이제 유다는 내리막길로 치닫고 있다. 므낫세의 전철을 밟고 있다.

4. 따라서 하나님은 예루살렘과 유다에 큰 재앙을 내리겠다고 선포하신다. 그 재앙의 정도를 "사람이 접시를 닦아 엎어 놓듯 예루살렘을 말끔히 씻어 버리겠다"(왕하 21:13)고 하셨다. 하나님은 드디어 무서운 징계를 내리신다. 앗수르의 군대를 보내 유다를 치게 하셨다. 결국 므낫세는 쇠사슬로 결박당하여 바벨론으로* 잡혀가는 비참한 신세가 되었다(대하 33:11-13). 그는 이런 혼란을 통해 하나님께 겸비해지기도 했다. 우상을 제하고 여호와의 단을 중수하기도 했다(대하 33:12-19).*

5. 히스기야의 종교개혁, 그 종교개혁을 무로 돌리는 므낫세의 범죄, 아버지와 아들은 너무 다른 방향이었다. 신실한 부모 밑에 어떻게 이런 악한 왕이 나올 수 있었을까? 아무래도 열왕기하 교재에서 취급해야 할 것 같다.

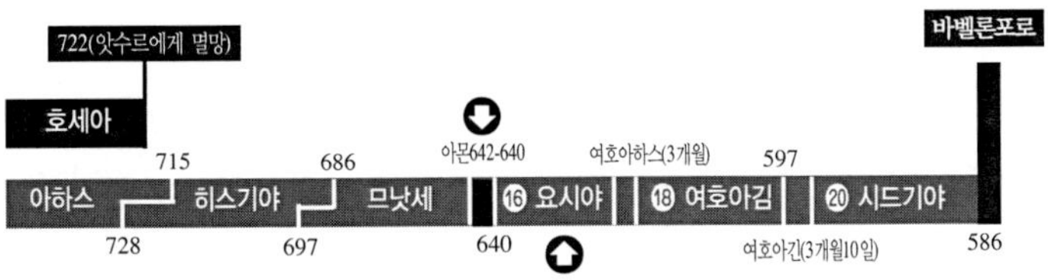

악한 왕

⑮ 아몬

the son of Manasseh

왕하 21:19-26 / 대하 33:21-25

642-640(2년간) - **살해됨**

1. 아몬은 므낫세의 뒤를 이어 왕위에 올랐으나(642-640년) 2년간 부왕의 타락한 정치를 답습하는 데 불과했다. 그는 궁중의 신하들의 반역으로 죽었다. 그러나 이 반역을 국민들이 좋게 보지 않아 반역을 일으킨 자들을 처형하고 8살밖에 안 된 요시야를 왕위에 세운다.

2. 그러나 이때는 벌써 신흥 바벨론이 점차 두각을 나타내기 시작했다. 앗수르와 애굽은 신흥 바벨론의 세력을 꺾으려 한다. 국제 정세가 요동을 치기 시작했다.

선한 왕

⑯ 요시야

the son of Amon

왕하 22:1-23:30 / 대하 34:1-35:27

640-609(31년간)

1. 요시야는 8세에 왕위에 올라 31년간을 통치했다. 그의 배후에는 경건한 인물들이 많이 있었다. 그의 치리 기간은 유다 창건 이래 가장 행복했던 시기라고 볼 수 있다. 그는 남방만 아니라 북방 이스라엘의 바알 우상을 멸하였다. 그 정화 운동은 6년이나 걸렸다. 그의 개혁운동은 아주 철저했다. 남방 유다에서는 솔로몬 때부터 있었던 모든 우상과 산당들을, 북쪽에서는 여로보암 1세 때부터 세웠던 우상들을 훼파해버렸다. 요시야는 백성들에게 유월절을 지킬 것도 명령했다(왕하 23:22). 사사들이 이스라엘을 다스리던 때부터 이스라엘과 유다 왕들이 유월절을 지킨 적은 한번도 없었기 때문이었다. 이렇게 유월절 행사를 크게 지킨 것은 사사시대 이후 처음이었다고 했다(대하 35:18).

2. 성전을 수리하다가 제사장 **힐기야**가 여호와의 율법책을 발견했다(왕하 34:14, 주전 622). 서기관에게 그 율법책을 주어 읽게 했다. 그것을 듣자 왕은 옷을 찢으며 회개했다. 왕은 자신을 위해 여호와께 묻고자 하여 사자들을 훌다에게 보냈다. 훌다는 여선지자로 예복을 관리하던 살룸의 아내였다. 훌다는 백성들의 우상 숭배가 신명기 28:15-68에 언급된 심판을 초래할 것이라고 했다. 심판이 예루살렘에게 임하되 그 심판은 요시야가 죽은 다음에 일어날 것이라고 선포했다(왕하 22:14-20, 대하 34:22-28). 이 예언이 이루어질 때 요시야는 그것을 경험하지 않을 것이다.

스바냐 선지자

- 요시야 왕은 크게 종교개혁을 일으킨 왕이었다. 스바냐 선지자의 활동 기간이 요시야 왕 시대(640-690 B.C.)라고 했음을 보아 그의 활동 기간은 요시야 왕의 개혁 이전부터였을 것이다. 물론 그 후의 일이라고 주장하기도 한다.

- 히스기야의 영적 부흥은 그의 아들 므낫세의 타락으로 크게 훼손되어 있었다. 다시 바알 숭배가 성했고, 또 그의 아들 아몬이 왕이 되어서는 더욱 부패의 길로 나갔다. 이런 우상 숭배의 심판을 선포하면서 나타난 선지자가 스바냐이다.

• 스바냐는 히스기야 왕의 현손이라고 했다. 그러므로 요시야 왕과는 숙질 관계였을 것이다. 그는 어린 요시야왕에게 막대한 영향을 끼쳤을 것이다. 요시야 왕의 성전 수리와 신앙 배후에는 스바냐 선지의 감화가 컸을 것이다.

• 그는 심판의 날, 곧 여호와의 큰 날이 임박했음을 선포한다. 그 심판은 범세계적이요, 또한 구원도 초민족적이요, 범세계적임을 강조했다.

3. 요시야는 여호와의 전에서 발견된 율법책을 통해 하나님의 백성들이 언약적 불순종을 행하고 있다는 사실을 깨달았다. 요시야는 모든 백성들을 불러 모았다. 온 백성이 모인 가운데 성전에서 언약을 재확인했다. 요시야의 이런 정화 작업을 통해서 모세 언약의 중요성이 회복되었다. 백성들로 하여금 여호와 앞에 언약을 세워 진정 하나님만을 섬기기로 서약하게 했다. 요시야가 이런 믿음을 가질 수 있었던 것은 스바냐와 젊은 예레미야 선지자(렘 11:1-8; 17:19-27 참조)의 영향이 매우 컸을 것이다. 친앗수르적인 므낫세 통치 하에서 백성들은 굴욕적인 삶을 살았을 것이고, 따라서 반앗수르 정책을 폈던 요시야의 개혁에 적극적으로 동참했을 것이다.

4. 요시야가 통치하고 있을 무렵, 앗수르는 아슈르바니팔(668-627)이 죽은 후 점점 쇠약해졌다. 따라서 앗수르는 바벨론의 공격을 받는다. 메대(메디아)도 바벨론과 연합하여 앗수르를 공격했다. 그렇게도 강성함을 자랑했던 앗수르도 바벨론과 메대 동맹군의 공격을 받고 수도 니느웨가 함락된다(주전 612년). 그러나 앗수르는 다시 대오를 정비하여 앗수르의 서북부 도성인 하란을 탈환하려 했고, 이에 애굽은 위협을 느끼고 앗수르를 도우려고(옛 원수였지만) 출정한다. 애굽의 바로 느고(Necho)는 신흥 바벨론을 꺾어야겠다고 생각했기 때문이다. 그래서 느고는 하란으로 출정한다. 앗수르의 패망 예언은 이미 나훔*에 의해 예언되었다(나훔 3:1-7).

그런데 요시야왕은 반앗수르적인 입장에 있었다. 앗수르가 망하는 것이 유다의 독립을 위해서 유익하다고 판단했다. 그래서 앗수르를 도우려고 출정하는 애굽을 저지하고자 므깃도로 진출한다. 그러나 요시야는 그곳에서 전사하고 만다(왕하 23:29, 30). 이 므깃도 전쟁으로 애굽은 앗수르를 돕는 기회를 놓쳤고 하란은 바벨론에 함락된다. 요시야 사후 다른 왕들이 등장하지만 멸망으로 치닫는 유다를 제어하지 못한다.

나훔 선지자

• 나훔 선지자는 주전 663-612년까지 활동한 선지자이다. 나훔은 이스라엘을 괴롭힌 앗수르에 대한 심판을 외쳤다. 앗수르는 이스라엘의 가장 큰 원수였다.

• 이 원수들의 심판은 곧 하나님의 백성들의 구원임을 보여주고 있다. 악을 진멸하시는 하나님의 공의가 선포되고 있다. 나훔은 하나님의 백성들에게 이 공의의 근원이신 하나님을 의지하며 바랄 것을 촉구하고 있 다. 그러면서 원수들이 진멸된 후에 마침내 메시야의 통치로 새로운 평화의 질서가 이루어질 것을 보여주고 있다(1:15).

5. 앗수르가 망한 후 오리엔트는 잠시 동안 신바벨론(=갈대아), 메대(메디아), 리디아, 이집트 등 4강으로 개편된다. 여기 신바벨론(바벨로니아)은 티크리스, 유프라테스 양하 하류의 바빌로니아와 중류의 앗시리아, 상류의 스파르투 외에 시리아, 팔레스타인 연해 지방을 포함하여 함무라비 왕이 과거에 실현했던 통일국가의 넓이에 필적하는 영토를 차지한다. 그러나 후에 유다는 이 바벨론에 포로로 끌려가게 된다.

1. 므깃도에서 애굽의 북진(北進)을 막으려던 요시야 왕이 애굽의 느고 2세에 의해 죽임을 당하자(주전 609년) 유다의 지방 귀족들은 둘째 아들인 여호아하스(Jehoahaz)를 왕으로 삼았다(23세). 보수주의 유다 잡단에서는 이 후계자가 요시야의 정책을 계속하여 주기를 바랐을 것이다. 그러나 3개월뿐이었다. 왜냐하면 요시야 왕을 죽인 바로 느고(Pharaoh Necho)가 여호아하스를 제거하고 그의 형인 **엘리야김**(Eliakim)을 왕으로 삼았기 때문이다. 그리고 그의 이름을 **여호야김**으로 고쳤다.

2. 요시야 왕에게는세 아들이 있었다(엘리야김, 여호아하스, 시드기야). 물론 이 세 아들의 운명은 비참했다(예레미야는 이에 대해 어떻게 언급하고 있는가? 렘 22:10-11, 18을 잠깐 읽어보기로 하자.)

3. 애굽의 느고는 하란을 점령치 못했지만(하란은 바벨론 왕 나보라폴라살과 그의 아들 느부갓네살이 점령했다, 609년) 수리아 지역과 팔레스틴 지역을 완전히 장악하게 되었다.

4. 여호아하스는 애굽의 포로로 끌려가 거기서 죽었다(왕하 23:34). 그의 죽음은 예레미야가 예언한 그대로였다(렘 22:11). 여호아하스 역시 하나님 보시기에 악한 일을 행했기 때문이었다(왕하 23:32).

결국 유다는 애굽의 속국이 되어 버렸다. 유다는 애굽에 은 100달란트(약 3.43톤)와 금 한 달란트를 벌금으로 물었다. 물론 여호야김 때에도 조공을 바쳤다. 물론 왕은 백성에게 무거운 짐을 지게 했다. 따라서 백성에게 은과 금을 늑봉했다(왕하 23:35). 에스겔 선지자는 이들을 어떻게 불렀을까?(겔 19:1-9을 꼭 읽어보자)

- 겔 19:1-9 "너는 이스라엘 방백들을 위하여 애가를 지어 부르기를 네 어미는 무엇이냐 암사자라 그가 사자들 가운데 엎드리어 젊은 사자 중에서 그 새끼를 기르는데 그 새끼 하나를 키우매 젊은 사자가 되어 식물 움키기를 배워 사람을 삼키매 이방이 듣고 함정으로 그를 잡아 갈고리로 꿰어 끌고 애굽 땅으로 간지라 암사자가 기다리다가 소망이 끊어진 줄을 알고 그 새끼 하나를 또 취하여 젊은 사자가 되게 하니 젊은 사자가 되매 여러 사자 가운데 왕래하며 식물 움키기를 배워 사람을 삼키며 그의 궁실들을 헐고 성읍들을 훼파하니 그 우는 소리로 인하여 땅과 그 가득한 것이 황무한지라 이방이 둘려 있는 지방에서 그를 치러 와서 그의 위에 그물을 치고 함정에 잡아 갈고리로 꿰고 철롱에 넣어 끌고 바벨론 왕에게 이르렀나니 그를 옥에 가두어서 그 소리로 다시 이스라엘 산에 들리지 않게 하려 함이니라."

'살룸'으로도 불림

⑰ 여호아하스

the son of Josiah

왕하 23:31-35 / 대하 36:1-4

609(3개월간) - 애굽 포로

악한 왕

요시야의 전사는 비극적인 것이었지만, 그것은 징벌이라기보다는 역대하34:27-28에서 볼 수 있는 것처럼 그에 대한 하나님의 사랑이었다고 볼 수 있다(사 57:1, 2 참조). 그래서 예레미야는 "죽은 자를 위하여 울지 말고"(렘 22:10 참조) 잡혀 갈 살룸(여호아하스)과 여호야김(렘 22:18)에 대하여 울라고 했다.

므깃도 전투

엘리야김에서 ➡ 여호야김으로

⑱ 여호야김

the son of Josiah

왕하 23:34-24:7 / 대하 36:4-8

609-597(11년간)

악한 왕

예레미야 선지자

- 요시야 13년(주전 627)으로부터 예루살렘 함락 때까지 약 40년간에 걸쳐 예언 활동을 했다.
- 이스라엘 역사상 가장 암울했던 시기에 유다의 멸망은 필연적임을 예언했다. 요시야의 훌륭한 통치에 나라는 부강했지만 종교적으로는 타락하기 시작했던 것이다. 따라서 지도자들과 백성들이 심히 부패했다. 그는 백성들에게 심판의 불가피성과 회복의 언약을 반복하여 선포했고 한때는 바벨론에 투항하라는 선포 때문에 옥에 갇히는 온갖 고난을 겪기도 했다. 그는 열방들의 흥망성쇠를 예언했다(렘 46-51장).

하박국 선지자

- 하박국이 활동했던 시기는 앗수르의 세력이 점차 약해져가고 신흥 바벨론의 세력이 두각을 나타내는 시기였다. 요시야 왕이 전사한 후(주전 609) 그 뒤를 이은 여호아하스, 여호야김, 여호야긴, 시드기야는 신흥 바벨론의 세력에 시달리다가 마침내 예루살렘의 함락을 맞는다.
- 이때 활동한 선지자가 예레미야였다. 하박국도 그와 같은 시대의 인물이었다.

1. 앞에서 언급한 대로 여호야김은 애굽의 꼭두각시 왕으로 11년 동안 통치했다. 애굽은 유다를 속국으로 삼고 조공을 받았다. 여호야김(Jehoiakim)은 바로의 명령을 이루기 위해 국민 각자에게 힘대로 액수를 정하고 은과 금을 늑봉했다(왕하 23:25). 후일에 에스겔 선지는 여호아하스와 여호야김을 가리켜 "사람을 움키는 사자새끼"라고 했다(겔 19:1-4).

2. 여호야김은 아마 자기가 형이면서도 동생 여호아하스가 왕이 된 것을 불만으로 여겨 애굽 왕 바로 **느고**에게 모략적인 충동질을 했을 것이다. 그런 와중에서도 여호야김은 **왕궁을 더 크게 짓기 위해**▲ 백성들에게 고역을 시켜 많은 피를 흘리게 했다(왕하 24:4, 렘 22:13-19). **예레미야***선지의 경고나 하박국* 선지의 탄식도(합 1:3-4) 여호야김 통치 시대를 배경으로 한 것이다. 이 한심한 여호야김의 행동을 꾸짖은 예레미야의 경고를 들어보자.

▲ 악한 짓을 통해 왕궁을 짓고 / 속임수로 다락방을 올리며 / 자기 이웃에게 일을 시키고도 그 품삯을 주지 않는 사람은 저주를 받을 것이다. 그는 '내가 살 왕궁을 크게 짓고 다락방들도 넓게 만들어야지' 하며 왕궁을 크게 짓고…벽에는 백향목을 입히고 / 붉은색을 칠한다. / 네 집에 백향목이 많다고 해서 / 네가 위대한 왕이 되겠느냐? / 네 아버지는 / 먹고 마시는 것으로 만족했다…(렘 22:13-15, 쉬운성경).

3. 여호야김은 많은 의인의 피를 흘렸다. 특히 선지자 우리야를 죽였고(렘 26:20-23), 예레미야도 죽이려 했으나 예레미야는 하나님의 보호하심으로 살았다(렘 26:24, 36:26). 특히 예레미야가 받은 계시의 두루마리를 불에 태웠다(렘 36:23).

여호야김은 11년간 왕위에 있으면서 많은 죄악된 일을 저질렀으며(왕 24:3, 4) 그의 정책도 애굽을 섬기다 또 바벨론을 섬기는 등 불안정했다. 그러다가 비참한 죽음을 맞게 된다(렘 22:18-19).

4. 요시야의 개혁 운동이 열기를 잃어 가고 또 그 백성이 옛길로 다시 돌아섰다. 예레미야는 이스라엘의 역사를 돌이켜보며 언약을 준수하라고 경고한다. 그 동안의 개혁 운동이 무슨 소용이 있는가. 바알에게 희생 제사를 드리기 위한 제단이 다시 세워지고 있다. 오히려 백성들은 죄를 지적하는 선지자를 죽이려고 음모를 꾸미고 있다(렘 11:18이하).

● 렘 46:2 "애굽을 논한 것이니 곧 유다 왕 요시야의 아들 여호야김 제사년에 **유브라데 하숫가 갈그미스에서** 바벨론 왕 느부갓네살에게 패한 애굽 왕 바로느고의 군대에 대한 말씀이라."

갈그미스 전투

바벨론의 나보폴라살 왕은 병이 들었고, 그의 아들 느부갓네살이 갈그미스(Carchemish, 수리아 북부)에서 앗수르의 동맹군인 애굽의 바로 느고를 격퇴시켰다(605년). 애굽에서 북상한 느고는 먼저 블레셋 지방의 가자를 점령하고 므깃도 부근에서 유다 왕 요시야의 군과 회전하여 요시야 왕을 죽이고 그 여세를 몰아 유프라테스 강까지 진격한다. 이를 저지하고 나선 것이 신 바벨로니아의 왕자 느부갓네살 2세였다. 그는 갈그미스에서 애굽의 느고를 격파했다. 그리고 하란에 자리잡고 있던 애굽의 원군과 합세한 앗수르의 마지막 왕 아슈르우바리트 2세의 군대도 섬멸했다. 이 전투로 인해 앗수르는 역사에서 사라진다. 따라서 여호야김도 3년 동안 그를 섬겼다(왕하 24:1).

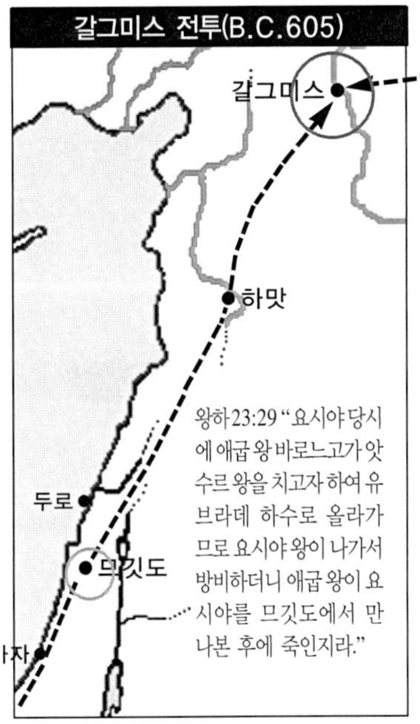

5. 3년 후(주전 601년), 느부갓네살은 잠재적으로 남아 있는 애굽의 느고를 치기 위해 애굽의 국경까지 진격했다. 그러나 양편이 많은 사상자를 내고 성공하지 못한다(열왕기하 교재에서 설명). 이런 상황에서 여호야김은 애굽을 섬기다가(602/1, 애굽에 조공을 바침) 바벨론을 섬기는 등 갈팡질팡할 수밖에 없었다(3년 동안 바벨론에 조공을 바침).

• 렘 47:1 "바로가 가사를 치기 전에 블레셋 사람에 대하여 선지자 예레미야에게 임한 여호와의 말씀이라."

6. 이때 예레미야는 여호야김에게 바벨론을 섬겨야 할 것을 권면했다. 그러나 듣지 않는다. 시드기야 때도 같은 권면을 했다(렘 27:1-25). 오히려 이를 기회로 여호야김은 느부갓네살을 배반한다(왕하 24:1). 이 소식을 들은 느부갓네살은 갈대아 부대와 그 예하에 있던 모압, 암몬의 부대들을 급파하여 여호야김을 쳤다(왕하 24:2, 렘 35:11). 끝내는 바벨론이 예루살렘에 주둔하게 되었다(주전 598년). 그는 많은 죄를 지었다. 예레미야는 그가 어떻게 죽을 것인가를 예언했다. 그의 비참함을 보라(렘 22:18, 19).

언약 파기로 인한 징계

"그러므로 나 여호와가 유다 왕 요시야의 아들 여호야김에게 대하여 이같이 말하노라 무리가 그를 위하여 슬프다 내 형제여 슬프다 내 자매여 하며 통곡하지 아니할 것이며 그를 위하여 슬프다 주여 슬프다 그 영광이여 하며 통곡하지도 아니할 것이라 그가 끌려 예루살렘 문 밖에 던지우고 나귀같이 매장함을 당하리라."

악한 왕

⑲ 여호야긴

the son of Jehoiakim

왕하 24:8-17 / 대하 36:9-10

597(3개월 10일간) - **바벨론 포로**

1. 바벨론의 느부갓네살은 유다를 공격해 여호야김을 쇠사슬로 묶어 바벨론으로 끌고 갔다. 그러나 여호야김은 성 공격이 시작될 때 죽었을 가능성이 짙다(렘 22:18-19, 36:30). 그는 여호와 앞에 악을 행했다고 했다. 여호야김이 죽고 뒤를 이어 그의 아들 여호야긴(Jehoiakin)이 18세의 나이로 왕위에 올랐으나(왕하 24:6) 그 역시도 여호와 보시기에 악한 일을 했다.

2. 여호야긴이 즉위한 지 3개월 뒤 바벨론 왕 느부갓네살이 다시 예루살렘을 포위하여 점령한다(왕하 24:10-17). 느부갓네살은 여호야긴을 비롯하여 황후, 왕자, 신복 등 나라의 유력한 자들을 많이 끌고 갔다. 그 중에는 용사 7천과 기술자 1천명이 포함되었다(왕하 24:15). 나라가 완전 폐허화되었다. 게다가 느브갓네살은 여호와의 성전에 있던 기구들을 빼앗아 바벨론으로 가져가 자기 왕궁에 두었다(대하 36:6-7). 그리고 솔로몬이 성전에서 사용했던 금그릇을 다 깨뜨려버렸다.

3. 여호야긴을 끌어가고 그의 숙부요 요시야의 아들인 시드기야(맛다니야)를 대신 왕으로 세웠다. 그러나 여호야긴은 일평생 바벨론 왕궁에서 비교적 후한 대접을 받았다(왕하 25:27-30). 포로라기보다는 국가의 귀빈처럼 국가 연금을 받으며 오랫동안 살았다(왕하 25:27-30). 백성들도 그를 다윗의 왕권을 가진 왕으로 인정했다. 에스겔도 본래는 그때에 잡혀간 포로 출신 중 한 사람이었다.

에스겔 선지자

- 예레미야의 예언의 내용과 상통한다. 즉 하나님에 대해 신실하지 못한 유다에 임한 심판과 장래의 회복에 대해 예언했다.
- 에스겔서의 전반부(1-32장)는 유다의 죄에 대한 심판과 경고가, 후반부(33-48장)는 위로와 구원이 기록되어 있다. 그의 예언의 특징은 풍유나 환상을 통해 전달되었다는 것이다. 또한 비유법과 비교법(16,17,23장)이 그리고 애가를 통해 전해지기도 했다(27장, 28:11-19, 32장).

그 땅에 남은 자가 없었더라

- 왕하 24:14 "저가 또 예루살렘의 모든 백성과 모든 방백과 모든 용사 합 일만 명과 모든 공장과 대장장이를 사로잡아 가매 빈천한 자 외에는 그 땅에 남은 자가 없었더라."

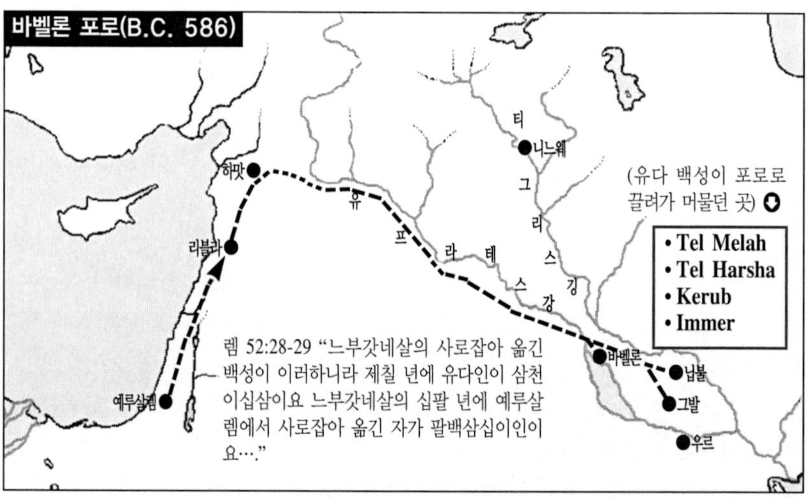

⑳ 시드기야 악한 왕

Jehoiachin's uncle

왕하 24:18-20 / 대하 36:11-14

597-586(11년간) - 바벨론 포로

1. 여호야긴이 바벨론으로 잡혀간 후 바벨론 왕 느부갓네살은 그의 숙부 맛다니야(Mattaniah)를 왕위에 세우고(21세) 그 이름을 시드기야(Zedekiah)로 고친다. 그러나 그는 왕이라기보다 섭정자였다고 보아야 한다. 시드기야도 여호야김처럼 여호와 보시게에 악한 일을 저질렀다. 바벨론 왕은 여호야긴을 계속 유다 왕으로 처우했고, 백성들도 시드기야를 왕으로 인정하지 않은 것같다.

2. 시드기야는 반바벨론 파와 친애굽 파의 압력으로 바벨론을 배반하게 된다(왕하 24:20). 더욱이 거짓 선지자들이 나타나 반드시 하나님이 예루살렘을 지키실 것이고, 바벨론 포로들은 돌아올 것이며, 느부갓네살의 멍에는 두 해가 가기 전에 하나님께서 꺾어버리실 것이라고 했다(렘 28:1-12을 보라). 그는 이 말에 힘을 얻고 느부갓네살을 배반한다.

   그러나 느부갓네살 군대가 시드기야 9년(주전 588)에 유다를 공격해 와서 예루살렘을 포위한다. 이런 기회를 틈타 에돔은 다시 유다를 공격한다(오바댜 1:10-14, 애 4:21-22). 결국 2년 후에 (주전 586년) 예루살렘은 함락된다. 바벨론의 보복은 너무 가혹했다. 느부갓네살은 시드기야가 보는 앞에서 그의 아들들을 죽이고, 그의 두 눈을 뽑고 결박하여 바벨론으로 끌고 가서 죽는 날까지 옥에 가두었다(렘 52:9-11, 왕하 25:6, 7).

3. 바벨론 왕은 유다의 백성들을 포로로 끌고가고 그 남은 자들을 위하여 그달리야(Gedaliah)를 세워 총독으로 삼았다. 그달리야는 한때 예레미야를 숨겨주기도 했던 인물이었다. 그달리야가 총독으로 있다는 소식을 듣고 바벨론이 유다를 공격할 때 모압, 암몬, 에돔으로 피난 갔던 강경파 인물들이 모여들었다. 주전 582년에는 더 많은 포로들을 끌어갔다. 또 다른 반란에 대한 보복 조치로 보인다. 포로로 끌려간 백성들은 닙불(Nippur)과 그발 강가의 여러 동리에 정착했다. 그 숫자(유명한 사람들만)가 예레미야 52:28-30에 기록되어 있다.

   그러나 그달리야 총독으로부터 조용히 바벨론을 섬기라는 권면을 듣고 과격파들은 그를 매국자로 몰아붙이고 그달리야와 그를 따르는 자들을 숙청했다(렘 41:4-7).* 물론 이들은 바벨론의 보복이 두려워 애굽으로 도망갔다(렘 41:18). 이때 애굽으로 가는 것을 그렇게 금했던 예레미야도 그들에게 끌려 가게 된다. 애굽에서도 예레미야는 계속 선지자의 사명을 다했다(렘 44:1, 14, 20-23, 24:30).

다니엘 선지자

- 다니엘은 느부갓네살의 1차 침공 때(주전 605년-여호야김) 바벨론에 포로로 잡혀갔다. 예루살렘에 성전이 있는 동안은 예루살렘의 멸망은 생각지도 못했던 유다인들은 바벨론 포로로 끌려가게 된다. 그곳에 가보니 솔로몬 성전과는 비교도 안 될 만큼 큰 우상 제단도 있었고, 언제 포로의 삶이 끝날 것인가도 망막하기만 했다.
- 이런 절망스러운 백성들에게 결국 인간 역사의 궁극적인 주관자는 여호와 하나님이심을 선포한다. 이 세상 나라는 그 권세가 하늘을 찌를 것 같지만 그 권세는 아주 제한적인 것이며 그리스도의 성육신과 재림으로 성취될 하나님의 나라는 영원무궁할 것을 예언한다.
- 아달리야를 살해한 과격파들의 가족들은 바벨론의 보복을 두려워하여 애굽으로 도피했다(왕하 25:22-26, 렘 40-44장). 그들은 그곳에서 유다 군 기지를 건설했는데, 그 중 가장 유명한 것은 남부 이집트의 옙(Yeb; 엘레판피네)이다.

유다 멸망

열왕기상을 마무리하며

다윗 왕국은 강성했다.
그의 뒤를 이은 솔로몬도 지혜로운 임금이었다.
다윗과 솔로몬의 시대,
이른바 태평성대(太平聖代)
단에서부터 브엘세바까지
이스라엘과 유다 백성들은
각자 자기의 무화과나무와 포도 나무 아래서 평안을 누렸다(4:25).

솔로몬 재위 4년, 성전 공사가 시작된다.
7년에 걸친 공사 끝에 성전은 완공된다.
이어서 궁전 공사를 시작한다.
지혜로웠던 솔로몬은, 어느 사이에
그 지혜를 자신의 안녕을 위해 사용하기 시작하고 있었다.
성전과 궁전, 그리고 엄청난 건축 공사
거기에 따르는 부역 동원령
백성들은 점차 그에게 등을 돌리기 시작한다.
(남북이 분열될 때, 북쪽 이스라엘의 요구 조건 중 하나가 부역을 감해달라는 것이었다.)

솔로몬의 영광과 부는 끝이 없었다.
그의 통치 기간 중 외국 정벌도 중지되었다.
무역에 투자하여 막대한 부를 축적하고,
이웃 나라와 상업적 교제뿐만 아니라 군사적으로도 협력관계를 유지한다.
특히 이방인 공주를 아내로 맞아들인다.
정략 결혼으로 국제 역학 관계를 조정하려 했다.
문제는 여기서부터 틀어지기 시작한다.
이교도 왕비들은 우상 숭배를 하도록 솔로몬의 소매를 잡아끌었다.
그는 여호와를 버리지는 아니했으나 다른 신들을 또한 섬긴다.
왕의 마음이 여호와 앞에 온전치 못했다.

마침내 하나님은 폭탄과 같은 메시지를 선포하신다.
이 나라를 솔로몬의 손에서 찢어 빼앗아
열 지파는 여로보암에게 주고
겨우 한 지파만을 솔로몬에게 주시겠다는 것이다.
왜?
"이는 저희가 나를 버리고 시돈 사람의 여신 아스다롯과 모압의 신 그모스와 암몬 자손의 신 밀곰을 숭배하며 그 아비 다윗의 행함 같지 아니하여 내 길로 행치 아니하며 나 보기에 정직한 일과 나의 법도와 나의 율례를 행치 아니함 이니라"(왕상 11:33).

그래서
두 나라는 망할 때까지 으르렁거리며 지낸다.
하나님의 축복을 받을 수 있었던 여로보암은
오히려 우상 숭배의 포문을 열었을 뿐이다.
북쪽 이스라엘은 연이은 혁명에 비틀거리다가 앗수르의 밥이 된다(B.C. 722).
부패하기는 남쪽 유다도 마찬가지였다.
간혹 여호와 보시기에 선한 왕이 나타나 개혁을 단행했으나
하나님의 매를 피할 수는 없었다.
형제 이스라엘의 패망의 교훈을 따르지 않던 유다도
앗수르를 패배시키고 올라선 바벨론의 포로가 된다(B.C. 586).

지금, 백성들은 바벨론 여러 강변에서 시온을 기억하며 울고 있다.
고국으로 돌아갈 희망은 보이지 않고….
왜, 우리가 이렇게 되었을까?

선지자는 그 이유를 이렇게 외친다.
"이스라엘의 완강한 고집과 반항으로 인한 언약 파기 때문이다."
열왕기 저자는 지금 왕들(하나님의 대리 통치자)을 평가하고 있다.
다윗의 길로 갔는가, 아닌가를 기준으로 평가하고 있다.
여호와 보시기에 선한 왕은 몇 명 되지 않았다고 기록하고 있다.

왕들의 업적과 선지자의 활동이 평가되고 있다.
분열 왕국의 중반기와 하반기는 열왕기하에서 다루어야 한다.
선지자의 활동도 열왕기하에서 보다 자세히 살펴보기로 하자.

백투더바이블 출간 계획(구약 · 신약)

1-1	**창세기(상)**	17	잠언	**(신약)**	
1-2	**창세기(하)**	18	전도서	**1**	**마태복음**
2	**출애굽기**	19	아가서 · 에스더	2	마가복음
3	**레위기**			3	누가복음
4	**민수기**	**20**	**이사야**	**4**	**요한복음**
5	**신명기**	**21**	**예레미야 · 애가**	5	사도행전
		22	에스겔	6	로마서
6	**여호수아**	23	다니엘	7	고린도전서
7	**사사기**			8	고린도후서
8	**룻기**	**24**	**호세아**	9	갈라디아서
9	**사무엘상**	**25**	**요엘 · 아모스**	10	에베소서
10	**사무엘하**	**26**	**오바댜 · 요나 · 미가**	……	
11	**열왕기상**	**27**	**나훔 · 하박국 · 스바냐**		
12	**열왕기하**	**28**	**학개 · 스가랴**		
13	역대상 · 하	**29**	**말라기**		
14	**에스라 · 느헤미야**				
15	욥기				
16	시편				

▶ 2020. 7월 현재 고딕은 출간 완료

▶ 출간 순서와 번호가 바뀔 수 있습니다.

백투더바이블(열왕기상)

2003년 7월 30일 1쇄 발행
2015년 12월 10일 2쇄 발행
2020년 7월 30일 3쇄 발행(개정판)

저 자 • 장 종 길
발행인 • 조 경 혜
발행처 • 도서출판 그리심
07030 서울시 동작구 사당로 2길 72 인정 B동(B01호)
등록번호 • 제 7-258호(1998. 4. 23)
출 판 사 • 전화 523-7589 팩스 523-7590
홈페이지 • http://grisim.biz
전자우편 • grisimcho@hanmail.net

ISBN 978-89-5779-433-7 94230
ISBN 978-89-88291-07-7 94230(세트)

값 : 책 뒷면에